Kirchen- und Theologiegeschichte in Quellen

Ein Arbeitsbuch

herausgegeben von
Heiko A. Oberman, Adolf Martin Ritter
und Hans-Walter Krumwiede

Band III
Die Kirche im Zeitalter der Reformation

Die Kirche im Zeitalter der Reformation

Ausgewählt und kommentiert von
Heiko A. Oberman

4. Auflage

Neukirchener Verlag

© 1981 – 4. Auflage 1994
Neukirchener Verlag des Erziehungsvereins GmbH,
Neukirchen-Vluyn
Alle Rechte vorbehalten
Umschlagentwurf: Kurt Wolff, Düsseldorf-Kaiserswerth
Gesamtherstellung: Breklumer Druckerei Manfred Siegel KG
Printed in Germany – ISBN 3-7887-0624-4

Die Deutsche Bibliothek – CIP-Einheitsaufnahme

Kirchen- und Theologiegeschichte in Quellen:
ein Arbeitsbuch / hrsg. von Heiko A. Oberman . . .
– Neukirchen-Vluyn : Neukirchener Verl.
NE: Oberman, Heiko A. [Hrsg.]
Bd. III. Die Kirche im Zeitalter der Reformation
– 4. Aufl. – 1994
Die Kirche im Zeitalter der Reformation/
ausgew. und kommentiert von Heiko A. Oberman.
– 4. Aufl. – Neukirchen-Vluyn : Neukirchener Verl., 1994
  (Kirchen- und Theologiegeschichte in Quellen; Bd. III)
  ISBN 3-7887-0624-4
NE: Oberman, Heiko A. [Bearb.]

Vorwort

Zwei Grundsatzentscheidungen möchte ich eingangs dem Benutzer nicht vorenthalten. In dem Maße, in dem die sozialgeschichtlichen und reichspolitischen Dimensionen der Reformationszeit größere Beachtung erlangt haben, ist eine gewisse, nicht unberechtigte Ungeduld angesichts der langwährenden Hegemonie der isoliert theologiehistorischen Betrachtungsweise festzustellen. Der Isolation ist entgegenzuwirken; doch werden wir zugleich dafür Sorge zu tragen haben, daß der theologische Kampf dieser Zeit mitsamt seinen religiösen Wurzeln nicht an den Rand gedrängt wird. Es galt somit, in der Textwahl für Studenten das Werden der Auseinandersetzung um Theologie und Kirche hinreichend zu berücksichtigen.

Ein Zweites ist hiermit direkt verbunden. Nicht nur die Repräsentation der verschiedenen Texttypen und -kategorien, auch die von mir beabsichtigte Streuung der Exempla über eineinhalb Jahrhunderte hinweg durfte bei den zur Verfügung stehenden Seiten nicht mechanisch durchgezogen werden. Wenn es sich bei einer Textsammlung auch eher darum handeln muß, in der Lehre vorherrschende Schwerpunkte zu dokumentieren, so sollte die Akzentuierung neuer Forschungsansätze dennoch nicht völlig fehlen. Besondere Sorgfalt habe ich aber darauf verwendet, in den Einleitungen zu den einzelnen Dokumenten ihren jeweils größeren Kontext aufleuchten zu lassen. In den Literaturangaben mußte es vor allem darum gehen, ohne bewußte Steuerung dem Benutzer die eigene Weiterarbeit zu erleichtern.

Die diffizile Aufgabe der Auswahl wurde wesentlich erleichtert durch die Unterstützung der Sektion Kirchengeschichte der ›Wissenschaftlichen Gesellschaft für Theologie‹, insbesondere durch die Kollegen M. Brecht (Münster), H. Liebing (Marburg), B. Lohse (Hamburg), B. Moeller (Göttingen), G. Müller (Erlangen), G. Ruhbach (Bethel), R. Schwarz (München), J. Wallmann (Bochum) und W. Werbeck (Tübingen). Textabgrenzung und Übersetzung einzelner Stücke besorgten dankenswerterweise Herr G. R. Elton (Cambridge) zur Englischen Reformation, Herr G. Seebaß (Heidelberg) zu Hans Hut und Herr Th. Mahlmann (Marburg) zu Brenz und Chemnitz. Wie angegeben, sind für einige Texte bestehende Übertragungen berücksichtigt. In besonderem Maße hat Dr. H. Jürgens (Tübingen) zu diesem Band dadurch beigetragen, daß er, wo nicht ausdrücklich anders vermerkt, sämtliche Übersetzungen angefertigt hat.

Wie für alle Bände *Kirchen- und Theologiegeschichte in Quellen* vom Herausgebergremium vorgesehen, werden die ausgewählten Texte in Übersetzung geboten; wesentliche lateinische Ausdrücke, termini technici und eigene Erläuterungen sind in eckigen Klammern hinzugefügt. Nur die ›Klage Dürers‹, das ›Anti-Interimslied‹ und der ›Katechismus des Petrus Canisius‹ werden wegen ihrer an die Form gebundenen Aussagekraft in der ursprünglichen Fassung geboten. Die Texte sind bis auf einige von der Sache her erforderliche Ausnahmen, wie die Komplexe ›Bauernkrieg‹ und ›Englische Reformation‹, grundsätzlich chronologisch geordnet.

Konzipiert wurde dieses Textbuch in lebhaftem Gedankenaustausch mit Dr. P. Maier und Herrn M. Schulze; die Register haben dankenswerterweise die Herrn J. M. J. Lange van Ravenswaay und H. Mayer erstellt. Ursprünglich nur auf den Bedarf deutscher Studenten ausgerichtet, berücksichtigt der vorliegende Band seit den Planungssitzungen mit den anderen Hauptherausgebern und dank sachkundiger Anregungen ausländischer Fachkollegen nicht nur in den Literaturangaben internationale Interessen. Der vorliegende Band kann daher nun in der Hoffnung erscheinen, als ›Begleiter‹ von Epochenvorlesungen zur Reformationsgeschichte wie zur frühen Neuzeit eine von uns allen empfundene Lücke schließen zu helfen.

Tübingen, 31. Oktober 1980   Heiko A. Oberman

Inhalt

Verzeichnis der Texte

Abkürzungen

Da die Abkürzungen aufgrund des Abkürzungsverzeichnisses der Theologischen Realenzyklopädie (Berlin – New York 1976) vorgenommen wurden, sind im folgenden nur Abkürzungen aufgeführt, die nicht bzw. doppelt, wie QGP, in TRE belegt sind.

AUS.SGF	Acta Universitatis Stockholmiensis. Stockholmer Germanistische Forschungen, Stockholm 1956ff.
AWA	Archiv zur Weimarer Lutherausgabe. Köln – Wien 1981ff.
BuR	Bullarium Magnum Romanum. Editio Romana, 1733ff.; Nachdruck Graz 1963ff.
EA.var.	D. Martini Lutheri Opera Latina varii argumenti ad Reformationis Historiam imprimis pertinentia, ed. H. Schmidt, Frankfurt a.M. – Erlangen 1865ff.
EKG	Evangelisches Kirchengesangbuch. Ausgabe für die Evang. Landeskirche in Württemberg, Stuttgart 1953
Luther BeA	Martin Luther – Studienausgabe, hg. von H. U. Delius, Berlin 1979ff.
LuthTheoluK	Lutherische Theologie und Kirche, Oberursel 1977ff.
QGPap	Quellen zur Geschichte des Papsttums und des römischen Katholizismus, hg. von Carl Mirbt, 1. Auflage Tübingen 1895. 6. völlig neu bearbeitete Auflage von K. Aland, Tübingen 1967
SMFN	Spätmittelalter und Frühe Neuzeit. Tübinger Beiträge zur Geschichtsforschung, hg. von J. Engel und E. W. Zeeden, Stuttgart 1978ff.
SR.TU	Spätmittelalter und Reformation. Texte und Untersuchungen, hg. von H. A. Oberman, Berlin – New York 1976ff.

Der Abdruck der folgenden Texte erfolgte mit freundlicher Genehmigung der Verlage:

S. 35– 36: Ulrich von Hutten, Deutsche Schriften, hg. von P. Ukena, 1970, Winkler Verlag, Niederlassung der Artemis Verlags GmbH, München, S. 324–325

S. 38– 39: M. Bensing – W. Trillitzsch, Bernhard Dappens »Articuli . . . contra Lutheranos«. Zur Auseinandersetzung der Jüterboger Franziskaner mit Thomas Müntzer und Franz Günther 1519. Jb. f. Regionalgeschichte 2, 1967, Verlag Hermann Böhlaus Nachfolger, Weimar, S. 136–141

S. 100–103: G. Jäckel (Hg.), Kaiser, Gott und Bauer. Die Zeit des Deutschen Bauernkrieges im Spiegel der Literatur, 1975, Verlag der Nation, DDR Berlin, S. 288–291

S. 107 : G. Wehr (Hg.), Thomas Müntzer, Schriften und Briefe, 1978, Gütersloher Verlagshaus, Gütersloh, S. 122–123

S. 115–118: Erasmus von Rotterdam, Ausgewählte Schriften 4, hg. von W. Welzig, 1969, Wiss. Buchgesellschaft, Darmstadt, S. 10,5–22

S. 178–179: W. Oehl (Hg.), Deutsche Mystikerbriefe des Mittelalters 1100–1550, 1931, Neudruck 1972, Albert Langen Georg Müller Verlag, München, S. 715–716 (allgemein 682–720)

S. 199–200: A. Haas, Geistliche Übungen, 1977[3], Verlag Herder, Freiburg, S. 15–16,25–26

S. 259–260: Thomas Morus Privat. Dokumente seines Lebens in Briefen, ausgewählt, übers. und eingel. von R. u. W. F. Schirmer, 1971, Verlag Lambert Schneider, Heidelberg, S. 96f.

S. 270–272: Johann Arnd's sechs Bücher vom wahren Christentum nebst dessen Paradiesgärtlein, 1930, J. F. Steinkopf Verlag, Stuttgart, S. 463f., 465

I Anfänge der Reformation

1. Reformation statt Reform: Luther zum Auftrag der Kirche (1512?)

Anläßlich einer Bezirkssynode des Bistums Brandenburg zum 22. Juni 1512 (21. Mai 1515?) in das bischöfliche Schloß Ziesar einberufen, erbat der Propst des Leitzkauer Prämonstratenserklosters, Georg Maskov, vom Wittenberger Augustiner und Theologieprofessor Martin Luther (1483–1546) eine Predigt. Leittext war 1Joh 5,18: ›Jeder, der aus Gott geboren ist, sündigt nicht‹. Bereits hier entwickelt Luther sein Grundprogramm einer Reformation der Kirche an Haupt und Gliedern. Aller eifrigen Reformaktion voran steht unaufgebbar und unumkehrbar die Aufgabe, aus der die Kirche lebt, nämlich das Wort Gottes, das Wort der Wahrheit (Jak 1,18) zu verkündigen, aus dem allein das Christenvolk geboren wird – sehr früh bereits belegt in Luthers Exegese: WA 3,510,2f; 571,26–29; WA 4,475,18ff.

Die Priester kommen hier auf dieser Synode zusammen, um zu beraten über Angelegenheiten, die diesen ganzen Kirchenbezirk betreffen, und wie es heißt, um an einer Reform beider Stände [d.h. der Geistlichen und der Laien] zu arbeiten [pro utriusque status reformatione laborant]. Könnte ich doch jetzt mit flammenden und brennenden Worten in eure Herzen hineindonnern und . . . die spitzen Pfeile eines Herrschers [Ps 127,4] blitzen lassen [um auszusprechen], was heute so notwendig für uns alle ist, daß nämlich die größte und grundlegende Sorge darin besteht, daß die Priester allererst überfließen von dem Wort der Wahrheit [Jak 1,18]. Es wimmelt die ganze Welt, ja sie ist heute überschwemmt von vielen und mannigfachen irrigen Lehrsätzen, von so vielen Gesetzen, von so vielen Menschenmeinungen und endlich von so viel Aberglauben, mit dem das Volk allenthalben mehr entwurzelt als in Glaubenskenntnis gefestigt wird [docetur]. Die Folge ist, daß das Wort der Wahrheit nur noch schwach schimmert, an manchen Stellen nicht einmal mehr wie ein Funke . . .
Ihr könnt auf dieser ehrwürdigen Synode noch soviel beschließen und erlassen, das einzig Wichtige aber ist, den Priestern, doch die Lehrer des Volkes, zu gebieten, von den frei erfundenen Fabeln abzulassen. Ihre Sache ist das reine Evangelium und seine heiligen Ausleger. Sie sollten dem Volk gewissenhaft das Wort der Wahrheit verkündigen, endlich auch alle Menschenlehren unterlassen oder wenigstens ihren Unterschied zum Worte Gottes hervorheben. Nur so werden die Priester getreue Mitarbeiter bei der Geburt der Kinder Gottes. Ich wiederhole! Bemüht ihr euch hierum nicht mit höchstem Einsatz, heißem Gebet und unbeugsamer Standhaftigkeit, dann erkläre ich ohne jeden Vorbehalt: Alles andere ist nichts, wir sind umsonst zusammengekommen und haben nichts eingebracht. Denn hier [in der Verkündigung des Wortes der Wahrheit] liegt der Angelpunkt schlechthin, darin besteht der Inbegriff einer jeden (r)echten Reform [legitimae reformationis summa], daran hängt auch alle Frömmigkeit . . . Fest steht der Grundsatz [stat fixa sententia]: Kirche entsteht und besteht nicht aus sich selbst heraus, sondern [sie wird geboren und erhalten] aus dem Worte Gottes, denn: »Er hat uns gezeugt durch das Wort der Wahrheit« [Jak 1,18].

Quelle: WA 1, S. 12,9–19. S. 13,24–40. – *Literatur:* WA 1, S. 8f.; J. Haar, Das Wort der Wahrheit. Luther 47, 1976, S. 5–22. Für Alternativdatierungen auf 1515 oder sogar 1518 s. WA.B 1, S. 59f.

2. Luther: Erste Psalmenvorlesung (1513/15)

Nach der Doktorpromotion (19. Oktober 1512) und Übernahme des Lehrstuhls seines Ordensvorgesetzten Staupitz (s. Nr. 5) bereitete Luther seine erste Psalmenvorlesung vor (gehalten August 1513 – Ostern 1515). Hier erhalten wir einen Einblick in die Frühphase seiner Entwicklung, und zwar anhand der Exegese eines Bibelbuches, das ihm zeitlebens besonders bedeutsam geblieben ist. – Für die Vorlesung besorgte er eigens einen Psalterdruck mit einer Vorrede über die Grundsätze seiner Psalmenexegese. Worterklärungen und textnahe Erläuterungen wurden zwischen weitgesetzten Zeilen (Interlineaglosse) bzw. am Rande (Marginalglosse) eingetragen und umfangreichere Erörterungen separat diktiert (Scholien). Diese Form der Exegese hat Luther bis zur Hebräerbriefvorlesung (April 1517 – März 1518) beibehalten.

a) Gerechtigkeit und Gericht: Die ›Berge‹ und ›Abgründe‹ der Schrift. Scholion zu Ps 36,7

»Deine Gerechtigkeit ist wie die Berge«, d.h. stark, hoch erhaben und herrlich. Oder anders: Deine Gerechtigkeit ist deine Kirche, die durch dich und deine Gerechtigkeit gerechtfertigt ist; sie ist wie die Berge, d.h. die Kirche umfaßt große und herausragende Personen oder Heilige. So nämlich bezeichnet der Apostel die ganze Kirche, wenn er sie 2Kor 5[,21] ›Gerechtigkeit‹ nennt: »Auf daß wir seien die Gerechtigkeit Gottes in Ihm«. Ersteres ist dem Gegenstand angemessener, da die Gerechtigkeit des Glaubens hochragend und unbesiegt ist: Sie vollbringt Großes und Wunderbares. Daher heißt sie auch Mt 5[,14] ›Berg‹: »Es kann die Stadt, die auf einem Berge liegt, nicht verborgen sein«, wie auch Augustinus diese Stelle erklärt[1]. Genauso Ps 68[,16]: »Ein Gottesberg, ein steiler Berg«. Die Berge sind also die Artikel des Glaubens oder die Kräfte [virtutes] des Glaubens, da sie alle durch den Glauben emporragen. Ferner die Worte [auctoritates] der Heiligen Schrift selbst, die der Berg Zion ist, der »ein heiliger Berg und die Schönheit der Gerechtigkeit« ist nach Jeremia [31,23].

Ebenso können »Deine Gerichte« verstanden werden: einmal als die Kirche selbst oder die Gläubigen, die nach dem Fleisch gerichtet, verdammt und mit Christus mitgekreuzigt sind, und nach dem Geist »Abgründe« sind, wie es oben Ps 33[,7] heißt: »Er legt die Abgründe ins Verborgene«. Zum anderen sind die Gerichte Gebote und Erlasse [precepta et decreta] des Evangeliums, die in ähnlicher Weise Abgründe, d.h. geistlich sind; die fleischlichen Menschen begreifen sie nicht, sondern für sie sind jene Dinge Torheit; 1Kor 2[,14].

Quelle: WA 3, S. 202,12–28 (Luthers erste Psalmenvorlesung wird seit 1963 neu ediert in WA 55). – *Literatur:* R. Schwarz, Fides, spes und caritas beim jungen Luther, 1962, S. 134ff.147ff.; S. H. Hendrix, Ecclesia in via, SMRT 8, 1974, S. 155–216.163f.; s. weiter bei Text c.

1.   Vgl. De Sermone Domini in monte I,6,17. CChr.SL 35, S. 16; vgl. Bd. I Nr. 91.

b) Selbstverdammung, Rechtfertigung und der Bund Gottes. Scholion zu Ps 51,6f.

Daher wird [Gott] von niemand anderem als gerecht erwiesen als von dem, der sich selbst anklagt, verdammt und richtet. Der Gerechte nämlich ist zuallererst Ankläger, Verdammer und Richter seiner selbst. Und deshalb erweist er Gott als gerecht und läßt ihn siegen und überwinden. Dagegen ist der Gottlose und Übermütige zuerst einer, der sich entschuldigt, verteidigt, rechtfertigt und zu retten sucht. Daher sagt er eben damit, er bedürfe Gottes als Retter nicht und richtet Gott in seinen Worten und macht ihn ungerecht und klagt ihn als Lügner und Falschredner an. Aber nicht er, sondern Gott wird obsiegen.

[zu Vers 7:] Wenn irgend jemand immer noch nicht versteht, daß vor Gott, der allein als gerecht erwiesen ist, keiner gerecht ist, so folgt die noch deutlichere Erklärung:»Denn siehe, ich bin in Sünden empfangen.« Also ist es wahr, daß ich vor Dir ein Sünder bin und gesündigt habe, damit Du allein ruhmreich seist in Gerechtigkeit und allein als gerecht erwiesen werdest, während wir alle Sünder sind. Und das ist wahr. Denn vor Gott sind wir so sehr ungerecht und unwürdig, daß alles, was wir tun könnten, vor ihm nichts ist. Ja auch Glaube und Gnade, durch die wir heute gerechtfertigt werden, würden uns von sich aus nicht rechtfertigen, wenn es nicht der Bund Gottes täte. Eben deshalb nämlich werden wir selig, weil er einen Bund und Pakt [testamentum et pactum] mit uns gemacht hat, daß»wer da glaubet und getauft wird, selig wird« [Mk 16,16]. In diesem Bunde aber ist Gott wahrhaftig und treu und hält, was er versprochen hat. Daher ist es wahr, daß wir vor ihm immer in Sünden sind, so daß er selbst – nämlich durch seinen Pakt und Bund, den er mit uns geschlossen hat –, der ist, der gerecht macht. Daher heißt es im Hebräischen wörtlich:»An Dir habe ich gesündigt, deshalb wirst Du in Deinem Wort«, d.h. in Deinem Bund,»gerecht machen«. Wer also nicht sündigt und die Sünde nicht bekennt, den macht Gott nicht in [seinem] Bund gerecht: Denn»wer nicht glaubt« [wird verdammt werden, Mk 16,16], deshalb, weil Gott es [dann] nicht kann [eo quod non possit deus].

Quelle: WA 3, S. 288,30–289,10. – *Literatur:* s. bei Text c.

c) Ankunft Christi, Verheißung und Vorbereitung. Scholion zu Ps 115,1

»Nicht uns, Herr, nicht uns [sondern deinem Namen gib Ehre« Ps 115,1]. Die Ankunft Christi ins Fleisch wurde aus purer Barmherzigkeit des verheißenden Gottes geschenkt – sie wurde weder aufgrund natürlicher Verdienste [merita] des Menschen gegeben noch aufgrund seiner Schulden [demerita] verweigert –, aber dennoch mußten Vorbereitung und Zurüstung für seinen Empfang vorausgehen, wie im ganzen Alten Testament auf der zu Christus hinführenden Linie geschehen ist: Denn daß Gott seinen Sohn verheißen hat, war Barmherzigkeit, daß er ihn aber offenbarte [exhibuit], war seine Wahrheit und Treue, wie im letzten Kapitel des Buchs Micha [7,20] geschrieben steht:»Du wirst dem Jakob die Wahrheit und dem Abraham die Barmherzigkeit erweisen, wie du unseren Vätern vorzeiten geschworen hast«; es heißt nicht:»wie wir verdient haben«, sondern:»wie du geschworen hast«. Daher beruht die Tatsache, daß Gott sich zu unserem Schuldner gemacht hat, auf der Verheißung [promissio] dessen, der sich erbarmt, und nicht auf der Würdigkeit der menschlichen Natur, die Verdienste erwirbt. Denn nichts hat er gefordert außer der Vorbereitung, daß wir für seine Gnade aufnahmefähig sind [ut essemus capaces doni illius]; gleichwie ein Fürst oder König des Landes seinem Räuber oder einem Mörder hundert Gulden versprechen würde und nur forderte, daß dieser zum festgesetzten Zeitpunkt und Ort ihn empfangsbereit erwarte. So ist klar, daß jener König aufgrund seines freiwilligen Versprechens [ex gratuita promissione] und seiner Huld [misericordia] Schuldner ist ohne das Verdienst des Räubers bzw. Mörders und daß er auch nicht wegen dessen Schuld verweigert, was er versprochen hat. So verhält es sich auch mit der geistlichen Ankunft [adventus] durch Gnade und der endzeitlichen Ankunft in Herrlichkeit, weil sie nicht aufgrund unserer Verdienste, sondern allein aufgrund der Verheißung des barmherzigen Gottes geschehen. Gott hat nämlich für die geistliche Ankunft diese Verheißung gegeben:»Bittet, so werdet ihr empfangen, suchet, so werdet

ihr finden, klopfet an, so wird euch aufgetan. Denn jeder, der bittet, empfängt«
[Mt 7,7f.].
Daher sagen die Gelehrten [Doctores] mit Recht, daß Gott dem Menschen, der tut,
was in seinen Kräften steht, unfehlbar die Gnade gibt [homini facienti quod in se
est, deus infallibiliter dat gratiam], und daß der Mensch sich zwar nicht in voller
Würdigkeit [de condigno] auf die Gnade vorbereiten kann, weil sie jeden Maßstab
übersteigt, wohl aber in billiger Angemessenheit [de congruo], eben wegen dieser
Verheißung Gottes und des Bundes der Barmherzigkeit. Ebenso hat Gott für die
endzeitliche Ankunft verheißen, daß wir in Erwartung der seligen Hoffnung gerecht, züchtig und gottselig leben sollen in dieser Welt [Tit 2,12f.]. Denn so heilig
wir hier auch leben, so ist dies doch kaum eine Zurüstung und Vorbereitung auf
die künftige Herrlichkeit, die an uns offenbar werden wird, so daß der Apostel
sagt: »Die Leiden dieser Zeit sind nicht würdig [condigne] usw. [der Herrlichkeit,
die an uns soll offenbart werden]« [Röm 8,18]. Aber sehr wohl angemessen [Sed
bene congrue]. Darum: Gott gewährt alles umsonst und nur aufgrund seiner
Barmherzigkeit, wenngleich er will, daß wir dafür, soweit es in unseren Kräften
steht, zugerüstet sind. Daher, gleichwie das Gesetz eine Vor-bildung [figura] und
die Vor-bereitung des Volks auf den Empfang Christi war, so bereitet es uns [da-
durch] auf die Gnade vor, daß wir tun, was in unseren Kräften steht. Sodann ist die
ganze Zeit der Gnade Vorbereitung auf die künftige Herrlichkeit und die zweite
Ankunft [Christi]. Deshalb heißt er uns wachen, bereit sein und ihn erwarten usw.

Quelle: WA 4, S. 261,25–262,17. – *Literatur:* E. Vogelsang, Die Anfänge von Luthers Christologie
nach der ersten Psalmenvorlesung, 1929; H. A. Oberman, Facientibus quod in se est Deus non denegat
gratiam. Robert Holcot O.P., and the beginnings of Luther's theology. HThR 55, 1962, S. 317–342; L.
Grane, Contra Gabrielem. Luthers Auseinandersetzung mit Gabriel Biel in der Disputatio Contra
Scholasticam Theologiam 1517, Gyldendal 1962, S. 296–302; H. A. Oberman, The Harvest of Medie-
val Theology, Cambridge, Mass. 1963, S. 169–184; R. Schwarz, Die Vorgeschichte des reformatori-
schen Bußverständnisses, AKG 41, 1968; G. Ebeling, Luthers Psalterdruck vom Jahre 1513, in: ders.,
Lutherstudien 1, 1971, S. 69–131; O. Bayer, Promissio. Geschichte der reformatorischen Wende in
Luthers Theologie, 1971, S. 128–136; K.-H. zur Mühlen, Nos extra nos. Luthers Theologie zwischen
Mystik und Scholastik, 1972; Luther BeA 1, S. 29–31.

3. Luther: Scholien zum Römerbrief (1515/16)

Nach der ersten Psalmenvorlesung eröffnete Luther mit der Römerbriefvorlesung (Ostern 1515 – September 1516) die Reihe seiner Paulusexegesen: Galaterbrief (Oktober 1516 – März 1517); Hebräerbrief
(die Autorschaft des Paulus wird schon in Frage gestellt; April 1517 – März 1518). Die Ansätze der ersten Psalmenvorlesung werden hier aufgegriffen und weitergeführt sowie die Kritik gegen die scholastische Theologie scharf geäußert, und zwar als Polemik gegen die ockhamistische Gnadenlehre (vgl.
zu W. v. Ockham Bd. II Nr. 57a–c) und weit darüber hinaus gegen die von Aristoteles überfremdete
Theologie insgesamt.

a) Notwendigkeit der fremden Gerechtigkeit

Die Summe dieses Briefes ist: alle Weisheit und Gerechtigkeit des Fleisches [sa-
pientia et iustitia carnis] zu zerstören, auszureißen und zu vernichten (d.h. wie
groß sie auch in den Augen der Menschen und vor uns selbst sein mag [coram no-
bis]), wie sehr sie auch von Herzen und aufrichtigen Sinnes geübt werden mag;
und die Sünde einzupflanzen, aufzurichten und großzumachen (sowenig sie auch

vorhanden sein mag bzw. vorhanden zu sein vermutet wurde) . . . Denn es gibt und gab unter den Heiden und Juden manche, die glaubten, es genüge, wenn man nicht zum Schein und um Menschen damit zu gefallen, sondern aus innerstem Herzen Tugenden und Wissen besitzt, wie etwa viele Philosophen; obwohl diese aber vor den Menschen [coram hominibus] solche Gerechtigkeiten nicht geltend machen oder sich ihrer rühmen, sondern rein aus Liebe zu Tugend und Weisheit ihnen anhangen (wie die, die zu den Besten und Aufrichtigsten zählten, von denen aber außer Sokrates wenige bekannt sind), so konnten sie sich doch nicht in ihrem Inneren enthalten, sich selbst zu gefallen und sich wenigstens bei sich selbst im Herzen zu rühmen als weise, als gerechte und gute Männer. Sie sind es, von denen der Apostel sagt: »Da sie sich für weise hielten, sind sie zu Narren geworden« [Röm 1,22].

. . . Gott will uns nicht durch eigene, sondern durch fremde Gerechtigkeit und Weisheit [non per domesticam, sed per extraneam iustitiam et sapientiam] retten, durch eine Gerechtigkeit, die nicht aus uns kommt und geboren wird, sondern die von anderswoher in uns hereinkommt; die nicht unserer Erde entspringt, sondern die vom Himmel kommt [Ps 85,12]. Folglich muß eine ganz und gar außerhalb un- ser liegende und fremde Gerechtigkeit [omnino externa et aliena iustitia] gelehrt werden. Zuerst muß die eigene, in uns heimische Gerechtigkeit ausgerissen wer- den. In diesem Sinne heißt es in Psalm 45[,11]: »Vergiß deines Volks und deines Vaterhauses« usw. Auch Abraham wurde so berufen, auszuziehen [Gen 12,1]. Und im Hohenlied steht: »Komm vom Libanon, meine Braut, du sollst bekränzt werden« [Hld 4,8 Vulg.]. Der ganze Auszug des Volkes Israel in alter Zeit deutete auf diesen Auszug hin, den man als den Auszug von den Lastern zu den Tugenden auslegt. Er muß aber vielmehr auch als der [Auszug] von den Tugenden zur Gnade Christi [de virtutibus ad gratiam Christi] ausgelegt werden, da Tugenden solcher Art um so größere und schlimmere Laster sind, als sie sich weniger als Laster er- kennen lassen und heftiger die menschlichen Gemütsbewegungen [affectus] be- stimmen und fesseln als alles andere . . .

Quelle: WA 56, S. 157,1–6.11–19. S. 158,10–21. – *Literatur:* s. bei Text b.

b) Gerecht und Sünder zugleich

Zum Verständnis jenes Wortes: »Selig sind die, welchen [ihre Ungerechtigkeiten] vergeben sind« [4,7] sei folgendes gesagt:
Die Heiligen sind inwendig [intrinsece] immer Sünder; darum werden sie immer außerhalb ihrer selbst [extrinsece] gerechtfertigt. Die Heuchler aber sind inwendig immer gerecht, darum sind sie außerhalb ihrer selbst immer Sünder.
›Inwendig‹, d.h. so wie wir in uns, in unseren Augen, in unserer Meinung sind; ›außerhalb‹ unser selbst aber, wie wir bei Gott und in seinem Urteile dastehen. So sind wir also [dann] außerhalb unser selbst gerecht, wenn wir nicht aus uns selbst heraus, nicht aus eigenen Werken, sondern allein kraft göttlicher Anrechnung ge- recht sind [ex sola Dei reputatione iusti sumus]. Sein Anrechnen liegt nämlich nicht in uns, auch nicht in unserer Macht. Also liegt auch unsere Gerechtigkeit nicht in uns, auch nicht in unserer Macht, wie Hosea sagt [13,9]: »Du bringst dich ins Unglück, Israel; denn dein Heil steht allein bei mir« (d.h. in dir ist nichts denn Verderben, dein Heil ist außer dir). Und Ps 121[,2]: »Meine Hilfe kommt vom Herrn«, also nicht von mir . . . Darum sind wir inwendig und aus uns selbst her- aus immer gottlos [impius]. So heißt es Ps 51[,5]: »Meine Sünde ist immer vor

mir«, d. h. es ist mir allezeit vor meinen Augen, daß ich ein Sünder bin: »An dir
habe ich gesündigt (d. h. bin ich ein Sünder); darum wirst du rechtfertigen in deinem Wort.« Umgekehrt sind die Heuchler, weil sie inwendig gerecht sind, aufgrund dieser Wechselbeziehung notwendigerweise außerhalb ihrer selbst (d. h. im
Urteil Gottes) ungerecht, wie es Ps 95[,10] heißt: »Und ich sprach: Immer irren sie
in ihrem Herzen«, die alle Worte der Schrift verkehren wie jenes Wort: »Meine
Sünde ist immer vor mir.« Sie sagen dafür: Meine Gerechtigkeit ist immer vor mir
(d. h. vor meinen Augen), und selig sind, die Werke der Gerechtigkeit tun. Dir gegenüber, so sagen sie, (habe ich nicht gesündigt, sondern) handle ich gerecht, jedoch, nur in ihren eigenen Augen handeln sie gerecht.
»Wundersam ist Gott in seinen Heiligen« [Ps 68,36], vor dem sie zugleich Gerechte und Ungerechte sind [simul sunt iusti et iniusti]. Und wundersam ist Gott
in den Heuchlern, vor dem sie zugleich Ungerechte und Gerechte sind. Denn indem die Heiligen ihre Sünde immer vor Augen haben und die Gerechtigkeit von
Gott nach seiner Barmherzigkeit erflehen, werden sie auch von Gott immer als gerecht angesehen. Also sind sie in ihren eigenen Augen und in Wirklichkeit ungerecht, bei Gott aber, der sie um des Bekenntnisses ihrer Sünde willen als gerecht
ansieht, sind sie gerecht. In Wirklichkeit sind sie Sünder, gerecht durch das gnädige Ansehen Gottes, der sich ihrer erbarmt. Über ihr Wissen hinaus sind sie gerecht, ihrem Wissen nach ungerecht; Sünder in Wirklichkeit, gerecht aber in
Hoffnung [peccatores in re, iusti autem in spe]. Das meint Paulus, wenn er hier
sagt: »Selig sind, denen ihre Übertretungen vergeben sind, deren Sünden bedek-
ket sind«.

Zusatz [Corollarium]
Der Apostel redet hier nicht bloß von den Tat-, Wort- und Gedankensünden, sondern auch von jenem »Zunder« [fomes], wie er unten Kap. 7[,20] sagt: »Nicht ich,
sondern die Sünde, die in mir wohnet«. Und dort nennt er diesen Zunder »sündli-
che Gelüste«, d. h. Regungen, Begehrungen, Neigungen zur Sünde, die, wie er
sagt, dem Tode Frucht schaffen. Also ist die Tatsünde [actuale] (wie sie von Theologen genannt wird) richtiger Sünde im Sinn von Werk und Frucht der Sünde, die
Sünde selbst aber ist eben jene Leidenschaft, der Zunder, die sündhafte Begierde
[concupiscentia] oder der Hang zum Bösen und der Widerwille gegenüber dem
Guten, wie es unten heißt: »Ich wußte nicht, daß die Begierde Sünde sei« [Röm
7,7] . . .
Daher kommt es, daß, »so wir sagen, wir haben keine Sünde, wir Lügner sind«
[1Joh 1,8]. Ein Irrtum ist es, zu meinen, dieses Übel könne durch Werke geheilt
werden, da doch die Erfahrung [experientia] bezeugt, daß, wie eifrig wir auch immer gute Werke tun, diese sündhafte Lust zum Bösen zurückbleibt und keiner davon rein ist, nicht einmal ein Kind, das erst einen Tag alt ist. Aber Gottes Erbarmen ist es, daß zwar dieses Übel bleibt, dennoch aber nicht als Sünde angerechnet
[non pro peccato reputatur] wird denen, die ihn anrufen und um ihre Erlösung davon seufzen. Denn solche werden willig auch auf ihre Werke achthaben, weil sie
mit allem Eifer nach der Rechtfertigung trachten [querunt iustificari]. So sind wir
also in uns Sünder und dennoch, sofern uns Gott als gerecht ansieht, gerecht durch
den Glauben. Denn wir glauben dem, der uns verheißt, daß er uns erlösen will,
wenn wir nur indessen beharrlich bleiben, damit nicht die Sünde herrsche, sondern daß wir ihr standhalten, bis er sie hinwegräumt.
Es ist wie mit einem Kranken, der dem Arzt, der ihm aufs gewisseste die Gesund-

heit verspricht, Glauben schenkt und in der Hoffnung auf die versprochene Genesung seinem Gebote gehorcht und sich inzwischen dessen enthält, was ihm verboten ist, daß er nicht die verheißene Gesundheit gefährde und die Krankheit steige-
re, bis der Arzt erfüllt, was er versprochen hat. Ist dieser Kranke nun etwa gesund?
Nein, er ist zugleich krank und gesund. Krank in Wirklichkeit, gesund aber nach
der gewissen Zusage des Arztes (dem er glaubt; der ihn schon gleichsam für gesund rechnet, weil er dessen gewiß ist, daß er ihn heilen wird), weil er schon begonnen hat, ihn zu heilen, und ihm darum die Krankheit nicht zum Tode angerechnet hat. In gleicher Weise hat auch unser Samariter Christus [vgl. Lk
10,30–35] den halbtoten Menschen, seinen Kranken, zur Pflege in die Herberge
aufgenommen und begonnen, ihn zu heilen, nachdem er ihm völlige Gesundheit
zum ewigen Leben zugesagt hat; er rechnet [imputare] ihm die Sünde, d.h. die Begierden nicht zum Tode an, sondern verwehrt ihm nur inzwischen in der Hoffnung auf die verheißene Gesundung, das zu tun und zu lassen, wodurch jene Genesung aufgehalten und die Sünde, d.h. die böse Begierde gesteigert werden könnte. Ist er damit vollkommen gerecht? Nein, sondern er ist zugleich ein Sünder und
ein Gerechter; Sünder in Wirklichkeit, aber gerecht kraft der Ansehung und der
gewissen Zusage Gottes [ex reputatione et promissione Dei certa], daß er ihn von
der Sünde erlösen wolle, bis er ihn völlig heilt, und so ist er vollkommen heil in
Hoffnung, in Wirklichkeit aber ein Sünder; doch besitzt er die Erstlingsgabe der
Gerechtigkeit [Initium Iustitiae], auf daß er immer weiter suche, immer in dem
Bewußtsein ungerecht zu sein. Wenn nun aber dieser Kranke aus Liebe zu seiner
Schwachheit gar nicht alles heilen lassen will, wird er dann nicht sterben? So ist es
mit denen, die ihren bösen Lüsten in der Welt nachgeben. Oder wenn ein Kranker
sich einbildet, er sei nicht krank, sondern gesund, und deshalb den Arzt verschmäht, so bedeutet das soviel, wie durch seine eigenen Werke gerechtfertigt und
gesund sein zu wollen.

Quelle: WA 56, S. 268,24–270,10. S. 271,1–9. S. 271,23–273,2. – *Literatur:* K. Holl, Die Rechtfertigungslehre in Luthers Vorlesung über den Römerbrief mit besonderer Rücksicht auf die Frage der
Heilsgewißheit, ZThK 20, 1910, S. 245–291. Neudruck in: ders., Gesammelte Aufsätze zur Kirchengeschichte 1, 1948[7], S. 111–154; R. Hermann, Luthers These »Gerecht und Sünder zugleich«, 1930.
Neudruck Darmstadt 1960; W. Link, Das Ringen Luthers um die Freiheit der Theologie von der Philosophie, 1955[2]. Neudruck 1969; J. Wicks, Man Yearning for Grace. Luther's Early Spiritual Teaching,
VIEG 56, 1969, S. 61ff.125ff.; L. Grane, Modus loquendi theologicus. Luthers Kampf um die Erneuerung der Theologie (1515–1518), 1975; Luther BeA 1, S. 97f.; vgl. auch Lit. bei Nr. 2c.

4. Papst Leo X.: Bulle »Pastor aeternus« (1516)

König Karl VII. (1422–1461) unterzeichnete bei der Versammlung des französischen Klerus in Bourges am 7. Juni 1438 die zum Teil modifizierten Reformdekrete des Basler Konzils (1431–1437 bzw.
1449; vgl. Bd. II Nr. 67a–c) als »Pragmatische Sanktion«. In diesem Dokument werden die Rechte
des Papstes eingeschränkt und die »Gallikanischen Freiheiten« in Schutz genommen.
Papst Leo X. (1513–1521) erreichte am 18. August 1516 die Aufhebung der »Pragmatischen Sanktion«
und den Abschluß eines Konkordats mit König Franz I. (1515–1547) von Frankreich; das 5. Laterankonzil bestätigte in seiner 11. Sitzung am 19. Dezember 1516 diese Bestimmungen. Die Berufung auf
die Bulle »Unam Sanctam« (vgl. Bd. II Nr. 50b) und damit auf die päpstliche Universalgewalt ist zu beachten.

. . . Julius II. [1503–1513], unser Vorgänger glorreichen Andenkens, hat, nachdem er aus den von ihm damals angegebenen legitimen Gründen mit Rat und Zustimmung der Kardinäle, zu deren Zahl wir [Papst Leo X.] damals gehörten, das heilige Laterankonzil angesagt hatte, mit eben diesem Konzil darüber nachgedacht, daß das von Bourges ausgegangene verderbliche Schriftstück Frankreichs, das von jenen ›Pragmatische Sanktion‹ genannt wird, mit größter Gefahr und vielem Ärgernis für die Seelen sowie unter Mißachtung und mit Benachteiligung des Apostolischen Stuhles in den vergangenen Zeiten gegolten hatte und immer noch galt. Er hat deshalb die Angelegenheit dieser Pragmatischen Sanktion mit Zustimmung desselben Konzils einem besonderen Ausschuß . . . zur Beratung übergeben . . . Wir haben reiflich erwogen, daß jene Pragmatische Sanktion, oder richtiger, jenes verderbliche Schriftstück, zur Zeit des Schismas[1] von Unberechtigten erlassen, der übrigen Christenheit und der heiligen Kirche Gottes in keiner Weise entsprechend, von dem allerchristlichsten König der Franzosen, Ludwig XI. [1461–1483] berühmten Andenkens, widerrufen, kassiert und abgeschafft, die Autorität, Freiheit und Würde dieses Stuhles verletzt und verringert und die Befugnis des jeweiligen römischen Papstes, mit Kirchen, Abteien und sonstigen Benefizien die im Dienste der allgemeinen Kirche beständig arbeitenden Kardinäle und gelehrten Männer . . . zu versorgen, gänzlich aufhebt, andrerseits den Kirchenprälaten jener Länder Anlaß gibt, den heiligen Nerv des Gehorsams gegenüber der kirchlichen Disziplin zu verletzen und zu zerreißen . . . Wir sind zu der Erkenntnis gelangt, daß die Pragmatische Sanktion offensichtlich ungültig ist . . . Auch das kann für uns nicht entscheidend sein, daß die Sanktion selber und ihr Inhalt, auf dem Basler Konzil herausgegeben, während desselben Konzils von der Versammlung zu Bourges übernommen und angenommen wurden, da das alles nach der von unserem Vorgänger Eugen IV. [1431–1447], seligen Andenkens, verfügten Translation [1438] vom Basler Conciliabulum oder richtiger Konventikel – das insbesondere nach dieser Translation nicht mehr verdient, Konzil genannt zu werden – ausgegangen ist und deshalb keinerlei Gültigkeit haben konnte; da auch nur der jeweilige römische Papst als der, welcher Autorität über alle Konzilien hat, das volle Recht und die Befugnis besitzt, Konzilien auszuschreiben, zu verlegen und aufzulösen, wie nicht nur aus dem Zeugnis der Heiligen Schrift, den Aussprüchen der heiligen Väter, anderer römischer Päpste, unserer Vorgänger, und den Dekreten des kanonischen Rechts, sondern auch aus dem Bekenntnis ebenderselben Konzilien klar hervorgeht . . .

Da es heilsnotwendig ist, daß alle Christen dem römischen Papst unterstehen, wie wir aus dem Zeugnis der göttlichen Schrift und der heiligen Väter belehrt werden, wie auch aus der Konstitution unseres Vorgängers Bonifaz VIII. [1294–1303], seligen Andenkens, die beginnt: »Unam sanctam«[2], hervorgeht, erneuern und bestätigen wir unter Billigung des anwesenden heiligen Konzils eben diese Konstitution zum Heil jener gläubigen Seelen und zugunsten der höchsten Autorität des römischen Papstes und dieses heiligen Stuhles, unbeschadet der Deklaration von Klemens V. [1305–1314], heiligen Andenkens, die beginnt: »Meruit«[3] . . .

Quelle: Leo X., Bulle »Pastor aeternus« (5. Laterankonzil, 11. Sitzung), COD, 1973³, S. 640–645; übers. nach: C. J. Hefele – J. Hergenröther, Conciliengeschichte 8, 1887, S. 710–714. – *Literatur:* J. Thomas, Le concordat de 1516, 1–3, 1910; F. X. Seppelt – G. Schwaiger, Geschichte der Päpste 4, 1957², S. 414–415; K. Kubisch, Leo X. und die europäische Reformation, in: Geschichte in der Gegenwart. Festschrift für Kurt Kluxen, 1972, S. 219–238; J. W. Stieber, Pope Eugenius IV., the Council of Basel, and the Secular and Ecclesiastical Authorities in the Empire, SHCT 13, 1978.

1. Hier ist nicht die Rede vom ›großen abendländischen Schisma‹ (1378–1415; vgl. Bd. II Nr. 64a und b), sondern von der Periode zwischen der Translation des Konzils von Basel (1431–1449) durch Papst Eugen IV. im Jahre 1438 nach Ferrara (1439 nach Florenz; vgl. Bd. II Nr. 67a–c) und dem Abdanken des Konzilspapstes, Felix V. (1449). Vgl. S. J. Gill, Eugenius IV. Pope of Christian Union, London 1961, S. 133–167.

2. Vom Jahre 1302; vgl. DS Nr. 875; QGPap 1, S. 458–460, Nr. 746.

3. Vgl. QGPap 1, S. 460, Nr. 748.

5. Johann von Staupitz: Von der Vollziehung der ewigen Vorsehung (Januar/Februar 1517)

»Unter großem Zulauf« (WA.B 1, S. 84,11) verkündigte Staupitz die biblische Lehre der Prädestination, Rechtfertigung und Heiligung zum Advent 1516 in Nürnberg. Sein Freund Christoph Scheurl (1481–1542) drängte ihn zu einer lateinischen – und damit der ganzen gelehrten Welt zugänglichen – Fassung. Scheurls deutsche Übersetzung erschien am 20. Januar 1517; der lateinische Druck datiert vom 6. Februar 1517. – Das zentrale 4. Kapitel, dem der folgende Text entnommen ist, handelt von der Erwählung als der schlechthin ersten, allem Wirken des Menschen zuvorkommenden Gnade. Während der ›Chrysopassus‹ (Augsburg 1514) des späteren Luthergegners Johannes Eck (vgl. Nr. 24) das Verhältnis zwischen Prädestination und Rechtfertigung noch im Rahmen der scholastischen Autoritäten abhandelt, ist bei Staupitz nicht nur die Sprache biblisch gesättigt, sondern auch seine Beweisführung ein Bemühen um regelhafte biblische Exegese. In zahllosen Varianten und in allen Konfessionen – Molina († 1600) und Bellarmin († 1621) sowie Gomaristen und Arminianer (vgl. Nr. 130) – bleibt das Thema auch nach dem Reformationsjahrhundert zentral, wird aber im Zeitalter der Orthodoxie wieder zusehends mit Autoritäten bestritten. Vergeblich verbot Papst Paul V. im Jahre 1611 den in abgewandelter Form besonders zwischen Jesuiten und Dominikanern wieder aufgebrochenen Streit (»de auxiliis gratiae«).

19.   Damit die Welt nicht vergeblich erschaffen würde, ist beschlossen worden: für die Natur die Erhaltung durch die göttliche Macht, für den freien Willen die Gnade der göttlichen Menschwerdung, damit so durch Erhaltung das Sein, durch Gnade das Gutsein bestehen bleibe, beides aber durch Gott selbst. Und so wurde vor Grundlegung der Welt [Eph 1,4] beschlossen: niemand könne ohne die Gnade Christi gut handeln.

20.   Und weil zum Lob des Allmächtigen Barmherzigkeit und Gerechtigkeit gleicherweise beitragen, sind Erwählung und Vorherbestimmung bestimmter Menschen zur Gleichförmigkeit mit dem Bild des Sohnes Gottes [Röm 8,29] beschlossen worden: zum Glauben an unseren Herrn Jesus Christus [vgl. Gal 2,16]; denn die nicht glauben, sind schon gerichtet [Joh 3,18].

21.   Das ist die erste Gnade, die sowohl der Natur als auch dem Werk zuvorkommt, die mit Gewißheit niemand erbeten noch verdient hat. Sie wird weder den in voraus erkannten – oder dem vorausgesehenen künftigen guten Gebrauch der Vernunft – noch den dargebotenen Verdiensten geschuldet, sondern ist einzig aus dem gütigsten und freiesten Willen Gottes hervorgegangen.

22.   Wem jene erste Gnade gegeben ist, dem werden auch die übrigen alle mit Notwendigkeit [necessitate consequentiae] folgen, und Christus ist ihm zum Schuldner des Heils geworden. Das ist es, was er zu Zachäus gesagt hatte: ›Heute muß ich in deinem Hause bleiben‹, weil auch er ein Sohn Abrahams war [Lk 19,5.9], erwählt gemäß der Verheißung [Gal 3,29]. Mit gleichartiger Notwendigkeit hat Christus für die Sünder gelitten, ist gekreuzigt worden und gestorben [Lk 24,44.46].

Quelle: Johann von Staupitz, Libellus de exsecutione aeternae praedestinationis. Sämtliche Schriften,
2. Lateinische Schriften 2, hg. von L. Graf zu Dohna – R. Wetzel, SR.TU14,1979, S. 94–99. – *Litera-*
tur: Th. Kolde, Die Deutsche Augustiner-Congregation und Johann von Staupitz, 1879; E. Wolf,
Staupitz und Luther. Ein Beitrag zur Theologie des Johannes von Staupitz und deren Bedeutung für
Luthers theologischen Werdegang, QFRG 9, 1927; D. C. Steinmetz, Misericordia Dei. The Theology
of Johannes von Staupitz in Its Late-Medieval Setting, SMRT 4, 1968; H. A. Oberman, Werden und
Wertung der Reformation. Spätscholastik und Reformation, 1979[2], S. 97–140.

6. Andreas Karlstadt: 151 Thesen gegen die scholastische Theologie (April 1517)

Luthers Römerbriefvorlesung (Nr. 3) setzte ein Signal für einen neuen theologischen Anstoß an der
Universität Wittenberg. Der Augustiner Johannes Lang († 1548) absolvierte zugleich mit Luther seine
Vorlesung als Baccalaureus biblicus über den gleichen Brief, die ihrer innerlichen Nähe zu Luther wegen vom Dekan der Fakultät abgelehnt wurde[1]. In die Ablehnungsfront reihte sich zunächst auch Karlstadt (s. auch Nr. 15, 37, 44) ein, der sich dann aber aufgrund eigenen Augustinstudiums und der ihn
überzeugenden Theologie Johanns von Staupitz (vgl. Nr. 5) dem Widerspruch Luthers gegen die scholastische Theologie anschloß. Mit seinen 151 Thesen vom 26. April 1517 geht Karlstadt noch vor Luther zum öffentlichen Angriff über.

1.   Die Aussagen der heiligen Väter sind nicht zurückzuweisen [negenda],
2.   wenn sie nicht von ihnen selbst verbessert [correcta] oder zurückgenommen
     [retractata] worden sind.
3.   Widersprechen sie sich [si fuerint diversa], so darf man sie nicht nach reinem
     Gutdünken [placitum] auswählen – das sage ich gegen viele –,
4.   sondern muß diejenigen nehmen, auf deren Seite eher das Zeugnis der Heili-
     gen Schrift [divina testimonia] oder die Vernunft steht.
5.   Unter denjenigen, die durch Schriftzeugnisse [testimonia] gestützt werden,
     sind die vorzuziehen, die sich auf die eindeutigen Belegstellen stützen können
     [evidencioribus nituntur authoritatibus].
6.   Sind die Aussagen eines [Kirchen-]Lehrers unter sich verschieden und unver-
     einbar, ist die spätere zu verwenden.
7.   Die Auffassung des seligen Augustin steht in Fragen der Moral keiner ande-
     ren nach [nulli cedit]. Das sage ich gegen die Kanonisten.
24. Der Gnade gehen keine Verdienste [bona merita] voraus. Das sage ich gegen
     eine verbreitete Anschauung [communis].
60. Damit bricht die Auffassung in sich zusammen [corruit], daß Augustin ge-
     gen die Häretiker übertreibt [loquitur excessive]. Das sage ich gegen die ›Moderni‹
     [= Nominalisten].
84. Das Gesetz ohne die Gnade ist tötender Buchstabe, in der Gnade dagegen le-
     bendigmachender Geist.

Quelle: Th. Kolde (Hg.), Wittenberger Disputationsthesen aus den Jahren 1516–1522, ZKG 11,
1889/90, S. 450–453. – *Literatur:* E. Freys – H. Barge, Verzeichnis der gedruckten Schriften des Andreas Bodenstein von Karlstadt, ZfB 21, 1904, S. 153–179.209–243; 305–331. Neudruck Nieuwkoop
1965; H. Barge, Andreas Bodenstein von Karlstadt, 1. Karlstadt und die Anfänge der Reformation, 2.
Karlstadt als Vorkämpfer des laienchristlichen Puritanismus, 1905; Nieuwkoop 1968; E. Kähler, Karlstadt und Augustin. Der Kommentar des Andreas Bodenstein von Karlstadt zu Augustins Schrift De
spiritu et litera. Einführung und Text, 1952; F. Kriechbaum, Grundzüge der Theologie Karlstadts.

Eine systematische Studie zur Erhellung der Theologie Andreas von Karlstadts, ThF 43, 1967; U. Bubenheimer, Consonantia Theologiae et Iurisprudentiae. Andreas Bodenstein von Karlstadt als Theologe und Jurist zwischen Scholastik und Reformation, JusEcc 24, 1977; R. J. Sider, Andreas Bodenstein von Karlstadt. Zwischen Liberalität und Radikalität, in: H.-J. Goertz (Hg.), Radikale Reformatoren, 1978, S. 21–28.

1. Vgl. R. Weijenborg, Die Wittenberger Titusbriefvorlesung des Erfurter Augustiners Johannes Lang. Erstausgabe nach dem Vat. Pal. Lat. 132 mit Einleitung und Kommentar, in: Scientia Augustiniana. Festschrift Adolar Zumkeller OSA, Cass. 30, 1975, S. 423–468; ders., Die Wittenberger Römerbriefvorlesung des Erfurter Augustiners Johannes Lang. Erstausgabe nach dem Vat. Pal. Lat. 132 mit Einleitung und Kommentar. Anton. 52, 1976, S. 394–494.

7. Luther: Disputation gegen die scholastische Theologie[1] (September 1517)

Die Reform der Theologie in Wittenberg vorantreibend richtet Luther nach dem Vorstoß Karlstadts (s. Nr. 6) nun seinerseits einen Großangriff gegen die scholastische Theologie (Disputatio contra scholasticam theologiam. 4. September 1517). Er schickt die Thesen u.a. nach Erfurt; er sei gern bereit, dorthin zu kommen und mit seinen früheren Lehrern, Bartholomäus Arnoldi von Usingen (ca. 1462–1532) und Jodocus Trutvetter (ca. 1460–1519), zu disputieren (WA.B 1, S. 103). Die positive Fassung konnte Luther 1518 in Heidelberg vortragen (vgl. Nr. 14); zur Disputation über die Grenzen des Ordens und seiner eigenen Universität hinaus kam es erst in Leipzig (Nr. 22) mit Eck.

1. Zu sagen, daß Augustin in seinen Ausführungen gegen die Häretiker zu scharf [excessive] geredet habe[2], ist so viel wie zu sagen, Augustin [vgl. Bd. I Nr. 91] habe fast überall gelogen (gegen die allgemeine Meinung).
2. Es ist dasselbe, den Pelagianern [vgl. Bd. I Nr. 92] sowie allen Häretikern Gelegenheit zum Triumph, ja den Sieg zu geben.
3. Und es ist dasselbe, die Autorität aller Kirchenlehrer dem Spott preiszugeben.
4. Wahrheit ist es also, daß der Mensch, ein »fauler Baum« [Mt 7,18] geworden, nur das Böse wollen und tun kann.
5. Falsch ist, daß ›das freie Streben [appetitus] sich nach jeder von zwei entgegengesetzten Richtungen bewegen kann‹[3]; vielmehr ist es gar nicht frei, sondern gefangen (gegen die allgemeine Meinung).
6. Falsch ist es, daß ›der Wille sich aus seinen natürlichen Kräften [naturaliter] nach dem rechten Befehl [der Vernunft] richten könne‹[4]; (gegen Scotus [vgl. Bd. II Nr. 49a–f] und Biel [vgl. Bd. II Nr. 80a und b]).
7. Sondern ohne die Gnade Gottes ›bringt er notwendig einen Akt hervor, der damit nicht übereinstimmt und böse ist‹[5].
8. Und keineswegs ›folgt daraus, daß er von Natur aus böse wäre‹[6], d.h. von der Natur des Bösen [natura mali] nach der Lehre der Manichäer (vgl. Bd. I Nr. 43).
9. Dennoch ist er von Natur aus sowohl unausweichlich böse als auch verderbt [viciata natura].
10. [Einzig] das wird zugelassen, daß ›der Wille nicht frei ist, sich allem Guten zuzuwenden, was ihm von der Vernunft gezeigt wird‹[7]; (gegen Scotus und Biel).
11. Und keineswegs ›steht es in seiner Gewalt, es zu wollen oder nicht zu wollen, was immer auch gezeigt wird‹[8].
12. Und so zu sprechen ist nicht ›gegen Augustin, der sagt: Nichts ist so in der Gewalt des Willens wie der Wille selbst‹[9].

13.   Ganz absurd ist die Folgerung: ›Der irrende Mensch kann die Kreatur über alles lieben, folglich auch Gott‹[10] (gegen Scotus und Biel).

14.   Es ist auch nicht ›verwunderlich, daß er sich nach dem irrigen Befehl [der Vernunft] richten kann und nach dem rechten nicht‹[11].

15.   Vielmehr ist es ihm eigen, daß er sich lediglich nach dem irrigen richtet und nicht nach dem rechten.

16.   Die Folgerung muß vielmehr die sein: Der irrende Mensch kann die Kreatur lieben, deshalb ist es unmöglich, daß er Gott liebt.

17.   Nicht ›kann der Mensch aus seinen natürlichen Kräften [naturaliter] wollen, daß Gott Gott ist‹[12]; vielmehr möchte er, er wäre Gott und Gott wäre nicht Gott.

18.   ›Aus natürlichen Kräften Gott über alles lieben‹[13] ist eine Formel mit genausoviel Wirklichkeitsbezug wie ein Wunschtraum (gegen die fast allgemeine Meinung).

95.   Gott lieben ist sich selbst hassen und außer Gott nichts wissen.

96.   Wir sind ›gehalten, unser Wollen dem göttlichen Willen gleichförmig zu machen‹[14].

97.   Nicht nur das, wovon Gott will, daß wir es wollen, sondern überhaupt alles, was Gott will, müssen wir wollen.

[98.]   Damit wollen wir nichts sagen, und wir glauben, auch nichts gesagt zu haben, was mit der katholischen Kirche und den Kirchenlehrern nicht übereinstimmen würde.

Quelle: WA 1, S. 224f.228; BoA 5, S. 320f.326. – *Literatur:* L. Grane, Contra Gabrielem. Luthers Auseinandersetzung mit Gabriel Biel in der Disputatio Contra Scholasticam Theologiam 1517, Gyldendal 1962; Luther BeA 1, S. 163f.

1.   Luther hält sich in einer Reihe von Thesen sehr eng an die Ausführungen im Sentenzenkommentar Gabriel Biels (ca. 1410 bis 1495) und formuliert seine Thesen im Gegensatz dazu. Diese Bezugnahmen sind hier als Zitate gekennzeichnet. Bis zum Abschluß der krit. Neuedition (W. Werbeck – U. Hofmann, 1973ff.) vgl. den Sentenzenkommentar G. Biels in der Edition Basel 1508. Neudruck 1965, und K. Feckes (Hg.), Quaestiones de justificatione, OTHE. S 4, 1929. S. zu G. Biel auch Bd. II Nr. 80af.
2.   Vgl. Biel, Sent. II d. 33 q. un. dub. 2 (K).
3.   Biel, Sent. III d. 27 q. un. dub. 2 (Q); Feckes 58.
4.   Biel, a.a.O., Feckes S. 58.
5.   Biel, a.a.O., Feckes S. 59.
6.   Biel, a.a.O., Feckes S. 59.
7.   Biel, a.a.O., Feckes S. 59.
8.   Biel, a.a.O., Feckes S. 59.
9.   Biel, a.a.O., Feckes S. 59.
10.   Biel, a.a.O., Feckes S. 59.
11.   Biel, a.a.O., Feckes S. 59.
12.   Biel, a.a.O., Feckes S. 59.
13.   Biel, a.a.O., Feckes S. 59.
14.   Biel, Sent. III d. 37 q. un. n. 1 (B).

8.   Albrecht von Mainz: Ablaßinstruktion (ca. 1517)

Albrecht von Brandenburg (1490–1545), Erzbischof von Magdeburg und Administrator von Halberstadt (seit 1513), Erzbischof und Kurfürst von Mainz (seit 1514), übernahm für seine Kirchenprovinzen und Kurbrandenburg den Vertrieb eines auf acht Jahre erweiterten Jubelablasses für den Neubau der Peterskirche in Rom. Ein beträchtlicher Teil der Ablaßeinnahmen verblieb Albrecht, um seine hohen Schulden beim Bankhaus Fugger wegen des Mainzer Palliumsgeldes (Ernennungsabgaben an die Kurie) und seiner Ämterkumulierung bezahlen zu können (1515). Die unter seinem Namen ausgegangene kurze Anweisung für die Ablaßprediger, die »Instructio Summaria«, lernte auch Luther kennen. Er bat daraufhin in einem Brief an Albrecht (31. Oktober 1517), dem er die ›95 Thesen‹ (Nr. 11) beigab, die ›Instructio‹ rückgängig zu machen und den Ablaßpredigern andere Anweisungen zu geben (vgl. zur Ablaßfrage auch Nr. 107b).

Die *erste* Gnade ist die vollkommene Vergebung [plenaria remissio] aller Sünden; und es kann gewiß nichts größer genannt werden als diese Gnade, weil der Mensch, der in Sünden lebt und der göttlichen Gnade beraubt ist, durch sie vollkommene Vergebung und Gottes Gnade von neuem erlangt. Durch diese Vergebung der Sünden werden ihm auch die Strafen, die er wegen Beleidigung der göttlichen Majestät im Fegefeuer büßen müßte, vollkommen erlassen, und die Strafen des genannten Fegefeuers gänzlich getilgt. Und obwohl nichts dafür gegeben werden könnte, was würdig genug wäre, eine solche Gnade zu verdienen [ad tantam gratiam promerendam], da Gottes Gabe und Gnade jede Berechnung übersteigt, setzen wir doch folgenderweise die Ordnung fest, damit die Christgläubigen um so leichter zu ihrer Erwerbung eingeladen werden:
Erstens: Ein jeder, der im Herzen zerknirscht ist und mit dem Munde gebeichtet hat [contritus atque confessus], oder die aufrichtige Intention hat, zu gehöriger Zeit zu beichten, soll wenigstens sieben Kirchen besuchen, die hierfür bestimmt sind, nämlich in denen die Wappen des Papstes aufgehängt sind; und in jeder Kirche soll er andächtig fünfmal das Vaterunser und fünfmal das Ave Maria beten zu Ehren der fünf Wunden unseres Herrn Jesus Christus, durch den unsere Erlösung geschehen ist, oder einmal das Miserere [Ps 51]–, dieser Psalm paßt [nämlich] sehr gut, Vergebung der Sünden zu erlangen . . .
Vor allem müssen die Ablaßverkäufer [poenitentiarii] und Beichtväter [confessores], nachdem sie den Beichtenden die Größe dieser vollkommenen Nachlassung und ihrer Wirkungen erklärt haben, sie fragen, für wieviel Beitrag, Geld oder andere zeitliche Güter sie nach ihrem Gewissen die genannte vollkommene Nachlassung mit ihren Wirkungen nötig zu haben meinen – dies darum, damit sie darauf die Leute um so leichter zum Zahlen bewegen können. Und da die Zustände der Menschen allzu mannigfaltig und verschieden sind, daß wir sie nicht erwägen und so bestimmte Taxen auferlegen können, so schien uns, daß solche Taxen im allgemeinen [communi cursu] folgenderweise unterschieden werden können:
Die Könige und Königinnen sowie ihre Kinder, die Erzbischöfe und Bischöfe sowie andere große Fürsten, die sich in die Orte begeben, in denen das Kreuz aufgestellt ist, oder sonst dort befinden, sollen mindestens 25 rheinische Goldgulden bezahlen. Die Äbte und großen Prälaten der Kathedralkirchen, Grafen, Barone und andere mächtige Edelleute und ihre Frauen sollen jeweils 10 dergleichen Goldgulden zahlen. Andere Prälaten und kleinere Edelleute, wie auch die Rektoren berühmter Orte, und alle anderen, die, sei es von beständigen Einkünften, sei es von Kaufhandel, durchschnittlich im Jahr 500 dergleichen Goldgulden Einkommen haben, sollen 6 rhein. Goldgulden zahlen. Andere Bürger und Kaufleute, die durchschnittlich 200 Goldgulden einnehmen, sollen 3 rhein. Goldgulden zahlen. Andere Bürger, Kauf- und Handwerksleute, die eigene Einkünfte und Familie haben, sollen einen solchen Gulden zahlen. Andere kleinere Leute einen halben solchen Gulden . . . Und diejenigen, die kein Vermögen haben, sollen mit Gebet und

Fasten ihren Beitrag ergänzen; denn das Himmelreich darf den Reichen nicht
mehr als den Armen offenstehen . . .

Die *zweite* besondere Gnade ist der Beichtbrief [confessionale], voll von überaus
großen und tröstlichen und bisher ungekannten Wirkungen, der, auch nachdem
die acht Jahre unserer Bulle[1] zu Ende gegangen sind, allezeit seine Kraft und Geltung behalten wird, . . . Seinen Inhalt sollen die Prediger und Beichtväter mit allen Kräften erläutern und preisen. Es wird im Beichtbrief denen, die ihn kaufen,
gewährt:
Die Berechtigung, einen geeigneten Beichtvater zu wählen, auch aus den Bettelorden, der 1. sie vor allen Dingen von allen Kirchenstrafen, auch von den von
Menschen auferlegten, mit dem Konsensus der Parteien absolvieren soll; 2. von
allen schwersten Verbrechen, auch von denen, deren Lossprechung dem Apostolischen Stuhl vorbehalten sind, einmal im Leben und in der Todesstunde; 3. in
den Fällen, die dem Apostolischen Stuhl nicht vorbehalten sind, so oft man ein
Verbrechen begangen hat [totiens quotiens]; der 4. einmal im Leben und in der
Todesstunde, so oft sie zu nahen droht, auch wenn der Tod dann nicht eintritt, den
vollkommenen Ablaß aller Sünden geben kann; der 5. jegliche Gelübde (nur die
Gelübde ausgenommen, mit denen einer feierlich gelobt hat, ins Heilige Land zu
reisen, die Apostel in Rom zu besuchen oder zum heiligen Jakob nach Compostella
zu wallen oder ein Mönch zu werden und in Keuschheit zu leben) in andere Werke
der Frömmigkeit umwandelt; der ihnen 6. das Sakrament des Altars außer am
Ostertag und in der Todesstunde zu jeder Jahreszeit spenden kann.

Die *dritte* besondere Gnade ist die Teilhabe [participatio] an allen Gütern der ganzen Kirche, welche darin besteht, daß die Ablaßkäufer für den genannten Bau und
ihre verstorbenen Eltern, welche in Liebe [= im Stand der Gnade] gestorben sind,
von nun an und in Ewigkeit teilhaben werden an allen Bitten, Fürbitten, Almosen,
Fasten, Gebeten, an allen und jeden Wallfahrten, auch an denen in das Heilige
Land, an den Stationen in Rom, an den Messen, Stundengebeten, Bußübungen
und allen übrigen geistlichen Gütern, welche in der allgemeinen, allerheiligsten,
kämpfenden Kirche und von allen ihren Gliedern geschehen und geschehen können. Dieser Dinge werden die Gläubigen dann teilhaftig, wenn sie Beichtbriefe
kaufen. Über diese Wirkung müssen die Prediger und Beichtväter mit größtem
Fleiß ausführlich reden und den Gläubigen zureden, daß sie diese [Teilhabe] mit
dem Beichtbrief zu kaufen nicht unterlassen mögen.

Wir erklären auch, daß zur Erlangung dieser letzten zwei vornehmlichen Gnaden
nicht nötig sei zu beichten oder die Kirchen und Altäre zu besuchen, sondern nur
den Beichtbrief zu kaufen . . .

Die *vierte* vornehmliche Gnade ist eine vollkommene Vergebung aller Sünden für
die Seelen, die im Fegefeuer sind. Diese Vergebung schenkt und gewährt der Papst
den Seelen, die sich im Fegefeuer befinden, fürbittweise [per modum suffragii][2],
nämlich auf diese Art: daß für sie eine Einlage in den Kasten durch lebende Personen geschehe, die sie für sich zu geben oder aufzubringen hätten. Jedoch ist es unser Wille, daß bei einer solchen Einlage für Tote die Leitung durch unsere Sub-
kommissare und durch diejenigen, die sie mit der Leitung besonders beauftragen,
geschehe. Auch ist nicht nötig, daß die Personen, die für die Seelen in den Kasten
legen, im Herzen zerknirscht sind und mit dem Munde gebeichtet haben, da diese
Gnade sich nur auf die Liebe, worin der Verstorbene abgeschieden ist, und auf die
Einlegung des Lebenden gründet, wie aus dem Text der Bulle deutlich ist[3]. Auch
sollen sich die Prediger aufs fleißigste bemühen, diese Gnade kräftig zu verkündi-

gen, weil durch sie den abgeschiedenen Seelen ganz gewiß zu Hilfe gekommen und dem Werk des Kirchenbaues des heiligen Petrus sehr ergiebig und überreichlich geholfen wird . . .

Quelle: W. Köhler (Hg.), Dokumente zum Ablaßstreit von 1517, 1934², S. 110,24–111,9. S. 111,27–112,19. S. 112,31–113,2. S. 113,21–114,18. S. 115,20–116,3.16–32. – *Literatur:* N. Paulus, Geschichte des Ablasses im Mittelalter vom Ursprunge bis zur Mitte des 14. Jahrhunderts, 1922; B. Poschmann, Der Ablaß im Licht der Bußgeschichte, 1948.

1.   Die Ablaßbulle Leos X. vom 31. März 1515; abgedruckt in: W. Köhler, Dokumente zum Ablaßstreit von 1517, 1934², S. 83ff.
2.   Vgl. K. Rahner, Ablaß, LThK I, Sp. 46f.
3.   Vgl. W. Köhler, Dokumente S. 92.

9.   Eine »Musterpredigt« Tetzels (?) für die Ablaßprediger (ca. 1517)

Das Textbeispiel bietet einen Ausschnitt aus den Fragmenten einer Anweisung für die Ablaßprediger. Die Autorschaft des dominikanischen Ablaßpredigers Johann Tetzel (ca. 1465–1519), dessen Tätigkeit in den Wittenberg angrenzenden Gebieten für Luther zum Anlaß des Widerspruchs wurde (vgl. Nr. 11), ist zwar nicht gesichert, aber sehr wahrscheinlich.

. . . Deine Kirche ist zur Peterskirche in Rom, und deine Priester sind zu apostolischen Pönitentiaren gemacht worden. Die [hiesigen] Kirchen gleichen nämlich jenen sieben Kirchen in Rom, die für die Vergebung aller Sünden bestimmt sind. Die sieben Altäre sind wie jene sieben, die in der Peterskirche sind, wo die vollkommene Vergebung gewährt wird. Also was überlegst du? Was säumst du, dich zu bekehren? Warum vergießest du jetzt in dieser Zeit Tränen um deine Sünden? Warum beichtest du nicht jetzt vor den Stellvertretern unseres allerheiligsten Herrn Papstes? Hast du nicht das Vorbild von Laurentius, der die übergebenen Schätze, die er hatte, aus Liebe zu Gott ausgeteilt hat und seinen Leib dem Feuer übergeben hat? Nimmst du nicht von Bartholomäus, Stephanus und anderen Heiligen das Vorbild, die den grausamsten Tod um des Seelenheils willen gewollt haben? Und du gibst keine unermeßlichen Schätze, ja, nicht einmal ein mäßiges Almosen. Sie haben ihre Körper zur Marter hingegeben, du aber verschmähst nicht einmal Genüsse und Lust. Du Priester, du Adliger, du Kaufmann, du Weib, du Jungfrau, du Verheiratete, du Jüngling, du Greis, gehe doch hinein in deine Kirche, die, wie gesagt, St. Peter ist, und besuche das allerheiligste Kreuz, das für dich aufgerichtet ist, das ununterbrochen dich ruft . . . Bedenke, daß du auf dem tobenden Meer dieser Welt in so viel Sturm und Gefahr bist und nicht weißt, ob du zum Hafen des Heils kommen kannst . . . Du sollst wissen: wer gebeichtet hat und zerknirscht ist und Almosen in den Kasten legt, wie ihm der Beichtvater rät, der wird vollkommene Vergebung aller seiner Sünden haben und auch nach der Beichte und nach dem Jubeljahr an jedem Tag, an dem er das Kreuz und die Altäre besucht, den Ablaß erlangen, wie wenn er in der Kirche von St. Peter jene sieben Altäre besuchen würde, wo der vollkommene Ablaß gewährt wird. Was steht ihr also müßig? Laufet alle um das Heil eurer Seele. Seid rasch und besorgt um das Seelenheil, wie um zeitliche Güter, wovon ihr weder Tag noch Nacht ablaßt. »Su-

chet den Herrn, solange er nahe ist, und man ihn finden kann« [Jes 55,6]; wirkt,
wie Johannes sagt, solange es Tag ist, denn »es kommt die Nacht, da niemand wirken kann« [Joh 9,4]. – Hört ihr nicht die Stimme eurer toten Eltern und anderer
Leute, die da schreien und sagen: »›Erbarmt, erbarmt euch doch meiner, weil die
Hand Gottes mich berührt hat‹ [Hi 19,21]. Wir sind in schweren Strafen und Pein,
wovon ihr uns mit wenig Almosen erretten könntet, und doch nicht wollt.« Tut
die Ohren auf, weil der Vater zu dem Sohn, die Mutter zu der Tochter schreit:
»Warum verfolgt ihr mich wie ein Zahn[1], und sättigt euch mit meinem Fleisch«
[Hi 19,22], als wollten sie sagen: »Wir haben euch gezeugt, ernährt, erzogen und
euch unser zeitliches Gut überlassen; und ihr seid so grausam und hart, daß ihr,
wo ihr uns doch jetzt mit leichter Mühe erretten könntet, es nicht wollt und uns in
Flammen wälzen laßt, daß wir so langsam zur verheißenen Herrlichkeit kommen.« – Ihr könnt jetzt Beichtbriefe haben, durch deren Kraft ihr im Leben und in
der Todesstunde und in den nicht vorbehaltenen Fällen sooft wie nötig den vollkommenen Nachlaß der für die Sünden schuldigen Strafen haben könnt. O ihr, die
ihr Gelübde übernommen habt, ihr Wucherer, ihr Räuber, Mörder, Verbrecher!
Jetzt ist es Zeit, Gottes Stimme zu hören, der nicht den Tod des Sünders will, sondern will, daß er sich bekehrt und lebt [Hes 33,11]. Bekehr dich also, Jerusalem,
zum Herrn, deinem Gott. O, ihr Kritiker [oblocutores], ihr Verleumder und alle,
die ihr dieses Werk hindert auf direkte oder indirekte Weise, wie übel steht es mit
euch: ihr seid außerhalb der Kirchengemeinschaft![2] Keine Messen, keine Predigten, keine Gebete, keine Sakramente, keine Fürbitten helfen euch. Keine Äcker,
keine Weinberge, keine Bäume und kein Vieh tragen ihre Frucht, Weine und Spi-
rituosen werden trocken und verdörrt, wofür Beispiele angeführt werden können.
Zaudert nicht! »Bekehrt euch zu mir von ganzem Herzen« [Joel 2,12] und nehmt
die Arznei, von der die Weisheit sagt: Der Allerhöchste hat die Arznei aus der Erde
geschaffen, und ein vernünftiger Mann wird sie nicht verachten [Sir 38,4].

Quelle: EA var. 1, S. 273f. – *Literatur:* N. Paulus, Johann Tetzel, der Ablaßprediger, 1899.

1.   So lautet es im vorliegenden Text; Hi 19,22 (Vulgata) steht »Deus« statt »dens«.
2.   Im ersten Fragment heißt es noch massiver: Ablaßkritik bedeutet ›ipso facto‹, d.h. ohne Gerichts-
verfahren, die Exkommunikation. EA var. 1, S. 272.

10. Ablaßpraxis in Wittenberg: Der Reliquienschatz der Schloßkirche

Luthers Landesherr Kurfürst Friedrich III. (der Weise) von Sachsen (1486–1525) war ein eifriger Reli-
quiensammler und unterhielt in der Schloßkapelle zu Wittenberg eine große und auserlesene Sammlung von Reliquien, die reichlich mit Ablaß versehen waren. An den Ausstellungstagen, am Montag
nach Misericordias (dem 2. Sonntag nach Ostern) und am Allerheiligentag (1. November), konnte mit
einer großen Anzahl von Wallfahrern gerechnet werden. Für die Wallfahrt warb auch das mit Bildern
von Lukas Cranach (1472–1553) illustrierte ›Wittenberger Heiligtumsbuch‹ (1509).

Verzeichnis des hochlobwürdigen Heiligtums [= Reliquienschatzes] **der Stiftskirche Al-
lerheiligen zu Wittenberg**
Der siebte Gang [= Abschnitt] dieses Heiligtums . . .
Zum fünften ein silbernes Bild der Jungfrau Maria: Von der Stelle, wo die Jung-

frau Maria geboren ist, eine Partikel; von etlichen Fäden, die sie gesponnen hat, eine Partikel; vom Haus, darin sie gewohnt hat, als sie vierzehn Jahre alt war, eine Partikel; von der Stelle des Berges Zion, unter dem Maria gewohnt hat, zwei Partikel; von der Kammer, wo Maria von dem Engel angesprochen wurde, zwei Partikel; von der Milch der Jungfrau Maria fünf Partikel; von dem Baum, wo Maria den Herrn gesäugt hat, bei dem Balsamgarten, eine Partikel; von den Haaren Marias vier Partikel; von dem Hemd Marias drei Partikel; vom Rock Marias drei Partikel; von anderen Kleidern Marias acht Partikel; von dem Gürtel Marias vier Partikel; von den Schleiern Marias sieben Partikel; vom Schleier Marias, besprengt mit dem Blut Christi unter dem Kreuz, zwei Partikel; von der Stelle, wo Maria gestorben ist, eine Partikel; vom Wachs des Lichtes, das Unserer Frauen in die Hand gegeben wurde, als sie gestorben war, eine Partikel; vom Wachs, das Maria einer frommen Matrone gegeben hat, eine Partikel; vom Grabe Marias sechs Partikel; von der Erde aus dem Grabe Marias zwei Partikel; von der Stelle, wo die Jungfrau Maria gen Himmel genommen wurde, eine Partikel.

Insgesamt 56 Partikel

Zum sechsten ein silbernes Bild des Kindes Jesu: Von der Stelle, wo der Herr Jesus geboren ist, vier Partikel; von den Tüchlein, darin er gewickelt war, eine Partikel; von der Krippe Jesu dreizehn Partikel; von der Wiege eine Partikel; vom Heu zwei Partikel; vom Stroh, darauf der Herr, als er geboren war, gelegt wurde, eine Partikel; vom Gold eine Partikel; von der Myrrhe, die die heiligen drei Könige dem Herrn geopfert haben, eine Partikel; von der Stelle, wo der Herr Jesus beschnitten wurde, eine Partikel.

Insgesamt 25 Partikel

Zum siebten ein silbernes, übergoldetes Bild eines Bischofs: Vom Berg, wo der Herr Jesus gefastet hat, vier Partikel; von der Stelle, wo der Herr Jesus gebetet hat, drei Partikel; von der Stelle, wo Christus das Vaterunser gepredigt hat, zwei Partikel; vom Stein, auf dem Christus gestanden hat zu Jerusalem und gesprochen hat: »Hier ist das Mittel der Welt«, eine Partikel; vom Stein, wo Christus stand und über Jerusalem weinte, eine Partikel; vom Stein, von welchem aus Christus auf den Esel gestiegen ist, eine Partikel; von der Erde, wo der Herr Jesus gefangen genommen wurde, zwei Partikel.

Insgesamt 14 Partikel

. . .

Summe aller Partikel: 5005. Für jede Partikel 100 Tage Ablaß. Es sind acht Gänge. Jeder Gang hat noch einmal 100 Tage und einen vierzigtägigen Ablaß. Selig sind, die daran teilhaben.

Quelle: Wittenberger Heiligthumsbuch, illustriert von Lucas Cranach d.Ält., Wittenberg 1509. Nachdruck: Liebhaber-Bibliothek alter Illustratoren in Facsimile-Reproduction 6, 1884²; Textproben bei QGPap 1, S. 498–501. – *Literatur:* S. Beissel, Die Verehrung der Heiligen und ihrer Reliquien in Deutschland bis zum Beginn des 13. Jahrhunderts, 1890; ders., Die Verehrung der Heiligen und ihrer Reliquien während der 2. Hälfte des Mittelalters, 1892; H. Siebert, Beiträge zur vorreformatorischen Heiligen- und Reliquienverehrung, 1907; B. Kötting, Reliquienverehrung, ihre Entstehung und ihre Formen. TThZ 67, 1958, S. 321–334; H. K. Schulze, Heiligenverehrung und Reliquienkult in Mittel-deutschland, in: Festschrift für F. v. Zahn, 1. Zur Geschichte und Volkskunde Mitteldeutschlands, 1968, S. 294–312; H. Junghans, Wittenberg als Lutherstadt, 1979, S. 50f.

11. Luther: Die 95 Thesen über den Ablaß (31. Oktober 1517)

Bewegt von der pastoral verheerenden Auswirkung der Ablaßpredigten Tetzels (vgl. Nr. 9) in den magdeburgischen Nachbarorten Wittenbergs predigte Luther gegen den Ablaß[1] und schlug schließlich am 31. Oktober 1517 95 Thesen an die Tür der Schloßkirche zu Wittenberg[2]. Damit stellte er sich der akademischen Öffentlichkeit. Zugleich schickte er die Thesen am selben Tag an Albrecht von Mainz[3], dessen ›Instructio Summaria‹ (vgl. Nr. 8) er hier stracks widerspricht, und an den zuständigen Bischof von Brandenburg, Hieronymus Schulz, zu dessen Sprengel Wittenberg gehörte (vgl. zur Ablaßfrage auch Nr. 107b).

1.   Unser Herr und Meister Jesus Christus wollte mit seinem Wort: »Tut Buße« usw. [Mt 4,17], daß das ganze Leben der Gläubigen Buße sei.

2.   Dieses Wort kann nicht als auf die sakramentale Buße bezogen (d. h. die Buße, die in Sündenbekenntnis und Genugtuung besteht, die durch das Priesteramt vollzogen wird) verstanden werden.

3.   Es zielt jedoch auch nicht allein auf die innere Buße; vielmehr ist die innere Buße keine Buße, wenn sie nicht nach außen Abtötung des Fleisches bewirkt.

4.   Die Strafe währt also, solange der Haß gegen sich selbst (das ist die wahre Buße im Innern) währt, nämlich bis zum Eingang ins Himmelreich.

5.   Der Papst will und kann keine anderen Strafen erlassen als solche, die er nach seiner eigenen Entscheidung [arbitrium] oder nach den kanonischen Satzungen auferlegt hat.

6.   Der Papst kann keine Schuld anders erlassen als durch die Erklärung und Zusicherung, daß sie von Gott erlassen sei, oder durch sichere Vergebung der ihm vorbehaltenen Fälle; würde dies mißachtet, so bliebe die Schuld gänzlich unvergeben.

7.   Überhaupt keinem erläßt Gott die Schuld, ohne ihn zugleich ganz und gar gedemütigt dem Priester als seinem Stellvertreter zu unterwerfen.

8.   Die kirchlichen Bußsatzungen [canones poenitentiales] sind nur den Lebenden auferlegt; von ihnen darf den Sterbenden jedoch nichts auferlegt werden.

9.   Daher tut uns der Heilige Geist etwas Gutes dadurch, daß der Papst in seinen Dekreten immer den Fall des Todes und der äußersten Not ausklammert.

10.   Unwissend und schlecht handeln jene Priester, die bei Sterbenden die Gültigkeit kirchlicher Bußstrafen für das Fegefeuer aufrechterhalten.

11.   Dieses Unkraut von der Umwandlung kirchlicher Bußstrafen in die Strafe im Fegefeuer scheint gewiß gesät worden zu sein, während die Bischöfe schliefen [Mt 13,25].

12.   Vor Zeiten wurden die kirchlichen Bußstrafen nicht nach, sondern vor der Absolution auferlegt, gleichsam als Probe wahrer Buße.

13.   Die Sterbenden werden durch den Tod von allem frei [omnia solvunt], und den kirchlichen Satzungen sind sie schon abgestorben, indem sie rechtsgültig Befreiung von ihnen haben.

14.   Die unvollkommene [geistliche] Genesung [sanitas] oder [Gottes-]Liebe eines Sterbenden bringt notwendig große Furcht mit sich, und zwar um so größer, je geringer jene ist.

15.   Diese Furcht und Schrecken genügen schon an sich selbst (um von anderen Dingen zu schweigen), die Strafe des Fegefeuers auszumachen, da sie nahe an die Schrecken der Verzweiflung reichen.

16.   Hölle, Fegefeuer und Himmel scheinen sich voneinander zu unterscheiden

wie sich Verzweiflung, Beinahe-Verzweiflung [prope desperatio] und Sicherheit unterscheiden.

17. Es scheint notwendig, daß für die Seelen im Fegefeuer die Schrecken in dem Maße vermindert werden, wie die Liebe vermehrt wird.

18. Es scheint auch weder durch Vernunft noch durch Schriftgründe bewiesen zu sein, daß sie [= die Seelen im Fegefeuer] sich außerhalb des Standes des Verdienstes oder der Vermehrung der Liebe befänden.

19. Auch dies scheint unbewiesen zu sein, daß sie – am wenigsten sie alle – ihrer Seligkeit gewiß und sicher sind, obwohl wir daran keinen Zweifel haben.

20. So meint also der Papst mit dem vollkommenen Nachlaß aller Strafen [remissio plenaria omnium penarum] nicht den Nachlaß aller Strafen schlechthin, sondern nur derjenigen, die er selbst auferlegt hat.

21. Daher irren alle die Ablaßprediger, die sagen, daß der Mensch durch den Ablaß des Papstes von aller Strafe frei und selig werde.

22. Vielmehr erläßt er den Seelen im Fegefeuer keine Strafe, die sie in diesem Leben nach dem Kirchenrecht hätten büßen müssen.

23. Wenn überhaupt ein Erlaß aller Strafen schlechthin jemandem gegeben werden kann, ist es sicher, daß er nur den vollkommensten Menschen gegeben wird, d.h. den allerwenigsten.

24. Darum muß der größte Teil des Volkes betrogen werden durch jenes unterschiedslose und großartige Versprechen von der Aufhebung der Strafe.

25. Die gleiche Gewalt, die der Papst über das Fegefeuer im allgemeinen hat, hat jeder Bischof und Pfarrer in seiner Diözese bzw. Parochie im besonderen.

26. Der Papst tut sehr gut daran, daß er nicht aufgrund der Schlüsselgewalt (die er nicht besitzt [fürs Fegefeuer]), sondern in fürbittender Weise [per modum suffragii] den Seelen [im Fegefeuer] Nachlaß gewährt.

27. Menschentand predigen die, die sagen, sobald der in den Kasten geworfene Groschen klinge, die Seele [aus dem Fegefeuer] emporfliege.

28. Sicher ist, daß, wenn der Groschen im Kasten klingt, Gewinn und Geiz zunehmen können, die [Erhörung der] Fürbitte der Kirche aber steht allein in Gottes Wohlgefallen.

29. Wer weiß, ob alle Seelen im Fegefeuer daraus losgekauft werden wollen? Man erzählt sich jedenfalls von der Weigerung der Heiligen Severin und Paschalis.

30. Keiner ist der Wahrhaftigkeit seiner Reue sicher, viel weniger dessen, ob er den vollkommenen Nachlaß erlangt habe.

31. Wie selten ein wahrhaft Reumütiger ist, so selten ist der, der den Ablaß wirklich erkauft, d.h. über die Maßen selten.

32. In Ewigkeit werden diejenigen samt ihren Lehrmeistern verdammt werden, die durch Ablaßbriefe ihres Heiles sicher zu sein glauben.

33. Hüten soll man sich gar sehr vor denen, die sagen, jener Ablaß des Papstes sei das unschätzbare Geschenk Gottes, durch das der Mensch mit Gott versöhnt werde.

34. Denn jene Ablaßgnaden beziehen sich nur auf die von Menschen verordneten Strafen der sakramentalen Genugtuung.

35. Unchristliches predigen die, die lehren, daß zum Loskauf der Seelen [aus dem Fegefeuer] und zum Erwerb von Beichtbriefen die Reue nicht notwendig sei.

36. Jeder Christ, der seine Sünden aufrichtig bereut [vere compunctus], hat den vollkommenen Nachlaß von Strafe und Schuld, der ihm auch ohne Ablaßbrief gebührt.

37.   Jeder wahre Christ, ob lebendig oder tot, ist im Besitz des ihm von Gott gewährten Anteils an allen [geistlichen] Gütern Christi und der Kirche, auch ohne
Ablaßbriefe.
38.   Nachlaß und Anteil [an geistlichen Gütern] durch den Papst sind jedoch keinesfalls zu verachten, weil sie (wie gesagt) die Erklärung des göttlichen Nachlasses
sind.
39.   Überaus schwer ist es auch für die gelehrtesten Theologen, vor dem Volk
gleichzeitig die reiche Fülle [largitas] des Ablasses und die Wahrhaftigkeit der
Reue zu preisen.
40.   Wahrhafte Reue sucht und liebt die Strafen, die reiche Fülle des Ablasses dagegen befreit von ihnen und läßt sie hassen, zumindest bietet sie die Gelegenheit
dazu.
41.   Vorsichtig ist der apostolische [= päpstliche] Ablaß zu predigen, damit das
Volk nicht fälschlich meint, er werde den anderen guten Werken der Liebe vorgezogen.
42.   Lehren soll man die Christen, daß es nicht die Meinung des Papstes ist, der
Erwerb von Ablaß sei in irgendeiner Hinsicht den Werken der Barmherzigkeit
gleichzustellen.
43.   Lehren soll man die Christen, daß der, der dem Armen etwas gibt oder dem
Bedürftigen etwas leiht, besser tut, als wenn er Ablaßbriefe kauft.
44.   Denn durch das Werk der Liebe wächst die Liebe, und der Mensch wird besser, aber durch den Ablaß wird er nicht besser, sondern nur freier von Strafen.
45.   Lehren soll man die Christen: wer einen Bedürftigen sieht, und ihn ignorie-
rend [neglecto eo] für den Ablaß sein Geld gibt, erwirbt sich nicht den Ablaß des
Papstes, sondern den Zorn Gottes.
46.   Lehren soll man die Christen: sie sind, wenn sie nicht überflüssigen Reichtum besitzen, dazu gehalten, das Notwendige für ihr Haus zu behalten und keineswegs um des Ablasses willen zu verschwenden.
47.   Lehren soll man die Christen: der Kauf von Ablaß ist freigestellt, nicht geboten.
48.   Lehren soll man die Christen: wie sehr der Papst beim Erteilen des Ablasses
ein andächtiges Gebet für sich anstatt des willig bezahlten Geldes nötig hat, so sehr
wünscht er es.
49.   Lehren soll man die Christen: der Ablaß des Papstes ist nützlich, wenn sie
kein Vertrauen auf ihn setzen, aber er ist höchst schädlich, wenn sie um seinetwillen die Furcht Gottes verlieren.
50.   Lehren soll man die Christen: wenn der Papst wüßte, wie die Ablaßprediger
das Geld eintreiben, würde er es vorziehen, daß die Peterskirche zu Asche verbrannt wird, als daß sie mit Haut, Fleisch und Knochen seiner Schafe erbaut wird.
51.   Lehren soll man die Christen: der Papst möchte, wie es ihm gebührt, selbst
wenn dazu notfalls die Peterskirche verkauft werden müßte, von seinem eigenen
Geld denen abgeben, die jetzt in großer Zahl von etlichen Ablaßpredigern um ihr
Geld gebracht werden.
52.   Eitel ist das Vertrauen, durch Ablaßbriefe selig zu werden, auch wenn der
Ablaßkommissar, ja der Papst selbst, seine Seele dafür verpfänden würde.
53.   Feinde Christi und des Papstes sind die, die um der Ablaßpredigt willen das
Wort Gottes in anderen Kirchen gänzlich verstummen heißen.
54.   Unrecht geschieht dem Wort Gottes, wenn in ein und derselben Predigt dem
Ablaß ebensoviel oder gar noch mehr Zeit eingeräumt wird als jenem.

55. Die Meinung des Papstes kann nicht anders sein, als daß, wenn der Ablaß (der das Geringste ist) mit einer Glocke, mit einfachem Gepränge und Feierlichkeiten begangen wird, das Evangelium (das das Höchste ist) mit hundert Glocken, hundertfachem Gepränge und hundert Feierlichkeiten ausgezeichnet werden soll.

56. Die Schätze der Kirche [thesauri ecclesiae], aus denen der Papst den Ablaß erteilt, sind dem Volk Christi weder hinreichend erläutert noch bekannt.

57. Daß es keine zeitlichen Schätze sind, ist klar, da viele der Prediger so leicht die zeitlichen Schätze nicht ausschütten, sondern sie nur ansammeln.

58. Auch sind es nicht die Verdienste Christi und der Heiligen, weil diese immer ohne den Papst Gnade für den inneren Menschen wirken, und Kreuz, Tod und Hölle für den äußeren Menschen.

59. Als Schätze der Kirche bezeichnete der Heilige Laurentius [vgl. Nr. 9] die Armen der Kirche, aber er redete im damaligen Wortgebrauch.

60. Nicht ohne Grund [sine temeritate] sagen wir, die Schlüssel der Kirche (die durch den Verdienst Christi geschenkt wurden) seien dieser Schatz.

61. Klar ist es nämlich, daß zum Erlaß der Strafen und zur Lossprechung in den dem Papst vorbehaltenen Fällen die Gewalt des Papstes schon ausreicht.

62. Der wahre Schatz der Kirche ist das allerheiligste Evangelium von der Herrlichkeit und Gnade Gottes.

63. Dieser aber ist naturgemäß [merito] überaus verhaßt, weil er aus den Ersten die Letzten macht [Mk 9,34; Mt 20,16].

64. Der Schatz des Ablasses aber ist dagegen hochbeliebt, weil er aus den Letzten die Ersten macht.

65. Also sind die Schätze des Evangeliums das Netz, mit dem man einst reiche Menschen fing.

66. Die Schätze des Ablasses sind das Netz, mit dem man jetzt den Reichtum der Menschen fängt.

67. Der Ablaß, den die Prediger als größte Gnade ausschreien, kann in der Tat als solche angesehen werden, [aber] was das Gewinnmachen betrifft.

68. In Wirklichkeit aber ist er allergeringste Gnade, wenn man ihn mit Gottes Gnade und der Heilswirkung des Kreuzes [pietas crucis] vergleicht.

69. Die Bischöfe und Pfarrer sind verpflichtet, die Kommissare des apostolischen Ablasses mit aller Ehrerbietung zuzulassen.

70. Aber noch mehr sind sie verpflichtet, ihre Augen und Ohren gänzlich darauf zu richten, daß sie nicht statt des Auftrags des Papstes ihre eigenen Träume predigen.

71. Wer gegen die Wahrheit des apostolischen Ablasses redet, der sei verworfen und verflucht.

72. Wer aber sein Bemühen der Willkür und Zügellosigkeit der Worte des Ablaßpredigers entgegensetzt, der sei gesegnet.

73. Wie der Papst zurecht diejenigen mit dem Bannstrahl trifft, die mit allerlei Künsten zum Nachteil des Ablaßgeschäfts handeln,

74. so will er um so mehr diejenigen mit dem Bann treffen, die unter dem Vorwand des Ablasses zum Schaden der heiligen Liebe und Wahrheit handeln.

75. Zu meinen, der päpstliche Ablaß sei so wirksam, daß er den Menschen von Schuld befreien könnte, auch wenn er – um einen unmöglichen Fall zu konstruieren – die Mutter Gottes geschändet hätte, heißt wahnsinnig sein.

76. Wir sagen dagegen, daß der päpstliche Ablaß auch die kleinste der läßlichen Sünden nicht aufheben kann, was die Schuld anbetrifft.

77. Daß man sagt, auch wenn der heilige Petrus jetzt Papst wäre, könne er keine größeren Gnadengaben spenden, ist eine Lästerung gegen den heiligen Petrus und den Papst.

78. Wir sagen dagegen, daß auch dieser und jeder Papst größere Gnadengaben hat, nämlich das Evangelium, die [geistlichen] Kräfte, die Gabe der Heilung usw., wie 1Kor 12 zu lesen ist.

79. Zu sagen, das Ablaßkreuz, mit dem Wappen des Papstes prächtig aufgerichtet, habe die gleiche Geltung wie das Kreuz Christi, ist Blasphemie.

80. Die Bischöfe, Pfarrer und Theologen, die es zulassen, daß solche Predigten dem Volk feilgeboten werden, werden darüber Rechenschaft geben müssen.

81. Diese willkürliche Predigt vom Ablaß macht, daß es auch den Gelehrten nicht leicht fällt, den Respekt vor dem Papst gegen Schmähungen, oder wenigstens gegen scharfsinnige Fragen der Laien zu verteidigen.

82. Wie beispielsweise: Warum macht der Papst das Fegefeuer nicht ganz leer um der heiligsten Liebe und der höchsten Not der Seelen willen, also aus dem zwingendsten Grund, wenn er doch unzählige Seelen erlöst um des verderblichsten Geldes willen für den Bau einer Basilika, also aus einem sehr geringfügigen Grund?

83. Oder: Warum werden Totenmessen und Jahresfeiern der Verstorbenen weiterhin begangen, und warum gibt der Papst die dafür gestifteten Benefizien nicht zurück bzw. erlaubt er nicht sie zurückzunehmen, wo es doch nunmehr Unrecht ist, für die durch den Ablaß Erlösten zu beten?

84. Oder: Was ist das für eine neue, unerhörte 'Frömmigkeit' Gottes und des Papstes, daß sie einem Gottlosen und Feind um des Geldes willen vergönnen, eine fromme und Gott genehme Seele [aus dem Fegefeuer] zu erlösen, und doch diese fromme und [von Gott] geliebte Seele um ihrer Not selbst willen nicht aus unentgeltlicher Liebe erlösen?

85. Oder: Warum werden die kirchlichen Bußsatzungen, die in Wirklichkeit durch Nichtgebrauch schon längst abgeschafft und tot sind, dennoch mit Geld abgelöst durch die Gewährung des Ablasses, als seien sie noch voll lebendig?

86. Oder: Warum erbaut der Papst, der heutzutage reicher ist als die reichsten Leute, wenigstens diese eine Peterskirche nicht lieber von seinen eigenen Geldern als von denen der armen Gläubigen?

87. Oder: Was erläßt der Papst oder woran gibt er denen Anteil, die durch die vollkommene Reue ein Anrecht haben auf vollkommenen Erlaß und Anteil?

88. Oder: Wäre es nicht das Beste für die Kirche, wenn der Papst, wie er es einmal tut, so täglich hundertmal jedem Gläubigen solchen Erlaß und Anteil zuwenden würde?

89. Da der Papst durch den Ablaß das Heil der Seelen mehr sucht als Geld: warum suspendiert er die früher gewährten [Beicht-]Briefe und Ablässe, die doch ebenso wirksam sind?

[Die Erläuterung dieser These in den Resolutiones (1518)]: Dies erbittert und mißfällt am allermeisten, und zwar, ich gestehe, mit einem großen Anschein der Berechtigung; jene Suspension ist die einzige Ursache dafür, daß der Ablaß an Ansehen verliert. Daher kann ich zwar nicht leugnen, daß man alles ertragen muß, was der Papst tut, aber es tut mir leid, daß ich es nicht als das Beste ausweisen kann, obwohl ich, wenn man von der Meinung des Papstes, abgesehen von den dazwischengeschalteten gewinnsüchtigen Leuten, reden sollte, kurz und zuversichtlich sagen würde, daß man sie als sehr wohlgemeint annehmen muß. Die Kirche bedarf der Erneuerung [reformatio], was nicht Sache [officium] des einen Menschen Papst ist, auch nicht die der vielen Kardinäle, wie die beiden letzten Konzile[4] bewiesen haben, sondern die der ganzen Welt, ja vielmehr Gottes allein. Die Stunde dieser Erneuerung aber kennt der allein, der alle Zeiten geschaffen hat. Indessen können wir die Mißstände, die so offenkundig sind, nicht leugnen. Die Schlüssel sind mißbraucht und von Geiz und Ehrsucht in Dienst genommen, und die Flut bekommt Schwung; sie aufzuhalten, steht uns nicht zu. Unsere Übertretungen zeugen wider uns [Jes 59,12], und einem jeglichen ist sein Wort eine Last [Jer 23,36].

90. Diese höchst scharfen Einwände der Laien nur mit Gewalt zu unterdrücken und nicht durch verbindliche Gründe zu entkräften, heißt die Kirche und den Papst dem Spott der Feinde auszusetzen und die Christen elend zu machen.

91. Wenn also der Ablaß dem Geist und Sinn des Papstes gemäß gepredigt würde, würden all diese Einwendungen entkräftet, ja, sie wären überhaupt nicht da.

92. Genug also von all jenen Propheten, die dem Volk Christi sagen: Friede, Friede, und ist doch kein Friede [Jer 6,14 u.a.].

93. Wohl ergehe es all den Propheten, die dem Volk Christi sagen: Kreuz, Kreuz, und ist doch kein Kreuz.

94. Ermahnen soll man die Christen, daß sie ihrem Haupt Christus durch Strafen, Tod und Hölle hindurch zu folgen trachten,

95. und so lieber durch viel Trübsal in den Himmel einzugehen [Apg 14,12], als durch unerschütterte Sorglosigkeit ihrer Sache sicher zu sein.

Quelle: WA 1, S. 233–238 (Thesen) und WA 1, S. 627,22–34 (Resolutiones disputationum de indulgentiarum virtute. 1518; hier zu These 89). – *Literatur:* H. Volz, Martin Luthers Thesenanschlag und dessen Vorgeschichte, 1959; E. Iserloh, Luthers Thesenanschlag, Tatsache oder Legende?, Institut für europäische Geschichte Mainz, Vorträge Nr. 31, 1962; K. Aland, Der Thesenanschlag fand – und zwar wahrscheinlich am 31. Oktober 1517 – statt, GWU 16, 1965, S. 686–694; K. Honselmann, Urfassung und Drucke der Ablaßthesen Martin Luthers und ihre Veröffentlichung, 1966; E. Kähler, Die 95 Thesen – Inhalt und Bedeutung. Luther 38, 1967, S. 114–124; F. Lau, Die gegenwärtige Diskussion um Luthers Thesenanschlag. Sachstandsbericht und Versuch einer Weiterführung durch Neuinterpretation von Dokumenten, LuJ 34, 1967, S. 11–59; E. Iserloh, Luther zwischen Reform und Reformation. Der Thesenanschlag fand nicht statt, 1968³ (1966); E. Schott, Die theologische Bedeutung der 95 Thesen, in: 450 Jahre Reformation, hg. von L. Stern und M. Steinmetz, 1967; R. Schwarz, Vorgeschichte der reformatorischen Bußtheologie, AKG 41, 1968; Luther BeA 1, S. 173–175; s. auch Nr. 8–10.

1. Folgende Predigten gegen den Ablaß sind belegt: 27. Juli 1516; 31. Oktober 1516; 24. Februar 1517; vgl. WA 1, S. 65ff. [= Tractatus de Indulgentiis] 94ff.141,22ff.

2. Vgl. H. A. Oberman, Werden und Wertung, S. 190f. Dem Gutachten der Wittenberger Universität vom Dezember 1517 zufolge sind die Thesen auch tatsächlich disputiert worden. Vgl. EA.var. 2, S. 426.

3. WA.B 1, S. 108–115.

4. Das 2. Konzil von Pisa bzw. Pisa/Mailand (1511–1512) und das 5. Laterankonzil (1512–1517), vgl. Nr. 4.

12. Silvester Prierias: Die papale Struktur der Kirche (1518)

Silvester Mazzolini (1456–1523) aus Prierio, Dominikaner, war als päpstlicher Hoftheologe mit dem römischen Prozeß gegen Luther betraut. Er verfaßte neben zwei anderen die Streitschrift: »In praesumptuosas Martini Lutheri conclusiones de potestate papae dialogus« (1518), in der er die Person des »Martinus« die Ablaßthesen vortragen ließ und darauf in der Person des »Silvester« antwortete. Diesem Dialog schickte er die folgenden vier Fundamente als Axiome für die Lehre über die Kirche voraus.

Da ich die Absicht habe, deine Lehre genau durchzusiehen, mein Martin, ist es nötig, daß ich Normen und Fundamente zugrunde lege.

Erstes Fundament:
Die Gesamtkirche ist ihrem Wesen nach [essentialiter] die Versammlung aller Christgläubigen zum Gottesdienst. Die Gesamtkirche aber ihrer Vertretung nach [repraesentative] ist das rechtmäßig abgehaltene Konzil. Die Gesamtkirche ihrer Kraft und Macht nach [virtualiter] schließlich ist die römische Kirche, das Haupt aller Kirchen, und der Papst. Die römische Kirche ihrer Vertretung nach ist das Kardinalskollegium, ihrer Kraft und Macht nach aber der Papst, der das Haupt der Kirche ist, freilich in anderer Weise als Christus.

Zweites Fundament:
Wie die Gesamtkirche nicht irren kann, wenn sie über Glaube oder Sitte entscheidet, so kann auch ein wahres Konzil, wenn es sein Bestes tut [faciens quod in se est], um die Wahrheit zu erkennen, nicht irren; dies verstehe ich unter Einschluß des Papstes, und wenigstens im Endresultat. Denn auch ein Konzil kann sich anfänglich täuschen, solange der Prozeß der Wahrheitssuche andauert; ja, manchmal hat ein Konzil geirrt, wenngleich es schließlich durch den Heiligen Geist die Wahrheit erkannt hat. Ebenso kann auch die römische Kirche nicht irren und auch der Papst nicht, wenn er in seiner Eigenschaft als Papst eine Entscheidung trifft, d.h., wenn er sie kraft Amtes ausspricht und dabei sein Bestes tut, um die Wahrheit zu erkennen.

Drittes Fundament:
Wer sich nicht an die Lehre der römischen Kirche und des Papstes hält als an die unfehlbare Glaubensregel, von der auch die Heilige Schrift ihre Kraft und Autorität bezieht, der ist ein Ketzer.

Viertes Fundament:
Die römische Kirche kann bezüglich Glaube und Sitte sowohl durch ihr Wort als auch durch ihr Handeln etwas entscheiden. Und darin ist kein Unterschied, außer daß sich Worte besser dazu eignen als Taten. In diesem Sinne erlangt auch die Gewohnheit Gesetzeskraft, denn der Wille eines Fürsten drückt sich in Taten aus, die er zuläßt oder selbst veranlaßt. Folglich: wie der ein Ketzer ist, der falsch über die Wahrheit der Schrift denkt, so ist auch der ein Ketzer, der falsch über Lehre und Handeln der Kirche denkt, soweit diese sich auf Glaube und Sitte beziehen.

Schlußfolgerung:
Wer im Blick auf die Ablässe sagt, die römische Kirche dürfe das nicht tun, was sie tatsächlich tut, der ist ein Ketzer.

Quelle: R. P. fratris Silvestri Prieratis . . . in presumptuosas Martini Lutheri conclusiones de potestate papae dialogus, Rom 1518. In: EA.var. 1, S. 341–377; 346f. – *Literatur:* F. Lauchert, Die italienischen literarischen Gegner Luthers, 1912. Neudruck Nieuwkoop 1972; H. A. Oberman, Wittenbergs Zweifrontenkrieg gegen Prierias und Eck, Hintergrund und Entscheidungen des Jahres 1518, ZKG 80, 1969, S. 331–358.

13. Erasmus, Enchiridion: Handbüchlein eines christlichen Streiters (1503/18)

Desiderius Erasmus (1466/69–1536) schrieb nach seiner Rückkehr aus England, wo er mit Thomas More (s. Nr. 122) und John Colet (1466–1519) in ihn prägende Beziehung getreten war, das Erbauungsbuch »Enchiridion militis christiani«. In Anspielung auf einen alten Topos (der Christ als miles) soll das Enchiridion (Handbüchlein/Handschwert) eine Waffe für den christlichen Streiter darstellen. Erstmals veröffentlicht 1503, erreichte das Buch seine große Verbreitung erst durch die Neuausgabe bei Froben 1518. Sein streitbares Vorwort – an Paul Volz, 1518 – handelte Erasmus von Löwen bis Paris, von Köln bis Rom den Verdacht ein, Schutzherr der lutherischen Ketzerei zu sein. Freimütig kritisierte er hier die pedantisch-komplizierte scholastische Theologie (»wer kann die Secunda Secundae des Aquinaten bei sich tragen«) und die Realisierung des monastischen Ideals fand er nicht mehr in den Klöstern, sondern in den Städten (»die Stadtgemeinschaft ist ein großes Kloster«). Die ausgewählten Stellen zeigen aber zugleich die innere Distanz des Erasmus zu der Theologie Luthers, lange bevor dies in der Debatte über den unfreien Willen (vgl. Nr. 59/60) offenbar wurde. – Text a) folgt auf den Abschnitt, der von der Selbsterkenntnis als Voraussetzung des Kampfes handelt. Die Texte b) und c) entstammen den Grundregeln, an die sich der kämpfende Christ zu halten hat.

a) Über den äußeren und den inneren Menschen

Der Mensch ist ein eigenartiges Lebewesen, aus zwei oder drei sehr verschiedenen Teilen zusammengesetzt: der Seele nach göttlich und dem Körper nach wie ein stummes Vieh [ex anima veluti numine quodam et corpore tanquam muta pecude]. Dem Körper nach übertreffen wir die anderen Tierarten keineswegs, im Gegenteil, wir werden im Vergleich mit ihren Eigenschaften als unterlegen erfunden. Der Seele nach aber sind wir dermaßen zur Gottheit befähigt [capaces], daß wir selbst an den Engeln vorbeifliegen und mit Gott eins werden dürfen. Wenn dir der Körper nicht dazugegeben wäre, wärest du ein göttliches Wesen; wenn der Geist [mens] nicht hineingegeben wäre, wärest du ein Vieh. Diese zwei untereinander so verschiedenen Naturen hatte der höchste Werkmeister in seliger Eintracht verbunden; aber die Schlange, der Feind des Friedens, hat sie mit einer unseligen Zwietracht auseinandergerissen, so daß sie nunmehr weder ohne größte Qual voneinander getrennt werden, noch ohne ständigen Kampf zusammenleben können, und deutlich hält einer, wie man sagt, im anderen den Wolf bei den Ohren[1], und für beide kann jenes geistreiche Verschen gelten: ›Mit dir kann ich nicht leben, aber auch nicht ohne dich‹[2]. In einem so ineinanderverschlungenen Zwiespalt ringen sie miteinander wie entgegengesetzte Dinge, die eins sind. Denn der Körper, selbst sichtbar, erfreut sich an sichtbaren Dingen, selbst sterblich, folgt er den zeitlichen Dingen, und selbst schwer, sinkt er nach unten. Die Seele dagegen, der ätherischen Abkunft eingedenk, strebt mit aller Kraft in die Höhe und ringt mit der irdischen Last, sie verachtet die Dinge, die sichtbar sind; denn sie weiß, daß sie vergänglich sind, und sucht, was wahrhaft, was ewig ist. Selbst unsterblich, liebt sie das Unsterbliche, selbst himmlisch, das Himmlische; gleiches wird nämlich von gleichem ergriffen, wenn anders sie nicht völlig im Schmutz des Körpers versunken und durch die Berührung mit ihm aus ihrer edlen Art herabgesunken ist. Diese Zwietracht hat weder jener mythische Prometheus eingesät, indem er unserem Geist [mens] von jedem Lebewesen ein Teilchen beimischte[3], noch hat die ursprüngliche Beschaffenheit sie eingesetzt, sondern die Sünde hat das, was gut geschaffen worden war, entstellt, indem sie in die einträchtigen Dinge das Gift der Zwietracht streute. Vorher herrschte der Geist [mens] ohne Konflikt über den Körper, und der Körper gehorchte gern und willig

dem Geist [animus]; nun aber wurde die Ordnung verkehrt und die Leidenschaf-
ten [affectus] des Körpers wollen der Vernunft [ratio] gegenüber führend sein,
und die Vernunft wird gezwungen, dem Urteil des Körpers zu weichen.

Quelle: Erasmus von Rotterdam, Ausgewählte Schriften, hg. von W. Welzig, 1, 1968, S. 108–111. –
Literatur: s. bei Text c.

1. »Auribus lupum tenere«: weder wissen, wie man etwas loswerden, noch wie man es behalten
kann. Vgl. A. Otto, Die Sprichwörter und sprichwörtlichen Redensarten der Römer, 1890. Neudruck
1962, S. 199 (Nr. 9).
2. Ovid, Amores III, 11, 39.
3. Fassung der Prometheus-Sage bei Mythographus Vaticanus II, 63, hg. von G. H. Bode, Scriptores
rerum mythicarum latini 1, 1834, S. 96.

b) Christus als das einzige Ziel des ganzen Lebens
Damit du mit möglichst sicherem Schritt zur Seligkeit hinstreben kannst, sei dies
für dich die vierte Regel, daß du dir Christus als das einzige Ziel deines ganzen Lebens vorsetzest. Auf dies Ziel allein richte allen Eifer, alle Bemühungen, jede
Muße und Beschäftigung. Christus sollst du aber nicht für einen bloßen Namen
erachten, sondern für nichts anderes als Liebe, Aufrichtigkeit, Geduld, Reinheit,
kurz für alles das, was er gelehrt hat. Den Teufel begreife als nichts anderes, als alles, was dich davon abhält. Zu Christus strebt, wer zur Tugend allein hingezogen
wird. Dem Teufel gibt sich hin, wer den Lastern dient. Lauter [simplex] sei also
dein Auge, so wird dein ganzer Körper licht sein [Mt 6,22]. Nur auf Christus als
das einzige und höchste Gut soll es schauen, so daß du nichts liebst, nichts bewun-
derst, nichts erstrebst außer Christus oder um Christi willen. Nichts sollst du hassen, vor nichts zurückschaudern, nichts fliehen außer allein die Schändlichkeit
oder wegen der Schändlichkeit. Das wird deinen Lohn vermehren, was immer du
auch tun magst: ob du schläfst oder wachst, ob du ißt oder trinkst, sogar deine
Spiele und Muße, ja, ich möchte so weit gehen zu sagen, auch gewisse kleinere Laster, in die wir manchmal verfallen, während wir zur Tugend eilen, [tragen dazu
bei]. Wenn aber dein Auge böse [nequam] ist, und du anderswohin blickst als auf
Christus, wird es unfruchtbar oder gar schädlich sein, auch wenn du etwas Rechtes
tun wirst. Ein Laster ist es nämlich, etwas Gutes nicht gut zu tun . . .

Quelle: a.a.O., S. 168–171. – *Literatur:* s. bei Text c.

c) Vom Sichtbaren zum Unsichtbaren, vom Äußeren zum Inneren
Wir wollen dem auch eine fünfte Regel, gleichsam zur Unterstützung, anfügen,
damit du allein darin die vollkommene Frömmigkeit siehst, zu versuchen, von den
sichtbaren Dingen, die meistens entweder unvollkommen oder neutral [mediae]
sind, zu den unsichtbaren Dingen fortzuschreiten, entsprechend der höheren Ein-
stufung des Menschen. Diese Vorschrift gehört so sehr zur Sache, daß durch ihre
Vernachlässigung oder Unkenntnis die meisten Christen abergläubisch sind, anstatt fromm zu sein, und außer dem Namen Christi, nach dem sie genannt werden, nicht besonders weit vom Aberglauben der Heiden entfernt sind . . . Vielleicht beteiligst du dich täglich am Meßopfer [saerificas] und doch lebst du für dich
allein, dich bewegen Unglück und Not der Nächsten nicht: Dann bist du nur im
Fleisch des Sakraments [in carne sacramenti]. Wenn du jedoch bei der Messe dich
bemühst, das zu sein, was ihr Vollzug anzeigt [illa sumptio significat], so glaube

daran [puta], daß du *ein* Geist mit dem Geist Christi, *ein* Leib mit dem Leib Christi, ein lebendiges Glied der Kirche bist. Wenn du nichts liebst außer in Christus, wenn du alle deine Güter für das Gemeingut aller Menschen hältst, wenn dich schließlich das Unglück aller Menschen wie dein eigenes bedrückt, dann nimmst du mit großem Gewinn an der Messe teil [sacrificas], weil ja doch auf geistliche Weise [spiritualiter]. Wenn du spürst, daß du gewissermaßen in Christus umgewandelt wirst [transfigurari] und nun immer weniger in dir selbst lebst, so danke dem Geist, der allein lebendig macht [Joh 6,63]. Viele pflegen zu zählen, wie oft sie an jedem Tag der Messe beigewohnt haben, und indem sie sich darauf verlassen als auf eine große Sache, als ob sie nun darüber hinaus Christus nichts mehr schuldig wären, kehren sie zu ihrer alten Lebensweise zurück, nachdem sie die Kirche verlassen haben. Daß sie das Fleisch der Frömmigkeit pflegen, lobe ich; daß sie dabei stehenbleiben, lobe ich nicht. In dir soll das vollbracht werden, was dort vor den Augen vergegenwärtigt wird [repraesentatur]. Vergegenwärtigt aber wird der Tod des Hauptes. Erforsche nun du dich, wie man sagt, im Herzen, inwieweit du der Welt gestorben bist. Denn wenn dich noch Zorn, Ehrgeiz, Habsucht, Begierde oder Eifersucht voll besitzen, so bist du weit weg vom Opfer, auch wenn du den Altar berührst. Christus ist für dich [pro te] getötet worden, opfere du diese deine ›Tiere‹ [pecudes[1]]. Opfere dich selbst dem, der sich selbst dem Vater für dich geopfert hat. Wenn du dies nicht einmal bedenkst und bloß auf ihn vertraust, so haßt Gott deine feiste und fette Frömmigkeit [religio]. Getauft bist du; – denke ja nicht sofort, du seist deshalb ein Christ. Der ganze Geist [mens] hat nur an der Welt Gefallen; – in der Öffentlichkeit bist du ein Christ, im Verborgenen aber heidnischer als ein Heide. Warum das? Weil du den Körper [corpus] des Sakraments hast, der Geist [spiritus] aber fehlt dir. Der Körper ist abgewaschen; was macht das aus, solange der Geist [animus] verunreinigt bleibt? Das Fleisch [caro] ist vom Salz berührt; was nun, wenn der Geist ungesalzen bleibt? Der Körper ist gesalbt, ungesalbt aber ist der Geist. Erst wenn du im Innern mit Christus begraben worden bist, und nunmehr darauf bedacht bist, mit ihm in einem neuen Leben zu wandeln [Röm 6,4], dann erkenne ich dich als Christen an.

Quelle: a.a.O., S. 198–201. – *Literatur:* E.-W. Kohls, Die Theologie des Erasmus, 1–2, ThZ.S 1,1–2, 1966; M. Hoffmann, Erkenntnis und Verwirklichung der wahren Theologie nach Erasmus von Rotterdam, BHTh 44, 1972; R. Bainton, Erasmus. Reformer zwischen den Fronten, 1972 (engl. New York 1969); H. Holeczek, Humanistische Bibelphilologie als Reformproblem bei Erasmus von Rotterdam, Thomas More und William Tyndale, SHCT 9, 1975; P. I. Kaufman, John Colet and Erasmus' Enchiridion. ChH 46, 1977, S. 296–312; R. Stupperich, Das Enchiridion militis Christiani des Erasmus von Rotterdam nach seiner Entstehung, seinem Sinn und Charakter, ARG 69, 1978, S. 5–23.

1. Vgl. den Bezug zu den anthropologischen Aussagen des Erasmus in Text a.

14. Die Heidelberger Disputation: Luthers Kreuzestheologie (April 1518)

Die Kanzlei des Albrecht von Mainz (vgl. Nr. 8), an den Luther die ›95 Thesen‹ geschickt hatte (vgl. Nr. 11), denunzierte Luther in Rom wegen Verbreitung neuer Lehren. Auch die Dominikaner, die ihre Solidarität mit ihrem Ordensbruder Tetzel (vgl. Nr. 9) durch eine Disputation auf dem sächsischen Provinzialkapitel in Frankfurt/Oder demonstriert hatten (Januar 1518), verklagten Luther wegen Verdacht auf Ketzerei in Rom. – Das Kapitel der sächsischen Kongregation der Augustiner-Eremiten, das am Sonntag Jubilate (25. April) unter Vorsitz des Johann von Staupitz (vgl. Nr. 5) in Heidelberg abgehalten wurde, ließ Luther für die bei solchen Gelegenheiten übliche Disputation die nachfolgenden Thesen aufstellen. So hatte Luther Gelegenheit, außerhalb Wittenbergs seine Theologie vorzutragen, und konnte eine Reihe junger, bedeutender Köpfe für die ›neue‹ Theologie gewinnen: u.a. Theobald Billikan (ca. 1490–1554), Martin Bucer (1491–1551; vgl. Nr. 110), Erhard Schnepf (1495–1558) und Johannes Brenz (1499–1570; vgl. Nr 65,119).

Die theologischen Thesen [Ex theologia]

Indem wir uns selbst gänzlich mißtrauen gemäß jenem Rat des Geistes: »Verlaß dich nicht auf deinen Verstand« [Spr 3,5], setzen wir dem Urteil aller, die anwesend sein wollen, folgende theologische Paradoxa aus, damit es vielleicht klar wird, ob sie gut oder schlecht herausgearbeitet sind aus dem Apostel Paulus, dem auserwählten Gefäß und Werkzeug Christi, und außerdem aus dem heiligen Augustin, seinem [Pauli] getreuesten Ausleger.

1. Das Gesetz Gottes, die allerheilsamste Lehre des Lebens, kann den Menschen nicht zur Gerechtigkeit bringen, sondern steht dem vielmehr entgegen.

2. Viel weniger können es die Werke des Menschen, auch wenn sie noch so oft mit Hilfe der natürlichen Anweisung [der Vernunft], wie man sagt, wiederholt werden.

3. Die Werke der Menschen sehen zwar immer schön aus und scheinen gut zu sein; es ist jedoch beweisbar, daß sie Todsünden sind.

4. Die Werke Gottes sind zwar immer mißgestaltet und erscheinen schlecht, aber in Wirklichkeit sind sie unsterbliche Verdienste.

5. Nicht in dem Sinn sind die Werke der Menschen (wir reden von den scheinbar guten) Todsünden, daß sie [grobe] Verbrechen wären.

6. Nicht in dem Sinn sind die Werke Gottes Verdienste (wir reden von den Werken, die durch den Menschen geschehen), daß sie nicht Sünden wären.

7. Die Werke der Gerechten wären Todsünden, wenn sie nicht von ihnen selbst mit frommer Gottesfurcht als Todsünden gefürchtet würden.

8. Vielmehr sind die Menschenwerke Todsünden, eben weil sie ohne Furcht geschehen in unerschütterter und schlechter Sicherheit.

9. Zu sagen, die Werke ohne Christus seien zwar tot [mortua], aber nicht tödlich [mortalia], erscheint mir als eine gefährliche Preisgabe der Furcht Gottes.

10. Vielmehr ist es äußerst schwer, zu begreifen, auf welche Weise denn ein Werk tot, aber doch keine verderbliche und tödliche Sünde sei.

11. Weder kann Anmaßung vermieden werden noch wahre Hoffnung da sein, wenn nicht in jedem Werk das Verdammungsurteil gefürchtet wird.

12. Dann sind die Sünden wirklich bei Gott läßlich [venialia], wenn die Menschen fürchten, sie seien Todsünden.

13. Der freie Wille nach dem Sündenfall ist frei nur dem Namen nach [res est de solo titulo][1], und indem er tut, was an ihm ist [facit quod in se est], begeht er eine Todsünde.

14. Der freie Wille nach dem Sündenfall hat die Möglichkeit zum Guten im Blick auf sein [passives] Vermögen [potentia subiectiva], zum Bösen dagegen stets im Blick auf sein aktives Vermögen.

15. Auch im Stande der Unschuld konnte er nicht bestehen im Sinne eines aktiven Vermögens, sondern nur im Sinne eines [passiven] Vermögens, vom Fortschreiten zum Guten ganz zu schweigen.

16. Ein Mensch, der meint, er wolle dadurch zur Gnade gelangen, daß er tut, was an ihm ist, fügt Sünde auf Sünde, so daß er doppelt schuldig wird.

17. So zu reden heißt aber nicht, Anlaß zur Verzweiflung zu geben, sondern zur Demütigung, und den Eifer zu erwecken, die Gnade Christi zu suchen.

18. Es ist gewiß, daß der Mensch an sich selbst von Grund auf verzweifeln muß, um geeignet zu werden, die Gnade Christi zu erlangen.

19. Nicht der wird mit Recht Theologe genannt, der »das unsichtbare Wesen« Gottes, »das an den geschaffenen Dingen erkannt wird«, anschaut [Röm 1,20],

20. sondern der, der die Selbsterschließung Gottes [visibilia et posteriora Dei²] [Ex 33,23], die durch die Leiden und das Kreuz geschaut wird, erkennt.

21. Der Theologe der Herrlichkeit [Theologus gloriae] nennt das Böse gut und das Gute böse, der Theologe des Kreuzes [Theologus crucis] nennt die Dinge beim Namen [dicit id quod res est].

22. Jene Weisheit, die Gottes unsichtbares Wesen aus seinen [Schöpfungs-] Werken zu ermitteln sucht [sapientia illa, quae invisibilia Dei ex operibus intellecta conspicit]³, bläht überhaupt nur auf, macht blind und verstockt.

23. Und das Gesetz wirkt den Zorn Gottes [Röm 4,15], es tötet, verflucht, macht schuldig, richtet und verdammt alles, was nicht in Christus ist.

24. Aber jene Weisheit ist [an sich] nicht schlecht, noch ist das Gesetz zu fliehen, sondern der Mensch gebraucht ohne die Theologie des Kreuzes [Theologia crucis] die besten Dinge am allerschlechtesten.

25. Nicht der ist gerecht, der vieles leistet [operatur], sondern der, der ohne Werke inständig an Christus glaubt.

26. Das Gesetz sagt, »Tu dies«, und es wird nie getan; die Gnade sagt, »Glaube an den«, und schon ist alles getan.

27. Zu Recht könnte man sagen, das Werk Christi sei das wirkende, unser Werk das gewirkte Werk, und das gewirkte Werk gefalle Gott um des Werkes Christi willen.

28. Die Liebe Gottes findet das, was ihm liebenswert ist, nicht vor, sondern schafft es; die Liebe des Menschen entsteht an dem, was ihm liebenswert ist.
[Es folgen noch Thesen 29–40 zur Philosophie.]

Quelle: WA 1, S. 353,8–354,36. – *Literatur:* Luther BeA 1, S. 186–188 (Neue Kritische Edition v. H. Junghans, ibid., S. 213–216); zum grundsätzlichen Verständnis der ›theologia crucis‹ s. G. Ebeling, Dogmatik des christlichen Glaubens 2, 1979, S. 326–329.

1. Diese These wurde in ›Exsurge Domine‹ verurteilt, s. Nr. 26. Vgl. Luthers Antwort von 1521, WA 7, S. 445,31ff.

2. Vgl. WA.TR 6, S. 319,12–27.

3. Die freie, aber sinngemäße Übersetzung ist durch Luthers Erläuterung [probatio] dieser These abgedeckt (vgl. WA 1, S. 362,35–363,14). Mit »sapientia illa« ist jene Theologie gemeint, welche ohne Christus und an Christus vorbei Gott aus seiner Schöpfung zu erschließen sucht: sie ist eine unangemessene, weil nie zu sättigende ›curiositas sciendi‹ (WA 1, S. 363,5; vgl. H. A. Oberman, Contra vanam curiositatem, ThSt(B) 113, 1974, S. 39–49).

15. Andreas Karlstadt: 406 Thesen zur Verteidigung der Wittenberger Theologie (9. Mai 1518)

Die Auseinandersetzung zwischen Eck (vgl. Nr. 22–24) und Luther nach Veröffentlichung der ›95 Thesen‹ (Nr. 11) wurde von Karlstadt mit diesen (im Juni gedruckt erschienenen) Thesen, über die er als Dekan der theologischen Fakultät mehrere Disputationen abhalten ließ, neu entfacht. Als so auch Luther wieder einbezogen wurde, entstand der Plan zur Leipziger Disputation (s. Nr. 22–24), ›um die Sache zu bereinigen‹ [ut fiat finis contentionis], wie Luther noch am 15. November 1518 Eck schrieb (WA.B 1, S. 231,6; Nr. 109).

1. Wenn ein Bibeltext von einem Kirchenlehrer [ecclesiasticus doctor] angeführt wird, so gilt der Text mehr [plus valet] und hat größeres Gewicht [vehementius urget] als die Meinung [dictum] dessen, der ihn anführt.
2. Weil dessen Meinung vom Text abhängt und bedingt ist[1].
3. Diese These ist so richtig, daß man grundsätzlich [prorsus] die Meinung eines Lehrers im Sinne des angeführten Textes deuten muß.
5. Wenn nun die Dozenten oder Hörer der Augustiner [Augustiniani lectores auditoresve] darauf achten, so werden sie sehen [introspicient], wie aus allen Schriften Augustins Christus hervorleuchtet.
247. Da sich die Zeugnisse des Aristoteles und Christi aufs schärfste widersprechen [velut dissonantia] und Entgegengesetztes sich nicht erklärt [explicentur], sondern vernichtet [destruantur], sollten die Prediger [Dominikaner] zusehen, wie sie es verantworten können [rationem sint facturi], das Gesetz Christi mit Hilfe der moralischen Kategorien des Aristoteles [per Aristotelicos mores] zu »interpretieren« – ja, zu verhunzen [subvertunt].

Quelle: V. E. Löscher, Vollständige Reformations-Acta und Documenta 2, 1723, S. 79 und 91. – *Literatur:* s. Nr. 6.

1. Vgl. oben Nr. 6.

16. Cajetan: Bericht über das Augsburger Verhör Luthers (25. Oktober 1518)

Vom Papst erging am 23. August 1518 ein Breve an Thomas de Vio aus Gaeta (Cajetan, 1468–1534), der als Kardinallegat am Reichstag zu Augsburg teilnahm: Er sollte Luther nach Augsburg zitieren, ihn verhören und – bei einem reuigen Widerruf – absolvieren oder – beim Beharren auf seinen Irrtümern – festnehmen lassen. Gleichzeitig erging ein Auslieferungsbefehl an Kurfürst Friedrich den Weisen, dem es aber trotzdem gelang, für Luther nach dem Verhör freie Rückkehr zu sichern. Nach dem gescheiterten Versuch, Luther zum Widerruf zu bringen (12.–14. Oktober), ersuchte Cajetan Friedrich den Weisen um die Auslieferung Luthers, wobei er ihm gleichzeitig über das Verhör berichtete (25. Oktober).

Durchlauchtigster und vorzüglichster Fürst! Bruder Martin Luther kam mit der Schrift Eurer Durchlaucht an. Bevor er zu uns kam, wollte er sich durch freies Geleit sichern, das er von den Herren Räten der kaiserlichen Majestät durch das Ansehen und die Gunst Eurer Durchlaucht erhielt, doch nicht ohne mein Wissen. Denn die Herren wollten ihm nichts zugestehen, wenn nicht auch ich es erlaubte.

Ihnen habe ich geantwortet, sie sollten tun, was ihnen gefiele, nur meinen Namen sollten sie nicht mit hineinmischen. Und an dieser Stelle fing ich an, mich zu wundern. Denn wenn Euer Durchlaucht mir vertraute, war das freie Geleit nicht nötig; wenn Ihr mir nicht vertrautet, hätte er nicht wie zu einem Vater zu mir geschickt werden sollen. Danach kam Bruder Martin zu uns. Zuerst entschuldigte er sich, daß er sich wegen Feindschaften usw. freies Geleit erwirkt habe. Darauf sagte er, daß er gekommen sei, um uns anzuhören und die von uns erkannte Wahrheit zu bekennen. Wir haben ihn voller Freude und sehr freundlich aufgenommen und ihn väterlich umarmt. Ich habe vor allem gesagt, daß er nur in Übereinstimmung mit der Heiligen Schrift und den heiligen Kirchengesetzen [secundum solam Scripturam sacram et sacros canones] verhört werden solle und daß, wenn er in sich gehe und sich in Zukunft vorsehe, sein Ausgespeites wieder aufzufressen [Spr 26,11], und wir [wieder] in Ruhe schlafen können, ich die ganze Sache mit höchster päpstlicher Autorität beilegen würde.

Darauf erklärte ich ihm unter väterlichen Ermahnungen, daß seine Disputationen und Predigten gegen die apostolische Lehre seien, insbesondere [die] über die Ablässe, und zitierte die Extravagante Clemens VI.[1], die eindeutig gegen ihn steht, sowohl hinsichtlich der Ursache wie auch der Wirkung der Ablässe. Außerdem führte ich die altehrwürdige und gemeinsame Gewohnheit der römischen Kirche an, legte die Interpretation eines anderen Punktes, nämlich [den] vom Glauben beim Sakramentenempfang dar und mahnte ihn, daß seine Auffassung nicht richtig sei, sondern offensichtlich abweiche von der Heiligen Schrift und der rechten Lehre der Kirche, die ihm ganz und gar entgegensteht. Er sagte zu der klaren und deutlichen Extravagante, ich weiß nicht was, es ist nicht des Berichtens wert; er bat um einen Tag zur Überlegung und versprach, wieder zurückzukehren. Ich ermahnte ihn, in sich zu gehen, und entließ ihn.

Am folgenden Tag [13. Oktober] kam er wieder, zusammen mit dem Generalvikar der Observanten [Staupitz] und vielen Begleitern. Und als ich erwartete, daß er sich besinnen und die Wahrheit erkennen würde, begann er vor einem Notar, den er mitgebracht hatte, eine förmliche Erklärung abzugeben [protestari]. Ich lächelte dazu und ermahnte den Menschen wiederum sehr freundlich, er solle diesen unnützen Entschluß aufgeben, in sich gehen und zum gesunden Menschenverstand zurückkehren. Es würde ihm schwer werden, wider den Stachel zu löcken [Apg 9,5 Vulg.]. Darauf sagte er, er wolle mir seine Antwort und seine Gründe nur schriftlich vorbringen, ich hätte am Tage vorher mich genug mit ihm mit Worten herumgeschlagen. Ich war über die Kühnheit des Menschen erstaunt und sagte: »Mein Sohn, weder habe ich mich mit dir herumgeschlagen, noch will ich mich mit dir herumschlagen. Ich bin bereit, in Anbetracht des durchlauchtesten Herzogs Friedrich dich väterlich und freundlich (nicht um mit dir zu disputieren oder zu zanken) anzuhören, zur Wahrheit zu ermahnen und zu belehren und auch, wenn du willst, unserem allerheiligsten Herrn und der römischen Kirche zu empfehlen.« Da baten mich sowohl er als auch sein Ordensvikar, daß ich ihn schriftlich hören wolle. Ich sagte, daß ich ihn sehr gerne anhören und alles väterlich behandeln würde, aber nicht als Richter [non iudicialiter]. Und so ging er hinweg.

Danach kam er zum dritten Male [14. Oktober] zurück und überreichte mir eine lange Denkschrift, in der er nur albern auf die Extravagante des Papstes antwortete und auch Seine Heiligkeit nicht schonte, indem er sagte, sie mißbrauche die heiligen Worte [auctoritates] der Heiligen Schrift. Was aber den Glauben beim Sakra-

mentsempfang betraf, so füllte er das Papier mit Stellen aus der Heiligen Schrift,
die sich überhaupt nicht darauf bezogen und falsch verstanden waren . . .
Zur Sache aber will ich drei Dinge versichern:
1.   Wenn auch die Aussagen des Bruders Martin in den [95] Thesen nur zur Diskussion [disputative] gestellt waren, so sind sie doch in den von ihm geschriebenen
Predigten als Behauptung und mit Anspruch auf Wahrheit [assertive] vorgetragen
und, wie man sagt, in deutscher Sprache bekräftigt. Diese aber sind zum Teil gegen die Lehre des Apostolischen Stuhles und zum Teil sogar verdammlich. Und
Eure Durchlaucht möge mir glauben, daß ich die Wahrheit sage und aus sicherem
Wissen rede und nicht nur aufgrund von Vermutungen [ex opinionibus].
2.   Ich ermahne und bitte Eure Durchlaucht, Eure Ehre und Euer Gewissen zu
bedenken und den Bruder Martin entweder nach Rom zu schicken oder aus Eurem
Lande zu jagen, weil er seinen Irrtum trotz der väterlichen Ermahnung [pa-
terna via] nicht erkennen und mit der allgemeinen Kirche nicht übereinstimmen
will.
3.   Eure Durchlaucht soll wissen, daß eine so schwerwiegende und verderbliche
Angelegenheit sich auf keinen Fall lange halten kann, denn in Rom wird man die
Sache weiterverfolgen, sobald ich meine Hände gewaschen [vgl. Mt 27,24] und
diese List und Tücke dem allerheiligsten Herrn, unserem Herrn, berichtet habe
. . .

Quelle: WA.B 1, S. 233,1–234,82; Nr. 110. – *Literatur:* G. Henning, Cajetan und Luther. Ein historischer Beitrag zur Begegnung von Thomismus und Reformation, AzTh II,7, 1966; K.-V. Selge, Die
Augsburger Begegnung von Luther und Kardinal Cajetan im Oktober 1518. Ein erster Wendepunkt
auf dem Weg zur Reformation. JHKGV 20, 1969, S. 37–54; O. H. Pesch, Das heißt eine neue Kirche
bauen. Luther und Cajetan in Augsburg, in: Begegnung. Beiträge zu einer Hermeneutik des theologischen Gesprächs. Festschrift für H. Fries, 1972, S. 645–661; Jared Wicks (Hg.), Cajetan Responds. A
Reader in Reformation Controversy, Washington, D.C. 1978.

1.   Bulle »Unigenitus« vom 27. Januar 1343. Extravagantes communes, lib. 5 tit. 9 cap. 2. Corpus Iuris Canonici, hg. von Ae. Friedberg, 2, 1879. Neudruck 1959, S. 1304–1306; QGPap 1, S. 472–474.

17.   Luthers ›Protestation‹: Bericht über das Augsburger Verhör (1518)

Nach der Rückkehr aus Augsburg (31. Oktober) entschloß sich Luther, den umlaufenden Gerüchten
über die dortige Verhandlung mit der Schilderung des Ablaufs der Gespräche entgegenzutreten (Acta
Augustana), damit »weder die Freunde die Sache zu sehr hochpreisen, noch die Gegner sie zu sehr her-
absetzten« (WA 2, S. 6,28ff.). Am 16. Oktober appelliert Luther an den ›besser zu informierenden
Papst‹ (s. u. Anm. 8). Juristisch und (kirchen-)historisch von kaum zu überschätzender Bedeutung ist
dann zwei Wochen später Luthers Beschluß, ›vom Papst an das Konzil‹ zu appellieren (WA.B 1, S.
225,20). Am 28. November 1518 ließ Luther seine Berufung vor Zeugen notariell beglaubigen: »ad
Concilium proxime et immediate futurum, saltem in spiritu sancto legitime congregatum«, d.h. an ein
wahres Konzil (WA 2, S. 36,17f.).

. . . Ich wurde vom hochwürdigsten Kardinal-Legaten[1] sehr gnädig, ja beinahe
ehrerbietig aufgenommen. Denn er ist in jeder Beziehung ein anderer Mann als
die sehr ungehobelten Brüderjäger [Inquisitoren]. Als er gesagt hatte, er wolle

nicht mit mir disputieren, sondern die Sache freundlich und väterlich schlichten, legte er mir, wie er sagte auf Befehl des Papstes, drei Forderungen vor:
1. Ich sollte in mich gehen und meine Irrtümer widerrufen.
2. Ich sollte versprechen, mich in Zukunft dieser Sache zu enthalten.
3. Ich sollte von allem abstehen, was die Kirche beunruhigen könnte.
Ich erkannte, daß ich das auch zu Wittenberg ohne Gefahr und ohne so große Mühe hätte tun können und nicht erst in Augsburg hätte suchen müssen. Daher bat ich sogleich, mich zu belehren, worin ich geirrt hätte, denn mir sei kein einziger Irrtum bewußt. Darauf brachte er die Extravagante des Papstes Klemens VI. vor, die anfängt: »Unigenitus«[2], weil ich in der 58. These gegen sie gelehrt hätte, die Verdienste Christi seien kein Ablaßschatz[3]. Deshalb drängte er darauf, ich sollte widerrufen; er bestand mit Zuversicht darauf und war sich des Sieges ganz sicher. Denn er glaubte dies und war deshalb so sicher, weil er annahm, daß ich diese Extravagante nicht gesehen hätte. Vielleicht hatte er darauf gebaut, daß sie nicht in allen Handschriften steht.
Zweitens warf er mir vor, ich hätte in der Erklärung der 7. These gelehrt, zum Sakramentsempfang sei der Glaube notwendig, sonst führe er zum Gericht[4]. Das wollte er für eine neue und irrtümliche Lehre halten. Dagegen sei vielmehr einem jeden, der zum Sakrament komme, ungewiß, ob er die Gnade erlange [gratiam consequeretur] oder nicht. Und er sagte dies mit einer ihm eigenen Zuversicht, zumal die Italiener aus seinem Gefolge lächelten und nach ihrer Art auflachten, so daß ich besiegt schien.
Darauf antwortete ich, daß ich nicht allein die Extravagante des Klemens VI. genau betrachtet hätte, sondern auch die andere gleichlautende oder ähnliche des Sixtus IV.[5] (Denn ich hatte sie tatsächlich beide gelesen, zusammen mit dem sehr wortreichen Pomp, der ihre Glaubwürdigkeit fraglich erscheinen läßt: so sehr liegt dort Unkenntnis auf der Hand). Sie hätten aber bei mir nicht genügend Autorität, sowohl aus vielen anderen als auch besonders aus diesem Grund, daß sie die Heilige Schrift mißbrauchen und die Worte (wenn nur ihr gebräuchlicher Sinn bestehen sollte) frech in einen fremden Sinn verdrehten, den sie an ihrer Stelle nicht haben, ja sogar das Gegenteil bedeuten. Deshalb müsse die Schrift, der ich in meiner These folgte, der Extravagante entschieden vorgezogen werden, und infolgedessen sei gar nichts bewiesen, sondern allenfalls die Meinung des Heiligen Thomas zitiert und vorgetragen.
Darauf hat er angefangen, die Gewalt des Papstes in den Himmel zu heben, daß sie über dem Konzil, über der Schrift und über der ganzen Kirche stehe. Um mir das einzureden, zitierte er die Verwerfung und Aufhebung des Konzils zu Basel. Er war der Meinung, daß die Gersonisten[6] zusammen mit Gerson [vgl. Bd. II Nr. 61a und b] verdammt werden müßten. Das war etwas Neues für meine Ohren. Ich leugnete dagegen, daß der Papst über dem Konzil und der Schrift stehe. Danach pries ich die Appellation der Universität Paris[7]. Vieles redeten wir in einer verworrenen Unterhaltung durcheinander über die Buße und die Gnade Gottes. Jenen zweiten Vorwurf [zu These 7; vgl. Anm. 4] hatte ich mit Schmerzen vernommen; denn ich hatte nicht im geringsten befürchtet, daß diese Sache irgendwie in Zweifel gezogen werden könnte. So kamen wir beinahe in keiner Sache überein, sondern wie eins das andere gibt (wie es zu geschehen pflegt), so entstand immer wieder ein neuer Widerspruch. Als ich aber sah, daß wir in diesem Streit nicht weiterkamen, sondern nur viel anfingen und nichts erledigten und uns bis jetzt nur auf zahlreiche Extravaganten besonnen hatten, zumal weil er als Stellvertreter des

Papstes nicht den Anschein erwecken wollte, daß er zurückgewichen sei, bat ich,
daß er mir Bedenkzeit gäbe.

Am anderen Tage waren vier kaiserliche Räte zugegen. Ich brachte einen Notar
und Zeugen mit und gab in aller Form und in eigener Person eine Erklärung ab, indem ich vor dem hochwürdigsten Herrn Legaten folgendes verlas:

»Zuerst bezeuge ich [protestor], Bruder Martin Luther, Augustinermönch, daß
ich die heilige römische Kirche in allen meinen Reden und Taten, den gegenwärtigen, vergangenen und zukünftigen, verehre und ihr folge. Wenn also dagegen etwas anderes geredet worden ist oder wird, will ich es für nicht geredet gehalten
wissen und halten.

Nachdem aber der hochwürdige Herr, wie er sagte auf Befehl des Herrn Papstes, mir vorgelegt und mich aufgefordert hat, daß ich wegen der Disputation, die
ich über den Ablaß durchgeführt[8] habe, diese drei Forderungen erfülle: erstens,
daß ich mich besinne und den Irrtum widerrufe, zweitens, daß ich mich verbürge,
in Zukunft nicht darauf zurückzukommen, drittens, daß ich verspreche, von allem
abzusehen, was die Kirche Gottes verwirren könnte; ich, der ich disputiert und die
Wahrheit gesucht habe, konnte nicht vom Forschen ablassen und noch viel weniger zum Widerruf gezwungen werden – da ich weder gehört noch überwunden
worden bin –, ich erkläre heute in aller Form: Ich bin mir nicht bewußt, etwas gesagt zu haben, was gegen die Heilige Schrift, die Kirchenväter, die päpstlichen Dekretalen oder die rechte Vernunft [contra rectam rationem] ist, sondern alles, was
ich gesagt habe, erscheint mir auch heute noch als heilsam, wahr und katholisch.
Gleichwohl bin ich ein Mensch, der irren kann. Darum habe ich mich unterworfen
und unterwerfe mich auch jetzt dem Urteil und der Entscheidung der rechtmäßigen heiligen Kirche und allen, die es besser erkennen. Dennoch erbiete ich mich
zum Überfluß, persönlich hier oder an einem anderen Ort, auch öffentlich, über
meine Äußerungen Rechenschaft zu geben. Wenn aber dieses dem hochwürdigsten Herren nicht gefällt, bin ich auch bereit, seine Entgegnungen, wenn er beschließt, welche gegen mich vorzubringen, in Schriften zu beantworten und darüber das Urteil und die Ansicht der ausgezeichneten Doctores der Reichsuniversi-
täten Basel, Freiburg und Löwen oder, wenn das noch nicht genügt, auch der Universität Paris, der Mutter aller wissenschaftlichen Schulen und von alters her immer christlichen und in der Theologie überaus blühenden Universität, zu hören.«

Quelle: WA 2, S. 7,20–9,10. – *Literatur:* S. Nr. 16.

1.   Cajetan de Vio, Thomas (1468–1534); Ordensgeneral der Dominikaner; strenger Kurialist und
thomistischer Theologe. S. Nr. 16.
2.   »Amplius, Clemens VI tradidit expresse quod indulgentia remittit poenam temporalem pro peccato debitam . . . Non licet autem contra apostolicae sedis doctrinam sentire.« Bulle »Unigenitus« vom
27. Januar 1343. Extravagantes communes, lib. 5 tit. 9 cap. 2. Corpus Iuris Canonici, hg. von Ae.
Friedberg, 2, 1879. Neudruck 1959, 1304–1306.
3.   WA 1, S. 605,27.
4.   WA 1, S. 539,32–545,8; 541,23f.
5.   Wohl die Bulle Sixtus IV. (1471–1484; vgl. Bd. II Nr. 76) »Quemadmodum« von 1473, wo das
Jubeljahr 1475 festgelegt wird. Extravagantes communes, lib. 5 tit. 9 cap. 4. Corpus Iuris Canonici 2 (s.
hier Anm. 2), S. 1307–1308. – Auch die Bulle »Unigenitus« (Anm. 2) befaßt sich mit einem Jubeljahr.
6.   Cajetan hat wohl weniger Grund, auf Johannes Gerson († 1429; vgl. Bd. II Nr. 61af.) selber abzu-
heben, der auf dem Wege vom 1. Konzil in Pisa (1409; Bd. II Nr. 64b) zum Konstanzer Konzil
(1414–1418; Bd. II Nr. 65a–c) zum Vertreter eines gemäßigten Konziliarismus wurde – so Posthumus Meyjes –, als auf dessen direkte Kontrahenten, die Pariser ›Gersonisten‹, wie Jacques Almain (†

1515) und Johann Major († 1550), die grundsätzlich der Superiorität des Konzils über den Papst zuge-
tan waren. Diese Theologengruppe verteidigte das 2. Konzil in Pisa (1511) gegen Rom und rechtfertigte
die Appellation der Pariser Universität (1518), ›vom Papst an das Konzil‹, gegen das 5. Laterankonzil
(1512–1517) und das französische Konkordat (1516). Vgl. F. Oakley, Almain and Major, AHR 70,
1965, S. 673–690; R. Bäumer (Hg.), Von Konstanz nach Trient. Festgabe August Franzen, 1972,
S. 547–557; G. H. M. Posthumus Meyjes, Jean Gerson, 1963 .
7.   Zur Appellation s. Anm. 6. Es dürfte Cajetan und Luther außerdem bekannt gewesen sein, daß die
Pariser theologische Fakultät am 6. Mai 1518 die Ablaßdeutung, wie etwa von Tetzel vertreten (s. Nr.
9), verurteilt hatte. S. H. A. Oberman, Werden und Wertung, S. 192f. (Anm. 90). Vgl. WA.B 1, S.
226 Anm. 5, und Text Nr. 4.
8.   Vgl. Anm. 2 zu Nr. 11.

18. Zwei Generationen deutscher Humanisten: Huttens Brief an Willibald Pirckheimer (25. Oktober 1518)

Ulrich von Hutten (1488–1523), 1505 aus der Klosterschule Fulda entwichen, wurde zum beredten
Zeugen der rom- und pfaffenkritischen Strömungen der Zeit (vgl. Nr. 26). Die im Streit zwischen
Reuchlin und den Kölner Theologen für jenen parteiergreifenden sarkastischen Dunkelmännerbriefe
(Epistolae Obscurorum Virorum; I,1515; II,1517) entsprangen seinem Kopf und zum größeren Teil
auch seiner Feder. Erst durch seine Ausgabe (1517) – mit Widmung an Papst Leo X.! – fand Laurentius
Valla († 1457; vgl. Bd. II Nr. 75a) Entlarvung der ›Konstantinischen Schenkung‹ als Fälschung (1440)
größere Verbreitung. Seit der Leipziger Disputation (vgl. Nr. 22–24) für Luthers Sache – allerdings im
national-deutschen Sinne – gewonnen, stellte er sich hinter Sickingens mißlungenen ›Ritterkrieg‹
(1522). Bleibende Bedeutung erlangte Hutten, von Luthers Benutzung der Muttersprache angeregt,
als deutscher politischer Dichter. Am Hofe Albrechts von Mainz (vgl. Nr. 8) hatte er eine satirische
Persiflage über das Hofleben (»Misaulus«) geschrieben (September 1518) und zur Beurteilung an Wil-
libald Pirckheimer (1470–1530) geschickt. Pirckheimer zögerte nicht, diese Verballhornung als Über-
reaktion zu werten, weil das politische Leben grundsätzlich ein schlimmes Geschäft sei: er solle sich in
ländliche Ruhe zurückziehen, um dort den Musen zu leben. Hutten nahm diese Antwort zum Anlaß,
die über Petrarca (vgl. Bd. II Nr. 60a und b) und Pico (vgl. Bd. II Nr. 75c) vermittelte Idealisierung
des Landlebens zu entmythologisieren, zwar aus seiner ritterlichen Perspektive, zugleich aber stellver-
tretend für die jüngere Generation der Erasmusschüler, die dabei waren, sich in den Städten lebhaft am
politischen Geschäft zu beteiligen.

. . . Ihr Bürger lebt in den Städten nicht nur angenehm, sondern auch bequem,
wenn es euch so gefällt. Glaubst du aber, daß ich jemals unter meinen Rittern
Ruhe finden werde, und hast du vergessen, welchen Störungen und Beunruhi-
gungen die Männer unseres Standes ausgesetzt sind? . . . Vergleiche nicht dein
Leben mit dem meinen; denn es steht um uns Ritter so, daß mir die Zeit keine
Ruhe gönnte, auch wenn ich ein noch so ansehnliches Erbe besäße und von den
Einkünften meines Besitzes leben könnte. Man lebt auf dem Felde, im Wald und
auf jenen Burgen. Die uns ernähren, sind bettelarme Bauern, denen wir unsere
Äcker, Wiesen und Wälder verpachten. Der Erwerb, der daraus eingeht, ist im
Verhältnis zur Arbeit, die er kostet, schmal; doch wird alle Mühe angewandt, um
ihn reich und ergiebig zu machen, denn wir müssen sorgsame Hausväter sein. Sodann müssen wir uns in den Dienst eines Fürsten stellen, von dem wir Schutz erhoffen dürfen: denn andernfalls glauben alle, sie könnten sich alles gegen mich
herausnehmen. Stehe ich aber im Dienste, so ist auch jene Hoffnung wiederum
gepaart mit Gefahr und täglicher Furcht. Gehe ich nämlich von Hause fort, so muß

ich fürchten, daß ich auf Leute stoße, mit denen der Fürst, einerlei wer er ist, Fehde oder Krieg hat, und sie mich unter diesem Vorwand anfallen und wegschleppen. Wenn es dann mein Unstern will, so geht die Hälfte meines Erbgutes darauf, mich wieder loszukaufen, und so droht gerade da ein Angriff, wo ich Schutz erhofft hatte. Daher müssen wir uns Pferde und eine Wehr bereithalten und uns mit zahlreicher Begleitung umgeben – alles unter schweren Kosten. Währenddem gehen wir nicht einmal in einem Umkreis von zwei Joch ohne Waffen aus. Kein Vorwerk können wir unbewaffnet besuchen; zu Jagd und Fischfang können wir nur in Eisen erscheinen. Außerdem entstehen häufig Streitigkeiten zwischen unseren und fremden Vögten, und es vergeht kein Tag, an dem uns nicht irgendeine Reiberei hinterbracht wird, die wir möglichst vorsichtig beilegen müssen; denn sobald ich etwas eigensinniger mein Recht vertrete oder Unrecht ahnde, entsteht Krieg; wenn ich aber allzu sanftmütig nachgebe und auch noch etwas von dem Meinigen darangebe, dann bin ich gleich dem ungerechten Sinn von aller Welt preisgegeben, denn alle wollen als Lohn ihres eigenen Unrechts, was einmal einem einzigen zugestanden worden ist. Aber unter welchen Leuten geschieht dies? Nicht unter Fremden, mein Freund, nein, zwischen Nachbarn, Verwandten und Familienangehörigen, ja, sogar unter Brüdern.

Das sind unsere ländlichen Freuden, das ist unsere Muße und Stille! Die Burg selbst, mag sie auf dem Berg oder im Tal liegen, ist nicht gebaut, um schön, sondern um fest zu sein; von Wall und Graben umgeben, innen eng, da sie durch die Stallungen für Vieh und Herden versperrt wird. Daneben liegen die dunkeln Kammern, angefüllt mit Geschützen, Pech, Schwefel und dem übrigen Zubehör der Waffen und Kriegswerkzeuge. Überall stinkt es nach Pulver, dazu kommen die Hunde mit ihrem Dreck, eine liebliche Angelegenheit, wie sich denken läßt, und ein feiner Duft! Reiter kommen und gehen, unter ihnen sind Räuber, Diebe und Banditen. Denn fast für alle stehen unsere Häuser offen, entweder weil wir nicht wissen können, wer ein jeder ist, oder weil wir nicht weiter danach fragen. Man hört das Blöken der Schafe, das Brüllen der Rinder, das Hundegebell, das Rufen der Arbeiter auf dem Felde, das Knarren und Rattern von Fuhrwerken und Karren; ja wahrhaftig, auch das Heulen der Wölfe wird im Haus vernehmbar, da der Wald so nahe ist. Der ganze Tag, vom frühen Morgen an, birgt Sorge und Plage, beständige Unruhe und dauernden Betrieb. Die Äcker müssen gepflügt und gegraben werden; man muß eggen, säen, düngen, mühen und dreschen. Es kommt die Ernte und Weinlese. Wenn es dann einmal ein schlechtes Jahr gewesen ist, wie es bei jener Magerkeit häufig geschieht, so tritt furchtbare Not und Bedrängnis ein, bange Unruhe und tiefe Niedergeschlagenheit ergreift alle. In dieses Leben rufst du mich als ein der Studien würdiges von dem unwürdigen Hofleben zurück und verankerst mich dort wie in einen erwünschten Hafen.

Quelle: Ulrichi Hutteni Equitis Germani Opera, quae reperiri potuerant, omnia, 1. Epistolae, hg. von E. Böcking. 1859, S. 201,22–203,9; dt. Übers.: Ulrich von Hutten, Deutsche Schriften, hg. von P. Ukena, 1970, S. 324–325. – *Literatur:* R. Fellner, Die fränkische Ritterschaft von 1495–1524, HS 50, 1905, S. 139ff. und 217–294; K. Schottenloher (Hg.), Flugschriften zur Ritterschaftsbewegung des Jahres 1523, RGST 53, 1929, S. 1–17; H. Holborn, Ulrich von Hutten, 1929; G. Ritter, Ulrich von Hutten und die Reformation, Wartburg 37, 1938, S. 110–117. Neudruck in: G. Ritter, Die Weltwirkung der Reformation, 1942, S. 102–119 (1959²); B. Moeller, Die deutschen Humanisten und die Anfänge der Reformation, ZKG 70, 1959, S. 46–61; ders., Reichsstadt und Reformation, SVRG 180, 1962; H. Grimm, Ulrich von Hutten. Wille und Schicksal, Persönlichkeit und Geschichte 60/61, 1971.

19. Beatus Rhenanus an Zwingli: Die reine Lehre Christi (6. Dezember 1518)

Der gebürtige Elsässer Beatus Rhenanus (1485–1547), in Straßburg gestorben, war Schüler des Faber Stapulensis († 1536) in Paris, wurde dann als Freund und gelernter Buchdrucker zu einem der profiliertesten Mitarbeiter des Erasmus (vgl. Nr. 13, 21, 59) in Basel. Ursprünglich von der Reformation fasziniert, war sein Denken nach wie vor erasmianisch; er blieb der alten Kirche treu.

... Über Luther habe ich noch nichts erfahren. Ich mußte herzlich lachen über den Ablaßkrämer[1], den du in deinem Brief karikiert hast. Man gibt sogar den Führern im Kriege Ablaßbriefe für diejenigen, die im Kampfe fallen werden. Wie frivol ist das und wie unwürdig für einen Legaten des Papstes! Was wird man noch alles ausdenken, damit Italien in den Besitz unseres Geldes kommt! Aber eigentlich dürfte man nicht einmal lachen darüber, sondern müßte weinen. Denn es gibt für mich keinen größeren Schmerz, als wenn ich sehe, wie das christliche Volk überall mit überflüssigen Zeremonien belastet wird, ja mit reinem Unsinn. Und der einzige Grund, den ich finden kann, ist, daß die Priester, die von solchen Theologen, die »Summen« verfassen und sich mit Sophistereien abgeben, in die Irre geführt werden, eine heidnische oder eine jüdische Lehre verbreiten. Ich spreche natürlich nur von der Masse der Priester; denn ich sehe wohl, daß Leute wie du dem Volke unmittelbar aus den Quellen die reine Philosophie Christi vortragen, ohne Verzerrung durch Interpretationen eines [Duns] Scotus [vgl. Bd. II Nr. 49a–f] oder Gabriel [Biel; vgl. Bd. II Nr. 80a und b], sondern in der ursprünglichen und reinen [germane et sincere] Auslegung von Vätern wie Augustin, Ambrosius, Cyprian oder Hieronymus. Von der Stelle aus, wo das Volk alles, was dort gesagt wird, für reine Wahrheit hält, schwatzen die anderen von der Gewalt des Papstes, von Straferlaß, Fegefeuer, falschen Wundern der Heiligen, Wiedergutmachung, Verträgen, Gelübden, Strafen nach dem Tode und schließlich sogar vom Antichrist.

Wenn ihr dagegen predigt, so entwerft ihr ein Bild, in dem ihr die ganze Lehre Christi kurz zusammenfaßt: Daß Christus dazu von Gott auf die Erde gesandt worden ist, daß er uns mit dem Willen seines Vaters bekannt machte; daß er uns zeigte, wie wir diese Welt, d.h., Reichtum, Ehre, Gewalt, Lust und anderes von dieser Art, ganz und gar verachten und dafür von ganzem Herzen die Heimat im Himmel suchen müssen [Hebr 11,14.16]; daß er uns in Frieden und Eintracht unterwies und in der schönen Gütergemeinschaft [rerum omnium communio] – denn eben das ist christliches Leben –, wie sie einst Platon, den man zu den großen Propheten zählen muß, jedenfalls in seinem »Staat« [III,22ff.] erträumt zu haben scheint; daß er uns befreite von der unsinnigen Liebe zu irdischen Dingen wie Vaterland, Eltern, Verwandten, Gesundheit und anderen Gütern, und deutlich machte, daß Armut und anderes Unglück in diesem Leben nichts Schlechtes sind. Denn sein Leben ist eine Lehre [eius vita doctrina est], die alle menschliche Lehre übertrifft. – Aber wohin bringt mich noch der Eifer beim Schreiben? Ich hatte mit einem freundschaftlichen Brief begonnen und fange jetzt selbstvergessen an, eine Rede zu halten! O wenn die Schweiz doch viele von deiner Art hätte! Denn dann könnten unsere Landsleute leicht bessere Sitten annehmen. Das Volk würde sich bestimmt bessern, wenn ihm nicht die Leute fehlten, die Christus lehren können und wollen. Leb wohl!

Basel, am Tag des heiligen Nikolaus 1518.

Quelle: CR 94, S. 114–116. – *Literatur:* W. Teichmann, Die kirchliche Haltung des Beatus Rhenanus, ZKG 26, 1905, S. 363–381; G. Ritter, Erasmus und der deutsche Humanistenkreis am Oberrhein, FUR 23, 1937; O. Farner, Zwinglis Entwicklung zum Reformator nach seinem Briefwechsel bis Ende 1522, Zwing. 3, 1914, S. 65–87.97–115; ders., Huldrych Zwingli, 2. Seine Entwicklung zum Reformator, 1946, S. 257ff.; W. H. Neuser, Die reformatorische Wende bei Zwingli, 1977, S. 51f.; G. W. Locher, Die Zwinglische Reformation im Rahmen der europäischen Kirchengeschichte, 1979, S. 42–82.

1.   Bernhardin Sanson; vgl. CR 94, S. 115 Anm. 4.

20. Müntzers Kanzelstreit mit den Franziskanern in Jüterbog (April 1519)

In diesem ältesten Bericht über die frühe Lehre und Predigttätigkeit des Thomas Müntzer, den der Franziskaner Bernhard Dappen für den bischöflichen Vikar Gropper verfaßt hat (s. weiter die Einleitung zu Nr. 50–55), weist noch nichts auf die späteren Spannungen mit der Wittenberger Theologie. Im Gegenteil, Luther verwendet sich für ihn (WA.B 1, S. 392,107–115): In Jüterbog (Ostern – Sommer 1519) ist Müntzer noch ›Martinianer‹ (Elliger). Der Jüterboger Streit eröffnet die Front der Wittenberger nun auch gegen den ›Franziskanerorden, wie dem kürzlich entdeckten Protokoll der Wittenberger Franziskanerdisputation (3. und 4. Oktober 1519) zu entnehmen ist. Er dokumentiert zugleich das Ineinandergreifen von reformatorischer Theologie und Kirchenkritik im städtischen Kontext.

[Im April 1519 wurde Franz Günther († 1528)] bei dem hochwürdigsten Herrn Bischof zu Brandenburg [Hieronymus Schulz] von dem Herrn Propst des Nonnenklosters unserer seligen Jungfrau Maria wegen eines Unrechts verklagt, das er der Frau Äbtissin öffentlich auf der Kanzel zugefügt hatte. Als er aber den gnädigen Herrn [Bischof] aufgesucht hatte und [von ihm] wegen dieser Sache zurechtgewiesen worden war, da hielt er sich nach seiner Rückkehr eine Zeitlang von der Predigt fern. In dieser Zeit kam ein anderer Magister derselben Sekte, ich weiß nicht auf wessen Anforderung, der hieß Thomas [Müntzer] und war kurze Zeit vorher aus der Stadt Braunschweig vertrieben worden. Diesen ließ er an seiner Statt predigen, ich weiß nicht auf wessen Ermächtigung, wohl mit der Absicht, es solle das, was er selbst aus Furcht vor dem gnädigen Herrn Bischof von Brandenburg nicht wagte, ein anderer ohne den Zügel der Rechenschaft zustande zu bringen suchen . . .

Schließlich brach der Magister Thomas in folgende Worte aus: Erstens, der Papst müsse alle fünf Jahre ein Konzil einberufen, und doch wären in vierhundert Jahren nur drei Konzilien veranstaltet worden. Dann erklärte er zweitens, die Veranstaltung eines Konzils habe auch gegen den Willen des Papstes zu geschehen, und der Papst sei das Oberhaupt der Kirche, solange dies die anderen Bischöfe duldeten; und vielerlei sprach er gegen die Achtung des Papstes. Weiterhin sagte er, die Kanonisierung der Heiligen sei früher in allgemeinen Konzilien geschehen, aber den heiligen Bonaventura [vgl. Bd. II Nr. 47] und den heiligen Thomas [von Aquin; vgl. Bd. II Nr. 48a–f] habe nur ein einziger Mensch, nämlich der Papst, kanonisiert, womit er [Müntzer] behaupten wollte, daß ihre Kanonisierung nicht gesetzmäßig sei. Ferner sagte er, keiner könne beweisen, daß einer der genannten Lehrer irgendeinen Ketzer bekehrt habe, und wenn das einer beweisen könnte, dann wollte er sich den Kopf abschlagen lassen. Weiterhin, es würde die Lehre der genannten Lehrer und anderer Scholastiker von der Kirche zugelassen, so wie auch

Huren und Hurenwirte in den Städten zugelassen werden. Des weiteren: die genannten Lehrer fußen auf natürlichen Vernunftgründen, und alle derartigen Vernunftgründe sind vom Teufel. Weiter: alle Bischöfe sind gehalten, jedes Jahr ihre Untergebenen zu besuchen und im Glauben zu examinieren, so wie ein Schulrat seine Knaben in den Schulen [besucht], und wenn das geschähe, dann gäbe es keine Schreckgespenster [eig. Fledermäuse, Jes 2,20] von Zitations-, Ermahnungs- und Exkommunikationsschriften, die er teuflische Briefe nannte. Ferner: früher wurden zu Bischöfen heilige Väter eingesetzt, aber in heutiger Zeit setzt man Tyrannen ein, die sich selber pflegen und nichts tun, was von Nutzen ist. Früher erhoben die Priester in den Konzilien Klage gegen ihre Bischöfe, und wenn man sie schuldig fand, wurden sie abgesetzt und in die Klöster des heiligen Vaters Benedikt [vgl. Bd. II Nr. 4] zurückgestoßen, und andere Priester setzte man an ihre Stelle, und sie gingen nicht so tyrannisch mit ihnen um, Priester einzukerkern, wie es jetzt manche Tyrannen tun. Des weiteren sagte er, sie umschmeicheln und verführen das irrende Volk, nennen Gutes böse und Böses gut [Jes 5,20] und verstehen weder Griechisch noch Hebräisch, sondern nur ›questen [schwelgen?] und stincken‹. Ferner sagte er nicht nur einmal, sondern öfter, das heilige Evangelium habe mehr als vierhundert Jahre im Winkel gelegen; um das wieder hervorzuholen, müßten noch sehr viele ihren Hals wagen.
Von dem Unrecht aber, das er mir persönlich öffentlich vor allem in der Predigt anwesenden Volke antat, schweige ich; denn ich bin ein Bruder des Minoritenordens, dessen Pflicht es ist gemäß dem Evangelium und seiner Regel, seine Feinde zu lieben . . .

Quelle: M. Bensing – W. Trillitzsch, Bernhard Dappens »Articuli . . . contra Lutheranos«. Zur Auseinandersetzung der Jüterboger Franziskaner mit Thomas Müntzer und Franz Günther 1519. Jb. f. Regionalgeschichte 2, 1967, S. 136–141. – *Literatur:* W. Elliger, Thomas Müntzer. Leben und Werk, 1975, S. 49–66; G. Hammer, Militia Franciscana seu militia Christi. Das neugefundene Protokoll einer Disputation der sächsischen Franziskaner mit Vertretern der Wittenberger theologischen Fakultät am 3. und 4. Oktober 1519, ARG 69, 1978, S. 51–81, bes. 59–64; ders., Militia Franciscana seu militia Christi, II. Teil, ARG 70, 1979, S. 59–104.

21. Erasmus, Wertung der Reformation Luthers: Brief an Luther (30. Mai 1519)

Durch Vermittlung des Wolfgang Capito (1478–1541) schrieb Luther seinen ersten Brief an Erasmus, der damals noch in Löwen war (28. März 1519). Luther feierte ihn als »unsere Zierde und Hoffnung«, als den Lehrer aller, die die Wissenschaft lieben, gratulierte ihm, daß auch er Angriffen bestimmter Leute ausgesetzt war, und dankte ihm, daß er seine Ablaßthesen nicht nur kenne, sondern auch billige, wie das Vorwort zur Neuausgabe des ›Enchiridion‹ (Nr. 13) zeige (WA.B 1, S. 361–363). Erasmus antwortete am 30. Mai diplomatisch und doch vielsagend, durch Ratschläge die Distanz erhellend, welche nunmehr nur zunehmen sollte (vgl. Nr. 59f.).

Herzlichen Gruß, in Christus geliebtester Bruder. Dein Brief war mir sehr willkommen, er verriet Schärfe des Geistes und ein christliches Herz. Mit Worten könnte ich nicht sagen, welchen Sturm Deine Bücher hier hervorgerufen haben. Noch immer läßt sich der vollkommen falsche Verdacht nicht ausrotten, daß man meint, Deine Schriften seien mit meiner Hilfe geschrieben, ich sei der Bannerträger dieser Partei, wie sie sagen. Sie glaubten eine Handhabe bekommen zu haben, die guten Wissenschaften [bonae literae] zu unterdrücken, die sie von Grund auf hassen als Verdunkelung der theologischen Majestät, die sie viel höher schätzen als Christus, und zugleich mich zu unterdrücken, dem sie einige Bedeutung für die Belebung der Studien beimessen. Die ganze Sache ging in Schreierei, Unverfrorenheit, Ränken, Eifersüchteleien, Verleumdungen vor sich; hätte ich es nicht selbst gesehen, ja, gefühlt, ich würde nie einem Menschen geglaubt haben, daß die Theologen so den Verstand verloren haben. Man möchte von einer verhängnisvollen Pest sprechen. Und doch hat sich das Gift dieses Übels von den wenigen, bei denen es anfing, auf mehrere heimlich weiter verbreitet, so daß ein großer Teil der hiesigen Universität von der Ansteckung durch diese nicht seltene Krankheit besessen scheint.

Ich habe bezeugt, daß Du mir völlig unbekannt bist, ich Deine Bücher noch nicht gelesen habe; infolgedessen mißbillige und billige ich nichts. Nur habe ich gemahnt, man solle nicht, ohne Deine Bücher gelesen zu haben, so gehässig vor dem Volke schreien; das Urteilen über Deine Schriften sei Sache derer, auf deren Urteil man größten Wert legen müsse. Man solle auch erwägen, ob es gut sei, vor dem gewöhnlichen Volke Dinge preiszugeben, die besser in Büchern widerlegt oder zwischen Gebildeten disputiert werden, zumal man einstimmig das Leben des Verfassers rühme. – Nichts habe ich erreicht; bis auf den heutigen Tag sind sie besessen von ihren zweideutigen, ja berüchtigten Disputationen. Wie oft haben wir uns friedlich geeinigt! Wie oft haben jene aus einem unüberlegt aufgegriffenen kleinen Verdacht neue Unruhen erregt! Und das wollen Theologen sein! Die Theologen sind hier bei Hofe verhaßt; auch das setzen sie auf mein Konto. Die Bischöfe sind mir sämtlich sehr gewogen. Auf Bücher geben jene nichts, nur von Verleumdungen erhoffen sie Sieg. Die verachte ich, im Vertrauen auf mein gutes Gewissen. Dir gegenüber werden sie etwas milder. Bei mir fürchten sie die Feder, denn sie haben ein schlechtes Gewissen; ich würde sie so darstellen, wie sie es verdienen, wenn nicht Christi Lehre und Beispiel mir anderes geböten. Wilde Tiere werden zahm durch Freundlichkeiten, jene werden durch Wohltaten wild.

In England gibt es einige – und zwar sehr Hochstehende – die von Deinen Schriften die beste Meinung haben. Auch hier hast Du Freunde, darunter den Bischof von Lüttich. Soviel wie möglich halte ich mich neutral, um desto mehr dem Wiederaufblühen der Wissenschaft [bonis literis reflorescentibus] nützlich zu sein. Meines Erachtens kommt man mit bescheidenem Anstand [modestia] weiter als mit Sturm und Drang. Auf diese Weise hat Christus sich die Welt unterworfen. Auf diese Weise hat Paulus das jüdische Gesetz abgeschafft, indem er alles allegorisch deutete. Es empfiehlt sich mehr, laut gegen die aufzutreten, die die päpstliche Autorität mißbrauchen, als gegen die Päpste selbst; ich glaube, so muß man es auch bei den Königen machen. Die Universitäten soll man nicht verwerfen, als vielmehr zu vernünftigeren Studien zurückrufen. Bei Dingen, die so fest eingewurzelt sind, daß man sie nicht plötzlich aus den Herzen reißen kann, muß man lieber mit beständigen und wirksamen Argumenten disputieren, als endgültige Behauptungen aufstellen [asseverandum]. Giftige Streitereien gewisser Leute sollte man mehr verachten als widerlegen. Immer muß man sich davor hüten, anmaßend oder parteiisch zu reden oder zu handeln; so, glaube ich, ist es dem Geiste Christi angenehm. Inzwischen muß man sich ein Herz bewahren, das durch Zorn oder Haß oder Ruhm nicht verdorben werden kann, denn mitten im Streben nach Frömmigkeit drohen Fußangeln.

So mahne ich nicht, daß Du nach meinen Grundsätzen handelst, vielmehr daß Du bei Deinem Handeln beständig bleibst. Ich habe von Deinem Psalmenkommentar [vgl. Nr. 25] etwas gelesen; er gefällt mir sehr und wird hoffentlich großen Nutzen schaffen. Der Prior des Augustinerklosters in Antwerpen, ein Christ ohne Falsch, der Dich ganz besonders liebt, einst Dein Schüler, wie er sagt [Jakob Propst (1486–1562)], predigt fast als einziger von allen Christus, die übrigen predigen nahezu nur Menschenfabeln oder zu eigenem Nutzen. An Melanchthon habe ich geschrieben [22. April, vgl. Allen Nr. 947]. Der Herr Jesus möge Dir täglich mehr von seinem Geiste mitteilen, zu seiner Ehre und zum allgemeinen Nutzen! Während ich dies schrieb, hatte ich Deinen Brief nicht zur Hand.

Quelle: P. S. Allen (Hg.), Opus Epistolarum Des. Erasmi 3, 1913, S. 605–607 (vgl. WA.B 1, S. 410–414); übers.: Erasmus von Rotterdam, Briefe. Deutsch, hg. von W. Köhler, 1956³, S. 245ff. – *Literatur:* s. Nr. 13, 59.

DIE LEIPZIGER DISPUTATION 1519

22. Thesen zur Leipziger Disputation (Juni/Juli 1519)

War der Thesenanschlag (vgl. Nr. 11) im Jahr 1517 bereits mit dem Plan einer interakademischen Disputation verbunden, welche die Ordensdisputation in Heidelberg (vgl. Nr. 14) noch nicht zu verwirklichen angelegt war, so hatte Luther Cajetan (Nr. 16) gegenüber dieses Angebot als dringende Bitte in aller Form im Oktober 1518 wiederholt (vgl. Nr. 17). Was ihm auf diesem direkten Weg versagt blieb, erreichte der Kollege und Mitkämpfer Karlstadt durch seine gegen Johannes Eck gerichteten 406 Thesen (Nr. 15), wogegen dieser sich in einer eigenen *Defensio* (CCath 1, S. 35–96) verwahrte. Die Leipziger Disputation sollte somit ursprünglich zwischen Eck und Karlstadt stattfinden; da jedoch Eck in Luther den eigentlichen Gegner sah, gestaltete sie sich zu einer Disputation zwischen Eck und den beiden Wittenbergern.

a) Luthers Disputationsthesen

Wider neue und alte Irrtümer wird Martinus Luther die folgenden Thesen auf der Hohen Schule zu Leipzig verteidigen:

1. Täglich sündigt ein jeder Mensch, aber auch täglich tut er Buße wie Christus lehrt:»Tut Buße!«, außer einem vermeintlichen neuen Gerechten, der der Buße nicht bedarf, obwohl doch der himmlische Weingärtner auch die fruchtbringenden Reben täglich reinigt.

2. Daß der Mensch auch im Guten sündige und daß die läßliche Sünde nicht an sich selbst, sondern allein durch Gottes Barmherzigkeit eine solche sei oder daß die Sünde auch nach der Taufe noch im Kinde bleibe, das zu leugnen heißt Paulus und Christus zugleich mit Füßen treten.

3. Wer da behauptet, daß das gute Werk oder die Buße beim Abscheu vor den Sünden noch vor der Liebe zur Gerechtigkeit anhebe und daß man darin nicht mehr sündig sei, den rechnen wir zu den pelagianischen Ketzern, tun aber auch dar, daß der zugleich gegen seinen heiligen Aristoteles verstößt.

4. Gott verwandelt die ewigen Strafen in zeitliche, nämlich das Kreuz zu tragen. Dies aufzuerlegen oder wegzunehmen aber haben Kirchensatzungen oder Priester

keine Macht, ob sie gleich, durch schädliche Heuchler verführt, sich dieselbe anmaßen mögen.

5. Ein jeglicher Priester muß den Bußfertigen von Strafe und Schuld [a poena et culpa] lossprechen; wenn nicht, sündigt er. Ebenfalls sündigt auch ein höherer Prälat, wenn er heimliche Dinge ohne höchst wichtige Ursache zurückhält, mag auch der Brauch der Kirche, d.h. der Heuchler, dawider sein.

6. Vielleicht leisten die Seelen im Fegefeuer Genugtuung; daß aber Gott von einem Sterbenden mehr als die Willigkeit zum Sterben verlange, ist eine gänzlich unbegründete und verwegene Behauptung, da das auf keine Weise bewiesen werden kann.

7. Völlige Unkenntnis des Glaubens, der Reue wie des freien Willens verrät der, der schwätzt, der freie Wille sei Herr über die Taten, seien es die guten oder die bösen, oder der da träumt, daß einer nicht allein durch den Glauben ans Wort gerechtfertigt werde oder daß der Glaube nicht durch jedes Verbrechen aufgehoben wird.

8. Es soll zwar wider Wahrheit und Vernunft [veritas et ratio] sein, daß die, die ungern sterben, Mangel an Liebe besitzen und deswegen die Ängste des Fegefeuers zu erleiden haben, jedoch nur dann, wenn Wahrheit und Vernunft dasselbe bedeuten wie die Anschauungen der Theologisten.

9. Wir wissen wohl, daß von den Theologisten behauptet wird, ›die Seelen im Fegefeuer seien ihres Heiles gewiß‹ und ›die Gnade werde in ihnen nicht mehr gemehrt‹, doch verwundern wir uns dieser hochgelehrten Männer, daß sie für diesen ihren Glauben keinerlei glaubhafte Begründung auch nur im Geringsten vorbringen können.

10. Daß das Verdienst Christi der Schatz der Kirche sei und der durch die Verdienste der Heiligen noch bereichert wird, das ist gewiß. Daß das aber ein Schatz des Ablasses sei, das erdichtet nur ein schändlicher Speichellecker, oder die von der Wahrheit abirren und gewisse falsche Übungen und Bräuche der Kirche.

11. Zu sagen, der Ablaß sei für die Christen etwas Gutes, heißt verrückt sein; in Wahrheit ist er nämlich gerade die Verhinderung einer guten Tat. Darum muß ein Christ den Ablaß verwerfen wegen des Mißbrauches, weil der Herr sagt:»Ich tilge deine Übertretungen um meinetwillen« [Jes 43,25], nicht: um des Geldes willen.

12. Daß der Papst jede Strafe erlassen könne, die man für seine Sünden schuldig ist, sowohl für dies wie für das zukünftige Leben, und daß der Ablaß auch denen zugute komme, die nichts Böses getan haben, das träumen nur die gänzlich ungelehrten Sophisten und die verderblichen Speichellecker, können es aber mit keinem Buchstaben beweisen.

13. Daß die römische Kirche über allen anderen sei, wird wohl aus den kahlen Dekreten der römischen Päpste begründet, die seit 400 Jahren aufgekommen sind; dawider aber stehen die beglaubigten Historien von 1100 Jahren, ebenso der Wortlaut der Heiligen Schrift und der Beschluß des Konzils von Nizaea [vgl. Bd. I Nr. 56], des heiligsten von allen.

Quelle: WA 2, S. 160,28–161,39. – *Literatur:* s. bei Text c.

b) Ecks Hauptthesen

7. Derjenige irrt, der da leugnet, daß der freie Wille des Menschen der Herr der Handlungen des Menschen sei, als ob der Wille sich in bezug auf das Böse aktiv verhalte, in bezug auf das Gute aber nur passiv . . .

13. Daß die römische Kirche vor den Zeiten des Silvester[1] nicht über den anderen gestanden habe, das leugnen wir. Im Gegenteil, den, der den Stuhl und den Glauben des heiligen Petrus gehabt hat, den haben wir immer als den Nachfolger Petri und den Statthalter Christi anerkannt.

Quelle: EA.var. 3, S. 10–11. – *Literatur:* s. bei Text c.

1. Papst Silvester I. (314–335).

c) Karlstadts Hauptthesen

11. Der freie Wille taugt – vor der Gnade, die durch den Heiligen Geist eingegossen wird – nur zum Sündigen . . .
12. Vielmehr: Unser Wille, der nicht vom göttlichen Willen regiert wird, nähert sich um so schneller der Gottlosigkeit, je eifriger er aufs Handeln bedacht ist.

Quelle: V. E. Löscher, Vollständige Reformations-Acta und Documenta 3, 1729, S. 290. – *Literatur:* O. Seitz (Hg.), Der authentische Text der Leipziger Disputation (1519). Aus bisher unbenutzten Quellen, 1903; H. A. Oberman, Wittenbergs Zweifrontenkrieg gegen Prierias und Eck. Hintergrund und Entscheidungen des Jahres 1518, ZKG 80, 1969, S. 331–358; K.-V. Selge, Der Weg zur Leipziger Disputation zwischen Luther und Eck im Jahr 1519, in: Bleibendes im Wandel der Kirchengeschichte, hg. von B. Moeller – G. Ruhbach, 1973, S. 169–210.

23. Bericht Luthers von der Leipziger Disputation an Spalatin (20. Juli 1519)

. . . Zuerst wurde mit Karlstadt eine Woche lang über den freien Willen disputiert [27. Juni – 3. Juli]. Karlstadt nahm die Bücher mit und legte die eigenen Beweisgründe und Lösungen (mit Gottes Hilfe) trefflich und sehr ausführlich dar. Als ihm danach auch Gelegenheit gegeben wurde [gegen Ecks Thesen] zu opponieren, erhob Eck Einspruch, er wolle nicht weiter diskutieren, wenn die Bücher nicht daheimgelassen würden; wo Andreas [Karlstadt] es doch deshalb getan hatte, um ihm ins Gesicht zu zeigen, daß er [Karlstadt] die Stellen aus der Bibel und den Vätern richtig zitierte und nicht gewaltsam behandelte, wie Eck dessen überführt worden war. Hier entstand ein neuer Tumult. Schließlich wurde zugunsten Ecks beschlossen, die Bücher daheimzulassen . . . Am Ende hat der hinterlistige Mensch alles zugegeben, was Karlstadt vertrat, was er doch zuvor heftig angefochten hatte, und stimmte ihm in allen Dingen gänzlich zu, während er sich rühmte, Karlstadt zu seiner Meinung herübergezogen zu haben. Denn er verwarf Duns Skotus mit den Skotisten und Capreolus mit den Thomisten und sagte, die anderen Scholastiker hätten es wie er verstanden und gelehrt. So fielen Skotus wie auch Capreolus dahin, d.h. die beiden berühmtesten Parteien der Skotisten und Thomisten.
In der nächsten Woche [4.–8. Juli] stritt er mit mir zuerst überaus heftig über den Primat des römischen Papstes. Seine Stärke bestand in den Worten: »Du bist Petrus« [Mt 16,18], »Weide meine Schafe« [Joh 21,17] und »Stärke deine Brüder« [Lk 22,32], denen er viele Väteraussagen hinzufügte. Was ich geantwortet habe, wirst Du [Spalatin] demnächst sehen. – Dann trieb er's aufs äußerste und stützte sich mit seinem ganzen Schwergewicht auf das Konzil zu Konstanz, das ja den Ar-

tikel von Huß verdammt hat, der sagte, das Papsttum stamme vom Kaiser – als ob es [kraft dieser Verdammung] göttlichen Rechts wäre! Da, gleichsam auf seinem eigenen Schlachtfeld, drang er tapfer vor, indem er mir die Böhmen vorhielt und mich offen als Häretiker und Beschützer der böhmischen Ketzer beschuldigte. Ist er doch ein ebenso unverschämter wie verwegener Sophist. Merkwürdigerweise haben diese Anschuldigungen die Leipziger mehr gekitzelt als die Disputation selbst. Ich hielt umgekehrt die Griechen in den letzten tausend Jahren und die alten Väter entgegen, die nicht unter der Gewalt des Papstes gewesen sind, obwohl ich ihm den Ehrenprimat nicht absprechen möchte. Und schließlich wurde auch über die Autorität des Konzils disputiert. Ich habe offen bekannt, es seien etliche Artikel gottloserweise verdammt worden, weil sie ja auf offenen und klaren Worten des Paulus, des Augustin [vgl. Bd. I Nr. 91], schließlich Christi selbst gebaut seien. Hier aber blähte sich die Viper auf und übertrieb mein Verbrechen und kam fast außer sich vor Schmeicheleien für die Leipziger. Schließlich bewies ich aus den eigenen Worten des Konzils, daß nicht alle dort versammelten Artikel häretisch und irrig sind[1], daß er deshalb mit seinen Beweisen nichts ausgerichtet habe. Und so hängt diese Sache noch in der Schwebe.

In der dritten Woche [8.–14. Juli] disputierten wir über die Buße, das Fegefeuer, den Ablaß und die Gewalt eines jeden Priesters, die Absolution zu erteilen (mit Karlstadt disputierte er nämlich ungern, sondern auf mich allein ist er losgestürzt). Der Ablaß kam allerdings ganz und gar zu Fall, und er stimmte mit mir fast in allem überein; die Verteidigung des Ablasses ging in Gelächter und Gespött unter, während ich darin zuvor den Hauptpunkt der Disputation erwartet hatte . . . Er soll sogar zugegeben haben, er wäre gern bereit gewesen, mit mir in allem übereinzustimmen, wenn ich nicht die Gewalt des Papstes in Frage gestellt hätte . . .

Als so meine Disputation abgeschlossen war, disputierte er an den letzten drei Tagen [14.–16. (?) Juli] nochmals mit Karlstadt, wobei er wiederum alles zugab und sein Einverständnis erklärte: daß das »Tun, was an einem ist«[2], Sünde sei; daß der freie Wille ohne die Gnade nichts als sündigen könne; daß in jedem guten Werk Sünde sei; daß das »Tun, was an einem ist« bei dem sich auf die Gnade bereitenden Menschen die Gnade selbst sei. Dies alles verneinen die Scholastiker. So ist bei dieser Disputation nahezu nichts behandelt worden, jedenfalls nicht in würdiger Weise, außer meiner 13. These. Vorläufig findet Eck Beifall, er triumphiert und spielt den Meister, aber nur solange, bis wir das Unsere veröffentlicht haben werden. Weil die These nur dürftig disputiert worden ist, will ich die Resolutionen von neuem herausgeben[3].

Die Leipziger haben uns freilich weder begrüßt noch besucht und uns wie Todfeinde behandelt. Ihn begleiteten sie, liefen ihm nach, schmausten mit ihm zusammen, luden ihn ein, schließlich schenkten sie ihm ein Gewand und feinen Wollstoff dazu, mit ihm ritten sie auch spazieren. Kurz: was sie nur ausdenken konnten, haben sie zu unserer Kränkung versucht . . .

Quelle: WA.B 1, S. 421–423,40–48.51–83.85–86.97–110. – *Literatur:* s. Nr. 22c.

1. Vgl. WA 2, S. 288,14ff.
2. Vgl. Nr. 2c; vgl. Nr. 7.
3. Vgl. WA 2, S. 388–435.

24. Bericht Ecks über die Leipziger Disputation an Jakob Hochstraten (24. Juli 1519)

Nach der Disputation schrieb Eck am 24. Juli 1519 an den Kölner Theologen und Inquisitor Jakob Hochstraten (Hoogstraeten, ca. 1460–1527), bekannt vor allem durch den Reuchlin-Streit (vgl. Einleitung zu Nr. 18), um ihn zur Einflußnahme auf die Pariser Universität zu bewegen, die neben Erfurt mit der Begutachtung der Disputation betraut war. Darin berichtet er von den Vorgängen bei der Disputation.

Kürzlich haben wir in Leipzig disputiert, in einem voll besetzten Hörsaal, in dem sich von überall her die gelehrtesten Männer versammelt hatten. Dort ist (Gott sei Lob, Ehre und Herrlichkeit) ihr [= der Wittenberger] Ruf sehr heruntergekommen, auch beim Volk; bei den Gelehrten ist er größtenteils ganz durchgefallen. Ihr hättet die Verwegenheit der Leute hören müssen, wie blind sie sind und zu Bosheiten unerschrocken.

Luther leugnet, daß Petrus der Oberste der Apostel gewesen ist; leugnet, daß der kirchliche Gehorsam durch göttliches Recht legitimiert ist, sondern behauptet, er sei durch menschliche oder kaiserliche Einwilligung eingeführt. Er leugnet, daß die Kirche auf Petrus gebaut ist: »Auf diesen Fels« usw. [Mt 16,18]. Und als ich diese Aussagen von Augustin [vgl. Bd. I Nr. 91], Hieronymus [vgl. Bd. I Nr. 82], Ambrosius [vgl. Bd. I Nr. 85], Gregor, Cyprian [vgl. Bd. I Nr. 37], Chrysostomus, Leo und Bernhard [vgl. Bd II Nr. 30–31] zusammen mit Theophilus über diese Stelle anführte, verwarf er sie alle ohne Scham und sagte, er als einziger wolle tausend widerstehen – nur darauf gestützt, daß Christus der Grund der Kirche sei und niemand einen anderen Grund legen kann. Das widerlegte ich, indem ich noch jene Stelle aus der Offenbarung Kap. 21[,14] über die zwölf Grundsteine heranzog; zur Verteidigung machte er geltend, daß die Griechen, also gar die Schismatiker, doch gerettet würden, wenn sie auch nicht unter der Obödienz des Papstes stehen. – Über die Artikel der Böhmen sagte er, unter den vom Konzil zu Konstanz verdammten Artikel seien einige sehr christlich und evangelisch. Durch diesen verwegenen Irrtum hat er viele erschreckt und von sich abwendig gemacht, die ihm zuvor wohlgesonnen waren . . .

Aber in manchen Dingen haben sie mir ein Bein zu stellen versucht [obruerunt]; erstens, weil sie Bücher mit sich brachten, in denen sie sich auskannten, und sie brachten sie mit in die Disputation, und nahmen sofort zu ihnen Zuflucht; ja, sie haben vielmehr dauernd aus den Büchern vorgelesen, zu ihrer großen Verspottung. Zweitens, weil sie die Disputation immer aufgeschrieben und nachher zu Hause besprochen haben; ich meinerseits habe niemals nur ein Wort gesehen, bis die Disputation zu Ende war. Drittens waren sie viele, die beiden Doktoren selbst, Herr Lang, Augustinervikar, zwei Lizentiaten der Theologie, einer davon ein Neffe Reuchlins [Melanchthon], sehr arrogant, drei juristische Doktoren, viele Magister, und sie halfen zu Hause und öffentlich, sogar in der Disputation selbst mit. Ich dagegen stand allein, nur von der Gerechtigkeit [aequitas] begleitet . . . Luther hat am Tag St. Petri [29. Juni] in Abwesenheit des Fürsten im Disputationssaal eine hussitische, deutlich irrige, Predigt gehalten. Ich habe sogleich am Tag der Heimsuchung der Jungfrau Maria [2. Juli] und am folgenden Tag in einem überfüllten Saal, wie ich ihn noch nie vor mir gehabt habe, gegen seine Irrtümer gepredigt und das Volk richtig aufgebracht, so daß es gegen die lutherischen Irrtümer Widerwillen bekam. Morgen werde ich es gleicherweise tun und so mich von Leipzig verabschieden.

Quelle: EA.var. 3, S. 476–479. – *Literatur:* s. Nr. 22c.

25. »Exsurge Domine«: Aus Luthers zweiter Psalmenvorlesung (Anfang 1520)

Dieselben Worte von Ps 10,12, mit denen Papst Leo X. in der Bannandrohungsbulle (Nr. 26) vom Juni 1520 Gottes Hilfe gegen Luther erfleht, benutzt Luther ein halbes Jahr zuvor, um seine Zeit, in der der Antichrist um die Machtergreifung über die Kirche bis in die Kurie hinein bemüht ist, als Endzeit zu kennzeichnen. Auf diesem Hintergrund formuliert Luther sein Verständnis von ›Reformation‹, das zugleich den Abschied von traditioneller konziliarer Reformerwartung beinhaltet (vgl. Nr. 1 und Bd. II Nr. 65 und 67). Der Ausdruck ›interim‹, der bald im Zuge der von Luther jetzt noch unerwarteten Erfolge zum Stichwort für vorläufige Maßnahmen bis zum erhofften Reformkonzil wurde (vgl. Nr. 43 Anm. 2), bezieht sich hier eindeutig auf die letzte Phase der Kirchen- und Weltgeschichte, auf den Schlußabschnitt des großen Interims ›zwischen den Zeiten‹.

Steh auf, Herr! Gott, erhebe deine Hand! Vergiß die Elenden nicht!

Die Gottlosen sagen, du vergißt die Elenden. Du aber steh auf und laß groß werden [exalta] deine Macht [potentia], mit der du vernichtest, was ist, und groß werden läßt, was nicht ist; dann wird ihre Gottlosigkeit offenbar. Hier haben wir schon oft gefordert, von der Rache abzusehen und sie Gott zu lassen und allein mit dem Gebet Hilfe zu suchen bei Gottes Kraft [virtus] allein, ohne Hoffnung [desperantes] auf unsere Kräfte . . .

Ich glaube aber, daß dieser Psalm die Zeit bis zum Ende der Welt beschreibt – so wie der vorhergehende fast unter den gleichen Gesichtspunkten die Zeit der Märtyrer vor Augen führte. Deshalb befaßt er [Ps 10] sich nicht nur mit dem Antichrist, sondern auch mit allen gottlosen Tyrannen in der Kirche, die nach der Zeit der Märtyrer und der Lehrer bis zum Ende der Welt ihr Unwesen treiben. Vor solchen Leuten hat der Apostel 2Tim 3[,5] gewarnt, »die da den Schein eines gottesfürchtigen Wesens haben, aber seine [Gottes] Kraft verleugnen«. Nur Er [Christus] kann hier noch bessern und reformieren, der durch seine Wiederkunft [adventus] in Herrlichkeit dem Frevler ein Ende machen wird [2Thess 2,8]. Inzwischen [interim] werden die Gottlosen bis ans Ende immer weitere Fortschritte machen zum Bösen.

Deshalb habe ich kaum noch Hoffnung [velut certus desperavi] auf eine allgemeine Reform [reformatio generalis] der Kirche. Denn eine Reform der Kirche hat man doch schon auf den bedeutendsten Konzilien nach der Zeit der Märtyrer und der Lehrer versucht! Und was hat man in dieser Frage erreicht in Konstanz [1414–1418; vgl. Bd. II Nr. 65a–c], in Basel [1431–1449; vgl. Bd. II Nr. 67a–c] – um die Farce des jüngsten Konzils, des V. Lateranum [1512–1517] gar nicht zu erwähnen? Was ist das für ein Heiliger Geist, der sich nicht einmal auf einem rechtmäßig einberufenen Konzil – denn das nehmen sie ja für sich in Anspruch [iactant] – um die Besserung seiner Kirche kümmert, sondern alle Tage des Konzils mit bloßen Zeremonien vergeudet [vgl. Nr. 1]?

Wenn also dieser Vers den Herrn anruft, daß er aufstehe und seine Macht erweise, so bezieht er sich meiner Meinung nach auf den Tag des Jüngsten Gerichts, und dem entspricht auch das Folgende. Es besteht deshalb kein Zweifel, daß sich das, wovon dieser Psalm spricht, in vollem Ausmaß in unserem Jahrhundert ereignet und sich auch schon seit mehr als drei Jahrhunderten angebahnt hat . . .

Wenn die Leiden ertragen werden im Bewußtsein, daß Gott sie kennt [in dei conscientia], so sind sie nicht so schwer; wenn das Gewissen [conscientia] dagegen von dem Gedanken gequält wird, daß Gott sich abgewandt hat, dann sind sie unerträglich . . .

Daß der Ungläubige [V. 13] im hebräischen Text Gott anredend sagt »Du fragst doch nicht danach«, ist nur insofern wichtig, als dadurch der glühende Eifer und die nachdrückliche Ermahnung gegen den Geist der Gotteslästerung [blasphemia] noch stärker zum Ausdruck gebracht wird: Der Glaube wendet [convertit] sich zuversichtlich [cum fiducia] zu Gott, indem er den Teufel anklagt und verflucht und Gott mit seinen Geboten [mandata] für gerecht erklärt [iustificans] [vgl. Nr. 2]. So gewinnt er Gottes Wohlwollen und erregt zugleich des Herrn Eifer gegen seine Feinde. Natürlich braucht Gott zu beidem nicht von uns bewogen zu werden, aber wir können uns durch eine solche Haltung wappnen und rüsten, damit wir nicht im Glauben und in der Hoffnung nachlassen . . .
Die Lage der Märtyrer und Lehrer war besser [felicior]; denn sie mußten nur gegen Götzen, Heiden und Außenstehende kämpfen. Jetzt aber wird der Antichrist unsere Bischöfe und kirchlichen Würdenträger [ecclesiastici rectores] für seine Zwecke gebrauchen, wie er bei den Ketzern bereits begonnen hat. Da wir diesen als Stellvertretern Christi in allen Dingen zu gehorchen haben, wird es äußerst gefährlich sein, wenn wir ihnen den Gehorsam verweigern. Aber es wird auch gefährlich sein, wenn wir ihnen gehorchen; denn so können selbst Auserwählte zum Irrtum verführt werden [Mt 24,24].
Wenn wir deshalb [in V. 14 nach der Vulg.] hören, daß der Arme Gott allein befohlen bleibt, so müssen wir daraus zweifellos entnehmen, daß die Großen [magnates], d.h. die weltlichen und die geistlichen Herren [utriusque status rectores], ihre Widersacher sein werden . . .
Kein einziger Mensch wird also den Evangelisten zur Zeit des Antichrists schützen, sondern Gott allein . . .
Wir sind nun wohl hinreichend gewarnt und ermahnt, nicht alles unbesehen anzunehmen [amplectamur], was im Namen [sub auctoritate] Christi und seiner Apostel Petrus und Paulus entweder vom Apostolischen Stuhl in Rom oder von irgendeinem Bischofsitz an Verheißungen oder Drohungen ausgeht, und nichts gleich für wahr und heilsam zu halten, auch wenn es von zahlreichen oder bedeutenden weisen und mächtigen Personen unterstützt wird. Wir sollen vielmehr allein auf das Evangelium Christi schauen; das soll unser einziger Richter und Führer sein, wie Paulus sagt [1Thess 5,21]: »Prüfet alles, und das Gute behaltet.«
Denn wenn schon die Schüler der Apostel zu deren Lebzeiten gewagt bzw. den Fehler begangen haben [lapsi sunt], das Volk zu ihrer eigenen Meinung [opiniones] zu verführen, was ist dann nicht alles bei ihren Nachfolgern nach dem Tode der Apostel zu befürchten, zumal der Unglaube [perfidia] und die Klugheit [sapientia] des Fleisches schon so viele Jahrhunderte lang immer weiter gewachsen sind . . . Das einzige, was uns deshalb in dieser Zeit des Übergangs [interim] Trost bringen kann, ist die Erwartung des künftigen Gerichts und der Glaube, daß unser Herr in Ewigkeit regiert und daß letztendlich [tandem] alle Gottlosen vergehen werden.

Quelle: WA 5, S. 345,3–9.12–346,1. S. 346,12–18. S. 348,5–11.18–19. S. 349,33–350,4.7–9; mit Kommentar in ›Operationes in Psalmos‹, AWA 2, S. 604,14ff. – *Literatur:* S. Raeder, Grammatica Theologica. Studien zu Luthers Operationes in Psalmos, BHTh 51, 1977.

26. »Exsurge Domine«: Bannandrohungsbulle gegen Luther (15. Juni 1520; von Hutten kommentiert[1])

Die Bulle ist das Ergebnis des römischen Prozesses, der bereits zwei Jahre vorher begonnen hatte. Sie verurteilt 41 Sätze, die aus Luthers Werken angeführt und als irrig bezeichnet werden, und setzt dem Wittenberger eine Frist von 60 Tagen zur Unterwerfung. Am 3. Januar 1521 wird er dann gebannt, Bulle »Decet Romanum Pontificem«.
Die Marginalia Ulrichs von Hutten (vgl. Nr. 18) zur Bulle verbinden die schon lange bestehenden Gravamina des Reichs[2] mit der Verteidigung der Sache Luthers.

Leo, Bischof, Diener der Diener Gottes (was hast Du denn zu gebieten und mit solchem Hochmut Herrschaft auszuüben?). Zu ewigem Gedächtnis der Sache. Erhebe dich, o Herr (Er wird sich erheben, aber paß auf, daß Dir das nicht großen Schaden bringt!), und verschaffe Deiner Sache Recht (Er wird ihr Recht verschaffen, und darauf warten wir mit großer Sehnsucht). Sei der Schmähungen dir gegenüber eingedenk, die von törichten Menschen (wohl kaum! Er geht gleich zu Beschimpfungen über, und genau das ist Löwengebrüll [Leonis rugitus], von dem der Prophet Zephanja [3,3] klar und deutlich spricht und das auch der heilige Hieronymus [vgl. Bd. I Nr. 82] in einem längeren Exkurs zur Zephanjastelle ausführlich behandelt) täglich ausgehen [Ps 74,22]. Schenke unseren Bitten Gehör (das würde er tun, wenn Du um das Richtige bitten würdest) [Ps 86,1]: denn es sind Füchse (starke Männer) [Hld 2,15] aufgestanden, die sich anschicken, den Weinberg zu verwüsten (säubern. Wenn Du dagegen aus den Deutschen dauernd Geld herauspreßt, so verhältst Du Dich so, daß Du ein größerer Betrüger zu sein scheinst als jedes Füchslein: So tief ist Dein Abstieg von der Erhabenheit eines Löwen zu Deiner jetzigen erbärmlichen und unwürdigen Verschlagenheit. Wenn Du uns deshalb zwingst, Dir mit gleicher Münze heimzuzahlen, so können wir sagen, daß Du schon kein Fuchs mehr bist, sondern, noch schlimmer, ein arabischer Wolf am Abend [Zeph 3,3]. Denn Du nimmst Geschenke an und verkaufst die Gerechtigkeit, so daß man gegen Dich das Prophetenwort ausrufen kann: »Weh den Hirten, die zerstreuen und zerstören« [Jer 23,1]), dessen Kelter du allein getreten hast [Jes 63,3], dessen Pflege aber, Lenkung und Verwaltung du, als du zum Vater auffahren wolltest, Petrus (da sieht man, worauf er seine Tyrannei gründet) als Haupt und deinem Stellvertreter übertragen hast sowie dessen Nachfolgern (hier müßte ich Dir vieles entgegenhalten, wenn ich Zeit hätte. Als erstes ist gleich zu sagen, daß Dich Christus nicht hört; denn Du lügst, und das haßt er), als ob die Zeit der triumphierenden Kirche (triumphierende Kirche! Gut ausgedacht!) schon angebrochen sei; diesen Weinberg will ein Wildschwein aus dem Walde (das tust Du, mein lieber Zehnter [Leo]! Du bist der wilde Löwe [leo], und darum werden wir gegen Dich kämpfen) verderben, und ein außerordentlich wildes Tier frißt ihn kahl [Ps 80,14] . . .
[Es folgt nun die Verurteilung der Sätze Luthers.]
[1.] Es ist eine ketzerische, aber verbreitete Ansicht, daß die Sakramente des Neuen Testaments jenen die rechtfertigende Gnade verleihen, die es nicht absichtlich verhindern. [2.] Zu leugnen, daß in einem Kinde nach der Taufe noch Sünde bleibt, heißt Paulus und Christus zugleich mit Füßen treten. [3.] Der Zündstoff der Erbsünde verhindert der aus dem Körper scheidenden Seele den Eintritt ins Himmelreich auch dann, wenn keine wirkliche Sünde vorliegt. [4.] Die unvollkommene Gottesliebe in dem, der sterben will, bringt unvermeidlich große

Furcht mit sich, die schon allein die Strafe des Fegefeuers ausmacht und den Eintritt in das Himmelreich verhindert. [5.] Daß die Buße aus drei Teilen – der Reue, der Beichte und der Genugtuung – bestehe, ist weder in der Heiligen Schrift noch in den alten heiligen christlichen Lehren begründet. [6.] Die Reue, die aus der Prüfung, Abrechnung und Verurteilung der Sünden erwächst, indem einer im Seelenschmerz sein Leben überdenkt und die Schwere, Menge und Schmutzigkeit der Sünden, den Verlust der ewigen Seligkeit und die Strafe der ewigen Verdammnis abwägt – diese Reue macht einen zum Heuchler, ja sogar zum Sünder. [7.] Sehr wahr ist das Sprichwort und vortrefflicher als die ganze bisherige Lehre von der Reue: Das Nichtmehrtun ist die höchste Buße, und die beste Buße ist ein neues Leben. [8.] Du sollst dich nicht vermessen, die Sünden, die täglichen wie die Todsünden, zu beichten; denn es ist unmöglich, daß du alle Todsünden erkennst. Deshalb beichtete man in der Urkirche nur die offensichtlichen Todsünden. [9.] Wenn wir alles genau beichten wollen, so ist das nichts anderes, als daß wir der Barmherzigkeit Gottes nichts zur Vergebung übriglassen wollen. [10.] Die Sünden sind keinem vergeben, wenn er nicht bei der Vergebung durch den Priester glaubt, daß sie ihm vergeben sind; ja die Sünde würde sogar bleiben, wenn er nicht an ihre Vergebung glaubte; denn Sündenvergebung und Gnadengeschenk genügen nicht, sondern man muß auch glauben, daß die Sünde vergeben sei. [11.] Du sollst dich nicht damit trösten, daß dir auf Grund deiner Reue vergeben sei, sondern nur auf Grund des Wortes Christi: »Was du lösen wirst usw. [Mt 16,19]« Hier sage ich, vertraue darauf, wenn du die Absolution des Priesters erhältst, und glaube fest daran, daß dir vergeben wird, so wirst du wirklich absolviert sein, mag es mit der Reue stehen, wie es wolle. [12.] Wenn jemand, was an sich unmöglich ist, ohne Reue beichten oder ein Priester nicht ernsthaft, sondern zum Spaß absolvieren würde – wenn er nur daran glaubt, daß ihm vergeben sei, dann ist er wahrhaft absolviert. [13.] Im Sakrament der Buße und Vergebung der Schuld tut der Papst oder Bischof nicht mehr als der niedrigste Priester; ja selbst wo kein Priester anwesend ist, ist ihm jeder Christenmensch gleich, auch wenn er eine Frau oder ein Kind ist. [14.] Keiner soll dem Priester erklären müssen, daß er bereut habe, und der Priester soll auch nicht danach fragen. [15.] Es ist ein großer Irrtum derer, die zum Sakrament des heiligen Abendmahls gehen und sich darauf verlassen, daß sie gebeichtet haben, sich keiner Todsünde schuldig wissen, ihre Gebete gesprochen und Vorbereitungen getroffen haben: Sie alle essen und trinken es sich zum Gericht [1Kor 11,29]. Wenn sie aber glauben und darauf vertrauen, daß sie dort Gnade erlangen, so ist es dieser Glaube allein, der sie rein und würdig macht. [16.] Man möge beschließen, daß die Kirche in einem allgemeinen Konzil den Laien gestatten soll, unter beiderlei Gestalt zu kommunizieren; die Böhmen, die unter beiderlei Gestalt kommunizieren, sind weder Ketzer noch Schismatiker. [17.] Die Schätze der Kirche, woraus der Papst Ablässe gibt, sind keine Verdienste Christi und der Heiligen. [18.] Ablässe sind ein frommer Betrug der Gläubigen und eine Vernachlässigung guter Werke; sie sind zwar erlaubt, aber nicht notwendig. [19.] Ablässe dienen denjenigen, die sie praktisch einnehmen, nicht aber der Erlassung einer vor der göttlichen Gerechtigkeit schuldigen Strafe für wirkliche Sünden. [20.] Diejenigen werden verführt, die glauben, daß Ablässe gnadenbringend und dem Seelenheil dienlich seien. [21.] Ablässe sind nur bei offensichtlichen Verbrechen vonnöten und werden eigentlich nur Verstockten und Schwächlingen gewährt. [22.] Für sechs Arten von Menschen sind Ablässe weder notwendig noch nutzbringend, nämlich Toten und Sterbenden, Kranken, rechtmäßig Verhinder-

ten, Unschuldigen, insgeheim Schuldigen und Wohltätern. [23.] Der Bann ist nur eine äußerliche Strafe, die den Menschen nicht der allgemeinen geistlichen Gebete der Kirche beraubt. [24.] Man soll die Christen lehren, den Bann mehr zu lieben als zu fürchten. [25.] Der Römische Papst, der Nachfolger Petrus', ist nicht der von Christus selbst in Gestalt des seligen Petrus eingesetzte Statthalter Christi für alle Kirchen der ganzen Welt. [26.] Das Wort Christi zu Petrus: »Was du lösen wirst auf Erden usw. [Mt 16,19]« erstreckt sich nur auf das, was von Petrus selbst gebunden wurde. [27.] Es ist sicher, daß es weder in der Macht der Kirche noch des Papstes steht, Glaubensartikel festzusetzen und schon gar nicht Moralvorschriften oder Gebote über gute Werke zu erlassen. [28.] Wenn der Papst mit einem großen Teil der Kirche diese oder jene Meinung vertritt, ohne zu irren, so ist es bisher – besonders dann, wenn es für das Seelenheil unwesentlich ist – weder Sünde noch Ketzerei, das Gegenteil zu behaupten, bis durch ein allgemeines Konzil die eine Ansicht verworfen, die andere bestätigt wird. [29.] Es ist uns geboten, ein Gutachten der Konzile auszulegen und freimütig ihren Handlungen zu widersprechen, ihre Beschlüsse zu beurteilen und alles mutig zu bekennen, was uns wahr erscheint, von welchem Konzil aus auch anerkannt oder verworfen wird. [30.] Manche der auf dem Konzil zu Konstanz verurteilten Artikel des Johannes Huß [vgl. Bd. II Nr. 154–156; 162–163] sind überaus christlich, wahr und evangelisch, die auch die ganze Kirche nicht verdammen könnte. [31.] Ein rechtschaffener Mensch sündigt bei allen guten Werken. [32.] Ein gutes Werk, selbst aufs beste ausgeführt, ist eine tägliche Sünde. [33.] Die Ketzer zu verbrennen ist gegen den Willen des heiligen Geistes. [34.] Gegen die Türken kämpfen heißt gegen Gott kämpfen, der unsere Schwachheit durch sie heimsucht. [35.] Keiner ist sicher, daß er wegen des ganz verborgenen Lasters des Übermutes nicht dauernd eine Todsünde begeht. [36.] Der freie Wille ist nach dem Sündenfall nichts anderes als ein leerer Begriff, indem er das tut, was in ihm ist, begeht er eine Todsünde. [37.] Das Fegefeuer kann aus der Heiligen Schrift, soweit sie ein Dogma ist, nicht erwiesen werden. [38.] Die Seelen im Fegefeuer sind schließlich alle ihrer Seligkeit nicht sicher; es kann auch nicht durch Vernunft oder Schrift bewiesen werden, daß sie mehr verdienen oder die Liebe Gottes vergrößern. [39.] Die Seelen im Fegefeuer sündigen pausenlos, so lange sie Ruhe suchen und Strafen fürchten. [40.] Die durch Fürbitte der Lebenden aus dem Fegefeuer befreiten Seelen werden weniger selig gemacht, als wenn sie sich aus eigener Kraft gerechtfertigt hätten. [41.] Die geistlichen Prälaten und weltlichen Fürsten täten nicht übel, wenn sie alle Bettelsäcke vernichten würden. (. . .)
Die vorstehenden Artikel oder Irrtümer verurteilen und verwerfen wir insgesamt und einzeln, wie bereits gesagt, rückschauend als ketzerisch, anstößig und falsch, weil sie fromme Ohren beleidigen, einfache Gemüter verführen und der katholischen Wahrheit widersprechen, und weisen sie insgesamt zurück . . .
Gegeben zu Rom bei Sankt Peter im Jahre der Menschwerdung des Herrn 1520, am 17. Tag vor den Kalenden des Juli, im achten Jahre unseres Pontifikats.

Quelle: BuR III,3, S. 487ff.; QGPap 1, S. 504–513; übers.: H. Steitz, Martin Luther im Kirchenbann, BPfKG 39, 1972, S. 147–150. – *Literatur:* H. Roos, Die Quellen der Bulle »Exsurge Domine«, in: Theologie in Geschichte und Gegenwart. Festschrift M. Schmaus, 1957, S. 909–926; W. Borth, Die Luthersache (causa Lutheri), 1517–1524, HS 414, 1970; D. Olivier, Der Fall Luther. Geschichte einer Verurteilung, 1517–1521, 1972.

1.   Nur die Randbemerkungen des Ulrich von Hutten zur Einleitung der Bulle werden hier wiedergegeben und jeweils in runden Klammern hinter der betreffenden Textstelle angefügt. Zum gesamten Kommentar vgl. Ulrichs von Hutten Schriften, hg. von E. Böcking, 5, 1861, S. 301–331 (die hier angeführten Stellen: S. 302–304). Seiner polemisch kommentierten Ausgabe der Bulle stellt Hutten folgenden Aufruf voran:

»Hier ist, ihr Deutschen, die Bulle Leos des Zehnten, mit der er die christliche Wahrheit aufzuhalten versucht, welche jetzt wieder ans Tageslicht kommt, mit der er unsere Freiheit einengen und aufhalten will, damit sie nicht wieder zu Kräften kommt und gänzlich wiederauflebt, unsere Freiheit, die sich nach langer Unterdrückung endlich wieder regt. Jedem, der so etwas unternimmt, leisten wir Widerstand, ja wir treffen bereits weit vorher öffentlich Maßnahmen, um zu verhindern, daß der Mensch damit Erfolg hat und in seiner unruhigen Leidenschaft und Verwegenheit etwas erreicht. Beim unsterblichen Christus, wann war die Zeit je günstiger, wann gab es eine bessere Gelegenheit, etwas zu tun, was eines Deutschen würdig ist? Ihr seht, daß alles darauf hinausläuft, daß es jetzt mehr Hoffnung gibt als je zuvor. diese Tyrannei zu ersticken, diese Krankheit zu heilen. Faßt euch ein Herz, und ihr werdet es vollbringen! Hier geht es ja nicht um Luther, sondern um alle; nicht nur gegen einen wird das Schwert erhoben, sondern uns alle greift man öffentlich an. Sie wollen nicht, daß man ihrer Tyrannei Widerstand leistet; sie wollen nicht, daß man ihren Betrug aufdeckt, ihre Vorstellung durchschaut, ihrem Wüten trotzt und ihrem schlimmen Treiben Grenzen setzt.«

2.   Eine erste, für die Folgezeit grundlegende Zusammenstellung von Gravamina bezüglich finanzieller Belastung durch die Kurie erfolgte 1455 auf der Mainzer Provinzialsynode zu Aschaffenburg; auf dem Frankfurter Reichstag Juni 1458 erhob man gegenüber dem Papst ›Gravamina der Nation‹, die die Avisamenta des Frankfurter Tages von 1456 zur Voraussetzung hatten (vgl. Bd. II Nr. 72). Vgl. B. Gebhardt, Die Gravamina der Deutschen Nation gegen den Römischen Hof, Breslau 1895², S. 14–34.

27. Luther: An den christlichen Adel deutscher Nation (August 1520)

Mit seiner Adelsschrift wendet sich Luther gezielt an die weltlichen Stände des Reichs, in der Hoffnung, daß Gott nach dem Versagen der geistlichen Stände die Reform der Kirche durch den weltlichen Arm realisieren wolle. Bewußt im Vollzug seiner Pflichten als geschworener Doktor der Heiligen Schrift entfaltet er vor Kaiser und Reich gleich drei hochbrisante Reizthemen: Der Haß gegen die Pharisäerpfaffen, die dem Volk schwere Bürden auf den Hals laden, ohne selbst einen Finger daran zu rühren (Mt 23,4)¹; die nationale Kritik am Papst zu Rom, der seine Gewalt widerrechtlich aufbläht, um die Glieder des Christenvolkes zu erdrücken (vgl. Bd. II Nr. 72,78–79); die Hoffnung auf ein rechtes, d.h. freies Konzil, umwoben von den Reformhoffnungen und -enttäuschungen eines ganzen Jahrhunderts, vom Konstanzer Konzil bis zum V. Lateranum (vgl. Bd. II Nr. 65a–c, 67–68; vgl. dagegen hier Nr. 25). Das Christenvolk wieder in seinen Stand und die Obrigkeit wieder in ihr Amt einzusetzen, ist das Ziel von Luthers Adelsschrift, getragen von dem festen Vertrauen auf Gottes allem vorausgehende Tat in der Taufe: ›Denn was aus der Taufe gekrochen ist, das mag sich rühmen, daß es schon zum Priester, Bischof und Papst geweiht sei‹.

Die Romanisten haben mit großer Behendigkeit drei Mauern um sich gezogen, womit sie sich bisher beschützt haben, so daß niemand sie je hat reformieren können, wodurch die ganze Christenheit greulich gefallen ist.

Zum ersten: Hat weltliche Gewalt sie reformieren wollen, so haben sie darauf als Gesetz erlassen, weltliche Gewalt habe kein Recht über sie, vielmehr: das geistliche Schwert ist dem weltlichen übergeordnet. Zum zweiten: Hat man mit der Heiligen Schrift gegen sie vorgehen wollen, setzen sie dagegen, es gebühre niemand die Schrift auszulegen als dem Papst. Zum dritten: Droht man ihnen mit einem Konzil, so erdichten sie, es könne niemand ein Konzil berufen als nur der Papst.

Sie haben damit die drei Ruten[2] heimlich gestohlen, daß sie ungestraft sein können und sich hinter die sichere Befestigung dieser drei Mauern verschanzt, alle Büberei und Bosheit zu treiben, die wir jetzt sehen. Und ob sie schon ein Konzil machen mußten, haben sie doch dasselbe vorher dadurch mundtot gemacht, daß sie die Fürsten zuvor mit Eiden verpflichteten, sie bleiben zu lassen, wie sie seien. Dazu haben sie dem Papst volle Gewalt über alle Ordnung des Konzils gegeben, so daß es nichts ausmacht, ob viele Konzile oder gar kein Konzil zustandekommt, so oder so werden sie uns nur mit Larven und Scheingefechten betrügen.

Quelle: WA 6, S. 406,21–407,3. – *Literatur:* H. Østergaard-Nielsen, Scriptura sacra et viva vox, 1957; W. Brunotte, Das Geistliche Amt bei Luther, 1959; Chr. Tecklenburg-Johns, Luthers Konzilsidee in ihrer historischen Bedingtheit und ihrem reformatorischen Neuansatz, 1966.

1.   Zur Kritik an der um Zehnten und Abgaben ›streitenden Kirche‹ s. den »Tractatus de Decimis« des Tübinger Theologen Konrad Summenhart, veröffentlicht in Hagenau im Jahre 1500, teilweise ediert in: H. A. Oberman, Werden und Wertung, 388–390; vgl. 143–160.
2.   Gemeint ist jene virga-Schleuder und Hirtenstab‹, womit die Kirche von ihrem Herrn durch die Zeit geführt wird. Von Luther wird der Begriff in verschiedenen Zusammenhängen eingesetzt, vgl. WA 3, S. 139,20ff.; 495,32f.; 496,1.

28. Luther: Die Babylonische Gefangenschaft der Kirche (Oktober 1520)

Die Streitschrift des Leipziger Franziskanertheologen Augustinus von Alvelt (1480–1535?) ›Tractatus de communione sub utraque specie‹ (Juni 1520) und den anonym erschienenen, gefälschten Widerruf Luthers ›Revocatio Martini Lutheri Augustiniani ad sanctam sedem‹ (November 1519) von der Hand des italienischen Dominikaners Isidoro Isolani nahm Luther zum Anlaß, zu der Sakramentsfrage umfassend Stellung zu nehmen, nachdem er schon in den Sermonen von 1519 Buße, Abendmahl und Taufe behandelt hatte. ›De captivitate Babylonica ecclesiae Praeludium‹ wurde für die höhere Bildungsschicht zur Programmschrift der Reformation.

a) Die Zahl der Sakramente
Zuerst: Ich muß die Siebenzahl der Sakramente leugnen und weiß zur Zeit nur drei zu behaupten: die Taufe, die Buße[1] und das Brot. Ich behaupte, daß uns diese alle von der römischen Kurie in jämmerliche Gefangenschaft geführt sind und die Kirche ihrer ganzen Freiheit beraubt ist. Allerdings: wenn ich nach dem Sprachgebrauch der Schrift reden wollte, so hätte ich nur ein einziges Sakrament und drei sakramentale Zeichen; doch darüber weiter zu seiner Zeit . . .

Quelle: WA 6, S. 501,33–38. – *Literatur:* s. bei Text b.

b) Das Sakrament der Taufe. Verheißung und Glaube
Erstlich also ist in der Taufe die göttliche Verheißung [promissio] zu beachten, die da sagt: »Wer da glaubet und getauft wird, der wird selig werden« [Mk 16,16]. Dieser Verheißung gebührt ein unvergleichlicher Vorrang vor allem Gepränge mit Werken, Gelübden, Mönchsorden und allem, was von Menschen eingeführt worden ist. Denn an ihr hängt unser ganzes Heil. Beachten [observare] muß man sie aber so, daß wir in ihr den Glauben üben, ohne jeglichen Zweifel daran, daß wir

gerettet sind, nachdem wir getauft sind. Denn wenn dieser Glaube nicht da ist oder erlangt wird, nützt die Taufe nichts; sie schadet vielmehr, nicht nur zu dem Zeitpunkt ihres Empfangs, sondern auch danach das ganze Leben hindurch. Denn ein solcher Unglaube straft die göttliche Verheißung Lügen, was die größte aller Sünden ist. Wenden wir uns dieser Übung des Glaubens [exercitium fidei] zu, werden wir gleich erkennen, wie schwer es ist, dieser göttlichen Verheißung zu glauben. Denn sich seiner Sünden bewußt, glaubt der Mensch in seiner Schwachheit nichts so schwer, als daß er gerettet sei oder gerettet werden solle. Und doch, wenn er das nicht glaubt, kann er nicht gerettet werden, weil er der göttlichen Wahrheit nicht glaubt, die das Heil verheißt.

Diese Predigt hätte man dem Volk fleißig einprägen sollen, unablässig diese Verheißung zum Tönen bringen, immer die Taufe in Erinnerung rufen, den Glauben für und für erwecken und pflegen. Denn wie die Wahrheit dieser göttlichen Verheißung bis zum Tode beständig bleibt, wenn sie einmal über uns ergangen ist, so darf der Glaube an sie niemals unterbrochen werden, sondern soll bis zum Tode genährt und gestärkt werden[2] durch ständige Erinnerung an diese Verheißung, die uns in der Taufe zuteil geworden ist. Daher: wenn wir uns von den Sünden wieder aufrichten oder Buße tun, tun wir nichts anderes, als daß wir zur Kraft und zum Glauben der Taufe [virtus et fides baptismi], wovon wir gefallen waren, umkehren und zu der Verheißung, die dort geschehen ist, zurückkehren, die wir durch die Sünde verlassen hatten. Denn auf immer bleibt die Wahrheit der einmal geschehenen Verheißung bestehen, mit ausgestreckten Armen will sie uns aufnehmen, wenn wir zurückkehren. Und – wenn ich mich nicht irre – dies wollen diejenigen [Theologen] zum Ausdruck bringen, die etwas unklar sagen, ›die Taufe sei das erste und grundlegende Sakrament, ohne das man kein anderes erlangen könne‹[3].

Quelle: WA 6, S. 527,33–528,19. – *Literatur:* W. Jetter, Die Taufe beim jungen Luther. Eine Untersuchung über das Werden der reformatorischen Sakraments- und Taufanschauung, BHTh 18, 1954.

1. Unter dem Aspekt, daß im eigentlichen Sinn nur dann die Bezeichnung ›Sakrament‹ verwendet werden soll, wenn durch neutestamentliche Grundlegung Verheißungswort und sinnenfälliges Zeichen miteinander verbunden sind, schränkt Luther am Schluß der Schrift die Sakramente auf Taufe und Abendmahl ein (WA 6, S. 572,10ff.).
2. Vgl. Augustins Aufgabenbeschreibung der Theologie, den Glauben ›freizusetzen, zu nähren, zu verteidigen und zu kräftigen‹; De Trinitate, lib. 10 cap. 1,3 (PL 42, Sp. 1037); vgl. Bd. I Nr. 91.
3. Gabriel Biel, Collectorium circa quattuor libros Sententiarum, IV/1, hg. von W. Werbeck – U. Hofmann, 1975, Sent. IVd. 4q. 1 art. 2 (152,62ff.); Sent. IVd. 6q. 3 art. 2 (272,4–9); vgl. Bd. II Nr. 80.

29. Luther: Von der Freiheit eines Christenmenschen (November 1520)

Nachdem Johannes Eck (vgl. Nr. 22–24) mit der Verbreitung der Bannandrohungsbulle gegen Luther (Nr. 26) in Deutschland beauftragt worden war, damit aber wenig Erfolg hatte, versuchte der Kuriendiplomat Karl von Miltitz (ca. 1490–1529), der seit Januar 1519 mit Luther über die Beilegung der Streitigkeiten verhandelt hatte, im Oktober 1520 erneut, einen Ausgleich zustande zu bringen. Er überredete Luther, dem Papst einen versöhnlichen Brief – den späteren »Sendbrief an den Papst Leo X.« – zu schreiben. Noch im Oktober entstand der Brief, zusammen mit einem sich anschließenden

Traktat (»Von der Freiheit eines Christenmenschen«), der nach Luthers Zeugnis »die ganze Summe eines christlichen Lebens« enthält. Die Freiheitsschrift erschien gedruckt in deutscher und lateinischer Sprache.

Jesus. Zum ersten: Damit wir gründlich erkennen können, was ein Christenmensch sei und wie es um die Freiheit beschaffen sei, die ihm Christus erworben und gegeben hat, davon Paulus viel schreibt, will ich diese zwei Leitsätze aufstellen:
Ein Christenmensch ist ein freier Herr über alle Dinge und niemand untertan.
Ein Christenmensch ist ein dienstbarer Knecht aller Dinge und jedermann untertan.
Diese zwei Leitsätze sind klar: Paulus, 1Kor 9,19: »Ich bin frei von jedermann und habe mich eines jedermanns Knecht gemacht«, ebenso Röm 13,8: »Seid niemand etwas schuldig, außer daß ihr euch untereinander liebet.« Liebe aber, die ist dienstbar und untertan dem, was sie lieb hat. So (heißt es) auch von Christus, Gal 4,4: »Gott hat seinen Sohn gesandt, von einem Weibe geboren, und dem Gesetz untertan gemacht.«
Zum zweiten: Um diese zwei sich widersprechenden Reden von der Freiheit und von der Dienstbarkeit zu verstehen, sollen wir daran denken, daß ein jeglicher Christenmensch von zweierlei Natur ist: geistlicher und leiblicher. Nach der Seele wird er ein geistlicher, neuer, innerlicher Mensch genannt, nach dem Fleisch und Blut wird er ein leiblicher, alter und äußerlicher Mensch genannt. Und um dieses Unterschiedes willen werden von ihm in der Schrift Dinge ausgesagt, die da stracks widereinander sind, wie ich jetzt von der Freiheit und der Dienstbarkeit geredet habe.
Zum dritten: So wir uns den inwendigen, geistlichen Menschen vornehmen, um zu sehen, was dazu gehöre, daß er ein frommer, freier Christenmensch sei und heiße, so ists offenbar, daß ihn kein äußerliches Ding frei noch fromm machen kann, wie es auch immer genannt werden mag. Denn seine Frömmigkeit und Freiheit und umgekehrt seine Bosheit und Gefängnis sind nicht leiblich noch äußerlich. Was hilfts der Seele, daß der Leib ungefangen, frisch und gesund ist, isset, trinkt, lebt wie er will? Umgekehrt: was schadet das der Seele, daß der Leib gefangen, krank und matt ist, hungert, dürstet und leidet, wie er nicht gern wollte? Dieser Dinge reichet keines bis an die Seele, sie zu befreien oder zu fangen, fromm oder böse zu machen . . .
Zum fünften hat die Seele kein ander Ding, weder im Himmel noch auf Erden, darinnen sie lebe, fromm, frei und Christ sei als das heilige Evangelium, das Wort Gottes, von Christus gepredigt, wie er selbst Joh 11,25 sagt: »Ich bin die Auferstehung und das Leben, wer an mich glaubt, der lebet ewiglich«; ebenso 14,6: »Ich bin der Weg, die Wahrheit und das Leben«; ebenso Mt 4,4: »Der Mensch lebet nicht vom Brot allein, sondern von allen Worten, die da aus dem Mund Gottes gehen.« So müssen wir nun gewiß sein, daß die Seele alle Dinge außer dem Worte Gottes entbehren kann, und ohne das Wort Gottes ist ihr mit keinem Ding geholfen . . .
Zum sechsten fragst du aber: Welches ist denn das Wort, das solch große Gnade gibt, und wie soll ichs gebrauchen? Antwort: Es ist nichts anderes als die Predigt, von Christus geschehen, wie sie das Evangelium enthält. Diese soll sein und ist so beschaffen, daß du deinen Gott zu dir reden hörst, wie all dein Leben und Werke vor Gott nichts seien, sondern du müssest mit allem dem, was in dir ist, ewiglich

verderben. So du solches recht glaubst, wie du schuldig bist, so mußt du an dir selbst verzweifeln und bekennen, daß der Spruch Hosea 13,9 wahr sei: »O Israel, in dir ist nichts denn dein Verderben, allein aber in mir steht deine Hilfe.« Damit du aber aus dir [heraus] und von dir [frei], das ist aus deinem Verderben herauskommen mögest, so setzt er dir seinen lieben Sohn Jesus Christus vor und läßt dir durch sein lebendiges, tröstliches Wort sagen: Du sollst dich ihm mit festem Glauben ergeben und frisch auf ihn vertrauen. Ebenso sollen dir um dieses Glaubens willen alle deine Sünden vergeben sein, soll all dein Verderben überwunden sein und du gerecht, wahrhaftig, in Frieden, fromm sein, sollen alle Gebote erfüllet und du von allen Dingen frei sein, wie Paulus Röm 1,17 sagt: »Ein gerechtfertigter Christ lebt nur aus seinem Glauben«; und Röm 10,4ff.: Christus ist das Ende und die Fülle aller Gebote denen, die an ihn glauben . . .

Zum zehnten: . . . Aus Gottes Wort allein durch Glauben wird die Seele heilig, gerecht, wahrhaftig, friedsam, frei, aller Güte voll, ein wahrhaftiges Kind Gottes . . .

Hieraus ist leicht zu verstehen, warum der Glaube so viel vermag und daß keine guten Werke ihm gleich sein können. Denn kein gutes Werk hängt [so] an dem göttlichen Wort wie der Glaube, kann auch nicht in der Seele sein; sondern allein das Wort und der Glaube regieren in der Seele. Wie das Wort ist, so wird auch die Seele, gleichwie das Eisen aus der Vereinigung mit dem Feuer glutrot wie das Feuer wird. So sehen wir, daß ein Christenmensch am Glauben genug hat; er bedarf keines Werkes, daß er fromm sei. Bedarf er denn keines Werkes mehr, so ist er gewißlich von allen Geboten und Gesetzen entbunden; ist er entbunden, so ist er gewißlich frei. Das ist die christliche Freiheit, der einzige Glaube, der da macht, nicht daß wir müßig gehn oder übel tun können, sondern daß wir keines Werkes bedürfen, zur Frömmigkeit und Seligkeit zu gelangen, wovon wir hernach mehr sagen wollen . . .

Zum zwölften: Nicht allein gibt der Glaube so viel, daß die Seele dem göttlichen Wort gleich wird, aller Gnaden voll, frei und selig, sondern er vereinigt auch die Seele mit Christus wie eine Braut mit ihrem Bräutigam. Aus dieser Ehe folgt, wie Paulus [Eph 5,30] sagt, daß Christus und die Seele ein Leib werden. Ebenso werden auch beider Güter, Glück, Unglück und alle Dinge gemeinsam, so daß, was Christus hat, das ist der gläubigen Seele eigen, was die Seele hat, wird Christi eigen. Christus hat alle Güter und Seligkeit: die sind der Seele eigen; die Seele hat alle Untugend und Sünde auf sich: die werden Christi eigen. Hier erhebt sich nun der fröhliche Wechsel und Streit: dieweil Christus Gott und Mensch [zugleich] ist, welcher noch nie gesündigt hat, und seine Frömmigkeit unüberwindlich, ewig und allmächtig ist, wenn er sich dann der gläubigen Seele Sünde durch ihren Brautring (das ist der Glaube) selbst zu eigen macht und nicht anders tut, als hätte er sie getan, so müssen die Sünden in ihm verschlungen und ersäuft werden. Denn seine unüberwindliche Gerechtigkeit ist allen Sünden zu stark. So wird die Seele von allen ihren Sünden nur durch ihre Verlobungsgabe, das ist des Glaubens halber, ledig und frei und mit der ewigen Gerechtigkeit ihres Bräutigams Christi begabt. Ist nun das nicht ein fröhlicher Hausstand, da der reiche, edle, fromme Bräutigam Christus das arme, verachtete, böse Hürlein zur Ehe nimmt und sie von allem Übel frei macht, sie mit allen Gütern zieret? So ists nicht möglich, daß die Sünden sie verdammen, denn sie liegen nun auf Christus und sind in ihm verschlungen. So hat sie so eine reiche Gerechtigkeit in ihrem Bräutigam, daß sie abermals wider alle Sünden bestehen kann, ob sie schon auf ihr lägen. Davon sagt Paulus 1Kor

15,55ff.: »Gott sei Dank, der uns eine solche Überwindung in Christus Jesus gegeben hat, in welcher der Tod mit der Sünde verschlungen ist.« . . .

Zum neunzehnten: . . . Nun kommen wir aufs andere Teil, auf den äußerlichen Menschen. Hier wollen wir allen denen antworten, die sich an den vorigen Reden ärgern und zu sprechen pflegen: Ei, so denn der Glaube alle Dinge ist und allein genug gilt, um fromm zu machen, warum sind denn die guten Werke geboten? So wollen wir guter Dinge sein und nichts tun! Nein, lieber Mensch, nicht so! Es wäre wohl so, wenn du allein ein innerlicher Mensch wärest und ganz geistlich und innerlich geworden, welches bis am Jüngsten Tag nicht geschieht. Es ist und bleibt auf Erden nur ein Anheben und Zunehmen, welches in jener Welt zu Ende gebracht wird. Daher nennts der Apostel [Röm 8,23] ›primitias spiritus‹, d.h. die ersten Früchte des Geistes; darum gehört hierher, was droben gesagt ist: Ein Christenmensch ist ein dienstbarer Knecht und jedermann untertan, d.h. sofern er frei ist, braucht er nichts zu tun; sofern er Knecht ist, muß er allerlei tun. Wie das zugehe, wollen wir sehen.

Zum zwanzigsten: Obwohl der Mensch inwendig nach der Seele durch den Glauben genügend gerechtfertigt ist und alles hat, was er haben soll, außer daß dieser Glaube und dieses Genügen immer zunehmen muß bis in jenes Leben, so bleibt er doch noch in diesem leiblichen Leben auf Erden und muß seinen eigenen Leib regieren und mit Menschen umgehen. Da heben nun die Werke an. Hier darf er nicht müßig gehen . . .

Zum fünfundzwanzigsten: . . . Es sind wohl noch Prediger geblieben, welche sowohl Reue über die Sünde als auch Gnade predigen, aber die streichen die Gebote und Zusagungen Gottes nicht so heraus, daß man lerne, woher und wie die Reue und Gnade komme. Denn die Reue fließt aus den Geboten, der Glaube aus den Zusagungen Gottes, und so wird der Mensch durch den Glauben göttlicher Worte gerechtfertigt und erhoben, der durch die Furcht vor dem Gebote Gottes gedemütiget und zur Selbsterkenntnis gekommen ist.

Zum sechsundzwanzigsten: Das sei von den Werken insgemein gesagt und von denen, die ein Christenmensch gegen seinen eignen Leib üben soll. Nun wollen wir von mehr Werken sagen, die er anderen Menschen gegenüber tut. Denn der Mensch lebt nicht allein in seinem Leibe, sondern auch unter andern Menschen auf Erden. Darum kann er ihnen gegenüber nicht ohne Werke sein, er muß ja mit ihnen zu reden und zu schaffen haben, obwohl ihm derselben Werke keines zur Frömmigkeit und Seligkeit not ist. Darum soll seine Absicht in allen Werken frei und nur dahin gerichtet sein, daß er andern Leuten damit diene und nütze sei, nichts anderes sich vorstelle, als was den andern not ist. Das heißt dann ein wahrhaftiges Christenleben, und da geht der Glaube mit Lust und Liebe ins Werk, wie Paulus die Galater [5,6] lehret . . .

Zum neunundzwanzigsten: . . . So müssen Gottes Güter aus einem in den andern fließen und allgemein werden, so daß ein jeglicher sich seines Nächsten so annehme, als wäre er's selbst. Aus Christus fließen sie in uns, der sich unser in seinem Leben angenommen hat, als wäre er das gewesen, was wir sind. Aus uns sollen sie in die fließen, die ihrer bedürfen . . .

Zum dreißigsten: Aus dem allen folgt der Beschluß: ein Christenmensch lebt nicht in sich selbst, sondern in Christus und seinem Nächsten, in Christus durch den Glauben, im Nächsten durch die Liebe. Durch den Glauben fähret er über sich in Gott, aus Gott fähret er wieder unter sich durch die Liebe und bleibt doch immer in Gott und göttlicher Liebe, gleich wie Christus Joh 1,51 sagt: »Ihr werdet den

Himmel offen sehen und die Engel Gottes hinauf und herab fahren auf des Menschen Sohn.«

Siehe, das ist die rechte, geistliche, christliche Freiheit, die das Herz frei macht von allen Sünden, Gesetzen und Geboten, welche alle andere Freiheit übertrifft wie der Himmel die Erde. Gott gebe uns, das recht zu verstehen und zu behalten! Amen.

Quelle: WA 7, S. 20,24–38,15 (partim); Martin Luther, Von der Freiheit eines Christenmenschen (lat. und dt. Fassung), hg. von L. E. Schmitt, 1954³, S. 37,1–79,21 (partim). – *Literatur:* W. Maurer, Von der Freiheit eines Christenmenschen. Zwei Untersuchungen zu Luthers Reformationsschriften 1520/21, 1949; G. Ebeling, Frei aus Glauben. Das Vermächtnis der Reformation, SGV 250, 1968. Neudruck in: ders., Lutherstudien 1, 1971, S. 308–329; E. Jüngel, Zur Freiheit eines Christenmenschen. Eine Erinnerung an Luthers Schrift, 1978; B. Stolt weist gegen Maurer nach, daß die dt. Fassung dem lat. Text (im Entwurf) vorausgegangen ist: Studien zu Luthers Freiheitstraktat mit besonderer Rücksicht auf das Verhältnis der lateinischen und der deutschen Fassung zueinander und die Stilmittel der Rhetorik, AUS.SGF 6, 1969, S. 90.114–117.

30. Melanchthon: Thesen gegen die scholastische Theologie (3. August 1520)

Philipp Melanchthon (1497–1560) wurde als 21jähriger zum Professor für Griechisch von Tübingen nach Wittenberg berufen (August 1518); der Lehrstuhl war bei der Universitätsreform im Frühling 1518 neu eingerichtet worden. Rasch entwickelte sich eine Freundschaft zwischen Luther und Melanchthon, der sich nun auch selbst der Theologie zuwandte (Baccalaureus biblicus September 1519). Neben seinen Verpflichtungen an der philosophischen Fakultät hielt er biblische Vorlesungen und entwickelte sich bald zu einem neuen Stern an der Universität (im Dezember 1520 soll Melanchthon 500/600, Luther dagegen unter 400 Hörer gehabt haben). – Die folgenden Thesen stellte er für die wöchentliche Disputation am 3. August 1520 auf (vgl. die Thesen Karlstadts und Luthers aus dem Jahre 1517 – Nr. 6; 7); sie belegen die gemeinsame Front der Wittenberger gegen die scholastische Theologie.

1. Anfang und Grundlage [principium] der Rechtfertigung ist der Glaube.
2. Die Liebe ist ein Werk des Glaubens.
3. Die Unterscheidung zwischen in Liebe verwirklichtem [formata] Glauben und dem Glauben an die puren Fakten ohne Liebe zu Gott und dem Nächsten [informis] ist ein reines Phantasieprodukt [fictitium].
4. Denn der sogenannte ›Glaube ohne Liebe‹ ist kein Glaube, sondern eine trügerische Meinung [fallax opinio].
5. Dem Glauben nämlich folgt notwendigerweise auch die Liebe.
6. Glaube und Liebe sind Werke Gottes, nicht der Natur.
7. Wenn das Wesen des Christentums [Christianismus] in der [inneren] Ruhe des Sabbats [sabbatum] und der vollkommenen Freiheit [absoluta libertas] besteht,
8. folgt, daß die Genugtuung [satisfactio] kein Teil der Buße [poenitentia] ist;
9. folgt gleichfalls, daß es im Christentum kein äußerliches Opfer gibt.
10. Also ist die Messe kein Opfer.
11. Die Messe ist auch kein Werk, dessen Frucht man einem anderen zukommen lassen kann.
12. Ebenso wie die Taufe nur dem nützt, der sich des Taufbades auch tatsächlich unterzieht, hilft die Messe nur demjenigen, der sie selbst genießt.

13.   Denn wie die Taufe ist auch die Messe ein sakramentales Zeichen, durch das der Herr bezeugt, daß Vergebung der Sünden geschenkt worden ist.
14.   Weil der Inbegriff [summa] unserer Rechtfertigung der Glaube ist, kann man kein Werk verdienstlich nennen;
15.   vielmehr sind sogar alle menschlichen Werke in Wirklichkeit Sünde.
16.   Da die Schlüssel allen Christen ja in gleicher Weise gegeben sind, kann man den Primat des Petrus nicht aufgrund göttlichen Rechtes behaupten.
17.   Die Idee [forma] der Glückseligkeit, wie sie Aristoteles erdacht hat [finxit], steht nicht nur im Widerspruch zur christlichen Lehre, sondern schon zum gesunden Menschenverstand [communis hominum sensus].
18.   Es wäre deshalb besser gewesen, das Wesen [ratio] der Glückseligkeit u.ä. nicht aus den dummen Einfällen [indoctae nugae] dieses spitzfindigen Hohlkopfes [vanissimus sophista] zu erheben, sondern aus den heiligen Schriften und damit aus den Quellen selbst.

Quelle: CR 1, S. 126f.; Melanchthons Werke in Auswahl, 1. Reformatorische Schriften, hg. von R. Stupperich, 1951, S. 54–55. – *Literatur:* W. Neuser, Der Ansatz der Theologie Philipp Melanchthons, BGLRK 9, 1957; C. L. Manschreck, Melanchthon. The Quiet Reformer, New York 1958; H. G. Geyer, Von der Geburt des wahren Menschen. Probleme aus den Anfängen der Theologie Melanchthons, 1965; W. Maurer, Der junge Melanchthon zwischen Humanismus und Reformation, 1–2, 1967–1969.

DER WORMSER REICHSTAG VON 1521

Luther – durch die Bulle »Decet Romanum Pontificem« (3. Januar 1521; vgl. Nr. 26) exkommuniziert – hätte nach mittelalterlichen Rechtsanschauungen die Reichsacht verfallen, d.h., aus der weltlichen Friedensgemeinschaft ausgeschlossen werden müssen. Karl V. (1519–1556) hatte jedoch am 3. Juli 1519 eine Wahlkapitulation beschworen, wonach niemand ohne vorhergehendes Verhör geächtet werden durfte. Der Kaiser gab am 28. November 1520 Friedrich dem Weisen die Zusage, Luther zu verhören. So kam er – entgegen römischen Bemühungen, besonders denen des Nuntius Aleander († 1542) – zum großen Reichstag zu Worms (Januar – Mai 1521), der sich außer mit den Gravamina (s. Nr. 26 Anm. 2) und den großen reichspolitischen Fragen der Zeit nun auch mit der Glaubensfrage und mit Luther selbst befaßte.

31.   Bericht über Luthers Auftreten vor dem Reichstag (17. und 18. April 1521)

Über das Auftreten Luthers vor dem Reichstag in Worms existiert ein Bericht, dessen Verfasser bisher nicht eindeutig feststeht; jedenfalls war er ein Anhänger Luthers und über die Vorgänge gut unterrichtet. Der Bericht ist dreigeteilt und umfaßt die Ankunft Luthers (16. April), das erste Verhör (17. April) und das zweite Verhör mit der Rede Luthers (18. April).

Rede D. Martin Luthers[1]
vor Kaiser Karl und den Fürsten
zu Worms am Donnerstag nach Misericordia Domini.
IHESUS

»Erhabenster Herr und Kaiser, durchlauchtigste Fürsten, gnädigste Herren! Zu der mir gestern nachmittag festgesetzten Zeit erscheine ich gehorsam und bitte um der Barmherzigkeit Gottes willen, Eure Majestät und Eure Herrschaften wollen

geruhen, diese Sache der (wie ich hoffe) Gerechtigkeit und Wahrheit gnädig anzuhören, und es mir gütig nachsehen, wenn ich aus meiner Unerfahrenheit jemandem den gebührenden Titel nicht gebe oder auf irgendeine Weise gegen höfischen
Brauch und Verhalten verstoße; ich habe bisher nicht an Höfen, sondern in
Mönchswinkeln gelebt und kann von mir aus nur das bezeugen, daß ich bis jetzt in
solcher Einfalt des Geistes gelehrt und geschrieben habe, daß ich allein Gottes Ehre
und die rechte Unterweisung der Christgläubigen erstrebt habe.
Kaiser, durchlauchtigste Fürsten! Auf die erste jener zwei mir gestern durch Eure
geheiligte Majestät vorgelegten Fragen – ob ich die verlesenen, unter meinem
Namen verbreiteten Schriften als die meinigen anerkenne und ob ich sie weiter
vertreten oder widerrufen wolle – habe ich sofort die klare Antwort gegeben, bei
der ich auch bleibe und in Ewigkeit bleiben werde: Es sind meine von mir unter
meinem Namen veröffentlichten Schriften, es sei denn, daß durch gegnerische
List oder durch Besserwisserei etwas in ihnen verändert oder entstellt abgedruckt
worden ist. Denn ich erkenne nur das an, was mir allein zueigen und von mir allein
geschrieben worden ist, ohne jede bemüßigte Auslegung, wie sie auch gemeint sei.
Auf die andere Frage bitte ich, Eure geheiligte Majestät und Eure Herrschaften
wollen darauf achten, daß meine Schriften nicht alle von einerlei Art sind. In einigen von ihnen habe ich von Glauben und Sitten so einfältig und evangelisch gehandelt, daß selbst die Gegner zugeben müssen, daß sie nützlich, unschädlich und
der Lektüre durch die Christen wert sind. Sogar die harte und grausame Bulle[2] hält
einige meiner Schriften für unschädlich, wenngleich sie mit wahrhaft ungeheuer-
lichem Urteil auch diese verurteilt. Widerrufe ich also diese Schriften, so verur-
teile ich als einziger Sterblicher die Wahrheit, die Freunde und Feinde gleichermaßen bekennen, und widerstrebe als einziger dem einhelligen Bekenntnis aller.
Eine zweite Art von Schriften bekämpft das Papsttum und die Dinge der Papisten
als diejenigen, die mit ihren grundschlechten Lehren und Beispielen den christlichen Erdkreis an Geist und Leib verwüstet haben. Denn das kann niemand leugnen
oder verbergen, da es die Erfahrung und die Klage aller bezeugen, daß die Gesetze
des Papstes und die Menschenlehren die Gewissen der Gläubigen elend in Fesseln
geschlagen, mißhandelt und zu Tode gefoltert haben und daß vor allem in dieser
ruhmreichen deutschen Nation Hab und Gut von unglaublicher Tyrannei ohne
Ende und auf unwürdige Weise verschlungen worden sind und noch verschlungen
werden. Und in ihren [der Papisten] eigenen Dekreten [Dist. IX und XXV, qu. 1
und 2][3] heißt es, Gesetze und Lehren des Papstes, die dem Evangelium oder den
Lehren der Väter widersprechen, hätten für irrig und ungültig zu gelten. Widerrufe ich daher diese Schriften, so stärke ich die Tyrannei und öffne solcher Gottlosigkeit [tanta impietas] nicht nur die Fenster, sondern auch die Pforten, so daß sie
sich weiter und ungehinderter ausbreitet, als sie bis jetzt je gewagt hat. Und kraft
dieses Widerrufes wird die Herrschaft ihrer hemmungslosen und straflosen Bosheit für das arme Volk noch viel unerträglicher und dabei noch gestärkt und befe-
stigt werden, zumal wenn man sich brüsten kann, ich hätte das mit der Autorität
Eurer geheiligten, durchlauchtigsten Majestät und des ganzen Römischen Reiches
getan. Was für ein Schanddeckel, guter Gott, wäre ich da der Bosheit und Tyrannei!
Die dritte Art Schriften sind die, die ich gegen einige private und einzelne (wie
man sie nennt) Personen geschrieben habe, die es unternommen haben, für die
römische Tyrannei einzutreten und den von mir gelehrten Glauben [pietatem a me
doctam] zu erschüttern. Ich bekenne, daß ich gegen sie schroffer gewesen bin, als

es einem Christen und Mönch ansteht. Denn ich mache aus mir keinen Heiligen, disputiere auch nicht über mein Leben, sondern über die Lehre Christi. Auch diese Schriften kann ich nicht widerrufen, weil durch diesen Widerruf Tyrannei und Gottlosigkeit unter meinem Schutz gewalttätiger denn je herrschen und wider das Volk Gottes wüten würden.

Weil ich aber ein Mensch bin und nicht Gott, kann ich meinen Schriften nicht anders beistehen, als mein Herr Jesus Christus seiner Lehre beigestanden hat, der, als er vor Hannas über seine Lehre befragt wurde und ein Diener ihn ins Gesicht schlug, gesagt hat: Habe ich unrecht geredet, so beweise, daß es unrecht ist [Joh 18,23]. Wenn der Herr selbst, der wußte, daß er nicht irren könne, es nicht verschmäht, selbst von einem niedern Knecht ein Zeugnis gegen seine Lehre zu hören, wieviel mehr muß dann ich Nichts, der nur irren kann, darum bitten und es erwarten, ob jemand wider meine Lehre Zeugnis vorbringen will. Darum bitte ich um der Barmherzigkeit Gottes willen, Eure Majestät, Eure durchlauchtigsten Herrschaften oder wer auch immer es vermag, sei er der Höchste oder Geringste, so wolle er Zeugnis geben, die Irrtümer widerlegen, sie mit Propheten- und Evangelienzeugnissen überwinden; denn ich werde, wenn ich belehrt worden bin, begierig sein, jeden möglichen Irrtum zu widerrufen, und werde der erste sein, der meine Bücher ins Feuer wirft.

Daraus geht, so meine ich, hervor, daß ich die aus Anlaß meiner Lehre in der Welt entstandenen Gefahren, Zwietracht und Streitigkeiten, derentwegen ich gestern ernst und streng ermahnt worden bin, wohl im Auge gehabt und erwogen habe. Für mich ist es allerdings ein überaus erfreulicher Anblick zu sehen, daß um des Wortes Gottes willen Eifer und Zwietracht entstehen. Denn das ist der Lauf, Fall und Ausgang des Wortes Gottes, wie der Herr sagt: Ich bin nicht gekommen, Frieden zu bringen, sondern das Schwert; denn ich bin gekommen, einen Menschen mit seinem Vater zu entzweien usw. [Mt 10,34f.]. Darum müssen wir bedenken, wie wunderbar und schrecklich unser Herr in seinen Ratschlägen ist, damit nicht das, was zur Beilegung von Streitigkeiten unternommen wird – wenn wir damit anfangen, das Wort Gottes zu verurteilen –, zu einer Sintflut unerträglichen Übels führe und zu besorgen wäre, daß die Regierung dieses jungen edlen Fürsten Karl (auf den sich nächst Gott viel Hoffnung richtet) unheilvoll werden könnte. Ich könnte das an vielen Beispielen der Schrift vom Pharao, vom König von Babylon und von den Königen Israels zeigen, die sich dann am schlimmsten zugrundegerichtet haben, wenn sie mit den allerweisesten Ratschlüssen ihre Reiche befrieden und befestigen wollten. Denn Er ist es, der die Klugen in ihrer List fängt und Berge zu Fall bringt, ehe sie es merken [Hi 5,13; 9,5]. Darum bedarf es der Furcht Gottes. Ich sage das nicht, weil so erhabene Männer der Belehrung und Ermahnung durch mich bedürften, sondern weil ich meinem Deutschland den Gehorsam, den ich ihm schulde, nicht vorenthalten darf. Damit befehle ich mich Eurer Majestät und Euren Herrschaften. Ich bitte demütig, sie wollen mich nicht durch den Eifer meiner Gegner ohne Grund bei sich in Ungnade fallen lassen. Ich habe gesprochen.«

Hierauf erklärte der Sprecher des Reichstags in scheltendem Ton, ich hätte nicht auf die Frage geantwortet. Auch dürfe ich nicht Dinge in Erörterung ziehen, die längst auf den Konzilien beschlossen und verdammt seien. Deshalb verlangt man, ich solle einfach unumwunden antworten, ob ich widerrufen wolle oder nicht.

Darauf entgegnete ich:» Weil Eure geheiligte Majestät und Eure Herrschaften es verlangen, will ich eine schlichte Antwort geben, die weder Hörner noch Zähne

hat: wenn ich nicht durch das Zeugnis der Heiligen Schrift oder vernünftige
Gründe überwunden werde [nisi convictus fuero testimoniis scripturarum aut ra-
tione evidente] – denn weder dem Papst, noch den Konzilien allein vermag ich zu
glauben, da es feststeht, daß sie wiederholt geirrt und sich selbst widersprochen
haben –, so halte ich mich überwunden durch die Schrift, auf die ich mich gestützt
habe, so ist mein Gewissen im Gotteswort gefangen, und darum kann und will ich
nichts widerrufen, weil gegen das Gewissen zu handeln weder sicher noch lauter
ist. Ich kann nicht anders, hier stehe ich, Gott helfe mir. Amen.«[4]

Quelle: WA 7, S. 831,16–838,9; vgl. DRTA.JR 2, S. 547,10–555,22. Nr. 79; übers. nach: J. Kühn
(Hg.), Luther und der Wormser Reichstag 1521. Aktenstücke und Briefe. Voigtländers Quellenbücher
73 o.J. (1914), S. 69–75; und: K.-V. Selge, in: Der Reichstag zu Worms von 1521. Reichspolitik und
Luthersache. 1971, S. 184–186 (Luthers Antwort vor dem Reichstag am 18. April). – *Literatur:* P.
Kalkoff, Der Wormser Reichstag von 1521. Biographische und quellenkritische Studien zur Reformationsgeschichte, 1922; E. Kessel, Luther vor dem Reichstag in Worms 1521, in: Festgabe für Paul Kirn,
1961, 172–190; W. Völker, Luther auf dem Reichstag in Worms. AMRhKG 14 (1962), S. 115–127;
Der Reichstag zu Worms von 1521. Reichspolitik und Luthersache. Im Auftrag der Stadt Worms zum
450-Jahrgedenken, hg. von F. Reuter, 1971.

1.   Bei Luthers Rede, der Antwort des Offizials und der entsprechenden Erwiderung Luthers bis zum
Ausruf »Gott helfe mir. Amen« handelt es sich um eine Einschiebung in den Bericht, die in mehreren
Drucken auch gesondert vorliegt. Dieser Teil ist wohl zuerst veröffentlicht worden und dürfte auf Luther selbst zurückgehen.
2.   Nämlich die Bannandrohungsbulle »Exsurge Domine« vom 15. Juni 1520; Nr. 26.
3.   Vgl. Corpus Iuris Canonici, hg. von Ae. Friedberg, 1879. Neudr. 1959, S. 16ff. und 1007ff.
4.   Nach DRTA.JR 2, S. 555f. Anm. 1 ist anstelle des »Ich kan nicht anderst, hie stehe ich, Gott helff
mir, Amen« das kürzere »Gott helf mir. Amen« als historisch richtig anzunehmen.

32. Bekenntnis des Kaisers (19. April 1521)

Kaiser Karl V. hat nach den beiden Verhören Luthers am 19. April 1521 eine von ihm selbst verfaßte
Stellungnahme vor den Reichsständen in französischer Sprache verlesen lassen. Diese Aussage des
Kaisers ist zugleich persönliches Glaubensbekenntnis und programmatische Regierungserklärung: Be-
zeichnenderweise ohne das päpstliche Lehramt zu erwähnen, reiht der Kaiser sich in die ›cäsaro-pa-
pistische‹ Tradition ein, die von Konstantin (vgl. Bd. I Nr. 50–52; 54c–55; 57) bis Sigismund (vgl. Bd.
II Nr. 63,66,68,71) und Maximilian lebendig geblieben war. Dabei ist er sich der Verantwortung für
das ganze Corpus Christianum voll bewußt.

Ihr wißt, ich stamme ab von den allerchristlichsten Kaisern der edlen deutschen
Nation, von den katholischen Königen Spaniens, den Erzherzögen Österreichs,
den Herzögen von Burgund, die alle bis zum Tod treue Söhne der römischen Kirche gewesen sind, immer Verteidiger des katholischen Glaubens, der heiligen Zeremonien, Gesetze, Anweisungen und der heiligen Gebräuche – zur Ehre Gottes,
Mehrung des Glaubens und zum Heil der Seelen. Nach ihrem Heimgang haben sie
uns dank angestammten Rechts die genannten heiligen katholischen Verpflichtungen als Erbe hinterlassen, um ihnen gemäß zu leben und zu sterben nach ihrem
Beispiel – ihnen gemäß haben wir als wahre Nachahmer dieser unserer Vorgänger
kraft der Gnade Gottes bisher [und auch heute] gelebt.
Aus diesem Grund bin ich fest entschlossen, alles aufrechtzuerhalten, was meine

genannten Vorgänger und ich bis zur Stunde aufrechterhalten haben: besonders
aber was meine genannten Vorgänger verordnet haben sowohl auf dem Konstanzer Konzil als auf anderen: denn es ist gewiß, daß ein einzelner [Ordens]bruder
irrt mit seiner Meinung, die gegen die ganze Christenheit steht, sowohl während
der vergangenen tausend und mehr Jahre als auch in der Gegenwart; andernfalls
wäre die ganze genannte Christenheit immer im Irrtum gewesen und würde es
[noch heute] sein. Deshalb habe ich mich entschlossen, alles in dieser Sache daran-
zusetzen: meine Königreiche und Herrschaften, meine Freunde, meinen Leib,
mein Blut, mein Leben und meine Seele. Denn es wäre eine große Schande für
mich und für Euch, die edle und gerühmte deutsche Nation, die wir durch Privileg
und einzigartiges Prestige berufen sind zu Verteidigern und Schutzherren des katholischen Glaubens, wenn, was unsere Zeit anbetrifft, nicht allein Häresie, sondern [schon] Häresieverdacht oder eine Minderung der christlichen Religion im
Gedächtnis der Menschen nach uns bliebe, zu unserer und unserer Nachfolger
ewigen Unehre.
Und nachdem wir die hartnäckige Antwort gehört haben, die Luther gestern in unser aller Gegenwart gegeben hat, erkläre ich Euch, daß es mich reut, solange gezö-
gert zu haben, gegen den genannten Luther und seine falsche Lehre vorzugehen;
und ich bin fest entschlossen, ihn ferner nicht mehr zu hören; vielmehr möchte
ich, daß er sofort gemäß dem Wortlaut des Mandats zurückgeführt werde, in Beobachtung des Textes seines Freigeleits: [aber] ohne zu predigen und ohne das
Volk zu unterweisen in seiner schlechten Lehre und ohne es darauf anzulegen, daß
eine [Volks]bewegung ausbreche. Und, wie ich oben gesagt habe, bin ich fest entschlossen, mich so [zu ihm] zu verhalten und gegen ihn vorzugehen wie gegen einen notorischen Häretiker; Euch aber ersuche ich, daß Ihr Euch in dieser Sache als
gute Christen erweist, wie Ihr es ja zu tun gehalten seid und wie Ihr es mir versprochen habt.
Verfaßt mit eigener Hand an diesem 19. April 1521. Karl.

Quelle: DRTA.JR 2, S. 595,7–596,2; übers. nach: H. Wolter, in: Der Reichstag zu Worms von 1521.
Reichspolitik und Luthersache, 1971, S. 226–229. – *Literatur:* s. Nr. 31.

33. Das Wormser Edikt (8./26. Mai 1521)

Der päpstliche Nuntius Aleander wurde am 30. April vom Kaiser beauftragt, ein Dekret gegen Luther
aufzusetzen. Aleander übergab den Entwurf am 8. Mai dem kaiserlichen Kanzler Gattinara. Der Kaiser
verweigerte jedoch am 12. Mai die Unterschrift, da er das Dekret noch den Reichsständen vorlegen
wollte. Erst nach Abschluß des Reichstages ist das Edikt am 26. Mai in Gegenwart von vier Kurfürsten,
nicht aber der Stände insgesamt, vom Kaiser unterschrieben worden.

. . . Unserem römischen kaiserlichen Amt steht es zu, . . . darauf zu sehen, daß im
Römischen Reich keine Befleckung durch Ketzerei oder Argwohn unseren heiligen Glauben verunreinige . . . Wenn wir deshalb einige Ketzereien, die innerhalb
von drei Jahren in der deutschen Nation entsprungen sind und früher durch die
heiligen Konzilien und päpstlichen Satzungen mit Gutheißung der gesamten Kirche tatsächlich verdammt wurden und nun aufs neue aus der Hölle heraufgezogen
sind, tiefer einwurzeln ließen und aus unserem Versäumnis nachsichtig und duld-
sam wären, würde unser Gewissen merklich beschwert und die Ehre unseres Na-

mens schon am glückseligen Beginn unserer Regierung mit einem dunklen Nebel umfangen.

Es ist unbezweifelt und allen unverborgen, wie weit der Irrtum und die Ketzerei vom christlichen Weg abweichen, die ein gewisser Martin Luther aus dem Augustinerorden in die christliche Religion und Ordnung vor allem in der durchlauchtigsten deutschen Nation, die Unglauben und Ketzerei unaufhörlich zurückweist, einzuführen und zu besudeln sich untersteht, und zwar dergestalt, daß – wenn dem nicht schleunigst begegnet wird – dadurch dieselbe ganze deutsche Nation und schließlich durch solche Einwurzelung alle anderen Nationen in unmenschliche Trennungen und erbärmlichen Abfall von den guten Sitten, vom Frieden und christlichen Glauben kommen werden. Deshalb ist unser Heiliger Vater Papst Leo X., der heiligen römischen und allgemeinen christlichen Kirche oberster Bischof[1] zurecht . . . mit nicht ungebräuchlichen Mitteln und Wegen dagegen vorgegangen . . . Und obwohl wir eine solche Ermahnung nach Übergabe der päpstlichen Bulle[2] und zuletzt die Verurteilung Luthers[3] an vielen Orten der deutschen Nation verkündet, auch in unseren niederburgundischen Landen und besonders in Köln, Trier, Mainz und Lüttich zu vollziehen geboten haben, hat sich doch Martin Luther darüber nicht nur nicht besonnen, gebessert, noch seine Irrtümer widerrufen, noch von der päpstlichen Heiligkeit Absolution und in der heiligen christlichen Kirche Gnade erbeten, sondern seines verkehrten Sinnes und Verständnisses überaus böse Frucht und Wirkung – wie ein Wütender in eine offenbare Unterdrückung der heiligen Kirche einfallend – durch viele Bücher, die nicht allein von neuen, sondern von bereits früher durch heilige Konzilien verdammten Ketzereien und Gotteslästereien voll sind, in lateinischer und deutscher Sprache von ihm selbst oder wenigstens unter seinem Namen verfaßt, täglich verbreitet.

Darin hat er die von der heiligen Kirche solange festgehaltene Siebenzahl der Sakramente, ihre Ordnung und ihren Gebrauch zerstört, verdreht, verletzt und die ewigen Gesetze der heiligen Ehe in ausgesuchter Weise schändlich befleckt. Er sagt, die heilige Ölung sei ein erdichtetes Ding. Er will Anwendung und Empfang des unaussprechlich heiligen Sakraments in der Gewohnheit und Übung, wie sie bei den verdammten Böhmen[4] üblich ist. Er verdreht von Anfang an die Beichte, die den von Sünden befleckten und beladenen Herzen am allernützlichsten ist, dermaßen, daß daraus keine Grundlage noch Frucht abgeleitet werden kann. Schließlich droht er noch, über die Beichte soviel zu schreiben, daß nicht nur jeder aus diesen seinen verrückten Schriften es wagen wird zu sagen, die Beichte sei fruchtlos, sondern die meisten auch predigen werden, daß man nicht beichten müsse. Er hält von priesterlichem Amt und Weihe am allerwenigsten und wagt es auch, die Laien [die weltlichen laischen personen] zu bewegen, ihre Hände im Blut der Priester zu waschen.

Er schmäht den obersten Priester unseres christlichen Glaubens, den Nachfolger des Heiligen Petrus und Christi wirklichen Stellvertreter auf Erden, mit verleumderischen und schändlichen Worten und verfolgt ihn mit mannigfaltigen unerhörten Anfeindungen und Schmähungen. Er schließt aus heidnischen Dichtungen, daß es keinen freien Willen gebe, und zwar in dem Sinne, daß alle Dinge in einer festen Bestimmung stehen. Er schreibt, daß die Meßfeier niemandem zugute komme außer dem, der sie vollbringt. Dazu verkehrt er die Übung des Fastens und Betens, wie sie von der heiligen Kirche festgesetzt und bisher gehalten worden ist. Besonders verachtet er auch die Autorität der heiligen Väter, die von der Kirche als solche erklärt sind. Er setzt sich gänzlich hinweg über Gehorsam und Leitung und schreibt fast gar nichts anderes, als was zu Aufruhr, Spaltung, Krieg, Totschlag, Räuberei, Brandstiftung und völligem Abfall des christlichen Glaubens gereicht und dient. Dann lehrt er auch ein freies, eigenwilliges Leben, das von allem Gesetz ausgeschlossen ist: frei wie das Vieh. Er ist also ein freier, eigenwilliger Mensch, der jedes Gesetz verdammt und unterdrückt, wie er ja dann auch kein Entsetzen und keine Scheu gezeigt hat, die Dekrete und geistlichen Gesetze öffentlich zu verbrennen[5]. Und da er vor dem weltlichen Schwert noch weniger Furcht hat als vor des Papstes Bann und Strafe, hat er auch das weltliche Recht boshaft mißachtet.

Er schämt sich nicht, jetzt öffentlich gegen die heiligen Konzilien zu reden und sie mit Absicht zu schmähen und zu verletzen, unter diesen greift er besonders das Konzil von Konstanz allenthalben mit seinem schmutzigen Mund hart an; er nennt es – zur Schmach und Herabsetzung der gesamten christlichen Kirche und der deutschen Nation – eine Synagoge des Teufels, und jene, die daran teilgenommen und verordnet hatten, daß Johannes Huß wegen seiner ketzerischen Handlung zu verbrennen sei, nämlich unseren Vorgänger Kaiser Sigismund sowie die Fürsten des heiligen Reiches und die allgemeine Versammlung bezeichnet er als Antichristen, Teufelsapostel, Totschläger und Pharisäer und sagt, daß alles das, was in demselben Konzil wegen der Ketzerei des Huß verdammt wurde, christlich und evangelisch sei, und behauptet, er könne es beweisen. Die Artikel, die dasselbe Konzil angenommen und beschlossen hat, will er keineswegs gelten lassen und ist in seinem Verlangen in eine solche Unsinnigkeit verfallen, daß er sich rühmt, wenn der erwähnte Huß einmal ein Ketzer gewesen sei, so sei er zehnmal ein Ketzer. Ohne alle anderen Bosheiten Luthers aufzuzählen, sei kurz gesagt: dieser eine, nicht ein Mensch, sondern der böse Widersacher leibhaftig in Gestalt eines Menschen mit angenommener Mönchskutte, hat die auf das schärfste verdammten Irrlehren aller Ketzer, die lange Zeit verborgen geblieben sind, in eine stinkende Pfütze zusammengesammelt und selber einige neue dazu erdacht unter dem Anschein, er predige den Glauben, den er vielfach mit solch großem Fleiß erfindet, damit er den wahren und rechten Glauben zerstöre und unter Namen und Schein der evangelischen Lehre allen evangelischen Frieden, Liebe, Ordnung aller guten Dinge sowie die anmutige Erscheinung des Christentums [die allerzierlichst christlich gestalt] verkehre und unterdrücke . . .

Da nun die Sache dermaßen verlaufen ist und Martin Luther also ganz verhärtet und verkehrt in seinen offenkundigen ketzerischen Auffassungen verharrt und deshalb von all denen, die Gottesfurcht und Vernunft[6] haben, für töricht oder vom bösen Geist besessen befunden wurde, . . . haben wir zu ewigem Gedächtnis dieser Verhandlung, zur Vollstreckung des Dekrets, des Urteils und der Verdammung entsprechend der Bulle, die unser Heiliger Vater, der Papst, als ordentlicher Richter in diesen Angelegenheiten, verkündet hat, festgesetzt, daß Ihr den erwähnten Martin Luther als ein von Gottes Kirche abgesondertes Glied und einen verstockten Häretiker und offenbaren Ketzer von uns und Euch allen und jedem insbesondere zu achten und zu halten erkennet und erkläret und dasselbe kraft dieses Schreibens bewußt in die Tat umsetzt. Und weiter gebieten wir Euch allen und jedem einzelnen bei seinen Pflichten, womit Ihr uns und dem heiligen Reich untertan seid, . . . daß Ihr allesamt und jeder einzelne nach Ablauf der oben erwähnten 20 Tage, die am 14. Tag des gegenwärtigen Monats Mai enden, den vorgenannten Martin Luther nicht in Euer Haus aufnehmt, nicht bei Hofe empfangt, ihm weder zu essen noch zu trinken gebt, ihn nicht versteckt, ihm nicht mit Worten oder

Jenaer Universitätsbuchhandlung
Schlossgasse 3-4
07743 Jena
Tel.:
Fax:
jub.jena@thalia.de

QUITTUNG

Werken heimlich noch öffentlich irgendeine Hilfe, Anhängerschaft, Beistand oder Vorschub erweiset, sondern wo Ihr ihm beikommen, ihn ergreifen und seiner mächtig werden könnt, ihn gefangen nehmt und uns wohlbewahrt zusendet oder das zu tun beauftragt oder uns wenigstens, wenn er Euch in die Hand gebracht wird, unverzüglich verkündet und anzeigt und ihn inzwischen im Gefängnis behaltet, bis Euch von uns Bescheid gegeben wird, was Ihr ferner nach Rechtsordnung gegen ihn unternehmen sollt und Ihr für ein solches heiliges Werk, Eure Mühe und Kosten eine angemessene Entschädigung empfangen werdet. Aber gegen seine Verbündeten, Anhänger, Verberger, Vorschubleister, Gönner und Nachfolger sowie deren bewegliche und unbewegliche Güter sollt Ihr kraft der heiligen Konstitution und unser und des Reiches Acht und Aberacht in dieser Weise handeln: nämlich sie niederwerfen und fangen und ihre Güter in Eure Hände nehmen und sie zu Eurem eigenen Nutzen verwenden und behalten ohne irgendeine Behinderung, es sei denn, daß sie durch glaubwürdiges Gehaben [schein] anzeigen, daß sie diesen unrechten Weg verlassen und die päpstliche Absolution erlangt haben.

Ferner gebieten wir Euch allen und einem jeden von Euch, im besonderen unter den vorgeschriebenen Strafen, daß keiner von Euch die Schriften des obengenannten Martin Luther, die von unserem Heiligen Vater, dem Papst, wie oben steht, verdammt, und alle anderen Schriften, die in Latein und Deutsch oder in anderer Sprache bisher von ihm verfaßt sind oder künftig verfaßt werden, als boshaft, argwöhnisch und verdächtig und von einem offenbaren, hartnäckigen Ketzer ausgegangen, kaufe, verkaufe, lese, behalte, abschreibe, drucke oder abschreiben oder drucken lasse, noch sich seiner Meinung anschließe, diese auch nicht festhalte, predige oder beschirme noch in einer anderen Weise, wie Menschensinn erdenken kann, es wage, ohne Rücksicht darauf, ob darin etwas Gutes eingeführt werde, um den einfältigen Menschen damit zu betrügen . . .

Quelle: DRTA.JR 2, S. 643,19–659,2. – *Literatur:* s. Nr. 31.

1.   Es folgt im Text die Darstellung des römischen Prozesses und die Bannandrohungsbulle »Exsurge Domine« vom 15. 6. 1520 (Nr. 26).
2.   Gemeint ist die Bulle »Exsurge Domine« vom 15. 6. 1520.
3.   Bulle vom 3. 1. 1521, in der der Bann über Luther ausgesprochen wurde.
4.   Unter den Böhmen (Beheim) sind hier die Vertreter der hussitischen Bewegung (Utraquisten) zu verstehen, die u.a. den Genuß des Abendmahles unter beiderlei Gestalt forderte (vgl. Bd. II Nr. 63a und b, 66a und b).
5.   Hier wird angespielt auf die Verbrennung von Teilen des kanonischen Rechts und der Bannandrohungsbulle am 10. Dezember 1520 durch Luther.
6.   Vgl. oben Luthers Berufung auf Schrift und Vernunft (Nr. 31, Schluß).

34.   Albrecht Dürer: Klage um Luther (17. Mai 1521)

Albrecht Dürer (1471–1528) erhielt 1515 von Kaiser Maximilian I. (1508–1519) auf Lebenszeit eine Jahresrente zugebilligt. Um ihre Bestätigung durch Kaiser Karl V. (1519–1556) zu erreichen, reiste er 1520–1521 mit seiner Frau in die Niederlande (Antwerpen). In seinem »Tagebuch der Reise in die Niederlande« vermerkt er zum 17. Mai 1521 seine Reaktion auf die Nachricht, daß Luther auf dem Rückweg vom Wormser Reichstag gefangengenommen worden sei. Dieser Eintrag, der in seiner spontanen, deshalb hier unverändert wiedergegebenen Art zur Litanei gerät, ist der inhaltsreichste Text Dürers über seine Einstellung zu Luther und zur abwartenden Haltung des Erasmus gegenüber der Reformation (vgl. Nr. 21).

Item am freytag vor Pfingsten im 1521 jahr kamen mir mehr [Nachrichten] geng
Antorff [nach Antwerpen], das man Marthin Luther so verrätherlich gefangen
hett. Dann do in [ihn] des kaisers Carols herolt mit dem kayserlichen glait war zu
geben, dem ward vertrauet. Aber so bald in der heroldt bracht bey Eyßenach in ein
unfreundlich orth, saget (er), er dörffte [benötige] sein nit mehr, und ritt von ihm.
Als bald waren 10 pferd do, die fürten verrätherlich den veraufften, frommen,
mit dem heyligen geist erleuchteten mahn hinweg, der do war ein nachfolger
Christi vnd deß wahren christlichen glaubens.
Und lebt er noch oder haben sie jn gemördert, das ich nit weiß, so hat er das gelitten umb der christlichen wahrheit willen und umb das er gestrafft hat das unchristliche pabstumb, das do strebt wieder Christus frey lassung mit seiner grossen beschwerung der menschlichen gesecz, und auch darumb, das wir unsers bluth und
schweiß also beraubt und außgezogen werden und daselb so schandlich von müs-
siggehendem volck [bes. die Bettelmönche] lesterlich verzehret wird, und die durf-
tigen krancken menschen darrumb hungers sterben müßen. Und sonderlich ist
mir noch das schwerest, das uns gott villeicht noch unter ihrer falschen blinden
lehr will lassen bleiben, die doch die menschen, die sie vätter nennen, erdicht und
auffgeseczt haben, dardurch uns das göttlich worth an viel enden fälschlich außge-
legt wird, oder gar nichts fürgehalten.
Ach Gott vom himmel, erbarm dich unser, o herr Jesu Rex Christe, bitt für dein
volck; erlöß vns zur rechten zeith, behalt in uns den rechten wahren christlichen
glauben, versammele deine weite zertrennte schaff durch dein stim, in der schrifft
dein göttlich wort genant; hilf uns, das wir dieselb dein stimm kennen und keinem
andern schwigeln [Pfeife], der menschen wahn, nach folgen, auf das wir, herr Jesu
Christe, nit von dir weichen. Ruff den schaafen deiner wayde, derer noch ein thails
in der römischen kirchen erfunden werden, mit sampt den Indianern, Moscobi-
tern, Reussen, Grichen, wieder zusammen, die durch beschwerung und geicz der
päbst, durch heiligen falschen schein zertrennet sind worden. Ach Gott, erlöß dein
armes volck, das dar durch grossen bann und geboth gezwungen wird, der es keines gern thut, darumb es stätigs sünden muß in seinem gewisen, so es die überge-
het. O Gott, nun hastu mit menschen geseczen nie kein volck also größlich be-
schwehret als uns arme vnder den römischen stuhl, die wir täglich durch dein
bluth erlöst frey Christen sollen sein.
O höchster himlischer vatter, geuß in unser hercz durch deinen sohn Jesum Christum ein solch licht, dabey wir erkennen, zu welchen gebothen wir zu halten gebunden sindt, auf das wir die andern beschwernis mit gutem gewissen fahrenlas-
sen und dir, ewiger Gott, himmlischer vatter, mit freudigem, frölichem herczen
dinnen mögen. Und so wir diesen man verliehren, der do clärer geschrieben hat
dan nie keiner in 140 jahren gelebt[1], den du ein solchen evangelischen geist geben
hast, bitten wir dich, o himlischer vatter, das du deinen heyligen geist wiederumb
gebest einem andern, der do dein heylige christliche kirch allenthalben wieder ver-
sammel, auff das wir all ein und christlich wieder leben, das auß unsern guten
wercken alle vnglaubige, als Türcken, haiden, Calacuten, zu uns selbst begehren
und christlichen glauben annehmen.
Aber, Herr, du wihlt [willst], ehe du richtest, wie dein sohn Jesus Christus von den
priestern sterben must und vom todt erstehn und darnach geng himmel fahren,
das es auch also gleichförmig ergeht deinen nachfolger Martino Luther, den der
pabst mitt sein geldt verrätherlich wieder gott umb sein leben bringt, den wirstu
erquicken. Und wie du darnach, mein Herr, verhengest, das Jerusalem darum zer-

störet ward, also wirstu auch diesen aigen angenommenen gewalt des römischen stuls zerstören. Ach Herr, gib vns darnach das new gezirt Jerusalem, das vom himmel herab steigt, davon Apocalypsis schreibt [3,12]; das heylig clar evangelium, das do nit mit menschlicher lehr vertunckelt sey. Darumb sehe ein jeglicher, der do Doctor Martin Luthers bücher list, wie sein lehr so klar durchsichtig ist, so er das heilig evangelium furth [enthält]. Darumb sind sie in grosen ehren zu halten und nit zuverbrennen; es wer dann, das man sein wiederpahrt, die alle zeit die wahrheit wieder fächten, ins feuer würff mit allen ihren opinionen, die do auß menschen götter machen wollen; aber doch, das man wieder neuer luterische bücher truck hett.

O Gott, ist Luther todt, wer wird uns hinfürt das heilig evangelium so clar fürtragen! Ach Gott, was hett er uns noch in 10 oder 20 jahrn schreiben mögen! O ihr alle fromme christen menschen, helfft mir fleissig bewainen diesen gott geistigen menschen und ihn bitten, das er uns ein andern erleuchten mann send. O Erasme Roderadame, wo wiltu bleiben? Sieh, was vermag die vngerecht tyranney der weltlichen gewahlt vnd macht der finsternüß! Hör, du ritter Christi[2], reith hervor neben den herrn Christum, beschücz die warheit, erlang der martärer cron! Du bist doch sonst ein altes meniken. Ich hab von dir gehört, das du dir selbst noch 2 jahr zugeben hast, die du noch tügest [bei Kräften bist], etwas zu thun. Die selben leg wohl an, dem evangelio und dem wahren christlichen glauben zu gut, und laß dich dann hören, so werden der höllen porten, der römisch stuhl, wie Christus sagt [Mt 16,18], nit wieder dich mügen. Und ob du hie gleich förmig deinem maister Christo würdest und schand von den lügnern in dieser zeit leidest und darumb ein klein zeit desto eher stürbest, so wirstu doch ehe aus dem todt ins leben kommen und durch Christum clarificirt. Dann so du auß dem kelch trinckest, denn er getruncken hat, so wirstu mit ihm regiren und richten mit gerechtigkeit, die nitt weißlich gehandelt haben.

O Erasme, halt dich hie [stehe deinen Mann!], das sich gott dein rühme, wie vom Davidt geschrieben stehet; dann du magst thun, und fürwar, du magst den Golliath fellen. Dann gott gestehet [steht] bey der heyligen christlichen kirchen, wie er ja unter den Römischen stehet, nach seinem göttlichen willen. Der helff uns zu der ewigen seeligkeit, gott vatter, sohn und heiliger geist, ein einiger gott. Amen. O ihr christen menschen, bittet gott umb hilff, dann sein urtheil nahet und sein gerechtigkeit wird offenbahr. Dann werden wir sehen die unschuldigen blütter [Blutopfer], die der babst, pfaffen und die münchen [Mönche] vergossen, gericht und verdampt haben. Apokalypsis [16,6; 9,6f.]. Das sind die erschlagnen, unter dem altar gottes ligent, und schreyen umb rach, darauff die stim gottes antwort: erbeitet [erwartet] die volkommen zahl der vnschuldigen erschlagenen, dann will ich richten.

Quelle: Albrecht Dürer, Das Tagebuch der Niederländischen Reise, hg. von J. A. Goris – G. Marlier, 1970, S. 95–98. – *Literatur:* E. Heidrich, Dürer und die Reformation, 1909; W. Waetzoldt, Dürer und seine Zeit, 1935, S. 234–253; H. Lutz, Albrecht Dürer und die Reformation. Offene Fragen. Miscellanea Bibliothecae Hertzianae, 1960, S. 175–183; G. Seebaß, Dürers Stellung in der reformatorischen Bewegung, in: Albrecht Dürers Umwelt. Festschrift zum 500. Geburtstag Albrecht Dürers am 21. Mai 1971, Nürnberger Forschungen 15, 1971, S. 101–131.

1. Dürer spielt wahrscheinlich an auf John Wiclif († 1384; vgl. Bd. II Nr. 62; 63; 65b).
2. Bezugnahme auf das Enchiridion; vgl. Nr. 13.

35. Flugschrift: Ein schöner Dialogus, Kunz und der Fritz (1521)

Die Flugschriften der Reformationszeit übten einen bedeutenden Einfluß auf die öffentliche Meinung aus. Eine der beliebtesten Stilformen war der Dialog. Der Bauer spielt in diesen Gesprächen eine bevorzugte Rolle, er ist geistig aufgeweckt, redegewandt und bibelfest. Solche »gut lutherische Bauern« sind auch Kunz und Fritz. Der Autor dieses Dialogs ist nicht bekannt; seine Kenntnisse über Tübingen und Eck könnten auf die Umgebung des Urbanus Rhegius (1489–1541) schließen lassen. Schauplatz des Gespräches ist aber Augsburg.

Ein schöner Dialogus
Kunz und der Fritz
Die brauchen wenig Witz.
Es gilt um sie ein klein's
So sind's der Sach schon eins.
Sie reden gar ohn' Trauern
Und sind gut lutherisch Bauern.
. . . Fritz: Lieber Kunz, wo bist du so lang gewesen, daß ich dich nicht gesehen hab?
– Kunz: Zu Tübingen unter den Studenten. – Fritz: Was sagt man Gutes zu Tübingen? Wie verhält sich die Hohe Schule gegenüber dem Luther? – Kunz: Es ist gleich wie anderswo: Welcher viele Pfründen hat, der ist dem Luther feind, und sie schelten ihn einen Ketzer, aber die arme Rotte hat ihn lieb. – Fritz: Lieber, ich hab gehört, daß ein Doktor da sei, der heißt Doktor Fetz, der will nicht über Paulus lesen lassen, nur deswegen, weil der Luther ihn so oft zitiert. – Kunz: Ei, der heißt nicht Fetz, er heißt Lemp[1]. – Fritz: . . . Lieber, sag an, ist es wahr, daß er verboten hat, über Paulus zu lesen? – Kunz: Ja, es ist kürzlich ein gelehrter Mann da hin kommen, der hat angefangen, über Paulus zu lesen nach des Erasmus Schreibung[2] und hat einen großen Zulauf gehabt, denn jedermann hat Lust zu der göttlichen Lehre. Das hat nun den Lemp verdrossen, und er hat ein Statut gemacht, wer lesen wolle, der solle über die alten Doctores wie Scotus, Thomas, Tartaretus[3] und dergleichen lesen, sonst werde man ihm die Bezahlung nicht geben. Also hat der gute, fromme Mann aufhören müssen zu lesen. – Fritz: Ei, daß dich der Teufel schinde zu Fetzenlumpen, du alter, hinterwäldlerischer Eselsfütterer mit deinem subtilen Narrenkopf! Sollst du denn die göttliche, heilige Schrift verbieten zu lesen? Ist das nicht ein Wunder? Wie sind die ohnmächtigen Leute so sehr verblendet, daß sie um ihres eigenen Nutzens willen die göttliche Lehre unterdrücken wollen! Es sind des rechten Antichrists Boten. – Kunz: . . . Wo hast du je gesehen, daß einer den Paulus so hübsch hervorbringt wie jetzt Erasmus getan hat? Aber die alten rotzigen Gäule verstehen nicht so viel Latein. – Fritz: . . . Es gibt hier auch etliche Schelme des Unflats, etliche Hühnerjäger. Ich wollt, daß sie der Hagel in den Boden hinein schlüg, die nichtsnutzigen eckischen Lausköpfe! – Kunz: Wen meinst du? Du bist zornig. – Fritz: Ja, es ist mehr denn einer hier, und besonders einer stark geschwollen in den Ohren, dem Lumpen und Lempen nicht sehr ungleich. Ich wage ihn nicht zu nennen. Ich fürchte, man hört uns. Lieber, laß uns von der Wand weggehen. Ich will dir's ins Ohr sagen: »N«[4], kennst du ihn aber jetzt? . . . Er ist des Hans Maiers von Eck[5] innerster Rat und will den Luther ganz und gar verdammen, weil er ihm die Decretales zu Wittenberg verbrannt hat, mit denen er recht viele gute güldene Pfennige verdient hat . . . –
Fritz: . . . So weißt du wohl, daß der [Christoph von Stadion][6] von Amts wegen

gegen den Luther sein muß, obschon er's nicht gern tät. Doch gäb er gern den Eck
dem Teufel, wenn dafür der Luther am Galgen hing; deswegen ist er unparteiisch.
– Kunz: Ach, du lieber Luther, du hast Feindschaft unverdient! Ich dacht, hier
wäre jedermann lutherisch. – Fritz: es ginge wohl an, wenn sie nur gegen den Luther wären, es tut dem Luther nicht weh, wenn sie nur das heilige Evangelium
bleiben ließen! Sie halten aber mehr auf ihr Pfuschwerk, auf ihre eigenen Zusätze
und menschlichen Gebote. Sie sind allein dem Luther feind, daß er aus den heiligen Lehren Pauli und Christi ihnen ihre verdammte Weise, Schalkheit und Büberei anzeigt. Er bringt nichts Neues hervor, es bringt sie aber in Zorn, daß er ihnen
die Wahrheit sagt. Dann was meinst du, was die dekretischen Doctores und der
ganze babylonische Hof zu Rom mit ihren kurtisanischen Zuständen gelten werden, wenn man die Decretales, Dekret-Copisterei[7] und dergleichen Lügenschulen
und päpstliche Träume abschafft? – Kunz: Das wird wohl kaum geschehen, denn
ihre mächtige Gewalt, Ehre und Gut und großen Titel würden gemindert und vielleicht gar untergehen . . . – Fritz: Du hast recht, ich muß dir von dem Neid des
schon erwähnten Doktors der päpstlichen und codicischen Epistel erzählen. Er
läuft überall in der Stadt herum und möchte die frommen lutherischen Bürger betrügen, damit sie den Prior der Karmeliter[8] mitsamt seinen Mönchen aus dem Kloster treiben. – . . . Fritz: Hast du auch sagen hören oder kennst du Johannes Oeco-
lampad? – Kunz: Seine Bücher hab ich gelesen, aber ich habe ihn nicht gesehen.
Wie man aber sagt, und seine Schriften anzeigen, so ist er ein besonders gelehrter
Mann; denn freilich, wen Erasmus von Rotterdam lobt, der ist kein Narr . . . –
Kunz: O ja, er[9] hat seinen Namen in die ganze Welt bringen wollen, der Ablaß-
narr, ich würde ihm nicht einen Pfennig geben für einen Zentner Ablaß. – Fritz: Er
hat mehr daraus gelöst als einen Pfennig, es ist mit Gulden zugegangen. – Kunz:
Ja, die antichristliche Bulle hat ihm etliche Hundert Dukaten eingetragen. – . . .
Fritz: Nun, was wollen wir gegen ihn tun? Du siehst, daß die hohen, großen
Häupter einesteils auch nicht anders wollen, denn wie ich höre, so ist großer Hagel
von ihnen vorhanden über den Luther und alle seine Anhänger[10]. – Kunz: . . . Die
frommen Christen, die das Gesetz Gottes liebhaben, die werden sich durch keine
böse Gewalt erschrecken lassen, wie da der Eck mit der gemalten Bulle einen Hagel
machen wollte. Man muß oft, um Arges und Übles zu verhindern, eine Weile ein
Auge zumachen und dabei schweigen bis zu der rechten Stunde . . . Denn ich sehe
vor meinen Augen, daß der Engel Gottes das Schwert entblößt und ihnen den Tod
androht, die die Wahrheit so öffentlich zu bestreiten und ihr zuwiderfechten wagen, deren Rädelsführer Judas Aleander[11] und seine Gesellen und sonst etliche
breite Hüte[12], der Rölling, der Murnarr[13], Junker Geck[14], Bock Emser[15], Lanzi-
let[16], nicht der edle Ritter von der Tafelrunde, sondern der Maculist-Prediger-
mönch[17] von Siena, und noch eine gute Anzahl anderer sind . . . – Fritz: Nun
wohl an! Gott weiß wohl, was er tun soll. Wir wollen gute Christen sein, das
Evangelium und Sankt Pauls Lehre uns vornehmen: nach denen wollen wir unser
Leben ausrichten und wollen die römischen Buben Buben sein lassen.

Quelle: A. E. Berger (Hg.), Die Sturmtruppen der Reformation. Ausgewählte Flugschriften der Jahre
1520–1525. Deutsche Literatur. Reihe Reformation 2, 1931. Neudruck 1964, S. 161–166. – *Literatur*:
A. Götze, Urban Rhegius als Satiriker. ZDP 37, 1905, S. 66–113; G. Niemann, Die Dialogliteratur der
Reformationszeit nach ihrer Entstehung und Entwicklung. Eine literarhistorische Studie, 1905; G.
Blochwitz, Die antirömischen deutschen Flugschriften der frühen Reformationszeit (bis 1522) in ihrer
religiös-sittlichen Eigenart, ARG 27, 1930, S. 145–254; A. E. Berger, Der Einfluß der Flugschriften
auf die öffentliche Meinung, in: ders. (Hg.), Die Sturmtruppen der Reformation (s. oben), S. 5–42;

W. Lenk, Die Reformation im zeitgenössischen Dialog, 1968; S. Ritter, Die kirchenkritische Tendenz in den deutschsprachigen Flugschriften der frühen Reformationszeit, Phil. Diss., 1970; H. Scheible, Reform, Reformation, Revolution. Grundsätze zur Beurteilung der Flugschriften, ARG 65, 1974, S. 108–134; H.-J. Köhler, Die Flugschriften. Versuch der Präzisierung eines geläufigen Begriffs, in: Festgabe für E. W. Zeeden, RGST.S 2, 1976, S. 36–61.

1.   Die gezielte Verballhornung von Namen gehört zu den bevorzugten Stilmitteln in der polemischen Literatur der Reformationszeit. Im vorliegenden Text steht ›Fetz‹ für ›Lump‹, und ›Lump‹ meint ›Lemp‹. Jakob Lemp († 1523) wird auch in der Satire »Lutherisch Strebkatz« (1524/25) zum Prototypen eines papsthörigen Sophisten gemacht. Vgl. O. Schade, Satiren und Pasquille aus der Reformationszeit, 3, 1863². Neudruck 1966, S. 124f. Über Lemp als Tübinger Theologieprofessor in der ›via antiqua‹ (1502–1532) vgl. H. A. Oberman, Werden und Wertung, S. 38.40.280ff.310–312.

2.   Das von Erasmus zuerst im Jahre 1516 herausgegebene ›Novum Instrumentum‹, die Ausgabe des Neuen Testamentes in griechischer Sprache mit lateinischer Übersetzung und Anmerkungen.

3.   Petrus Tartaretus, bedeutender Skotist, Magister und 1490 Rektor der Universität Paris; seine philosophischen Kommentare zu aristotelischen Schriften genossen bis ins 17. Jh. großes Ansehen.

4.   »N« steht wohl für den mit Eck befreundeten bischöflichen Generalvikar Dr. Jakob Heinrichmann.

5.   Dr. Johannes Eck († 1543), vgl. Nr. 22–24.

6.   Christoph von Stadion († 1543), seit 1517 Bischof von Augsburg.

7.   Satirische Bezeichnung für die päpstliche Kanzlei, verwendet in den Dunkelmännerbriefen, jener anläßlich des Reuchlinstreites anonym herausgegebenen Sammlung fingierter Briefe, die – vorgeblich zur Unterstützung der Reuchlingegner verfaßt – diese schonungslos dem Hohn und Spott preisgaben (vgl. Einleitung zu Nr. 18).

8.   Luthers Anhänger Johann Frosch in Augsburg, den Eck vergeblich aus seinem Amt zu drängen suchte.

9.   Johannes Eck.

10.   Gemeint ist das Wormser Edikt, Nr. 33.

11.   Päpstlicher Nuntius auf dem Reichstag zu Worms 1521, vgl. Nr. 31–33.

12.   Kardinäle.

13.   Thomas Murner OFM († ca. 1537), einer der wortgewaltigsten und bissigsten Luthergegner, hier verspottet als brünstiger Kater (Rölling) wie als Narr.

14.   Johannes Eck.

15.   Hieronymus Emser († 1527), zeitweilig Sekretär und Kaplan des Herzogs Georg von Sachsen, war seit der Leipziger Disputation (Nr. 22–24) ein erklärter Gegner der in seinen Augen alle Ordnung umstürzenden Reformation Luthers. In seinem Wappen führte er das Bild des Steinbocks, daher der auch von Luther verwendete Spottname ›Bock Emser‹.

16.   Lancellotto de' Politi aus Siena, mit Ordensnamen Ambrosius Catharinus OP († 1553), von Luther als bedeutendster Kopf unter seinen Opponenten eingeschätzt.

17.   So bezeichnet wegen des Widerstandes der Dominikaner gegen die damals weit verbreitete Lehre der Unbefleckten Empfängnis Mariens (Immaculata conceptio; 1854 offiziell dogmatisiert; vgl. auch Bd. II Nr. 76).

36.   Melanchthon: Zur Erstausgabe der Loci Communes (2. Hälfte 1521)

Die »Loci communes« Melanchthons (1497–1560) wurden in der zweiten Jahreshälfte von 1521 bogenweise gedruckt. An dieser ersten evangelischen Dogmatik hat Melanchthon ständig weiter gearbeitet mit erheblichen inhaltlichen Änderungen, strukturellen Umstellungen und Zusätzen. Wie sehr Luther die Loci schätzte, zeigt sich an seinem Lob am Anfang von »De servo arbitrio« (WA 18, S. 601,4–7; vgl. Nr. 60). Noch in Luthers letzter (1545) autobiographischer Darstellung der Anfänge der Reformation werden sie eingangs hervorgehoben als vorzüglich geeignet für die theologische Ausbildung: ». . . quibus theologus et episcopus pulchre et abunde formari potest . . .« (WA 54, S. 179,6–8; vgl. 182,4–8).

Auf jedem Gebiet sucht man nach bestimmten Punkten [loci], in denen sich alles
zusammenfassen läßt, und diese sind dann das Ziel all unseres Forschens . . .
Die Theologie nun befaßt sich im wesentlichen mit folgenden Themen [capita]:
Gott
Die Einheit Gottes
Die Dreifaltigkeit
Die Schöpfung
Der Mensch und seine natürlichen Kräfte [hominis vires]
Die Sünde
Die Folgen [fructus] der Sünde, d.h. die angeborenen Fehler [vitia]
Die Strafen
Das Gesetz
Die Verheißungen
Die Erneuerung [instauratio] durch Christus
Die Gnade
Die Früchte der Gnade
Der Glaube
Die Hoffnung
Die Liebe
Die Vorherbestimmung
Die Sakramentszeichen [signa sacramentalia]
Die menschlichen Stände [hominum status]
Die Obrigkeit
Die Bischöfe
Die Verdammnis
Die Seligkeit
Von diesen Themen sind einige ganz und gar unbegreiflich, während andere nach
Christi Willen jedem Christen [universus vulgus Christianorum] in allen Einzel-
heiten klar [compertissimus] sein sollen. Die Geheimnisse der Gottheit sollen wir
eher anbeten als erforschen. Man kann sich ihnen nur unter großer Gefahr nä-
hern, und das haben gerade die Heiligen nicht selten erfahren. Gott hat ja in seiner
Güte und Größe seinen Sohn mit Fleisch bekleidet, um uns dazu einzuladen, anstelle seiner Majestät unser Fleisch und damit unsere Gebrechlichkeit zu betrachten. Deshalb schreibt auch Paulus an die Korinther [1Kor 1,21], daß Gott durch törichte Predigt, also auf eine neue Weise, erkannt werden wollte, da er in seiner
Weisheit durch die Weisheit nicht erkannt werden konnte. Es gibt also keinen
Grund, bei den Spitzensätzen [loci supremi] über Gott, Gottes Einheit, Gottes
Dreifaltigkeit, das Geheimnis der Schöpfung und die Art und Weise der Fleischwerdung länger zu verweilen. Denn was haben die scholastischen »Theologen«
[theologistae] erreicht, als sie sich jahrhundertelang ausschließlich mit solchen
Fragen befaßten? Sind sie nicht in ihren Erörterungen [disceptationes] – wie es
heißt [Röm 1,21 und 1Kor 3,20] – zunichte [vanus] geworden, während sie ihr
ganzes Leben lang faselten [nugantur] von Universalien, Formalprinzipien [for-
malitates], Mehrfachbedeutungen von Begriffen [connotata] und anderen leeren
Begriffen [vocabula] aller Art?
Man könnte ihre Dummheit ja einfach unbeachtet lassen, aber sie haben uns mit
ihrer Diskutiererei [stultae disputationes] sowohl das Evangelium als auch die Gaben [beneficia] Christi verdunkelt. Denn wenn ich auch einmal auf einem neben-
sächlichen [in re non necessaria] Gebiet glänzen wollte, so könnte ich leicht wider-

legen, was sie an Argumenten für die Dogmen unseres Glaubens vorgebracht haben, und was zu einem großen Teil wohl eher für manche Häresien spricht als für die katholische Lehre. Dagegen weiß ich nicht, wie man einen Menschen als Christen bezeichnen kann, dem die übrigen Themen unbekannt sind, z.B. die Kraft der Sünde, das Gesetz oder die Gnade. Denn nur durch sie kann man Christus eigentlich [proprie] erkennen, da Christus erkennen bedeutet, seine Gaben zu erkennen [hoc est Christum cognoscere, beneficia eius cognoscere], und nicht, was die anderen lehren, seine Naturen und die Art und Weise der Fleischwerdung zu betrachten [contueri]. Denn was nützt es, wenn man die Geschichte [historia] Christi kennt, aber nicht weiß, wozu er sich mit Fleisch bekleidet hat und ans Kreuz schlagen ließ? Ist es etwa für einen Arzt genug, wenn er Aussehen, Farbe und Größe der Kräuter kennt, aber nicht ihre Heilkraft? Entsprechend müssen wir auch Christus, der uns als Heilmittel [remedium] oder, um einen biblischen Begriff zu gebrauchen, als Heiland [salutaris vice] gegeben ist, in einer anderen Weise erkennen, als die Scholastiker meinen.

Kurz zusammengefaßt ist das also die christliche Erkenntnis [cognitio]: wenn man weiß, was das Gesetz fordert, wen man um Kraft bitten kann, es zu erfüllen, und um Gnade für die Sünde, wie man das schwache Herz [labascens animus] stärken kann gegen Teufel, Fleisch und Welt, und schließlich, wie man das betrübte Gewissen wieder trösten kann. Lehren das etwa die Scholastiker? Als Paulus in seinem Brief an die Römer eine kurze Darstellung [compendium] der christlichen Lehre verfaßte, hat er da etwa über die Geheimnisse der Dreieinigkeit, über die Art und Weise der Fleischwerdung und über die Schöpfung im aktiven und im passiven Sinn philosophiert? Nein, sondern er befaßt sich mit dem Gesetz, mit der Sünde und mit der Gnade, und das heißt mit den Themen, die allein wichtig sind für die Erkenntnis Christi. Und dieser Paulus bezeugt immer wieder, daß er den Gläubigen die Fülle der Erkenntnis Christi wünscht! Denn er sah voraus, daß wir uns abwenden würden von den heilsamen Fragen, um uns mit Diskussionen zu befassen, die sinnlos [disputationes frigidae] sind und mit Christus nichts zu tun haben. Deshalb wollen wir jetzt eine kurze Darstellung der Punkte geben, die uns auf Christus hinweisen, unser Gewissen beruhigen und unser Herz stärken gegen den Teufel. Viele Leute suchen in der Schrift nur Stellen, an denen von Tugenden und Lastern [virtutes et vitia] die Rede ist, aber das ist eher eine philosophische Fragestellung als eine christliche.

Quelle: Melanchthons Werke in Auswahl II, 1. Loci communes von 1521. Loci praecipui theologici von 1559, hg. von H. Engelland – R. Stupperich, 1978², S. 19–21. – *Literatur:* E. Bizer, Theologie der Verheißung. Studien zur theologischen Entwicklung des jungen Melanchthon (1519–1524), 1964; W. Maurer, Der junge Melanchthon zwischen Humanismus und Reformation 2, 1969, S. 139–148 und 230–414; weitere Lit. vgl. Nr. 30.

37. Andreas Karlstadt: Promotionsthesen (für H. Aurifaber) zu Evangelium und Gesetz (11. Oktober 1521)

Diese Thesen stehen im Zusammenhang mit der etwa gleichzeitig abgeschlossenen Schrift ›De legis litera sive carne et spiritu‹, in der Karlstadt – in Anlehnung an Augustin (vgl. Bd. I Nr. 91 p und q) – versucht, ein durch den Gegensatz von »(Gesetzes-)Buchstabe« und »Geist« bestimmtes Schriftverständnis zu entwickeln, während für Luther vielmehr der Gegensatz von »Evangelium« und »Gesetz« charakteristisch wird. Für Karlstadt ist dieser Gegensatz eher fließend, wobei die positive Bedeutung des Gesetzes hervorgehoben wird (bes. These 10).

1. Das Evangelium ist eine Kraft [potentia] Gottes für die Gläubigen [credulis] [Röm 1,16], für die Ungläubigen [incredulis] dagegen ein Geruch des Todes [2Kor 2,16].
2. Die Gottlosen und Ungerechten erkennen durch seine Wahrheit Gottes Macht und Gottheit, aber sie bleiben undankbar.
3. Also bringt ihnen die Wahrheit den Tod.
4. Außerdem nimmt die Bosheit [malignitas] die Wahrheit als Anlaß zur Lüge.
5. So haben sich die Juden nach Empfang des Gesetzes Götter gemacht,
6. nämlich das Bild eines zuchtlosen und gesetzesbrecherischen Kalbes.
7. Das Gesetz treibt zum milden [lenis], duldsamen [tollerans] und guten Gott und führt fort von dem Gott, der zürnt und richtet.
8. Da das Gesetz den Geist fordert, können wir die Werke des Gesetzes nur im Geist tun.
9. Wer im Herzen beschnitten wird, der wird eigentlich [potissime] beschnitten; eine Beschneidung nur am Fleisch ist vergeblich und nutzlos.
10. An und für sich [per se] treibt das Gesetz nicht von Gott fort, sondern macht seine Anhänger zu Anhängern Gottes [sibi coniunctos deo coniungit].
11. Deshalb macht es die Gläubigen lebendig, wie überhaupt jedes Wort, das aus dem Mund des Herrn ausgeht [Dtn 8,3]; die Gottlosen [impii] dagegen tötet es.
12. Wie das Gesetz nicht rechtfertigt, so auch nicht das Wort der Verheißung [promissionis sermo].
13. Es rechtfertigt vielmehr der Glaube, der durch die Verheißung offenbart wird [patefit] und im Gesetz seine äußere Gestalt [forma] gewinnt.
14. Wer behauptet, er werde durch das Gesetz gerechtfertigt, der sagt damit, daß Christus für ihn vergeblich gestorben sei.
15. Das Gesetz, das uns zur Erkenntnis der Sünde führt, beschließt Gerechte wie Ungerechte unter die Sünde [Röm 11,32, Gal 3,22].

Quelle: H. Barge, Andreas Bodenstein 1, S. 483. – *Literatur:* s. Nr. 6.

38. Luthers Absage an die Mönchsgelübde (November 1521)

Aus Luthers Wartburgzeit (3. Mai 1521 – 1. März 1522) stammt die Schrift: »De votis monasticis iudicium«, mit der er sein abschließendes Urteil über die Frage des Mönchtums darlegt. Veranlaßt wurde er zu dieser Schrift durch die Wittenberger Diskussionen um Zölibat und Mönchtum, die vor allem im Anschluß an die Heirat des Kemberger Propstes B. Bernhardi entfacht worden waren. Die Stellungnahmen Karlstadts (Super coelibatu, monachatu et viduitate axiomata. Ende Juli) und Melanchthons (Loci communes, vgl. Nr. 36) ließen ihm eine klare Begründung der Argumente gegen das Mönchtum notwendig erscheinen. – Die Vorrede, zugleich Widmungsbrief an seinen Vater, erläutert diese Grundlegung anhand seiner Lebensgeschichte als Mönch.

Daß ich dir, teuerster Vater, dieses Buch widme, ist nicht in der Absicht geschehen, daß ich deinen Namen in die Welt tragen wollte und wir uns rühmen möchten nach dem Fleisch, gegen die Lehre des Paulus [Gal 6,13], sondern daß ich die

Gelegenheit ergriffe, die sich zwischen dir und mir recht passend darbot, in einer
kurzen Vorrede den frommen Lesern Grund, Inhalt und Beispiel dieses Buchs zu
erzählen. Und um damit anzufangen: ich will dich wissen lassen, daß dein Sohn so
weit gekommen ist, daß er jetzt fest überzeugt ist, es sei nichts heiliger, nichts vor-
züglicher, und nichts, was andächtiger beachtet werden muß, als das göttliche Gebot. O Jammer! (wirst du sagen) hast du denn daran jemals gezweifelt und jetzt
erst gelernt, daß die Sache so steht? Ja noch jämmerlicher: Ich habe nicht nur
daran gezweifelt, sondern ich wußte überhaupt nicht, daß es so ist. Doch wenn du
es duldest, bin ich bereit zu zeigen, daß du mit mir zusammen diese Unwissenheit
geteilt hast. – Es ist nun fast das sechzehnte Jahr meines Mönchslebens [seit 1505]
verstrichen, das ich gegen deinen Willen und ohne dein Wissen auf mich genommen habe. Du sorgtest dich mit väterlicher Liebe um meine Urteilsunfähigkeit, da
ich eben herangewachsen war, ins 22. Lebensjahr eingetreten, d.h. (um ein Wort
Augustins[1] zu gebrauchen) in der Glut der Jugend stand; denn du hattest an vielen
Beispielen gelernt, daß diese Art des Lebens manchen zum Unheil ausgeschlagen
war. Du hattest vielmehr vor, mich durch eine ehrenhafte und reiche Ehe zu binden. Aus dieser Befürchtung kam deine Sorge, aber auch dein Unwille über mich,
der eine Zeitlang unversöhnlich war; vergeblich suchten Freunde, dich zu überreden, daß du, wenn du Gott etwas opfern wollest, dein Liebstes und Bestes opfern
sollst. Indessen ließ der Herr in deine Gedanken jenen Psalmvers hineintönen,
aber nur dumpf:»Gott weiß die Gedanken der Menschen, daß sie eitel sind« [Ps
94,11].
Endlich gabst du nach und unterwarfest Gott deinen Willen, doch ohne die Sorge
um mich aufzugeben. Denn ich erinnere mich nur zu gut daran: als du schon aus-
gesöhnt mit mir sprachst und ich versicherte, vom Himmel herab durch Schreck-
nisse berufen worden zu sein, denn ich sei nicht mit Lust und Willen Mönch geworden, noch viel weniger um des Bauchs willen, sondern von Schrecken und
Furcht vor plötzlichem Tod umringt, schwor ich ein gezwungenes und notgedrun-
genes Gelübde –, da sagtest du:»Hoffentlich war es kein Wahn und Blendwerk.«
Dieses Wort schlug durch, als wenn Gott es durch deinen Mund habe erschallen
lassen, und setzte sich fest in meinem Innersten; ich aber verhärtete mein Herz
gegen dich und dein Wort. Und noch ein anders Wort fügtest du hinzu: als ich dir
gar in kindlichem Vertrauen deinen Unwillen zum Vorwurf machen wollte, da
ließt du mich im Nu abprallen und gabst mir den Stoß so geschickt und treffend zurück, daß ich kaum in meinem Leben von einem Menschen ein Wort gehört habe,
das in mir stärker geklungen und fester gehaftet hätte; du sagtest nämlich:»Und
hast du nicht auch gehört, daß man den Eltern gehorchen soll?« Aber ich in meiner
Selbstsicherheit [securus in iustitia mea] hörte dich als einen Menschen und
brachte keine Achtung für dein Wort auf; doch im tiefsten Grunde meines Wesens
konnte ich dieses Wort nicht verachten.
Hier sieh nun zu, ob nicht auch dir unbekannt war, daß man Gottes Gebote über
alles stellen muß. Wenn du gewußt hättest, daß ich noch in deiner Gewalt war,
hättest du mich nicht durch die väterliche Autorität aus der Kapuze gerissen? Aber
auch ich hätte, wenn ich es gewußt hätte, das ohne dein Wissen und gegen deinen
Willen nicht versucht, auch wenn ich mehrmals zugrundegehen sollte. Denn mein
Gelübde, durch das ich mich der väterlichen Autorität und dem göttlich befohle-
nen Willen entzog, war keinen Dreck wert, ja gottlos; und daß es nicht aus Gott
war, bewies nicht nur dies, daß ich gegen deine Autorität sündigte, sondern auch,
daß es nicht spontan und willig geschah. Dazu war es auf Menschenlehren und

Aberglauben der Heuchler hin abgelegt, die Gott nicht geboten hat. Doch Gott, dessen Barmherzigkeit keine Grenzen kennt, und dessen Weisheit kein Ende nimmt [Ps 147,5], hat aus allen diesen Irrtümern, siehe!, so viel Gutes gemacht. Möchtest du nun nicht lieber hundert Söhne verloren haben, als dieses Gute nicht gesehen haben? Mir kommt es so vor, als habe Satan bei mir schon von meiner Kindheit an etwas davon vorausgesehen, was er nun leidet; darum hat er mit unglaublichen Künsten gewütet, um mich zu verderben und zu hindern, so daß ich mich des öfteren gewundert habe, ob ich unter den Sterblichen der Einzige wäre, den er angreift. Aber es war der Wille des Herrn, wie ich es jetzt sehe, daß ich die Weisheiten der Hohen Schulen und die Heiligkeiten der Klöster durch eigene und gewisse Erfahrung [propria et certa experientia], d.h. durch viele Sünden und Gottlosigkeiten kennenlerne, damit die gottlosen Menschen nicht Gelegenheit hätten, ihrem künftigen Gegner triumphierend vorzuhalten, daß ich Dinge verdamme, die ich nicht kannte. Also lebte ich als Mönch, zwar nicht sündlos, aber tadellos [non sine peccato quidem, sed sine crimine²]. Denn Gottlosigkeit und Gotteslästerung wurden im Reich des Papstes für höchste Frömmigkeit gehalten, geschweige denn als Vergehen betrachtet.

Wie denkst du also jetzt? Willst du mich immer noch herausreißen? Denn noch bist du Vater, und ich Sohn, und alle Gelübde sind von gar keiner Bedeutung. Auf deiner Seite steht die göttliche Autorität, auf meiner Seite steht die menschliche Vermessenheit ...

Doch ich kehre zu dir zurück, lieber Vater, und sage wiederum: Willst du mich noch immer herausreißen? Aber damit du dich nicht rühmst, ist dir Gott zuvorgekommen und er hat mich selbst herausgenommen. Denn was macht es aus, ob ich die Kutte und Tonsur trage oder ablege? Sollen denn Kapuze und Tonsur den Mönch machen? »Alles ist euer«, sagt Paulus, »ihr aber Christi« [1Kor 3,22f.]; und ich sollte der Kapuze gehören und nicht vielmehr die Kapuze mir? Das Gewissen ist befreit worden, und das heißt überreich befreit worden. Also bin ich nun Mönch und nicht Mönch; eine neue Kreatur, nicht des Papstes, sondern Christi. Denn der Papst erschafft auch, aber Puppen und Pappen, d.h. ihm ähnliche Larven und Götzenbilder, deren eines ich auch früher gewesen bin, verführt durch mancherlei landläufiges Gerede, wodurch auch der Weise, wie er bekennt, bis in Todesgefahr geriet und durch Gottes Gnade befreit wurde [Sir 12,13f. Vulg.]. – Aber raube ich dir wiederum dein Recht und deine Autorität? ... Doch hat der, der mich herausgerissen hat, ein größeres Recht über mich, als dein Recht ist; von ihm bin ich, wie du siehst, nicht mehr in jenem erdichteten Gottesdienst der Mönche, sondern in wahren Gottesdienst hineingestellt. Denn wer kann daran zweifeln, daß ich im Dienst des Wortes stehe? Dabei aber handelt es sich deutlich um Dienst [cultus], dem die Autorität der Eltern weichen muß, nach dem Wort Christi: »Wer Vater und Mutter mehr liebt als mich, der ist meiner nicht wert« [Mt 10,37]. Nicht daß er die Autorität der Eltern durch dieses Wort entleert hätte, denn der Apostel prägt oft genug ein, daß die Kinder den Eltern gehorsam sein sollen; sondern wenn der Eltern und Christi Ruf bzw. Autorität in Konflikt kommen, dann soll die Autorität Christi allein regieren. Darum könnte ich dir bei Gefahr meines Gewissens nie ungehorsam sein (davon bin ich jetzt ganz fest überzeugt), wenn nicht über das Mönchtum hinaus der Dienst am Wort dazugekommen wäre ...

Ich schicke dir also dieses Buch, aus dem du ersehen kannst, durch welche Zeichen und Kräfte Christus mich von dem Mönchsgelübde losgemacht [absolverit] und mir solche Freiheit geschenkt hat, daß, indem er mich zum Knecht aller gemacht hat, ich niemand untertan bin außer Ihm allein. Denn Er ist mein sogenannter unmittelbarer Bischof, Abt, Prior, Herr, Vater und Meister. Einen anderen kenne ich nicht mehr. So hat er dir, wie ich hoffe, einen Sohn geraubt, um anzufangen, durch mich vielen anderen Söhnen zu helfen. Das mußt du nicht nur gern tragen, sondern dich auch darüber sehr freuen; daß du nichts anderes tun wirst, davon bin ich fest überzeugt . . .

Quelle: WA 8, S. 573,6–574,34. S. 575,24–34. S. 575,35–576,6.14–21. – *Literatur:* Luthers Werke. Erg. Bd. 1–2, hg. von O. Scheel (Übers. u. Kommentar), 1905; B. Lohse, Mönchtum und Reformation. Luthers Auseinandersetzung mit dem Mönchsideal des Mittelalters, FKDG 12, 1963.

1. »inquieta indutu adolescentia«. Augustin, Confessiones, II,3 (PL 32, Sp. 677); vgl. Bd. I Nr. 91.
2. Vgl. ›irreprehensibilis‹ in WA 54, S. 185,21: ›den äußeren Regeln‹ bzw. ›den Gesetzen gemäß‹.

II Ausgestaltung der Reformation

39. Wittenberger Bewegung: Bericht der Universität an Friedrich den Weisen (20. Oktober 1521)

Eine Predigt des Augustiners Gabriel Zwilling († 1558) vom 6. Oktober sollte die vollständige Reorganisation des Meßwesens zunächst im Augustinerkloster zu Wittenberg einleiten. Kurfürst Friedrich der Weise verlangte Überprüfung durch einen Universitäts- und Kapitelausschuß, der am 12. Oktober das Kloster visitierte. Umgehend verfaßte Karlstadt für eine Promotion am 17. Oktober eine Reihe von Abendmahlsthesen. Das Gutachten des Ausschusses an den Kurfürsten vom 20. Oktober stellt – stark von Karlstadt (vgl. Nr. 44) beeinflußt – einen Kompromiß dar zwischen den Auffassungen der einzelnen Kommissionsmitglieder. Als Karlstadt und Zwilling, der im November seinen Orden verläßt, im Dezember bei den nach Wittenberg ausgewichenen Zwickauer Propheten Unterstützung finden, verschärft sich die Lage in Wittenberg so sehr (Nr. 41), daß Luther im März 1522 entgegen der Anweisung des Landesfürsten von der Wartburg zurückkehrt, um in seinen Invocavitpredigten das im Oktober beschleunigte Tempo der Reformmaßnahmen zu drosseln. Bereits das folgende Gutachten unterstreicht den Gesichtspunkt der notwendigen ›Schonung der Schwachen‹, welchen Müntzer später besonders Luther vorwirft (vgl. Nr. 53, auch Nr. 45).

Durchlauchtigster, hochgeborner Fürst! Eurer kurfürstlichen Gnaden zuerst unsere untertänigen, pflichtschuldigen und gehorsamen Dienste allezeit.
Gnädigster Herr, wir haben auf Euer kurfürstliches gnädiges Begehren die Augustiner mündlich und schriftlich gehört und befinden, daß sie insgesamt aus drei Gründen ihre bisherige Art der Meßfeier aufgegeben haben, wie Euer kurfürstliche Gnaden aus ihrem hier beigefügten Zettel[1] ersehen werden.
Erstens, weil ein großer unchristlicher Mißbrauch der Meßfeier in aller Welt – geistlich wie weltlich – eingedrungen ist, den kein Mensch aus den Herzen der Menschen zu entfernen vermag, daß nämlich die Messe als ein gutes Werk aufgefaßt wird, mit dem wir Gott versöhnen, ihm etwas opfern und geben für unsere Sünde. Und dies in der Weise, daß auch ein Priester, der in Todsünden ist, für einen anderen ein solches Opfer fruchtbar und nützlich darbringen kann. Und deshalb haben die Augustiner nicht mehr die Messe feiern wollen, weil das Messefeiern nach der bisherigen Praxis dem genannten Mißbrauch Grund, Kraft und Macht verleiht. Sie wollen dagegen die rechte und wahrhaftige Messe, wie Christus und die Apostel sie eingesetzt und gehalten haben, wieder in Brauch und Übung bringen.
Zweitens sind die Messen, wie sie jetzt gefeiert werden, gegen Brauch und Übung Christi und der Apostel eingesetzt, denn Christus hat mit den Zwölfen kommuniziert und die Apostel in größerer Gemeinschaft, und nie hat es einer für sich allein getan, wie ja auch Paulus den Korinthern private Abendmahlsfeiern verbietet [vgl. 1Kor 11,21.33].
Drittens hat Christus die Austeilung [des Abendmahls] unter beiderlei Gestalt geboten und eingesetzt. Da aber die Messen, wie sie bisher gehalten wurden, so angeordnet sind, daß man den Umstehenden nur eine Gestalt geben soll, so wissen sie nicht, wie sie mit gutem Gewissen eine solche Messe bekräftigen sollen.
Zu dieser ihrer Meinung wollen wir Eurer kurfürstlichen Gnaden unsere Auffas-

sung bekanntgeben. Wir bitten untertänig, Euer kurfürstliche Gnaden wollen uns
gnädig und mit Bedacht anhören mit den Ohren des Geistes, der die menschliche
Kunst und die Weisheit dieser Welt verachtet, und allein die göttliche Weisheit,
im Geist verborgen, hochschätzt und annimmt.
Es ist gewiß, daß der Mißbrauch der Messe zu den größten Sünden auf Erden gehört. Hat doch schon der Heilige Paulus einen kleinen Mißbrauch der Messe bei
den Korinthern so hoch und schwer beklagt [1Kor 11,29f.].
Da wir aber gerade jetzt einen viel größeren Mißbrauch der Messe haben, so besteht kein Zweifel, daß wir schwerwiegender bestraft werden mit Kriegen und
Seuchen, wie gegenwärtig zu sehen ist, und was am entsetzlichsten ist: mit Blind-
heit der Vernunft, wie klar zu sehen ist bei denen, die täglich Messe feiern, sie ausführen und schützen.
Die Messe ist nämlich in ihrem vornehmsten Teil nichts anderes als ein Mahl
[manducatio]; alles, was sonst dazugehört, ist von Menschen und den Päpsten
hinzugefügt und täglich mit der Zeit vermehrt worden. Und dasselbe Mahl ist,
wenn ein Laie zum Sakrament geht, nicht mehr als ein sicheres Zeichen, wodurch
wir an die Vergebung aller Sünden erinnert werden. Wie Christus selbst sagt: »So
oft ihr es tut, daß ihr meiner dabei gedenket« [1Kor 11,24–25], das heißt, daß ihr
der Gnade und Barmherzigkeit gedenkt, die euch durch meinen Tod gegeben und
erwiesen wurden. Daraus folgt, daß die Messe nicht ein gutes Werk ist, womit
man Gott etwas opfern oder zu geben vermag, um für sich oder für einen anderen
genugzutun, so wie auch ein Laie für keinen anderen am Sakrament teilnehmen
kann; wie ja auch niemand für einen anderen getauft werden kann.
Nun ist aber allgemein bekannt, daß alle Messen als gute Werke gestiftet werden,
wodurch wir für unsere und die Sünden anderer Genugtuung leisten können. Das
ist nichts anderes als eine Verfälschung des christlichen Glaubens und des wahr-
haften Gebrauchs des heiligen Sakraments. Deshalb ist es dazu gekommen, daß in
jeder Woche so viele – vier oder fünf – Messen in allen Stiften, Klöstern und Kirchen auf eine Person gestiftet, angeordnet und gegründet sind, wodurch die bösen
Pfaffen ermuntert werden, für Geld Messe zu halten. Und obgleich auch fromme
Priester darunter sind, die gerne das Sakrament in rechter Weise nach ihrem Gewissen gebrauchen wollten, müssen sie doch aufgrund solcher Stiftung und Ordnung oft mit Widerwillen, ohne Neigung und Überzeugung ihrer Gewissen Messe
halten.
Daraus mag Euer kurfürstliche Gnaden wohl ermessen, welchen Nutzen oder
Vorteil das zu bringen vermag, wenn ein Sünder um des eigenen Vorteils willen
oder ein Frommer, durch eine Stiftung gezwungen ohne Lust und Liebe, auch oft
gegen sein eigenes Gewissen, Messe halten muß. Denn es ist unmöglich, daß
selbst ein frommer und geistlicher Priester so oft Lust und Liebe habe, Messe zu
halten, wie er dazu durch Stiftung gebunden und verpflichtet ist. Und wenn auch
einige sagen möchten, die Meßgebete seien für andere gut, nützlich und fruchtbar, obgleich das Mahl des Priesters niemandem Hilfe und Trost biete, so kann
doch Euer kurfürstliche Gnaden wohl ermessen, wie nützlich das Gebet eines sündigen Priesters oder eines frommen, der es mit Unlust verrichtet, sei. Und wenn es
auch auf das allerbeste geschieht, so ist das Gebet eines frommen Priesters in der
Messe nicht besser als [das Gebet] eines frommen Laien in seiner Kammer. Es sind
auch die Messen für die Toten aus den genannten Gründen eingeführt worden und
viele andere Betrügereien gleicher Art, die man wohl dulden könnte, wenn die Betrügereien nicht Sünde wären. Da es aber besonders große Sünden sind, soll man

sie in keiner Weise dulden noch leiden, wenn sich auch die ganze Welt darüber ärgert. Deshalb gebührt und geziemt es Euer kurfürstlichen Gnaden als einem christlichen Fürsten, unter dem das heilige Evangelium wieder an den Tag gekommen ist, bei seinem Seelenheil, einen solchen Mißbrauch der Messe in Euer kurfürstlichen Gnaden Kirchen abzuschaffen und wiederum den rechten, wahrhaftigen Gebrauch der Messe, wie es Christus und die Apostel gehalten haben, einzuführen; nämlich daß, wenn das Volk zusammenkommt, das Wort Gottes gepredigt werde; darum nämlich ist es zusammengekommen und aus keinem anderen Grund; und dann segne einer Brot und Wein und gebe es allen, die es begehren. Und weil diese Form und Weise die beste ist, wäre sie auch die sicherste. Das hat auch die Augustiner in ihrem Vorhaben bewegt, daß der alte Gebrauch der Messe wiederum erneuert werde. Und indem die Augustiner die Messe nicht mißbrauchen wollen, sondern frei und ungezwungen Messe halten, handeln sie richtig.

Daß sie aber anzeigen, es solle keiner allein kommunizieren, ist unserer Meinung nach nicht ganz schlüssig. Sicher ist es ein guter Grund, daß sie dies des Ärgernisses wegen anzeigen, weil die Messe in ihrer jetzigen Form den einfältigen Priestern Anlaß gibt, in ihrem Mißbrauch der Messe zu verbleiben. Hier aber gilt auch, daß man die schwachen Brüder im Glauben eine Zeit lang duldet und leidet, bis sie besser im Wort Gottes unterwiesen worden sind, wie Paulus uns gelehrt hat [1Kor 8,9ff.]. Daß sie in ihrer zweiten Begründung auch anzeigen, Christus habe beim Abendmahl ›vielen‹ seinen Leib gegeben, ist zwar so geschehen, aber damit noch kein Gesetz oder Gebot.

Was sie aber in ihrer dritten Begründung bezüglich der [Austeilung unter] beiderlei Gestalt angezeigt haben, können wir nicht verwerfen. Wir können auch nicht restlos entschuldigen, die eine Gestalt allein zu geben oder zu empfangen. Denn Christus hat es geboten und eingesetzt, da er sprach: Ihr sollt alle daraus trinken [Mt 26,27], in Form eines Befehls. Man sucht wohl Schutz und Ausrede, um [die Praxis], eine Gestalt zu geben oder zu empfangen, zu entschuldigen, aber es geschieht nicht ohne Risiko. Darum wäre es nötig, daß der ursprüngliche Gebrauch des Sakraments in der christlichen Kirche wiederum eingesetzt und erneuert würde.

Zusammenfassend schließlich noch darüber ein Wort: Würden wir die Weise und Form einhalten, wie es im Evangelium geschrieben ist, so wären wir der Sache ohne Zweifel gewiß und könnten nicht fehlgehen. Sofern wir aber menschliche Gesetze und Ordnungen – so gut, geistlich und heilig sie auch scheinen – halten, wovor uns Christus und Paulus so oft und aufrichtig gewarnt haben, wissen wir nicht, ob wir richtig und gut handeln, und sind in allen Dingen ganz unsicher und im Zweifel. Und obwohl es sicher ist, daß durch Gesetz und Lehre der Menschen die ganze Welt und auch – wenn das möglich wäre – die Auserwählten in Irrtum geführt werden sollen, so ist doch ein solches Gesetz und solche Lehre dem Menschen so ins Herz eingepflanzt, daß er mehr davon hält und sie höher schätzt als Gottes Gebot, damit die Schrift erfüllt werde: Er [der Antichrist] erhebt sich über alles, was Gott heißt [2Thess 2,4].

Deshalb bitten wir in aller Untertänigkeit, Euer kurfürstliche Gnade wolle als ein christlicher Fürst sich der Sache mit Ernst annehmen und solchen Mißbrauch der Messe in Euer kurfürstlichen Gnaden Ländereien und Fürstentum bald und schleunigst abschaffen und weltliche Schande oder Unehre, daß man Euer kurfürstliche Gnaden einen Böhmen oder Ketzer schelten könnte, überhaupt nicht

beachten. Denn alle, die um des Wortes Gottes willen etwas tun, müssen solch
große Unehre und Schande dulden und leiden, und keiner wird davon verschont
bleiben; damit Euer kurfürstliche Gnaden von Christus am Jüngsten Tage nicht
wie Kapernaum vorgeworfen werde [Mt 11,23f.], daß solch große Gnade und
Barmherzigkeit in Euer kurfürstlichen Gnaden Ländern umsonst und ohne daß
wir entsprechend mitgeholfen hätten, geschehen sei, und daß das heilige Evangelium darin umsonst geoffenbart, erklärt und an den Tag gekommen sei. Deshalb
wird er auch von Euer kurfürstlichen Gnaden für die Gnade und Gabe, die er Euer
kurfürstlichen Gnaden vor allen anderen Königen und Fürsten erzeigt hat, Rechenschaft fordern. Was aber die Augustiner betrifft, ist es nach unserem Urteil
keine Sünde, allein Messe zu halten, wenn man sonst die Messe nicht mißbraucht.
Man soll auch niemand wehren, allein und privat die Messe zu halten. Doch da
diese anfingen, die Messe, wie man hört, gemäß dem Evangelium zu halten, wüßten wir nicht, sie zu widerlegen. Wir bitten deshalb, Euer kurfürstlichen Gnaden
wollen es als ein christlicher Kurfürst gnädig bedenken. Damit vertrauen wir uns
Eurer kurfürstlichen Gnaden in aller Untertänigkeit an.
Gegeben zu Wittenberg am Sonntag nach dem Fest des Evangelisten Lukas [= 20.
Oktober] im Jahre 1521.
Euer kurfürstlichen Gnaden untertänige Diener: Justus Jonas, Dompropst; Johann Dölsch, Andreas Karlstadt, Tilmann Pletner[2], Hieronymus Schurff, Nikolaus Amsdorf, Philipp Melanchthon.

Quelle: CR 1, S. 465–470 Nr. 143; N. Müller, Die Wittenberger Bewegung 1521 und 1522, 1911[2], S.
35–40; vgl. auch Melanchthons Briefwechsel, 1. Regesten 1–1109 (1514–1530), hg. von H. Scheible,
1977, S. 107f. Nr. 174. – *Literatur:* H. Barge, Andreas Bodenstein von Karlstadt, 1. Karlstadt und die
Anfänge der Reformation, 1968[2] (1905), S. 311–327; U. Bubenheimer, Scandalum et ius divinum.
Theologische und rechtstheologische Probleme der ersten reformatorischen Innovationen in Wittenberg 1521/22. ZSRG.K 59, 1973, S. 263–342 (bes. 311ff. mit Anm. 191 und 339–342); R. J. Sider,
Andreas Bodenstein von Karlstadt. The Development of His Thought 1517–1525, SMRT 11, 1974, S.
153–173; J. S. Preus, Carlstadt's Ordinationes and Luther's Liberty. A Study of the Wittenberg Movement 1521–1522, Cambridge, Mass. 1974; St. E. Ozment, The Reformation in the Cities. The Ap-
peal of Protestantism to Sixteenth Century Germany and Switzerland, 1975, S. 138–145; 218–220.

1.   Dieser »Zettel«, lat. ›schedula‹ oder Thesenpapier, der die angeforderte schriftliche Stellungnahme der Augustinermönche enthielt, dürfte vom damals führenden Theologen des Klosters, Heinrich von Zutphen, verfaßt worden sein; seit 11. 10. 1521 Lic. theol. übernimmt er bald nach den Wittenberger Unruhen das Priorat des Augustinerklosters in Antwerpen. Am 11. 12. 1524 wurde er als einer der ersten evangelischen Märtyrer verbrannt. Vgl. die Einleitung zu Nr. 48.
2.   Für Johann Dölsch und Tilmann Pletner s. N. Müller, 268; 304.

40. Müntzer: Das Prager Manifest (1521)

Thomas Müntzer († 1525), in Jüterbog (1519) noch ›Martinianer‹ (vgl. Nr. 20), war von Luther 1520
nach Zwickau empfohlen, wo er mit den ›Zwickauer Propheten‹ in Berührung kam (vgl. Nr. 41).
Ostern 1521 aus Zwickau ausgewiesen, veröffentlichte er in Prag (Allerheiligen 1521) seinen Aufruf an
alle Heiligen, d.h. an alle Auserwählten, Gottes Wort den Fängen der Hure, der gefallenen Kirche, unter Einsatz des Lebens zu entreißen und das Evangelium wieder ans Licht des Tages zu bringen (s.u. Nr.
50–55).

Den unerträglichen und bösen Schaden der Christenheit habe ich mir tief betroffen zu Herzen genommen, nachdem ich mit ganzem Fleiß die Geschichte der Kirchenväter gelesen habe. Ich finde, daß nach dem Tode der Apostelschüler die unbefleckte, jungfräuliche Kirche durch den geistlichen Ehebruch zur Hure geworden ist, und zwar der Gelehrten halber, die immer oben sitzen wollen, welches denn Hegesippus[1] und nach ihm Eusebius[2] im 4. Buch am XXII. Kapitel beschreibt[3]. Auch finde ich in keinem Konzil das wahrhaftige Zeugnis nach der lebendigen Ordnung des untrüglichen Gotteswortes. Es sind nichts als kindische Possen gewesen. Durch den nachsichtigen Willen Gottes ist das alles zugelassen worden, damit alles, was der Mensch vermag, hervorkommen konnte.

Es soll aber – Gott sei gebenedeit – nicht noch länger so zugehen, daß die Pfaffen und Affen die christliche Kirche darstellen. Es sollen vielmehr die auserwählten Freunde des Gotteswortes auch prophezeien lernen, wie Paulus lehrt, damit sie wahrhaftig erfahren, wie freundlich Gott – ach so herzlich gerne – mit all seinen Auserwählten redet.

Um solche Rede öffentlich bekanntzumachen, bin ich bereit, um Gottes willen mein Leben zu opfern. Gott wird wunderliche Dinge mit seinen Auserwählten tun, sonderlich in diesem Lande[4]. Denn die neue Kirche wird hier anfangen, und dieses Volk wird der ganzen Welt ein Spiegel [und Beispiel] sein.

Darum rufe ich einen jeglichen Menschen auf, daß er dazu helfe, daß Gottes Wort verteidigt werden kann.

Quelle: Das Prager Manifest, kürzere deutsche Fassung. Thomas Müntzer, Schriften und Briefe, hg. von G. Franz, QFRG 33, 1968, S. 493,31–494,20. – *Literatur:* Thomas Müntzer, Prager Manifest. Einführung von M. Steinmetz, Leipzig 1975; W. Elliger, Thomas Müntzer. Leben und Werk, 1975, S. 188–231; H.-J. Goertz, »Lebendiges Wort« und »Totes Ding«. Zum Schriftverständnis Thomas Müntzers im Prager Manifest, ARG 67, 1976, S. 153–178.

1. Hegesippos, antihäretischer Kirchenschriftsteller (um 150), war bemüht, die Reinheit und Überlegenheit des apostolischen Glaubens darzulegen.
2. Eusebius von Cäsarea († 339) suchte in seiner »Kirchengeschichte« die Wahrheit der Kirche aus dem Sieg über das Heidentum zu erweisen; vgl. Bd. I, 86 Anm. 16.
3. Eusebius, Kirchengeschichte, IV,22,4: »Da die Kirche noch nicht durch eitle Lehren befleckt war, wurde sie als Jungfrau bezeichnet.«
4. In Böhmen.

41. Melanchthon: Bericht über die Lage in Wittenberg an Friedrich den Weisen (27. Dezember 1521)

Im Dezember 1521 hatte sich die Lage in Wittenberg krisenhaft zugespitzt: Studenten und Bürger gingen radikal gegen die Meßfeier vor (3./4. Dezember); Karlstadt feierte am ersten Weihnachtstag – gegen das Verbot des Kurfürsten – unter großem Zulauf das Abendmahl in deutscher Sprache und unter beiderlei Gestalt; am 27. Dezember kamen aus Zwickau die »Himmlischen Propheten«, die Tuchmacher Nikolaus Storch und Thomas Drechsel sowie der ehemalige Wittenberger Student Markus Thomae (genannt Stübner) zu Melanchthon (vgl. Nr. 30, 36, 81, 92f.), dem in Luthers Abwesenheit die Führerrolle zugemutet wird. In dieser Situation wendet er sich an den Kurfürsten.

Durchlauchtigster und über alle Maßen weiser Fürst, Herr Friedrich, Herzog von Sachsen, Kurfürst, Leuchte in Israel [2Sam 21,17], gnädigster Herr!

Eurer durchlauchtigsten Hoheit wünsche ich die Gnade und den Frieden Christi!
Eure Hoheit halte es mir zugute, daß ich wage, an Euch zu schreiben; mich zwingen wichtige und gefährliche Vorgänge, die jetzt alle Aufmerksamkeit und Fürsorge Eurer Hoheit erfordern.
Es handelt sich um folgendes, was ich Euch unbedingt vortragen muß: Eurer Hoheit ist nicht unbekannt, wie viele gefährliche Meinungsverschiedenheiten [dissensiones] aller Art im Hinlick auf das Wort Gottes in Eurer Hoheit Stadt Zwickau entstanden sind. Man hat dort ja auch Leute in Gewahrsam genommen, die alle möglichen Veränderungen angestrebt haben. Von den Urhebern dieser Unruhen sind nun drei Männer hier [in Wittenberg] aufgetaucht, zwei ungebildete Tuchknappen und ein Gelehrter [literatus]. Ich habe sie angehört; was sie von sich sagen, klingt recht wunderlich [mira]: Sie seien durch einen eindeutigen Auftrag [clara voce] Gottes zum Lehren ausgesandt worden; zwischen ihnen und Gott gebe es traute [familiaria] Gespräche; sie könnten die Zukunft vorhersehen; kurz: sie seien Propheten und Apostel. Ich kann kaum sagen, wie stark mich das beeindruckt. Jedenfalls hindern mich gewichtige Gründe daran, sie unbeachtet zu lassen [contemni nolim]. Denn es gibt zahlreiche Hinweise dafür, daß sie von irgendwelchen Geistern ergriffen sind; aber diese kann nur Martinus sicher beurteilen. Da deshalb jetzt das Evangelium und zugleich Ehre und Friede der Kirche auf dem Spiel stehen, muß man sich mit allen Mitteln bemühen, daß die Leute mit Martinus zusammenkommen; denn auf ihn berufen sie sich.
Ich würde Eure Hoheit nicht mit diesem Brief belästigen, wenn die Sache nicht so wichtig wäre, daß sie eine rasche Entscheidung erforderte. Auf der einen Seite müssen wir uns hüten, den Geist Gottes zu dämpfen [1 Thess 5,19], auf der anderen dürfen wir uns aber auch nicht vom Satan gefangennehmen lassen.
Der Herr bewahre Eure Hoheit zum Wohl seiner Kirche bis ins hohe Alter.
Am Tage Johannes des Evangelisten 1522 [= 27. Dezember 1521].

> Eurer Hoheit ergebener
> Philipp Melanchthon

Quelle: CR 1, S. 513f. Nr. 170; Melanchthons Werke in Auswahl 7,1, Ausgewählte Briefe 1517–1526, hg. von H. Volz, 1971, S. 158–160; vgl. Melanchthons Briefwechsel, 1. Regesten, hg. von H. Scheible, S. 116 Nr. 192. – *Literatur:* P. Wappler, Thomas Müntzer in Zwickau und die »Zwickauer Propheten«, SVRG 182, 1966²; vgl. Nr. 30 und 36.

REFORMATORISCHE NEUORDNUNG

42. Ordnung der Stadt Wittenberg (24. Januar 1522)

Vertreter der Universität, unter ihnen Karlstadt (vgl. Nr. 44) und Melanchthon (vgl. Nr. 41), haben mit Ratsmitgliedern von Wittenberg in eingehenden Beratungen eine »Ordnung« für die Stadt ausgearbeitet. Sie bezieht sich auf gottesdienstliche, soziale und wirtschaftliche Reformen und ist der klare Ausdruck des reformatorischen Programms der Wittenberger Bewegung.

1.   Zunächst wurde einhellig beschlossen, daß alle Einkünfte der Gotteshäuser, Priesterschaften[1] und Zünfte zusammen in eine gemeinsame Kasse gebracht werden sollen. Dazu wurden je zwei Mitglieder des Rates und der Gemeinde sowie ein

Schreiber bestimmt, die diese Beträge einnehmen, verwalten und damit arme Leute unterstützen sollen.

2. Ebenso sollen in Zukunft die Einnahmen aus den Pfründen der Priester, wenn sie durch den Tod eines Priesters frei werden, derselben gemeinsamen Kasse zugeschlagen und [die Pfründen] künftig nicht mehr verliehen werden.

3. Es sollen auch keine Bettler in unserer Stadt geduldet werden, die [angeblich] ihres Alters oder Krankheit wegen nicht geeignet sind zu arbeiten. Man soll sie zur Arbeit treiben oder aus der Stadt verweisen. Jene aber, die durch Unglücksfälle wie Krankheit oder aufgrund von Armut [wirklich] bedürftig sind, sollen aus der gemeinsamen Kasse in der angeordneten Weise entsprechend versorgt werden.

4. Ebenso soll kein Orden mehr eine Terminei[2] bei uns halten.

5. Genauso soll es keinem Mönch gestattet werden, in unserer Stadt zu betteln. Sie sollen zufrieden sein mit den Einnahmen, die sie bisher haben, und darüber hinaus mit ihren Händen für Unterhalt und Nahrung sorgen.

6. Ebenso ist auch ein Verzeichnis gemacht worden über alles, was die Klöster jetzt besitzen an Kelchen, Pazifikalien[3] und Monstranzen; ähnlich ist auch all ihr Einkommen verzeichnet worden, das sie besitzen und jährlich zu erheben haben.

7. Ebenso soll kein fremder Student in unserer Stadt geduldet werden. Will jedoch einer oder mehrere bei uns studieren, soll er sich selbst mit Essen und Trinken versorgen, da wir keinem gestatten wollen, zu betteln oder zu mendizieren[4].

8. Ebensowenig sollen Stationierer[5] und Kirchenbitter[6] geduldet werden, angesichts der Tatsache, daß alle Kirchen fertig und mehr als genug gebaut sind.

9. Aus der gemeinsamen Kasse soll man auch armen Handwerksleuten, die ihr Handwerk nicht täglich auszuüben vermögen, leihen, damit sie sich ernähren können; doch nach einer festgesetzten Zeit sollen sie es ohne jegliche Verzinsung wieder zurückgeben. Wer aber nicht in der Lage ist, das wieder zurückzugeben, dem soll es in Gottes Namen erlassen werden.

10. Ebenso sollen aus der gemeinsamen Kasse arme Waisen – besonders Jungfrauen – und sonstige armer Leute Kinder in angemessener Weise unterstützt und ausgestattet werden.

11. Wo aber solche Einnahmen zu derartigen guten Werken nicht genügend vorhanden sind oder nicht so weit reichen würden, soll ein jeder – sei er Priester oder Bürger – nach dem Ausmaß seines Vermögens jährlich eine Summe Geldes zum Unterhalt des armen Haufens darreichen.

12. Die Priester, die wir gegenwärtig haben, sollen, da ihre Einnahmen auch in die gemeinsame Kasse gezogen wurden, von der sie persönlich für die Vigilien, die sie halten, an die acht Gulden jährlich gehabt haben, mit sechs Gulden jährlich versorgt werden; da jedoch Seelenmessen und Vigilien abgeschafft sind, sollen sie für dasselbe Geld arme, kranke Leute besuchen und sie in ihren Nöten trösten, doch sollen sie niemand zu Testamentariern bestellen noch halten[7].

13. Ebenso sollen auch die Bilder und Altäre in der Kirche entfernt werden, um Abgötterei zu vermeiden[8], drei Altäre ohne Bilder sollen vollauf genügen.

14. Die Messe soll nicht anders gehalten werden, als sie Christus beim Abendmahl eingesetzt hat. Doch um des Glaubens willen sollen einige Teile gesungen werden: aber nur »de tempore«, und nie »de sanctis«[9], und weiter sollt Ihr singen: Introitus, Kyrie eleison, Gloria in excelsis et in terra, Kollekte oder Preces, Epistel, Graduale ohne Sequenz, Evangelium, Credo, Offertorium, Präfation, Sanctus – ohne den größeren und kleineren Kanon[10], weil sie nicht der Schrift entsprechen. Danach beginnt das evangelische Mahl: gibt es Kommunikanten, so konsekriert

der Priester; sind sie nicht da, konsekriert und sumiert er es und verweilt in weiterer Andacht dabei, danach schließt er mit der Kollekte, ohne ›Ite missa est‹. Es mag auch der Kummunikant die konsekrierte Hostie in die Hand nehmen und selbst in den Mund schieben, ebenso auch den Kelch und daraus trinken.

15. Wir wollen auch in Zukunft nicht gestatten, daß unzüchtige Personen sich weiterhin bei uns aufhalten, sondern sie sollen heiraten. Wollen sie das nicht tun, soll man sie – sofern sie seßhaft sind – vertreiben; sind sie aber nicht seßhaft, soll insbesondere der Hausherr, der sie duldet, schwer bestraft werden, und überdies sollen sie, wenn sie ihr unzüchtiges Wesen oder Leben weitertreiben, aus der Stadt vertrieben werden.

16. Falls unsere Mitbürger und Einwohner mit Zinsen zu hoch belastet sind, daß sie also 5 oder 6 Gulden vom Hundert [also 5 oder 6 %] bisher gegeben haben, oder wenn sie die Schuld nun tilgen möchten, aber das entsprechende Vermögen nicht haben, wollen wir ihnen die Hauptsumme aus der gemeinsamen Kasse geben: [und zwar unter der Bedingung,] daß sie vier Gulden vom Hundert [4 %] der gemeinsamen Kasse jährlich an Zinsen geben, bis sie die Hauptsumme zurückgezahlt haben. Wir sind aber auch hinsichtlich der Geistlichkeit bei uns der Zuversicht, daß sie sich in dem Punkt christlicher Liebe befleißen und sich mit dieser Abfindung einverstanden erklären.

17. Auch soll man besonders darauf achten, daß Kinder armer Leute, die zu Schule und Studien geschickt sind und doch der Armut wegen nicht dabei bleiben könnten, die Mittel erhalten, damit man allezeit gelehrte Leute habe, die das heilige Evangelium und die Schrift predigen, und daß auch im weltlichen Regiment an geeigneten Leuten kein Mangel sei; die aber nicht geeignet sind, soll man zu Handwerk oder zur Arbeit anhalten, da diesbezüglich ein besonderes Vorsehen nötig ist.

Quelle: Die Wittenberger (1522) und Leisniger (1523) Kastenordnung, hg. von H. Lietzmann, KlT 21, 1907, S. 4–6. – *Literatur:* S. zu Nr. 39.

1. Die Zwickauer Handschrift hat hier wohl richtig »Bruderschaften«, deren es allein in Wittenberg 21 gab. Vgl. N. Müller, S. 161f.

2. ›Terminei‹ ist ein bestimmter Bezirk, der vor allem für die Bettelorden abgegrenzt war, in dem jeweils von Haus zu Haus um Almosen gebettelt wurde (terminieren – Terminei halten).

3. ›Pazifikale‹ ist gewöhnlich ein silbernes Instrument, das zumeist bei hohen Festen vor der Kommunion zum Friedenskuß [oscula pacis] herumgereicht wurde.

4. Von lat. mendicare: betteln, betteln gehen.

5. Bettelmönche, die mit Reliquien umhergehen und Gaben sammeln.

6. Mönche, die für den Bau einer Kirche betteln.

7. D.h., sie sollen bei dieser Gelegenheit niemanden dazu anhalten, sein Testament zu ihren Gunsten zu machen.

8. Vgl. Nr. 44.

9. Es soll der erste Teil des Missale, die mit dem Kirchenjahr wechselnden Messen (»missae de tempore«) enthaltend, nicht aber der zweite Teil mit den Heiligenmessen verwendet werden.

10. Der ›canon maior‹ ist der canon missae, also der Meßkanon; der ›canon minor‹ umfaßt die Offertoriumsgebete.

43. Johann Bugenhagen: Hamburger Kirchenordnung (1529)

Die Neuordnung der Stadt Wittenberg (Nr. 42), zu lange im Schatten der umwälzenden Ereignisse der Wittenberger Wirren (vgl. Nr. 39, 41, 44) stiefmütterlich behandelt, dokumentiert das soziale Programm des evangelisch gesinnten Bürgertums und bietet sich insofern zum Vergleich mit den Artikeln der Bauernbewegung an (Nr. 64). Die durch die reformatorische Kritik am römischen Zeremonialwesen bedingte Abschaffung der Seelenmessen sowie das evangelische Verständnis von Arbeit, Armut und Armenpflege erforderten die neuen Kirchen- und Gemeindeordnungen jener Zeit – 1522 in Augsburg, Nürnberg, Altenburg, 1523 in Kitzingen, Straßburg, Breslau, Regensburg; 1523 verfaßte Luther die Vorrede zur Leisniger ›Ordnung eines gemeinen Kastens‹[1] –, deren Bestimmungen von der Regelung der öffentlichen Ordnung bis zu Fragen des Geldverkehrs (Wucher!), von Schule und Diakonie reichten.

Nach dem Speyrer Reichstag von 1526 (Nr. 69) bot sich den evangelischen Reichsständen die rechtliche Voraussetzung zur Durchführung von ›Interims‹-Reformen; die hierfür entworfenen Kirchenordnungen umfassen die Neuordnung des Gottesdienstes und die Sozialreform, regeln Liturgie *und* Diakonie! Die von Johannes Bugenhagen (1485–1558), dem »Dr. Pomeranus«, verfaßte ›Hamburger Kirchenordnung‹ ist eine der bedeutendsten; in ihr treten die zwei Dimensionen der Kirchenordnungen jener Zeit klar zutage: im Abschnitt über das Lektorium finden sich Bestimmungen zur Ausbildung in der wissenschaftlichen Theologie ebenso wie zur sozialen Fürsorge. Die Aussagen zum Bann und zur Frage der Bilder in den Kirchen zeigen den ›Lutherischen Charakter‹ dieser Ordnung. Bugenhagen verfaßte auch Kirchenordnungen für Braunschweig (1528), Pommern (1534), Dänemark (1537), Holstein (1542), Braunschweig-Wolfenbüttel (1543) und Hildesheim (1544). Er war 1521 zum Studium nach Wittenberg gekommen, wurde dort 1523 Stadtpfarrer. So lernte er die Wittenberger Neuordnungen, Entwürfe und Praxis aus erster Hand kennen. Er war in der Universitätsstadt hoch angesehen als einer der engsten Mitarbeiter Luthers und dessen Beichtvater.

[Inhaltliche Grundsätze]

Mit dieser Ordnung wird folgendes verfügt: eine gute Schule für die Jugend und gute Prediger des Wortes Gottes für uns alle, dazu, wie es billig und christlich ist, die Besoldung der Arbeitenden; außerdem die Versorgung der Armen. Auch wurden lateinische Vorlesungen aus der Heiligen Schrift angeordnet, und welcher gottesdienstliche Brauch und welche christlichen Zeremonien bei uns nach Gottes Wort, der Jugend und dem Volke zur Besserung, gehalten werden sollen. [Das alles soll solange gelten,] bis ein christliches Concilium[2] eine andere Weise aus Gottes Wort vorschlägt. Was wider und ohne Gottes Wort ist, das soll ferne von den Christen sein. Was man aber predigt oder wie man taufen oder das Sakrament des Leibes und Blutes Christi geben und nehmen soll, dazu bedürfen die Christen keines Conciliums. Es ist im Concilium der Heiligen Dreifaltigkeit von Ewigkeit her beschlossen und durch Christus und seine Apostel uns befohlen und gelehrt[3]. Gott verleihe uns seine Gnade durch Jesum Christum, unseren Herrn, Amen.

Vom Lektorium [:Rechtsinstruktion, Sozialmedizin, theologische Bildung]

Für die Gelehrten soll ein Lektorium für mancherlei lateinische Vorlesungen eingerichtet werden, wie unten beschrieben . . .
Es ist auch zu Ehr und Frommen dieser Stadt für gut angesehen, daß man zwei Juristen, jeweils dreimal in der Woche, lesen lasse, den einen über die Institutiones imperiales, den andern über den Codex iuris civilis, was ihnen davon am nützlichsten erscheint, und daß jeder für diese Tätigkeit jährlich einhundert Mark erhalte. Auch diese sollten freie Wohnung haben, wenn sie noch keine haben. Solche zwei Juristen kann man auch sonst wohl brauchen, wenn ein Ehrbarer Rat und die Stadt

ihrer bedarf. Diese sollen vom Rat und den verordneten Diakonen angenommen werden.

Ebenso ist es für diese gute Stadt wegen ihrer Größe dringend notwendig, daß man einen Medicus oder Physicus anstelle, und zwar den besten und erfahrensten Gelehrten, den man bekommen kann. Auch dieser soll dreimal in der Woche vor denen, die daran interessiert sind, Vorlesungen halten und den Armen, bei bezahlter Apotheke, ohne Honorarforderung, ärztliche Hilfe gewähren. Er wird vom Rat besoldet. Auch dieser soll freie Wohnung haben, wenn er nicht hier bereits eine Unterkunft besitzt. Was er mehr braucht, wird ihm seine Praxis bei denen, die bezahlen können, sicher reichlich einbringen. Dieser soll sich dem Ehrbaren Rat und den Diakonen gegenüber unter Zusage verpflichten, daß er die Kranken gewissenhaft nach seiner ärztlichen Kenntnis und Erkenntnis behandeln werde. Dem Medicus oder Physicus stelle man zur Unterstützung einen erfahrenen Chirurgicus oder Wundarzt zur Seite, der auch unter Zusage gegenüber einem Ehrbaren Rat und den Armendiakonen verpflichtet sein soll, treu und fleißig bei den Kranken nach seinem Wissen Dienst zu tun. Sein Honorar aber soll er von denen nehmen, die seinen Dienst beanspruchen. Und die Armendiakone sollen für die Armen, die sie ihm schicken, abrechnen und bezahlen.

Auch soll der Medicus oder Physicus mit der größten Sorgfalt, wie es gottgefällig und billig ist, darauf achten, daß die Apotheken frische Ware, deren Wert er kennt, vorrätig haben, damit die Kranken nicht nachlässig versorgt werden oder ihr Zustand sich durch unwirksame oder auch schädliche Kräuter und Spezereien nicht noch verschlimmert.

In diesem Lektorium sollen auch die Hauptvorlesungen aus der Heiligen Schrift durch den Superintendenten und seinen Adjutor stattfinden. Jeder soll viermal in der Woche lesen, der eine morgens, der andere abends, über solche Themen, die sie für nützlich halten, zum Besten des Hörers und nicht zum Ruhme des Lesenden. Damit auf diese Weise die Heilige Schrift oder das Wort Gottes bei uns und in uns wohne, wie Paulus Kol 3[,16] sagt . . .

Falls auch einige Pastoren und Kapläne fähig wären, lateinische Vorlesungen jede Woche ein- oder zweimal oder zu bestimmten Festen aus der Heiligen Schrift lateinische oratio oder exhortatio zu halten – nicht jedermann, auch nicht Pastoren, ist solches gegeben –, so soll auch dies ohne Hinderung der ordentlichen Vorlesungen geschehen . . .

Vom Banne

Im offenkundigen Ehebruch Lebende, Huren, Herumtreiber, tägliche Trunkenbolde, Gotteslästerer und andere, die in einem Schandleben und frevelnder Gesetzeslosigkeit wider andere Leute handeln, sollen zunächst ernstlich durch einen oder zwei ihrer Prediger ein- oder zweimal ermahnt werden, daß sie sich bessern. Wollen sie nicht, so halte man sie für Unchristen und verdammte Leute, wie Christus uns lehrt und das Urteil spricht Matth. 18[,15ff.]. Darum lasse man sie nicht zum Sakramente gehen, zu größerer Verdammnis, bis sie sich offenkundig bessern, weil sie offenkundig gesündigt haben. Zur Predigt können sie jedoch gehen. Auch soll man sie ermahnen, daß sie Gott fürchten und dies Urteil der Prediger im Namen der Gemeinde, das aus Gottes Wort geschieht, nicht verachten, damit sie Gottes Gericht nicht noch mehr auf sich laden, denn ihr eigenes Gewissen sowie Gottes Gebot und Urteil ist wider sie.

Besseren Bann können wir zur Zeit noch nicht verhängen. Christus hat uns auch

nicht mehr aufgetragen. Er sagt: »Haltet ihn für einen Heiden und verdammten Menschen« [Mt 18,17b]. Darüber hinaus kann man ihn jedoch dulden und soll ihn auch dulden in Nachbarschaft und Bürgerschaft, in weltlichen Ordnungen zum allgemeinen Frieden. Also so, daß die Christen wissen, daß sie bei solch alltäglichen Begebenheiten, bei denen sie ihn weder meiden können noch sollen, mit ihm umgehen wie mit einem Mitbürger, aber nicht mit einem Christen . . .
Was weiter zu richten ist, steht den Predigern nicht zu, sondern speziell unserer Obrigkeit[4] . . .

Von den Bildern
Über die Bilder sind gute Bücher geschrieben worden, daß es nicht unrecht oder unchristlich sei, Bilder zu haben, vor allem solche, auf denen Geschichten und Ereignisse dargestellt sind. Wir geben allerdings zu, daß wir in unseren Kirchen viele Lügenbilder und viele unnütze Klötze haben[5]. Damit wir jedoch nicht zu Bilderstürmern werden und andere Leute, bekannte oder fremde, dies nicht für Anstoß erregend ansehen, wollen wir nur mit ordentlicher Gewalt und obrigkeitlicher Macht die Bilder beseitigen, bei und vor denen besondere Anbetung und Abgötterei und besondere Verehrung durch Kerzen und Leuchter stattfinden. Alle übrigen, die in der Kirche nicht stören, lassen wir bestehen. Falls aber späterhin bei einigen Bildern auch solche Abgötterei und vermeintlicher Gottesdienst durch abergläubische Leute entstünden, wollen wir mit ordentlicher Gewalt und Recht auch diese entfernen, so oft es notwendig sein wird. Denn Gott allein gebührt Anbetung und Anrufung, wie er selber sagt, Jes 42[,8]: »Ich bin der Herr, das ist mein Name, meine Ehre will ich keinem anderen geben, noch meinen Ruhm den Götzenbildern.«

[Regelung der sozialen Fürsorge]
Aus diesem Armenkasten sollen alle wirklich Armen versorgt werden. Das sind als erste die Hausarmen[6]. Ebenso die Handwerker und Arbeiter, die das Ihre nicht versaufen, verkommen lassen oder unnütz verbringen, sondern fleißig arbeiten, in aller Ehrbarkeit und Redlichkeit leben und doch dabei Unglück haben, so daß sie ohne eigene Schuld Not leiden. Ebenso jene, die durch Krankheit oder körperliche Gebrechen erwerbsunfähig sind. Ebenfalls Witwen und Waisen, die nichts haben und sich nichts erarbeiten oder erwerben können und auch sonst keine Verwandten haben, die sich aus Pflicht oder freiwillig ihrer annehmen, sofern sie ein ehrbares Leben führen und nicht lasterhaft leben, wie Paulus 1Tim 5[,4ff.] von den Witwen schreibt. Sind sie jung, so verhelfe man ihnen, um Gottes willen, daß sie wieder Ehemänner bekommen, wie Paulus es ebendort haben will. Desgleichen verarmte junge Frauen und ordentliche Dienstmägde, die einen guten Ruf haben, deren sich aber niemand annimmt, sondern die von allen verlassen sind. Ebenso jene, die eine Zeitlang bei uns gedient haben, so daß sie sich als bewährt und rechtschaffen erwiesen haben, und um Gottes willen bitten, daß man ihnen zum Erlernen eines Handwerks behilflich sein solle, um bei uns einem ordentlichen Beruf nachzugehen. Ebenso jene, denen man dazu verhelfen kann, daß sie von ihrer Krankheit genesen, sonst aber aus Armut verkommen müßten. Diesen und Ähnlichen helfen wir aus der Not. Diese Werke sind keine Heuchelei, sondern . . . die ernsthaften, rechten, guten Werke . . .
Die Namen der Armen, die man eine Zeitlang oder ständig versorgen muß, sollen

in eine Liste eingetragen werden. Bei ihnen soll man besonders darauf achten, daß sie ehrbar leben . . .

Rechtschaffenen Handwerkern, die ohne eigenes Verschulden mit Frau und Kindern Not leiden, soll man mit Vorschuß helfen, der nach bestimmter Frist ohne Aufgeld oder Gewinn zu erstatten ist. Die Diakone sollen hierbei Vernunft gebrauchen, daß sie den Armen nicht unklugerweise Schaden tun durch Maßlosigkeit der Ausgabe. Zuletzt soll aber doch die christliche Liebe den Ton angeben. Fremde Bettler und andere, die arbeiten können oder sonst keine Not leiden, sollen mit ihrem Betteln hier nicht geduldet werden. Jedoch für die, die bei uns krank werden, auch wenn es Fremde sind, wollen wir dasselbe tun wie für die, die bei uns gewohnt oder gedient haben. Denn so sehen wir sie an, daß Gott selber sie uns in ihrer Notlage zum Versorgen zuweist.

Erhielte aber zu Zeiten ein durchreisender Bedürftiger aus unserem allgemeinen Gut eine Gabe, sei es nun Geld, Hosen oder Schuhe, vor allem durch Fürsprache rechtschaffener Bürger oder der Prediger, so soll es so genau nicht genommen werden, allerdings ohne Schmälerung unserer Armen . . .

Wenn jemand – Mann, Frau, Knecht, Magd – aus nachweisbarer Not um Gottes willen bittet und ihm lebenslang Unterstützung aus dem allgemeinen Gut zuerkannt wird, soll dieser Kasten sogleich deren ganzes Hab und Gut, beweglich und unbeweglich, übernehmen als Zuschuß zum Unterhalt und, falls nach dem Tode des Betreffenden etwas übrig bleibt, für immer behalten.

Auf die Mönche, die bei uns bleiben, weil sie alt, krank oder sonst untauglich sind, soll man achtgeben, daß sie zuchtvoll leben, zu bösem Gerücht keinen Anlaß geben, und man sorge für ihren zeitlichen Unterhalt . . .

Wir sollen ja die Not dieser nun von allen verlassenen Leute gerecht und gründlich bedenken; das verlangt unser Evangelium und die rechte christliche Liebe, sofern sie ihr Leben redlich und ordentlich, wie sie es schuldig sind, führen wollen. Was sie glauben oder nicht glauben, das muß man alles Gott anheimstellen, der hat darüber Macht; nur dürfen sie nicht bei anderen Leuten unserem Evangelium und der Gnadenpredigt in Christo hinderlich sein.

Fielen die Schuldner dieses Kastens in plötzliche nachweisliche Not ohne ihr Verschulden, so daß sie ganz oder teilweise nicht bezahlen könnten – wie denn Gott uns gewiß Unglück schicken kann –, so sollen die Diakone an ihnen gnädig und barmherzig handeln nach Lage der Sache, jedoch so, daß dem Schuldner weder Hinterlist noch Betrug gestattet werde.

Geld auszuleihen in größeren Beträgen aus diesem Gut der Armen, dürfen drei oder vier Diakone [allein] nicht vornehmen, sondern dies soll geschehen, wenn am Sonnabend die sechzehn Diakone oder die meisten von ihnen, falls einmal einige nicht kommen können, beisammen sind; es sei denn, daß irgendwo eine plötzliche oder nachweisliche Not es anders erforderte . . .

Quelle: Die evangelischen Kirchenordnungen des XVI. Jahrhunderts 5, hg. von E. Sehling, 1913, S. 495; 499; 509; 513; 534f.; übers. nach: H. Wenn (Hg.), Johannes Bugenhagen. Der Ehrbaren Stadt Hamburg Christliche Ordnung 1529, 1976, S. 37.55–59.105.123–125.223–229. – *Literatur:* K. D. Schmidt, Bugenhagens geschichtliche Bedeutung, in: Zum Gedenken an Johannes Bugenhagen 1485–1558, hg. von der Ev.-Luth. Kirche Hamburg, 1958; ders., Luthers Ansatz zur Neuordnung der Gemeinden im Jahre 1523, Luther 29, 1958, S. 14–22; E. Wolf, Johannes Bugenhagen. Gemeinde und Amt, in: ders., Peregrinatio 1, 1962², S. 257–278; für die Frage der Kirchenordnungen im süddeutschen Raum und den Einfluß des Joh. Brenz (vgl. Nr. 65, 119) s. M. Brecht, Kirchenordnung und Kirchenzucht in Württemberg vom 16. bis zum 18. Jahrhundert, QFWKG 1, 1967; zum Unterschied im

Rechtfertigungsverständnis zwischen Luther und Bugenhagen s. H. H. Holfelder, Tentatio et consolatio. Studien zu Bugenhagens ›Interpretatio in Librum Psalmorum‹, AKG 45, 1974.

1. WA 12, S. 11–30.
2. Vgl. zum Ruf nach einem Konzil als terminus-ad-quem der reformatorischen Neuordnungen Nr. 77 Anm. 1; s. auch Nr. 85, 105–108, aber schließlich 132!
3. Vgl. auch die 1530 in CA VII (Nr. 81) festgelegte Differenzierung in göttliche Institution von Evangeliumspredigt und Sakramentsverwaltung einerseits und Relativität der von Menschen aufgestellten Kirchenordnungen andrerseits.
4. Vgl. die Ausführungen Hubmaiers zum Bann (Nr. 63), der nicht zwischen ›weltlichem‹ und ›christlichem‹ Geltungsbereich des Banns unterscheidet. S. auch die Aussagen zum ›weltlichen‹ Bann im »Artikelbrief der Schwarzwälder Bauern« (Nr. 67).
5. Vgl. Karlstadts rigoristische Haltung in der Bilderfrage (Nr. 44). S. M. Stirm, Die Bilderfrage in der Reformation, QFRG 45, 1977.
6. »Hausarme« sind mit Ehren in Armut geratene Leute, registriert und seßhaft, im Gegensatz zu ›wilden Landstreichern‹; vgl. Die ev. Kirchenordnungen des XVI. Jahrhunderts, 15,1, bearb. von G. Franz, 1977, S. 618 Anm. 8.

44. Andreas Karlstadt: Von Abtuhung der Bilder (Januar 1522)

Während Luther auf der Wartburg war, wurde Karlstadt (vgl. Nr. 6, 15, 22, 37, 39) nach anfänglichem Zögern bei den in Wittenberg entstandenen Unruhen (vgl. Nr. 39, 41) einer der Anführer bei der Durchsetzung von Neuerungen. Mit der Schrift »Von Abtuhung der Bilder« wendet er sich gegen die Bilderverehrung in den Kirchen; sie ist geschrieben kurz nach seiner Heirat am 19. Januar. Am 24. Januar 1522 weiß ein Wittenberger Student zu berichten, daß Karlstadt am nächsten Sonntag (27. Januar) scharf gegen die Bilder predigen werde (vgl. N. Müller, Die Wittenberger Bewegung 1521 und 1522, S. 172f. Nr. 74). Als der Wittenberger Rat schließlich die Beseitigung der Bilder aus den Kirchen anordnet, wird dies unter teilweise tumultuarischer Beteiligung der Bevölkerung in der ersten Februarwoche in der Stadtkirche durchgeführt (vgl. Nr. 42, bes. 13; auch den Abschnitt ›Von den Bildern‹ in Nr. 43).

Liebe Brüder, Gott bewahre euch vor solch ketzerischem Wort: ›Wir befolgen das alte Gesetz nicht oder nehmen es nicht an. Denn das gehört den Unchristen an und bricht und verkleinert die Lehre Christi.‹ Christus beweist aber seine Lehre aus Moses und den Propheten. Und er sagt, er sei nicht gekommen, das Gesetz zu brechen, sondern es zu erfüllen [Mt 5,17]. Er hat auch seine Jünger belehrt, daß er habe leben und leiden müssen, damit die Schrift erfüllt werde [Lk 24,26]. Christus hat nicht den allerkleinsten Buchstaben des Moses gebrochen. Er hat auch keinen Zusatz und keinen Abbruch gegenüber dem Gesetz des Moses verfügt. Schließlich hat Christus nichts für ungültig erklärt, was Gott im alten Gesetz gefallen hat. Christus hat innerhalb von Wille und Inhalt des alten Gesetzes gestanden. Wer diese zwei Sprüche zusammenreimen kann, nämlich ›Durch den Glauben heben wir das Gesetz auf‹ [Fide legem antiquamus] und ›Durch Glaube oder Gnade bekräftigen wir das Gesetz‹ [Fide vel gratia legem stabilimus] [Röm 3,31], der versteht Moses, die Propheten, Christus und Paulus in dem Sinne, daß das alte Gesetz unverbindlich ist[1]. Jetzt ist es zuviel, das zu erklären, und ich weiß auch, daß mich die Gesetzesfeinde trotzdem nicht verstehen würden. Daher will ich den obengenannten Gegenrednern so antworten: Lieber Freund, du sagst: »Nur das alte Gesetz verbietet die Bilder.« Deswegen willst du sie in Gotteshäusern gestatten und

willst solches Verbot gering achten. Warum sagst du nicht auch, daß wir Vater
und Mutter nicht schuldig sind zu ehren, weil das im alten Gesetz geboten ist?
Weiterhin sind Totschlag, Unkeuschheit, Diebstahl und ähnliche Missetaten auf
den Tafeln verboten, auf denen auch die Bilder verboten sind. Und das Verbot der
Bilder steht obenan als das hauptsächlichste und größte. Das Verbot der Unkeuschheit, des Diebstahls usw. steht untenan als das geringere und kleinste.
Warum sagst du nicht auch: Wir wollen Ehebruch, Diebstahl, Mord und dergleichen zulassen und in den Kirchen dulden, deshalb, weil sie im alten Gesetz verboten sind?
Christus zeigt dem das Gesetz, der danach fragt: »Was soll ich tun, damit ich das
ewige Leben habe?« [Mk 10,17]. Warum soll ich in diesem Fall nicht auch in das
Gesetz des Moses führen? Du sagst: »Jesaia und Jeremia sind evangelische Propheten.« Die aber verbieten Bilder [Jes 30,22; 40,18ff.; 44,10ff.; Jer 8,19; 10,1ff.].
Warum mißfällt es dir also, daß sie Bilder verbieten? Ich sage dir, daß Gott die Bil-
der nicht weniger und mit nicht geringerem Fleiß verboten hat als Totschlag,
Diebstahl, Raub, Ehebruch und dergleichen. Endlich mußt du auch zugeben, daß
Paulus ein profunder Prediger des Evangeliums und des neuen Gesetzes ist, der die
Tiefe des Moses erfaßt und an den Tag gebracht hat, der der christliche Verheißung
über die Maßen trostvoll verkündigt hat. Du mußt auch folgendes zugeben:
›Wenn Paulus Bilder verbietet, so will ich sie fliehen.‹ Nun aber höre! Paulus
spricht: »Sie haben die Herrlichkeit des unsterblichen Menschen, ja sogar der Vögel sowie der vierfüßigen und kriechenden Tiere verdreht« Röm 1[,23]. Hörst du
nun, wie schlimm und gefährlich Paulus die Bilder einschätzt? Er sagt, daß Bilder-
verehrer Gott die Ehre stehlen und sie den Bildern erweisen. Also setzen sie Gott
herab und verhöhnen ihn. Darum spricht Moses oftmals, daß Gott unsere Bilder
und Nachbildungen nicht dulden kann. Also stimmt Moses mit Paulus überein.

Quelle: Andreas Karlstadt, Von Abtuhung der Bilder, hg. von H. Lietzmann, KlT 74, 1911, S.
21,17–22,26. – *Literatur:* s. Nr. 6 und Nr. 39.

1. S. demgegenüber die noch Ende Januar, Anfang Februar verfaßten Gegenthesen Melanchthons;
N. Müller, S. 183 Nr. 85; vgl. Preus, Carlstadt's Ordinationes, 39f.

45. Müntzer: Brief an Philipp Melanchthon (27. März 1522)

In dem unten abgedruckten Brief nimmt Müntzer (vgl. Nr. 20, 40, 50–55) zur Eindämmung der radikalen Reformation und Beruhigung der Situation in Wittenberg, die durch Luthers Invokavit-Predig-
ten (vgl. Einleitung zu Nr. 39) erreicht wurde, Stellung.

Thomas Müntzer, Bote Christi, an den Christenmenschen Philipp Melanchthon,
Professor der Heiligen Schrift.
Ich grüße Dich, Du Werkzeug Christi. Eure Theologie nehme ich von ganzem
Herzen an; denn sie hat viele Seelen von Auserwählten aus den Fallen der Jäger [Ps
91,3; 124,7] befreit. Ich unterstütze es, daß Eure Priester heiraten, damit euch das
Römische Schreckgespenst nicht weiter in Bann hält. Dabei mißfällt mir aber, daß
Ihr, wenn Ihr den stummen Mund [den toten Buchstaben der Schrift] des Herrn
verehrt, nicht wißt, ob die [Kinder], die Ihr Unwissenden zeugt, erwählt oder ver-
worfen sind, und Ihr so der Kirche der Zukunft gänzlich widerstrebt, in der die

Weisheit des Herrn in ihrer ganzen Fülle aufgehen wird. Der Grund dieses Irrtums, Geliebte, liegt einzig darin, daß Ihr das lebendige Wort nicht kennt. Seht
doch, die Schrift, mit der wir die Welt überwinden wollen, sagt in aller Deutlichkeit: »Der Mensch lebt nicht vom Brot allein, sondern von einem jeglichen Wort,
das aus dem Mund Gottes kommt« [Dtn 8,3; Mt 4,4]. Achtet darauf: aus dem
Mund Gottes kommt es und nicht aus Büchern; in Büchern wird das wahre Wort
nur bezeugt. Denn wenn es nicht im Herzen gründet, ist es Menschenwort und
bringt die falschen Schriftgelehrten [Jer 8,8] ins Verderben, die die heiligen Worte
stehlen, wie es Jer 23[,30f.] heißt. Niemals hat der Herr zu ihnen gesprochen, und
[doch] reißen sie seine Worte an sich [usurpant].
O Ihr Geliebten, strebet danach, daß Ihr weissagen möget [1Kor 14,1]; sonst wird
Eure Theologie keinen Heller wert sein. Betrachtet Euren Gott aus der Nähe und
nicht aus der Ferne [Jer 23,23]; glaubt, daß Gott lieber redet, als ihr bereit seid zum
Hören! Wir sind voll von Begierden; das hindert den Finger des lebendigen Gottes, seine Tafeln zu beschreiben [Ex 31,18; 32,19]. Durch Eure süßen Reden ver-
lockt ihr die Leute zur Ehe, obwohl das Ehebett nicht mehr unbefleckt [Hebr 13,4],
sondern ein Sündenpfuhl [lupanar] des Satans ist. Das schadet der Kirche nicht
weniger als das verdammte Priestertum, das durch Salbung begründet wird. Denn
jene leidenschaftlichen Begierden stehen doch Eurer Heiligung im Wege [1Thess
4,3–5]; und wenn Ihr das nicht zugebt, dann kann der Geist nicht über Euer
Fleisch ausgegossen werden [Joel 3,1], so daß Ihr lebendigen Umgang [eloquia]
mit Gott habt. Kein Gebot – um es so auszudrücken – ist für einen Christen ver-
bindlicher als das der Heiligung. Denn nach Gottes Willen befreit diese zuerst die
Seele, die dann die niedrigen Lüste nicht mehr ungerechtfertigt walten lassen
kann: Dann haben wir eben Umgang [utimur] mit den Frauen, als hätten wir keine
[1Kor 7,29]. Tut Eure eheliche Pflicht [1Kor 7,3] nicht wie die Heiden, sondern in
dem Wissen, daß Gott mit Euch redet, Euch befiehlt und ermahnt, daß Ihr sicher
wißt, wann man es [den Beischlaf] tun muß, [dann nur] um Kinder zu zeugen, die
Gott erwählt hat. So kann Euch die Furcht Gottes und der Geist der Weisheit [Jes
11,2] davor bewahren, daß Ihr von der tierischen Lust verschlungen werdet.
Schon ist – ich fürchte und weiß es – die Schale des dritten Engels in die Wasser-
brunnen ausgegossen, und das ganze lebendige Wasser ist zu Blut geworden [Offb
16,4], d.h. ihr Schriftverständnis [lectio] ist in Fleisch und Blut [1Kor 15,50 u.ö.]
verkehrt worden. Es gibt zwar Auserwählte, aber ihre Vernunft kann aus den genannten Gründen noch nicht geöffnet werden. Deshalb sind sie in ihrem Lebenswandel von den Verworfenen nicht zu unterscheiden; nur ihre Gottesfurcht
trennt sie von ihnen. Zwei liegen auf einem Bette [Lk 17,34] und vollführen ein
Werk der Wollust. Denn solche Werke sehe ich bei Euch, wenn Ihr euch streitet
[1Kor 1,11] über die Abschaffung der Messe. Daß einige den Greuel der Papisten,
die Messe als Opfer zu feiern, mit Abscheu zurückgewiesen haben, ist löblich und
ganz in meinem Sinne; das haben sie aus Eingebung des Heiligen Geistes getan.
Aber darin sind sie noch im Irrtum steckengeblieben, daß sie den Brauch der Apostel nicht ganz genau übernommen haben. Denn wer auf Geheiß des Herrn sät, der
muß auch ernten [1Kor 9,7–14]. Nach der Predigt müssen deshalb die Prediger
ihre Hörer prüfen, und wer eine Frucht seiner Erkenntnis aufweisen kann, muß
den Leuten bekannt gemacht werden, und [nur] ihm darf man Brot und Wein aus-
teilen; denn die haben es wahrhaft in ihrem Besitz, denen es vergönnt ist, die
Zeugnisse Gottes zu verstehen, d.h. die lebendigen Verheißungen im Unterschied
zu den toten, die sich in Büchern finden.

Unser geliebter Martin [Luther] handelt in Unwissenheit, wenn er bei den Kleinen
keinen Anstoß erregen will; denn sie sind so klein wie die verfluchten hundertjäh-
rigen Kinder [Jes 65,20]. Nein, die Bedrängnis der Christen steht schon vor der
Tür; ich weiß nicht, warum Ihr meint, man müsse noch warten. Liebe Brüder, laßt
Euer Trödeln; es ist Zeit! Laßt Euer Säumen; der Sommer ist da [Mt 24,32f.]!
Sucht keinen Ausgleich mit den Verworfenen; denn die verhindern, daß das Wort
mit großer Kraft wirkt [1Thess 2,13]. Auch Eurem Fürsten schmeichelt nicht;
sonst werdet Ihr zugrunde gehen, und davor behüte Euch der hochgelobte Gott.
Wenn Ihr den christlichen Glauben an das Fegefeuer ablehnt, zeigt Ihr damit nur,
daß Ihr Euch in der Schrift und der geistlichen Wissenschaft [studiis spiritus] nicht
auskennt. Natürlich bin ich auf Eurer Seite, wenn Ihr das zurückweist, was sich die
Papisten zusammenphantasiert haben. Aber in die ewige Ruhe kann man nur eingehen, wenn einem die sieben Geister [Jes 11,2f.; Offb 1,4 u.ö.] die sieben Stufen
der Erkenntnis [rationis] eröffnen. Deshalb ist es ein verabscheuungswürdiger Irrtum, wenn man nicht an das Fegefeuer glaubt: Hütet Euch davor! Wenn Ihr wollt,
kann ich alles Gesagte mit der Heiligen Schrift [scripturis], mit Vernunft [ordine],
Erfahrung [experientia] und mit dem klaren Worte Gottes [aperto verbo Dei] un-
termauern. Ihr zarten Schriftgelehrten, seid nicht unwillig, ich kann es nicht anders machen. [Der letzte Satz ist Deutsch]
Lebt wohl!
Am Donnerstag nach Mariä Verkündigung [27. März 1522][1]
Thomas Müntzer, Bote Christi.
Geht nicht den Gott von Ekron [2Kön 1,2], d.h. Euren [Johannes] Lang [† 1548],
um Rat an[2]; denn der ist verworfen[3], weil er in seinem ewigen Hochmut den
Knecht des Herrn verfolgt hat.

Quelle: Thomas Müntzer, Schriften und Briefe, S. 380–382 Nr. 31. – *Literatur:* W. Elliger, Thomas
Müntzer, S. 221–229; R. Schwarz, Die apokalyptische Theologie Thomas Müntzers und der Tabori-
ten, BHTh 55, 1977; vgl. auch Nr. 20, 40, 50–56.

1.   Dieser Brief kann auf den 27. oder 28. März datiert werden; s. Melanchthons Briefwechsel, 1. Regesten, hg. von H. Scheible, S. 127 Nr. 223.
2.   S. die Erläuterung bei Elliger, S. 219f.
3.   Weniger apodiktisch, wenn auch pastoral hart, schreibt Müntzer im Juni 1524 an Lang anläßlich
seiner Heirat mit der reichen Witwe Mattern. Vgl. Müntzer, Schriften und Briefe, S. 406f. Anm. 1 Nr.
51.

46.   Das ›Schuldbekenntnis Hadrians‹ (25. November 1522)

Francesco Chieregati (1478–1539) war seit 1515 päpstlicher Diplomat und wurde vom ersten holländi-
schen Papst, Hadrian VI. (1522–1523), als Nuntius zum Nürnberger Reichstag (vgl. Einleitung zu Nr.
69) entsandt, um die Luthersache zügig zu bereinigen. Die Instruktion, die ihm der Papst mitgab (vom
25. November 1522, verlesen am 3. Januar 1523), enthält sowohl ein freimütiges Bekenntnis über die
Krankheit der Kirche an Haupt und Gliedern, als auch eingangs einen unüberhörbaren Appell an den
Reichstag, unnachgiebig und zielstrebig gegen Luther und seine Begünstiger einzuschreiten (vgl. Nr.
31–33 und Nr. 80–85).

Wenn nun jemand sagt, Luther sei vom Apostolischen Stuhl ohne Anhörung und
ohne Verteidigungsmöglichkeit verurteilt worden und deshalb müsse man ihn auf

jeden Fall noch hören und dürfe ihn nicht verurteilen, bevor erwiesen sei, daß er im Unrecht ist, so antwortet in folgendem Sinne: Was zum Glauben gehört, ist um der göttlichen Autorität willen eben zu glauben, nicht zu beweisen. Ambrosius sagt: »Wenn es um Glauben geht, so laß Beweise weg; es sind Fischer, denen wir glauben, keine Logiker.«[1] Selbstverständlich sind auch wir der Ansicht, daß man ihm die Möglichkeit geben muß, sich zu verteidigen, soweit es um Tatsachenbehauptungen geht, d.h. ob er etwas gesagt, gepredigt, geschrieben hat oder nicht. In Fragen des göttlichen Rechtes und der Sakramente aber muß man der Autorität der Heiligen und der Kirche folgen. Hinzu kommt, daß fast alle Abweichungen Luthers bereits früher von verschiedenen Konzilien verworfen worden sind . . . Da also Luther und seine Anhänger die Konzilien der heiligen Väter verurteilen, das heilige kanonische Recht [canones] verbrennen und alles nach ihrem Gutdünken durcheinanderbringen, ja, die ganze Welt in Aufruhr versetzen, kann es keinen Zweifel darüber geben, daß sie als Feinde des öffentlichen Friedens und Aufrührer [perturbatores] von allen, die diesen Frieden lieben, ausgerottet werden müssen.

Daneben sollst Du aber auch sagen, daß wir von ganzem Herzen bekennen, daß der Grund dafür, daß Gott diese Verfolgung seiner Kirche zuläßt, in der Sünde der Menschen liegt, besonders der Priester und der Oberen [prelati] der Kirche . . . Wir wissen, daß es an diesem Heiligen Stuhl schon seit einigen Jahren viele greuliche Mißbräuche in geistlichen Dingen und Vergehen gegen die göttlichen Gebote gegeben hat, ja, daß eigentlich alles pervertiert worden ist. So ist es kein Wunder, wenn sich die Krankheit vom Haupt auf die Glieder, d.h. von den Päpsten auf die unteren Kirchenführer ausgebreitet hat. Wir alle, d.h. wir Kirchenführer und Priester [prelati et ecclesiastici], sind abgewichen; ein jeder sah auf seinen Weg [Jes 53,6], und da ist schon lange keiner mehr, der Gutes tut, auch nicht einer [Ps 14,3]. Deshalb müssen wir alle Gott die Ehre geben und uns vor ihm demütigen; ein jeder von uns muß seinen Fall erkennen und sich selbst richten, bevor er von Gott mit der Rute seines Zorns gerichtet wird [1Kor 11,31]. Soweit wir selbst betroffen sind, darfst Du versprechen, daß wir jede Anstrengung unternehmen werden, daß als erstes diese Kurie, von der wohl das ganze Übel ausgegangen ist, reformiert wird [reformetur], so daß sie in der gleichen Weise, wie sie zum Verderben aller Untergebenen Anlaß gegeben hat, nun auch ihre Genesung und Reform [reformacio] bewirkt. Dazu fühlen wir uns um so mehr verpflichtet, als wir sehen, daß die ganze Welt eine solche Reform sehnlichst begehrt.

Wir haben es Dir wohl schon gesagt, daß wir dies Pontifikat niemals für uns begehrt haben. Wenn es nach uns gegangen wäre, so hätten wir viel lieber ein Privatleben geführt und Gott in heiliger Ruhe [ocio] gedient, ja wir hätten das Amt ausdrücklich abgelehnt, wenn uns nicht die Furcht Gottes und die Aufrichtigkeit unserer Wahl sowie die Furcht vor einem Schisma im Falle unserer Weigerung gezwungen hätten, es anzunehmen. Wir haben also die höchste Würde auf uns genommen, nicht um unserer Herrschsucht zu frönen oder unsere Verwandten reich zu machen, sondern um Gottes Willen zu gehorchen, seine entstellte [deformata] Braut, die katholische Kirche, zu reformieren, den Unterdrückten zu Hilfe zu kommen und die Gelehrten und Tugendhaften, die schon lange unbeachtet geblieben sind, aufzurichten und auszuzeichnen – kurz: um alles zu tun, was ein guter Papst und rechtmäßiger Nachfolger des seligen Petrus tun muß. Natürlich darf sich niemand wundern, wenn wir nicht alle Irrtümer und Mißbräuche sofort beseitigen können. Die **Kran**kheit hat sich im Laufe der Zeit so tief eingefressen [inveteratus], daß man, um sie zu heilen, nur mit größter Behutsamkeit vorgehen darf und nicht nur ein, sondern viele verschiedene Mittel anwenden muß. Dabei muß man als erstes den größeren und gefährlicheren Übeln begegnen, damit wir nicht vor lauter Eifer, alles auf einmal zu reformieren, alles erst recht in Unordnung bringen. So sagt ja auch Aristoteles, daß alle plötzlichen Veränderungen in einem Staat gefährlich sind; denn wer sich zu stark schneuzt, der blutet.

Quelle: DRTA.JR 3, S. 396,15–25; 397,1–8.14–398,9 (allgemein über die Verhandlungen zur Luthersache: 383–452). – *Literatur:* G. Müller, Die römische Kurie und die Reformation 1523–1534. Kirche und Politik während des Pontifikates Clemens' VII., QFRG 38, 1969, S. 11–15; ders., Zur Vorgeschichte des Tridentinums. Karl V. und das Konzil während des Pontifikates Clemens' VII., ZKG 74, 1963, S. 83–108.

1. Vgl. Ambrosius, De fide, 1, 13, 84 (PL 16, Sp. 548BC); s. zu Ambrosius auch Bd. I Nr. 85f.

47. Zwingli: Die reformatorische Entscheidung (29. Januar 1523)

Zwingli hatte 1522 zur Verteidigung einiger Freunde, die in der Vorosterzeit das Fastengebot gebrochen hatten, seine erste reformatorische Schrift: »Von Erkiesen und Freiheit [Von freier Wahl] der Speisen« geschrieben. Die damit aufgeworfene Grundfrage der freien evangelischen Predigt wurde bereits am 21. Juli 1522 in einem ›Glaubensgespräch‹ in Zürich erörtert.

Für die sogenannte ›erste‹ Zürcher Disputation (29. Januar 1523), wozu der Rat die Priester der Stadt und des Kantons eingeladen hatte – aus Konstanz erschien eine bischöfliche Delegation unter Leitung des Generalvikars Johann Fabri (1478–1541), des »wichtigsten Gegners der schweizerischen Reformation« (Locher) –, verfaßte Zwingli kurz vorher »67 Schlußreden«, d.h. Thesen, die als Grundlage einer Disputation dienen sollten. Eine Disputation im eigentlichen Sinn fand aber nicht statt.

Die »67 Schlußreden« sind die früheste Zusammenfassung der reformatorischen Theologie Zwinglis, worin Taufe und Abendmahl noch nicht thematisiert werden; These 42 markiert aber bereits die Distanz zu Wittenberg.

a) Zwinglis erstes Votum (nach dem Bericht des Erhard Hegenwald)

Ihr frommen Brüder in Christus! Der allmächtige Gott hat von Anfang der Welt stets den Willen und die Gunst seiner göttlichen Gnade dem menschlichen Geschlecht erwiesen, gütig als ein allmächtiger, getreuer Vater; wie wir ja aus allen göttlichen Schriften lesen und erkennen, daß der ewige, barmherzige Gott sein göttliches Wort und seinen Willen dem Menschen zum Trost immer mitgeteilt hat. Und obwohl er eine Zeit lang dasselbe Wort, das Licht der Wahrheit, wegen der Sünder und Gottlosen, die der Wahrheit widerstreben, zurückhielt und die Menschen, die ihrem eigenen Willen und böser Neigung nachfolgten, in Irrtum fallen ließ, wie wir wahrhaftig in allen biblischen Geschichten Kunde erhalten, so hat er doch danach wiederum die Seinen mit dem Licht seines ewigen Wortes erleuchtet und getröstet, so daß sie – wenn sie auch in Sünde und Irrtümer gefallen sind – wiederum durch seine göttliche Gnade aufgerichtet, nie ganz verlassen und von seiner göttlichen Erkenntnis abgekommen sind.

Das sage ich deshalb, liebe Brüder: Ihr sollt wissen, daß jetzt in unseren Zeiten, gleichwie auch vorher viele Jahre, das helle, lautere und klare Licht, das Wort Gottes, mit menschlichen Zusätzen und Lehren so sehr verdunkelt, vermischt und verbleicht wurde, daß auch der Großteil derer, die sich jetzt mit dem Mund als Christen bekennen, nichts weniger wissen als den göttlichen Willen, vielmehr

durch ihre selbsterdachten Gottesdienste, Heiligkeit, äußerliche geistliche Zur-
schaustellung von Menschen herrührend und auferlegt, irregegangen sind. Dazu
sind sie auch von denen, die man für gelehrt und als Führer der anderen erachtet,
überredet worden, daß die Einfältigen meinen, solch äußerlicher, erdachter, geistlicher Schein und selbstauferlegter Gottesdienst diene notwendig zur Seligkeit, wo
doch wahrlich all unsere Seligkeit, Trost und Heil nicht in unserem Verdienst,
auch nicht in solchen äußerlichen, scheinenden Werken bestehen, sondern nur
allein in Christus Jesus, unserm Seligmacher, dem der himmlische Vater selbst
Zeugnis gegeben hat, daß wir ihn als seinen geliebten Sohn hören sollen [Mt
17,5]. Dessen Willen und rechten Dienst können wir allein nur aus seinem wahrhaftigen Wort der heiligen Evangelien und der sicheren Schriften seiner zwölf
Apostel erkennen und lernen, sonst aus keinem der menschlichen Gesetze oder
Verordnungen.

Da dies nun durch die Gnade und Eingebung von Gottes Heiligem Geist einige
fromme Herzen zu predigen sich unterstehen und dem Volk vorzuhalten, beschuldigt und schilt man dieselben nicht als Christen, sondern als Verfolger der
christlichen Kirche, ja als Ketzer, zu denen auch ich als einer von vielen in der Eid-
genossenschaft, Geistlichen und Weltlichen, gerechnet werde. Und obwohl ich
weiß, daß ich nun fast fünf Jahre [seit Februar 1519!] in dieser Stadt Zürich nichts
gepredigt habe als das wahrhaftige, lautere und klare Gotteswort, das heilige
Evangelium, die fröhliche Botschaft Christi, die göttliche Schrift, nicht durch
Menschen, sondern durch den Heiligen Geist geredet und ausgesprochen, hat mir
doch das alles nicht helfen können, vielmehr bin ich von manchem ein Ketzer, ein
Lügner, ein Verführer, ungehorsam gegenüber der christlichen Kirche gescholten
worden, was meinen Herren von Zürich wohl bekannt ist. Darüber habe ich mich
vor ihnen als meinen Herren beklagt, sie auf offener Kanzel gebeten und sehr ermahnt, mir zu gestatten, über meine Predigten und Lehren, die in ihrer Stadt ge-
schahen, vor allen Menschen, gelehrten oder ungelehrten, geistlichen oder weltlichen, auch vor unserem gnädigen Herrn, dem Bischof von Konstanz[1] oder seinen
Anwälten, Rechenschaft zu geben, wozu ich mich auch erbiete in der Stadt zu
Konstanz, wenn mir ein freies, sicheres Geleit zugesagt und gehalten würde, wie
denn jetzt umgekehrt auch hier[2] denen von Konstanz.

Auf mein derartiges Erbieten habt Ihr, meine Herren, gewiß durch Gottes Willen
mir vergönnt, hier vor einem versammelten Rat eine Disputation in Deutsch zu
halten, wofür ich Euch als meinen Herren ganz besonders großen Dank sage. Ich
habe daher von allen meinen Reden und Predigten, die in Zürich stattfanden, die
Aussage und den Inhalt in etliche Schlußreden zusammengefaßt[3] und dieselben
gedruckt in Deutsch erscheinen lassen, auf daß jeder sehe und wisse, was meine
Lehre und Predigt zu Zürich gewesen sind und künftig sein werden, falls ich nicht
eines anderen belehrt werde. Ich hoffe und vertraue, ja, ich weiß auch, daß meine
Predigt und Lehre nichts anderes sind als das heilige, wahrhaftige und reine Evangelium, das Gott durch mich mittels Anhauchen oder Eingebung seines Geistes hat
reden wollen . . . Darum erbiete ich mich hier einem jeglichen, der vermeint,
meine Predigt und Lehre seien unchristlich oder ketzerisch, Ursachen, Rede und
Antwort zu geben, gütig und ohne allen Zorn. Nun also her im Namen Gottes!
Hier bin ich!

Quelle: CR 88, S. 486,11–488,28. – *Literatur:* B. Moeller, Zwinglis Disputationen. Studien zu den
Anfängen der Kirchenbildung und des Synodalwesens im Protestantismus, ZSRG.K 56, 1970, S.

275–324; 60, 1974, S. 213–364; O. Scheib, Die theologischen Diskussionen Huldrych Zwinglis. Zur Entstehung und Struktur der Religionsgespräche des 16. Jahrhunderts, in: Von Konstanz nach Trient. Festgabe für August Franzen, 1972, S. 395–417; R. Pfister, Kirche und Glaube auf der Ersten Zürcher Disputation vom 29. Januar 1523, Zwing. 13, 1973, S. 553–569; B. Moeller, Die Ursprünge der reformierten Kirche, ThLZ 100, 1975, S. 641–653; H. A. Oberman, Werden und Wertung, S. 241–250; G. W. Locher, Die Zwinglische Reformation im Rahmen der europäischen Kirchengeschichte, 1979, S. 110–115.

1.   Hugo von Landenberg († 1528).
2.   Nämlich in Zürich.
3.   S. den folgenden Text Nr. 47b.

b) Die 67 Schlußreden (Artikel oder Thesen)

Ich, Huldrych Zwingli, bekenne, daß ich diese nachher angeführten Artikel und Meinungen in der löblichen Stadt Zürich gepredigt habe, aufgrund der Heiligen Schrift, die theopneustos [2 Tim 3,16] – d. h. von Gott inspiriert – heißt, und ich erbiete mich, gemäß der Heiligen Schrift diese Artikel zu verteidigen und mich, falls ich die Heilige Schrift nicht recht verstünde, eines Besseren belehren zu lassen, doch nur aus der Heiligen Schrift.

1.   Alle, die sagen, das Evangelium gelte nichts ohne die Bestätigung der Kirche, irren und schmähen Gott.

2.   Summe des Evangeliums ist, daß unser Herr Christus Jesus, wahrer Gottessohn, uns den Willen seines himmlischen Vaters kundgetan und uns mit seiner Unschuld vom Tode erlöst und [mit] Gott versöhnt hat.

3.   Somit ist Christus der einzige Weg [Joh 14,6] zur Seligkeit für alle, die je waren, sind und sein werden.

4.   Wer eine andere Tür sucht oder zeigt, der irrt, ja, der ist ein Mörder der Seelen und ein Dieb [Joh 10,1].

5.   Deshalb irren alle diejenigen, die andere Lehren dem Evangelium gleich oder höher stellen; sie wissen nicht, was [das] Evangelium ist.

6.   Denn Christus Jesus ist der Führer und Hauptmann, von Gott dem menschlichen Geschlecht verheißen und auch gegeben [Jes 55,4],

7.   daß er ewiges Heil und Haupt ist aller Gläubigen, die sein Leib sind [Eph 1,22f.], der aber ohne ihn tot ist und nichts vermag [Joh 15,5].

8.   Aus dem folgt erstens, daß alle, die in dem Haupte leben, Glieder und Kinder Gottes [Joh 1,12] sind. Und das ist die Kirche oder Gemeinschaft der Heiligen, Christi ›Hausfrau‹ [Eph 5,25f.; vgl. Offb 21,2]: Ecclesia catholica, [die allgemeine Kirche].

9.   Zweitens, daß, wie die leiblichen Glieder ohne Leitung des Hauptes nichts vermögen, so in dem Leibe Christi niemand etwas vermag ohne sein Haupt, Christus.

10.   Wie es um den Menschen schlecht bestellt ist, wenn die Glieder etwas ohne das Haupt tun – sie reißen, verwunden, schädigen sich selbst –, ebenso ist es, wenn die Glieder Christi etwas ohne ihr Haupt, Christus, unternehmen – es ist schlecht um sie bestellt, sie schlagen und beschweren sich selbst mit unweisen Gesetzen [Mt 23,4; Apg 15,10].

11.   Deshalb sehen wir, daß die Satzungen der sogenannten Geistlichen über ihren Prunk, Reichtum, Stand, Titel, Gesetze eine Ursache aller Torheit sind, denn sie stimmen mit dem Haupt nicht überein.

12. Sie wüten sehr, die geistlichen Herren, aber nicht um Christi, ihres Hauptes willen, sondern weil man ihrem Toben Einhalt gebietet, damit sie einzig auf das Haupt hören; denn Gott sei Dank, durch seine Gnade wird dieses Haupt zu unseren Zeiten in seiner vollen Autorität wieder herausgestellt.

13. Wenn man auf das Haupt hört, erlernt man den Willen Gottes deutlich und klar, und der Mensch wird durch seinen Geist zu ihm gezogen und in ihn verwandelt.

14. Darum sollen alle Christenmenschen ihren höchsten Fleiß darauf verwenden, daß überall allein das Evangelium Christi gepredigt wird;

15. denn im Glauben besteht unser Heil und im Unglauben unsere Verdammnis [Mk 16,16]; alle Wahrheit ist nämlich klar in ihm [= Evangelium].

16. Im Evangelium lernt man, daß Lehren und Satzungen der Menschen zur Seligkeit nichts nützen [Mt 15,9].

Vom Papst

17. Christus ist der alleinige, ewige, oberste Priester [Hebr 7,24]. Daraus ersehen wir, daß die, die sich als oberste Priester ausgegeben haben, der Ehre und Gewalt Christi widerstreben, ja, sie verwerfen.

Von der Messe

18. Christus, der sich selbst nur einmal aufgeopfert hat, ist ein für allemal das genügende Sühnopfer [Hebr 9,11f.] für die Sünden aller Gläubigen. Daraus wird erkannt, daß die Messe nicht ein Opfer, sondern ein Wiedergedächtnis [Lk 22,19] des Opfers und eine [Ver]sicherung der Erlösung ist, von Christus uns geleistet.

Von der Fürbitte der Heiligen

19. Christus allein ist Mittler zwischen Gott und uns [1Tim 2,5].

20. Gott will uns alle Dinge in Christi Namen geben [Joh 16,23ff.]. Daraus ergibt sich, daß wir für die Zeit nach unserem Leben keines anderen Mittlers bedürfen als ihn.

21. Wenn wir auf Erden füreinander bitten, geschieht es in dem Vertrauen, daß uns allein durch Christus alle Dinge gegeben werden.

Von den guten Werken

22. Christus ist unsere Gerechtigkeit [1Kor 1,30]. Daraus ermessen wir, daß unsere Werke, soweit sie aus Christus sind, gut, soweit sie aber aus uns sind, nicht gut sind.

Vom Gut der Geistlichen

23. Christus verwirft Habe und Pracht dieser Welt. Daraus ermessen wir, daß die, welche Reichtümer in seinem Namen an sich ziehen, ihm große Schmach bereiten, da sie ihn zu einem Deckmantel ihres Geizes und Mutwillens machen.

Vom Speiseverbot

24. Kein Christ ist zu den Werken, die Gott nicht geboten hat, verpflichtet. Er darf also zu jeder Zeit jegliche Speise essen. Daraus ist zu verstehen, daß Käse- und Butterbriefe[1] ein päpstlicher Betrug sind.

Von Feiertagen und Wallfahrten

25. Zeit und Ort sind den Christenmenschen unterworfen und nicht der Mensch ihnen [Mk 2,27]. Daraus wird verständlich, daß die, welche Zeit und Ort gesetzlich bestimmen, die Christen ihrer Freiheit berauben.

Von Kutten, Kleidung, Abzeichen

26. Gott ist nichts mißfälliger als Heuchelei. Daraus können wir erkennen, daß alles, was sich vor den Menschen aufbläst, eine schwere Heuchelei und Verruchtheit ist. Hier fallen Kutten, Abzeichen, Tonsur etc. dahin.

Von den Mönchsorden

27. Alle Christenmenschen sind Christi und untereinander Brüder. Niemand soll sich als Pater über andere erheben [Mt 23,8–10]. Hier fallen hin Orden, Sekten, Rotten.

Von der Priesterehe

28. Alles, was Gott erlaubt oder nicht verboten hat, ist recht. Daraus ergibt sich, daß die Ehe allen Menschen ziemt.

29. Alle, die man Geistliche nennt, sündigen, wenn sie, nachdem sie dessen gewahr geworden sind, daß Gott es ihnen abgeschlagen hat, Enthaltsamkeit zu üben, sich nicht durch die Ehe [vor Sünde] bewahren [1Kor 7,2].

Vom Gelübde der Keuschheit

30. Wer Keuschheit gelobt, versichert kindisch oder närrisch zu viel. Daraus erkennt man, daß die, welche solche Gelübde abnehmen, frevelhaft an den frommen Menschen handeln.

Vom Bann

31. Ein Einzelner kann niemandem den Bann auferlegen, sondern allein die Kirche [Mt 18,15–18]; d.h. die Gemeinschaft derer, unter welcher der zu Bannende wohnt, zusammen mit dem Wächter, d.h. dem Pfarrer.

32. Man darf nur den mit dem Bann bestrafen, der öffentlich Ärgernis erregt.

Von unrechtmäßigem Gut

33. Unrechtmäßig erworbenes Gut soll nicht den Tempeln, Klöstern, Mönchen, Pfaffen, Nonnen, sondern den Bedürftigen gegeben werden, wenn es dem rechtmäßigen Besitzer nicht zurückerstattet werden kann [Mt 15,4–6].

Von der Obrigkeit

34. Die sogenannte geistliche Gewalt hat für ihre Pracht keinen Grund in der Lehre Christi;

35. aber die weltliche Gewalt hat Kraft und Begründung in der Lehre und Tat Christi [Mt 22,21].

36. Alle Gerichtsbarkeit, welche sich die sogenannte geistliche Gewalt anmaßt, kommt der weltlichen Gewalt zu [Lk 12,13f.], sofern diese christlich sein will.

37. Der weltlichen Gewalt sind auch alle Christen, niemand ausgenommen, Gehorsam schuldig [Röm 13,1f.],

38. insofern sie nichts gebietet, was wider Gott ist [Apg 5,29].

39. Darum sollen alle ihre Gesetze dem göttlichen Willen gleichförmig sein, also, daß sie den Bedrückten beschirmen, auch wenn er keine Klage erhebt.

40. Sie allein [die weltliche Gewalt] hat das Recht zur Todesstrafe [Röm 13,4], jedoch allein gegenüber denen, die öffentlich Ärgernis geben [Mt 18,6], ohne dadurch Gottes Zorn auf sich zu ziehen, Gott gebiete denn etwas anderes.

41. Wenn sie auf rechte Weise denen Rat und Hilfe gewährt, für die sie vor Gott Rechenschaft ablegen muß, so sind diese auch verpflichtet, ihr im Irdischen beizustehen [Röm 13,6f.].

42. Wenn sie aber treulos und außerhalb der Richtschnur Christi handeln, kann sie nach dem Willen Gottes abgesetzt werden.

43. Summa: Dessen Reich ist das allerbeste und festeste, der allein mit Gott herrscht, und dessen Reich ist das böseste und schwächste, der nach seiner Willkür herrscht.

Vom Gebet

44. Die wahren Anbeter rufen Gott in Geist und Wahrheit an [Joh 4,24], ohne Aufhebens vor den Menschen [Mt 6,5f.].

45. Heuchler tun ihre Werke, damit sie von den Menschen gesehen werden; sie empfangen ihren Lohn in dieser Zeit [Mt 6,1].

46. So muß daraus folgen, daß Tempelgesang oder Geplärr ohne Andacht und nur um des Geldes willen entweder Ruhm vor den Menschen oder Gewinn sucht.

Vom Ärgernisgeben

47. Ein Mensch soll lieber den leiblichen Tod erleiden, als daß er einem Christenmenschen Ärgernis gebe oder ihn in Schande bringe [Mt 18,6–10].

48. Wer aus Schwäche oder Unwissenheit ohne alle Ursache Anstoß [Ärgernis] nimmt, den soll man nicht schwach oder unwissend lassen, sondern ihn stark machen, daß er nicht für Sünde halte, was nicht Sünde ist.

49. Größeres Ärgernis kenne ich nicht, als daß man den Geistlichen nicht erlaubt zu heiraten, ihnen aber gegen Entrichtung eines Bußgeldes [an den Bischof] gestattet, Huren zu halten.

Vom Vergeben der Sünde

50. Gott allein vergibt die Sünde durch Christus Jesus, seinen Sohn, unsern Herrn.

51. Wer solches der Kreatur erlaubt, der beraubt Gott seiner Ehre und gibt sie dem, der nicht Gott ist. Das aber ist wahrhaft Abgötterei.

52. Darum soll man die Beichte, die man vor dem Priester oder dem Nächsten ablegt, nicht für ein Vergeben der Sünde, sondern für ein Fragen um Rat halten.

53. Auferlegte Bußwerke kommen aus menschlichem Ermessen – der Bann ausgenommen –; sie nehmen die Sünde nicht weg, sondern werden zur Abschreckung anderer auferlegt.

54. Christus hat alle unsere Schmerzen und Leiden getragen [Jes 53,4]. Wer nun den Bußwerken zuschreibt, was allein Christi ist, der irrt und schmäht Gott.

55. Wer es verwehrt, dem reuigen Menschen irgendeine Sünde zu vergeben, der steht nicht an Gottes noch an Petri, sondern an des Teufels Statt.

56. Wer gewisse Sünden nur um Geldes willen vergibt, ist Simons [Apg 8,18–20] und Bileams [2Petr 2,15] Genosse und des Teufels wahrer Bote.

Vom Fegefeuer

57. Die wahre, Heilige Schrift weiß nichts von einem Fegefeuer nach diesem Leben.

58. Das Gerichtsurteil über die Toten ist nur Gott bekannt.

59. Je weniger uns Gott davon hat wissen lassen, um so weniger sollen wir versuchen, etwas davon zu wissen.

60. Wenn ein bekümmerter Mensch Gott für die Verstorbenen um Gnade anruft, so verwerfe ich dies nicht. Doch das an eine bestimmte Zeit zu binden und um des Gewinnes willen zu lügen, ist nicht menschlich, sondern teuflisch.

Von der Priesterweihe

61. Von der unzerstörbaren sakramentalen Weihe [character indelibilis], die sich die Priester in den letzten Zeiten ausgedacht haben, weiß die Heilige Schrift nichts.

62. Die Heilige Schrift kennt auch keine andern Priester als die, welche das Wort Gottes verkünden.

63. Denen heißt sie Ehre entbieten, das ist: leibliche Nahrung zukommen lassen [Lk 10,7; 1Kor 9,13–15].

Vom Abstellen der Mißbräuche

64. Von all denen, die ihren Irrtum erkennen, soll man kein Entgelt fordern, sondern sie in Frieden sterben lassen und dann mit ihren priesterlichen Einkünften

nach christlicher Liebe verfahren.

65. Jene, die ihren Irrtum nicht erkennen wollen, wird Gott nach seiner Gerechtigkeit richten. Darum soll man ihnen keine Gewalt antun, es wäre denn, daß sie sich so ungebührend aufführen sollten, daß man auf Gewalt nicht verzichten kann.

66. Es sollen alle geistlichen Vorgesetzten sich sofort demütigen und nur das Kreuz Christi, nicht aber den Ablaßkasten aufrichten; sie gehen sonst zugrunde. Die Axt ist bereits an den Baum gelegt [Mt 3,10].

67. Wenn jemand begehrte, mit mir eine Disputation zu halten über die Zinsen, den Zehnten, die ungetauften Kinder, die Firmung, so erbiete ich mich gerne zur Beantwortung.

Hier versuche keiner zu streiten mit Sophisterei oder menschlichem Geschwätz, sondern komme, indem er die Heilige Schrift als Richter anerkennt, damit man entweder die Wahrheit finde oder, so sie, wie ich hoffe, schon gefunden ist, behalte. Amen!

Das walte Gott!

Quelle: CR 88, S. 458–465; Zwingli – Hauptschriften, hg. von F. Blanke – O. Farner – R. Pfister, 3. Zwingli, der Verteidiger des Glaubens, 1947[1], S. 3–11; übers. nach: G. Finsler – W. Köhler – A. Rüegg (Hg.), Ulrich Zwingli. Eine Auswahl aus seinen Schriften, 1918, S. 135–140; vgl. auch: Der Glaube der Reformatoren. Luther – Zwingli – Calvin, hg. von F. Lau, KlProt 2, 1964, S. 262–268. – *Literatur:* G. W. Locher, Die Theologie Huldrych Zwinglis im Lichte seiner Christologie, 1. Die Gotteslehre, 1952 (Band 2 in Vorbereitung); C. Gestrich, Zwingli als Theologe. Glaube und Geist beim Zürcher Reformator, SDGSTh 20, 1967; G. W. Locher, Grundzüge der Theologie Huldrych Zwinglis im Vergleich mit derjenigen Martin Luthers und Johannes Calvins, Zwing. 12, 1967, S. 470–509.545–595 (auch in: ders., Huldrych Zwingli in neuer Sicht. Zehn Beiträge zur Theologie der Zürcher Reformation, 1969, S. 173–274); s. Nr. 47a.

1. Womit besonders für die Gebirgsgegenden in der Fastenzeit der Genuß von Butter und Eiern erlaubt wird.

48. Luther, Lied von den Märtyrern: Verbrennung der zwei Augustinermönche in Brüssel (1. Juli 1523)

Zu den ersten Märtyrern der Reformation gehörten Johannes van Esschen und Hendrik Vos aus dem Antwerpener Observanten-Augustinerkloster, deren Prior Heinrich von Zutphen († 1524) im Jahre 1522 noch zu entrinnen vermochte (vgl. Nr. 39, Anm. 1). Ohne vor den Inquisitoren – und bedeutenden gegenreformatorischen Schriftstellern – Hochstraten (vgl. Nr. 24), Latomus, Tapper u.a. Widerruf zu leisten, wurden sie am 1. Juli 1523 in Brüssel öffentlich verbrannt. Tief bewegt verfaßt Luther »Eyn brieff an die Christen ym Nidderland« (Juli-August 1523; WA 12, S. 77–79). Auch in der Form eines die Ereignisse nacherzählenden Trostlieds, das in Einzeldrucken verbreitet wurde (1523) und Aufnahme in das Wittenberger Gesangbuch fand (1524), nahm Luther dazu Stellung.

Ein neues Lied wir heben an,
des walt Gott, unser Herre.
Zu singen, was Gott hat getan,
zu seinem Lob und Ehre.
Zu Brüssel in dem Niederland
wohl durch zween junge Knaben [Jünglinge]

hat er sein Wunder macht bekannt,
die er mit seinen Gaben
so reichlich hat gezieret.

Der erst recht wohl [passend] Johannes heißt,
so reich an Gottes Hulden,
sein Bruder Henrich, nach dem Geist
ein rechter Christ ohn Schulden [Verfehlungen],
von dieser Welt geschieden sind.
Sie han die Kron erworben.
Recht wie die frommen Gotteskind
für sein Wort sind gestorben.
Sein Märtrer sind sie worden.

Der alte Feind sie fangen ließ,
erschreckt sie lang mit Dräuen.
Das Wort Gotts er sie leugnen hieß.
Mit List auch wollt sie täuben [unschädlich machen].
Von Löwen der Sophisten viel,
mit ihrer Kunst verloren,
versammelt er zu diesem Spiel.
Der Geist sie macht zu Toren,
sie konnten nichts gewinnen.

Sie sungen süß, sie sungen saur,
versuchten manche Listen.
Die Knaben stunden wie ein Maur,
verachten die Sophisten.
Den alten Feind das sehr verdroß,
daß er war überwunden
von solchen Jungen, er, so groß.
Er ward voll Zorn. Von Stunden
gedacht sie zu verbrennen.

Sie raubten ihn' das Klosterkleid,
die Weih sie ihn' auch nahmen.
Die Knaben waren dies bereit,
sie sprachen fröhlich Amen.
Sie dankten ihrem Vater Gott,
daß sie los sollten werden
des Teufels Larvenspiel und Spott,
darin durch falsches Gebärden
die Welt er gar betreuget.

Das schickt Gott durch sein Gnad also,
daß sie recht Priester worden,
sich selbst ihm mußten opfern do
und gehn im Christenorden,
der Welt ganz abgestorben sein,

die Heuchelei ablegen,
zu Himmel kommen frei und rein,
die Möncherei ausfegen
und Menschentand [unbiblische Tradition] hie lassen.

Man schrieb ihn vor ein Brieflein klein,
das hieß man sie selbst lesen.
Die Stück, sie zeigten alle drein,
was ihr Glaub war gewesen.
Der höchste Irrtum dieser war:
man muß allein Gott glauben.
Der Mensch leugt und treugt immerdar,
dem soll man nichts vertrauen.
Des mußten sie verbrennen.

Zwei große Feur sie zündten an,
die Knaben sie herbrachten.
Es nahm groß Wunder jedermann,
daß sie solch Pein verachten.
Mit Freuden sie sich gaben drein,
mit Gottes Lob und Singen.
Der Mut ward den Sophisten klein
vor diesen neuen Dingen,
da sich Gott ließ so merken.

Der Schimpf [Handel] sie nu gereuen hat,
sie wollten's gern schon machen [beschönigen].
Sie tun nicht rühmen sich der Tat,
sie bergen fest die Sachen [halten ganz geheim].
Die Schand im Herzen beißet sie
und klagen's ihrn Genossen.
Doch kann der Geist nicht schweigen hie
des Abels Blut vergossen.
Es muß den Kain melden.

Die Aschen will nicht lassen ab,
sie stäubt in allen Landen.
Die hilft kein Bach, Loch, Grub noch Grab,
sie macht den Feind zuschanden.
Die er im Leben durch den Mord
zu schweigen hat gedrungen,
die muß er tot an allem Ort,
mit aller Stimm und Zungen
gar fröhlich lassen singen.

Noch [Dennoch] lassen sie ihr Lügen nicht,
den großen Mord zu schmücken [beschönigen].
Sie geben vor ein falsch Gedicht [Fabel, Lüge],
ihr Gewissen tut sie drücken.

Die Heil'gen Gotts auch nach dem Tod
von ihn' gelästert werden.
Sie sagen, in der letzten Not
die Knaben noch auf Erden
sich sollen haben umkehret [hätten widerrufen].

Die laß man lügen immer hin,
sie haben's kleinen Frommen [keinen Vorteil davon].
Wir sollen danken Gott darin.
Sein Wort ist wieder kommen.
Der Sommer ist hart vor der Tür,
der Winter ist vergangen,
die zarten Blumen gehn herfür.
Der das hat angefangen.
Der wird es wohl vollenden.

Quelle: WA 35, S. 411–415; modernisierte Fassung in: G. Jäckel (Hg.), Kaiser, Gott und Bauer. Die Zeit des Deutschen Bauernkrieges im Spiegel der Literatur, 1975, S. 288–291. – *Literatur:* W. Stapel, Luthers Lieder und Gedichte, 1950; E.-W. Kohls (Hg.), Die ersten evangelischen Märtyrer: die Schriften Luthers über die Flämischen Märtyrer des Jahres 1523. Quellen und Untersuchungen zur Druckgeschichte des 15. und 16. Jahrhunderts 2, 1974.

49. Der Stadtschreiber Jörg Vögeli: Die theologische Emanzipation eines ›Laien‹ (Juli 1523)

Jörg Vögeli (1483/84–1563), seit 1524 in Konstanz Stadtschreiber – dieses Amt war eine politische Schaltstelle in allen Städten, die durch die Reformation zur Intensivierung ihrer Innen- und Außenpolitik gezwungen waren –, findet mit Hilfe Luthers Zugang zur Heiligen Schrift, welche er bis dahin nie selber gelesen hatte, und noch viel weniger durch die scholastisch gesättigte Verkündigung (vgl. Nr. 6, 7, 30) hatte verstehen können. Nachdem 1547 der Schmalkaldische Bund zwischen evangelischen Ständen und Städten zur Auflösung gezwungen worden war, mußte sich Konstanz (mit Straßburg: vgl. Nr. 110, auch 109) dem Kaiser ergeben. Vögeli war mit vielen Evangelischen in Süd- und Norddeutschland gezwungen, ins Exil zu gehen. Eine neue Exilsfrömmigkeit und Theologie war im Entstehen; abgesehen von einer Reihe von Spätreformationen (Colmar, Essen, Dortmund, Aachen, Aalen und Hagenau) neigte sich nach 1547 die städtische Reformation in Deutschland ihrem Ende entgegen. – Der hier zum Teil abgedruckte Brief vom 30. Juli 1523 ist an Konrad Zwick (ca. 1500–1557), den jüngeren Bruder des Konstanzer Reformators Johannes Zwick (ca. 1496–1542), gerichtet.

Lieber Konrad! Soweit ich mich zurückerinnern kann und, wie ich glaube, schon lange davor, ist zwar das Evangelium Gottes dem Volk verkündet worden, aber nicht im Geist, sondern buchstäblich oder auch historisch, wie man in Spinnstuben allerlei Märchen erzählt; darum hat es nichts nützen können. Die aber hochangesehen sein wollten, moralisierten so fein, daß im Evangelium nicht mehr *ein* Wörtlein war, das nicht einen moralischen Sinn abgeben mußte[1]. Dadurch hat sich der Wahn eingeschlichen, daß sittliche Tugenden und der Prunk äußerlicher Werke in der Lage seien, uns zum Himmel zu erheben, daß auch jeder Mensch aus eigener Kraft und angeborener Vernunft [ratio innaturata] das Gute tun könne; das aber ist ein Wahn. Diese Naturhilfe (die sich dennoch immer als gebrechlich erwiesen hat) hat uns durchweg mehr Abgötter gegeben, als je die Vorväter, ehe sie Christen wurden, angebetet haben. Denn was für ein Mangel ist es, nicht seinen eigenen Abgott oder (ich habe mich wohl falsch ausgedrückt) ›helfenden Heiligen im Himmel‹ zu haben!

Etliche (und das waren die Hochgelehrtesten) haben den Geist des Evangeliums und den Glauben an Christus angeregt, aber dermaßen auf zahllose Weise entstellt, daß ich und andere Einfältige keineswegs verstehen konnten, was das Evangelium wäre. Denn der [Glaube] wurde einmal dargestellt als ›tot‹, dann wieder als ›lebendig‹; einmal als ›ungestaltet‹, dann wieder ganz anders und zwar je nach dem, wie jeder sich das im Schlaf geträumt hat². Deshalb habe ich immer gezweifelt, ob ich die Prediger nicht verstehe, oder die Prediger das Evangelium nicht verstehen, in seinem rechten, eigentlichen Sinn. Immer dünkte mich (denn ich las keine der biblischen Bücher), es müßte eine königlichere Straße in den Himmel führen als dermaßen viele labyrinthische Abwege. Ich dachte, der Glaube könnte nicht so verwickelt und nicht so unbegreiflich sein, weil die Alten ihn ergriffen hatten, bei denen Gottes Gnade nicht mehr als jetzt ausgegossen gewesen wäre, die auch an Verstandesschärfe (wenn die überhaupt etwas zur Ergreifung des Glaubens beitrüge, was doch nicht [der Fall] ist) uns nicht übertroffen hätten. Nun aber, da ich die Bücher Martin Luthers, in denen er vom christlichen Glauben redet, gelesen [habe], da habe ich fröhlich gemerkt: Der redet gründlich von den Dingen; aus der Schrift selbst heraus erläutert er die Schrift so angemessen, daß kein Zweifel besteht, er zeige die Spur an, auf der man zum Verständnis Gottes, das ist, zum Glauben an ihn, kommen könne.

Quelle: Jörg Vögeli, Schriften zur Reformation in Konstanz 1519–1538, bearb. von A. Vögeli, 1, SKRG 39, 1972, S. 417–473. – *Literatur:* H.-Ch. Rublack, Die Einführung der Reformation in Konstanz von den Anfängen bis zum Abschluß 1531, QFRG 40 = VVKGB 27–28, 1971; B. Hamm, Laientheologie zwischen Luther und Zwingli: Das reformatorische Anliegen des Konstanzer Stadtschreibers Jörg Vögeli aufgrund seiner Schriften von 1523/24, in: Kontinuität und Umbruch, hg. von J. Nolte, SMFN 2, 1977, S. 222–295. – Über Joh. Zwick, s. B. Moeller, Johannes Zwick und die Reformation in Konstanz, QFRG 28, 1961.

1.   Der sensus moralis spielte also nach Vögeli in der Auslegungsmethode des vierfachen Schriftsinns, die die mittelalterliche Exegese bestimmte, die verderbliche Hauptrolle.
Der vierfache Schriftsinn unterscheidet zwischen sensus historicus, allegoricus, anagogicus und tropologicus (= moralis).
2.   Gemeint sind: fides mortua bzw. viva; fides informis bzw. [caritate] formata; fides implicita (oder: historica).

THOMAS MÜNTZER

Die Predigttätigkeit Thomas Müntzers (1468/70–1525) im Sinn der Reformation ist bereits für Mai 1519 belegt (Nr. 20). Seiner ersten Pfarrei in Zwickau verwiesen, formuliert er in Prag einen Aufruf zum Widerstand gegen ›Pfaffen und Affen‹ (Prager Manifest, November 1521; Nr. 40); von Erfurt aus kritisiert er die Rücksichtnahme auf die geistlich Schwachen (vgl. Nr. 45) und schafft mit der ersten Deutschen Messe (Nr. 50) ein Werk, das bis heute zu Unrecht im Schatten der Tagesereignisse geblieben ist. Schon Anfang 1524 scharf von der Wittenberger Theologie geschieden (Vom gedichteten Glauben, Nr. 51; vgl. Nr. 45) versucht er in seiner ›Fürstenpredigt‹ im Juli 1524 (Nr. 52), die kursächsischen Fürsten – außer Herzog Johann und Kurprinz Johann Friedrich war der bedeutende Kanzler Dr. Georg Brück anwesend – für sich zu gewinnen. Aus Allstedt zur Flucht gezwungen, gelangt er über das sächsische Mühlhausen nach Nürnberg, wo er im November 1524 seine ›Hochverursachte Schutzrede‹

gegen Luther drucken läßt (Nr. 53). Verbindungen mit dem Bauernaufstand (s. Nr. 64–68) gewinnt er auf einer Reise durch Oberdeutschland und ruft – nach Mühlhausen zurückgekehrt – seine Anhänger zum Anschluß an die Bewegung auf (Nr. 54). Die Niederlage der Bauern in Frankenhausen ist auch das Ende Müntzers. Aus der Haft heraus vermag er brieflich noch Abschied von seinen Mühlhäusern zu nehmen, ehe er, zum ›Widerruf‹ (Elliger: »eine wohlüberlegte Tendenzschrift«) gezwungen (Nr. 55), am 27. Mai 1525 enthauptet wird.

50. Vorrede zur deutsch-evangelischen Messe (1523/24)

Wie der Glaube mit viel Anfechtung bewährt werden soll, das alles ist vom Heiligen Geist in den Psalmen sehr klar ausgedrückt. Darum lehrt der heilige Paulus, wie man sich üben und ergötzen soll in geistlichen Lobgesängen und Psalmen, Eph 5[,19]. Aber da müssen die zarten Pfaffen dem armen Volk zugute ihre Köpfe hinhalten oder sie müssen ihr Pfaffenhandwerk an den Nagel hängen. Sollten sie etwa faulenzen und allein am Sonntag eine Predigt halten und die ganze Woche über Junker sein? Nein, so nicht! Aber ich weiß gut genug, wie sie die Nase darüber rümpfen und nur Spott dafür haben werden. Wahr ist's trotzdem. Sie sollen keine Entschuldigung haben, denn man kann die arme, grobe Christenheit nicht schnell genug aufrichten, wenn man nicht das grobe, unverständige Volk seiner Heuchelei mit [Hilfe] deutscher Gesänge entgröbert.
Es sage ein jeder, was er will [, aber so ist es]. Darum soll sich der gemeine Mann gar nicht um die faulen Schelme, die Pfaffen [die Wittenberger] kehren, die ihre Zartheit schonen wollen: die wollen [statt handfester geistlicher Kost] erst Milch [für geistliche Säuglinge] geben. Ja, Drachenmilch geben sie. Sie fürchten ihre Haut und sollen doch Prediger des Glaubens und des Evangeliums sein! Wann wird [eigentlich] ihr Glaube wie das Gold im Feuer bewährt, 1Petr 1[,7]? Es soll sich ein Priester stellen, wie Sankt Paulus lehrt, Christus nachzufolgen, wie er ihm nachgefolgt ist, 1Kor 11[,1ff.]. Ja, er soll das Wüten der Tyrannen nicht ansehn, sondern das Testament Christi in aller Offenheit vollziehen, deutsch singen und erklären, damit die Menschen [dadurch] christförmig werden, Röm 8[,29]. Alsdann wird aller Geiz, Wucher und hinterlistige Tücke der Pfaffen, Mönche und Nonnen samt der Wurzel [in sich] zusammenfallen, die jetzt in gutem Schein den Glauben verhindern. Das helfe uns Gott allein. Amen.

Quelle: Thomas Müntzer, Schriften und Briefe, S. 164,24–165,11; übers. nach: G. Wehr (Hg.), Thomas Müntzer. Schriften und Briefe, 1978, S. 36–37. – *Literatur:* s. Nr. 20 und: E. Jammers, Thomas Müntzers deutsche evangelische Messen, ARG 31, 1934, S. 121–128; F. Wiechert, Thomas Müntzer als Liturgiker, ThLZ 76, 1951, S. 75–78; K. Honemeyer, Thomas Müntzers Allstedter Gottesdienst als Symbol und Bestandteil der Volksreformation, WZ(L).GS 14, 1965, S. 473–477; S. Bräuer, Thomas Müntzers Liedschaffen, LuJ 41, 1974, S. 45–102; W. Elliger, Thomas Müntzer, S. 252–360.

51. Von dem gedichteten Glauben (1524)

Wenn dem Gelehrten nach menschlicher Weise die ganze Schrift vorgetragen wird, so [beherrscht] er sie doch nicht, sollte er auch auseinanderbersten. Er muß warten, bis sie ihm mit dem Schlüssel Davids [Jes 22,22] eröffnet werde, [und

zwar] auf der Kelter, in der er [mit] seiner selbstgewählten Weise zerknirscht
wird, daß er so geistlich arm wird, daß man gar keinen Glauben mehr bei ihm findet als allein den, daß er gerne recht glauben möchte. Das ist dann der Glaube, der
so klein wird wie ein Senfkorn [Lk 17,6]. Da muß der Mensch sehen, wie er das
Werk Gottes [an sich] erduldet, damit er von Tag zu Tag in der Erkenntnis Gottes
zunimmt. Da wird [dann] der Mensch allein von Gott gelehrt und von keiner Kreatur. Was alle Kreaturen wissen, ist ihm eine bittere Galle, da es eine verkehrte
Weise [der Erkenntnis] ist, vor welcher Gott alle seine Auserwählten behüte und
errette, wenn sie dahinein gefallen sind.
Das gebe Christus. Amen.

Quelle: Thomas Müntzer, Schriften und Briefe, S. 224,24–36; übers. nach: G. Wehr (Hg.), Thomas
Müntzer (s. Nr. 50), S. 49–50. – *Literatur:* s. Nr. 20 und: W. Ullmann, Thomas Müntzers Lehre von
Gott und von der Offenbarung Gottes, in: Theologische Versuche 6, hg. von J. Rogge – G. Schille,
1975, S. 89–104.

52. Auslegung des zweiten Kapitels Danielis: »Die Fürstenpredigt« (1524)

Man sieht jetzt schön, wie sich die Aale und Schlangen auf einem Haufen vermi-
schen[1]. Die Pfaffen und alle bösen Geistlichen sind Schlangen, wie sie Johannes,
der Täufer Christi, Mt 3[,7] nennt; und die weltlichen Herren und Regenten sind
Aale, wie Lev im 11. Kapitel [,9–12] [in Gestalt] von Fischen etc. vorgebildet ist[2].
Es haben sich die Reiche des Teufels mit Ton beschmiert.
Ach, liebe Herren, wie hübsch wird [Gott] der Herr eine eiserne Stange unter die
alten Töpfe schmeißen, Ps 2[,9]. Darum ihr allerteuersten, liebsten Regenten,
lernt eure Erkenntnis [der Situation] recht aus dem Munde Gottes und laßt euch
durch eure heuchlerischen Pfaffen [die Wittenberger] nicht verführen und mit er-
dichtetem [Gerede über Gottes] Geduld und Güte aufhalten. Denn der Stein, ohne
Hände vom Berge gerissen, ist groß geworden. Die armen Laien und Bauern sehen
ihn viel [deutlicher] als ihr. Ja – Gott sei gelobt – er ist so groß geworden, [daß,]
wenn euch andere Herren oder Nachbar[regenten] um des Evangeliums willen
verfolgen wollten, sie von ihrem eigenen Volk vertrieben würden. Das weiß ich
fürwahr. Ja, der Stein ist groß; die [blinde] Welt hat sich lange davor gefürchtet.
Er ist [schon] auf sie gefallen, da er noch kleiner war.
Was sollen wir denn nun tun, nachdem er groß und [über-]mächtig geworden ist?
Und nachdem er so mächtig unverzüglich auf die große [Bild]säule geschlagen ist
und sie bis auf die alten Töpfe[3] zerschmettert hat? – Darum, ihr teuren Regenten
von Sachsen, tretet keck auf den Eckstein, wie der heilige Petrus tat, Mt 16[,18],
und sucht die rechte Beständigkeit göttlichen Willens! Er wird euch wohl erhalten
auf dem Stein, Ps 40[,3]. Eure [Wege] werden richtig sein; suchet nur geradewegs
Gottes Gerechtigkeit und greifet die Sache des Evangeliums tapfer an! Denn Gott
steht so nah bei euch, wie ihr's [gar] nicht glaubt. Warum wollt ihr euch dann vor
dem Gespenst des Menschen entsetzen, Ps 118[,6]?
Seht hier den Text genau an. Der König Nebukadnezar wollte die klugen [Zei-
chendeuter] töten, weil sie ihm den Traum nicht auslegen konnten. Es war [ihr]
verdienter Lohn. Denn sie wollten sein ganzes Reich mit ihrer Klugheit regieren

und konnten nicht das, wozu sie [ein]gesetzt waren. So sind auch unsere [heutigen] Geistlichen. Und ich sage euch fürwahr, wenn ihr den Schaden der [heutigen] Christenheit so wohl erkennen und so recht einsehen würdet, so würdet ihr in einen solchen Eifer [geraten] wie Jehu, der [israelitische] König, 2Kön 9 und 10, und wie das ganze Buch der Apokalypse [des Johannes] anzeigt. Und ich weiß fürwahr, daß ihr euch [nur] mit großer Not [zurück]halten würdet, dem Schwert seine Gewalt vorzuenthalten. Denn der erbarmungswürdige Schaden der heiligen Christenheit ist so groß geworden, daß ihn zu [dieser] Zeit keine Zunge [beschreiben] kann. Darum muß ein neuer Daniel aufstehen und euch eure Offenbarung auslegen. Und der muß, wie Mose Dtn 20[,1] lehrt, vorne an der Spitze gehen. Er muß den Zorn der Fürsten und des ergrimmten Volkes versöhnen.

Quelle: Thomas Müntzer, Schriften und Briefe, S. 256,10–257,22; übers. nach: G. Wehr (Hg.), Thomas Müntzer, S. 75–76. – *Literatur:* s. Nr. 20 und: C. Hinrichs, Luther und Müntzer. Ihre Auseinandersetzung über Obrigkeit und Widerstandsrecht, AKG 29, 1952, S. 5–76; G. List, Chiliastische Utopie und radikale Reformation. Die Erneuerung der Idee vom 1000jährigen Reich im 16. Jahrhundert, 1973, S. 129–139.

1. Unzucht treiben.
2. Die Zusammenarbeit von Kirche und Staat wird als Unzucht gebrandmarkt.
3. Nämlich das letzte, tönerne Weltreich bei Daniel; vgl. Dan 2,31ff.

53. Hochverursachte Schutzrede und Antwort wider das geistlose, sanftlebende Fleisch zu Wittenberg (1524)

... Über deinem [Luther] Rühmen möchte wohl einer vor deiner unsinnigen Torheit entschlafen. Daß du zu Worms vor dem Reich gestanden bist[1], Dank sei dem deutschen Adel, dem du das Maul so wohl bestrichen und Honig gegeben hast, denn er wähnte nicht anders, du würdest mit deinem Predigen böhmische Geschenke machen[2], Klöster und Stifte, welche du jetzt den Fürsten verheißt. Wenn du zu Worms gewankt hättest, wärest du eher vom Adel erstochen als losgegeben worden, [das] weiß doch ein jeder. Du darfst dir wahrlich nichts zuschreiben; wolltest du dann noch einmal, wie du dich rühmst, dein edles Blut daran wagen[3], so gebrauchtest du mit den Deinen wilde Tücke und List. Du ließest dich auf deinen Rat gefangen nehmen und stelltest dich unwillig[4]. Wer sich auf deine Schalkheit nicht verstünde, schwüre wohl zu den Heiligen, du wärest ein frommer Martin. Schlafe sanft, liebes Fleisch! Ich röche dich lieber gebraten in deinem Trotz durch Gottes Grimm in der Röhre oder Topf beim Feuer, Jer 1[,13f.], denn in deinem eigenen Südlein gekocht sollte dich der Teufel fressen, Hes 23 [richtig: 24,3–5]. Du bist ein Eselsfleisch, du würdest langsam gar und ein zähes Gericht werden deinen Milchmäulern.

Quelle: Thomas Müntzer, Schriften und Briefe, S. 341,15–342,2; G. Wehr (Hg.), Thomas Müntzer, S. 122–123. – *Literatur:* s. Nr. 20, 45, 52.

1. Reichstag zu Worms 1521; vgl. Nr. 31–33. Kritisch blickt aber Luther selbst (1530/1540) auf Worms zurück, vgl. WA.B 5, S. 456,4f.; 9, S. 272,38f.
2. Nämlich die Säkularisierung von Kirchengütern nach hussitischem Vorbild.

3. Möglicherweise spielt Müntzer auf eine Stelle in Luthers Schrift ›Eine treue Vermahnung zu allen Christen‹ (1522) an, vgl. WA 8, S. 677,11–14.
4. Müntzer wirft Luther vor, er habe seine ›Gefangennahme‹ (3. Mai 1521) und Unterbringung auf der Wartburg selbst inszeniert und diese Gefangennahme später scheinheilig bedauert. Vgl. dagegen H. Bornkamm, Martin Luther in der Mitte seines Lebens, 1979, S. 15–55.

54. Brief an die Allstedter: »Manifest an die Mansfelder Berggesellen« (1525)

Dran, dran, solange das Feuer heiß ist! Lasset euer Schwert nicht kalt werden[1], erlahmt nicht! Schmiedet pinkepanke[2] auf den Ambossen Nimrods [Gen 10,8f.], werfet ihnen den Turm[3] zu Boden! Es ist nicht möglich, solange sie leben, daß ihr der menschlichen Furcht leer werden solltet. Man kann euch von Gott nichts sagen, solange sie über euch regieren. Dran, dran, solange ihr Tag habt; Gott geht euch voran, folget, folget! Die Geschichten stehen geschrieben Mt 24; Hes 34; Daniel 7; Esra 10; Offb 6, welche Schriften alle Röm 13 erklären[4].
Darum laßt euch nicht abschrecken. Gott ist mit euch, wie geschrieben steht 2Chron 20[,15–18]. Dies sagt Gott:»Ihr sollt euch nicht fürchten, ihr sollt diese große Menge nicht scheuen. Es ist nicht euer, sondern des Herrn Streit. Ihr seid [es] nicht, die da streiten; stellt euch nur männlich. Ihr werdet sehen die Hilfe des Herrn über euch.« – Da Josaphat diese Worte hörte, da fiel er nieder. Also tut auch und durch Gott, der euch stärke ohne Furcht der Menschen im rechten Glauben, amen.
Datum zu Mühlhausen im Jahr 1525.
Thomas Müntzer, ein Knecht Gottes wider die Gottlosen.

Quelle: Thomas Müntzer, Schriften und Briefe, S. 455,14–456,6; übers. nach: G. Wehr (Hg.), Thomas Müntzer, S. 161. – *Literatur:* s. Nr. 20, 45, 51, 52 und: M. Bensing, Thomas Müntzer und der Thüringer Aufstand 1525, LÜAMA. Reihe B, 1966.

1. Der von Luther veranlaßte Druck fügt hier hinzu »vom Blut«; vgl. WA 18, S. 362ff., bes. 369,11.
2. Nachahmung des Schmiedegeräuschs, wenn verschiedene Hämmer durcheinanderklingen.
3. Der Turm zu Babel (Gen 11,1–9), Symbol der gottlosen Überheblichkeit der Tyrannen.
4. Damit gibt Müntzer zu erkennen, in welchem Kontext er das umstrittene Römerbrief-Kapitel liest.

55. »Widerruf« (17. Mai 1525)

Die folgenden Punkte hat Thomas Müntzer in Gegenwart der Herren Philipp, Graf zu Solms, Gebhard, Graf zu Mansfeld, Ernst von Schönburg, Apel von Ebeleben, Simon von Greußen, Hans von Berlepsch und Christoph Laue ungenötigt und wohlbedacht und mit gutem Gewissen hören lassen und gebeten, ihn an sie zu erinnern, wenn sie ihm vielleicht entfallen sollten, damit er sie jedermann vor seinem Ende vortragen und mit seinem eigenen Mund ansagen kann:
Erstens habe er von der Obrigkeit, wie man ihr gehorsam sei und seine schuldige Pflicht tun solle, das Gegenteil gepredigt, und zwar ausgiebig. Die Folge sei gewe-

sen, daß Zuhörer und Untertanen ihn in diesem Sinn vernommen hätten und er sich mit ihnen aus freiem Antrieb in solche frevelhafte Empörung, Aufruhr und Ungehorsam begeben habe; er bitte [jetzt] darum, sich um Gottes willen nicht daran zu ärgern, sondern im Gehorsam gegenüber der von Gott verordneten und eingesetzten Obrigkeit zu leben und ihm zu vergeben.

Zweitens habe er verschiedene wahnhafte und irrige Einbildungen über das hochwürdige Sakrament des heiligen Fronleichnams Christi wie auch gegen die Ordnung der allgemeinen christlichen Kirche aufrührerisch und verführerisch gepredigt. Demgegenüber will er, wozu ihn eben diese heilige, christliche Kirche immer angehalten hat und auch jetzt anhält, auch seinerseits einträchtig und friedlich alles halten und in diesem allen als ein wahres, eingeleibtes und wiederum versöhntes Glied dieser Kirche sterben mit der Bitte, ihm dies vor Gott und der Welt zu bezeugen und Gott für ihn zu bitten und ihm brüderlich zu verzeihen.

Endlich bittet er, daß man seinen unlängst geschriebenen Sendbrief[1] den Bewohnern von Mühlhausen zuschickt und seinem Weib und Kind alle seine Habe aushändigen lasse.

Geschehen zu Heldrungen, Mittwoch nach Cantate [= 17. Mai] 1525.

Quelle: Thomas Müntzer, Schriften und Briefe, S. 550,1–31. – *Literatur:* s. Nr. 20, 52, 54; Elliger, Thomas Müntzer, S. 789–796.

1. Am 17. Mai zu Heldrungen im Gefängnis geschrieben. Müntzer bittet darin die Mühlhäuser, seinen Besitz – seine Kleider und Bücher – seiner Frau zukommen zu lassen; darüber hinaus ermahnt er sie inständig, nicht in eigennütziger Weise Aufruhr zu schüren und so Gott zu erzürnen, der durch das Schwert der Obrigkeit strafe. Als abschreckendes Beispiel führt er das Blutvergießen von Frankenhausen an (15. Mai 1525), welches er daraus erklärt, »das eyn yder seyn eygen nutz mehr gesucht dan dye rechtfertigung der christenheyt«, Schriften und Briefe, S. 473,20f. Vgl. Schappelers parallele Erklärung, CR 95, S. 325f.

56. Konrad Grebel: Brief an Thomas Müntzer (5. September 1524)

Konrad Grebel (ca. 1498–1526), ›der erste Täufer‹, erteilte am 21. Januar 1525 Jörg Blaurock die erste Glaubenstaufe, oft fälschlich als ›Wiedertaufe‹ bezeichnet. Nach ereignisreichen Studienaufenthalten in Paris und Basel wurde Grebel 1522 eifriger Mitstreiter Zwinglis, doch bereits im folgenden Jahr trennte er sich wieder von ihm. Zusammen mit anderen wird Grebel zum Begründer des Täufertums, »einer um das Neue Testament sich versammelnden Laienbewegung« (Goeters). Der Brief Grebels und seiner Freunde an Thomas Müntzer (s. Nr. 50–55) vom September 1524 zeigt, daß bereits eine selbständige Gemeinde existierte, die nicht länger vertraut auf eine Reformation mit Hilfe der Obrigkeit, sondern ihre Hoffnung setzt auf eine Reformation von unten, durch die ›Armgeistigen‹, allerdings – anders als Müntzer – grundsätzlich gewaltlos. Grebels Gemeindebegriff, der die Trennung von Kirche und Staat verlangt, sowie seine Leidenserwartung als Erbe des Kreuzes sind in den Schleitheimer Artikeln (1527; Nr. 71) übernommen worden.

Dem wahrhaftigen und getreuen Verkündiger des Evangeliums, Thomas Müntzer, zu Allstedt am Harz, unserem getreuen und lieben Mitbruder in Christo. Friede, Gnade und Barmherzigkeit von Gott, unserm Vater, und von unserm Herrn Jesus Christus sei mit uns allen. Amen [1 und 2Tim 1,2].

Lieber Bruder Thomas, . . .

Wie die evangelischen Prediger angezeigt haben und zum Teil noch anzeigen, war
es ein großer Irrtum, als unsere Vorfahren von dem wahren Gott und der Erkenntnis Jesu Christi und des rechtschaffenen Glaubens an ihn sowie von dem
wahren, einzigen, allgemeinen göttlichen Wort, von den göttlichen Bräuchen,
christlicher Liebe und christlichem Wesen abgefallen sind, als sie ohne Gott, Gesetz und Evangelium in menschlichen, unnützen, unchristlichen Bräuchen und
Zeremonien gelebt und darin Seligkeit zu erlangen gemeint haben. Geradeso will
auch heute jedermann im Scheinglauben selig werden, ohne Früchte des Glaubens, ohne Taufe der Versuchung und Erprobung, ohne Liebe und Hoffnung,
ohne rechte christliche Bräuche, und ganz verbleiben in dem alten Wesen der eigenen Laster und den üblichen zeremoniellen antichristlichen Bräuchen, Taufe
und Nachtmahl Christi, in Verachtung des göttlichen Worts, in Achtung des
päpstlichen Worts sowie des Wortes der antipäpstlichen Prediger, das dem göttlichen ebensowenig gemäß ist. Durch Rücksicht auf Personen und allerlei Verführung wird schwerer und schädlicher geirrt, als von Anfang der Welt an je geschehen ist. In solcher Verirrung sind wir auch gewesen, da wir nur Hörer und Leser
der evangelischen Prediger waren, die an diesem allem schuldig sind . . .
Darum bitten und ermahnen wir Dich als einen Bruder . . ., daß Du Dich ernstlich
befleißigst, nur das göttliche Wort unerschrocken zu predigen, nur göttliche Bräuche einzuführen und zu beschirmen, nur das für gut und recht zu halten, was klar
und deutlich in der Schrift aufgewiesen werden kann, und die Pläne, Worte, Bräuche und Meinungen aller Menschen, auch deiner selbst, zu verwerfen, zu hassen
und zu verfluchen.
Wir haben zur Kenntnis genommen, daß Du die Messe verdeutscht und neue
deutsche Gesänge eingeführt hast. Das kann nicht gut sein, denn wir finden im
Neuen Testament kein Beispiel, keine Lehre vom Singen. [In 25 Punkten wird nun
zur Messe Stellung bezogen] . . .
4. Was uns nicht gelehrt wird mit klaren Worten und Beispielen, soll uns so gut
wie verboten sein, als stünde geschrieben: Das tue nicht, singe nicht! . . . 7. Willst
du die Messe abschaffen, darf es nicht mit deutschem Gesang geschehen, was vielleicht dein Ratschlag ist oder von dem Luther herstammt. 8. Sie muß durch das
Wort und Gebot Christi ausgerottet werden. 9. Denn sie ist nicht von Gott gepflanzt.
10. Das Abendmahl der Gemeinschaft [vereimbarung] hat Christus geboten und
gepflanzt. 11. Es sollen nur die Worte, die Mt 26[,26–29], Mk 14[,22–25], Lk
22[,17–20] und 1Kor 11[,23–26] stehen, gebraucht werden, weder mehr noch weniger.
12. Der Diener aus der Gemeinde sollte sie vorsprechen aus einem der Evangelisten oder aus Paulus. 13. Es sind dies Worte des gebotenen Mahls der Gemeinschaft, nicht [Worte] der Konsekration. 14. Es soll ein einfaches Brot sein, ohne
götzendienerische Zusätze. 15. Denn diese bedingen eine gleißende Andacht und
Verehrung des Brotes und ein Ablenken von dem Innerlichen. Es soll auch ein einfaches Trinkgeschirr sein. 16. Dieses würde die Anbetung beseitigen und ein rechtes Erkennen und Verstehen des Abendmahls bringen, weil das Brot nichts anderes ist als Brot – im Glauben der Leib Christi und eine Vereinigung [inlibung] mit
Christus und den Brüdern; denn im Geist und in der Liebe muß man essen und
trinken, wie Johannes im 6. Kapitel [,32ff.] und in den anderen zeigt, Paulus in
1Kor 10[,14ff.] und 11[,17ff.], und wie es deutlich aus Apg 2[,42–47] hervorgeht.
17. Obwohl es also Brot ist, soll es, wenn Glaube und brüderliche Liebe vorausge-

hen, mit Freuden genommen werden. Denn wenn man es in der Gemeinde ißt, soll es uns deutlich machen, daß wir wahrhaftig ein Brot und ein Leib und wahre Brüder miteinander sind und sein wollen. 18. Wenn sich aber einer findet, der nicht brüderlich leben will, ißt er zur Verdammnis, denn er ißt es ohne Unterschied wie ein anderes Mahl und schändet die Liebe, das innere Band, und das Brot, das äußere [Band]. 19. Denn es erinnert ihn auch nicht so an den Leib und das Blut Christi, an das Testament im Kreuz, daß er um Christi und der Brüder, um des Hauptes und der Glieder willen leben und leiden will . . . Es gibt Weisheit und Rat mehr als genug in der Schrift, wie man alle Stände, alle Menschen lehren, regieren, weisen und fromm machen soll. Wer sich nicht bessern, nicht glauben will und dem Wort und Handeln Gottes widerstrebt und dabei verharrt, den soll man, nachdem ihm Christus und sein Wort, seine Regel [vgl. Mt 18,15–18] gepredigt und er vor drei Zeugen und durch die Gemeinde ermahnt worden ist, den soll man, so sagen wir, die wir durch Gottes Wort unterrichtet sind, nicht töten, sondern für einen Heiden und Zöllner halten und sich nicht mehr mit ihm einlassen. Man soll auch das Evangelium und seine Anhänger nicht beschirmen mit dem Schwert, und sie selbst sollen sich ebenfalls nicht wehren . . .

Hinsichtlich der Taufe gefällt uns Dein Schreiben sehr, wir wünschen auch weiter von Dir unterrichtet zu werden. Uns wird berichtet, daß man [bei Dir in Allstedt] ohne die Regel Christi bezüglich des Bindens und Lösens auch als Erwachsener nicht getauft werden sollte. Die Taufe, so beschreibt es uns die Schrift, bedeutet, daß durch den Glauben und das Blut Christi (dem Getauften, der seinen Sinn ändert und vorher und nachher glaubt) die Sünden abgewaschen sind; daß man der Sünde abgestorben ist und sein soll und wandeln soll in einem neuen Leben [Röm 6,2–4] und Geist und daß man gewiß selig wird, wenn man aufgrund der inneren Taufe sich im Leben an den Glauben in der [wahren] Bedeutung hält . . . Weil Du solches alles zehnmal besser kennst und gegen die Kindertaufe Deine Protestationes[1] veröffentlicht hast, hoffen wir, Du handelst nicht gegen das ewige Wort, die Weisheit und das Gebot Gottes, nach welchen man allein Glaubende taufen soll [Mk 16,16], und taufst keine Kinder. Wenn Du und Karlstadt nicht genügend gegen die Kindertaufe schreiben werdet mit allem, was dazugehört, wie und warum man taufen soll, usw., so werde ich [Konrad Grebel] mein Heil versuchen und, was ich begonnen habe, ausführlich schreiben gegen alle, die bisher (außer Dir) von der Taufe irreführend, und das wissentlich, geschrieben und die unsinnige, gotteslästerliche Form der Kindertaufe verdeutscht haben, wie Luther, Löw[2], Osiander und die Straßburger . . .

Quelle: Th. Müntzer, Schriften und Briefe, S. 437–445 Nr. 69; vgl. H. Fast (Hg.), Der linke Flügel der Reformation. Glaubenszeugnisse der Täufer, Spiritualisten, Schwärmer und Antitrinitarier, 1962, S. 12–27; dazu L. Muralt – W. Schmid (Hg.), Quellen zur Geschichte der Täufer in der Schweiz, 1, 1974², S. 13–21. – *Literatur:* Harold S. Bender, Conrad Grebel, Goshen, Ind. 1950; J. F. G. Goeters, Die Vorgeschichte des Täufertums in Zürich, in: L. Abramowski und J. F. G. Goeters (Hg.), Studien zur Geschichte und Theologie der Reformation. Festschrift für E. Bizer, 1969, S. 239–281; J. M. Stayer, Müntzer's Theology and Revolution in Recent non-Marxist Interpretation, MennQR 43, 1969; P. Blickle, Die Revolution von 1525, 1975; G. W. Locher, Die Zwinglische Reformation, S. 236ff.

1.   ›Protestation oder Erbietung‹ (Anfang) 1524; Thomas Müntzer, Schriften und Briefe, S. 225–240. Müntzer behält aber die Übung der Kindertaufe bei. Vgl. auch W. Elliger, Thomas Müntzer, S. 323f.
2.   Leo Jud: Für Leo Jud's Position in den für Grebel entscheidenden Jahren s. K.-H. Wyss, Leo Jud. Seine Entwicklung zum Reformator 1519–1523, 1976.

57. Zwingli, Die Grundlage der Reformation: Brief an Fridolin Lindauer (20. Oktober 1524)

Über Fridolin Lindauer, Pastor in Bremgarten, ist nur wenig bekannt. Er hatte vor der 2. Zürcher Disputation (26.–29. Oktober 1523) verlauten lassen, er wolle Zwingli und seine Gesinnungsgenossen zum Schweigen bringen, war aber nicht erschienen. Auf der Kanzel hatte er Zwingli und andere Prädikanten der Ketzerei beschuldigt. Die Zürcher forderten ihn deshalb zur Disputation mit Zwingli auf, Lindauer lehnte jedoch ab. So schrieb denn Zwingli selbst an den Bremgartener Pfarrer. Vgl. zu den Anfängen der Zürcher Reformation Nr. 47.

. . . Im ganzen Hebräerbrief verfolgt Paulus[1] kein anderes Ziel, als die Einzigartigkeit [ingenium] und die Wirkung des Todes Christi darzustellen: Christus hat durch seinen einmaligen Opfertod die von ihm Geheiligten, d.h. die Gläubigen, für alle Ewigkeit [Hebr 10,10] gerettet [consummaverit]. Damit steht er nach Paulus im Gegensatz zu den Opfern der Alten. Diese mußten nämlich oft wiederholt werden; Christus aber ist ein solch heiliges, reiches, ja vollkommenes Opfer, daß diejenigen, die darauf vertrauen, durch dieses immer Zugang zu Gott haben. Deshalb sagt Paulus im 13. Kapitel [Hebr 13,8]: »Jesus Christus gestern und heute, und derselbe auch in Ewigkeit«. Er meint damit zweifellos, daß Christus bis zum Ende der Welt in derselben Weise Heiland ist, wie er es war, als er am Kreuze geschlachtet den Geist aufgab [Lk 23,46]. Denn im nächsten Satz [Hebr 13,9] fügt er hinzu: »Laßt euch nicht durch mancherlei und fremde Lehren umtreiben, denn es ist ein köstlich Ding, daß das Herz fest werde durch Gnade«. Damit stellt er unzweideutig fest, daß das Heil des Menschen davon abhängt, ob er sich allein auf die Gnade Gottes durch Christus verläßt. Diesen neuen Weg hat Christus eröffnet, Hebr 10[,20]. Wir werden also allein durch die Gnade Gottes wieder in den Stand der Seligkeit versetzt. Diese Gnade ist durch Christus so bekräftigt worden, daß es beinahe so aussieht, als wäre sie uns geschuldet; denn wie sollte uns der nicht alles schenken, der seines eigenen Sohnes nicht geschont hat [Röm 8,32]?

Das letzte aber, was besonders gegen deine Behauptung spricht, ist, daß wir allein durch die Gnade Gottes gerechtfertigt werden und nicht durch die Sakramente, die du so eifrig anpreist. Dies bezeugt Paulus sowohl im Römer- als auch im Galaterbrief in aller Deutlichkeit. Denn wenn die Sünden durch Sakramente hätten getilgt werden können, warum mußte dann Christus das Fleisch anziehen [induere] und konnte nicht einfach Sakramente einsetzen, durch die wir dann gereinigt worden wären? Jetzt wirst du einwenden, daß die Sakramente natürlich nicht aus eigener Kraft, sondern kraft des Leidens Christi von Sünden reinigen. Warum hast du denn den Grundsatz des Aristoteles vergessen: ›Was sich von einer Sache aussagen läßt, gilt in noch höherem Maße von dem, was die Sache verursacht?‹[2] Wenn die Sakramente deshalb reinigen, weil durch sie das Blut Christi wirkt, so ist die Reinigung von den Sünden Verdienst des Blutes und nicht der Sakramente. Wer deshalb unverzagt auf das Blut Christi vertraut, erlangt Vergebung der Sünden. Wenn nun das Sakrament hinzukommt, so dient es eher zur Belehrung [informatio] des äußeren Menschen als des inneren. Denn wie der innere Mensch nie durch Elemente belehrt oder zum Glauben gebracht werden kann, so vermag auf der anderen Seite der äußere Mensch nichts zu begreifen, was er nicht sinnlich erfährt. Um deshalb dem ganzen, d.h. dem inneren und äußeren Menschen gerecht zu werden, hat Gott beispielsweise befohlen, denjenigen, der schon zum Glauben gekommen ist, mit Wasser zu benetzen. Auf diese Weise sollte nicht die Seele abgewaschen werden – denn wie könnte etwas Unkörperliches durch ein körperliches Element abgewaschen werden? –, sondern der äußere Mensch sollte durch ein sichtbares Zeichen eingeweiht werden, um dessen, was sich durch das Licht des Glaubens oder das eindeutige Wort der Gnade Gottes am inneren Menschen vollzieht, gewisser zu werden. Das hat auch Augustin richtig gesehen, wenn er sagt, daß auch dann, wenn das Wort zum Element hinzukommt[3], alles durch den Glauben geschieht.

Aber das Zeugnis Augustins hätte natürlich ebensowenig Gewicht wie meines, wenn nicht das Wort Gottes unzweifelhaft dasselbe sagte. 1Petr 3[,21] heißt es: Gegenbild [der Arche] ist die Taufe [figuram referens baptismus]. Gott rettet damit jetzt auch uns. Dabei wird aber nicht die Unsauberkeit des Fleisches beseitigt, sondern das gute Gewissen gibt Antwort im Hinblick auf Gott durch die Auferstehung Jesu Christi. Hier siehst du, wie die Taufe zunächst als Glauben verstanden wird; denn nur der Glaube macht uns heilig. Und das ist nichts Besonderes oder Ungewöhnliches bei den Aposteln, daß sie mit einem Zeichen die bezeichnete Sache meinen. Paulus tut das oft, besonders deutlich im zweiten Kapitel an die Römer [,26–29]. Auch Petrus läßt keinen Zweifel daran, wenn er gleich hinzufügt: »nicht die Unsauberkeit des Fleisches wird beseitigt.« Daraus geht eindeutig hervor, daß uns die Taufe nicht selig macht, weil sie die Haut unseres Körpers vom Schmutz befreit, sondern weil unser Gewissen sich eine rechte Antwort geben und beständig bleiben kann, wenn es sich prüft, welches Verhältnis es zu Gott hat, und weil es seines Lebens sicher ist in Christus, der ja von den Toten auferstanden ist. Ich brauche wohl nicht mehr viel zu sagen. Grundlage von allem muß der Satz sein: Wir werden allein durch die Gnade Gottes selig, und zwar, wenn wir daran glauben [sola gratia Dei nos salvos fieri, id autem cum ea fidimus]!

Quelle: CR 95, S. 235,5–237,8. – *Literatur:* C. Gestrich, Zwingli als Theologe, bes. S. 147ff.; G. W. Locher, Die Zwinglische Reformation, S. 390 und 392; s. weiter Nr. 47.

1.   Zwingli hält an der paulinischen Autorschaft fest wie Luther zuvor im Jahre 1517. Erasmus erhebt bereits 1516 erste Bedenken, Luther seit 1522. Vgl. WA.DB 7, S. 344.631–632. Angeführt v. K. Hagen, The Theology of Testament in the Young Luther, SMRT 12, 1974, S. 19–30.20.
2.   Vgl. Aristoteles, Metaph. 1 minor, 1 (993b 24–27); und Pseudo-Aristoteles, Liber de causis, I. 16,57–58, ed. Pattin, Louvain 1966.
3.   »Accedit verbum ad elementum et fit sacramentum«; Augustinus, In Joh. Evang. tract. 80,3: CChr.SL 36, S. 529,5f.; vgl. Bd. I Nr. 91, S. 205; tract. 25,12: CChr.SL 36, S. 254,9; vgl. K.-H. zur Mühlen, Zur Rezeption der Augustinischen Sakramentsformel »Accedit verbum ad elementum, et fit sacramentum« in der Theologie Luthers, ZThK 70, 1973, S. 50–76.

58. Felix Mantz: Protestation an den Zürcher Rat (1524/25)

Felix Mantz (ca. 1500–1527) gehörte neben Konrad Grebel (Nr. 56) zu den bedeutendsten der ehemaligen Anhänger Zwinglis (1522/23). Er hatte sich wegen der Ablehnung der Kindertaufe von Zwingli getrennt und wurde zum Mitbegründer der Täuferbewegung. Zwingli beschuldigte die Täufer im Dezember 1524 öffentlich des Aufruhrs. Zur selben Zeit gab Mantz seine »Protestation« (feierliche Erklärung) vor dem Rat ab. Am 5. Januar 1527 wurde er als erster der Zürcher Täufer zum Tod verurteilt und in der Limmat ertränkt.

Weise, fürsorgende, gnädige, liebe Herrn und Brüder!
Eure Weisheit wissen wohl, daß viele ungewöhnliche Gespräche stattgefunden
haben. Einerseits meinen einige, daß neugeborene Kinder, die gerade aus dem
Mutterleib kommen, zu taufen seien, denn solches könne aus der Heiligen Schrift
bewiesen werden. Die anderen wissen und glauben aus göttlicher Schrift, daß die
Kindertaufe schlecht und falsch ist, von dem Antichrist, dem Papst und seinen
Anhängern, stammt und erdacht ist (was auch wahr ist). Unter welchen auch ich
von einigen als Aufrührer und Unmensch angesehen und angezeigt werde, was
mir aber unbillig und zu Unrecht geschieht. Es kann auch mit keiner Wahrheit
bewiesen oder gezeigt werden, daß ich irgendwo Aufruhr gestiftet habe oder daß
ich irgendwo irgendwen etwas gelehrt oder zu ihm gesprochen habe, was Aufruhr
gebracht hat oder bringen kann; das werden alle, mit denen ich je zu schaffen gehabt habe, von mir bekennen. Deshalb geschieht mir Unrecht . . .
Wir konnten nicht zum Sprechen kommen, und auch die Schrift konnte nicht gehört werden. Hinzukommt, daß sie [Zwingli und seine Prediger] einem das Wort
im Hals ersticken, wenn sie glauben, daß jemand etwas zur Wahrheit sagen will
. . . Sie wissen auch viel besser, als es jemand darlegen kann, daß Christus die
Kindertaufe nicht gelehrt hat, daß auch die Apostel sie nicht geübt haben, sondern
daß, entsprechend dem Sinn der Taufe, allein die getauft werden sollen, die sich
bessern, ein neues Leben annehmen, den Lastern absterben, mit Christus begraben werden und mit ihm in Erneuerung des Lebens aus der Taufe auferstehen
[Röm 6,4] . . . Denn es ist, obwohl das Gegenteil behauptet wird, keine kleine Sache, daß die beiden einzigen Zeremonien, die Christus uns hinterlassen hat, anders gebraucht werden, als Christus sie befohlen hat . . . Genau wie Johannes allein die taufte, die – wie ausdrücklich gesagt wird – sich besserten, die bösen
Früchte mieden und Gutes taten [Mt 3,6], so empfingen auch die Apostel vor der
Himmelfahrt Christi von Christus den Taufbefehl [Mt 28,18f.; Mk 16,16; Apg
10,1ff.] . . .
Nach Annahme dieser Worte und Empfang des Heiligen Geistes, der sich bei denen, die die Ansprache von Petrus gehört hatten, durch das Hervorbrechen der
Zungenreden kundtat, wurden sie auch mit Wasser begossen [Apg 10,46–48],
damit sie, wie sie innerlich durch den Empfang des Heiligen Geistes gereinigt worden waren, auch äußerlich mit Wasser begossen wurden als Zeichen der innerlichen Reinigung und des Absterbens gegenüber den Sünden . . . Wenn man diese
Dinge den Kindern zuschreibt, so tut man es ohne und gegen die ganze Schrift.
Solcher und ähnlicher Belege ist die ganze Schrift des Neuen Testaments voll. Aus
ihnen habe ich jetzt eindeutig gelernt und weiß es gewiß, daß die Taufe nichts anderes ist als ein Absterben des alten Menschen und das Anziehen eines neuen; daß
Christus die zu taufen befiehlt, die unterrichtet worden sind; daß die Apostel niemanden getauft haben als allein diejenigen, denen Christus verkündigt worden
war; und daß sie ohne äußerliche Anzeichen und gewisses Zeugnis oder ohne Begehren niemanden getauft haben. Wer anders redet und lehrt, tut, was er mit keiner Schriftstelle beweisen kann . . .
Da Meister Ulrich meint, er könne die Kindertaufe, die von den Päpsten erdacht
wurde – obgleich sie den ersten Päpsten und ihren Verordnungen zuwiderläuft,
wie aus der Geschichte deutlich wird – und von Menschen eingeführt und erfunden wurde, mit der Heiligen Schrift beweisen, was ich doch nicht glaube, möchte
ich Eure Weisheit inständigst gebeten haben, daß er das schriftlich tue, wie er es
immer wieder allen gegenüber angeboten hat, mit denen er zu tun gehabt hat. Ich

will ihm gütlich zuhören und antworten. Ich rede nicht gern, kann es auch nicht.
Denn er hat mich früher so oft mit viel Reden überfallen, daß ich ihm nicht habe
antworten können oder durch sein langes Reden nicht zur Antwort gekommen
bin. Es wird so auch viel Zank und Hader vermieden.

Quelle: [Felix Mantz], Protestation und Schutzschrift [an den Rat von Zürich], [1524 Mitte Okto-
ber/Mitte Dezember – 1525 Januar], QGT 1, S. 23–28, übers. nach: H. Fast (Hg.), Der linke Flügel der
Reformation, S. 28–35. – *Literatur:* W. Schmid, Der Autor der sogenannten Protestation und Schutzschrift von 1524/25, Zwing. 9, 1950, S. 139–149; E. Krajewski, Leben und Sterben des Zürcher Täu-
ferführers Felix Mantz. Über die Anfänge der Täuferbewegung und des Freikirchentums in der Reformationszeit, 1962³; M. Brecht, Herkunft und Eigenart der Taufanschauung der Zürcher Täufer, ARG
64, 1973, S. 147–165; C. Windhorst, Täuferisches Taufverständnis. Balthasar Hubmaiers Lehre zwischen traditioneller und reformatorischer Theologie, SMRT 16, 1976, S. 85ff.; G. W. Locher, Die
Zwinglische Reformation, S. 236ff.

59. Erasmus: Abhandlung über den freien Willen (September 1524)

Die zunehmende Verschärfung der theologischen und politischen Lage erlaubte es Erasmus nicht, sich
weiterhin aus dem Streit herauszuhalten und über die Kirchenreform in seinem Sinne vermittelnd auf-
zuklären (vgl. Nr. 21). Die Beschuldigungen der Gegner seiner angeblich prolutherischen Haltung wegen sowie das Drängen von Freunden und Machthabern (Heinrich VIII. von England, s. Nr. 124; Herzog Georg von Sachsen; Papst Leo X., s. Nr. 4; Papst Hadrian VI., s. Nr. 46) helfen ihm über seine Ab-
neigung hinweg, den Glaubensstreit seinerseits anzuheizen. Sachlich gesehen muß er gegen Luther
schreiben, da der reformatorische Antipelagianismus (vgl. auch Bd. I Nr. 91o–q, 92) auch dem Bil-
dungsideal einer ›Besserung durch Belehrung‹ entgegengetreten war. Als den von Luther anerkannten
zentralen Streitpunkt wählt er somit die Frage von Gnade und Willensfreiheit, die Luther im 36. Artikel seiner »Assertio omnium Articulorum« (1521) als Entfaltung der 13. Heidelberger These (s. Nr.
14) im Sinne der Alleinwirksamkeit Gottes zugespitzt hatte (vgl. WA 7, S. 142–149).

a) Die geheimnisvollen Tiefen der Heiligen Schrift

Es gibt nämlich in der Heiligen Schrift gewisse unzugängliche Stellen, in die Gott
uns nicht tiefer eindringen lassen wollte; und wenn wir einzudringen versuchen,
tappen wir desto mehr in der Finsternis, je tiefer wir eingedrungen sind, damit wir
auf diese Weise einerseits die unerforschliche Majestät der göttlichen Weisheit,
andererseits die Schwäche des menschlichen Geistes erkennen. Es ist so, wie Pomponius Mela¹ von einer Höhle bei Korykos berichtet, welche zuerst durch eine gewisse angenehme Lieblichkeit anlockt und einlädt, bis diejenigen, die tiefer und
tiefer eingedrungen sind, endlich ein gewisser Schrecken und die Majestät der dort
wohnenden Gottheit vertreibt. Sobald man daher bis zu diesem Punkt gekommen
ist, dürfte es meiner Meinung nach besonnener und frommer sein, mit Paulus
auszurufen: »O Tiefe des Reichtums und der Weisheit und der Erkenntnis Gottes,
wie unerforschlich sind seine Ratschlüsse, wie unergründlich seine Wege!« [Röm
11,33] und mit Jesaja: »Wer hat den Geist des Herrn bestimmt, wer als Berater
ihn unterwiesen?« [Jes 40,13], als erklären zu wollen, was das Maß menschlicher
Fassungskraft übersteigt. Vieles ist für die Zeit aufbewahrt, wenn wir nicht mehr
durch Spiegel und in Rätseln sehen werden, sondern enthüllten Angesichtes die
Herrlichkeit des Herrn betrachten werden [1Kor 13,12].

Quelle: Erasmus von Rotterdam, Ausgewählte Schriften 4, hg. von W. Welzig, S. 10,5–22. – *Literatur:* s. bei Text d.

1. Pomponius Mela, röm. Geograph (Mitte des 1. Jh.s), De chorogr. I,13,72.

b) Erörterungen über Willensunfreiheit sind nicht notwendig, vielmehr schädlich

Was daher den freien Willen betrifft, haben wir, nach meinem Urteil wenigstens, aus der Heiligen Schrift folgendes gelernt: Wenn wir uns auf dem Weg der Frömmigkeit befinden, sollen wir eifrig nach dem Besseren streben, indem wir vergessen, was hinter uns liegt [Phil 3,13]; wenn wir in Sünden verstrickt sind, sollen wir uns mit allen Kräften herauszuarbeiten suchen, sollen wir das Heilmittel der Buße suchen und die Barmherzigkeit Gottes auf jede Weise zu erlangen trachten, ohne die die weder der menschliche Wille noch sein Streben wirksam ist; und wenn etwas Böses da ist, wollen wir es uns anrechnen, wenn aber etwas Gutes, wollen wir es gänzlich der göttlichen Güte zuschreiben, der wir auch selbst dies verdanken, daß wir sind. Im übrigen wollen wir glauben, daß alles, was uns in diesem Leben widerfährt, sei es etwas Erfreuliches, sei es etwas Betrübliches, uns von jenem zu unserem Heil geschickt wird und daß keinem ein Unrecht von Gott geschehen kann, der von Natur aus gerecht ist; auch wenn uns etwas unverdient zuzustoßen scheint, darf doch niemand an der Vergebung von seiten Gottes zweifeln, der von Natur aus überaus gnädig ist: Das festzuhalten, sage ich, wäre meinem Urteil nach zur christlichen Frömmigkeit ausreichend, und man hätte nicht mit unfrommer Neugier [curiositate] in jene abgründigen Bereiche, um nicht zu sagen, überflüssigen Fragen, eindringen dürfen, ob Gott etwas nicht notwendig [contingenter] vorausweiß, ob unser Wille etwas vermag in den Dingen, die sich auf das ewige Heil beziehen, oder ob er nur passiv der wirkenden Gnade gegenübersteht, ob wir, was immer wir Gutes oder Böses tun, aus reiner Notwendigkeit tun oder eher erleiden . . .

Wollen wir nun annehmen, daß in einem gewissen Sinne wahr sei, was Wiclif lehrte und Luther behauptete [vgl. WA 7, S. 146], daß, was immer wir tun, nicht aus freiem Willen, sondern aus reiner Notwendigkeit [mera necessitate] geschehe: was gibt es Unzweckmäßigeres, als dieses Paradox der Welt bekannt zu machen? Wiederum wollen wir einmal annehmen, es sei in einem gewissen Sinne wahr, was Augustinus irgendwo schreibt, daß Gott sowohl das Gute als auch das Böse in uns wirke und seine guten Werke in uns belohnt und seine bösen Werke in uns bestraft würden. Was für ein großes Fenster würde diese Behauptung, wenn man sie im Volke bekanntmachte, unzähligen Sterblichen zur Gottlosigkeit öffnen, besonders bei der großen Trägheit der Sterblichen, bei ihrer Gedankenlosigkeit, Bosheit und unverbesserlichen Geneigtheit zu jeder Art von Frevel? Welcher Schwache wird [dann noch] den ewigen und mühevollen Kampf gegen sein Fleisch aushalten? Welcher Böse wird [noch] danach streben, sein Leben zu bessern? Wer wird sich [noch] dazu aufraffen können, jenen Gott aus ganzem Herzen zu lieben, der die Hölle geschaffen hat, die von ewigen Qualen glüht, um dort seine eigenen Untaten in den Bedauernswerten zu bestrafen, wie wenn er sich an den Qualen der Menschen erfreute? So werden es nämlich die meisten deuten. Es sind nämlich die Herzen der Sterblichen in der Regel ungebildet und fleischlich, geneigt zum Unglauben, geneigt zu Verbrechen, geneigt zur Gotteslästerung, so daß es nicht notwendig ist, noch Öl ins Feuer zu gießen . . .

Quelle: a.a.O., S. 10,23–12,18. S. 18,3–22. – *Literatur:* s. bei Text d.

c) Freiheit und Gericht

Wenn ich höre, daß das Verdienst des Menschen so sehr nichtig sei, daß alle
Werke auch der Frommen Sünden sind, wenn ich höre, daß unser Wille nicht
mehr vermag, als der Ton in der Hand des Töpfers, wenn ich höre, daß alles, was
wir tun und wollen, auf absolute Notwendigkeit zurückzuführen ist, wird mein
Herz von vielen beängstigenden Überlegungen ergriffen . . .
Warum wird in der Heiligen Schrift so oft das Gericht erwähnt, wenn es überhaupt
keine Vergeltung für Verdienst und Schuld gibt? Oder warum werden wir gezwungen, vor den Richterstuhl zu treten, wenn nichts nach unserer Entscheidung,
sondern alles aus reiner Notwendigkeit geschieht? Bedrängend ist auch jener Gedanke: wozu so viele Ermahnungen, so viele Gebote, so viele Drohungen, so viele
Ermunterungen, so viele Forderungen, wenn wir nichts tun, sondern Gott nach
seinem unabänderlichen Willen alles in uns wirkt, sowohl das Wollen als auch das
Vollenden [Phil 2,13]! . . .

Quelle: a.a.O., S. 160,18–23. S. 162,2–9. – *Literatur:* s. bei Text d.

d) Dem freien Willen etwas, der Gnade das meiste

Wir werden auch noch mit Gleichnissen auszudrücken versuchen, was wir meinen: . . . Ein Vater richtet das Kind auf, das noch nicht gehen kann und hingefal-
len ist und sich noch so sehr bemüht, und zeigt ihm einen Apfel, der gegenüber
liegt. Das Kind will voll Verlangen darauf zulaufen, würde aber wegen der Schwäche seiner Glieder sofort wieder fallen, wenn der Vater nicht seine Hand ausstreck-
te, um es zu stützen, und seine Schritte lenkte. So gelangt das Kind unter der Füh-
rung des Vaters zum Apfel, den der Vater ihm willig in die Hand gibt gleichsam als
Belohnung für das Laufen. Das Kind hätte sich nicht aufrichten können, wenn der
Vater ihm nicht unter die Arme gegriffen hätte, es hätte den Apfel nicht gesehen,
wenn der Vater ihn nicht gezeigt hätte, es hätte nicht vorwärtskommen können,
wenn der Vater nicht ständig seinen kraftlosen Schritten beigestanden hätte, es
hätte den Apfel nicht ergreifen können, wenn der Vater ihn dem Kind nicht in die
Hände gegeben hätte. Was wird nun das Kind sich zuschreiben? Es hat wohl etwas
getan, und dennoch nichts, aufgrund dessen es sich seiner Kräfte rühmen könnte,
da es sich selbst gänzlich dem Vater verdankt.
Wollen wir nun einstweilen annehmen, daß dies bei Gott der Fall ist. Was also tut
hier das Kind? Soweit möglich stützt es sich auf den, der es aufrichtet, und paßt –
so gut es kann – seine schwachen Schritte seiner Lenkung an. Der Vater hätte das
Kind gegen dessen Willen ziehen können und das kindliche Gemüt hätte den Apfel
verschmähen und sich sträuben können, der Vater hätte den Apfel auch ohne das
Laufen geben können; aber er hat es vorgezogen, ihn so zu geben, weil es so besser
für das Kind ist. Gerne räume ich ein, daß zur Erlangung des ewigen Lebens be-
deutend weniger [aliquanto minus] unserer Anstrengung [industria] zuzuschreiben ist als bei dem Kind, das an der Hand des Vaters läuft . . .
Mir gefällt die Meinung derer, die dem freien Willen etwas [nonnihil] zuschreiben, der Gnade aber das meiste [plurimum] . . . Warum, wirst du fragen, wird
dem freien Willen etwas zugestanden? Damit es etwas gibt, was den Gottlosen mit
Recht [merito] zugerechnet wird, die sich willentlich der Gnade entzogen haben,
damit Gott vom Vorwurf der Grausamkeit und Ungerechtigkeit unbehelligt bliebe, damit die Verzweiflung von uns ferngehalten werde, damit die Sicherheit ausgeschlossen werde, damit wir zum Bemühen angespornt werden. Aus diesen

Gründen wird der freie Wille von fast allen behauptet, dieser aber ist ohne die
ständige Gnade Gottes unwirksam [inefficax], damit wir uns ja nicht etwas anmaßen. Es könnte jemand sagen:»Wozu der freie Wille, wenn er nichts ausrichtet
[efficiat]?« Ich antworte:»Wozu der ganze Mensch, wenn Gott so in ihm wirkt
[agit], wie der Töpfer am Ton arbeitet und wie er an einem Stein hätte arbeiten
können?«

Quelle: a.a.O., S. 172,21. S. 174,5–176,2. S. 188,22–23. S. 190,10–20 (Text d). – *Literatur:* K. Zik-
kendraht, Der Streit zwischen Erasmus und Luther über die Willensfreiheit, 1909; E.-W. Kohls, Luther oder Erasmus. Luthers Theologie in der Auseinandersetzung mit Erasmus, 1, 1972; H. Holeczek,
Die Haltung des Erasmus zu Luther nach dem Scheitern seiner Vermittlungspolitik 1520/21, ARG 64,
1973, S. 85–112; B. Lohse, Marginalien zum Streit zwischen Luther und Erasmus, Luther 46, 1975, S.
5–24; Charles Trinkaus, Erasmus, Augustine, and the Nominalists, ARG 67, 1976, S. 5–32; weitere
Lit. zu Erasmus s. Nr. 13 und 21.

60. Luther: Vom geknechteten Willen (1525)

Luthers Antwort auf die Diatribe ›De libero arbitrio‹ des Erasmus (Nr. 59) sollte das entscheidungsrei-
che Jahr 1525 um eine weitere Entscheidung bereichern: Luther, der bereits im Oktober 1516 seine
theologische Kritik an Erasmus privat geäußert hatte (WABr 1, S. 70), bricht nun in aller Öffentlichkeit und Schärfe mit dem Reformhumanismus erasmischer Prägung. Die vielen Ereignisse und Arbeiten, die Luther in Beschlag nahmen, brachten es allerdings mit sich, daß seine gegen Erasmus gerich-
tete Schrift »De servo arbitrio« erst Ende Dezember 1525 erscheinen konnte.

a) Die Klarheit der Heiligen Schrift

Gott und die Schrift Gottes sind zwei Dinge, nicht weniger als der Schöpfer und
das Geschöpf Gottes zwei Dinge sind. Daß in Gott viel verborgen ist, was wir nicht
wissen, daran zweifelt kein Mensch, wie er selbst vom Jüngsten Tag sagt:»Von
jenem Tag weiß niemand denn der Vater« [Mk 13,32] . . . Daß aber in der Schrift
gewisse unverständliche Dinge seien und nicht alles klar dargelegt sei, das wurde
durch die gottlosen Sophisten verbreitet, mit deren Mund auch Du, Erasmus, hier
redest. Doch sie haben niemals auch nur einen einzigen Artikel vorgebracht – das
können sie auch nicht –, mit dem sie diesen ihren Unsinn beweisen könnten.
Durch solche Schreckgespenster hat der Satan vom Lesen der Heiligen Schrift abgeschreckt und die Heilige Schrift verächtlich gemacht, um seine aus der Philosophie herrührende Pestilenz in der Kirche herrschen zu lassen. Das allerdings gebe
ich zu, daß es in der Schrift manche unklare und unverständliche Stellen gibt –
nicht aufgrund der Erhabenheit des Behandelten, sondern aufgrund der Unkenntnis der Worte und der Grammatik –, aber das hindert in keiner Weise das Verständnis all dessen, was in der Schrift behandelt wird. Denn was kann in der
Schrift noch Erhabeneres verborgen bleiben, nachdem die Siegel gebrochen [Offb
6,1], der Stein von der Grabestür gewälzt [Lk 24,2] und jenes höchste Geheimnis
bekannt gemacht worden ist: Christus, der Sohn Gottes, ist Mensch geworden,
Gott ist dreieinig, Christus hat für uns gelitten und wird in Ewigkeit herrschen! Ist
das nicht auch auf allen Gassen bekannt und gesungen? Nimm Christus aus der
Schrift heraus, was wirst Du dann noch in ihr finden [tolle Christum e scripturis,
quid amplius in illis invenies]? Die in der Schrift enthaltenen Aussagen [res] sind

alle ans Tageslicht gebracht, wenn auch gewisse Stellen wegen unbekannter Worte bislang unverständlich sind. Es ist aber töricht und gottlos, zu wissen, daß die eigentlichen Inhalte der Schrift alle im klarsten Licht dastehen, wegen einiger unverständlicher Worte diese aber als unverständlich zu bezeichnen. Sind an einer Stelle die Worte auch unklar, an einer anderen sind sie doch klar. Eben das, was aufs offenkundigste der ganzen Welt verkündet ist, wird das eine Mal in der Schrift mit klaren Worten gesagt, liegt das andere Mal aber hinter bislang unklaren Worten verborgen. Wenn die Sache sich im Licht befindet, macht es nichts aus, wenn irgendein Zeichen von ihr im Dunkeln liegt, da indessen viele andere Zeichen von ihr im Licht sind . . .

Deshalb ist das ohne Bedeutung, was Du von der koryzischen Höhle anführst [vgl. Nr. 59a]. Mit der Sache der Schrift verhält es sich nicht so. Das, was zur erhabensten Hoheit gehört und verborgenstes Geheimnis ist, ist nicht mehr in einem Versteck, sondern ist mitten auf dem Marktplatz und im Freien hingestellt und dargelegt. Denn Christus hat uns den Sinn geöffnet, daß wir die Schrift verstehen [Lk 24,45], und das Evangelium ist aller Kreatur gepredigt [Mk 16,15]; sein Schall ist ausgegangen in alle Lande [Röm 10,18], und alles, was geschrieben ist, ist uns zur Lehre geschrieben [Röm 15,4].

Quelle: WA 18, S. 606,11–607,6. – *Literatur:* s. bei Text d.

b) Die Notwendigkeit der Predigt von der Alleinwirksamkeit Gottes
Welchen Nutzen oder welche Notwendigkeit hat es also, derartiges[1] zu verbreiten, da so viel Übles daraus hervorzugehen scheint? Ich antworte: es müßte gewiß genügen, zu sagen, Gott hat gewollt, daß es verbreitet wird; nach dem Grund des göttlichen Willens aber soll man nicht fragen, sondern ihn schlicht verehren und so Gott die Ehre geben, da er allein gerecht und weise ist und niemandem Unrecht tut und nichts töricht oder unbesonnen tun kann, auch wenn es uns ganz anders erscheinen mag. Mit dieser Antwort sind die Gottesfürchtigen [pii] zufrieden. Doch um noch ein übriges zu tun: Zwei Dinge erfordern, dies zu predigen: Das eine ist die Demütigung unseres Hochmuts und die Erkenntnis der Gnade Gottes; das andere der christliche Glaube selbst.

Erstens: Gott hat den Gedemütigten, d.h. den Elenden und Verzweifelten, seine Gnade gewiß zugesagt. Völlig gedemütigt werden kann der Mensch aber erst dann, wenn er weiß, daß sein Heil ganz und gar außerhalb seiner Kräfte, Absichten, Bemühungen, seines Willens und seiner Werke gänzlich von dem Ermessen [arbitrio], Plan, Willen und Werk eines anderen, nämlich Gottes allein, abhängt. Denn solange ein Mensch der Ansicht ist, er könne für sein Heil auch nur das Geringste tun, bleibt er im Vertrauen auf sich selbst und verzweifelt nicht ganz an sich; und so wird er vor Gott nicht gedemütigt, sondern maßt sich an oder hofft oder wünscht zumindest, [es gäbe] einen Ort, eine Zeit, irgendein Werk, wodurch er endlich zum Heil gelangen könne. Wer aber keinesfalls daran zweifelt, daß alles am Willen Gottes hängt, der verzweifelt gänzlich an sich selbst, wählt nichts für sich aus und wartet auf den wirkenden Gott; dieser ist der Gnade am nächsten, so daß er gerettet wird. Deshalb wird dies um der Auserwählten willen gepredigt, damit sie so gedemütigt und zunichte gemacht gerettet werden. Die anderen widerstehen dieser Demütigung, ja sie verurteilen die Lehre, daß man an sich selbst verzweifeln soll, und wollen, daß ihnen zumindest ein ganz klein wenig übrig bleibt, das sie tun könnten. Sie bleiben heimlich hochmütig und Gegner der Gnade

Gottes. Dies ist also der eine Grund: daß die Gottesfürchtigen die Verheißung der Gnade demütig erkennen, anrufen und annehmen.

Der andere Grund ist, daß der Glaube es mit den unsichtbaren Dingen zu tun hat [Hebr 11,1]. Damit also dem Glauben Raum gegeben wird, ist es notwendig, daß alles, was geglaubt wird, verborgen ist. Es kann aber nicht tiefer verborgen sein, als unter dem Gegensatz zum gegenständlichen Objekt, zur Empfindung und Erfahrung. Wenn Gott lebendig macht, tut er es also, indem er tötet; wenn er rechtfertigt, tut er das, indem er schuldig macht; wenn er in den Himmel führt, tut er es, indem er in die Hölle führt, wie die Schrift sagt: »Der Herr tötet und macht lebendig, führt in die Hölle und wieder heraus«, 1Sam 2[,6]. Davon ausführlicher zu reden ist hier nicht der Platz; wer unsere Schriften gelesen hat, dem ist dies ganz vertraut. So verbirgt Gott seine ewige Güte und Barmherzigkeit unter ewigem Zorn, die Gerechtigkeit unter Ungerechtigkeit. Das ist der höchste Grad des Glaubens, zu glauben, jener [Gott] sei gütig, der so wenige rettet und so viele verdammt; zu glauben, daß er gerecht ist, der uns durch seinen Willen unabänderlicherweise verdammenswert macht, so daß er, Erasmus zufolge, an den Qualen der Unglücklichen Gefallen zu haben und eher hassens- als liebenswert zu sein scheint. Wenn ich also auf irgendeine Weise [ulla ratione] begreifen könnte, wie denn dieser Gott barmherzig und gerecht ist, der solchen Zorn und solche Ungerechtigkeit zeigt, wäre der Glaube nicht nötig. Da es nun nicht begriffen werden kann, wird Raum gegeben zur Einübung des Glaubens, indem derartiges gepredigt und öffentlich verbreitet wird; und zwar nur so, daß, indem Gott tötet, der Glaube an das Leben [fides vitae] im Tod eingeübt wird. Davon sei nun in der Vorrede genug geredet.

Quelle: WA 18, S. 632,21–633,23. – *Literatur:* s. bei Text d.

1.   Gemeint ist das »Paradoxon«: ›Was auch immer von uns getan wird, wird nicht aus freiem Willen, sondern aus reiner Notwendigkeit getan‹ und (nach Augustin) ›Gott wirkt das Gute und das Schlechte in uns, belohnt seine guten Werke in uns und bestraft seine schlechten Werke in uns‹; vgl. WA 18, S. 630,20–24.

c) Der menschliche Wille zwischen Gott und Teufel

Das andere Paradoxon, daß nämlich alles, was wir tun, nicht aus freiem Willen, sondern aus reiner Notwendigkeit geschieht, wollen wir kurz betrachten, um es nicht hinzunehmen, daß es als höchst schädlich bezeichnet wird. Ich sage hier folgendes: Wenn bewiesen sein wird, daß unser Heil außerhalb unserer Kräfte und Absichten steht und vom Wirken Gottes abhängt, was ich unten im Hauptteil der Abhandlung unumstößlich nachzuweisen hoffe, folgt dann nicht klar, daß – solange Gott mit seinem Werk in uns nicht zugegen ist – all unser Tun böse ist und wir notwendig Dinge tun, die zum Heil nichts nützen? Denn wenn nicht wir, sondern allein Gott das Heil in uns wirkt, tun wir, ob wir wollen oder nicht, vor seinem Wirken nichts Heilsames.

»Notwendig« [necessario] sage ich, nicht »gezwungen« [coacte], gemäß der sogenannten Notwendigkeit der Unveränderlichkeit, nicht des Zwanges [necessitate immutabilitatis, non coactionis]. D.h. wenn der Mensch den Geist Gottes nicht hat, tut er nicht etwa durch Gewalt gezwungen, gleichsam am Kragen herbeigeschleppt, gegen seinen Willen das Böse, so wie ein Dieb oder Räuber sich widerwillig zur Bestrafung führen läßt, sondern er tut es freiwillig und gern. Aber diese

Willigkeit oder diesen Willen zum [bösen] Tun kann er aus eigenen Kräften nicht aufgeben, zügeln oder ändern, sondern er läßt vom Wollen und Willigsein nicht ab, auch wenn er nach außen hin mit Gewalt gezwungen wird, etwas anderes zu tun; im Inneren bleibt der Wille davon doch abgekehrt und ist zornig dem, der ihn so zwingt oder sich ihm entgegenstellt . . .

Umgekehrt: Wenn Gott in uns wirkt, will und handelt der durch den Geist Gottes verwandelte und zärtlich angefachte Wille wiederum aus reiner Lust, Neigung und Freiwilligkeit, nicht gezwungen, so daß er durch kein Hindernis umgewandelt werden, ja nicht einmal durch die Pforten der Hölle überwunden oder gezwungen werden könnte; er bleibt genauso dabei, das Gute zu wollen, dazu willig zu sein und es zu lieben, wie er vorher das Böse gewollt, dazu Lust gehabt und es geliebt hat . . .

Kurzum: Wenn wir unter dem Gott dieser Welt sind, ohne das Werk und den Geist des wahren Gottes, werden wir gefangen gehalten, seinen [des Gottes dieser Welt] Willen zu tun, wie Paulus in seinem Brief an Timotheus sagt [2Tim 2,26], daß wir nur das wollen können, was er will. Denn er ist jener starke bewaffnete Mann, der sein Haus so bewacht, daß alle darin in Ruhe bleiben [Lk 11,21], damit sie nicht irgendeine Regung oder Empfindung gegen ihn hervorrufen; sonst würde das Reich des Satans, in sich gespalten, nicht bestehen, dessen Bestehen Christus doch bestätigt [Lk 11,18]. Und das tun wir willentlich und willig, entsprechend der Natur des Willens, der kein Wille wäre, wenn er gezwungen würde. Denn Zwang ist vielmehr (sozusagen) Nichtwille [noluntas]. Wenn aber ein Stärkerer über ihn kommt, ihn überwindet und uns als seine Beute nimmt, sind wir dagegen durch dessen Geist Knechte und Gefangene (was jedoch königliche Freiheit ist), so daß wir das willig wollen und tun, was er will. Auf diese Weise ist der menschliche Wille mitten zwischen beide [in medio] gestellt, ganz wie ein Reittier, wenn Gott darauf sitzt, will er und geht, wohin Gott will, wie der Psalm sagt: »Ich bin wie ein Zugtier geworden und ich bin immer mit dir« [Ps 73,22f.]. Wenn der Satan darauf sitzt, will er und geht, wohin der Satan will. Und er hat nicht die Entscheidungsfreiheit [in eius arbitrio], zu einem der Reiter zu laufen oder ihn zu suchen, sondern die Reiter selbst streiten darum, ihn festzuhalten und zu besitzen.

Quelle: WA 18, S. 634,14–33. S. 634,37–635,2. S. 635,7–22. – *Literatur:* s. bei Text d.

d) Die Unterscheidung von offenbarem und verborgenem Gott

Anders muß man über Gott oder Gottes Willen disputieren, der uns gepredigt, offenbart, angeboten und verehrt wird, und anders über Gott, der nicht gepredigt, nicht offenbart, nicht angeboten [oblato] und nicht verehrt wird. Sofern also Gott sich verbirgt und von uns nicht erkannt sein will, geht er uns nichts an. Denn hier gilt in der Tat jenes Wort: »Was über uns ist, geht uns nichts an.«[1] Und damit niemand meine, diese Unterscheidung stamme von mir: ich folge Paulus, der an die Thessalonicher über den Antichrist schreibt, daß er sich über jeden erheben würde, der als Gott gepredigt und verehrt wird [2Thess 2,4]; damit gibt er deutlich zu erkennen, daß sich jemand über Gott erheben kann, soweit er gepredigt und verehrt wird, d.h. über das Wort und die Verehrung [cultus], wodurch Gott uns bekannt ist und mit uns Gemeinschaft hat [nobiscum habet commercium]; aber über den nicht verehrten und nicht gepredigten Gott, wie er in seinem Wesen und seiner Majestät ist, kann sich nichts erheben, sondern alles ist unter seiner mächtigen Hand.

Man muß also Gott in seiner Majestät und Natur lassen, denn so haben wir nichts mit ihm zu tun, und er hat es auch nicht gewollt, daß wir so mit ihm zu tun haben. Sondern sofern er sich durch sein Wort, durch das er sich uns dargeboten hat, umkleidet und bekannt gemacht hat, haben wir mit ihm zu tun[2]; das ist sein Schmuck und sein Ruhm, wie ihn, wenn er damit bekleidet ist, der Psalmist besingt [Ps 21,6]. So sagen wir: der gerechte Gott [Deus pius] beklagt nicht den Tod des Volkes, den er in ihm wirkt, sondern er beklagt den Tod, den er im Volk vorfindet und den er zu beseitigen sich bemüht. Denn so handelt der gepredigte Gott, daß Sünde und Tod beseitigt und wir gerettet werden. Denn »er sandte sein Wort und machte sie [sein Volk] gesund« [Ps 107,20]. Im übrigen beklagt der in seiner Majestät verborgene Gott [Deus absconditus in maiestate] weder den Tod, noch nimmt er ihn weg, sondern er wirkt Leben, Tod und alles in allem. Denn da [in der Verborgenheit seiner Majestät] hat er sich nicht durch sein Wort festgelegt, sondern hat seine Freiheit über alles beibehalten [Neque enim tum verbo suo definivit sese, sed liberum sese reservavit super omnia].

Die Diatribe aber täuscht sich in ihrer Unwissenheit, indem sie gar nicht unterscheidet zwischen gepredigtem und verborgenem Gott, d.h. zwischen dem Wort Gottes und Gott selbst. Vieles tut Gott, was er uns durch sein Wort nicht zeigt. Vieles auch will er, von dem er durch sein Wort nicht zeigt, daß er es will. So will er nicht den Tod des Sünders, nämlich nach dem Wort [1 Tim 2,4]; er will ihn aber nach jenem unausforschlichen Willen. Wir sollen aber auf das Wort schauen und jenen unausforschlichen Willen stehen lassen. Nach dem Wort nämlich sollen wir uns ausrichten [verbo enim nos dirigi oportet], nicht nach jenem unausforschlichen Willen. Wer könnte sich überhaupt nach einem völlig unausforschlichen und unerkennbaren Willen richten? Es genügt, zu wissen, daß in Gott ein unausforschlicher Wille da ist. Was aber dieser Wille und warum und inwiefern er es will, das darf man schlechterdings nicht fragen, zu erkunden wünschen, sich darum kümmern oder berühren, sondern nur fürchten und anbeten. Also ist es richtig zu sagen: »Wenn Gott den Tod nicht will, ist es unserem Willen zuzuschreiben, wenn wir zugrundegehen«[3]! Richtig, sage ich, wenn Du es vom gepredigten Gott gesagt hast. Denn er will, daß alle Menschen gerettet werden [1 Tim 2,4], indem er mit dem Wort des Heils zu allen gekommen ist; und es ist die Schuld des Willens [vitium voluntatis], der ihn nicht annimmt, wie er Mt 23[,37] sagt: »Wie oft habe ich deine Kinder versammeln wollen, und du hast es nicht gewollt!« Warum aber jene Majestät diese Schuld unseres Willens nicht wegnimmt oder ihn bei allen verwandelt, da es doch nicht in der Macht des Menschen liegt, oder warum er ihm das zurechnet, obwohl der Mensch davon nicht frei sein kann, das darf man nicht fragen, und wenn du auch viel fragst, du wirst es niemals erfahren, wie Paulus Röm 11 [vielmehr 9,20] sagt: »Wer bist du denn, daß du mit Gott rechten willst?«

Quelle: WA 18, S. 685,3–686,12. – *Literatur:* R. Hermann, Von der Klarheit der Heiligen Schrift. Untersuchungen und Erörterungen über Luthers Lehre von der Schrift in De servo arbitrio, 1958; H. Vorster, Das Freiheitsverständnis bei Thomas von Aquin und Martin Luther, KiKonf 8, 1963, S. 246–399; O. H. Pesch, Theologie der Rechtfertigung bei Martin Luther und Thomas von Aquin, WSAMA.T 4, 1967, bes. S. 106–109; H. J. McSorley, Luthers Lehre vom unfreien Willen, 1967; E. Jüngel, Quae supra nos, nihil ad nos. Eine Kurzformel der Lehre vom verborgenen Gott – im Anschluß an Luther interpretiert, EvTh 32, 1972, S. 197–240.

1. ›Quae supra nos nihil ad nos‹. Erasmus, Adagia, Ausgewählte Schriften 7, 1972, S. 414–416.
2. Vgl. WA 4, S. 65,1–12.30f. (Ps 91); WA 43, S. 72,31–73,9.
3. So Erasmus in der ›Diatribe‹, Ausgewählte Schriften 4, 1969, S. 64,18–20.

BALTHASAR HUBMAIER (1485–1528)

Hubmaier, der erste ›Fachtheologe‹ unter den Täufern, erhielt eine gut scholastische Ausbildung zunächst in Freiburg. Hier lernte er 1509 Johann Fabri (1478–1541) kennen, der später als Generalvikar von Konstanz (ab 1518) und Bischof von Wien (ab 1530) entschieden gegen die reformatorische Bewegung kämpfte (vgl. Nr. 47). Hubmaier studierte in Freiburg bei Johann Eck (1486–1543), dem späteren theologischen Hauptgegner Luthers auf römisch-katholischer Seite (vgl. Nr. 22–24, Einleitung zu Nr. 80–85, bes. Nr. 84, 93), dem er 1511 nach Ingolstadt folgte (1512 Dr. theol.). Als Dompfarrer in Regensburg (1516) konnte er dennoch nicht Ecks Verteidigung des fünfprozentigen Zinssatzes übernehmen und richtete sich mit Vehemenz gegen die unter kaiserlichem Schutz stehende Judengemeinde. Als nach dem Tode Maximilians (Januar 1519) noch kein neuer Kaiser gewählt worden war, wurde die Synagoge zerstört (21. Februar) und wurden die Juden aus der Stadt verwiesen. Auf den Trümmern der Synagoge wurde die Kapelle ›Zur Schönen Maria‹ aufgebaut, wo Hubmaier als erster Kaplan predigte. Aus Tagebuchaufzeichnungen, die auf ihn zurückgehen, geht hervor, wie schnell diese Kapelle zum Marienwallfahrtsort aufstieg – nachdem der Regensburger Madonna Heilungen und andere Wunder zugeschrieben wurden –; im ersten Jahr wurden 10172 bleierne und 2430 silberne Zeichen verkauft; 1520 waren die entsprechenden Ziffern bereits 109198 und 9763. Seit Winter 1522/23 rechnete Hubmaier sich zu den Evangelischen, fand von Waldshut aus Verbindung zu Zwingli, dann aber auch bald zu Grebel (Nr. 56) und den Täufern (vgl. Nr. 58, 70, 71). Als er sich 1525 ›neu‹ taufen läßt, bedeutet dies zugleich den Bruch mit Zwingli. Nach seiner Haft in Zürich, der Abschwörung der ›Wiedertaufe‹ und Flucht findet er in Nikolsburg (Mähren) Aufnahme, wo ein Mittelpunkt des Täufertums entsteht. Schließlich in Wien verurteilt, wurde er am 10. März 1528 dort verbrannt.

61. Vorwort zum Taufbuch (1525)

Durch seine Taufdisputation vom 17. Januar 1525 nahm Zwingli endgültig zugunsten der Kindertaufe Stellung. Sein Buch »Von der Taufe, von der Wiedertaufe und von der Kindertaufe« erschien am 27. Mai 1525 im Druck. Hubmaier hatte sich inzwischen am Ostersamstag, dem 15. April, mit 60 weiteren Personen von Reublin in Waldshut taufen lassen. In einem eigenen Buch »Von der christlichen Taufe der Gläubigen« (11. Juli 1525) versucht er, die Argumente Zwinglis zu widerlegen.

Wenn gefragt wurde, warum wir uns wiedertaufen ließen (obwohl es keine Wiedertaufe ist), so antworteten wir, daß uns nichts beweist, ob wir getauft seien oder nicht. Sie verbreiteten über uns weiterhin, daß wir uns rühmten, wir könnten nach der Taufe nicht mehr sündigen. Auch viel anderes erdichtetes und unwahres Gerede unterstellen sie uns, das mir oder einem anderen rechtgesinnten und gutherzigen Christen nie in den Sinn gekommen ist . . . Wir bilden weder Rotten noch Sekten, sondern handeln in dieser Sache nach dem Worte Gottes. Daran werden uns weder Engel noch Teufel oder Menschen in Ewigkeit hindern können, obwohl etliche noch so wild dagegen toben und drucken. Man sieht an ihrem Schreiben sehr wohl, daß sie lieber die klaren, hellen und lauteren Taufschriften verdunkeln und verfinstern wollen, damit man ihre Verirrung und Niederlage nicht sehe, als daß sie begehren, das rechte Verständnis hervorzuholen und deutlich zu machen . . .
So bekennen wir unverhohlen, daß wir in der Kindheit nicht getauft worden sind. Deshalb lassen wir uns taufen kraft des ernstlichen Befehls Christi und der Apostel an vielen Stellen. Darin, daß wir uns rühmen sollen, daß wir nach der Taufe nicht mehr sündigen könnten und dergleichen, geschieht uns Gewalt und Unrecht,

denn wir wissen, daß wir vorher und nachher arme und elende Sünder sind; und
wenn wir sagten, wir sündigten nicht, so würden wir doch lügen und wäre die
Wahrheit nicht in uns [1Joh 1,8]. Wenn aber durch einige törichte Menschen der-
artige Sprüche verbreitet werden, soll man es denselben untersagen und sie zurechtweisen und nicht wegen ihrer einfältigen Rede die ganze christliche Taufe
verhaßt machen und vernichten . . .
Geschrieben zu Waldshut am Rhein, am 11. Tag des Heumonats [Juli] 1525. – Die
Wahrheit ist untödlich[1].

Quelle: Balthasar Hubmaier, Schriften, hg. von G. Westin – T. Bergsten, QFRG 29 = QGT 9, 1962, S.
119–121. – *Literatur:* T. Bergsten, Balthasar Hubmaier. Seine Stellung zur Reformation und Täufertum 1521–1528, AUU.SHEU 3, 1961; H. Fast, Bemerkungen zur Taufanschauung der Täufer. ARG
57, 1966, S. 131–151; Cl.-P. Clasen, Anabaptism. A social history, 1525–1618. Switzerland, Austria,
Moravia, South and Central Germany, Ithaca 1972; H.-J. Goertz (Hg.), Umstrittenes Täufertum
1525–1975, 1975; J. M. Stayer, Anabaptists and the Sword, Lawrence/Ks. 1976[2] (1972); M. Lienhard
(Hg.), The Origins and Characteristics of Anabaptism. – Les débuts et les caracteristiques de l'Anabap-
tisme, Den Haag 1976; Chr. Windhorst, Täuferisches Taufverständnis. Balthasar Hubmaiers Lehre
zwischen traditioneller und reformatorischer Theologie, SMRT 16, 1976, S. 38–90.108–112.
183–241; W. O. Packull, Mysticism and the early South German – Austrian Anabaptist Movement,
Scottdale/Pa. 1977.

1. Hubmaiers Motto.

62. Das wahre biblische Taufverständnis: Der Lehrer Urteil (1526)

Die Schrift »Der uralten und gar neuen Lehrer Urteil« über Taufe und Kindertaufe liegt in zwei Fassungen, nämlich einer kürzeren (»Urteil I«) und einer längeren (»Urteil II«) vor, die zwar auf 21. Juli
1526 datiert sind, deren Entstehungszeit jedoch bis Anfang 1525 zurückreicht.

Der Apostel Paulus: . . . Lasset uns hinzutreten zu Christus, erstens mit wahrhaf-
tigem Herzen in Vollkommenheit des Glaubens, zweitens gereinigt in unserem
Herzen vom bösen Gewissen, d.h. mit der inneren Taufe, drittens gewaschen am
Leibe mit reinem Wasser [Hebr 10,22]. Dann kommt [nämlich] erst die äußere
Taufe, die ohne die innere nichts als Schein und Heuchelei ist. Denn wie ich den
Korinthern geschrieben habe, 1Kor 11 [28f.], daß sie sich vorher prüfen sollten,
ehe sie vom Brot essen und von dem Kelch trinken, oder sie werden sich selbst zur
Verurteilung essen und trinken, ebenso sage ich, ja, nicht ich, sondern Christus
selber, daß man vorher glauben solle, ehe man die Taufe empfange [Mk 16,16];
oder man handelt gegen seine Worte, Lehre und Einsetzung; und das ist eine greuliche Abgötterei, nicht gehorsam gegenüber den Worten des Herrn zu sein.
Ich schweige darüber, daß durch eine solche Kindertaufe die Menschen der rechten
Taufe Christi beraubt werden, indem sie meinen sie seien getauft, und sind doch
nicht mehr als [nur äußerlich] getauft. Es werden auch Noah mit Ham, Sem, Ja-
phet und ihren Frauen gegen uns zeugen und sagen: »Seht ihr, wir sind ein
Gleichnis für die Wassertaufe gewesen mit unserer Arche in der Sintflut, wie es
der heilige Petrus euch geschrieben hat in seinem Brief«, 1Petr 3[,20; Gen 6,18].
Nun hat aber niemand die Arche betreten, es sei denn, er hätte zuvor dem Wort

Gottes Glauben geschenkt. Ebenso solltet ihr auch niemanden mit Wasser taufen, der nicht vorher gläubig geworden ist . . .

Quelle: Balthasar Hubmaier, Schriften, S. 254. – *Literatur:* s. oben Nr. 61.

63. Eine christliche Lehrtafel (10. Dezember 1526)

In diesem ältesten täuferischen ›Katechismus‹ – geschrieben in Form eines Dialogs zwischen Leonhard († 1534) und Hans von Liechtenstein († 1552)[1] – gibt Hubmaier eine Zusammenfassung seiner Theologie. Das Buch entstand aus dem Wunsch nach einem Lehrbuch für die große Täuferbewegung in Nikolsburg (Mikulov) in der Markgrafschaft Mähren, wo er, im Juni 1526 aus Waldshut vertrieben, ein Jahr lang Zuflucht fand. Aufgrund eines Edikts, entworfen von seinem Freiburger Studienfreund und Zwingli-Opponenten von 1523, dem nachmaligen königlichen Ratgeber Johann Fabri (vgl. Nr. 47), wurde im Sommer 1526 gegen Hubmaier vorgegangen.

Hans: So viel also dem Menschen an der Vergebung seiner Sünden und an der Gemeinschaft der Heiligen gelegen ist, außerhalb welcher kein Heil ist, so viel sollte ihm an der Wassertaufe gelegen sein, durch welche er in die allgemeine christliche Kirche eingegliedert wird . . .
Leonhart: Da du nun die Kirche deines Glaubens vergewissert hast mit der Wassertaufe, sag an, was ist die Kirche? – *Hans:* Die Kirche bedeutet bisweilen alle Menschen, die versammelt und vereinigt sind in einem Gott, in einem Herrn, in einem Glauben und in einer Taufe und diesen Glauben laut bekennen, wo immer auf der Erde sie sein mögen. Das ist nun die allgemeine, christliche, leibliche Kirche und Gemeinschaft der Heiligen, im Geist Gottes allein versammelt, wie wir im neunten Glaubensartikel[2] bekannt haben. Bisweilen bedeutet Kirche eine jede konkrete und äußerliche Versammlung, Kirchmenge oder Pfarrvolk, das unter einen Hirten oder Bischof gehört und auch leiblich zusammenkommt im Gottesdienst [leer] zu Taufe und Abendmahl. Die Kirche als die Tochter hat genau die gleiche Gewalt zu binden und zu lösen auf Erden wie die allgemeine Kirche, ihre Mutter, wenn sie die Schlüssel gebraucht nach dem Befehl Christi [Mt 16,19; Joh 20,23], ihres Bräutigams und Ehegemahls. –
Leonhart: Was gibt es für einen Unterschied zwischen diesen beiden Kirchen? – *Hans:* Die konkrete Kirche kann irren, wie denn die päpstliche Kirche in vielen Stücken geirrt hat. Aber die allgemeine Kirche kann nicht irren. Sie ist ohne Makel und ohne Runzeln [Eph 5,27], sie wird regiert von dem Heiligen Geist, und Christus ist bei ihr bis zum Ende der Welt. Mt 28[,20]. Und Gott behält sich selbst allzeit siebentausend Männer zurück, die ihre Knie nicht beugen vor dem Abgott Baal. 1Kön 19[,18]; Röm 11[,4]. –
Leonhart: Worauf ist die christliche Kirche gebaut? –
Hans: Auf das mündliche Bekenntnis des Glaubens, daß Jesus der Christus sei, ein Sohn des lebendigen Gottes [Mt 16,16]. Dieses äußere Bekenntnis macht eben eine Kirche und nicht der Glaube allein; denn die Kirche, die Gewalt hat zu binden und zu lösen, ist äußerlich und konkret – nicht wie die Mathematik; der Glaube aber ist innerlich. Und obwohl der Glaube allein fromm macht, so macht er allein doch nicht selig, denn das öffentliche Bekenntnis muß auch dabei sein. Darüber haben wir schöne Zeugnisse . . . [Mt 16,18; 10,32; Lk 9,26; 12,5f.; Röm 10,10]. –

Leonhart: Was für eine Gewalt haben die, welche in der Kirche sind, übereinander? – *Hans:* Die Gewalt brüderlichen Tadels. *Leonhart:* Was ist brüderlicher Tadel? – *Hans:* Daß jemand, wenn er seinen Bruder sündigen sieht, aus Liebe zu ihm geht und ihn brüderlich tadelt in der Stille, damit er von solcher Sünde ablasse. Tut er es, so hat er seine Seele gewonnen. Tut er es nicht, so nimmt er noch zwei oder drei Zeugen mit und tadelt ihn vor denselben zum zweiten Mal. Folgt er ihm, so ist es heilsam, wenn nicht, so sagt er es der Kirche. Diese läßt ihn [in der Versammlung] vortreten und tadelt ihn zum dritten Mal. Läßt er nun von der Sünde ab, so hat sie seine Seele gewonnen. Mt 18[,15ff.] . . .

Leonhart: Woher kann aber ein Bruder über den anderen diese Gewalt ausüben? – *Hans:* Von dem Taufgelübde her; da hat sich der Mensch der Kirche und allen ihren Gliedern unterworfen nach dem Wort Christi. – *Leonhart:* Wenn sich aber nun der getadelte Sünder nicht bessern will? – *Hans:* Dann hat jetzt die Kirche Gewalt und Recht, ihn als einen meineidigen und wortbrüchigen Mann auszuschließen und in den Bann zu tun. – *Leonhart:* Was ist der Bann? – *Hans:* Er ist ein Ausschluß und eine Absonderung von der Art, daß von nun an die Christen keine Gemeinschaft mehr haben sollen mit einem solchen Menschen, weder durch Gespräche, Essen, Trinken, Mahlen, Backen noch in anderer Gestalt, sondern ihn als einen Heiden und Zöllner betrachten sollen, d.h. als einen anstößigen, unordentlichen und vergifteten Menschen, der gebunden und dem Teufel ergeben ist. Sie sollen ihn meiden und fliehen, auf daß nicht durch die Gemeinschaft mit ihm die ganze konkrete Kirche in üblen Ruf komme, geschändet, in Schmach gebracht und durch sein böses Beispiel infiziert werde, sondern vielmehr durch diese Zurechtweisung erschrecke, sich fürchte und so fortan den Sünden absterbe. Denn so wahr Gott lebt, was die Kirche solchermaßen einläßt oder aussperrt auf Erden, das ist eingelassen oder ausgesperrt auch im Himmel . . . In Summa: Dort, wo die Wassertaufe nach der Anweisung Christi nicht wieder eingesetzt und durchgeführt wird, weiß man nicht, wer Bruder ist oder Schwester, dort ist keine Kirche, keine brüderliche Zucht und Zurechtweisung, kein Bann, kein Abendmahl, nichts, das einem christlichen Stand und Wesen ähnlich sieht. Gott lebt. Es ist so. Oder Himmel und Erde müssen in Stücke brechen.

Quelle: Balthasar Hubmaier, Schriften, 315–317. – *Literatur:* s. oben Nr. 61.

1.   Siehe T. Bergsten, Hubmaier, S. 398f.406–408.
2.   Hubmaier gebraucht die schon in Rufins Auslegung des Symbols (404) bezeugte Einteilung des Apostolicum in 12 Sätze bzw. Artikel; vgl. Hubmaier, Schriften, S. 313.

DER DEUTSCHE BAUERNKRIEG (1524–1525)

Der deutsche Bauernkrieg, der Juni 1524 im südlichen Schwarzwald angefangen hatte, griff im Dezember auf Oberschwaben über. Aufgrund der Beschwerden der Bauern südlich von Ulm (»Baltringer Haufen«) stellt der Memminger Kürschnergeselle Sebastian Lotzer aus Horb (ca. 1490–1525?), Feldschreiber der Memminger und Baltringer Bauern, »Die grundlichen und rechten Hauptartikel aller Baurschaft« zusammen (Ende Februar 1525). Das Vorwort lieferte der Memminger Prediger Christoph Schappeler (1472–1551). Im März gedruckt und vielfach von Bauerngruppen verschiedener Gebiete übernommen, haben diese sog. ›12 Artikel‹ (Nr. 64) den Charakter einer allerdings relativ gemäßigten

Programmschrift der ganzen Bewegung erhalten. – Das Fazit Schappelers nach der Zerschlagung der Bauernhaufen: Die berechtigte Basis der göttlichen Gerechtigkeit sei aus den eigenen Reihen (sinistre!) unterwandert worden.
Der »Artikelbrief der Schwarzwälder Bauern« (Nr. 67) beleuchtet das Selbstverständnis der Bauern als christliche Vereinigung, die sich gegen unerträgliche Belastungen zur Wehr setzt und sich möglichst ohne Blutvergießen befreien will. Wenn sich aber jemand weigert, sich ihnen anzuschließen, so ist der Bann die Folge, d.h. die strikte Verweigerung jeder Gemeinschaft.
Wie die Lage der Bauern und ihre Forderungen aus städtischer Sicht beurteilt werden, macht ein Schreiben (Nr. 66) deutlich, in dem sich der Nürnberger Magistrat für den Versuch einer gütlichen Übereinkunft ausspricht.
Die Grundlagen der theologischen Kritik am gewaltsamen Vorgehen der Bauern zeigt eine Predigt des Johannes Brenz (Nr. 65) sowie Luthers zweite, in scharfem Ton abgefaßte Stellungnahme zum Bauernkrieg (Nr. 68).

64. Die 12 Artikel der Bauernschaft (Februar/März 1525)

Dem christlichen Leser Friede und Gnade Gottes durch Christus. Es gibt viele Widerchristen, die jetzt wegen der versammelten Bauernschaft Anlaß nehmen, das Evangelium zu schmähen, indem sie sagen: Das sind die Früchte des neuen Evangeliums: niemandem gehorsam sein, an allen Orten sich empören und aufbäumen, mit großer Gewalt zusammenlaufen und sich rotten, geistliche und weltliche Obrigkeit reformieren, ausrotten, ja vielleicht gar erschlagen!
Allen, die so gottlos und frevlerisch urteilen, antworten die nachfolgenden Artikel – zuerst um diese Lästerung des Wortes Gottes abzustellen, zweitens, um den Ungehorsam, ja, die Empörung aller Bauern christlich zu ˙erklären.
Zum ersten: das Evangelium verursacht weder Empörung noch Aufruhr, weil es eine Rede von Christus, dem verheißenen Messias, ist, dessen Wort und Leben nichts als Liebe, Friede, Geduld und Eintracht lehren, so daß alle, die an diesen Christus glauben, voll Liebe, Friede, Geduld und Eintracht werden, wie denn alle Artikel der Bauern letztlich darauf gerichtet sind (wie klar zu sehen ist), das Evangelium zu hören und ihm gemäß zu leben. Wie können da die Widerchristen das Evangelium die Ursache der Empörung und des Ungehorsams nennen? Daß aber einige Widerchristen und Feinde des Evangeliums sich gegen solches Ansinnen und Begehren auflehnen und aufbäumen, daran ist nicht das Evangelium schuld, sondern der Teufel, der schädlichste Feind des Evangeliums, der solches durch den Unglauben in den Seinen erweckt, um damit das Wort Gottes (das Liebe, Friede und Eintracht lehrt) zu unterdrücken und wegzunehmen.
Zweitens folgt daraus klar und deutlich, daß die Bauern, die in ihren Artikeln solches Evangelium zur Lehre und zum Leben begehren, nicht ungehorsam und aufrührerisch genannt werden können. Für den Fall aber, daß Gott die Bauern (die voller Angst und Hoffnung darum beten, nach seinem Wort zu leben) erhören will, wer will da den Willen Gottes tadeln? Wer will in sein Gericht eingreifen? Ja, wer will seiner Majestät widerstreben? Hat er die Kinder Israels, die zu ihm schrien, erhört und aus der Hand des Pharao befreit, kann er nicht auch heute noch die Seinen erretten? Ja, er wird sie erretten! Und in Kürze! (Röm 1[,3ff.]; 11[,33ff.]; Jes 40[,13]; Röm 8[,31ff.]; Ex 3[,7]; 14[,10]; Lk 18[,7f.])[1].
Deshalb, christlicher Leser, lies die nachfolgenden Artikel mit Fleiß und urteile danach.

Hier folgen die Artikel:

Der erste Artikel. Erstens ist unsere demütige Bitte und Begehren, auch unser aller Wille und Meinung, daß wir von nun an Gewalt und Macht haben wollen, daß eine ganze Gemeinde ihren Pfarrer selbst erwählt und prüft. Sie soll auch Gewalt haben, denselben wieder zu entlassen, wenn er sich ungebührlich verhält. Derselbe erwählte Pfarrer soll uns das heilige Evangelium lauter und klar predigen ohne jeden menschlichen Zusatz, Lehre und Gebot. Denn die stete Verkündigung des wahren Glaubens veranlaßt uns dazu, Gott um seine Gnade zu bitten, uns denselben wahren Glauben einzuprägen und in uns zu festigen. Denn wenn seine Gnade nicht in uns eingeprägt wird, so bleiben wir stets Fleisch und Blut, das dann zu nichts nütze ist; wie deutlich in der Schrift steht, daß wir allein durch den wahren Glauben zu Gott kommen können und allein durch seine Barmherzigkeit selig werden. Darum ist uns ein solcher Anführer und Pfarrer vonnöten und in der Schrift begründet (1Tim 3[,1–7]; Tit 1[,6–9]; Apg 14[,23]; Dtn 17[,9–13]; Ex 31[,1ff.]; Dtn 10[,22ff.]; Joh 6[,63]; Gal 2[,16]).

Der zweite Artikel. Zweitens, obwohl der rechte Zehnte im Alten Testament eingesetzt und im Neuen erfüllt ist, wollen wir den berechtigten Kornzehnten[2] nichtsdestoweniger gerne geben. Doch wie es sich gebührt: d.h. man soll ihn Gott geben und den Seinen zuteilen. Gebührt er einem Pfarrer, der klar das Wort Gottes verkündigt, so sind wir willens, diesen Zehnten hinfort durch unseren eigenen Kirchenvorsteher, von der Gemeinde eingesetzt, einsammeln zu lassen. Davon soll dem Pfarrer, der von der ganzen Gemeinde gewählt wird, der gebührende und genügende Unterhalt, ihm und den Seinen, nach dem, was die ganze Gemeinde zuerkennt, gegeben werden. Was übrigbleibt, soll man den Bedürftigen, die in demselben Dorf vorhanden sind, zuteilen, je nach Sachlage und Festsetzung der Gemeinde . . . Den kleinen Zehnten[3] wollen wir gar nicht geben, denn Gott der Herr hat das Vieh frei für den Menschen geschaffen, so daß wir es für einen unzulässigen Zehnten halten, den die Menschen erfunden haben. Darum wollen wir ihn nicht mehr geben (Hebr 1; Ps 109[110,4]; Gen 14[,20]; Dtn 26[,12]; 1Tim 5[,18]; Mt 10[,9f.]; 1Kor 9[,9]; Lk 6[,29]; Mt 5[,40ff.]; Gen 1[,20]).

Der dritte Artikel. Drittens ist es bisher Brauch gewesen, daß sie uns für ihre Leibeigenen gehalten haben, was zum Erbarmen ist, wenn man bedenkt, daß uns Christus alle mit seinem kostbaren Blut erlöst und erkauft hat, den Hirten ebenso wie den Höchsten, keinen ausgenommen . . .
(Jes 53[,4ff.]; 1Petr 1[,18f.]; 1Kor 7[,23]; Röm 13[,1ff.]; Weish 6[,4]; Dtn 6[,13]; Mt 4[,10]; Lk 4[,8]; 6[,31f.]; Mt 7[,12]; Joh 13[,34f.]; Röm 13[,1f.]; Apg 5[,23]).

Der vierte Artikel. Viertens ist bisher im Brauch gewesen, daß kein armer Mann die Erlaubnis erhielt, Wildbret, Geflügel oder Fische in fließenden Gewässern zu fangen, was uns ganz unangemessen und unbrüderlich dünkt, besonders eigennützig und dem Wort Gottes nicht gemäß . . .
(Gen 1[,11ff.]; Apg 10[,13ff.]; 1Tim 4[,3ff.]; 1Kor 10[,30]; Kol 2[,16f.20ff.]).

Der fünfte Artikel. Fünftens sind wir auch belastet und geschädigt, was die Holznutzung [des Waldes] anbetrifft, denn unsere Herrschaften haben sich die Wälder alle allein angeeignet . . .

Der sechste Artikel. Sechstens wird uns eine schwere Last aufgebürdet durch die Dienstleistungen, die von Tag zu Tag mehr und täglich umfangreicher werden
. . .
(Röm 10[,1]).

Der siebente Artikel. Siebentens, daß wir uns hinfort von einer Herrschaft nicht

mehr [unrechtmäßig] belasten und schädigen lassen wollen, sondern wenn eine Herrschaft jemandem rechtmäßig [ein Gut] verleiht, so soll er es nach der Übereinkunft zwischen Herr und Bauer besitzen . . .
(Lk 3[,14]; 1Thess 4[,6]).

Der achte Artikel. Achtens werden viele, die Güter innehaben, dadurch belastet und geschädigt, daß dieselben Güter die Zinsen nicht erbringen können und die Bauern das Ihre einbüßen und verlieren. Wir begehren, daß die Herrschaften diese Güter von ehrbaren Leuten besichtigen lassen und nach Billigkeit einen Zins vom Ertrag erheben, damit der Bauer seine Arbeit nicht umsonst tue, denn ein jeder Arbeiter ist seines Lohnes würdig (Mt 10[,10]).

Der neunte Artikel. Neuntens sind wir belastet und geschädigt durch die großen Frevel, daß man stets neue Gesetze macht, nicht daß man uns dem Vorfall gemäß bestraft, sondern mal aus großem Neid und mal aus großer Gunst. Es ist unsere Meinung, daß man nach altem geschriebenen Strafmaß strafen soll, wonach die Sache verhandelt wird, und nicht nach Gunst (Jes 10[,1f.]; Eph 6[,9]; Lk 3[,14]; Jer 26[,14]).

Der zehnte Artikel. Zehntens werden wir dadurch geschädigt, daß einige sich Wiesen angeeignet haben, desgleichen Äcker, die doch der Gemeinde gehören. Dieselben werden wir wieder in unseren gemeinsamen Besitz nehmen, es sei denn, man hat sie redlich gekauft . . .
Lk 6[,21ff.]; Dtn 18[,1ff.]; Mt 8[,20]; 23[,14]; Jes 11[,3bf.]).

Der elfte Artikel. Elftens wollen wir den Brauch, genannt den ›Todfall‹[4], ganz und gar abschaffen und ihn nimmer dulden und gestatten, daß man Witwen und Waisen das Ihre . . . nimmt.

Beschluß. Zwölftens ist unser Beschluß und endgültige Meinung, wenn einer oder mehrere Artikel, die hier aufgestellt sind, dem Worte Gottes nicht gemäß sein sollten – wie wir aber nicht glauben –, so möge man uns diese mit dem Wort Gottes als unzulässig erweisen, dann wollen wir davon absehen, wenn man es uns aufgrund der Schrift nachweist. Für den Fall, daß man uns schon jetzt einige Artikel zuläßt, jedoch sich danach herausstellt, daß sie unrecht sind, sollen sie von Stund an tot und hinfällig sein und nichts gelten. Ebenso wollen wir uns auch vorbehalten und beschließen, [Artikel zu verwerfen], wenn einige Artikel aufgrund wahrheitsgemäßen Schriftbeweises gefunden werden sollten, die gegen Gott sind und eine Ungerechtigkeit gegenüber dem Nächsten darstellen.
Wir wollen uns in aller christlichen Lehre üben und sie im Leben verwirklichen; darum wollen wir Gott den Herrn bitten, der uns das geben kann und sonst niemand.
Der Friede Christi sei mit euch allen!

Quelle: »Die grundlichen und rechten Hauptartikel aller Baurschaft und Hindersessen der gaistlichen und weltlichen Oberkaiten, von wölchen si sich beschwert vermeinen.« Benutzt wurde der Augsburger Druck von 1525 (Melchior Ramminger), mit Identifizierung der Bibelzitate und Sacherläuterungen in: Flugschriften der Bauernkriegszeit, hg. von A. Laube – H.W. Seiffert, 1975, S. 26–31; vgl. Quellen zur Geschichte des Bauernkrieges, gesammelt und hg. von G. Franz, 1963, S. 174–179; modernisierte Fassung: H. Junghans (Hg.), Die Reformation in Augenzeugenberichten, 1967, S. 288–293. – *Literatur:* G. Franz, Die Entstehung der ›Zwölf Artikel‹ der deutschen Bauernschaft, ARG 36, 1939, S. 193–213; E. Walder, Der politische Gehalt der zwölf Artikel der deutschen Bauernschaft von 1525, SBAG 12, 1954, S. 5–22; G. Pfeiffer, Politische und religiöse Volksbewegungen Süddeutschlands im Zeitalter der Reformation, in: J. Staedtke (Hg.), Demokratische Traditionen im Protestantismus, 1969, S. 31–58; R. Wohlfeil (Hg.), Reformation oder frühbürgerliche Revolution, 1972; H. A. Oberman (Hg.), Deutscher Bauernkrieg 1525, ZKG 85, 1974, S. 145ff.; H. Claus (Hg.), Der deutsche Bauern-

krieg im Druckschaffen der Jahre 1524 bis 1526: Verzeichnis der Flugschriften und Dichtungen, 1975;
B. Moeller (Hg.), Bauernkrieg-Studien, SVRG 189, 1975; R. Wohlfeil (Hg.), Der Bauernkrieg
1524–26. Bauernkrieg und Reformation, 1975; W. Raitz (Hg.), Deutscher Bauernkrieg. Historische
Analysen und Studien zur Rezeption, 1976.

1. Die hier am Ende eines Artikels angegebenen Bibelstellen stehen im Original am Rande neben den
Artikeln.
2. Der für Getreide und andere Agrarprodukte auferlegte ›Feldzehnt‹.
3. Der für Tiere und tierische Produkte auferlegte ›Blutzehnt‹.
4. Abgabe beim Tode eines Hörigen oder Leibeigenen.

65. Johannes Brenz: Predigt über den Gehorsam der Untertanen (März 1525)

Der württembergische Reformator Johannes Brenz (1499–1570; vgl. Nr. 79, 119), seit 1522 als Prediger in Schwäbisch Hall tätig, nahm kurz vor Beginn des Bauernaufstandes in Franken in einer Predigt
zur Frage des Gehorsams gegenüber der Obrigkeit Stellung (veröffentlicht 16. März 1525). Während
des Aufstands gehörte Schwäbisch Hall neben Nürnberg (s. Nr. 66) zu den wenigen Orten im fränki-
schen Gebiet, die nicht in die Hände der Bauern fielen. In seiner obrigkeitlichen Staatsauffassung steht
Brenz näher bei Luther als alle anderen süddeutschen städtischen Theologen, ja er war »geradezu prä-
destiniert zur Mitarbeit im landesherrlichen Territorium« (Brecht).

Dem ehrsamen und achtbaren Antonius Hoffmayster[1], meinem günstigen Herrn
und Bruder in Christo Jesu. Johann Brentz, Prediger zu Schwäbisch Hall.
. . . Nachdem ich eine Zeitlang von Christus und christlicher Freiheit (welche in
der Erlösung von Sünden, Anfechtung, Tod, Hölle und dergleichen besteht) gepredigt habe und auch in jüngst vergangener Zeit[2] kurz dargelegt habe, wie die
christliche Freiheit in einem Christen den rechten Gehorsam gegenüber Gott, seinem Herrn, und gegenüber seinem Nächsten, Obrigkeit oder Untertan, bewirkt,
habe ich wohl erfahren, daß das Kreuz, der leibliche Gehorsam, dem Fleisch nicht
sehr wohl schmeckt und jedenfalls zu schwer zu sein pflegt, ja, viele Unvollkommene von dem Wort [Gottes] abschreckt . . . Der fleischliche Mensch will immer
an Christus, am Evangelium, an der christlichen Freiheit nichts anderes suchen als
das, was seine eigene Natur und Art ist. Ich kann auch sehr wohl erkennen, daß
dem Fleisch niemand evangelisch predigt, es sei denn, er spreche: »Schlag tot, gib
niemandem etwas, sei frei, sei nicht gehorsam«! . . .
Damit ich aber meine Absicht gegenüber Euch, meinem freundlichen Herrn und
Bruder in Christo, erzeige, habe ich Euch diese Predigt zugeschickt mit der drin-
genden Bitte, sie in guter christlicher Meinung von mir annehmen zu wollen. Der
Friede Christi sei mit Euch allezeit. Amen. Gegeben zu Hall am 16. März anno
domini 1525.
Es könnte für überflüssig erachtet werden, viel vom Gehorsam der Untertanen ge-
genüber ihrer Obrigkeit zu reden, insbesondere bei denjenigen, die täglich aus
dem Wort Gottes lernen, Gott gehorsam zu sein, woraus dann leicht erkannt wird,
daß man Gott auch in der Obrigkeit fürchten soll. Aber es sind viele, die das Wort
Gottes nach ihrer Lust und Willkür verstehen; und wenn man predigt, daß die
Christen alle gleich seien in ihrem Haupt Christus, verstehen sie, man solle keine
Obrigkeit mehr haben. Auch wenn man hört, daß niemand dem anderen schwere

Bürde, Schmach oder Steuer auferlegen soll, faßt Herr Omnes [der kleine Mann] das so auf, daß er meint, schwere Bürde, Schmach oder Steuer nicht mehr ertragen zu sollen und sich von derselben mit dem Schwert befreien zu dürfen. Daher ist es nicht abwegig, sondern vonnöten, viel vom schuldigen Gehorsam zu reden . . . Vorher ist es notwendig darzulegen, warum heutzutage aus dem Wort Gottes so viel Zank und Hader, Unwille des Reichen gegen den Armen, des Armen gegen den Reichen entsteht, wo doch das Wort Gottes ein Wort des Friedens ist. Der Grund dafür ist leicht zu erkennen, denn nur der kleinste Teil eilt zur Predigt in der Absicht, zu hören und sich bessern zu lernen und wie er selber fromm werden könnte und auch wie er sich gegenüber seinem Nächsten verhalten sollte; der größere Teil will etwas Neues darüber hören oder erfahren, wie der andere sich ihm gegenüber verhalten soll . . . Sagt man, die Herren sollen sich christlich verhalten gegenüber ihren Knechten oder Hintersassen[3] und daran denken, daß sie auch einen Herrn im Himmel haben, da spitzen die Hintersassen die Ohren und bekommen einen Grimm gegen ihre Herren, als müßten diese ihnen viel nachgeben. Aber wenn man wiederum predigt, daß die Hintersassen ihren Herren gebührenden Gehorsam leisten sollen und bezahlen, was sie schuldig sind, da läßt man die Ohren herabhängen wie ein Hund, da ist niemand in der Predigt, der es hört . . . [Spr 4,25; Gen 19,26; Lk 9,62; Joh 21,22].

Das alles wird hier deswegen dargelegt, damit eine Obrigkeit nicht selbstgerecht werde und ihrem Mutwillen nachgehe, wenn man viel redet vom schuldigen Gehorsam der Untertanen, sondern fleißigen Ernst daran wenden soll, ihrem Auftrag Genüge zu tun; und damit auch der Untertan sich nicht damit entschuldige oder auf Ungehorsam verfalle, wenn die Obrigkeit nicht unbedingt gemäß ihrem Amte lebt, sondern ernstlichen Fleiß anwenden solle, um seinem Gehorsam nachzukommen, gleichgültig ob die Obrigkeit tyrannisch oder freundlich verfährt.

Und weil diese Predigt vom Gehorsam der Untertanen handeln soll, kann sie nicht besser begonnen werden als mit dem göttlichen Wort, dem alle Geschöpfe zuhören und Folge leisten müssen.

Zum ersten. Paulus schreibt, Röm 13[,1ff.]: »Jedermann sei untertan der Obrigkeit . . .«

Du sagst: Ich gebe zu, daß man der weltlichen Gewalt gehorsam sein soll, wenn sie christlich ist und christlich verfährt. Wenn das aber nicht geschieht und sie nicht die Untertanen als Untertanen anerkennt, wie kann man sie als eine Obrigkeit anerkennen? Wie auch ein Römer zu seinem Bürgermeister[4] sprach: »Wie soll ich dich als einen Bürgermeister ansehen, da du mich doch nicht als einen Bürger ansiehst?« Antwort: Weltliche Gewalt ist eine Ordnung Gottes, wenn auch die Person, welche die Gewalt innehat, ein Christ oder Unchrist ist, ein Gläubiger oder ein Türke . . .

[Du fragst:] Wie aber, wenn eine Obrigkeit, seien es Christen oder Heiden, etwas gebietet, das unrecht ist, muß man dann auch gehorsam sein? Antwort: Eine Obrigkeit kann auf zweierlei Weise Unrecht gebieten.

Erstens. Muß ich ein Unrecht begehen, das auch [dann] unrecht wäre, wenn ich es vollbrächte, – nämlich, wenn sie [die Obrigkeit] gebietet, daß ich Gott verleugnen, ihn lästern, ihm nicht vertrauen soll, daß ich Abgötter anbeten oder abgöttischen Gottesdienst verrichten soll, daß ich ehebrechen oder sonst unkeusch sein soll, usw., was niemand ohne Sünden vollbringen kann, – dann ist der Satz aus der Apostelgeschichte [Apg 5,29] anzuwenden: »Man soll Gott mehr gehorchen als dem Menschen.« Doch in dieser Situation ist es keineswegs zulässig, der Obrigkeit

Widerstand zu leisten mit Kampf, Schwertzücken, Aufruhr und dergleichen, sondern mit Ertragen, nämlich eher ertragen, daß man einem Leib und Gut, Weib und Kind wegnimmt, als selber unrecht tun wollen. Zweitens gebietet zuzeiten die Obrigkeit eine unrechte Sache, die jedoch der Untertan mit Gott und gutem Recht tun kann, wenn nämlich ungerechte Steuer oder andere Schädigungen der leiblichen Güter befohlen werden. Wiewohl nun die Obrigkeit überaus unrecht tut, wenn sie solche ungerechte Steuer auferlegt, tut doch der Untertan recht und nichts gegen Gott, wenn er in einer solchen Sache der Obrigkeit willfährig ist und die auferlegte Bürde trägt. Ja, es ist ein Gebot Gottes, daß man in diesem Fall gehorsam sein muß und keineswegs rebellisch. Mt 5[,38–41] . . .

Man gehe mit dir so ungerecht um, wie man wolle, leistest du Widerstand, tust du ebenso unrecht. Denn es ist ebenso verboten, sich dem Übel zu widersetzen, wie es geboten ist, niemandem übel zu tun . . . Wie [sehr] nun dem Petrus nicht erlaubt war, für die Person Christi leiblich zu kämpfen [Joh 18,11], sondern nur zu leiden und zu bekennen, so viel weniger christlich ist es, sich zu empören, wenn die Obrigkeit zuzeiten ungerechte Lasten auferlegt . . . Ebenso ist es den Untertanen keineswegs erlaubt, für einen Prediger – ohne Erlaubnis ihrer Obrigkeit – das Schwert zu zücken; durch das christliche Wort, von dem Prediger dargelegt, darf sich niemand [dazu] nötigen lassen. Auch wenn die Obrigkeit an die Person des Predigers Hand anlegt, soll der Untertan sein Schwert stecken lassen. Was man aber in der Angelegenheit von einer Obrigkeit durch Bitten und Flehen erreichen kann, ist niemandem verboten . . .

Jedermann schreit, daß es äußerst unchristlich sei, Leibeigene zu haben: Es könne nicht göttlich [en Rechts] sein, daß einer dem anderen als Besitz gehöre[5]. Antwort: Ein Herr über Leibeigene sein oder eines Herren Leibeigener sein ist eine weltliche Ordnung, die dem evangelischen Wesen weder etwas gibt noch etwas nimmt. Aber die evangelische Lehre handelt darüber und lehrt, wenn eine solche weltliche Ordnung besteht, wie sie gehalten werden soll. Die Lehre des göttlichen Wortes sagt nicht: »Sei kein Herr über Leibeigene!«, sondern spricht so: »Da du von Gott als Herr über Leibeigene eingesetzt bist, verhalte dich gegenüber deinen Leibeigenen so, wie es einem Christen gebührt; denke daran, daß du auch einen Herren im Himmel hast, der dein Richter ist!« Ebenso spricht sie auch nicht zu dem Knecht oder Leibeigenen: »Es ist unchristlich, daß du ein Leibeigener bist!«, sondern sie sagt: »Da Gott dich als einen Knecht, Hintersassen oder Leibeigenen bestellt hat, verhalte dich so, wie es einem Knecht oder Hintersassen zusteht!« So sind auch Kaufen und Verkaufen oder das Betreiben eines anderen Gewerbes eine äußerliche, weltliche Ordnung, in der nicht das evangelische Wesen begründet liegt. Aber die göttliche Lehre greift dort ein und lehrt, wie beides, Kaufen und Verkaufen, gottesfürchtig geschehen soll; es ist ganz und gar nicht die Meinung der göttlichen Lehre, solche weltlichen Ordnungen abzuschaffen, es sei denn, sie sind offenkundig gegen Gott [Eph 6,5–9; Ex 21,2–6; Phlm 10–19] . . .

Wie muß man sich aber verhalten, damit man eine gottesfürchtige Obrigkeit bekomme, die ohne ungerechte Unterdrückung regiert? Auch daß man fromme Mitbürger finde, die geneigt sind, dem Armen zu helfen. Das wird niemals geschehen können mit Gewalt, Aufruhr und Schwertzücken, sondern mit fleißigem, ernstlichem Gebet zu Gott und mit willigem Gehorsam gegenüber der Obrigkeit. Diese zwei Dinge würden auch eine Obrigkeit, die aus Türken bestünde, zu Christen machen. Wer aber das Schwert zieht ohne Befehl der Obrigkeit und sich anmaßt, derselben Widerstand zu leisten, der trägt sein Urteil schon auf dem Rük-

ken, nämlich daß er durch das Schwert zugrunde gehen soll, wie es gewöhnlich tatsächlich auch überall geschehen ist. Catilina fing in Rom einen Aufruhr an gegen den Rat; wie jämmerlich aber er und seine Anhängerschaft umgekommen sind, beschreibt ausführlich Sallust[6] . . .
Darum, damit der Ordnung Gottes nicht Widerstand geleistet werde, sollen alle Untertanen so viel wie möglich sich des Friedens befleißigen. Denn es denke sich nur niemand, in seinem Mutwillen fortfahren zu können, der sich untersteht, nicht nur dem Übel Widerstand zu leisten, sondern solches Tun auch noch mit dem Wort Gottes zu verbrämen. Christi endgültiger Befehl an jede einzelne Person ist, nicht dreinzuschlagen, sondern sich geduldig unter das Kreuz zu begeben. Amen.

Quelle: A. Laube – H. W. Seiffert (Hg.), Flugschriften der Bauernkriegszeit, 1975, S. 285–292. – *Literatur:* M. Brecht, Die frühe Theologie des Johannes Brenz, 1966, S. 270–318; F. W. Kantzenbach, Theologie und Gemeinde bei Johannes Brenz, dem Prediger von Hall, BWKG 65, 1965, S. 3–38; H. Kirchner, Der deutsche Bauernkrieg im Urteile der Freunde und Schüler Luthers, 1968; H. Buszello, Der deutsche Bauernkrieg als politische Bewegung, 1969; G. Seebaß, An sint persequendi haeretici?, BWKG 70, 1970, S. 40–99.

1. Ein Freund des Johannes Brenz, Ratsherr in Schwäbisch Hall.
2. Z.B. in der Predigt »Vom wahren christlichen Wesen«, 1524/25; vgl. Brecht, Die frühe Theologie, S. 34ff.
3. Rechtlose, von ihrem Feudalherren abhängige Dorfbewohner, die keinen eigenen Hof haben.
4. Vgl. das Wortgefecht zwischen Catilina und Cicero vor dem Senat in Rom im Jahre 63 v.Chr., angegeben kurz zuvor von Melanchthon, s. Flugschriften der Bauernkriegszeit, S. 229; s. unten Anm. 6.
5. Vgl. die »12 Artikel der Bauernschaft«, Art. 3 (Text Nr. 64).
6. Sallust (römischer Historiker, 86–35 v.Chr.), »Catilinae coniuratio«.

66. Der Rat von Nürnberg an seinen Gesandten beim Schwäbischen Bund (24. März 1525)

Was die aufrührerische Bauernschaft betrifft, scheint uns die Sache immer größeren Umfang anzunehmen. Wir bedenken [aber] auch die vielen [ungerechten] Lasten, wenn unternommen werden soll, die Bauern zu schlagen. Denn wenn auch gewiß wahr ist, daß dieses Volk mit Schicklichkeit [gehörigem Maß] nicht vorgehen kann, so muß man doch auch die ungehörigen Ursachen, durch die sie zu diesem Aufruhr veranlaßt worden sind, bedenken, und mit welchen unerträglichen Lasten sie bisher auf mehr als eine Weise bedrückt wurden; so werden . . . Artikel, die gedruckt wurden [die 12 Artikel der Bauernschaft; s. Nr. 64], die in ziemlicher Anzahl in unsere Stadt gebracht worden sind, bei dem einfachen Mann in den Städten und auf dem Lande eine große Bedeutung und Geltung haben. Wir gedenken, sie in ihren Angelegenheiten gewiß nicht zu begünstigen, aber ein jeder hat zu bedenken, wie einleuchtend ihre Forderungen in diesen Artikeln sind, wie offenkundig auch die Beschwerden, die ihnen bisher widerfahren sind, erscheinen und nicht geleugnet werden können. Es ist gar leicht zu reden, das Evangelium und seine Prediger verursachten diese Empörung. Wie sich aber die harte Tyrannei und Bedrückung durch die Herrschaften verantworten und verbergen lassen, das weiß jedes Kind auf der Straße, vor allem, daß die Herren das Wort Gottes mit

Gewalt verfolgt, seine Prediger geplagt, seine Hörer gestraft, und aus dem Evangelium nichts anderes als Geld gezogen und es mißbraucht haben zum Deckmantel ihres unerhörten Handelns. So also muß eine Ungehörigkeit die andere mit sich bringen. Nach alledem meinen wir, daß es viel besser wäre, mit den Bauern einen angemessenen Ausgleich zu suchen, als sich vorzunehmen, sie niederzuschlagen. Denn unserer Ansicht nach würde auf solche Weise in diesen ernsten Angelegenheiten keine endgültige Lösung geschaffen; wir wissen auch nicht, ob dadurch die Bauern alle zerstreut und zur Ruhe gebracht wären, oder ob der Krieg damit erst richtig anfangen würde. Das teilen wir Dir nicht deswegen mit, weil uns das Vorgehen der Bauern gefiele oder weil wir gedächten, sie deswegen auf irgendeine Weise zu begünstigen, sondern weil wir auch das Vorgehen der geistlichen Stände im [Schwäbischen] Bund und anderer, die aus unbilliger Verdächtigung des Wortes Gottes und besonderem haßerfüllten Zorn und auch zur Erhaltung ihres Eigennutzes nur mit dem Kopf hindurch wollen, nicht ganz für den günstigsten Weg erachten . . .
Gegeben Freitag nach Oculi, 24. März 1525.

Quelle: G. Franz, Der deutsche Bauernkrieg. Aktenband, 1972, S. 342f. – *Literatur:* L. P. Buck, Die Haltung der Nürnberger Bauernschaft im Bauernkrieg, Mitteilungen der Altnürnberger Landschaft 19, 1970, S. 59–77; ders., The Containment of Civil Insurrection: Nürnberg and the Peasant's Revolt 1524–1525, Michigan 1971; R. L. Endres, Der Bauernkrieg in Franken. BDLG 109, 1973, S. 31–68; weitere Lit. s. Nr. 64.

67. Artikelbrief der Schwarzwälder Bauern an die Städte Villingen und Freiburg i.Br. geschickt (8. Mai 1525)

Frieden und Gnade von Gott dem Allmächtigen wünschen wir Euch, dem Bürgermeister und Rat der ganzen Gemeinde der Stadt Villingen, und wir ermahnen Euch, daß Ihr auch das göttliche Recht und das heilige Evangelium unseres Herrn Jesu Christi fördern wollt und Euch verbrüdern mit der christlichen Bruderschaft nach dem Wortlaut des Artikelbriefes, den wir Euch hiermit senden. Darauf begehren wir unverzüglich eine schriftliche Antwort durch diesen Boten.
Gegeben zu Verembach am Montag nach dem Heiligkreuz-Tag [8. Mai] des Jahres 1525. Hauptleute und Räte des Haufens auf dem Schwarzwald.

Artikelbrief
Ehrsame, weise und gunstvolle Herren, Freunde und liebe Nachbarn!
Da bisher große Lasten, die gegen Gott und alle Gerechtigkeit sind, dem armen, einfachen Mann in den Städten und auf dem Lande von geistlichen und weltlichen Herren und Obrigkeiten auferlegt wurden, welche sie selber nicht einmal mit dem kleinsten Finger angerührt haben [Mt 23,4], hat das zur Folge, daß man solche Bürden und Beschwerden nicht länger ertragen noch erdulden kann, es sei denn, der einfache, arme Mann wolle sich und seine Kindeskinder ganz und gar an den Bettelstab bringen:
Daher ist der Sinn und Zweck dieser christlichen Vereinigung, mit der Hilfe Gottes sich zu befreien, und das so weit wie möglich ohne jeglichen Schwerthieb und Blutvergießen, was wohl nicht sein kann ohne brüderliche Ermahnung und Verei-

nigung in allen zulässigen Angelegenheiten, die das gemeinsame christliche Wohl betreffen und in diesen beiliegenden Artikeln zusammengefaßt sind.

Hierauf ergeht unsere freundliche Bitte, unser Ansinnen und brüderliches Ersuchen, daß Ihr Euch mit uns in diese christliche Vereinigung und Bruderschaft einlasset und begebt, damit gemeinsames christliches Wohl und brüderliche Liebe wiederum aufgerichtet, erbaut und vermehrt werden. Wenn Ihr das tut, geschieht darin der Wille Gottes in Erfüllung seines Gebotes von der brüderlichen Nächstenliebe.

Wenn Ihr aber solches ausschlagt, was wir jedoch keineswegs annehmen, tun wir Euch in den weltlichen Bann und halten Euch darin kraft dieses Briefes so lange, bis Ihr von Eurem Vorhaben ablaßt und Euch guten Willens in diese christliche Vereinigung begebt. Das haben wir Euch als unseren lieben Herren, Freunden und Nachbarn in durchaus guter Absicht nicht vorenthalten wollen. Wir begehren hierauf vom Rat und von der Gemeinde schriftliche Antwort durch diesen Boten. Hiermit seid Gott befohlen!

Der weltliche Bann hat diesen Sinn und Zweck: daß alle, die in dieser christlichen Vereinigung sind, bei ihren Ehren und höchsten Pflichten, die sie getan, mit denen, die sich sperren und sträuben, der brüderlichen Vereinigung beizutreten und gemeinsames christliches Wohl zu fördern, ganz und gar keine Gemeinschaft haben und pflegen sollen, weder essen noch trinken, baden, mahlen, backen, ackern oder mähen, ihnen weder Speise, Korn, Trank, Holz, Fleisch, Salz oder anderes bringen noch jemandem erlauben oder gestatten, dieses zu tun; von ihnen nichts kaufen und ihnen nichts verkaufen; sondern daß man sie bleiben lasse als abgeschnittene, gestorbene Glieder in den Dingen, die den gemeinsamen christlichen Nutzen und Landfrieden nicht fördern, sondern eher verhindern wollen.

Ihnen sollen auch alle Märkte, Gehölze, Wiesen, Weiden und Wasser, die nicht innerhalb ihrer Gerichtsbarkeit liegen, verboten sein.

Und wer von denen, die zur Vereinigung gehören, solches nicht beachtet, der soll fortan auch ausgeschlossen sein, mit dem gleichen Bann gestraft und mit Frau und Kindern zu den Gegnern und Widerspenstigen geschickt werden.

Von Schlössern, Klöstern und Pfaffenstiftungen

Da aber nun aller Verrat, Zwang und Verderben aus Schlössern, Klöstern und Pfaffenstiften hervorgegangen und erwachsen ist, soll über diese von Stund an der Bann verkündet sein. Wenn aber Adlige, Mönche oder Pfaffen solcher Schlösser, Klöster oder Stiftungen freiwillig abstehen und sich wie andere fremde Leute in gewöhnliche Häuser begeben und dieser christlichen Vereinigung beitreten, sollen sie mit Hab und Gut freundlich und schicklich aufgenommen werden. Und danach soll man ihnen alles das, was ihnen von göttlichen Rechten her gebührt und gehört, getreulich und ehrlich folgen lassen ohne jede Beeinträchtigung . . .

Quelle: A. Laube – H. W. Seiffert (Hg.), Flugschriften der Bauernkriegszeit, 1975, S. 110f. – *Literatur:* s. Nr. 64.

68. Luther: Wider die stürmenden Bauern (Anfang Mai 1525)

In seiner ersten Stellungnahme zum Bauernkrieg,»Ermahnung zum Frieden auf die zwölf Artikel der Bauernschaft in Schwaben« (April 1525; WA 18, S. 291–334), hatte sich Luther bemüht, den Bauern gerecht zu werden und die Fürsten zu sozialer Gerechtigkeit zu bewegen. Jetzt aber wendet er sich scharf gegen die Bauern. Hinter ihrem erfolgreichen Zusammenschluß (›rottieren‹), den er auch selbst in Thüringen erlebt, vermutet er das Wirken Thomas Müntzers (vgl. Nr. 54). Nunmehr setzt Luther den Bauernaufstand gleich mit dem endzeitlichen Einbruch der Herrschaft des Antichrists.

Im vorigen Büchlein [»Ermahnung zum Frieden«] konnte ich die Bauern nicht verurteilen, weil sie sich zu Recht und besserem Unterricht erboten; wie denn Christus gebietet, man solle nicht verurteilen, Mt 7[,1]. Aber ehe ich mich umsehe, fahren sie fort und greifen mit der Faust drein, vergessen ihr Erbieten, rauben und toben und tun wie die rasenden Hunde. Daran sieht man nun, was sie in ihrem falschen Sinn gehabt haben, und daß es eitel und erlogen war, was sie unter dem Namen des Evangeliums in den zwölf Artikeln ausgegeben haben. Kurzum, sie treiben eitel Teufelswerk, und insonderheit ist's der Erzteufel [Thomas Müntzer], der zu Mühlhausen regiert und nichts denn Raub, Mord, Blutvergießen anrichtet . . . Da sich nun diese Bauern und elenden Leute verführen lassen und anders tun, als sie geredet haben, muß ich auch anders von ihnen schreiben . . .
Dreierlei greuliche Sünden wider Gott und Menschen laden diese Bauern auf sich, um derentwillen sie vielfältig den Tod verdient haben an Leib und Seele.
Zum ersten: sie haben ihrer Obrigkeit Treu und Huld geschworen, untertänig und gehorsam zu sein . . . Weil sie aber diesen Gehorsamseid mutwillig und mit Frevel brechen, indem sie sich ihren Herren widersetzen, haben sie . . . Leib und Seele verwirkt . . . [Hinweis auf Röm 13,2]. Dieses Wort wird schließlich auch auf die Bauern zutreffen . . ., denn Gott will, daß Treue und Pflicht gehalten werden.
Zum andern: sie richten Aufruhr an, berauben und plündern frevelhaft Klöster und Schlösser, die ihnen nicht gehören, wofür sie allein [schon] – wie offensichtliche Straßenräuber und Mörder – den Tod an Leib und Seele wohl zweifach verdienen; auch ein aufrührerischer Mensch, den man als solchen überführen kann, ist schon in Gottes und in des Kaisers Acht, so daß, wer zuerst denselben erwürgen kann und mag, recht und wohl tut . . .
Zum dritten: sie decken diese schreckliche, greuliche Sünde mit dem Evangelium, . . . womit sie die allergrößten Gotteslästerer und Schänder seines heiligen Namens werden. Sie ehren und dienen auf diese Weise dem Teufel unter dem Schein des Evangeliums, wofür sie wohl zehnmal den Tod verdienen an Leib und Seele. Von einer häßlicheren Sünde habe ich nie gehört. Beachte: Der Teufel muß den Jüngsten Tag wohl fühlen, da er solch unerhörte Dinge tut . . .
Es nützt den Bauern auch nichts, daß sie anführen, nach Gen 1 und 2 sei alles frei und für die Allgemeinheit geschaffen, und wir seien alle gleich getauft . . . Die Taufe macht nicht Leib und Gut frei, sondern die Seelen. Auch macht das Evangelium den Besitz nicht zum Allgemeingut; es sei denn, einige tun spontan das, was die Apostel und Jünger nach Apg 4,32 taten. Sie forderten nicht, daß die fremden Güter des Pilatus und des Herodes Allgemeingut würden, ›wie unsere unsinnigen Bauern toben, sondern ihre eigenen Güter . . .
Weil nun die Bauern . . . so vielfältig des Tods an Leib und Seele schuldig sind . . ., muß ich nun die weltliche Obrigkeit unterrichten, wie sie hierin mit gutem

Gewissen verfahren soll . . . Der Obrigkeit, die ohne vorhergehende besondere Legitimation solche Bauern schlagen und strafen kann und will, will ich nicht wehren, auch wenn sie die Evangeliumsverkündigung nicht zuläßt . . . Aber jene Obrigkeit, die christlich ist und die Evangeliumsverkündigung zuläßt, . . . soll jetzt gottesfürchtig handeln. Zuerst soll sie die Sache Gott anheimstellen und bekennen, daß wir solches wohl verdient haben; dazu bedenken, daß Gott vielleicht den Teufel so errege zu allgemeiner Strafe des deutschen Landes. Darnach demütiglich um Hilfe gegen den Teufel bitten. Denn wir kämpfen jetzt nicht nur gegen Blut und Fleisch [vgl. Eph 6,12], sondern gegen die geistlichen Bösewichte in der Luft, die mit dem Gebet angegriffen werden müssen. Wenn nun das Herz so gegenüber Gott eingestellt ist, daß es seinen göttlichen Willen walten läßt, unbesehen, ob Er uns als Fürsten und Herren haben will oder nicht, soll man sich gegenüber den tollen Bauern zum Überfluß – obwohl sie es nicht verdienen – zu Vergleichsverhandlungen anbieten. Darnach, wenn das nicht helfen will, flugs zum Schwert greifen . . .

Es gilt dann auch keine Geduld oder Barmherzigkeit mehr; es ist dann die Zeit des Schwerts und des Zorns, und nicht der Gnade . . .

Drum, liebe Herren, löset, rettet, helft, erbarmet euch der armen Leute; steche, schlage, würge hier, wer da kann. Bleibst du darüber tot, wohl dir, einen seligeren Tod kannst du nimmermehr erlangen. Denn du stirbst im Gehorsam gegenüber dem göttlichen Wort und Befehl [Röm 13] . . .

Dünkt das jemand zu hart, der denke daran, daß Aufruhr unerträglich ist und jede Stunde die Zerstörung [das Ende] der Welt zu erwarten ist.

Quelle: WA 18, S. 357–361. – *Literatur:* Für den ›Übergang zum offenen Krieg‹ s. M. M. Smirin, Die Volksreformation des Thomas Müntzer und der große Bauernkrieg, 1952, S. 520–564; U. Asendorf, Eschatologie bei Luther, 1967; G. Wolf (Hg.), Luther und die Obrigkeit, 1972; weitere Lit. zum Bauernkrieg s. Nr. 64.

69. Reichstag zu Speyer (1526)

Der Friedensvertrag von Madrid mit Frankreich (14. Januar 1526) verschaffte Kaiser Karl V. (1519–56) die Möglichkeit, sich aufs neue den Verhältnissen in Deutschland zuzuwenden. Er berief für den 1. Mai 1526 den Reichstag nach Speyer (tatsächlicher Beginn 25. Juni), um die reformatorischen Strömungen in den Griff zu bekommen und dem Wormser Edikt (Nr. 33) Geltung zu verschaffen. Die mit der Person Luthers verbundene Problematik der Reformbestrebungen war zuvor bereits auf vier Reichstagen Gegenstand von Verhandlungen gewesen: 1521 in Worms (s. Nr. 31–33) und dreimal in Nürnberg – 1522, Ende 1522–1523 (vgl. Nr. 46) und 1524. Der Bauernkrieg (Nr. 64–68) hat bewirkt, daß im Jahre 1526 die Sorge wegen der Gärung im Volke in den Vordergrund gerückt ist, wie bereits aus der zu Beginn des Reichstags verlesenen kaiserlichen Proposition hervorgeht.

a) Reichstagsproposition (25. Juni 1526)

. . . Obgleich sich nun die kaiserliche Majestät . . . vorgenommen hat, . . . nach Rom zu fahren, um die kaiserliche Krone zu empfangen und gleichzeitig mit seiner päpstlichen Heiligkeit über ein allgemeines Konzil zu verhandeln, auf dem die Anliegen und Beschwerden unseres heiligen Glaubens und der allgemeinen Christenheit behandelt, alle Ketzerei, Mißbräuche und Unordnung – die sich an vielen Orten, leider jedoch im Heiligen Reich Deutscher Nation am gefährlichsten und

lästerlichsten zutragen und anhalten – abgestellt, ausgerottet und durch eine heilsame, einhellige, christliche Reformation, Ordnung, Satzung und Leben künftig
für ähnliche nicht nur unchristliche, sondern ganz unmenschliche Aufruhre und
Empörungen allenthalben Vorsorge getroffen und verhütet werden, so könnte
sich doch die Abhaltung dieses Konzils etwas verzögern und der allgemeinen
Deutschen Nation unerträglich und sogar aufs höchste beschwerlich sein, in den
obengenannten Irrtümern noch länger zu verharren. Es gilt dabei zu bedenken,
daß bei einigen Reichsständen täglich mehr und mehr beschwerliche, verurteilte
und irrige Neuerungen einreißen, daß öffentlich mit besorgniserregendem Anstoß beim gemeinen Volk gepredigt wird, daß viele neue Schriften mit schmähenden Angriffen auf alle Obrigkeit, die aufrührerische Bewegungen des gemeinen
Mannes bewirken, allenthalben im Druck verbreitet werden: alles wider die göttlichen und christlichen – auch der kaiserlichen Majestät und des Reiches – Ordnungen, Satzungen, Mandate und Abschiede, so daß zu befürchten ist, daß – wenn
sich nicht rechtzeitige und kluge Einsicht bemerkbar macht – daraus (wie zum Teil
auch oben gesagt ist) Zerrüttung unseres heiligen Glaubens, Zerstörung der
christlichen Religion, großer Ungehorsam, Empörung wider die Obrigkeit, Par-
teiung, Aufruhre, Zertrennung im Reiche, Lästerung Gottes, unseres Schöpfers,
Beleidigung seiner lieben Heiligen und dergleichen viel Übles entsteht, was der
kaiserlichen Majestät, dem Heiligen Reich und aller Obrigkeit und Ehrbarkeit
nicht wiedergutzumachendem Schaden zufügen würde.
Um aber dem mit Hilfe des Allmächtigen und der Mitwirkung der löblichen Kurfürsten, Fürsten und anderen Stände des Reiches und mit treuem, möglichem
Fleiß zuvorzukommen, ist fürs erste der erwähnten kaiserlichen und spanischen
königlichen Majestät usw., unseres allergnädigsten Herren gnädiger und ernstlicher Wunsch, Begehren und Befehl, die Kurfürsten, Fürsten und Stände des Heiligen Reiches möchten mit den obgenannten Kommissaren und Bevollmächtigten
ihrer Majestät auf diesem gegenwärtigen Reichstag beratschlagen, bedenken und
miteinander sich schließlich einigen und Mittel, Maß und Wege beschließen, mit
denen der christliche Glaube und die wohlüberlieferte, gute christliche Übung und
Ordnung der allgemeinen Kirche mittlerweile bis zu einem freien Konzil geschützt
und darin die Einigkeit unter den Gliedern des Heiligen Reiches von jedermann
gehalten und wie die Übertreter für ihre Freveltat gestraft und – soweit sich jemand der Strafe mit Gewalt widersetzen würde – wie eine Obrigkeit der anderen
behilflich sein kann, damit nach dem Edikt ihrer kaiserlichen Majestät [s. Nr. 33]
wie auch nach dem, was die genannten Kommissare mit den Ständen des Reiches
beschließen werden, von jedermann gelebt wird und ihm unverweigerte Ausfüh-
rung zuteil werden möge . . .

Quelle: W. Friedensburg, Der Reichstag zu Speyer 1526, 1887. Neudruck Nieuwkoop 1970, S.
527–529; übers. nach: H. Junghans (Hg.), Die Reformation in Augenzeugenberichten, 1967², S.
354–356. – *Literatur:* R. Wohlfeil, Der Speyrer Reichstag von 1526, BPfKG 43, 1976, S. 5–20.

b) Reichstagsabschied § 4 (27. August 1526)

Danach haben wir, auch Kurfürsten, Fürsten und Stände des Reiches und deren
Gesandte, uns jetzt hier auf dem Reichstag einmütig abgesprochen und geeinigt,
bis zum Konzil oder aber der Nationalversammlung . . . mit unseren Untertanen
ein jeder in den Sachen, die das Edikt – das durch kaiserliche Majestät auf dem zu
Worms gehaltenen Reichstag ausgegangen ist[1] – betreffen möchten, für sich so zu

leben, zu regieren und zu halten, wie ein jeder solches gegen Gott und die kaiserliche Majestät hofft und meint verantworten zu können.

Quelle: Neue und vollständigere Sammlung der Reichs-Abschiede . . . 2. Teil, 1747. Neudruck 1967, S. 274 § 4. – *Literatur:* s. oben a.

1. Wormser Edikt, s. Nr. 33.

70. Hans Hut, Vom Geheimnis der Taufe: Das Evangelium aller Kreatur (1526/27)

Hans Hut (ca. 1490–1527) wurde im Mai 1526 durch Hans Denck (ca. 1500–1525) zum gewaltfreien Täufertum (vgl. Nr. 57, 72) bekehrt und in Augsburg getauft, entwickelte seine Lehre aber in Abhängigkeit von Thomas Müntzer (vgl. Nr. 50–55) und teilte dessen apokalyptische Naherwartung. Auch Hans Hut sah das Strafgericht über alle Gottlosen in unmittelbarer Zukunft voraus, nämlich für das Frühjahr 1528. Im September 1527 in Augsburg gefangengenommen starb er im Kerker.
Die Taufschrift (1526/27) hat er möglicherweise noch selbst überarbeiten können. Seine Theologie gründet auf dem ›Evangelium aller Kreatur‹, d.h. ›von allen Kreaturen bezeugt, getragen und erlitten‹, nach Kol 1,23 in der Textform der Vulgata; dagegen wird diese Textstelle von Luther und heute allgemein[1] »unter aller Kreatur gepredigt« übersetzt.

Im Evangelium aller Kreatur wird nichts anderes vorgetragen und gepredigt als allein Christus, der Gekreuzigte, aber nicht allein Christus, das Haupt, sondern der ganze Christus mit allen Gliedmaßen. Diesen Christus predigen und lehren alle Kreaturen. Der ganze Christus muß leiden in allen Gliedmaßen und nicht wie unsere Schriftgelehrten Christus predigen, die dennoch die Besten sein wollen, wie man es täglich von ihnen hört: ›Christus als das Haupt habe es gar ausgetragen und zu Ende gebracht.‹ Wo aber bleiben die Gliedmaßen und der ganze Leib, in dem das Leiden Christi erfüllt werden muß? Davon gibt Paulus Zeugnis, wenn er spricht: »Ich freue mich in meinem Leiden, daß ich erstatte, was noch fehlt vom Leiden Christi, an meinem Leibe« [Kol 1,24]. Darum müssen sie in kurzer Zeit, wie es schon beginnt, mit ihrer Weisheit zu Toren werden. Denn es gefällt Gott wohl, durch törichte, närrische und schwärmerische Predigt, wie es die Klüglinge nennen, selig zu machen die, so dran glauben. Wenn sie noch so sehr dagegen tobten, so müssen sie in kurzer Zeit mit ihrer Weisheit und mit ihrem Geiz den Armgeistigen, die ihre Schwärmer sein müssen, weichen, wie Paulus klar ausspricht [1Kor 1,28].
Darum müßt ihr, meine allerliebsten Brüder, mit Fleiß erkennen und achthaben auf das Wort, das Christus spricht: »das Evangelium aller Kreaturen.« Hier ist nicht gemeint, daß das Evangelium den Kreaturen gepredigt werden soll, wie Hunden und Katzen, Kühen und Kälbern, Laub und Gras, sondern, wie Paulus sagt, das Evangelium, das euch gepredigt wird, ist in allen Kreaturen. Auf solches weist er auch hin und spricht, daß die ewige Kraft und Gottheit erkannt werde, wenn man sie wahrnimmt bei den Kreaturen oder Werken von der Schöpfung der Welt an [Röm 1,20]. Darum sage ich und bekenne, daß das Evangelium nach dem Befehl Christi, wie es Christus und seine Apostel gepredigt haben, noch zu unsern Zeiten ›in den Kreaturen erkannt werden kann‹. Auch die, die die Besten sein wollen, wissen noch nicht, was das Evangelium aller Kreaturen ist [Mk 16,15]. Es ist

ihnen verborgen und verschlossen, weil sie nicht die reine und lautere Ehre Gottes suchen, sondern ihren Bauch und ihre Ehre. Auch wenn man es ihnen sagt, so verlachen sie es und sprechen:»Es sind Schwärmer und spitzfindige Köpfe.«Deshalb sollt ihr mit Fleiß erkennen, meine herzallerliebsten Brüder, was das ist, das Evangelium aller Kreaturen, und wie es Paulus genannt hat, wenn er spricht:»das Evangelium, das euch gepredigt ist in allen Kreaturen«[Kol 1,23] . . .

Quelle: L. Müller (Hg.), Glaubenszeugnisse oberdeutscher Taufgesinnter, QFRG 20, 1938. Neudruck 1971, S. 15f.; H. Fast (Hg.), Der linke Flügel der Reformation, S. 84–86. – *Literatur:* G. Zschäbitz, Zur mitteldeutschen Wiedertäuferbewegung nach dem Großen Bauernkrieg, LÜAMA 1, 1958; H. Klassen, The Life and Teaching of Hans Hut, MennQR 33, 1959, S. 171–205.267–304; H.-D. Schmid, Das Hutsche Täufertum, HJ 91, 1971, S. 327–344; G. Seebaß, Bauernkrieg und Täufertum in Franken, ZKG 85, 1974, S. 140–156[284–300]; ders., Das Zeichen der Erwählten. Zum Verständnis der Taufe bei Hans Hut, in: H.-J. Goertz (Hg.), Umstrittenes Täufertum 1525–1975, 1977², S. 138–164; ders., Hans Hut. Der leidende Rächer, in: H.-J. Goertz, Radikale Reformatoren, 1978, S. 44–50.

1. Vgl. E. Lohse, Die Briefe an die Kolosser und an Philemon, KEK 9,2 (1968[14]), S. 104.109f.

71. Michael Sattler: Schleitheimer Artikel (1527)

Michael Sattler (ca. 1490–1527), ursprünglich Benediktinerprior, schloß sich 1525 in Zürich den Täufern an (vgl. Nr. 56, 58). Im Februar 1527 leitete er die Täufersynode in Schleitheim (Kanton Schaffhausen), bei der das älteste und wichtigste Bekenntnisformular der Täufer, die sogenannten ›Schleitheimer Artikel‹, verabschiedet wurde. Anlaß dazu war die Abwehr der libertinistischen und schwärmerischen Bestrebungen im oberdeutsch-schweizerischen Raum. Sattler, Verfasser der Artikel, wurde am 20. Mai 1527 in Rottenburg (Neckar) hingerichtet.

Liebe Brüder und Schwestern! Wir, die wir zu Schleitheim am Randen im Herrn versammelt gewesen sind, tun allen Liebhabern Gottes kund, daß wir in den Stükken und Artikeln übereingekommen sind, die wir im Herrn halten sollen, wenn wir gehorsame Kinder, Söhne und Töchter Gottes sein wollen, die in allem Tun und Lassen abgesondert von der Welt sind und sein wollen. Gott allein sei Preis und Lob, daß es ohne den Widerspruch irgendeines Bruders und in voller Zufriedenheit geschehen ist. In dem allem haben wir gespürt, daß die Einigkeit des Vaters und des uns alle verbindenden Christus samt ihrem Geist mit uns gewesen ist. Denn der Herr ist der Herr des Friedens und nicht des Zankes, wie Paulus sagt [1Kor 14,33]. Damit ihr aber erfahrt, in welchen Punkten das geschehen ist, sollt ihr aufmerken und verstehen.

Es ist von einigen falschen Brüdern unter uns ein sehr großes Ärgernis erregt worden. Es haben sich einige vom Glauben abgewandt, indem sie meinten, sie übten und gebrauchten die Freiheit des Geistes und Christi. Aber sie haben die Wahrheit verfehlt und haben sich (sich selbst zum Gericht) der Geilheit und Freiheit des Fleisches ergeben und haben gedacht, der Glaube und die Liebe könnten alles tun und dulden, und nichts könne ihnen schaden oder verwerflich sein, weil sie doch gläubig seien . . .

Ihr aber nicht so! Denn die zu Christus gehören, die haben ihr Fleisch gekreuzigt mitsamt allen Lüsten und Begierden [Gal 5,24]. Ihr versteht mich wohl und wißt, welche Brüder wir meinen. Sondert euch von ihnen ab! Denn sie sind verkehrt.

Bittet den Herrn, daß sie zur Erkenntnis und zur Buße kommen und daß wir beständig sind, den begonnenen Weg weiterzugehen nach der Ehre Gottes und seines Sohnes Christus. Amen.

Die Punkte, die wir behandelt haben und in denen wir eins geworden sind, das sind diese: Taufe, Bann, Brechung des Brotes, Absonderung von Greueln, Hirten in der Gemeinde, Schwert, Eid.

Zum ersten merkt euch über die *Taufe:* Die Taufe soll all denen gegeben werden, die über die Buße und Änderung des Lebens belehrt worden sind und wahrhaftig glauben, daß ihre Sünden durch Christus hinweggenommen sind, und all denen, die wandeln wollen in der Auferstehung Jesu Christi und mit ihm in den Tod begraben sein wollen, auf daß sie mit ihm auferstehen mögen [Röm 6,4], und all denen, die es in solcher Meinung von uns begehren und von sich selbst aus fordern. Damit wird jede Kindertaufe ausgeschlossen, die der höchste und erste Greuel des Papstes ist. Dafür habt ihr Beweise und Zeugnisse in der Schrift und Beispiele bei den Aposteln [Mt 28,19; Mk 16,16; Apg 2,38; 8,36f.; 16,31.33; 19,4f.]. Dabei wollen wir schlicht, aber doch fest und mit Gewißheit bleiben.

Zum zweiten haben wir uns folgendermaßen über den *Bann* geeinigt. Der Bann soll bei all denen Anwendung finden, die sich dem Herrn ergeben haben, seinen Geboten nachzuwandeln, und bei all denen, die in den einen Leib Christi getauft worden sind [1Kor 12,13], sich Brüder oder Schwestern nennen lassen und doch zuweilen ausgleiten, in einen Irrtum und eine Sünde fallen und unversehens [davon] überwältigt werden. Dieselben sollen zweimal heimlich ermahnt und beim dritten Mal öffentlich vor der ganzen Gemeinde zurechtgewiesen oder gebannt werden nach dem Befehl Christi [Mt 18,15ff.]. Das aber soll nach der Anordnung des Geistes Gottes vor dem Brotbrechen geschehen, damit wir alle einmütig und in einer Liebe von einem Brot brechen und essen können und von einem Kelch trinken [1Kor 10,16f.].

Zum dritten, was das *Brotbrechen* anlangt, sind wir uns einig geworden und haben folgendes vereinbart: Alle, die ein Brot brechen wollen zum Gedächtnis des gebrochenen Leibes Christi, und alle, die von einem Trank trinken wollen zum Gedächtnis des vergossenen Blutes Christi, die sollen vorher vereinigt sein zu einem Leib Christi, das ist zur Gemeinde Gottes, deren Haupt Christus ist, nämlich durch die Taufe. Denn wie Paulus sagt [1Kor 10,21], können wir nicht zugleich teilhaftig sein des Tisches des Herrn und des Tisches des Teufels. Wir können auch nicht zugleich teilhaftig sein und trinken des Herren Kelch und des Teufels Kelch. Das heißt: Alle, die Gemeinschaft haben mit den toten Werken der Finsternis, die haben kein Teil am Licht, alle, die dem Teufel folgen und der Welt, die haben kein Teil mit denen, die aus der Welt zu Gott berufen sind. Alle, die dem Bösen verfallen sind, haben kein Teil am Guten . . .

Zum vierten haben wir uns über die *Absonderung* geeinigt. Sie soll geschehen von den Bösen und vom Argen, das der Teufel in die Welt gepflanzt hat, damit wir ja nicht Gemeinschaft mit ihnen haben und mit ihnen in Gemeinschaft mit ihren Greueln laufen. Das heißt, weil alle, die nicht in den Gehorsam des Glaubens getreten sind und die sich nicht mit Gott vereinigt haben, daß sie seinen Willen tun wollen, ein großer Greuel vor Gott sind, so kann und mag nichts anderes aus ihnen wachsen oder entspringen als greuliche Dinge. Nun gibt es nie etwas anderes in der Welt und in der ganzen Schöpfung als Gutes und Böses, gläubig und ungläubig, Finsternis und Licht, Welt und solche, die die Welt verlassen haben, Tempel Got-

tes und die Götzen, Christus und Belial, und keins kann mit dem andern Gemeinschaft haben . . .
Aus dem allen sollen wir lernen, daß alles, was nicht mit unserem Gott und mit
Christus vereinigt ist, nichts anderes ist als die Greuel, die wir meiden und fliehen
sollen. Damit sind gemeint alle päpstlichen und widerpäpstlichen Werke und Gottesdienste, Versammlungen, Kirchenbesuche, Weinhäuser, Bündnisse und Verträge des Unglaubens und anderes dergleichen mehr, was die Welt für hoch hält
und was doch stracks wider den Befehl Gottes durchgeführt wird, gemäß all der
Ungerechtigkeit, die in der Welt ist . . . So werden dann auch zweifellos die unchristlichen, ja, teuflischen Waffen der Gewalt von uns fallen, als da sind Schwert,
Harnisch und dergleichen und jede Anwendung davon, sei es für Freunde oder gegen Feinde – kraft des Wortes Christi: »Ihr sollt dem Übel nicht widerstehen« [Mt
5,39].
Zum fünften haben wir uns über die *Hirten* in der Gemeinde folgendermaßen geeinigt: Der Hirte in der Gemeinde Gottes soll ganz und gar nach der Ordnung von
Paulus [1 Tim 3,7] jemand sein, der einen guten Leumund bei denen hat, die außerhalb des Glaubens sind. Sein Amt soll sein: Lesen und Ermahnen und Lehren,
Mahnen, Zurechtweisen, Bannen in der Gemeinde und allen Brüdern und Schwestern zur Besserung vorbeten, das Brot anfangen zu brechen und in allen Dingen
des Leibes Christi achthaben, daß er gebaut und gebessert und dem Lästerer der
Mund verstopft wird. Er soll aber von der Gemeinde, die ihn gewählt hat, unterhalten werden, wenn er Mangel haben sollte. Denn wer dem Evangelium dient,
soll auch davon leben, wie der Herr verordnet hat [1 Kor 9,14]. Wenn aber ein
Hirte etwas tun sollte, was der Zurechtweisung bedarf, soll mit ihm nur vor zwei
oder drei Zeugen gehandelt werden. Und wenn die Hirten [öffentlich] sündigen,
sollen sie vor allen zurechtgewiesen werden, damit die andern Furcht haben.
Wenn aber dieser Hirte vertrieben oder durch das Kreuz zum Herrn hingeführt
werden sollte, soll von Stund an ein anderer an seine Stelle verordnet werden, damit das Völklein und Häuflein Gottes nicht zerstört, sondern durch die Mahnung
erhalten und getröstet wird.
Zum sechsten haben wir uns über das *Schwert* folgendermaßen geeinigt: Das
Schwert ist eine Gottesordnung außerhalb der Vollkommenheit Christi. Es straft
und tötet den Bösen und schützt und schirmt den Guten. Im Gesetz wird das
Schwert über die Bösen zur Strafe und zum Tode verordnet. Es zu gebrauchen,
sind die weltlichen Obrigkeiten eingesetzt. In der Vollkommenheit Christi aber
wird allein der Bann gebraucht zur Mahnung und Ausschließung dessen, der gesündigt hat, nicht durch Tötung des Fleisches, sondern allein durch die Mahnung
und den Befehl, nicht mehr zu sündigen. Nun wird von vielen, die den Willen
Christi für uns nicht erkennen, gefragt, ob auch ein Christ das Schwert gegen den
Bösen zum Schutz und Schirm des Guten und um der Liebe willen führen könne
und solle. Die Antwort ist einmütig folgendermaßen geoffenbart: Christus lehrt
und befiehlt uns [Mt 11,29], daß wir von ihm lernen sollen; denn er sei milde und
von Herzen demütig, und so würden wir Ruhe finden für unsere Seelen. Nun sagt
Christus zur heidnischen Frau, die im Ehebruch ergriffen worden war, nicht, daß
man sie steinigen solle nach dem Gesetz seines Vaters – obgleich er sagt: »Wie mir
der Vater befohlen hat, so tue ich« [Joh 14,31; Joh 8,11] –, sondern spricht ›nach
dem Gesetz‹ der Barmherzigkeit und Verzeihung und Mahnung, nicht mehr zu
sündigen . . . Zum letzten stellt man fest, daß es dem Christen aus folgenden
Gründen nicht ziemen kann, eine Obrigkeit zu sein. Das Regiment der Obrigkeit

ist nach dem Fleisch, das der Christen nach dem Geist. Ihre Häuser und Wohnungen sind mit dieser Welt verwachsen; die der Christen sind im Himmel. Ihre Bürgerschaft ist in dieser Welt; die Bürgerschaft der Christen ist im Himmel. Die Waffen ihres Streits und Krieges sind fleischlich und allein wider das Fleisch; die Waffen der Christen aber sind geistlich wider die Befestigung des Teufels. Die Weltlichen werden gewappnet mit Stachel und Eisen; die Christen aber sind gewappnet mit dem Harnisch Gottes, mit Wahrheit, Gerechtigkeit, Friede, Glaube, Heil und mit dem Wort Gottes . . .

Zum siebten haben wir uns über den *Eid* folgendermaßen geeinigt: Der Eid ist eine Bekräftigung unter denen, die zanken oder Versprechungen machen, und es ist im Gesetz befohlen, daß er im Namen Gottes allein wahrhaftig und nicht falsch geleistet werden soll. Christus, der die Erfüllung des Gesetzes lehrt, verbietet den Seinen alles Schwören, sowohl recht als auch falsch, sowohl beim Himmel als auch beim Erdreich, bei Jerusalem oder bei unserm Haupt, und das aus dem Grund, den er gleich darauf ausspricht: »Denn ihr könnt nicht ein Haar weiß oder schwarz machen« [Mt 5,33–37]. Sehet: Darum ist alles Schwören verboten. Denn wir können nichts von dem garantieren, was beim Schwören versprochen wird, weil wir an uns nicht das Geringste ändern können [Hebr 6,17f.] . . . Merke die Bedeutung dieser Schriftstelle: Gott hat Gewalt zu tun, was dir verbietet. Denn es ist ihm alles möglich. Gott hat dem Abraham einen Eid geschworen – sagt die Schrift [Gen 22,16–17; Hebr 6,13] –, um zu beweisen, daß sein Wille nicht wankt. Das heißt: Es kann niemand seinem Willen widerstehen und hinderlich werden. Darum konnte er den Eid halten. Wir aber vermögen es nicht, wie es oben von Christus ausgesprochen ist, daß wir den Eid halten oder leisten. Darum sollen wir nicht schwören . . .

Liebe Brüder und Schwestern im Herrn! Das sind die Artikel, die einige Brüder bisher falsch und dem wahren Sinn zuwider verstanden haben. Sie haben damit viele schwache Gewissen verwirrt, wodurch der Name Gottes sehr schwer gelästert worden ist. Darum ist es notwendig gewesen, daß wir im Herrn übereingekommen sind, wie es auch geschehen ist. Gott sei Lob und Preis.

Weil ihr nun den Willen Gottes reichlich verstanden habt, wie er jetzt durch uns offenbart ist, wird es notwendig sein, daß ihr den erkannten Willen Gottes beharrlich und ohne Aufschub vollbringt. Denn ihr wißt wohl, was dem Knecht an Lohn gehört, der wissentlich sündigt.

Alles, was ihr unwissentlich getan habt und was ihr bekannt habt, unrecht gehandelt zu haben, das ist euch verziehen durch das gläubige Gebet, das in uns in der Versammlung vollbracht ist für unser aller Verfehlung und Schuld, durch die gnädige Verzeihung Gottes und durch das Blut Jesu Christi. Amen.

Habt acht auf alle, die nicht nach der Einfältigkeit göttlicher Wahrheit wandeln, die in diesem Brief von uns in der Versammlung zusammengefaßt ist, damit jedermann unter uns regiert werde durch die Regel des Banns und forthin der Zugang der falschen Brüder und Schwestern unter uns verhütet werde.

Sondert ab von euch, was böse ist, so will der Herr euer Gott sein und ihr werdet seine Söhne und Töchter sein . . .

Der Name Gottes sei ewig gebenedeit und hoch gelobt. Amen.

Der Herr gebe euch seinen Frieden. Amen.

Geschehen in Schleitheim am Randen, auf Matthiae [24. Februar], Anno 1527.

Quelle: B. Jenny, Das Schleitheimer Täuferbekenntnis 1527. SBVG 28, 1951, S. 9–18 (vgl. auch H. Böhmer, Urkunden zur Geschichte des Bauernkrieges und der Wiedertäufer, KlT 50/51, 1910, S. 27–35); übers. nach: H. Fast (Hg.), Der linke Flügel der Reformation, S. 61–71. – *Literatur:* L. v. Muralt, Zum Problem Reformation und Täufertum, Zwing. 6, 1934–38, S. 65–85; F. Blanke, Beobachtungen zum ältesten Täuferbekenntnis, ARG 37, 1940, S. 242–249; P. Peachy, Die soziale Herkunft der schweizerischen Täufer in der Reformationszeit, 1954; H. W. Schraepler, Die rechtliche Behandlung der Täufer in der deutschen Schweiz, Südwestdeutschland und Hessen 1525–1618, 1957; H. Quiring, Das Schleitheimer Täuferbekenntnis von 1527, MGB 14, 1957, S. 34–40; G. H. Williams, The Radical Reformation, Philadelphia 1962, S. 182–188; J. M. Stayer, Anabaptists and the Sword, Lawrence/Ks. 1976², S. 95–131; M. Haas, Michael Sattler. Auf dem Weg in die täuferische Absonderung, in: H.-J. Goertz (Hg.), Radikale Reformatoren, 1978, S. 115–124.

DER ABENDMAHLSSTREIT (1524/28)

Aufgrund eines Abendmahlstraktats des Wessel Gansfort († Groningen 1489; vgl. Bd. II Nr. 73b) entwickelte Cornelisz Hendricxz Hoen († 's Gravenhage 1524), Rechtsanwalt am Hofe von Holland, die sog. »tropische« Interpretation der Einsetzungsworte (»est« = »significat«). Sein Brief über das Abendmahl (Nr. 72), der Zwingli übermittelt wurde (1523/24), half diesem, seine Abendmahlsauffassung weiter zu entwickeln (anonyme Veröffentlichung dieses Briefs durch Zwingli 1525). Der Abendmahlsstreit zwischen Zwingli und Luther erreichte seinen ersten Höhepunkt in den Jahren 1527/28[1] und konnte auch in Marburg (s. Nr. 78–79) nicht beigelegt werden. Vgl. zum Abendmahlsstreit Nr. 82, 83, 90, 119.

1. Dokumentiert in folgenden Schriften: Zwingli, »Amica exegesis«. Februar 1527. CR 92, S. 548–758; Luther, »Daß diese Worte Christi, ›Das ist mein Leib‹ noch fest stehen, wider die Schwärmgeister«. April 1527. WA 23, S. 38–320 (Text Nr. 73a); Zwingli, »Daß diese Worte ›Das ist mein Leib‹ etc. ewiglich den alten Sinn haben werden«. Juni 1527. CR 92, S. 795–977 (Text Nr. 73b; d); Luther, »Vom Abendmahl Christi, Bekenntnis«. März 1528. WA 26, S. 241–509 (Text Nr. 73c; e; g).

72. Hendricxz Hoen: Die Neudeutung des Abendmahls (veröffentlicht August/September 1525[1])

Unser Herr Jesus Christus, der vielfach den Seinen Vergebung der Sünden versprach und im letzten Mahl die Seinigen [im Glauben] festigen wollte, hat seinem Versprechen ein Unterpfand [pignus] beigefügt, damit sie in gar keiner Weise ins Wanken gerieten. Wie der Bräutigam, der seiner Braut Gewißheit geben will, daß sie keinen Zweifel hegt, und ihr einen Ring gibt mit den Worten: »Nimm hin, ich gebe Dir mich selbst«, so glaubt jene, indem sie den Ring nimmt, daß der Bräutigam der Ihre sei, und sie wendet ihr Herz von allen Liebhabern ab und denkt nur noch, wie sie ihrem Gatten gefalle.

Gleichermaßen muß jeder, der das Abendmahl als ein Unterpfand seines Bräutigams empfängt, welcher bezeugt, daß Er sich selbst gibt, fest glauben, daß Christus schon der Seine sei, der für ihn gegeben ist, und daß sein Blut für ihn vergossen ist. Deshalb wird er sich von allem abwenden, was er zuvor zu lieben pflegte, und wird allein an Christus hängen, indem er sich immer danach richtet, was Ihm gefällt; für sich aber wird er nichts mehr bedürfen, sondern wird alle Sorge auf Christus werfen [1Petr 5,7], von dem er glaubt, daß er der Seine sei und daß Er allein reichlich genug sei für ihn zu allen Dingen. Das ist wahrhaftig ›Christus essen‹

und ›sein Blut trinken‹, wie der Heiland sagt Joh 6[,57]: »Wer mein Fleisch ißt und mein Blut trinkt, der bleibt in mir und ich in ihm.« Die aber ohne diesen Glauben das Abendmahl empfangen, scheinen eher das Manna der Juden als Christus zu essen.

Dieses höchst lebendigen Glaubens scheinen sich die römischen Lehrer [scholastici Romani] freilich nicht erinnert zu haben, sondern sie meinten, daß es genüge, irgendeinen anderen toten Glauben lehramtlich festzulegen, indem sie behaupteten, daß das Brot nach der Weihe der wahrhaftige Leib Christi sei, und indem sie viele subtile Details darlegten, wie das geschehe, die aber in keinen [heiligen] Schriften belegt sind. Aber es ist offensichtlich, daß jener Glaube nicht zu rechtfertigen vermag, weil er ein Tatsachenglaube[2] ist . . .

Auch Paulus widerspricht [der gegebenen Deutung] in 1Kor 10[,16] nicht; denn wenn er auch sagt: »Ist nicht das Brot, das wir brechen, Teilhabe am Leib des Herrn?«, so sagt er doch nicht: »Das Brot ist der Leib des Herrn«, so daß es an dieser Stelle beinahe mit Händen zu greifen ist, daß »ist« für »bedeutet« gesetzt wird[3], was noch offensichtlicher hervorgeht aus dem Vergleich, den er zwischen unserem Brot und dem, was den Götzen geopfert wird, zieht. Dieses verändert sich, so bezeugt er, in Wirklichkeit nicht, aber dennoch »sei« oder »bedeutet« [›esse‹ vel ›significare‹] es eine (Art von) Gemeinschaft mit dem Teufel, dem es geopfert wird . . . Wir wollen also unterscheiden zwischen Brot, das man mit dem Munde empfängt, und Christus, den wir durch Glauben empfangen; wenn also jemand nicht den Leib des Herrn unterscheidet, da er glaubt, er empfange nichts anderes, als was er mit dem Munde empfängt, so wird er schuldig am Leib und Blut des Herrn und ißt und trinkt sich das Gericht [1Kor 11,28], weil er durch Essen und Trinken zeigt, daß Christus ihm nahe ist, er aber dennoch Christus fern ist durch Unglauben . . .

Quelle: CR 91, S. 512,10–29. S. 513,9–15. S. 517,37–518,3. – *Literatur:* A. Hyma, Hoen's Letter on the Eucharist and Its Influence upon Carlstadt, Bucer and Zwingli, PTR 24, 1926, S. 124–131; W. Köhler, Zwingli und Luther. Ihr Streit über das Abendmahl nach seinen politischen und religiösen Beziehungen, 1–2, QFRG 6–7, 1924–53. Neudr. London 1971; E. Bizer, Studien zur Geschichte des Abendmahlsstreits im 16. Jahrhundert, 1972²; H. Hilgenfeld, Mittelalterlich-traditionelle Elemente in Luthers Abendmahlsschriften, SDGSTh 29, 1971; zu den Anfängen des Abendmahlsstreits s. Johannes Brenz. Frühschriften 2, hg. von M. Brecht u.a., 1974, S. 24.340ff.351ff.

1.   In einem Brief vom 23. Oktober 1525 an Bugenhagen bekennt Zwingli, daß er in Hoens Brief die Lösung fand: »In ihm habe ich die köstliche Perle, daß ›est‹ [im Kanon der Messe: ›dies ist [est] mein Leib‹] hier für ›significat‹ [›dies bedeutet mein Leib‹] genommen werde, gefunden.« CR 91, S. 560,28f.; vgl. Zwinglis Brief an den Reutlinger Prädikanten Matthäus Alber vom 16. November 1524, CR 90, S. 345,16f.; vgl. auch ebd. S. 196,5ff. (18. August 1524). 798,4f. (März 1525). W. Köhler interpretiert Zwinglis Veröffentlichung des Hoenbriefes als Unterstützung Oekolampads – nicht gegen Luther sondern – gegen Erasmus, seit November 1521 in Basel: »für den Basler Freund gegen den Basler Feind«. Zwingli und Luther I, S. 155.
2.   Gemeint ist die ›fides historica‹, d.h. jener Glaube an die Heilstatsachen, den auch die Dämonen haben.
3.   ». . . ut illo loco fere manifestum sit ›est‹ pro ›significat‹ exponi . . .« CR 91, S. 513,11f. In der Schlußfassung seiner Abendmahlslehre (27. August 1530) wehrt Zwingli sich gegen Ecks Vorwurf – in Marburg Oktober 1529 [s. Nr. 79] auch Luthers! –, daß er die Einsetzungsworte ändere. Er formuliert bemerkenswerterweise: »›Hoc est corpus meum‹ faßt das Sakrament genauer, als wenn wir sagen würden: ›Hoc significat corpus meum‹ – so daß wir absolut nichts [am Wortbestand] ändern wollen«. Angeführt von W. Köhler, Zwingli und Luther II, S. 218 Anm. 4. S. weiter Nr. 73d.

73. Die kontroversen Standpunkte Luthers und Zwinglis

a) Luther, ›. . . wider die Schwarmgeister‹: Teufels Geist wider des Herren Leib (1527)
Am Anfang des Evangeliums, da Gottes Wort durch die Apostel lauter und rein
gepredigt wurde und noch kein Menschengebot, sondern nur die Heilige Schrift
maßgeblich war, schien es, als sollte es keine Not geben, weil die Heilige Schrift
unter den Christen die Kaiserin war. Aber [sieh' an,] was der Teufel nicht alles zu-
wegebrachte! Er ließ es zunächst geschehen, daß allein die Schrift galt und kein
pharisäisches, jüdisches Gebot oder Werkgesetz mehr anerkannt werden sollte; er
hatte aber seine Handlanger in den Lehrstätten der Christen, durch welche er
heimlich in die Heilige Schrift schlich und kroch. Als er nun hineingekommen und
der Sache gewiß war, brach und riß er aus nach allen Seiten, richtete ein solches
Durcheinander in der Schrift an und machte viele Sekten, Ketzerei und Rotten unter den Christen . . .
Es ist öffentlich am Tage, daß wir über die Worte Christi vom Abendmahl in Streit
geraten sind, und es ist beiden Teilen wohl bekannt, daß es um einen Streit um
Christi oder Gottes Wort geht. Wir sagen nun für unsere Seite, daß gemäß dem
Gotteswort Leib und Blut Christi wahrhaftig im Abendmahl anwesend sind, wenn
es heißt ›nehmet, esset, das ist mein Leib‹ . . . Der Mund ißt den Leib Christi leiblich, denn er kann die Worte weder fassen noch essen und weiß auch nicht, was er
ißt. Es schmeckt ihm so, als esse er etwas anderes als Christi Leib. Aber das Herz
faßt die Worte im Glauben und ißt geistlich, was der Mund leiblich ißt, denn das
Herz erkennt wohl, was der unverständige Mund ißt. Woher hat das Herz diese
Erkenntnis? Nicht vom Brot, nicht vom Essen mit dem Mund, sondern vom Wort,
das da steht ›esset, das ist mein Leib‹.
Es ist ein und derselbe Leib, den beide, Mund und Herz, essen, jedes auf seine Art
und Weise. Das Herz kann den Leib nicht leiblich essen, der Mund kann ihn nicht
geistlich essen. Gott richtet es aber so ein, daß der Mund für das Herz leiblich und
das Herz für den Mund geistlich ißt, und also alle beide von der einen Speise gesättigt und selig werden. Der unverständige Leib weiß zwar nicht, daß er gerade eine
solche Speise ißt, durch die er zum ewigen Leben kommen soll. Er spürt es nicht,
sondern stirbt dahin und verfault, als hätte er eine ganz beliebige Speise gegessen,
gleich wie ein unvernünftiges Tier. Aber die Seele sieht und versteht wohl, daß der
Leib ewig leben muß, eben weil er eine ewige Speise zu sich nimmt, die ihn nicht
verfault und verwest im Grab oder Staub lassen wird . . .
Unhaltbar ist somit die Schlußfolgerung Zwinglis: ›Wird Christi Fleisch gegessen,
so wird nichts denn Fleisch daraus‹. Das stimmt, wenn man von Rindfleisch oder
Saufleisch redet . . . Vielmehr gilt: ›Wird Christi Fleisch gegessen, so wird nichts
denn Geist daraus‹; denn es ist ein geistlich Fleisch und läßt sich nicht verwandeln,
sondern verwandelt [selbst] und gibt den Geist allen, die es essen. Weil denn der
arme Madensack, unser Leib, die Hoffnung hat, von den Toten aufzuerstehen und
ins ewige Leben einzugehen, so muß er eben geistlich werden und alles, was
fleischlich an ihm ist, muß verdaut werden und vergehen.

Quelle: WA 23, S. 64, 15–26. S. 82, 10–14; 190, 17–28; 204, 6–14. – *Literatur:* G. W. Locher, Streit
unter Gästen, ThSt(B) 110, Zürich 1972; M. U. Edwards, Luther and the False Brethren, Stanford
1975, S. 94ff. ; H.-M. Barth, Der Teufel und Jesus Christus in der Theologie Martin Luthers, FKDG
19, 1967, S. 82–123.

b) Zwinglis Erwiderung, »Daß diese Worte Jesu Christi ›Das ist mein Leib etc.‹ ewiglich den alten Sinn haben werden« (1527)

Nachdem Du nun, lieber Luther, erzählt [hast], wie der Teufel den ersten Christen die Brücke, das ist: die Schrift, abgebrochen habe, solltest Du von Stunde an uns gegenüber Dich selbst prüfen. Dann hättest Du gesehen, daß es unser einziges Bemühen ist, daß man bei der wohl und recht verstandenen Schrift bleibe. Du selbst hättest dabei, was Deine Person anbetrifft, entdeckt, daß Du in dieser Sache uns mit Gewalt von der Schrift abbringen und uns Dein Wort aufnötigen willst. So tust Du [nämlich], wenn Du jetzt zum ersten Male einen Irrtum lehrst: Wenn der Leib Christi gegessen werde auch mit dem Munde, so nehme er die Sünde hinweg, befestige den Glauben, erfülle alle Dinge und sei auch gegenwärtig allenthalben, gerade so gut wie die Gottheit, erhalte des Menschen Leib für die Auferstehung und andere Dinge mehr, wie hernach folgen wird. Und alle diese Dinge lehrst Du ohne Gottes Wort, willst aber dabei ganz einfach, daß man Dir glauben soll, wiewohl Du dabei Gottes Wort nicht auf Deiner Seite hast, sondern Dich im Gegensatz zu ihm befindest. So gib Du jetzt selber Obacht, welche von den beiden Parteien über die andere mit der Schrift triumphieren wird. Ich hoffe aber, es gebe nun in der Kirche so viele, die reich sind in allem Reden und Verständnis, daß sie wohl verstehen, daß es nicht auf die Rede der Aufgeblasenen ankommt, sondern auf die Kraft; 1Kor 4[,19] . . .

Indem Du einen Drachen aus uns machst, tust Du, was Du in Deinem ganzen Buch zu tun pflegst: Du schreist fort und fort, daß wir auf Dinge, die wir doch längst . . . beantwortet haben, nirgends eingegangen seien. Merk aber: Jesus Christus, der die Wahrheit selbst ist, hat ein und dieselbe Summe des Evangeliums an einer Stelle durch das Gleichnis des Wassertrinkens, Joh 4[,10–14], gelehrt; an einer anderen, Joh 6[,48–58], durch Essen und Trinken seines Fleisches und Blutes; an der dritten durch ein Gleichnis [Mt 20,1–16] . . . ; an der zehnten Stelle hat er mit hellen Worten herausgeredet: »Gott hat die Welt so lieb gehabt, daß er seinen einzigen Sohn gegeben hat, damit wir leben sollen« [Joh 3,16]; das ist gut deutsch . . . Sieh, auf wieviele Weisen hat Christus einen Grundsatz gelehrt, und wir tadeln ihn nicht darum. Ja, er hat diesen Grundsatz noch auf viel mehr Weisen gelehrt, und uns soll es nicht ziemen, seine Rede auf viele Weisen mundgerecht zu machen oder zurechtzulegen, damit die Hörer das rechte Verständnis erlernen? Wieviele Weisen hast Du selbst . . . zurechtzulegen gelehrt, besonders da, wo die Summe des Sinnes unversehrt bleibt und die Worte die übertragene Redeweise wohl dulden mögen? Wer will schelten, daß man diese Worte Pauli, 2Kor 11[,2]: »Ich habe euch [als] eine reine Tochter vermählt, Christo zu geben«, auf viele Weisen auslege, im Wort »reine Tochter«, im Wort »vermählt«, im Wort »geben« oder »bringen«? Und doch [kann] aufgrund der vielen Auslegungsmöglichkeiten niemand getadelt werden. Also legt einer diese Worte Christi in dem Wort »das« [hoc] aus, der andere im »ist« [est], der dritte im »mein Leib« [corpus meum], wobei doch ein Sinn bleibt und die Wahrheit nicht allein unversehrt [bleibt], sondern erst an dieser und anderen Stellen klar hervorgebracht wird, so ist das doch keine Zwietracht . . .

Quelle: CR 92, S. 813,23–814,10. S. 825,20–827,11. – *Literatur:* G. Schrenk, Zwinglis Hauptmotive in der Abendmahlslehre und das Neue Testament, Zwing. 5, 1930, S. 176–185; F. Blanke, Zum Verständnis der Abendmahlslehre Zwinglis, PTh 27, 1931, S. 314–320; H. Gollwitzer, Zur Auslegung von Joh 6 bei Luther und Zwingli, in: In memoriam Ernst Lohmeyer, hg. von W. Schmauch, 1951, S. 143–168; G. W. Locher, Die Zwinglische Reformation, S. 221ff. und 283–318; s. auch Nr. 72.

c) Luther, Das Brot ist Leib Christi (1527)

Damit wir nun auch zum Treffen kommen, nehmen wir uns den Spruch Christi vor, von dem Mt [26,26] und Mk [14,22] schreiben: »Er nahm das Brot, dankte und brach es und gab es seinen Jüngern und sprach: ›Nehmet hin, esset! Das ist mein Leib, der für euch gegeben wird‹« . . .
Da steht nun der Spruch und besagt klar und deutlich, daß Christus seinen Leib zu essen gibt, wenn er das Brot reicht. Darauf stehen, glauben und lehren wir auch, daß man im Abendmahl wahrhaftig und leiblich Christi Leib ißt und zu sich nimmt. Wie aber das zugeht oder wie er im Brot sei, wissen wir nicht, sollen es auch nicht wissen. Gottes Wort sollen wir glauben und ihm nicht Weise oder Maß setzen. Brot sehen wir mit den Augen, aber wir hören mit den Ohren, daß der Leib da sei . . .
Laßt [uns] aber dennoch hören, wie sie diesem Spruch Christi unser Verständnis nehmen und ihres drein bringen. Sie sprechen: Das Wörtlein »ist« soll soviel gelten wie das Wort »bedeutet«, wie Zwingli schreibt[1], und das Wort »mein Leib« soll soviel heißen wie das Wort »meines Leibes Zeichen«, wie Ökolampad schreibt[2], [so] daß Christi Wort und Meinung nach Zwinglis Text so lautet: »Nehmet hin, esset! Das bedeutet meinen Leib«, oder nach Ökolampads Text so: »Nehmet hin und esset! Das ist meines Leibes Zeichen« . . .
Wer hat je gelesen in der Schrift, daß »Leib« soviel wie »Leibes Zeichen« und »ist« soviel wie »bedeutet« heißen soll? Ja, welche Sprache hat in aller Welt jemals so geredet? Es ist nur der Übermut und die müßige Bosheit des leidigen Teufels, der unser durch solche Schwärmer in dieser großen Sache spottet; er gibt [nämlich] vor, er wolle sich mit der Schrift weisen lassen. [Ja, wenn] er zuvor die Schrift aus dem Wege schafft oder seinen Dünkel daraus gemacht hat! . . . Aber dagegen hilft über die Maßen wohl nur ein Wörtlein, das heißt: Nein!

Quelle: WA 23, S. 86,22–35. S. 88,32–90,4. S. 92,1–17. – *Literatur:* s. Nr. 72 und Nr. 73b.

1. s. Nr. 73d.
2. s. Nr. 73e, Anm. 2.

d) Zwinglis Verteidigung des »bedeutet«: Die Tropuslehre (1527)

Auch wenn wir unser Leben lang leugnen, daß in den Worten »Der Fels war Christus« keine übertragene Redeweise [tropus] verwendet sei, so bekämpfen wir damit doch nichts anderes[1], als daß Christus ein natürlicher, steiniger Schrof oder Fels sein [soll]; denn kurz [gesagt] heißt »petra eigentlich »Fels«. Es ist so, wie wenn einer [in] Lk 15[,23] aus dem gemästeten Kalb Christus machen wollte, denn er selbst bedeutet sich damit und wollte sagte: »Ja er ist das rechte Kalb, das für uns getötet wird«, und wollte von dem Wort »rechtes Kalb« schlechterdings nicht weichen, weil es ihm doch nichts anderes heißen sollte, als daß Christus durch das Kalb . . . bedeutet wird . . . Obgleich Christus spricht: »Mein Fleisch ist wahrlich eine Speise«, oder: »die rechte, gewisse Speise« [Joh 6,55], wird dennoch sein Fleisch und das Wort »Speise« tropisch oder metaphorisch genommen, nämlich »sein Fleisch« für seinen Tod und »Speise« für die Nahrung der Seele. Also wird hier »Christus ist das rechte Kalb« genommen für: »Christus ist das rechte getötete Opfer, das durch jenes Kalb bedeutet wird«. Und dort: »Christus war der rechte Fels, der durch den wirklichen Felsen bedeutet wird«. Sobald wir nun erkennen, daß Christus nicht ein wesenhafter Stein ist, so ist von Stunde an der tropus, das ist: die Metapher, da.

Aber Luther spricht[2]: »Man weiß wohl, wie Christus ein Fels ist; er ist der geistliche Fels; denn es steht vorher: ›Sie tranken alle von dem geistlichen Felsen‹ [1Kor 10,4]. Da sieht man wohl, daß er nur ein geistlicher Fels genannt wird.« Dafür sag ich ihm [Luther] Dank . . . Also, höre ich, muß man auch die tropischen Worte: »Der Fels aber war Christus« durch die anhängenden Worte, die voranstehen, auslegen und verständlich machen; es ziemt mir nicht, aus Christus einen Stein zu machen, ohne zu hören, was davor stand. So gehe nun auch in Gottes Namen hin, lieber Luther, und lerne die Worte: »Das ist mein Leib« durch die nachfolgenden Worte verstehen; denn es liegt nicht daran, ob die Worte vor- oder nachher stehen, durch die wir den Sinn ersehen, auch wenn wir [sogar] durch die ganze Schrift hindurch Bedeutungsmöglichkeiten gegeneinander halten müssen, die doch nicht beieinander stehen. Wenn man spricht: »Johannes ist Elia« [Mt 11,13f.], ist [es] eine übertragene Redeweise; wenn man aber spricht: »Er ist Elia gleich«, oder: »Unter dem Namen Elias bedeutet« oder »benannt«, so ist die übertragene Redeweise aufgelöst und klargemacht. Und wenn Paulus sagt: »Der Fels aber war Christus« [1Kor 10,4], ist es eine übertragene Redeweise, und wenn er davor spricht: »Sie tranken alle vom geistlichen Felsen«, wird die übertragene Redeweise richtig durchgehalten. Also, wenn wir nun sagen: »Das ist mein Leib«, ist es ein tropus, den wir verstehen lernen mit den nachfolgenden Worten: »Der für euch gegeben wird«.

Quelle: CR 92, S. 867,3–868,17. – *Literatur:* H. Rückert, Das Eindringen der Tropuslehre in die schweizerische Auffassung vom Abendmahl, ARG 37, 1940, S. 199–221; Forschungsüberblick und weitere Lit. bei U. Gäbler, Huldrych Zwingli im 20. Jahrhundert, 1975, bes. S. 80–90; s. auch Nr. 72 und Nr. 73b.

1. Vgl. den falschen Übersetzungsvorschlag von CR.
2. Vgl. WA 23, S. 101,35–103,4.

e) Luther, ›Vom Abendmahl Christi‹: Zur Tropuslehre (1528)

Es ist reine Dichtung zu sagen, das Wörtchen »ist« heiße soviel wie »bedeutet«. Kein Mensch kann das auch nur an einer [einzigen] Stelle der Schrift je beweisen. Ja, ich gehe weiter: Wenn die Schwärmer mir in allen Sprachen, die auf Erden sind, auch nur einen Spruch beibringen, in dem »ist« soviel gilt wie »bedeutet«, so sollen sie gewonnen haben. Aber sie werden es wohl lassen. Es mangelt den hohen Geistern [daran], daß sie die Redekunst »grammatica« oder, wie sie es nennen, »tropus«, die man in der Kinderschule lehrt, recht verstehen. Diese Kunst lehrt nämlich, wie ein Knabe aus einem Wort zwei oder drei machen kann oder wie er ein bestimmtes Wort neu gebrauche oder ihm mehr Bedeutungen verleihen kann, z.B. das Wort »Blume«: Nach seiner ursprünglichen Bedeutung meint es eine Rose, eine Lilie, ein Veilchen oder dergleichen, was aus der Erde wächst und blüht. Wenn ich nun Christus in gehobener Weise loben wollte und sehe, wie er, so ein schönes Kind, von der Jungfrau Maria kommt, dann kann ich das Wort Blume nehmen, einen tropus machen und eine neue Wendung einführen, indem ich sage: »Christus ist eine Blume.« Hier sagen alle Grammatiker oder Rhetoriker, daß »Blume« ein neues Wort geworden sei, eine neue Bedeutung erlangt habe und nun nicht mehr ›die Blume auf dem Felde‹ heiße, sondern ›das Kind Jesus‹. Das Wort »ist« kann hier nicht zur Deutelei führen. Denn Christus ›bedeutet‹ nicht eine Blume, er ›ist‹ eine Blume, allerdings eine andere Blume als die natürliche[1]
. . .

Wir Deutschen pflegen bei solchen neuen Redewendungen Begriffe wie »recht«
oder »ander« oder »neu« hinzuzufügen: Du bist ein rechter Hund; die Mönche
sind rechte Pharisäer; die Nonnen sind rechte Moabitertöchter [Num 25,1]; Christus ist ein rechter Salomo [Mt 12,42]. Weiter: Luther ist ein anderer Huß;
Zwingli ist ein anderer Korah [Num 16]; Ökolampad ist ein neuer Abiram [Num
16]. Solche Redewendungen werden mir alle Deutschen bezeugen und bekennen,
daß es neue Wörter sind und keinen Unterschied macht, ob ich sage: »Luther ist
Huß, Luther ist ein anderer Huß; Luther ist ein rechter Huß; Luther ist ein neuer
Huß.« Es stimmt und klingt [einfach] nicht, wenn ich sage: »Luther bedeutet
Huß«, sondern es muß heißen: »Er ist ein Huß.« Vom Wesen redet man in solchen Sprüchen, was einer ›sei‹, nicht aber was er ›bedeute‹. Zu einem neuen Wesen schafft man auch ein neues Wort. So wirst Du es in allen Sprachen finden, das
weiß ich fürwahr. So lehren alle Grammatiker, das wissen auch die Knaben in der
Schule; Du aber wirst nirgends und nie finden, daß ›ist‹ heißen kann ›bedeutet‹.

Quelle: WA 26, S. 271,20–272,22; 273,28–274,27. – *Literatur:* E. Jüngel, Metaphorische Wahrheit.
In: Metapher, hg. von P. Ricoeur und E. Jüngel, 1974, bes. S. 102–104 Anm. 85.

1.   Luther entfaltet sein Verständnis unter der Bezeichnung ›Synekdoche‹ ausführlicher, vgl. WA 26,
S. 443f.

**f) Zwingli, ›Eine klare Unterrichtung vom Nachtmahl Christi‹: Christus leiblich im Him-
mel und geistlich im Mahl (1526)**

In Christus sind zwei Naturen zu unterscheiden, die göttliche und die menschliche: beide sind aber ein Christus. Seiner göttlichen Natur nach hat Christus die
Rechte des Vaters nie verlassen, ist er doch Gott, eines Wesens mit dem Vater.
Darum spricht er auch: »Ich und der Vater sind eins«, Joh 10[,30], und: »Niemand
steigt zum Himmel als des Menschen Sohn, der im Himmel ist«, Joh 3[,13]. In
seiner göttlichen Natur hat Christus also nie zum Himmel zu fahren brauchen,
denn dort ist er allenthalben . . . Die andere Natur Christi ist die menschliche, die
hat er um unseretwillen im ewig reinen Leib Mariens angenommen, empfangen
von Maria durch den Heiligen Geist. In dieser Natur ist Christus wahrhaftig durch
die Zeit gewandelt. Gemäß dieser menschlichen Natur ist er zum Mann geworden
und an Leib und Geist gewachsen [Lk 2,52]; in ihr hat er gehungert und gedürstet,
Frost, Hitze und andere Gebrechen erlitten, immer abgesehen von der Sünde.
Christus der Mensch ist ans Kreuz geschlagen worden und zum Himmel aufgefahren; eine menschliche Natur zum ersten Mal als Gast im Himmel! Denn dorthin
war vorher kein Fleisch gelangt. Wenn bei Markus im 16. Kapitel [,19] geschrieben steht, daß Christus zum Himmel gefahren ist und zur Rechten des Vaters
sitzt, dann gilt dies nur von seiner menschlichen Natur, denn seinem göttlichen
Wesen nach ist er von Ewigkeit allenthalben. Und wenn nun bei Matthäus im 28.
Kapitel [,20] steht: »Ich bin bei euch bis ans Ende der Welt«, dann gilt das allein
von der göttlichen Natur; denn als Gott ist Christus allenthalben und mit besonderen Gnaden und Trost bei seinen Gläubigen. Wo man, ohne einen Unterschied zu
machen, alles, was von der göttlichen Natur gesagt ist, auf die menschliche beziehen möchte, und umgekehrt alles, was nur den Menschen Christus betrifft, ohne
Unterschied auf Gott bezieht, würde man die ganze Schrift und den Glauben völlig
verwirren und verwüsten. Wie würde es sich ausnehmen, [den Schrei Christi]:
»Mein Gott, mein Gott, wie hast du mich verlassen?« [Ps 22,2; Mt 27,46] auf die
göttliche Natur zu beziehen! . . .

»Gott hat für uns gelitten«, diese Redensart ist je und je von den Christen geduldet worden, sie stört auch mich nicht. [Sie besagt] nicht, daß die Gottheit leidet, sondern daß der, der in seiner menschlichen Natur gelitten hat, sowohl Gott als auch Mensch war . . . Die Heilige Schrift bedarf in jedem Falle der Unterscheidung [gemäß den Naturen Christi]. So nun Christus zur Rechten Gottes sitzt und da auch bleiben wird, bis er am Jüngsten Tage wiederkommt, wie kann er dann hier auf Erden im Sakrament leiblich gegessen werden!

Quelle: CR 91, S. 827,17–24; 828,3–24; 828,30–33; 829,19–22. – *Literatur:* s. Nr. 72; 73b, d.

g)   Luther, ›Vom Abendmahl Christi‹: Christus im Himmel und im Mahl (1528)

[Zwingli] nennt's Alloiosis, wenn etwas von der Gottheit Christi gesagt wird, das doch [eigentlich] der Menschheit zusteht. Ein Beispiel aus dem letzten Kapitel bei Lukas: »Mußte nicht Christus leiden und so in seine Herrlichkeit eingehen?« [Lk 24,26]. Hier gaukelt er, daß allein die menschliche Natur Christi gemeint sei. Hüt' Dich, hüt' Dich, sage ich, vor der Alloiosis, sie ist des Teufels Maske, denn sie richtet uns zu guter Letzt einen solchen Christus zu, demgemäß ich nicht gerne Christ sein wollte: Da ist und tut Christus in seinem Leiden und Leben nichts anderes mehr als ein normaler Heiliger auch. Denn wenn ich glauben würde, daß allein die menschliche Natur für mich gelitten hat, so wäre mir Christus ein schlechter Heiland, er hätte wohl selbst einen Heiland nötig. Summa: Es ist unfaßlich, was der Teufel mit der Alloiosis anstellt . . . Wenn nun hier die alte Wetterhexe, die Frau Vernunft, der Alloiosis Großmutter, sagen würde: »Die Gottheit kann doch nicht leiden noch sterben«, dann solltest Du antworten: »Das ist wahr. Aber dennoch, weil Gott und Mensch in Christo eine Person sind, so überträgt die Schrift um dieser personalen Einheit willen auf die Gottheit alles, was dem Menschen widerfährt; und umgekehrt.« So ist es auch in Wahrheit, denn Du mußt ja zugeben: Die eine Person, also Christus, leidet und stirbt. Nun ist aber diese Person wahrhaftiger Gott, weshalb zu Recht gesagt wird: Gottes Sohn leidet . . . Es würde mir auch ein schlechter Christus zurückbleiben, der nur noch an einem einzigen Ort göttliche und menschliche Person ineins wäre, an allen anderen Orten aber göttliche Person allein, ohne ihre Menschheit. Nein Geselle, wo Du mir Gott hinsetzt, da mußt Du mir die Menschheit mithinsetzen: sie lassen sich nicht voneinander scheiden und trennen, sondern sie sind eine einzige Person geworden, die die Menschheit nicht so von sich scheidet, wie Meister Hans, der seinen Rock auszieht und von sich legt, wenn er schlafen geht.

Quelle: WA 26, S. 319,29–40; 321,19–26; 333,3–10. – *Literatur:* s. Nr. 73a, e.

74.   Zwingli, Eine christliche Obrigkeit – gegen die Zwei-Reiche-Lehre: Brief an Ambrosius Blarer (4. Mai 1528)

Ambrosius Blarer (1492–1564), zuerst Benediktiner in Alpirsbach, setzte sich – bewegt durch die Schriften Luthers – seit 1522 für die Sache der Reformation ein. Als eifriger Verfechter der Erneuerung in Süddeutschland (Konstanz; vgl. Nr. 49) wurde er 1534 von Herzog Ulrich (1498–1550) beauftragt, im südlichen Württemberg (›ob der Steig‹) die Reformation durchzuführen. – Der Brief Zwinglis vom 4. Mai 1528 ist dessen Antwort auf ein nicht erhaltenes Schreiben Blarers, worin die Auffassung Luthers über das Verhältnis von Glaube und Politik, von Kirche und Welt vorgetragen wurde. Vgl. auch Nr. 47b, These 42; Nr. 68, 118.

Daß Christi Reich kein äußerliches sei, belegen Luther und die Seinen mit dem
Worte Jesu: »Mein Reich ist nicht von dieser Welt« [Joh 18,36], sowie mit anderen
Stellen, wo der Herr sich denen entzieht, die ihn zum König [Joh 6,15] oder zum
Richter [Lk 12,14] machen wollen. Dabei achten sie aber nicht darauf, bei welcher
Gelegenheit und an welcher Stelle er das gesagt hat, und vergessen völlig, was er
sonst noch gesagt und getan hat. Wenn die Wittenberger deshalb behaupten:
»Eine christliche Obrigkeit [magistratus] darf nichts gebieten, was schwache Ge-
wissen verletzen könnte [1Kor 8,12], denn Christi Reich ist kein äußerliches«, so
höre ich sie deutlich gerade von jenen äußerlichen Dingen sprechen, aus denen wir
uns [früher] ein Gewissen gemacht haben, sie zu halten, wie Fasten, Wahl der
Speisen, Beachtung von Orten, Zeiten, Tagen und dergleichen. Aber sie denken
nicht daran, daß Christus selbst – und einen gewichtigeren Zeugen kann ich ja
wohl nicht anführen – keine Schwierigkeit darin sah, in dieser Frage bei einigen
Leuten Anstoß zu erregen. Sonst hätte er seine Jünger sicherlich zum Fasten genötigt, hat es doch erheblichen Anstoß erregt, daß sie im Gegensatz zu den Pharisäern und den Johannesjüngern die Fastenzeiten nicht einhielten [Mt 9,14]. Der
Herr kümmerte sich aber lieber um die Freiheit der Kinder Gottes [Röm 8,21] als
um das dumme Gerede abergläubischer Menschen. War es nun etwas Äußerliches, zu fasten oder nicht zu fasten? Natürlich handelt es sich hier um etwas Äußerliches . . .
Ich kehre zu meiner Ausgangsfrage zurück. Wenn eine christliche Obrigkeit in
den äußerlichen Dingen, die zu unserer Religion gehören, nicht befehlen oder
verbieten kann, so können es die Apostel und die Kirchen, denen in der Tat obrig-
keitliche Gewaltausübung untersagt ist, schon gar nicht. In Wirklichkeit haben
aber die Apostel zusammen mit der ganzen Kirche die Beschneidung abgeschafft
und das Gesetz vom Blut und vom Erstickten erlassen [Apg 15,29], was auf jeden
Fall ein Akt des Gebietens war. Es ist deshalb noch viel mehr einer Obrigkeit, die
[nach Röm 13,1] »Gewalt hat«, die äußeren Dinge zu bessern und zu lenken, solange sie christlich ist, gestatte, im Einvernehmen mit der Kirche – nur von diesem
Fall spreche ich allerdings – im Hinblick auf die äußeren Dinge, die man halten
oder abschaffen muß, Gesetze zu erlassen. Wenn deshalb diese Besserwisser in ihrer Verblendung behaupten, die Apostel zusammen mit der Kirche, die dürften allerdings Gesetze erlassen, die Obrigkeit zusammen mit der Kirche dagegen nicht,
so weiß ich darauf nur folgende Antwort: Sie meinen fälschlicherweise, daß mit
dem Wort »Älteste« [πρεσβύτεροι] in der Schrift nur diejenigen gemeint sind,
denen das Wort anvertraut ist [verbo presunt], während es in Wirklichkeit auch
die Ältesten eines Gemeinwesens [seniores], d.h. Senatoren [senatores] und Ratsherren [decuriones, βουλευταί], bezeichnet. Denn Apg 15[,6] lesen wir: »Aber
die Apostel und die Ältesten [πρεσβύτεροι] kamen zusammen, über diese Sache
sich zu beraten.« Hier sieht man, daß »Älteste« [seniores] »Räte« [consultores]
und »Senatoren« bedeutet, d.h. auf Griechisch nach ihrer Funktion »Ratsherren«
[βουλευταί] und auf Lateinisch nach ihrem Alter und ihrer Würde »Älteste« [se-
natores]. Dabei meine ich freilich nicht, daß die Brüder damals einen Rat [sena-
tum] eingesetzt hätten, der die Herrschaft ausübte [rerum potiretur] oder sie mit
Gewalt dazu zwang, den Glauben zu bekennen. Seine Aufgabe war es vielmehr,
über das allgemeine Wohl zu beraten, wenn nicht alles reibungslos vonstatten
ging. Auf jeden Fall aber ist deutlich, daß diejenigen, die hier »Älteste« genannt
werden, keine Diener des Wortes waren sondern Männer, die wegen ihres Alters,
ihrer Klugheit und ihres Glaubens in hohem Ansehen standen und deshalb durch

ihre leitende Funktion in der Kirche das waren, was in einer Stadt der Rat [senatus] ist . . .
Ich komme wieder zum Thema: Eine christliche Obrigkeit unterscheidet sich von einer heidnischen durchaus. Wenn sie nämlich nicht gottesfürchtig [pius] ist, so ist sie schlechter [deterior] als jene, und wenn die heidnische Obrigkeit in ihrem Herrschaftsbereich um Gottesfurcht bemüht ist [si piam mentem domi foveat], so ist sie christlich, auch wenn sie Christus selbst nicht kennt.

Quelle: CR 96, S. 452,23–453,10. S. 455,21–456,8. S. 459,5–8. – *Literatur:* T. Schieß (Hg.), Briefwechsel der Brüder Ambrosius und Thomas Blaurer 1509–1548, 1–3, 1908–1912; B. Moeller (Hg.), Der Konstanzer Reformator Ambrosius Blarer 1492–1564. Gedenkschrift zu seinem 400. Todestag, 1964; W.-U. Deetjen, Die Reformation der Benediktinerklöster Lorch und Murrhardt unter Herzog Ulrich und das »Iudicium de votis monasticis« vom Dezember 1535, BWKG 76, 1976, S. 62–115.

75. Kaspar von Schwenckfeld: Von den Graden der Wiedergeburt (1529)

Kaspar von Schwenckfeld (1489–1561) trat nach juristischen Studien 1511 in den Hofdienst und war 1518–1523 Hofrat bei seinem Landesherrn Friedrich II. von Liegnitz, den er 1521 für die Reformation gewonnen hatte. Um 1525 trennte er sich von Luther; seit 1529 lebte er im oberdeutschen Gebiet, wo er wiederum besonders in gehobenen Kreisen erfolgreich wirkte. Er sieht das Fundament eines Christenlebens in der Erkenntnis Christi, die in ihrer innerlichen Wirkung auf den Menschen zur Wiedergeburt im Sinne einer Überwindung sündhafter Geschöpflichkeit führt. Schwenckfelds Bestreben, eine heilige Gemeinde zu konstituieren, führt schließlich zu seiner Anschauung von der notwendigen Absonderung der Heiligen von der kreatürlichen Kirche. Er gilt auch als einer der ersten konsequenten Vertreter des Toleranzgedankens (vgl. dazu auch Einleitung zu Nr. 87).

Zum ersten wird ein armer Sünder von Gott dem Vater gezogen und im Herzen gerühret, wenn er zu Christus kommt, wenn er sich Christus mit Ernst über- oder untergibt, wie der Herr sagt Joh 6[,44ff.] . . . Was ist aber der anfängliche Zug des Vaters? Es ist ein Tadel des Heiligen Geistes wegen der Sünde, des Sünders Erkenntnis der eigenen Sünden, in seinem Herzen Reue und Leid über die Sünde, ein Verlangen nach Vergebung und ein christliches Versöhnen oder Verlangen nach einem neuen christlichen Leben . . .
Zum zweiten kommt der arme betrübte Sünder, der verwundete Samariter, zum Arzt Christus [Lk 10,30–37], zum einzigen Heiland unserer Seelen, . . . von dem hört er das Evangelium der Gnade Gottes, nämlich die tröstliche, liebliche Botschaft des Friedens im Heiligen Geist. Das ist aber nichts anderes als die Wiedergeburt durch die Kraft der Auferstehung Jesu Christi von den Toten. Es ist die heilige geistliche Beschneidung des Herzens, das Ausziehen des Leibes der Sünden, ein ernsthaftes Ergeben, Veränderung des Sinnes, Austilgung des Unglaubens und eine beginnende Einpflanzung in Jesus Christus, wovon vielfach die Rede ist Kol 2 und Röm 6.
Das heißt dann Gottes Wort recht hören, wovon auch der Herr spricht bei Joh [5,24].
Zum dritten nimmt der Mensch, der nun erwacht und durch das Wort der Wahrheit wiedergeboren ist, Jak 1[,18], solches Wort des Evangeliums an. Sein Leben und Wesen allenthalben danach auszurichten, das ist dann die himmlische Beru-

fung, Hebr 3[,6], deren er teilhaftig wird zur Hoffnung des ewigen Lebens . . .
Hierher gehört dann die Parabel vom Sauerteig, Mt 13[,33]. Denn in der gleichen
Weise, wie der Sauerteig sich vermengt mit dem Mehl und dasselbe vermittels des
Wassers durch und durch säuert, so durchdringt auch das lebendige Wort Gottes
nicht allein das Herz, sondern das ganze Innere des Menschen, auf daß das Wort
sich das Fleisch ähnlich und zuletzt ganz gleich mache, weshalb es auch das himmlische Wasser und das Feuer göttlicher Gnaden zu Hilfe nimmt . . .
Zum vierten folgt hernach die wahre Erkenntnis des Wortes Jesu Christi, das da
Fleisch geworden ist, wenn sich dasselbe immer tiefer im Herzen auftut und sich
ins Fleisch ergießt und ausbreitet. Da ist dann die Betrachtung . . . im Willen des
Herrn Tag und Nacht; da beginnt der Gesetzesmensch zu fühlen und zu schmek-
ken, wie süß und lieblich der Herr sei [Ps 34,9]. Er erkennt, daß außer Christus
kein Heil, keine Wahrheit, Liebe noch Seligkeit ist . . . Er erkennt die Wahrheit,
bleibt in der Rede des Herrn und wird dadurch wahrhaftig befreit, Joh 8[,32]. Er
gewinnt geübte Sinne zur Unterscheidung des Guten und des Bösen, Hebr 8[,11]
. . .
Zum fünften, wenn Gott also mit dem Menschen um Christi willen im Heiligen
Geist handelt, so folgt dann die Gewißheit [gewißschafft] des christlichen Glaubens; nicht daß die vorherigen Grade ohne Glauben zugehen oder geschehen können, da doch der Glaube der Anfang ist und aus dem Wort kommt, das von Gott
dem Vater innerlich, auch oft vermittels des Dienstes im Heiligen Geist, gehört
wird, aber es wird in diesem Grad der Glaube, der aus solcher Erkenntnis ist, reich,
gewiß, voll und beständig, davon auch Petrus spricht, [Joh 6,69] . . . Da wird der
Mensch mit Gott vertraut durch Christus, er handelt mit Gott in Christus, wird
ein Glied des Leibes Christi. Er muß aber immerfort in Erkenntnis und Glauben
wachsen, solange er lebt.
Zum sechsten wird der neue gläubige Mensch getauft im Heiligen Geist. Er wird
gesalbt, geheiligt und von aller Unreinigkeit von Gott abgewaschen durch das
Wasserbad im Wort, Eph 5[,26], durch das Bad der Wiedergeburt und der Erneuerung durch den Heiligen Geist, welchen Gott reichlich über ihn ausgießt durch Jesus Christus, Tit 3[,5.6]. Das ist, daß er sich ganz unter das Kreuz Christi begibt,
Gott aufgeopfert zum lebendigen Opfer, Röm 12[,1]. Er geht weiter in die Gleichförmigkeit des Bildes des Sohnes Gottes, und nachdem er den alten Menschen aus-
gezogen und dagegen den neuen angezogen hat, bekennt er Jesus Christus als seinen Gott und Herrn im himmlichen Wesen vor der ganzen Welt. Er wird angetan
mit der Kraft aus der Höhe, und ihm werden geoffenbart die Geheimnisse Gottes.
Zum siebenten, damit er also erhalten werde und aufwachse in dem Leben, das er
aus Gott empfangen hat, so wird er im Abendmahl des Herrn gespeist mit dem
Leib und getränkt mit dem Blut des Herrn Jesus Christus. Daraus empfängt er
immer mehr Leben, Kraft, Stärke und das Wachsen göttlicher Gnaden, bis er zu
einem vollkommenen Menschen wächst, der da ist in dem Maße des vollkommenen Alters Christi [Eph 4,13].
Zum achten folgt die Besiegelung durch den Heiligen Geist . . . Da wird er in den
neuen ewigen Bund durch den Glauben eingeführt. Es wird ihm in Christus Jesus
alles gewährt, was er bittet nach dem Willen Gottes, und er sehnt sich danach mit
Paulus [Röm 7,24], daß er erlöst werden möge von dem Leib dieses Todes, daß er
heimziehen könne, nachdem er hier keine bleibende Stätte hat, auf daß er ganz
und gar bei Christus sein könne im himmlischen Wesen. Das gebe Gott, Amen.
Zum neunten, obwohl nun solcher Mensch sicherlich befreit ist vom ewigen Tod,

vom bösen Geist und der Hölle, so wird er doch nun in diesem irdischen Taberna-
kel und sündigem, ungehorsamen Fleisch zu streiten haben mit dem Gesetz der
Glieder, solange er lebt; denn solange wir im Fleisch wohnen, kann es nicht fehlen, daß die fleischlichen Begierden wider die Seele streiten . . .
Zum zehnten und letzten wendet der beschriebene Christenmensch allen Fleiß
daran, daß er in Christus allen Sünden, allen Begierden ganz und gar absterbe . . .
Darum ist auch der Tod ein auserwähltes Mittel für alle Heiligen Gottes, obwohl
das Fleisch sich dagegen sträubt und sich davor fürchtet. Denn dadurch kommen
sie von Angst und Not in Wonne, Freude und ewige Seligkeit . . .

Quelle: CSch 3, S. 572–575. – *Literatur:* R. Pietz, Die Gestalt der zukünftigen Kirche. Schwenckfelds
Gespräch mit Luther Wittenberg 1525. CwH 25, 1959; G. Maron, Individualismus und Gemeinschaft
bei Caspar von Schwenckfeld. Seine Theologie dargestellt mit besonderer Ausrichtung auf seinen Kir-
chenbegriff, KO.B 2, 1961; P. L. Maier, Caspar Schwenckfeld – A Quadricentennial Evaluation, ARG
54, 1963, S. 89–97; H. Weigelt, Sebastian Franck und Caspar Schwenckfeld in ihren Beziehungen zueinander, ZBKG 39, 1970, S. 3–19; ders., Spiritualistische Tradition im Protestantismus. Die Geschichte des Schwenckfeldertums in Schlesien, 1973; ders., Caspar von Schwenckfeld. Verkünder des
»mittleren« Weges, in: H.-J. Goertz (Hg.), Radikale Reformatoren, 1978, S. 190–200.

III Auf dem Wege zur Konfession

76. Reichstag zu Speyer: Protestation der evangelischen Reichsstände (20. April 1529)

Kaiser Karl V. (1519–1556) war nach seinem zweiten Krieg gegen Frankreich (1526–1529) wieder in der Lage, einen Reichstag einzuberufen. In Speyer sollte 1529 u.a. die Bestimmung des früheren Speyrer Reichstags (1526; s. Nr. 69) aufgehoben werden, daß nämlich jeder hinsichtlich des Wormser Edikts (Nr. 33) es mit seinen Untertanen so halten solle, wie er es vor Gott und dem Kaiser verantworten könne. Die neugläubigen Reichsstände verfaßten dagegen eine Protestschrift: auf diese Eingabe geht die Bezeichnung ›Protestanten‹ zurück.

Wir sind guter Zuversicht, Euer königliche Durchlaucht[1] [und] Liebden sowie Ihr, die anderen [Fürsten], werden uns (wie wir vorher höflich gebeten haben), darin freundlich, gnädig und gutwillig entschuldigt halten, wenn wir mit Euer königlichen Durchlaucht [und] Liebden wie Euch, den anderen, wegen des obenerwähnten Artikels[2] nicht übereinstimmen, noch darin der Mehrheit, wie einige Male auf diesem Reichstag betont wurde, gehorchen wollen, in Anbetracht und Hinblick darauf, daß wir dies kraft des vorigen Speyrer Reichstagsabschieds[3] tun, der besonders in dem betreffenden Artikel klar zeigt, daß ein solcher Artikel durch einmütige Übereinkunft (und nicht bloß durch den größeren Teil) beschlossen wurde. Ein solcher einmütiger Beschluß von Ehrbarkeit, Billigkeit und Rechtmäßigkeit kann und soll daher auch nicht anders abgeändert werden als wiederum durch eine einhellige Zustimmung. Außerdem hat auch sonst jeder in Dingen, die Gottes Ehre, das Heil unserer Seele und die Seligkeit angehen, für sich selbst vor Gott zu stehen und Rechenschaft zu geben; hier kann sich also keiner mit [Berufung auf] Verhandlung oder Beschluß einer Minderheit oder Mehrheit entschuldigen . . . Da aber nun diese dritte Anzeige[4] unserer merklichen Beschwerde bei Euer königlichen Durchlaucht [und] Liebden sowie bei Euch, den anderen [Fürsten], keine Möglichkeit noch Annahme erfährt, protestieren und bezeugen wir hiermit öffentlich vor Gott, unserem einigen Erschaffer, Erhalter, Erlöser und Seligmacher (der – wie bereits erwähnt – allein unser aller Herzen erforscht und erkennt und auch danach gerecht richten wird), auch vor allen Menschen und Geschöpfen, daß wir für uns, die Unseren und für alle jeder Verhandlung und vermeintlichem [Reichstags-]Abschied, wie wir vorher gesagt, oder anderen Sachen, die gegen Gott, sein heiliges Wort, unser aller Seelenheil und gutes Gewissen, auch gegen den vorher zitierten Speyrer Reichstagsabschied vorgenommen, beschlossen und gemacht worden sind, nicht zustimmen noch einwilligen, sondern [sie] aus rechtlichen und anderen redlichen Gründen für nichtig und unverbindlich halten, [so] daß wir uns genötigt sehen, dagegen auch öffentlich [eine Schrift] ausgehen zu lassen und der römischen kaiserlichen Majestät, unserem allergnädigsten Herrn, in dieser Sache weiter gründlichen und wahrhaftigen Bericht zu erstatten, wie wir uns deswegen gestern[5] nach gegebenem vermeintlichem Abschied alsbald durch unsere in Eile verfügte Protestation, die wir auch hiermit wiederholen, öffentlich vernehmen ließen und daneben erboten haben, daß wir uns nichtsdestoweniger – was auch das mittlerweile angekündigte, allgemeine und freie christliche Konzil[6] oder

Nationalversammlung mit Gottes Hilfe vermöge und der vielzitierte frühere
Speyrische Reichstagsabschied beinhalte – gegen unsere Obrigkeiten wie auch bei
und mit unseren Untertanen und Verwandten so verhalten, leben und regieren
werden, wie wir es gegen den allmächtigen Gott und die römische kaiserliche Majestät zu verantworten hoffen und wagen . . .

Quelle: DRTA.JR VII,2, S. 1277,18–33. S. 1286,14–1287,12. – *Literatur:* J. Ney, Die Appellation und Prote-
station der evangelischen Stände auf dem Reichstag zu Speier 1529, QGP 5, 1906. Neudruck 1967; J.
Kühn, Die Geschichte des Speyrer Reichstags 1529, SVRG 146, 1929; H. v. Schubert, Die Protestation von
Speyer im Lichte der neuesten Forschung. CuW 5, 1929, S. 233–240; J. Boehmer, Protestari und pro-
testatio, protestierende Obrigkeiten und protestantische Christen, ARG 31, 1934, S. 1–22. M. Brecht,
Die gemeinsame Politik der Reichsstädte und die Reformation, ZSRG. K 63, 1977, S. 180–263.

1. Gemeint ist der Bruder des Kaisers, König Ferdinand (seit 1526 König von Ungarn und Böhmen,
seit 1530 ›römischer‹, d.h. deutscher König), der auf dem Reichstag die Stelle des abwesenden Kaisers
einnahm.
2. Nämlich die Forderung des Kaisers, die Bestimmung des früheren Reichstags von Speyer 1526
(vgl. Nr. 69) aufzuheben.
3. Von 1526.
4. Eine erste schriftliche Darlegung erfolgte am 12. April, die zweite Beschwerde am 19. April, die
dritte nun am 20. April schriftlich an König Ferdinand, der sie jedoch zurücksandte..
5. Am 19. April.
6. Vgl. Nr. 77 Anm. 1.

77. Speyrer Reichstagsabschied (22. April 1529)

Der Reichstag zu Speyer von 1529 wurde – wie üblich – mit der kaiserlichen Proposition (Beratungsge-
genstände und deren Reihenfolge) eröffnet. Zur Beratung der vorgelegten Verhandlungspunkte wurde
vom Reichstag der »Große Ausschuß« eingesetzt, in dem die Altgläubigen eine erhebliche Mehrheit
hatten. Hinsichtlich der Glaubensfrage wurde am 15. April folgende Stellungnahme bezogen, die am
22. April trotz Widerstand der neugläubigen Minderheit (Nr. 76) unverändert in den Reichstagsabschied aufgenommen wurde.

1. Was den Artikel des Zwiespalts unseres heiligen christlichen Glaubens betrifft, konnte . . . [auf den Reichstagen] . . . nichts Fruchtbareres oder Besseres
zur christlichen Einigung und Beilegung dieses Irrtums gefunden oder bedacht
werden, als ein freies Generalkonzil in deutscher Nation abzuhalten[1] . . .; [die
Stände] ersuchen darum und erinnern deshalb daran, daß Ihre kaiserliche Majestät
als das oberste Haupt und Vogt der Christenheit in einem so schweren Fall und
Anliegen der deutschen Nation – und daß der Handel keinen langen Verzug mehr
leiden kann –, gnädig beherzigen, daran sein ·nd fördern möge, daß so früh wie
möglich ein freies, christliches Generalkonzil spätestens ungefähr in einem Jahr
. . . ausgeschrieben und . . . in deutscher Nation an den zuvor . . . bestimmten
Plätzen, wie zum Beispiel zu Metz, Köln, Mainz und Straßburg oder an einer anderen günstig gelegenen Grenzstadt, in derselben Nation gehalten werde, damit
die deutsche Nation im heiligen christlichen Glauben vereinigt und der schwe-
bende Zwiespalt erörtert werden möge.
2. Wenn aber zu der obenbestimmten Zeit das Generalkonzil . . . nicht stattfinden sollte . . ., daß alsdann Ihre kaiserliche Majestät eine allgemeine Versamm-

lung aller Stände deutscher Nation und anderer . . . ausschreiben ließe und daß
Ihre Majestät als das Haupt bei solcher Versammlung . . . in eigener Person auch
anwesend sein wolle . . .
3.   Und nachdem in dem Abschied des jüngst gehaltenen Reichstags allhier zu
Speyer ein Artikel geschrieben steht[2] mit dem Inhalt, daß sich Kurfürsten, Fürsten und Stände des Reiches und deren Gesandte einmütig verglichen und geeinigt
haben, bis zur Zeit des Konzils mit ihren Untertanen in Sachen, die das Edikt Ihrer
kaiserlichen Majestät auf dem Reichstag zu Worms[3] betreffen, zu leben, zu regieren und zu halten, wie es ein jeder vor Gott und Ihrer Majestät zu verantworten
hofft und für richtig findet,
4.   derselbe Artikel aber bei vielen weithin mißverstanden und zur Entschuldigung von allerlei schrecklichen neuen Lehren und Sekten seither herangezogen
und ausgelegt wurde, haben sich demnach, damit dies abgeschnitten und weiterer
Abfall, Unfriede, Zwietracht und Schaden verhütet werden, Kurfürsten, Fürsten,
Prälaten, Grafen und andere Stände entschlossen, daß diejenigen, die bei dem erwähnten kaiserlichen Edikt bis jetzt blieben, nun hinfort auch bei demselben
Edikt bis zu dem künftigen Konzil verharren und ihre Untertanen dazu halten sollen und wollen; bei den anderen Ständen aber, bei denen die anderen Lehren entstanden und zum Teil ohne merklichen Aufruhr, Beschwerde und Gefährdung
nicht abgewertet werden können, doch künftig jede weitere Neuerung bis zu dem
kommenden Konzil, soweit möglich und menschlich, verhütet werden soll.
5.   Und insbesondere sollen einige Lehren und Sekten, soweit sie dem hochwür-
digen Sakrament des wahren Fronleichnams und Blutes unseres Herrn Jesus Christus entgegen sind, bei den Ständen des Heiligen Reiches Deutscher Nation nicht
angenommen, noch hinfort zu predigen gestattet oder zugelassen werden. Desgleichen sollen die Ämter der heiligen Messe nicht abgetan, auch niemandem verboten werden, an den Orten, wo die andere Lehre entstanden ist und eingehalten
wird, die Messe zu hören, [und niemand soll] verhindert noch dazu angehalten
werden.
6.   Nachdem auch kürzlich eine neue Sekte der Wiedertaufe entstanden ist, die
durch allgemeines Recht verboten und vor vielen hundert Jahren verdammt worden ist[4] . . ., hat Ihre Majestät . . . eine rechtmäßige Konstitution, Satzung und
Verordnung erlassen . . ., daß alle Wiedertäufer und Wiedergetauften, Männer
und Frauen, in verständigem Alter vom natürlichen Leben zum Tod mit dem Feuer, Schwert oder dergleichen nach Gelegenheit der Personen ohne vorhergehende
Inquisition der geistlichen Richter gerichtet und gebracht werden . . .,
8.   daß mit allen Predigern . . . geredet . . . werde, in ihren Predigten zu vermeiden, was Anlaß geben könnte zur Erregung des gemeinen Mannes wider die Obrigkeit oder zur Verführung der Christenmenschen zum Irrtum, sondern vielmehr allein das heilige Evangelium nach Auslegung der Schriften – von der heiligen christlichen Kirche approbiert und angenommen – zu predigen und zu lehren,
und bezüglich strittiger Sachen sich derselben zu enthalten und den Entscheid des
genannten christlichen Konzils abzuwarten. Dazu sollen und wollen Kurfürsten,
Fürsten und Stände des Reichs bis zum Konzil in allen Druckereien und bei allen
Buchhändlern . . . Maßnahmen ergreifen, daß weiter nichts Neues gedruckt und
insbesondere Schmähschriften weder öffentlich noch heimlich verfaßt, gedruckt,
feilgeboten oder ausgelegt werden; was . . . weiter gedruckt oder feilgeboten
wird, soll zuvor von jeder Obrigkeit . . . besichtigt . . . werden.
9.   Wir . . . haben uns . . . versprochen, daß keiner vom geistlichen oder weltli-

chen Stand den anderen des Glaubens wegen vergewaltigen . . . noch seiner Rente, Zinsen, Zehnten und Güter berauben . . . soll . . .

Quelle: DRTA.JR VII,2, S. 1299,3–23. S. 1141,36–1143,5. S. 1299,26–1301,14. – *Literatur:* s. Nr. 76.

1. Der Ruf nach einem allgemeinen Konzil zur Lösung der Glaubensfragen erging bereits von Luther (1518 und 1520; vgl. Nr. 17, 27), von seiten des Volkes bzw. der Reichsstände (z.B. auf den Reichstagen in Worms 1521, Nürnberg 1523 und 1524) und vom Kaiser selbst (schon 1526; vgl. Nr. 69). Vgl. zur Konzilsforderung auch Einleitung zu Nr. 105–108.
2. Reichstag zu Speyer 1526 (Nr. 69).
3. Wormser Edikt vom Mai 1521 (Nr. 33).
4. Codex Iustinianus I,6,1–3; Corpus Iuris Civilis, hg. von Krüger-Mommsen-Schöll, 2, 1884, S. 60.

MARBURGER RELIGIONSGESPRÄCH (Oktober 1529)

Die dogmatischen Gegensätze in der Abendmahlslehre (vgl. Nr. 72, 73) zwischen Wittenberg, Straßburg und Zürich/Basel standen einem politischen Bündnis der ›neugläubigen‹ Gebiete entgegen. So kam auf Initiative des Landgrafen Philipp von Hessen (1518–67) ein Religionsgespräch in Marburg zustande, das die dogmatischen Gegensätze bereinigen sollte. Zusammengekommen waren u.a. Luther, Melanchthon (vgl. Nr. 20, 36, 41, 81, 92f.) und Justus Jonas (1499–1555) aus Wittenberg, Zwingli aus Zürich (vgl. Nr. 47, 57, 74, 82), Johannes Oekolampad (1482–1531) aus Basel (vgl. Nr. 73e Anm. 2), Martin Bucer (vgl. Nr. 110) und Kaspar Hedio (1494–1552) aus Straßburg, Brenz aus Schwäbisch Hall (vgl. Nr. 65, 119), Andreas Osiander (1498–1552) aus Nürnberg (vgl. Nr. 98). Nach teilweise heftigen Diskussionen (Nr. 79) wurden am 3. Oktober die ›15 Marburger Artikel‹ (Nr. 78) gemeinsam verabschiedet; in der Abendmahlsfrage konnte man sich aber über die ›praesentia realis‹, die leibhafte Präsenz Christi in den Elementen, nicht einigen.

78. Die 15 Marburger Artikel (3. Oktober 1529)

Auf diese Artikel haben sich die hier Unterschriebenen zu Marburg geeinigt am 3. Oktober 1529.
[1. Von der heiligen Dreifaltigkeit]
Zuerst, daß wir auf beiden Seiten einträchtiglich glauben und halten, daß allein ein einziger, rechter, natürlicher Gott ist, Schöpfer aller Kreaturen, und derselbe Gott einig im Wesen und Natur und dreifaltig in den Personen, nämlich Vater, Sohn, Heiliger Geist etc., ganz wie im Konzil zu Nizäa beschlossen und im nizänischen Symbol in der ganzen christlichen Kirche in der Welt gesungen und gelesen wird.
[2. Vom Sohne Gottes, unserm Herrn Jesus Christus]
Zum anderen glauben wir, daß nicht der Vater noch der Heilige Geist, sondern der Sohn Gottes des Vaters, rechter natürlicher Gott, Mensch geworden ist durch Wirkung des Heiligen Geistes, ohne Zutun des Mannes, geboren von der reinen Jungfrau Maria, leiblich vollkommen mit Leib und Seele wie ein anderer Mensch, doch ohne jegliche Sünde etc. [Hebr 4,15].

[3. Vom Heilswerk Christi]
Zum dritten, daß derselbe Gott und Mariens Sohn Jesus Christus in unzertrennter
Person für uns gekreuzigt, gestorben und begraben, auferstanden von den Toten,
aufgefahren gen Himmel, sitzend zur Rechten Gottes, Herr über alle Kreaturen,
kommen wird zu richten die Lebendigen und die Toten etc. [Apostolisches Glau-
bensbekenntnis].
[4. Von der Erbsünde]
Zum vierten glauben wir, daß die Erbsünde uns von Adam angeboren und ererbt
ist, und zwar so, daß sie alle Menschen verdammt. Wenn uns Jesus Christus nicht
zu Hilfe gekommen wäre mit seinem Tod und Leben, hätten wir ewiglich dran
sterben müssen und nicht zu Gottes Reich und Seligkeit kommen können.
[5. Von der Erlösung]
Zum fünften glauben wir, daß wir von solcher Sünde und allen anderen Sünden
samt dem ewigen Tode erlöst werden, wenn wir an den Sohn Gottes Jesus Christus
glauben, der für uns gestorben ist, und außer solchem Glauben durch keine Werke, Stand oder Orden von irgendeiner Sünde los werden können etc.
[6. Vom Glauben]
Zum sechsten, daß solcher Glaube eine Gabe Gottes sei, den wir mit keinem vor-
hergehenden Werk oder Verdienst erwerben, noch aus eigener Kraft schaffen
können, sondern der Heilige Geist gibt und schafft, wo er will, denselben in unseren Herzen, wenn wir das Evangelium oder Wort Christi hören.
[7. Von christlicher Gerechtigkeit]
Zum siebenten, daß solcher Glaube unsere Gerechtigkeit vor Gott ist, um welches
willen uns Gott als gerecht, fromm und heilig erachtet, ohne alle Werke und Verdienste, und dadurch von Sünden, Tod und Hölle hilft, zu Gnaden annimmt und
selig macht um seines Sohnes willen, an den wir so glauben und dadurch seines
Sohnes Gerechtigkeit, Leben und alle Güter genießen und ihrer teilhaftig werden.
Darum wird gänzlich abgelehnt, daß Klosterleben und Gelübde zur Gerechtigkeit
nützlich seien.
8. Vom äußerlichen Wort
Zum achten, daß der Heilige Geist niemandem solchen Glauben oder seine Gabe
ohne vorhergehende Predigt oder mündliches Wort oder das Evangelium Christi
gibt, sondern durch und mit solchem mündlichen Wort wirkt und schafft er den
Glauben, wo und in wem er will, Röm 10[,17].
9. Von der Taufe
Zum neunten, daß die heilige Taufe ein Sakrament sei, das zu solchem Glauben
von Gott eingesetzt ist. Und weil Gottes Gebot »Gehet hin in alle Welt« [Mt 28,19]
und Gottes Verheißung »Wer da glaubt und getauft wird, der wird selig werden«
[Mk 16,16] darin ist, so ist es nicht ein leeres Zeichen oder eine Losung unter
den Christen, sondern ein Zeichen und Werk Gottes, in dem unser Glaube gefordert wird, durch welchen wir zum Leben wiedergeboren werden.
10. Von guten Werken
Zum zehnten, daß solcher Glaube durch Wirkung des Heiligen Geistes danach,
wenn wir dadurch gerecht und heilig erachtet und geworden sind, gute Werke übe,
nämlich die Liebe gegen den Nächsten, das Beten zu Gott und das Erleiden
von allerlei Verfolgung.
11. Von der Beichte
Zum elften, daß die Beichte oder das Suchen nach Rat bei seinem Pfarrer oder
Nächsten ungezwungen und frei sein soll, aber doch den betrübten, angefochte-

nen oder mit Sünden beladenen und in Irrtum gefallenen Gewissen sehr nützlich
ist, am meisten um des Trostes des Evangeliums willen, welches die rechte Absolution ist.

12.   Von der Obrigkeit

Zum zwölften, daß alle Obrigkeit und weltliche Gesetze, Gerichte und Ordnungen
ein rechter, guter Stand sind und nicht verboten, wie einige Papisten und Wiedertäufer lehren und halten, sondern daß ein Christ, der dazu berufen oder geboren
ist, sehr wohl durch den Glauben Christi selig werden kann, gleichwie im Vater-
und Mutterstand, Stand des Herrn und der Frau etc.

[13.   Von menschlicher Ordnung]

Zum dreizehnten, daß man die Tradition als eine menschliche Ordnung in geistlichen oder kirchlichen Dingen erachtet; falls die nicht einem klaren Gotteswort widersprechen, mag man [sie] freigeben oder -lassen, je nachdem wie die Leute sind,
mit denen wir umgehen, um überall unnötiges Ärgernis zu verhüten und durch
die Liebe den Schwachen und dem allgemeinen Frieden zu dienen. Auch daß die
Lehre, die die Priesterehe verbietet, eine Teufelslehre ist [1Tim 4,1.3].

[14.   Von der Kindertaufe]

Zum vierzehnten, daß die Kindertaufe recht sei und sie [die Kinder] dadurch in
Gottes Gnade und in die Christenheit aufgenommen werden.

15.   Vom Sakrament des Leibes und Blutes Christi

Zum fünfzehnten glauben und halten wir alle von dem Nachtmahl unseres lieben
Herrn Jesus Christus, daß man nach der Einsetzung Christi beide Gestalten gebrauchen soll; daß auch die Messe kein Werk ist, mit dem einer für den anderen,
tot oder lebendig, Gnade erlange; daß auch das Sakrament des Altars ein Sakrament des wahren Leibes und Blutes jedem Christen vonnöten ist; desgleichen der
Gebrauch des Sakramentes wie das Wort vom allmächtigen Gott gegeben und verordnet ist, um damit die schwachen Gewissen durch den Heiligen Geist zum Glauben zu bewegen. Da wir uns aber zu dieser Zeit nicht geeinigt haben, ob der wahre
Leib und das wahre Blut Christi leiblich in Brot und Wein seien, so soll doch ein
Teil dem anderen gegenüber christliche Liebe, sofern eines jeden Gewissen es immer ertragen kann, erzeigen, und beide Teile den allmächtigen Gott fleißig bitten,
daß er uns durch seinen Geist das rechte Verständnis bestätigen wolle. Amen.
Martinus Luther, Justus Jonas, Philippus Melanchthon, Andreas Osiander, Stefa-
nus Agricola, Johannes Brentius, Johannes Oekolampadius, Huldrychus Zwin-
glius, Martinus Bucerus, Caspar Hedio.

Quelle: G. May (Hg.), Das Marburger Religionsgespräch 1529, TKTG 13, 1970, S. 67–70; übers.
nach: R. Stupperich (Hg.), Das Bekenntnis der Reformation, KGQ 16, 1966, S. 40–43. – *Literatur:* S.
Hausammann, Die Marburger Artikel – eine echte Konkordie?, ZKG 77, 1966, S. 288–321; G. W. Locher, Die Zwinglische Reformation, S. 319ff.; s. auch Nr. 79.

79.   Andreas Osiander: Bericht über das Marburger Gespräch (5. Oktober 1529)

[Am Samstag, dem 2. Oktober 1529] hat Luther kurz vorgetragen, wie die andere
Partei [d.h. die Schweizer und Straßburger] sich unterstanden habe zu beweisen,
daß die Worte Christi »Das ist mein Leib«, »das ist mein Blut« [Mt 26,26] an anderes Verständnis zulassen und haben müssen, als wir glauben und lehren. Doch

wolle er ihre Beweisführung hören und, was er daran zu bemängeln habe, freundlich und kurz anzeigen, und hat also den Text »Das ist mein Leib« mit einer Kreide vor sich auf den Tisch geschrieben. Darauf haben sich Zwingli und Ökolampad erboten, ihr Vornehmen mit heiliger, göttlicher Schrift und mit klaren Sprüchen der Väter zu beweisen . . . Also hat Zwingli angefangen und den Spruch Joh 6[,63]: »Das Fleisch ist nichts nütze« herangezogen in der Meinung, damit zu beweisen: weil das Fleisch Christi nichts nütze wäre, hätte es auch Christus nicht zu essen gegeben! Und als er zu seinen Gunsten das ganze Kapitel erzählen wollte . . ., hat Luther wohl gemerkt, daß es ein langes . . . Geschwätz werden würde, und eingewendet, ihn nehme wunder, daß Zwingli den Spruch vortrage, obwohl er doch wisse, daß Christus daselbst nichts vom Abendmahl rede, sondern vom Glauben, weshalb er dem gegenwärtigen Streit nicht diene. Darauf hat Zwingli geantwortet, es sei wahr, er wolle aber dennoch daraus beweisen, daß das Fleisch im Abendmahl nichts nütze sei. Es wundere ihn nicht, daß Luther jenes Wort nicht gern höre; denn es werde ihm (hat er mit großem Trotz und Pochen gesagt), dem Luther, noch den Hals brechen. Darauf hat Luther den Zwingli . . . gebeten, er möge sich die stolzen und trotzigen Worte sparen, bis er heim zu seinen Schweizern käme; wo nicht, so wüßte er ihm auch wohl über die Schnauze zu fahren . . ., worauf Zwingli still wurde und sich zurückhielt.

Nachdem nun Zwingli den Spruch »Das Fleisch ist nichts nütze« vorgetragen hatte, gab Luther energisch ungefähr diese Meinung zur Antwort: Zum ersten, er stimme ihm nicht zu, daß Christus von seinem Fleisch rede, sondern von unserem sündlichen und fleischlichen Wesen, wie es sonst in der Schrift Brauch ist . . . Zum andern, wenngleich Christus von seinem eigenen Fleisch geredet hat, gestehe er doch nicht zu, daß deshalb recht zu folgern und zu schließen wäre: ›Das Fleisch ist nichts nütze, also ist es im Abendmahl auch nicht präsent.‹ Anders könnte er gegen Zwingli auch den Schluß ziehen: ›Das Brot ist nichts nütze, also ist es im Abendmahl nicht da.‹ . . . Zwingli werde doch nun begreifen müssen, daß seine Konsequenz ein Fehlschluß sei. Das Wort, das Fleisch und Blut umfaßt, ins Herrenmahl einsetzt und zu genießen befiehlt, dies Wort macht alles nütze, was sonst, ohne das hinzutretende Wort unnütz wäre und auch bliebe, wenn man das Wort nicht beachtet noch glaubt etc. Also ist über diesen Spruch der halbe Tag zugebracht und nach allgemeinem Urteil durch Luther erstritten worden, auch bei der anderen Partei, daß der Spruch nicht zur Sache diene und sie nichts damit beweisen können.

Nachmittags aber, als wir[1] auch dabei waren, trug Zwingli den Spruch vor, Hebr 5 [richtig: 4,15]: »Der versucht ist allenthalben gleichwie wir, doch ohne Sünde«, und zog dazu Röm 8[,3] an: »Er sandte seinen Sohn in der Gestalt des sündlichen Fleisches«, und Phil 2[,7]: »Er hat die Gestalt eines Knechtes angenommen, ist gleichgeworden wie ein anderer Mensch und an Gebärden erfunden als ein Mensch« etc., der Meinung also, daraus zu schließen, Christus sei uns in allen Dingen gleich geworden, nur die Sünde allein ausgeschlossen; unsere Leiber aber seien jeweils nur an einem Ort, darum müsse auch der Leib Christi an einem Ort allein sein und könne nicht an vielen Orten sein im Abendmahl.

Darauf antwortete Luther lachend: »Soll sich dann das Wörtlein ›Gleichheit‹ oder ›Gestalt‹ dahin erstrecken, daß es alles in sich schließe bis auf die Sünde allein, so ist es mir ein seltsames Ding; denn ich habe ein Weib; das ist keine Sünde; so muß Christus auch ein Weib gehabt haben etc. Doch sehe ich davon ab und sage so dazu: ›Wenn es gleich wahr wäre, daß uns Christus in allen Dingen bis auf die Sünde allein gleich sein müßte, so gestehe ich doch das auch nicht zu, daß unsere Leiber eben an einem Ort allein sein müssen. Denn Gott ist allmächtig; er kann auch wohl meinen Leib ohne eine Stätte erhalten . . . Er kann auch wohl einen Leib an mehr als einem Ort halten . . ., wie er will‹«, und bat darauf den Zwingli mit ernstlichen Worten, er solle nicht so kindisch von der göttlichen Majestät und Allmächtigkeit denken und reden. Denn Gott »rufe das, was nicht sei, daß es sei« [Röm 4,17].

Zwingli antwortete und bekannte, daß Gott dies wohl tun könnte, wenn er wollte, er täte es aber nicht; das beweise er so: Die Heilige Schrift zeigt uns Christus immer an einem besonderen Ort, wie zum Beispiel in der Krippe . . ., im Grab, zur Rechten des Vaters; darum meint er, er müßte immer an einem besonderen Ort sein. Dazu sagte ich [Osiander], mit diesen Sprüchen könnte man nicht mehr beweisen, als daß Christus zu einigen Zeiten an besonderen Orten gewesen sei; daß er aber immer und ewig an einem besonderen Ort oder einer abgemessenen Stätte wäre, ja sein müßte, und nicht ohne Stätte oder an vielen Stätten in natürlicher oder übernatürlicher Weise sein könnte, wie sie vorgeben, das würde mit diesen Schriften nimmermehr bewiesen. Darnach sagte Zwingli: »Ich habe bewiesen, daß Christus an einer Stätte gewesen ist; beweist nun ihr, daß er an gar keiner oder an vielen Stätten sei.« Luther antwortete: »Ihr habt euch am Anfang erboten, zu beweisen, daß es nicht so sein könne und unser Verständnis falsch sei. Das zu tun seid ihr schuldig und nicht [von uns] Beweisführung zu fordern; denn wir sind euch keine schuldig.«

Zwingli sagte, es wäre eine Schande, daß wir einen so schweren Artikel lehrten und verfochten und doch keine Schrift [stellen] darüber zeigen könnten oder wollten. Da hob Luther die samtene Decke auf und zeigte ihm den Spruch: »Das ist mein Leib«, den er mit der Kreide für sich geschrieben hatte und sprach: »Hier steht unsere Schrift; die habt ihr uns noch nicht entwunden, wie ihr euch erboten habt; wir bedürfen keiner andern.«

Zwingli fragte, ob er sonst keine Schrift, Argumente oder Zeugnisse hätte als diese allein. Da antwortete Luther: »Ich habe noch andere, wie ihr hören werdet, wenn ihr mir vorher diese abgewinnt; denn was nötigte mich, daß ich ein gewisses Wort Gottes, das mir niemand abringen kann, selbst fahren ließe und [mich] nach einem andern umsähe. Stürzt mir das um! Darnach werdet ihr wohl hören, was ich weiter für Argumente habe.«

Soviel Zeugnisse haben Zwingli und Ökolampad aus der Heiligen Schrift angeführt und nicht mehr; sie fuhren fort und wollten eifrig nach der Vernunft darlegen, wie ein Leib an vielen Orten oder an gar keinem Ort sein könne. Das wollte ihnen aber Luther nicht gestatten; er sagte: »Vernunft, Philosophie und Mathematik gehören nicht hierher; denn wenn wir gleich statuieren würden, daß ein Leib an einem Ort allein sein müßte, wäre dies doch nichts anderes, als daß er nach dem gewöhnlichen Lauf der Natur zu rechnen an einem Ort allein sein müßte. Daß aber Gottes allmächtiges Wort nicht etwas anderes vermögen sollte als die gewöhnliche Natur, das wäre undenkbar: darum dient es hier nicht etc.« Er erbot sich, wenn sie darauf durchaus nicht verzichten wollten, würde er außerhalb dieser Handlung mit ihnen darüber disputieren . . . Sie fragten, wo Gott je einen Leib ohne eine besondere Stätte gesetzt oder erhalten hätte. Darauf antwortete Luther: »Den allergrößten Leib, worin alle anderen Leiber enthalten seien, nämlich die ganze Welt, erhält Gott ohne eine Stätte; denn außerhalb der Welt ist nichts als

Gott; darum hat die Welt keine Stätte, worin sie ist.« Dazu schwiegen sie alle still.
Also wurde weiter nichts aus der Schrift von ihnen vorgebracht, worüber wir uns
sehr verwunderten . . .

Am Sonntag vor- und nachmittags [4. Oktober] trugen Zwingli und Ökolampad
Sprüche der Väter vor, nämlich einen aus Fulgentius [† 533], etliche aus St. Augustin, die beweisen sollten, daß ein Leib an einem besonderen Ort sein müßte und
daß das Brot im Abendmahl ein Zeichen des Leibes und Blutes Christi wäre. Darüber hörten wir ihnen fast den ganzen Tag zu, bis sie es suchten, lasen und ver-
deutschten, was überaus langweilig anzuhören war.

Zuletzt beantwortete es Luther so: »Daß St. Augustin[2] das Brot als Zeichen des
Leibes Christi nennt, ist nichts Besonderes; denn wir können daraus nicht wissen,
ob es seine Meinung sei, daß der Leib da sei oder nicht; denn wir selbst halten es
für ein Zeichen, nennen es auch so und halten dennoch dafür, daß der Leib da sei.
Daß er aber sagt[3], ein Leib muß an einem Ort allein sein, das schreibt er an den
Stellen, wo er mit keinem Wort des Abendmahls gedenkt; wenn er aber vom
Abendmahl redet, so nennt er es den Leib und das Blut Christi ebensogut wie wir.«
Luther führte dafür einige Aussagen an und sagte: »Warum sollten wir nun die
Sprüche Augustins mißachten, die er an den Stellen schreibt, wo er vom Abendmahl handelt, und sollten uns nach denen richten, die er schreibt, wo er überhaupt
nichts vom Abendmahl sagt? Wenn dazu es gleich gewiß wäre, daß es Augustin so
gemeint hätte, wie ihr vorgebt, warum sollten wir gerade Augustin anhangen und
nicht vielmehr Cyprian, Cyrill, Ambrosius, Hieronymus[4] und vielen anderen,
welche unsere Meinung aufs allerklarste geschrieben haben? Und wenngleich die
Väter allesamt eurer Meinung wären, wie kämen wir dazu, daß wir um der Väter
willen Gottes Wort geringschätzen sollten und ihnen anhängen? Befiehlt doch
Sankt Augustin selbst[5], man soll seine Bücher lesen, wie er die Bücher der anderen
lese; denn er glaube keinem etwas deshalb, weil er es so hält, wie angesehen er
auch sei, sondern allein, wenn er mit der Heiligen Schrift beweise, daß dem so
sei.« . . .

Darauf sagte Ökolampad: »Wohlan, wir haben dennoch soviel angezeigt, daß wir
nicht leichtfertig noch ohne Ursache oder großen Beweggrund zu dieser Meinung
gekommen sind.« Dazu sagte Luther: »Wir wissen allzu gut, daß ihr große Ursache gehabt habt; aber die Sache ist um nichts besser.«

Danach wurden sie gefragt, ob sie weiter etwas vorbringen wollten. Sie sagten:
»Nein. Hat man die vorigen Argumente schon nicht akzeptiert, sei klar zu ermes-
sen, daß man die folgenden noch weniger annehmen werde.« Darauf sagte Luther:
»Nun, ihr habt ja auch nichts bewiesen; davon gibt euch euer eigenes Gewissen
Zeugnis.«

Da schaltete sich der Kanzler [Feige] ein: sie sollten Mittel und Wege suchen, wie
man einig würde. Da sagte Luther: »Ich weiß kein anderes Mittel, als daß sie Gottes Wort die Ehre geben und mit uns glauben.« Dazu sagten sie, sie könnten es weder begreifen noch glauben, daß der Leib Christi präsent wäre. Da sagte Luther:
»So wollen wir euch auch hingehen lassen und dem gerechten Gericht Gottes befehlen. Der wird wohl herausfinden, wer recht hat.« Ökolampad entgegnete:
»Und wir euch auch.« Aber Zwingli gingen die Augen [von Tränen] über, daß es
alle merkten.

Weil aber Luther im Anfang gesagt hatte: »Sollen wir einig werden, so müssen wir
nicht allein vom Sakrament, sondern auch von mehreren anderen Stücken handeln[6], weil sie, der Widerteil, fast kein Hauptstück christlicher Lehre recht lehren

. . .«, stand Jakob Sturm [Stettmeister von Straßburg, † 1553; vgl. Nr. 110] auf, zeigte an, er wäre geschickt, darum bemüht zu sein, daß der Zwiespalt vom Sakrament beigelegt würde etc. Nun wäre er gekommen in der Meinung, es handle sich nur um einen strittigen Artikel; es seien aber mehrere, und wenn er diese Nachricht heimbringen sollte, würde er übel bestehen etc.; er begehrte, die Lehre seiner Prediger zu verhören und anzuzeigen, wo sie recht oder unrecht lehrten. Dem wurde stattgegeben. Bucer gab Rechenschaft für sie alle, aber wahrlich nicht angemessen, insbesondere von der Taufe; er begehrte, Luther sollte ihnen Zeugnis geben, daß sie recht lehrten . . . Luther antwortete: »Ich bin nicht euer Herr, nicht euer Richter, auch nicht euer Lehrer, so reimt sich unser Geist und euer Geist nicht zusammen; es ist offenbar, daß wir nicht einerlei Geist haben; denn das kann nicht einerlei Geist sein, wo man an einem Ort die Worte Christi einfältig glaubt und am andern denselben Glauben tadelt, anficht, Lügen straft und mit allerlei frevelhaften Worten verunglimpft.« . . .

Als man nun sah, daß sie sich im Hauptartikel vom Sakrament nicht helfen noch raten ließen, ließ der Fürst Philipp von Hessen uns danken . . . Danach entbot er jeden einzeln, fragte um Rat, Mittel und ob man nicht nachgeben könnte, und fand bei uns allen, wenn sie, der andere Teil, bekennen wollten, daß der Leib Christi im Abendmahl wäre [und] nicht allein im Gedächtnis der Menschen, wollten wir ihnen alle anderen Fragen erlassen und auf nichts dringen, ob er leiblich oder geistlich, natürlich oder übernatürlich, in einer Stätte oder ohne Stätte präsent wäre, und so als Brüder wieder annehmen und alles tun, was ihnen lieb wäre. Aber – das ist sonderbar anzuhören – sie wollten nicht. Der Fürst lud uns alle von beiden Parteien an seinen Tisch.

Am Montag [5. Oktober] wurde uns befohlen, wir sollten selbst untereinander verhandeln. Also handelten Luther und Philipp [Melanchthon] mit Zwingli und Ökolampad, Brenz und ich [Osiander] mit Martin Bucer und [Kaspar] Hedio im geheimen [und] brachten Bucer dahin, daß er zugab, Christi Leib wäre im Abendmahl und würde in und mit dem Brot den Gläubigen gegeben, aber nicht den Ungläubigen . . . Da sagten wir: »So würde ein neuer Streit entstehen, doch nicht so arg wie der vorige; wir bemühen uns, des Streits wegen wohl noch zu einem Vergleich zu kommen.« Aber als Bucer zu seinen Brüdern kam, redeten sie es ihm aus und er fiel wieder ab.

Luther verhandelte auch fleißig, erreichte aber des Sakramentes wegen nichts. Sie aber hatten um Gottes willen gebeten, wir sollten sie für Brüder halten und die Ihren bei uns die Sakramente empfangen lassen; desgleichen wollten auch sie tun. Aber es wurde ihnen aus gewichtigen und christlichen Gründen abgeschlagen. Danach haben sie begehrt, man solle die anderen Streitpunkte beilegen. Das hat sich Luther gefallen lassen und versucht. Die Sache wurde dahin geklärt, daß er die Hauptstücke aufzeichnen sollte; was ihnen nicht gefiele, wollten sie anzeigen; würde man einig, sollte ein jeder unterschreiben . . .

Quelle: G. May (Hg.), *Das Marburger Religionsgespräch 1529*, TKTG 13, 1970, S. 52–57. *–Literatur:* H. v. Schubert, Bekenntnisbildung und Religionspolitik 1529/30 (1524–1534). Untersuchungen und Texte, 1910; W. Köhler, Das Marburger Religionsgespräch. Versuch einer Rekonstruktion, SVRG 148, 1929; ders., Das Religionsgespräch zu Marburg 1529, Zwing. 5, 1930, S. 81–102; vgl. Nr. 72 und 73a–f.

1. Nämlich Stephan Agricola aus Augsburg, Johannes Brenz aus Schwäbisch Hall und Andreas Osiander aus Nürnberg.

2. Augustin, Contra Adimantum, 12,3 (PL 42, Sp. 144); s. zu Augustin auch Bd. I Nr. 91.
3. Augustin, In Ioh. Evang., 30,1 (PL 35, Sp. 1632).
4. Vgl. die Zusammenstellung patristischer Belegstellen im Brief Luthers und Melanchthons an Philipp von Hessen vom 5. Oktober 1529. WA.B 5, S. 155–160; s. zu den genannten Kirchenvätern auch Bd. I Nr. 37, 82, 85f.
5. Epistola 148,4,13; CSEL 44, S. 344; s. zu Augustin Bd. I Nr. 91.
6. Gemeint sind: Trinität, Zwei-Naturen-Lehre, Erbsünde, Taufe, Rechtfertigung, Predigtamt, Fegefeuer. Vgl. G. May, Religionsgespräch, S. 41.

DER REICHSTAG ZU AUGSBURG 1530

Der Augsburger Reichstag von 1530 bot den protestantischen Landesherren und Reichsstädten die Gelegenheit, vor Kaiser und Reich über Glauben und Kirchenordnung Rechenschaft abzulegen. Im Auftrag des sächsischen Kurfürsten Johann (1525–32) arbeitete Melanchthon ein zunächst als »Apologie« bezeichnetes Bekenntnis aus (über Vor- und Entstehungsgeschichte vgl. BSLK, XV–XVIII). Luther, der als Geächteter des Reiches nicht auf dem Reichstag erscheinen konnte und auf der Koburg die Vorgänge in Ausgburg verfolgte, äußerte sich kurz aber zustimmend zur Arbeit Melanchthons (Nr. 80a). Diese Schrift, ursprünglich nur als kursächsische Apologie gedacht, wurde nach vielfacher Überarbeitung als gemeinsames Bekenntnis der lutherischen Stände am 25. Juni in deutscher Fassung feierlich vor dem Reichstag verlesen (»Confessio Augustana«; Nr. 81). Wegen ihrer betont lutherischen Abendmahlslehre konnte aber diese Confessio nicht als Einheitsbekenntnis im gesamten reformatorischen Lager anerkannt werden: Die oberdeutschen Reichsstädte Straßburg, Konstanz, Lindau und Memmingen übergaben das von Bucer (vgl. Nr. 110) und Wolfgang Capito (1478–1541) ausgearbeitete ›Vierstädtebekenntnis‹ (»Confessio Tetrapolitana«; Nr. 83); Zwingli übersandte seine »Fidei ratio« (Nr. 82). Gegen die Confessio Augustana wurde dann von den Gegnern der Reformation (Eck in der führenden Rolle) eine Widerlegung verfaßt, die vom Kaiser offiziell entgegengenommen wurde (»Confutatio«; Nr. 84). – Der Reichstagsabschied über die Glaubensfrage (Nr. 85) wurde am 22. September verlesen, die Annahme des von Melanchthon hastig erstellten Erstentwurfes der »Apologie« (BSLK, S. 141–404) verweigert.

80a)   Luther: Schreiben an Kurfürst Johann von der Veste Koburg (15. Mai 1530)

Gnade und Friede in Christo, unserem Herrn. Durchlauchtigster, hochgeborener Fürst, gnädigster Herr! Ich habe Magister Philips Apologia[1] durchgelesen, sie gefällt mir recht gut und ich weiß nichts, was daran gebessert oder geändert werden sollte. Das würde sich auch nicht schicken, denn ich kann nicht so sanft und leise treten. Christus, unser Herr, helfe, daß sie viel und große Frucht schaffe, wie wir hoffen und bitten. Amen.

Quelle: WA.B 5, S. 319,4–9. – *Literatur:* W. Maurer, Studien über Melanchthons Anteil an der Entstehung der CA, ARG 51, 1960, S. 158–207; W.H. Neuser, Luther und Melanchthon – Einheit im Gegensatz, TEH 91, 1961; M. Greschat, Melanchthon neben Luther. Studien zur Gestalt der Rechtfertigungslehre zwischen 1528 und 1537, 1965.

1. Der weitgediehene Entwurf der Confessio Augustana, an dem Melanchthon damals noch arbeitete.
Nachdem Luther die endgültige Fassung der Confessio Augustana erhalten hat, schreibt er am 3. Juli

von der Veste Koburg an Melanchthon: »Gestern habe ich Deine Apologie (= CA) noch einmal sorgfältig in toto durchgelesen. Sie gefällt mir außerordentlich gut [placet vehementer]«; WA.B 5, S. 435,4f.; vgl. 442,14. Wenn er dann kritisch fortfährt, ist dies keine Einschränkung seiner inhaltlichen Zustimmung zur CA, sondern Kritik an Melanchthons Verhandlungsbereitschaft: »Nur irrst und sündigst Du in einem, daß Du gegen das Wort der Schrift handelst [facis (!)], wo Christus von sich sagt: ›Wir wollen ihn nicht über uns regieren lassen‹ [Lk 19,14], und anstößt an jenem ›Eckstein [= Christus], den die Bauleute verworfen haben‹ [Ps 118,22]«; WABr 5, S. 435,5–436,1. Melanchthon sollte sich keine Illusionen machen über das Verhältnis von Papst und Christus (vgl. H. Bornkamm, Martin Luther in der Mitte seines Lebens, 1979, S. 598f.). In einem Brief vom 15. Februar 1531 gibt Melanchthon auch zu, daß er zu große Verhandlungsbereitschaft gezeigt hat; CR 2, S. 632 [(fui) pacis cupidior]; für die Datierung des Briefes s. Melanchthons Briefwechsel, 2. Regesten, hg. von H. Scheible, 1978, 21 Nr. 1124.

80b) Melanchthon beim Augsburger Reichstag (1530)

Anno 1530, als der Reichstag zu Augsburg war, hatte ein reicher Bürger etliche Gelehrte beider Seiten zu Gast geladen; er wollte sehen, wie sie sich gegeneinander verhielten. Da er sie nun zu Tisch gebeten hatte –[1] Herrn Philipp [Melanchthon], Brenz [s. Nr. 65, 119], Jonas[2], Cochläus[3], Wimpina[4] und die übrigen – und als man das Essen auf den Tisch stellte, fing Herr Philipp Melanchthon an, den Segen zu sprechen. Als Wimpina, einer der führenden Köpfe auf seiten der Papisten, Philipp beten hörte, fragte er Cochläus, ob die Lutherischen auch beten könnten. Als Philipp das hörte, wurde er sehr aufgebracht und sagte, sie wüßten nicht, was da beten hieße, sie solltens von den unseren lernen, die beteten allein recht, und die Papisten nicht! Und er stritt sich heftig mit ihnen. Schließlich, als sie auch über andere Dinge diskutierten und die auf seiten der Papisten nichts mehr zu sagen wußten, meinte Cochläus, sie könnten sagen, was sie wollten, er wolle bei der Mutter bleiben, bei der heiligen christlichen Kirche. Da antwortete Philipp: »Ei, so wollen wir bei dem Vater bleiben, und wir werden sehen, wer eher zum Teufel fahren wird!«

Quelle: WA.TR 4, S. XLII. – *Literatur:* s. Nr. 80a, 81, 84.

1. Alle fünf hier genannten Theologen beteiligten sich an den Verhandlungen, welche unmittelbar nach der Verlesung der CA (25. Juni; Nr. 81) und der Confutatio (5. August; Nr. 84) eingeleitet wurden.
2. Justus Jonas (1493–1555), Jurist und Theologe, war als Propst des Allerheiligenstiftes in Wittenberg und Superintendent in Halle (1541–47) maßgeblich an der reformatorischen Neugestaltung der Kirche beteiligt.
3. Johannes Cochläus (1479–1552) anfangs Kritiker J. Ecks, wurde ein scharfer Gegner Luthers; am Augsburger Reichstag 1530 nahm er als Hofkaplan Herzog Georgs von Sachsen, des entschiedenen Gegners der Reformation, teil und arbeitete, wie auch Wimpina (s.u. Anm. 4), an der Confutatio (Nr. 84) mit.
4. Konrad Koch-Wimpina (ca. 1460–1531) war scholastisch-thomistischer Theologe in Leipzig und Frankfurt/Oder (ab 1506); er verfaßte für Tetzel (s. Nr. 9) die Gegenthesen zu Luthers 95 Thesen (Nr. 11).

81. Confessio Augustana (1530): Artikel 4–7.10.18–20

4. *Von der Rechtfertigung*
Weiter wird gelehrt, daß wir Vergebung der Sünde und Gerechtigkeit vor Gott
nicht erlangen können durch unsere Verdienste, Werke oder Genugtuung, sondern daß wir Vergebung der Sünde bekommen und vor Gott gerecht werden aus
Gnade um Christi willen durch den Glauben, wenn wir glauben, daß Christus für
uns gelitten hat und daß uns um seinetwillen die Sünde[n] vergeben, Gerechtigkeit und ewiges Leben geschenkt wird. Denn diesen Glauben will Gott als Gerechtigkeit, die vor ihm gilt, ansehen und zurechnen, wie St. Paulus sagt zu den Römern im 3. und 4. [Kap.].

5. *Vom Predigtamt*
Solchen Glauben zu erlangen, hat Gott das Predigtamt eingesetzt, das Evangelium
und die Sakramente gegeben, wodurch er, sozusagen vermittelt, den Heiligen
Geist gibt, welcher den Glauben, wo und wann er will, in denen wirkt, die das
Evangelium hören, welches lehrt, daß wir durch Christi Verdienst, nicht durch
unser Verdienst, einen gnädigen Gott haben, wenn wir solches glauben. Und [es]
werden verdammt die Wiedertäufer und andere, die lehren, daß wir ohne das ans
Leibliche gebundene Wort des Evangeliums den Heiligen Geist durch eigene Bereitung, Gedanken und Werke erlangen.

6. *Vom neuen Gehorsam*
Auch wird gelehrt, daß solcher Glaube gute Frucht und gute Werke bringen soll,
und daß man alle guten Werke, die Gott geboten hat, tun muß, um Gottes willen,
jedoch nicht auf solche Werke zu vertrauen, daß dadurch Gnade vor Gott zu verdienen sei. Denn wir empfangen Vergebung der Sünde[n] und Gerechtigkeit
durch den Glauben an Christus, wie Christus selbst spricht: »Wenn ihr dies alles
getan habt, sollt ihr sprechen: ›Wir sind untüchtige Knechte‹« [Lk 17,10]. So lehren auch die Väter; denn Ambrosius spricht: »Also ist es beschlossen bei Gott,
daß, wer an Christus glaubt, selig ist, und nicht durch Werke, sondern allein durch
den Glauben, ohne [eigenes] Verdienst, Vergebung der Sünden habe«[1].

7. *Von der Kirche*
Es wird auch gelehrt, daß alle Zeit die eine heilige christliche Kirche sein und bleiben muß, welche ist die Versammlung aller Gläubigen, bei welchen das Evangelium rein gepredigt und die heiligen Sakramente dem Evangelium gemäß gereicht
werden. Denn dies ist genug zur wahren Einheit der christlichen Kirche, daß in
ungeteiltem und reinem Verständnis [einträchtiglich nach reinem Verstand] das
Evangelium gepredigt und die Sakramente dem göttlichen Wort gemäß gereicht
werden. Und [es] ist nicht nötig zur wahren Einheit der christlichen Kirche, daß
überall dieselben, von Menschen eingesetzten Zeremonien eingehalten werden,
wie Paulus spricht zu den Ephesern im 4. [Kap.]: »Ein Leib, ein Geist, wie ihr berufen seid zu *einer* Hoffnung eurer Berufung, ein Herr, ein Glaube, eine Taufe«
[Eph 4,5.6].

10. *Vom heiligen Abendmahl*
Vom Abendmahl des Herrn wird gelehrt, daß der wahre Leib und [das wahre] Blut
Christi wahrhaftig unter der Gestalt des Brotes und Weines im Abendmahl ge-
genwärtig sind und da ausgeteilt und genommen werden. Deshalb wird auch die
Lehre, die dem widerspricht, verworfen[2].

18. *Vom freien Willen*
Vom freien Willen wird so gelehrt, daß der Mensch in gewissem Maß einen freien

Willen hat, um äußerlich ehrbar zu leben und zu wählen unter den Dingen, die die Vernunft begreift; aber ohne Gnade, Hilfe und Wirkung des Heiligen Geistes vermag der Mensch nicht, Gott gefällig zu werden, Gott herzlich zu fürchten oder zu glauben oder die angeborenen bösen Lüste aus dem Herzen zu werfen. Sondern solches geschieht durch den Heiligen Geist, welcher durch Gottes Wort gegeben wird. Denn Paulus spricht, 1Kor 2[,14]: »Der natürliche Mensch vernimmt nichts vom Geist Gottes«.

Und damit man erkennen möge, daß hiermit nichts Neues gelehrt wird, werden die klaren Worte Augustins über den freien Willen aus dem dritten Buch Hypognostikon hier beigefügt[3] . . .

19. *Von der Ursache der Sünde*
Von der Ursache der Sünde wird bei uns gelehrt, daß, wiewohl Gott der Allmächtige die ganze Natur geschaffen hat und erhält, doch der verkehrte Wille die Sünde in allen Bösen und Gottesverächtern bewirkt, wie es ja der Wille des Teufels und aller Gottlosen ist, welcher sich unmittelbar, nachdem Gott seine Hand wegnahm, von Gott ab und dem Bösen zugewandt hat, wie Christus spricht, Joh 8[,44]: »Wenn der Teufel lügt, so redet er aus seinem Eigenen.«

20. *Vom Glauben und [von] guten Werken*
Den Unsern wird zu Unrecht nachgesagt, daß sie gute Werke verbieten. Denn ihre Schriften über die Zehn Gebote und andere beweisen, daß sie von rechten christlichen Ständen und Werken guten, nützlichen Bericht gegeben und dazu ermahnt haben, wovon man vor dieser Zeit wenig gelehrt hat, sondern allermeist in allen Predigten zu kindischen, unnötigen Werken, wie Rosenkränze, Heiligendienst, Mönchwerden, Wallfahrten, festgesetzte Fasten, Feiern, Bruderschaften etc. gedrängt hat. Solche unnötigen Werke rühmt auch unser Widerpart nun nicht mehr so sehr wie früher. Dazu haben sie auch gelernt, nun vom Glauben zu reden, wovon sie doch früher gar nichts gepredigt haben; so lehren sie nun, daß wir nicht allein aus Werken vor Gott gerecht werden, sondern setzen den Glauben an Christus [noch] dazu, sprechen: »Glaube *und* Werke machen uns gerecht vor Gott«; eine Rede, die etwas mehr Trost bringen mag, als wenn man nur lehrt, aufs Werk zu vertrauen.

Weil man nun der Lehre vom Glauben, die im Christentum die Hauptsache ist, so lange Zeit, wie man bekennen muß, keine Bedeutung beigemessen hat, sondern überall nur eine Lehre von den Werken gepredigt wurde, ist davon durch die Unseren folgendes verkündigt worden:

Vorrangig, daß uns unsere Werke nicht mit Gott versöhnen und Gnade erwerben können, sondern solches geschieht allein durch den Glauben, wenn man glaubt, daß uns um Christi willen die Sünden vergeben werden, welcher allein der Mittler ist, um den Vater zu versöhnen. Wer nun solches vermeint durch Werke auszurichten und Gnade zu verdienen, der verachtet Christus und sucht im Widerspruch zum Evangelium einen eigenen Weg zu Gott. Diese Lehre vom Glauben wird öffentlich und klar von Paulus an vielen Stellen behandelt, besonders an die Epheser 2[,8]: »Aus Gnaden seid ihr selig geworden durch den Glauben, und dasselbe nicht aus euch, sondern es ist Gottes Gabe, nicht aus Werken, damit sich niemand rühme etc.« . . .

Wiewohl nun diese Lehre von selbstsicheren Leuten sehr verachtet wird, so erweist sich doch, daß sie für zaghafte und erschrockene Gewissen sehr tröstlich und heilsam ist. Denn das Gewissen kann nicht durch Werke zu Ruhe und Frieden kommen, sondern allein durch Glauben, wenn es sich ganz und gar daran hält, daß

es um Christi willen einen gnädigen Gott habe, wie auch Paulus spricht, Röm 15[,1]: »Wenn wir durch den Glauben gerecht geworden sind, haben wir Ruhe und Frieden vor Gott.«
Von diesem Trost hat man früher in Predigten nicht gesprochen, sondern die armen Gewissen zu eigenen Werken angetrieben, und es sind mancherlei Werke vorgenommen [worden]. Denn etliche hat das Gewissen in die Klöster gejagt, in der Hoffnung, daselbst Gnade zu erlangen durch ein Klosterleben. Etliche haben andere Werke erdacht, um dadurch Gnade zu verdienen und für die Sünde Genugtuung zu leisten. Viele von ihnen haben aber erfahren, daß man dadurch nicht zum Frieden gekommen ist. Darum ist es nötig gewesen, diese Lehre vom Glauben an Christus zu predigen und fleißig zu betreiben, damit man wisse, daß man allein durch den Glauben, ohne Verdienst, Gottes Gnade ergreift.
Es wird auch darauf hingewiesen, daß man hier nicht von einem solchen Glauben redet, den auch die Teufel und Gottlosen haben, die auch die Historien glauben [Jak 2,19], daß Christus gelitten habe und auferstanden sei von den Toten; sondern man redet vom wahren Glauben, der glaubt, daß wir durch Christus Gnade und Vergebung der Sünde erlangen . . .
Ferner wird gelehrt, daß gute Werke getan werden sollen und müssen, [aber] nicht daß man darauf vertraue, Gnade damit zu verdienen, sondern um Gottes willen und Gott zu Lobe. Der Glaube ergreift immer nur Gnade und Vergebung der Sünde. Und weil durch den Glauben der Heilige Geist gegeben wird, so wird auch dem Herzen dazu verholfen, gute Werke zu tun . . .
Deshalb läßt sich gegen diese Lehre vom Glauben nicht einwenden, daß sie gute Werke verbiete, sondern sie ist vielmehr zu rühmen, daß sie lehre, gute Werke zu tun, und Hilfe anbiete, wie man zu guten Werken kommen möge. Denn ohne den Glauben und ohne Christus sind menschliche Natur und Fähigkeit viel zu schwach, gute Werke zu tun, Gott anzurufen, Geduld zu haben im Leiden, den Nächsten zu lieben, befohlene Ämter fleißig auszurichten, gehorsam zu sein, böse Lust zu meiden etc. Solche hohen und rechten Werke können nicht geschehen ohne die Hilfe Christi, wie er selber spricht, Joh 15[,5]: »Ohne mich könnt ihr nichts tun«.

Quelle: BSLK (1963[5]), S. 56–61.64.73–81; übertragen nach: H. Steubing (Hg.), Bekenntnisse der Kirche. Bekenntnistexte aus 20 Jahrhunderten, 1970, S. 41–43.45–48; und: G. Gassmann u.a. (Hg.), Das Augsburger Bekenntnis, deutsch: 1530–1980; rev. Text 1979[3], S. 25–28.32–37. – *Literatur:* H. Volk, Die Lehre von der Rechtfertigung nach den Bekenntnisschriften der evangelisch-lutherischen Kirche, in: Pro veritate. Ein theologischer Dialog. Festgabe für Lorenz Jäger und Wilhelm Stählin, 1963, S. 96–131; H. Fagerberg, Die Theologie der lutherischen Bekenntnisschriften von 1529 bis 1537, 1965; L. Grane, Die Confessio Augustana. Einführung in die Hauptgedanken der lutherischen Reformation, 1970; V. Pfnür, Einig in der Rechtfertigungslehre? Die Rechtfertigungslehre der CA (1530) und die Stellungnahme der katholischen Kontroverstheologie zwischen 1530 und 1535, VIEG 60, 1970; W. Maurer, Historischer Kommentar zur Confessio Augustana 1. Einleitung und Ordnungsfragen 2. Theologische Probleme, 1976–1978.

1.   Ambrosiaster zu 1Kor 1,4 (PL 17, Sp. 195).
2.   Vgl. zum Abendmahlsstreit Nr. 72, 73, 78, 79, 90.
3.   Ps. Augustin, Hypomnesticon contra Pelagianos et Coelestianos 3, cap. 4, § 5 (PL 45, Sp. 1623). Vgl. Bd. I Nr. 91o–q.

82. Zwingli, Rechenschaft vom Glauben: Fidei ratio ad Carolum V. (3. Juli 1530)

[Von den Sakramenten]

7. Ich glaube, ja, ich weiß, daß alle Sakramente keine Gnade übertragen, ja, sie bringen sie nicht einmal mit sich oder vermitteln sie. Hier werde ich Dir, allmächtigster Kaiser, vielleicht zu kühn erscheinen, aber meine Ansicht steht fest. Denn die Gnade kommt vom göttlichen Geiste oder wird von ihm gegeben . . . Deshalb ist diese Gabe nur Sache des Geistes allein. Eine Leitung oder ein Vehikel braucht der Geist nicht: er selbst ist Kraft und Träger von allem und braucht nicht getragen zu werden. Wir haben auch niemals in der Heiligen Schrift gelesen, daß Sinnenfälliges, wie die Sakramente, sicher den Geist mit sich bringen. Vielmehr wenn je Sinnenfälliges mit dem Geist verbunden war, so war der Geist der Träger, nicht das Sinnenfällige . . .

So hat die Wahrheit selbst gesprochen; also nicht durch dieses Taufen, jenes Trinken, jene Salbung wird die Gnade des Geistes gegeben. Denn in diesem Falle wüßte man, wie, wo, wodurch und wohin der Geist gebracht würde. Ist Gegenwart und Wirkungskraft der Gnade an die Sakramente gebunden, so wirken sie, wohin man sie bringt; wo man sie nicht gebraucht, erschlafft alles. Die Theologen können auch nicht vorwenden, die Sakramentsverwaltung erfordere zuvor die rechte Beschaffenheit des Subjektes. Zum Beispiel die Tauf- oder Abendmahlsgabe – so sagen sie – werde dem zuteil, der vorher recht darauf gerüstet ist. Denn wer ihrer Meinung nach durch die Sakramente die Gnade empfängt, bereitet sich entweder selbst darauf vor oder wird vom Geiste vorbereitet. Im ersteren Falle können wir aus eigenen Kräften etwas leisten, und mit der zuvorkommenden Gnade ist es nichts. Im letzteren Falle stelle ich die Frage: geschieht das durch Vermittlung des Sakramentes oder unabhängig vom Sakrament? Vermittelt das Sakrament, so wird der Mensch durch das Sakrament auf den Sakramentsempfang vorbereitet, und so geht es bis ins Unendliche weiter; denn stets wird zur Vorbereitung auf ein Sakrament ein anderes notwendig sein. Werden wir aber ohne Sakrament auf den Empfang der Sakramentsgnade vorbereitet, so ist der Geist in seiner Güte vor dem Sakrament da und darum die Gnade schon geschehen und da vor dem Sakramentsempfang.

Daraus folgt – und das gestehe ich in der Sakramentsfrage gern und willig zu –, daß die Sakramente zum öffentlichen Zeugnis für die jedem vorher zuteil gewordene Gnade gegeben werden. So wird die Taufe vor der Gemeinde dem gegeben, der vor ihrem Empfang den Glauben an Christus bekannt hat oder das Wort der Verheißung besitzt, kraft dessen man seine Zugehörigkeit zur Kirche weiß. Deshalb fragen wir bei der Taufe eines Erwachsenen, ob er glaube, und erst, wenn er »ja« antwortet, empfängt er die Taufe. Der Glaube ist also da vor dem Empfang der Taufe und wird nicht durch die Taufe gegeben. Wird ein Kind zur Taufe gebracht, so fragen wir, ob die Eltern es zur Taufe bringen. Und wenn sie durch den Mund der Zeugen geantwortet haben, sie wünschten die Taufe, erst dann wird das Kind getauft. Hier geht die Verheißung Gottes vorauf, daß er unsere Kinder so gut wie die der Juden zur Kirche rechne. Wenn nämlich Glieder der Kirche das Kind zur Taufe bringen, so wird es unter der Voraussetzung getauft, daß es als Kind christlicher Eltern dank göttlicher Verheißung zu den Gliedern der Kirche zählt. Durch die Taufe nimmt also die Kirche öffentlich das vorher durch die Gnade aufgenommene Kind auf; die Taufe bringt also nicht die Gnade, vielmehr bezeugt die Kirche, daß

dem Empfänger Gnade zuteil geworden sei. Ich glaube also, o Kaiser, daß das Sakrament ein Zeichen einer heiligen Sache, das heißt: des Gnadenempfangs, ist
[credo igitur, . . ., sacramentum esse sacrae rei, hoc est: factae gratiae signum].
Ich glaube, daß es sichtbare Gestalt oder Form der unsichtbaren, durch Gottes
Gnade zuteil gewordenen und geschenkten Gnade ist, das heißt: ein sichtbares Exempel, das jedoch eine gewisse Analogie zu der durch den Geist vollzogenen Sache
in sich trägt. Ich glaube, daß es ein öffentliches Zeugnis ist . . .
Ich glaube, daß auch die *Wiedertäufer* mit ihrer Verneinung der Taufe an Kindern
von Gläubigen gänzlich irren; nicht nur an diesem Punkte, sondern auch sonst
vielfach, worüber jetzt nicht zu reden ist. Zur Verhütung ihrer Narrheit oder Bosheit habe ich zuerst nicht ohne Gefahr, im Vertrauen auf Gottes Hülfe gegen sie
gelehrt und geschrieben, mit dem Erfolge, daß jetzt dank Gottes Güte diese Pest
bei uns sehr nachgelassen hat. So gänzlich bin ich davon entfernt, von dieser aufrührerischen Rotte irgend etwas anzunehmen, zu lehren oder zu verteidigen.

Quelle: CR 93/II, S. 803,5–15. S. 803,26–805,10. S. 805,29–806,5; übers. nach: Ulrich Zwingli.
Eine Auswahl aus seinen Schriften, hg. von G. Finsler u.a., 1918, S. 748–750. – *Literatur:* P. Wernle,
Der evangelische Glaube nach den Hauptschriften der Reformatoren, 2. Zwingli, 1919, S. 313–328;
W. Köhler, Zwinglis Glaubensbekenntnis, Zwing. 5, 1931, S. 242–261; F. Blanke, Zwinglis »Fidei ra-
tio« (1530). Entstehung und Bedeutung, ARG 57, 1966, S. 96–101; G. W. Locher, Huldrych Zwingli
in neuer Sicht, 1969; vgl. Nr. 47, 57, 73b.d, 74, 79.

83. Das Bekenntnis der vier Städte: Tetrapolitana (9. Juli 1530)

XVIII. *Vom Abendmahl*
Von diesem heiligen Sakrament des Leibes und Blutes des Herrn Jesus Christus
wird bei uns gelehrt und gepredigt, wie das von den Evangelisten und von Paulus
vorgeschrieben und von den heiligen Vätern gehalten wurde, auch wie es der Gemeinde Gottes am nützlichsten und heilsamsten ist. Nämlich, daß der Herr wie in
seinem letzten Nachtmahl so auch heute seinen Jüngern und Gläubigen, wenn sie
sein heiliges Abendmahl halten, gemäß seinen Worten . . . [1Kor 11,24f.], in diesem Sakrament seinen wahren Leib und sein wahres Blut wirklich zu essen und zu
trinken gibt, zur Speise ihrer Seelen und zum ewigen Leben, daß sie in ihm und er
in ihnen bleibe. Daher werden sie denn auch durch ihn am Jüngsten Tage zur Un-
sterblichkeit und zum ewigen Leben auferweckt.
Man weist auch das Volk weg von allem Zank und unnötigem, vorwitzigem Disputieren in dieser Sache, besonders zu demjenigen, was allein nützt und was auch
von Christus in dieser Sache allein gemeint und bedacht ist, nämlich, daß wir,
durch ihn selbst gespeist, so durch und in ihm ein Gott gefälliges, heiliges und
ewiges Leben leben, ›seien auch untereinander ein Brot und ein Leib, die wir alle
eines Brotes‹ im heiligen Abendmahl ›teilhaftig werden‹ [1Kor 10,17]. Deshalb
werden die heiligen Sakramente und das Abendmahl Christi bei uns mit aller Andacht und höchster Verehrung empfangen und behandelt.
Aus diesem . . ., Allergnädigster Kaiser, mag Eure Kaiserliche Majestät ersehen,
daß bei uns die heiligen Worte Christi nicht verkehrt und zerrissen werden, wie
fälschlicherweise von unsern Gegnern verbreitet wird, auch wird nicht nur

schlicht gebackenes Brot und schlichter Wein im Abendmahl Christi gereicht, womit wir das ehrwürdige Sakrament verachten und verwerfen würden. Denn in Wahrheit lehren und ermahnen unsere Prediger allesamt eifrig, diese Worte des Herrn einfältig zu glauben, unter Hintanstellung aller Kommentare und Glossen der Menschen, sie anzunehmen und bei dem, was sie beinhalten, ohne Zweifel zu bleiben; auch die Sakramente, wie sie der Herr eingesetzt hat, mit aller Andacht zur Speise ihrer Seelen und zum dankbaren Gedächtnis unseres Erlösers des öfteren zu empfangen. Dieses geschieht denn auch viel häufiger und mit größerer Andacht, als vor dieser Zeit . . .

Quelle: Martini Buceri Opera Omnia, Ser. 1. Martin Bucers Deutsche Schriften, 3. Confessio Tetrapolitana und die Schriften des Jahres 1531, hg. von R. Stupperich, 1969, S. 123–127. – *Literatur:* F. Braun, Confessio Tetrapolitana. Das schwäbische Vierstädtebekenntnis 1530, 1930; Martini Buceri Opera Omnia, Ser. 1. Martin Bucers Deutsche Schriften, 3. Einl. zur Confessio Tetrapolitana von B. Moeller, S. 15–24.

84. Confutatio Confessionis Augustanae: Entgegnung auf die CA (3. August 1530; hier zu CA 4–7.10.18.20)

[Zu CA 4: *Von der Rechtfertigung*]
Daß in dem 4. Artikel die ketzerischen Pelagianer verdammt werden, die meinten, daß der Mensch aus eigenen Kräften unter Ausschluß der Gnade Gottes das ewige Leben verdienen könne, so etwas ist zu akzeptieren, weil es christlich ist und mit den alten Konzilien übereinkommt. Es geben darüber auch die heiligen Schriften Zeugnis[1] . . .
Aber wenn sich jemand unterstände, in diesem Artikel die Verdienste der Menschen, die durch den Beistand der göttlichen Gnade geschehen, zu verwerfen, kann das nicht zugelassen werden; er würde eher die Meinung der Manichäer als die der heiligen katholischen Kirche vertreten; es widerspricht nämlich zutiefst der Heiligen Schrift, unsere verdienstlichen Werke zu verwerfen[2] . . . Doch bei diesem Artikel bekennen alle Christgläubigen, daß unsere Werke aus sich selbst nicht verdienstlich seien, sondern Gottes Gnade macht dieselben des ewigen Lebens[3] würdig.
[Zu CA 5: *Vom Predigtamt*]
. . . Daß hier der Glaube erwähnt wird, ist wohl zugelassen, doch insofern, als nicht vom bloßen, allgemeinen Glauben die Rede ist, wie etliche nicht richtig lehren, sondern von dem Glauben, der da durch die Liebe wirkt, wie denn der heilige Paulus die Galater im 5. Kapitel [,6] gar recht gelehrt hat; denn in der Taufe wird nicht nur der Glaube, sondern auch die Hoffnung und die Liebe miteinander eingegossen, wie denn auch der Papst Alexander [Innozenz III., 1198–1216; s. Bd. II Nr. 38,39,42b,45] erklärt in dem Kapitel »Maiores . . .« [des Titels] »De baptismo et eius effectu«[4]. Dieses hat auch lange zuvor Johannes der Täufer gelehrt, der von Christus so redet, Lk 3[,16]: »Er wird euch taufen im Heiligen Geist und im Feuer.« Und so hält und lehrt es die ganze Versammlung der Gläubigen in der Christenheit durchgehend.
[Zu CA 6: *Vom neuen Gehorsam*]
Daß im 6. Artikel bekannt wird, daß der Glaube gute Früchte gebären soll, kann

man gelten lassen; denn der Glaube ohne Werke ist tot, Jak 2[,20]. Und die ganze Schrift ermahnt und fordert uns auf zu den guten Werken[5] . . . Wo sie aber in demselben Artikel die Gerechtmachung allein und einzig dem Glauben zuschreiben, kann dieser Teil des Artikels nicht zugelassen werden, [weil es] . . . wider die Wahrheit des Evangeliums ist, welches . . . an keiner Stelle die Werke ausschließt[6] . . . Darum ist niemand Gottes Freund, wenn er nicht das Gute wirkt, wieviel er auch immer glauben mag . . . [Joh 15,14].

Ferner ist es nicht zulässig, daß die Gerechtmachung so oft dem Glauben allein zugeschrieben wird; denn die Gerechtmachung gehört mehr Gottes Gnade und der Liebe zu; Paulus redet ausdrücklich so:»Wenn ich allen Glauben haben werde, so daß ich Berge versetzen kann, und doch die Liebe nicht habe, so bin ich nichts«. Hier erklärt Paulus der ganzen Kirche, daß der Glaube einzig und allein nicht gerecht macht, 1Kor 13[,2]. Und wiederum lehrt Paulus, daß die Liebe die vortrefflichste Tugend sei, wie geschrieben ist Kol [3,14], wo er spricht:»Ihr sollt über alle Dinge [hinaus] die Liebe haben, welche das Band der Vollkommenheit ist.« Es vermag ihnen auch nicht das Wort Christi zu Hilfe zu kommen . . .:»Wenn ihr alle diese Dinge getan habt, so sollt ihr sagen: ›Wir sind unnütze Knechte‹.« Lk 17[,10]. Wenn nun diejenigen, welche Gutes tun und wirken, sagen sollen, sie seien unnütze Knechte, gebührt es sich um so mehr, denen, die nur glauben, zu sagen:»Wenn ihr alles geglaubt habt, so sollt ihr sagen: ›Wir sind unnütze Knechte‹.« Darum hebt dieser Spruch Christi keineswegs den Glauben ohne die Werke heraus; denn er spricht von Werken und Geboten. Aber das ist wahr: Was und wieviel wir [auch] tun, wir sollen [immer] sagen:»Wir sind unnütze Knechte«; denn unser Glaube lehrt, daß unsere Werke Gott dem Herrn keinen Nutzen bringen, und daß wir uns mit unseren Werken nicht rühmen oder aufblasen sollen, sondern daß unsere Werke, wenn sie mit der göttlichen Belohnung verglichen werden sollten, nichts sind . . . [Röm 8,18]. So sind der Glaube und die guten Werke Gottes Gaben, um derentwillen durch die Barmherzigkeit Gottes das ewige Leben gegeben wird.

Es führt auch zu nichts, wenn hier zum Beweis der heilige Ambrosius angeführt worden ist, weil er doch selber ausdrücklich über die Werke des mosaischen Gesetzes spricht; er sagt nämlich so:»Wenn Paulus sagt, daß der Mensch gerecht gemacht werden kann ohne das Gesetz, soll das folgendermaßen verstanden werden: ›ohne das Gesetz des Sabbats und der Beschneidung‹.«[7] Und diese [Werke] hebt er wieder hervor in Röm 4[,5] [,wo er handelt] von der Gerechtmachung Abrahams ohne die Werke des Gesetzes vor der Beschneidung[8]. Denn wie könnte Ambrosius in der Auslegung anders reden, als der heilige Paulus Röm 3[,20] geredet hat, wenn er sagt, daß aus den Werken des Gesetzes kein Fleisch gerecht gemacht werden kann. Darum schließt derselbe heilige Paulus, da er von solchen Dingen redet, mit ausdrücklichen Worten und sagt so:»Wir achten, daß der Mensch gerechtgemacht werde durch den Glauben ohne die Werke des Gesetzes« [Röm 3,24]. Also werden die Werke des Evangeliums, wovon das Evangelium ganz voll ist, nicht verworfen . . .

[Zu CA 7: *Von der Kirche*]

Der siebente Artikel, in dem bekräftigt wird, die Kirche sei die Versammlung der Heiligen, kann nicht ohne Nachteil für den Glauben zugelassen werden, wenn [nämlich] durch ihn die Bösen und Sünder von der Kirche abgesondert werden. Jener Artikel wurde schon unter den Artikeln des verdammten Joh. Huss auf dem Konzil zu Konstanz verurteilt[9] und widerspricht völlig dem Evangelium. Darin steht nämlich zu lesen, daß Johannes der Täufer die Kirche einer Tenne vergleicht, »die Christus mit seiner Wurfschaufel völlig reinigen und den Weizen in seiner Scheuer sammeln wird. Die Spreu aber wird er verbrennen mit unauslöschlichem Feuer.« Mt 3[,12]. Was aber bedeutet die Spreu anderes als die Bösen, der Weizen anderes als die Guten? Und Christus vergleicht die Kirche einem Fischnetz, in dem gute und schlechte Fische sind . . . [Mt 13,47f.]. Christus vergleicht die Kirche auch zehn Jungfrauen, von denen fünf klug und fünf dumm sind. Mt 25[,1f.]. Deswegen ist dieser Artikel des Bekenntnisses auf keinen Fall anzunehmen.

Gleichwohl werden sie doch darin gelobt, [daß sie bekennen], daß die Kirche immer bleiben werde. Denn an dieser Stelle steht die Verheißung Christi, wo er verspricht, daß der Geist der Wahrheit ewig in ihr bleiben werde, Joh 14[,16]; und daß er, Christus selber, bei ihr bleiben wolle »alle Tage bis zur Vollendung der Zeit« [Mt 28,20].

Sie werden auch darin gelobt, daß sie bekennen, unterschiedlicher Brauch [ritus] solle nicht die Einigkeit des Glaubens zerstören, [d.h.] wenn sie von besonderen Bräuchen sprechen . . . Wenn dieses Bekenntnis aber auf die Bräuche [ritus] der ganzen Kirche bezogen werden soll, wird dieses gänzlich zurückgewiesen . . .

[Zu Art. 10: *Vom heiligen Abendmahl*]

Der 10. Artikel, wie er wörtlich vorgebracht ist, hat nichts Schädliches, das zu verwerfen sei; denn sie bekennen, daß in dem Sakrament nach ordentlicher Konsekration der Leib und das Blut Christi wesenhaft und wahrlich zugegen sei. Solches kann aber doch nur unter dieser Bedingung zugelassen werden, daß die Fürsten glauben, daß unter jeder Gestalt für sich der ganze Christus gegenwärtig sei und nicht minder das Blut Christi in gleicher Weise unter der Gestalt des Brotes sei, . . . als Er unter der Gestalt des Weines ist und umgekehrt. Denn sonst wäre in dem Sakrament der Leib Christi tot und ohne Blut, entgegen dem, was Paulus geschrieben hat Röm 6[,9]: »Christus ist erstanden von den Toten und hinfort stirbt er nicht mehr.« Es wird auch billigerweise hier diesem Artikel des Bekenntnisses als sehr notwendig hinzugefügt, daß die Fürsten mehr der allgemeinen Kirche als einigen, die nicht gut und recht lehren, glauben sollen, nämlich daß durch das allmächtige Gotteswort und die Konsekrierung des Sakramentes die Substanz des Brotes in den Leib Christi verwandelt werde, wie denn längst zuvor in einem allgemeinen Konzil[10] beschlossen und entschieden ist im Kapitel »Firmiter . . .« [des Titels] »De summa trinitate et fide catholica«[11]. Es werden auch hier die Fürsten billigerweise gelobt, daß sie diejenigen, die Kapernaïten genannt werden, welche die Wahrheit und Gegenwärtigkeit des Leibes und Blutes . . . Christi im Sakrament des Altars heutzutage leugnen, auch verwerfen und für verdammt halten wollen . . .

[Zu CA 18: *Vom freien Willen*]

. . . Dieses Bekenntnis wird . . . zugelassen . . . Denn so muß und soll ein rechter Christ den Mittelweg gehen, daß er mit den Pelagianern dem freien Willen nicht zuviel zugebe, ihm auch nicht alle Freiheit nehme, wie denn die gottlosen Manichäer getan haben. Beide Seiten haben geirrt und irren immer noch. Denn Augustin sagt: »Wir glauben ungezweifelt und predigen aus einem sicheren Glauben, daß der freie Wille im Menschen sei.«[12] Denn es wäre ein unmenschlicher Irrtum, den freien Willen im Menschen zu leugnen, wo ihn doch ein jeglicher in sich selbst empfindet. So wird gar oft der freie Wille aus der Schrift bewiesen . . .[13] So hat Christus mit einem Wort alle Manichäer niedergeschlagen, wenn er spricht: »Die

Armen habt ihr allezeit bei euch und wenn ihr wollt, könnt ihr ihnen Gutes tun.«
Mk 14[,7]. Und zu Jerusalem spricht er: »Wie oft habe ich deine Kinder unter die
Flügel versammeln wollen; du aber hast nicht gewollt.« Mt 23[,37].
[Zu CA 20: *Vom Glauben und von guten Werken*]
. . . Nur eines ist hier . . ., nämlich daß die guten Werke die Vergebung der Sünde
nicht verdienen. Das wird, wie es oben schon vorher verworfen worden ist, so jetzt
hier wieder . . . nicht zugelassen . . .[14] Damit verachtet niemand das Verdienst
Christi, sondern wir wissen, daß unsere Werke nichts sind, auch nicht verdienstlich, als allein kraft des Verdienstes des Leidens Christi. Wir wissen auch, daß
Christus »der Weg ist, das Leben und die Wahrheit«, Joh 14[,6]. Aber Christus ist
uns, seinen Schäflein, wie ein guter Hirte vorangegangen und hat zu wirken und
zu lehren begonnen, Apg 1[,1]; er hat uns ein Beispiel gegeben, daß auch wir tun
sollen, wie er getan hat, Joh 13[,15]. Er ist den Weg der guten Werke gegangen,
auf daß alle Christen ihm auch folgen sollen und nach seinem Befehl ihr Kreuz tragen, Mt 10[,38]; und wer das Kreuz nicht nachträgt, ist kein Jünger Christi. So ist
es auch wahr: »Wer da sagt, daß er in Christus bleibt, soll wandeln, wie auch er,
Christus, gewandelt ist«, wie Joh sagt im 1. Brief 2[,6]. Darum: weil diese Meinung wider die guten Werke ist und dem Evangelium ganz und gar widerspricht,
ist sie zurecht vor 1100 Jahren zu den Zeiten Augustins verworfen und verdammt
worden[15].

Quelle: CR 27, S. 92–104; 106–107; 118–123; deutsch in CR 27, S. 191–196.200–202; Neuedition
der Confutatio: H. Immenkötter, Die Confutatio der Confessio Augustana vom 3. August 1530,
CCath 33, 1979, S. 84–97.100–103.116–123. – Literatur: J. Ficker, Die Konfutation des Augsburgischen Bekenntnisses. Ihre erste Gestalt und ihre Geschichte, 1891, S. XI–CXXXIV; Confessio Augustana und Confutatio. Der Augsburger Reichstag 1530 und die Einheit der Kirche, hg. von E. Iserloh,
RGST 118, 1980.

1. Nämlich: Joh 3,27; Jak 1,17; 2Kor 3,5; Joh 6,44; 1Kor 4,7.
2. Belege: 2Tim 4,7f.; 2Kor 5,10; Gen 15,1; Jes 40,10; Jes 58,7f.; Gen 4,7; Mt 20,8; 1Kor 3,8.
3. Belege: Offb 3,4; Kol 1,11f.
4. Dekretalen Gregors IX., lib. 3 tit. 42 cap. 3. Corpus Iuris Canonici, hg. von Ae. Friedberg, 2, 1879.
    Neudruck 1959, S. 644–646.
5. Nämlich: Pred 9,10; Gen 4,4; 18,19; 22,16–18; Jon 3,5.10; 2Kön 20,5; Gal 6,10; Joh 9,4; Offb
    14,13.
6. Belege: Röm 2,6.10; Ps 62,13; Mt 7,21; 16,27.
7. Ambrosiaster zu Röm 3,21 (PL 17, Sp. 79).
8. PL 17, Sp. 82f.
9. Vgl. Bd. II Nr. 154–156, auch 159–161.
10. Concilium Lateranense IV (1215) can. 1. COD Bologna 1973³, S. 230,35–37. Bd. II Nr. 43a.
11. Dekretalen Gregors IX., lib. 1 tit. 1 cap. 1. Corpus Iuris Canonici, 2, S. 5f.
12. Vgl. Ps. Augustin, Hypomnesticon 3,3,3 (PL 45, Sp. 1623). Vgl. Bd. I Nr. 91.
13. Nämlich: 1Kor 7,37; 14,32; Sir 31,10; Jes 1,19f.; Jer 3,5; Hes 18,31f.; 2Kor 9,7.
14. Belege: Dan 4,24; Tob 4,11; Lk 11,41; Weish 10,17; 2Petr 1,10 (Vulg.); Hebr 6,10.
15. Immenkötter, Die Confutatio, S. 123f., verweist auf einen Augustinpassus, zitiert im Lehrdekret
    der 2. Synode von Orange (529) can. 18; CChrSL 148a, S. 60,131–133. Vgl. Bd. II Nr. 5.

85. Reichstagsabschied (22. September 1530)

§ 1. [Der Kurfürst von Sachsen, fünf Fürsten und sechs Städte haben] uns ihr
Bekenntnis . . . schriftlich abgefaßt vorgebracht, welches wir von ihnen gnädig
aufgenommen und dasselbe . . . öffentlich haben lesen lassen. Und obwohl wir
nach gründlicher Beratung trefflicher Theologen . . . aus vielen Nationen dieses
ihr Bekenntnis mit dem heiligen Evangelium und der Heiligen Schrift wohlbe-
gründet haben widerlegen und ablehnen lassen, so hat doch dieses bei ihnen nicht
so viel verfangen, daß sie sich mit uns . . . in allen Artikeln geeinigt hätten.
Daraufhin halten wir nun . . . den obengenannten Kurfürsten, Fürsten und sechs
Städten folgenden gnädigen Abschied vor und lassen gnädig begehren, denselben
anzunehmen, nämlich daß sie sich bis zum nächstfolgenden 15. Tag des Monats
April bedenken sollten, ob sie sich der strittig gebliebenen Artikel wegen mit der
christlichen Kirche . . . bis zu einer Erörterung in einem künftigen Konzil . . . einigen wollen oder nicht und daß sie uns über ihre Gesinnung . . . vor Ablauf des
genannten 15. Tages [des April 1531] verständigen. Mittlerweile wollten wir uns
darauf auch bedenken, was uns zu tun gebührt und dann ihnen unsere Meinung
eröffnen, mit einigen ganz geziemenden beigefügten Artikeln, wie sie sich während dieser Bedenkzeit verhalten sollen,
§ 2. nämlich daß es unser ernstlicher Wille . . . sei, daß der Kurfürst zu Sachsen
samt seinen Mitanhängern [der CA] . . . verordne, daß nichts Neues in Sachen des
Glaubens . . . gedruckt, feilgeboten noch verkauft werde, und daß alle Kurfürsten, Fürsten und Stände . . . während dieser Bedenkzeit guten Frieden und Einigkeit halten sollen,
§ 3. und daß weder der Kurfürst von Sachsen, die fünf Fürsten und sechs Städte
noch ihre Untertanen unsere . . . Untertanen, wie bisher geschehen, an sich und
ihre Sekte ziehen . . . sollen . . .
§ 6. Ferner soll, da doch die Gottes- und menschlichen Gebote, auch das Evangelium, fordern, daß man niemand das Seine mit Gewalt nehme . . . , und solches
von ihnen und in ihren Ländern mannigfaltig geschehen ist – weshalb wir denn
täglich von den verjagten Äbten und Äbtissinnen, auch anderen, angegangen und
mit flehentlicher und kläglicher Bitte angerufen worden sind –, ihnen wiederum
zu ihrem Besitz verholfen werden. Demnach wollte es uns als einem christlichen
Kaiser, der das Recht niemand verweigern sollte, nicht anders als recht erscheinen,
(weil die Rechte disponieren und wollen, daß ein jeglicher Spoliierter [Beraubter]
und Abgesetzter vor allen Dingen soll restituiert [wiedergutgemacht] und wieder
eingesetzt werden), deshalb gebührende Maßnahmen dagegen zu ergreifen.
Darum sei unser ernstlicher Befehl, daß der Kurfürst von Sachsen und seine Mit-
anhänger dieselben spoliierten Klöster und anderen Geistlichen in ihren . . . Gebieten unmittelbar und sobald wie möglich wiederum in ihre Klöster und Güter
. . . kommen lassen, sie restituieren und einsetzen, damit wir nicht verursacht
würden, als ein christlicher Kaiser selbst mit entsprechender Härte vorzugehen.
§ 64. [Wir] meinen . . . , daß diesem unserem Abschied . . . nachgekommen werden soll, ohne Rücksicht auf alle anderen . . . Abschiede auf unseren vorherigen
Reichstagen, soviel sie diesem unserem Abschied . . . des Glaubens halben in etwas zuwider . . . sein mögen[1], desgleichen auch ohne Rücksicht auf alle Ein- und
Widerrede, Opposition und Appellation, die dagegen sind und an ein allgemeines
Konzil, uns oder sonst jemandem geschehen sind oder geschehen werden . . . alles
bei Vermeidung unserer und des Reiches Strafe . . .

§ 67. Wo aber der eine oder die, denen so geboten ist, ungehorsam würden, soll alsbald unser kaiserlicher Fiskal [= Vermögensanwalt] gegen die . . . Ungehorsamen . . . unverzüglich . . . prozessieren . . ., auch [sollen] dieselben Ungehorsamen durch unser Kammergericht in die Acht und andere Strafen des Landfriedens, wie sich gebührt, . . . erklärt werden . . .

Quelle: Neue und vollständigere Sammlung der Reichs-Abschiede . . . 1747 (2. Teil), S. 308f. und 316. – *Literatur:* P. Rassow, Die Kaiser-Idee Karls V. Dargestellt an der Politik der Jahre 1528–1540, 1932; E. Fabian, Die Entstehung des Schmalkaldischen Bundes und seiner Verfassung 1524/29–1531/35. Brück, Philipp von Hessen und Jakob Sturm, SKRG 1, 1962²; für die Bedeutung des päpstlichen Legaten s. NBD Abt. 1, Erg. Bd. 1: Legation Lorenzo Campeggios 1530–1531 und Nuntiatur Girolamo Aleanders 1531, bearb. von G. Müller, 1963.

1. Vgl. Nr. 33, 69, 77.

86. Maria van Oisterwijk, Mystische Erlebnisse: Brief an ihren Beichtvater (1531)

Maria van Oisterwijk (eigentlich de Hout, ca. 1470–1547) lebte in der Beginen-Gemeinschaft zu Oisterwijk (Nordbrabant). Sie verfaßte das Buch »Der rechte Weg zur evangelischen Vollkommenheit« (Köln 1531) und war als »geistliche Mutter« bei Kartäusern und Jesuiten (vgl. Nr. 94–96) hoch geschätzt. Sie gilt zwar als eine der spätesten in der Reihe der altdeutschen Mystikerinnen, dokumentiert aber zugleich eine epochenübergreifende mystische Tradition – sola gratia, annihilatio sui, raptus und unio –, welche keinesfalls dem Mittelalter vorbehalten war, sondern auch im Zeitalter der Reformation, jeweils neu und anders rezipiert, lebendig geblieben ist. Vgl. zur mittelalterlichen Mystik Bd. II Nr. 30,47,59 und 70; und hier Nr. 129.

Lieber geistlicher Vater!
Ich werde jetzund gedrängt sowohl innerlich von Gott als äußerlich von Euch, daß ich nicht dem entweiche, von mir selbst zu schreiben. O himmlischer Vater, willst du durch mich sündige Kreatur geehrt werden und die Menschen bessern, so wirke du selbst dein Werk, wie ich dich lange gebeten habe. Denn, o Jesu, hat man dir nicht wollen glauben, – wie sollte man dann einem sündigen Menschen glauben? Darum bitte ich dich, Herr, aus dem Grunde meines Herzens: ist es also dein Wille, so laß nie eine Kreatur mir glauben und laß deinen Willen an mir geschehen, was mir auch davon kommen möge. Denn ich will dir nicht dienen um Lohn. Wenn ich alles getan habe, was ich vermag, so habe ich nicht mehr getan, denn ich schuldig bin [Lk 17,10]. O Herr, o allmächtiger Gott, wie soll ich wagen zu schreiben, was du mir innerlich gebietest? Ist es dein Wille, so laß mein Herz eher in Stücke bersten! Ach, ach, wenn ich in ein Loch in die Erde kriechen könnte! Ach, lieber geistlicher Vater, wann immer ich schreiben muß, – denn ich bin jetzund Gottes Gefangene und die Eure – so bitte ich Euch, daß Ihr es wohl aufnehmen wollet. Denn ich kann es nicht bessern. Lautet es auch verwegen, so habe ich doch nicht mehr Weisheit denn ein Kind. Ich kann nur ansehen, was durch mich läuft, und das kann ich einfältig sagen oder schreiben; und dann weiß ich nichts mehr davon. Ein jeder kann daraus entnehmen, was ihm dient. Man sagt: ›Simpler Glaube ist ein guter Glaube; und man soll wider den Teufel nicht disputieren.‹ Werden mir auch große, hohe Dinge gezeigt, so rechne ich sie mir nicht mehr an

denn ein Kind. Denn ich sehe allzeit zu ihm selbst empor, ob ich am Ende etwas darin könnte ergreifen, das mir dienen könnte zu einem Vernichten und Verwerfen meiner selbst. Und anders bleibt in mir nichts. Und also stehe ich allzeit ledig und unwissend. Sagte ein anderer das von mir, was ich selbst sagen muß, ich weiß nicht, ob ich es glauben würde. Denn die Worte, die ich spreche, davon weiß mein Herz kaum etwas. Und ich kann sie nicht zuvor wissen oder bedenken. Ich stehe innerlich also arm und elendig, daß ich selbst nicht weiß, was ich bin, außer ein Nichts und ein Wesen, das nirgendhin nütze ist. Ach, Vater, erzürnt Euch nicht! Ich will des Todes dafür sterben und vor das Urteil Gottes treten, daß ich niemals andere Gedanken in mir fühle und fest auf diesem Grunde stehe, aber dennoch jeden Augenblick in demütiger Furcht und Hut meiner selbst stehend und zusehend, daß ich mir selbst keine Ursache sein sollte zum Fallen. Denn wer ist versichert, der heute steht, daß er morgen nicht fallen wird [1 Kor 10,12]? Ich weiß nicht, außer von der gegenwärtigen Zeit, die nun ist. Und wiewohl ich zuzeiten kühne Worte spreche, so kann ich das nicht ändern. Ich bin meiner selbst nicht mehr mächtig denn ein Kind. Denn ich bin mir selbst ganz entrückt und mit Gott vereinigt, wie wenn ich kein Mensch wäre und ich nicht mehr lebte, sondern der Herr in mir [Gal 2,20].

Und diese Vereinigung hat Gott der Herr mir sündiger Kreatur am Tage des heiligen Sakraments so gewaltig eingedrückt und mir so gnädig einen neuen Geist gegeben, der mir seit der Zeit nicht mehr genommen ist. Sondern ich sehe, daß er sich alle Tage mehrt und nicht mindert; und darin habe ich mich selbst und alle Dinge verloren, daß ich nicht weiß, wie mir geschehen ist. Und danach ist so unaussprechlich großes Leiden in mir aufgestanden, daß es nicht auszusprechen ist. Also könnt Ihr, lieber Vater, hieraus verstehn, was Gott beliebt, Euch zu geben. Es ist mir alles eins. Denn je mehr man mich verachtet und verwirft, desto mehr drängt man mich zu Gott und desto mehr wirft mir Gott Gnaden zu [1 Kor 1,28]. Und was mir täglich vorkommt, das ist Wunder über Wunder.

Ich gedachte, es Euch alles anders zu schreiben. Aber Gott hat es so haben wollen.

Ferner von den Sachen, davon Ihr mir geschrieben habt, laßt mich Eure Meinung wissen, was ich tun soll. Denn ich will nicht auf mir selbst stehn und setze es auf keinen Wahn. Denn ich würde es anders nicht zu tun wagen. Ich will dem Gehorsam glauben und mich kräftig mit dem Glauben an Gott halten.

Quelle: W. Oehl (Hg.), Deutsche Mystikerbriefe des Mittelalters 1100–1550, 1931. Neudruck 1972, S. 715–716 (allgemein: 682–720). – *Literatur:* A. Möllmann, Maria van Oisterwijk und ihre Schrift »Der rechte Weg zur evangelischen Vollkommenheit«, ZAM 2, 1927, S. 319–333; J. B. Kettenmeyer, Maria van Oisterwijk († 1547) und die Kölner Kartause, AHVNRh 114, 1929, S. 1–33.

87. Sebastian Franck: Paradoxa (1534)

Sebastian Franck (1499–1542), zuerst Priester, wurde später evangelischer Prediger, dann Übersetzer in Nürnberg, Buchdrucker in Ulm und schließlich, nach seiner Ausweisung aus Ulm 1539, freischaffender Gelehrter in Basel.

Geprägt von täuferischen und spiritualistischen Gedanken gerät Franck in zunehmenden Gegensatz zur lutherischen Reformation. Sein spiritualistisches Schriftverständnis kommt vor allem in seinem Werk »Paradoxa« zum Ausdruck. Obwohl er gegen das protestantische Schriftprinzip, den »papiernen

Papst«, ankämpft und aller Äußerlichkeit der Kirche die unsichtbare Geistkirche überordnet, hält er doch wenig von dogmatischen Streitigkeiten; zusammen mit Sebastian Castellio (1515–1563) gilt er als einer der ersten Vorkämpfer des Toleranzgedankens; vgl. hierzu auch K. v. Schwenckfeld Nr. 75.

Die Kirche ist ja nicht etwa ein besonderer Haufen und eine mit Fingern zu zeigende Sekte, gebunden an ein Element, eine Zeit, Person und Stätte, sondern ein geistlicher, unsichtbarer Leib aller Glieder Christi, aus Gott geboren, und in einem Sinn, Geist und Glauben; aber nicht in einer Stadt oder etwa an einem Ort äußerlich versammelt, daß man sie sehen und mit Fingern zeigen könnte, sondern [eine Gemeinschaft], die wir glauben und nicht sehen, es sei denn mit gleich geistlichen Augen des Gemüts und des inneren Menschen: die Versammlung und Gemeinde aller recht gottesfürchtigen und gutherzigen, neuen Menschen in aller Welt, durch den Heiligen Geist im Frieden Gottes mit dem Band der Liebe verbunden, [eine Gemeinschaft] außerhalb der kein Heil, kein Christus, Verständnis der Schrift, Heiliger Geist noch Evangelium ist.

In und bei dieser [Gemeinschaft] bin ich, nach ihr sehne ich mich in meinem Geist, wo sie zerstreut unter den Heiden und dem Unkraut existiert, und ich glaube an die Gemeinschaft der Heiligen. Ich kann es zwar nicht zeigen, bin aber gewiß, daß ich in der Kirche bin, wo ich auch sein mag, und suche sie deshalb wie auch Christum weder hier noch dort. Denn ich weiß eben nicht, welche Steine an diesem Tempel und Körner auf dem Acker sind; die kennt Gott allein, weshalb er auch die Trennung der Schafe von den Böcken, des Unkrautes vom Weizen allein seinen Engeln und nicht uns befohlen hat; wenn auch die Liebe der Zeuge, die Losung, die Hoffarbe und der Zeigefinger ist, woran man einen Christenmenschen erkennt wie einen Baum an seinen Früchten, Joh 13[,35], so bringt doch äußerliches Blendwerk [die gleissenerei] so schöne Früchte hervor, daß wir oft im Urteil betrogen werden, Mt 7[,15–23]; 13[,10–17]. Gott aber weiß am besten, welche zu ihm gehören und Steine an diesem Tempel sind, 2 Tim 2[,19]. Ich bin durch Gottes Gnade nicht so parteiisch und sektiererisch, daß ich nicht einen jeden als meinen Bruder, Fleisch und Blut ansehe, der [auch] mich dafür hält und sich nicht von mir trennt, ja, jeden, der nach Gott eifert und fragt, Gericht und Gerechtigkeit wirkt oder, wie Petrus aus Erfahrung sagt, der Gott fürchtet und recht handelt in der ganzen Welt; auch [diejenigen sehe ich so an], die aus Schwachheit (und nicht frevelhaft wider den Heiligen Geist zum Tode) etwa irren, Ärgernis erregen und sündigen, im Wissen darum, daß, wer Gott angenehm ist, dem Herrn gefällt, aufersteht und ein Glied Christi ist. Sehe ich doch in diesem auch meine Fehler wie in meinem [eigenen] Fleisch und wie in einem vor mich gestellten Spiegel, so daß ich für ihn zu bitten, aber ihn gar nicht zu richten habe, Röm 2[,17–24]; 14[,1–13].

Darum möchte ich, daß viele, die täglich Gott ein neues Volk zu versammeln und eine neue Kirche aufzurichten sich unterstehen, ihren törichten Eifer ablegten und nicht eher dienten, als bis sie dazu angeworben, zur Zeit der Ernte dazu gedrungen würden. Viele hat unzeitiger Eifer hinausgetrieben, die zuletzt selbst bekannt haben, daß ihr Lauf vor der Zeit und vor der Berufung dazu stattgefunden hat. Es sollte einer des anderen Last und Schwachheit tragen, weil dies allein der Liebe Gegenstand, des Gesetzes Erfüllung, der Christen Zeichen und die höchste Kraft ist, Gal 6[,1–10]. Traget einer des anderen Lasten, weil auch die Väter geirrt und fehlgegriffen haben und niemand ohne Irrtum ist, so daß wir sogar sagen dürfen, daß auch die Apostel und Propheten hier und da in etwas erlegen seien. Wir haben

alle mit David um [die Überwindung] unserer Torheit und Unwissenheit zu bitten,
weil uns allen noch viel abgeht, Jak 3[,2ff.], ja, weil wir alle irren wie die Schafe
ohne einen Hirten und weil nicht ein jeder Irrtum verdammlich ist.

Quelle: Sebastian Franck, Paradoxa. 1534 (Originaldruck Tübinger Stiftsbibliothek), fol. VIII–AII;
übertragen nach: Seb. Franck, Paradoxa. Eingeleitet von W. Lehmann, hg. von H. Ziegler, 1909, S.
8–10. – *Literatur:* H. Körner, Studien zur geistesgeschichtlichen Stellung Sebastian Francks, 1935; K.
Klemm, Das Paradoxon als Ausdruck der speculativen Mystik Francks, 1937; W.-E. Peuckert, Sebastian Franck. Ein deutscher Sucher, 1943; K. Räber, Studien zur Geschichtsbibel Sebastian Francks,
BBGW 41, 1952; H. Weigelt, Sebastian Franck und Caspar Schwenckfeld in ihren Beziehungen zueinander, ZBKG 39, 1970, S. 3–19; S. Wollgast, Der deutsche Pantheismus im 16. Jahrhundert. Sebastian Franck und seine Wirkungen auf die Entwicklung der pantheistischen Philosophie in Deutschland, 1972; S. E. Ozment, Sebastian Franck. Kritiker einer »neuen Scholastik«, in: H.-J. Goertz (Hg.),
Radikale Reformatoren, 1978, S. 201–209.

88. Das Täuferreich zu Münster (1534/1535)

In Norddeutschland und den Niederlanden hatte um 1530 das Täufertum durch Melchior Hofmann
(ca. 1500–1543) wieder eine streng eschatologische Prägung erhalten. Ein Teil seiner Schüler trat dafür
ein, das Reich Gottes mit Waffengewalt aufzurichten. Diese Absicht wurde von Februar 1534 bis Juni
1535 unter den Anführern Jan Matthys, Jan Bockelson (van Leiden), Bernhard Rothmann und Bernd
Knipperdolling in Münster zu verwirklichen gesucht. Franz von Waldeck, Bischof von Minden (seit
1531), Münster und Osnabrück (1532–1553) hat schließlich zusammen mit alt- und neugläubigen Fürsten die Stadt belagert, am 25. Juni 1535 eingenommen und damit dem »Gottesreich zu Münster« ein
Ende bereitet. S. zur Täuferfrage auch Nr. 56, 58, 61–63, 70, 71.

a) Edikt des Bischofs Franz von Waldeck gegen die Täufer (23. Januar 1534)

Wir, Franz, von Gottes Gnaden Bischof von Münster und Osnabrück, Administrator des Bistums Minden etc. tun kund und zu wissen, daß wir zuverlässig in
Erfahrung gebracht haben, daß die verdammte, verbotene und aufrührerische
Partei und Lehre der Wiedertäufer durch einige Betrüger und nicht ordnungsgemäß berufene Prediger, Bernhard Rothmann, . . . und ihre Spießgesellen verbreitet worden ist und in unserer Stadt Münster mit vielen anderen gefährlichen und
aufrührerischen Neuerungen angefangen und Wurzel gefaßt hat. Wir haben das
mit höchstem Schmerz erfahren; würden wir dies Übel straflos grassieren lassen,
so würden wir uns nicht nur die Mißbilligung der Kaiserlichen Majestät und des
ganzen Reiches zuziehen, sondern auch unser Bistum und unsere Untertanen in
ewige Zwietracht und unersetzlichen Schaden, ja, ins Verderben stürzen.
Damit also unsere Untertanen von jener aufrührerischen Lehre abgeschreckt und
durch das liebevolle Band christlicher Eintracht zusammengehalten werden, haben wir an Bürgermeister, Rat, Alder [Älteste]- und Meisterleute unserer Stadt
öfter und ernstlich geschrieben und sie freundschaftlich gebeten, daß sie diese aufrührerische Lehre und verderbliche Verirrung aus der Stadt verbannen und auf
keine Weise in ihren Mauern dulden möchten, wie das viele Schreiben bezeugen.
Nichtsdestoweniger aber haben wir erfahren, daß diese verdammte Spaltung täglich weiter in der Stadt fortwuchert und sich ausbreitet. Um aber diesem Übel
durch heilsame Mittel und Strafen, wie es einem Fürsten gebührt, entgegenzutreten, wollen wir durch dieses Schreiben . . . allen und jedem einzelnen unserer
Amtsleute, Befehlshaber, Richter, Diener und Untertanen gebieten, daß sie die

genannten Ungehorsamen, Rebellen, Unruhestifter und Aufrührer mit allen ihren Gütern, wo sie sein mögen und gefaßt werden können, ergreifen und festhalten und sie dann gefangen der Behörde übergeben, damit sie nach kaiserlichem
Edikt und Reichsabschieden[1] mit den gesetzlichen Strafen belegt werden, und wir
und unsere Untertanen uns nicht die Rüge des Reiches zuziehen. Es ist unser
ernstlicher Wille, daß unsere Beamten und Untertanen, wenn sie Strafe und Ungnade vermeiden wollen, dies treulich ausführen . . .

Quelle: H. Kerssenbroch, Anabaptistici furoris Monasterium inclitam Westphaliae metropolim ever-
tentis historica narratio, hg. von H. Detmer, 1899/1900, S. 474f.; übers. nach: R. v. Dülmen (Hg.),
Das Täuferreich zu Münster 1534–1535. Berichte und Dokumente, 1974, S. 47–48. *– Literatur:* s. bei
Text c.

1. S. Nr. 77.

b) Toleranzerklärung des Rats gegenüber den Täufern (›Chronik‹ vom 30. Januar 1534)
Der Rat erkannte, daß sein Beschluß, die wiedertäuferischen Prediger zu vertreiben, schlimme Unruhen veranlaßte, da jene unter dem Schutz ihrer Anhänger
sich nicht vertreiben lassen wollten. Um also sich und die Bürger von der täglichen
Furcht vor Mord und Totschlag, in der sie ständig schwebten, zu befreien, beriefen
sie am 30. Januar die Alder- und Meisterleute und berieten mit ihnen nicht mehr
über die Vertreibung der Rothmannisten, sondern über die Erhaltung des Friedens
in der Stadt um jeden Preis. Nachdem man lange hin und her beratschlagt hatte,
beschloß man endlich, daß nach Beendigung jedes beunruhigenden Verdachtes
kein Bürger oder Einwohner von seinem Mitbürger etwas Widriges befürchten,
keiner den anderen verletzen oder seiner Güter berauben solle, sondern sie sollten
freundlich und friedlich miteinander leben, keiner den anderen mit Schmähungen
und bitteren Worten reizen oder seinen Glauben stören. Der Glaube sollte frei und
für jeden nach seinem Gewissen wählbar sein, bis Gott die Einheit der Religion
und des Glaubens durch seinen Heiligen Geist verleihen wird. Außerdem wurde
beschlossen, daß die Übertreter dieses des öffentlichen Friedens wegen erlassenen
Edikts mit den gesetzlichen Strafen belegt werden sollten . . .

Quelle: a.a.O., S. 479; übers. nach: R. v. Dülmen, Das Täuferreich, S. 48f. *– Literatur:* s. bei Text c.

c) Der Zug der Täufer gegen Münster (›Chronik‹ von Mitte Februar 1534)
Unterdes schrieb Rothmann, um nicht müßig zu sein, auf Mahnung der Propheten und Drängen Knipperdollings an die Anhänger seiner Partei, die sich in den
benachbarten Städten . . . aus Furcht vor der Todesstrafe verborgen hielten, und
die er so genau kannte wie ein Kriegsherr seine angeworbenen Soldaten: Von dem
Vater seien zwei Propheten [gemeint sind Jan Matthys und Jan van Leiden] zu ihm
nach Münster geschickt, die durch besondere Frömmigkeit und Heiligkeit des Lebens hervorragten und das Wort Gottes rein und ohne jede Beimischung menschlicher Hefe mit unglaublicher Beredsamkeit und Lieblichkeit lehrten. Wenn sie
also für ihr Heil sorgen wollten, möchten sie mit Weib und Kind die irdischen Güter verlassen und zu ihm kommen und sein heiliges Jerusalem und Zion und den
wahren Tempel Salomons und darin den Dienst des ewigen Gottes ohne allen Götzendienst mit ihm einrichten. Sie würden außer dem himmlischen Schatz Güter
genug bekommen.
Als diese Nachricht rings in den Städten und Dörfern bekannt wurde, lief eine so

große Menschenmenge, durch den eigenartigen Wortlaut und Inhalt der Verheißung angelockt, herbei, daß sie die Zahl der ausgewanderten Bürger nicht nur
aufwog, sondern sogar übertraf . . .

Quelle: a.a.O., S. 508–511; übers. nach: R. v. Dülmen, Das Täuferreich, S. 58f. – *Literatur:* R. Stupperich, Die Münsterische Apokalypse 1535, JWKG 53/54, 1960/61, S. 25–42; ders., Das Königreich
Zion in Münster 1534/35. Fragen zur Täuferherrschaft in einer belagerten Stadt, in: Massenwahn in
Geschichte und Gegenwart. Ein Tagungsbericht, hg. von W. Bitter, 1965, S. 208–219; ders., Zur
neuesten Erforschung des Münsterschen Täufertums, JWKG 59/60, 1966/67, S. 225–228; G. Brend-
ler, Das Täuferreich zu Münster 1534/35, LÜAMA, Reihe B 2, 1966; O. Rammstedt, Sekte und soziale
Bewegung. Soziologische Analyse der Täufer in Münster 1534/35, 1966; R. Stupperich (Hg.), Die
Schriften Bernhard Rothmanns, 1970; K.-H. Kirchhoff, Die Täufer in Münster 1534/35. Untersuchungen zum Umfang und zur Sozialstruktur der Bewegung, 1973; G. List, Chiliastische Utopie und
radikale Reformation. Die Erneuerung der Idee vom Tausendjährigen Reich im 16. Jahrhundert, 1973;
R. v. Dülmen, Reformation als Revolution. Soziale Bewegung und religiöser Radikalismus in der deut-
schen Reformation, 1977; K. Deppermann, Melchior Hoffmann. Soziale Unruhen und apokalyptische
Visionen im Zeitalter der Reformation, 1979.

89. Luther: Disputation ›De homine‹ (Frühjahr 1536)

Die Statuten der Wittenberger theologischen Fakultät von 1533 regelten das Disputationswesen neu.
Zahlreiche Disputationen aus den 30er und 40er Jahren, an denen Luther beteiligt war, sind erhalten
geblieben (s. WA 39/I.II). Die ›Disputatio de homine‹, wohl im Frühjahr 1536 abgehalten, bietet sowohl die Kurzfassung der Auseinandersetzung mit Erasmus (vgl. Nr. 59, 60) als auch die Grundstruk-
tur der Zweireichelehre.

1.   Die Philosophie, [das ist] die menschliche Weisheit, definiert den Menschen
als vernunftbegabtes, mit Sinnen und Körperlichkeit ausgestattetes Lebewesen
[animal rationale, sensitivum, corporeum].
2.   Nun bedarf es jetzt nicht der Erörterung, ob der Mensch im eigentlichen oder
uneigentlichen Sinne als »Tier« bezeichnet wird.
3.   Aber man muß wissen: Diese Definition bestimmt nur den sterblichen und irdischen Menschen.
4.   Und in der Tat ist es wahr, daß die Vernunft die Hauptsache von allem ist, das
Beste im Vergleich mit den übrigen Dingen dieses Lebens und [geradezu] etwas
Göttliches.
5.   Sie ist Erfinderin und Lenkerin aller [freien] Künste[1], der medizinischen Wissenschaft, der Jurisprudenz und all dessen, was in diesem Leben an Weisheit,
Macht, Tüchtigkeit und Herrlichkeit von Menschen besessen wird.
6.   So muß sie mit Recht als Wesensunterschied bezeichnet werden, durch den
der Mensch [als Mensch] im Unterschied zu den Tieren und den sonstigen Dingen
bestimmt wird.
7.   Auch die Heilige Schrift hat sie zu solcher Herrin über die Erde, über Vögel,
Fische und Vieh eingesetzt mit dem Gebot: »Herrschet!« [Gen 1,28].
8.   Das heißt, sie soll eine Sonne und eine Art göttlicher Macht sein, in diesem
Leben dazu eingesetzt, [all] diese Dinge zu verwalten.
9.   Und selbst nach Adams Fall hat Gott der Vernunft diese Hoheit nicht genommen, sondern vielmehr bekräftigt [confirmavit].

10.   Obwohl sie nun eine solche Majestät ist, hat doch eben diese Vernunft ihr Wissen nicht durch Kenntnis der Ursache [a priore], sondern nur durch Rückschluß aus den Wirkungen [a posteriore].

11.   Vergleicht man deshalb die Philosophie oder die Vernunft selbst mit der Theologie, so wird sich zeigen, daß wir über den Menschen nahezu nichts wissen.

12.   Scheinen wir doch kaum seine stoffliche Ursache [materialis causa] hinreichend wahrzunehmen.

13.   Kennt doch die Philosophie ohne Zweifel nicht die wirkende Ursache [causa efficiens] und entsprechend auch nicht die Zweckursache [causa finalis].

14.   Als Zweckursache setzt sie nämlich nichts anderes als irdische Wohlfahrt [pax huius vitae]; und sie weiß nicht, daß die wirkende Ursache Gott der Schöpfer ist.

15.   Über die gestaltende Ursache [formalis causa] aber, als welche man die Seele bezeichnet, wurde nie und wird nie unter Philosophen Einigkeit erzielt.

16.   Denn damit, daß Aristoteles sie als erste Wirklichkeit [actus primus] eines Körpers, der das Vermögen zu leben hat [als Prinzip des lebendigen Körpers], definiert, wollte er ja Dozenten und Studenten zum Besten haben [illudere voluit].

17.   Es besteht auch keine Aussicht, daß der Mensch vornehmlich in diesem Teil sich seinem Wesen nach erkennen könne, solange er sich nicht in der Quelle selbst, welche Gott ist, wahrgenommen hat.

18.   Und was jämmerlich ist: nicht einmal über seinen Entschluß [consilium] oder seine Gedanken kann er voll und zuverlässig verfügen, sondern ist darin dem Zufall und der Nichtigkeit unterworfen.

19.   Jedoch wie dieses Leben ist, so sind sowohl die Definition als auch die Erkenntnis des Menschen, nämlich dürftig, schlüpfrig und allzu sehr an der Stofflichkeit orientiert [nimio materialis].

20.   Die Theologie hingegen definiert aus der Fülle ihrer Weisheit den ganzen und vollkommenen Menschen.

21.   Nämlich: Der Mensch ist Gottes Geschöpf aus Fleisch und lebendiger Seele [anima spirans] bestehend, von Anbeginn zum Bilde Gottes gemacht ohne Sünde, mit der Bestimmung, Nachkommenschaft zu zeugen und über die Dinge zu herrschen und niemals zu sterben;

22.   das aber nach Adams Fall der Macht des Teufels unterworfen ist, nämlich der Sünde und dem Tode – beides Übel, die durch seine Kräfte nicht zu überwinden und ewig sind;

23.   und das nur durch den Sohn Gottes Jesus Christus zu befreien ist (sofern es an ihn glaubt) und mit der Ewigkeit des Lebens zu beschenken.

24.   Unter diesen Umständen befindet sich jene allerschönste und allerheiligste Sache, welche [in voller Größe] die Vernunft [auch] nach dem Sündenfall geblieben ist, dennoch – so ergibt sich schlüssig – unter der Macht des Teufels.

25.   Folglich ist und bleibt der Mensch dennoch ganz und ausnahmlos – er sei König, Herr, Knecht, weise, gerecht und durch welche Güter dieses Lebens [auch immer] er sich hervortun kann – der Sünde und dem Tod verhaftet, weil unter der Herrschaft des Teufels.

26.   Wer darum sagt, die natürlichen Kräfte [des Menschen] seien nach dem Fall unversehrt geblieben, philosophiert gottlos wider die Theologie.

27.   Ebenso wer sagt, der Mensch könne sich dadurch, daß er tut, was in seinen Kräften ist [faciendo, quod in se est], Gottes Gnade und das Leben verdienen.

28.   Desgleichen wer Aristoteles (der vom Menschen in theologischer Hinsicht

keine Ahnung hat) anführt, nämlich [dahingehend] daß die Vernunft ihr Sehnen auf das Beste richte.

29.   Desgleichen daß im Menschen »das über uns als Prägezeichen gesetzte Licht von Gottes Angesicht« [Ps 4,7b] sei, das heißt, freies Entscheidungsvermögen [liberum arbitrium] zur Hervorbringung der rechten Weisung und des guten Willens.

30.   Desgleichen daß es in der Verfügung des Menschen stehe, zwischen Gut und Böse oder Leben und Tod usw. zu wählen.

31.   Alle, die solches behaupten, verstehen nicht, was der Mensch ist, noch wissen sie, wovon sie reden.

32.   Paulus faßt in Röm 3[,24]: »Wir erachten, daß der Mensch durch Glauben unter Absehen von den Werken gerechtfertigt wird« in Kürze die Definition des Menschen dahin zusammen, daß der Mensch durch Glauben gerechtfertigt werde.

33.   Wer [vom Menschen] sagt, er müsse gerechtfertigt werden, der behauptet gewiß, daß er Sünder und Ungerechter sei und deshalb vor Gott [coram deo] schuldig, jedoch durch Gnade zu retten.

34.   Und [dabei] versteht er [Paulus] »Mensch« unbegrenzt, das heißt, allgemein, um die ganze Welt, oder was immer »Mensch« genannt wird, unter der Sünde zusammenzufassen.

35.   So ist denn der Mensch dieses [irdischen] Lebens Gottes bloßer Stoff zum Leben in seiner künftigen Gestalt [. . . pura materia Dei ad futurae formae suae vitam].

36.   Wie auch die Kreatur überhaupt, die jetzt der Nichtigkeit unterworfen ist, für Gott der Stoff zu ihrer herrlichen künftigen Gestalt ist.

37.   Und wie sich Erde und Himmel im Anfang [in principio] zu der nach sechs Tagen vollendeten Gestalt verhielten, nämlich als deren Stoff,

38.   so verhält sich der Mensch in diesem Leben zu seiner zukünftigen Gestalt, wenn er als Ebenbild Gottes wiederhergestellt und vollendet sein wird.

39.   Bis dahin befindet sich der Mensch in Sünden und wird tagtäglich entweder gerechtfertigt oder [immer] mehr verunstaltet.

40.   Deshalb hält Paulus diese Reiche der Vernunft nicht einmal für wert, sie »Welt« zu nennen, sondern bezeichnet sie lieber als »Schemen der Welt« [schema mundi].

Quelle: WA 39/I, S. 175–177; übers. nach: G. Ebeling, Lutherstudien II. Disputatio de homine, 1. Teil, Text und Traditionshintergrund, 1977, S. 15–24. – *Literatur:* W. Joest, Ontologie der Person bei Luther, 1967; G. Ebeling, Das Leben – Fragment und Vollendung. Luthers Auffassung vom Menschen im Verhältnis zu Scholastik und Renaissance, ZThK 72, 1975, S. 310–336.

1.   Im Aufbau der mittelalterlichen Universität bildeten die ›freien Künste‹ (artes liberales: Grammatik, Rhetorik, Dialektik, Arithmetik, Geometrie, Musik, Astronomie) die Vorstufe und den Unterbau für die drei höheren Fakultäten Jurisprudenz, Medizin und Theologie.

90.   Wittenberger Abendmahlskonkordie (26. Mai 1536)

Im Marburger Religionsgespräch 1529 (Nr. 78–79) wurde zwar ein breiter Lehrkonsensus zwischen Schweizer, oberdeutschen und Wittenberger Reformatoren erzielt, aber der Gegensatz im Verständnis des Abendmahls verhinderte das Zusammenwachsen. In unablässigen Bemühungen ist es vor allem Bucer (vgl. Nr. 110, auch 93), dem die Versöhnung im evangelischen Lager zur Lebensaufgabe werden sollte, und dem Landgrafen Philipp von Hessen, der schon maßgebend am Zustandekommen des Marburger Religionsgesprächs beteiligt gewesen war, gelungen, Oberdeutsche und Wittenberger – die Schweizer hatten beschlossen, nicht teilzunehmen – zu einer Zusammenkunft zu bewegen. Hier wurde eine Einigung in den wesentlichen Fragen des Abendmahls (vgl. Nr. 73, 79, 81, 83) erzielt, die die meisten oberdeutschen Städte akzeptierten.

Wir haben gehört, wie Herr Martin Bucer seine Meinung und die der anderen Prediger, die mit ihm aus den Städten gekommen sind, über das heilige Sakrament des Leibes und Blutes Christi erklärt hat, nämlich folgendermaßen:
Sie bekennen entsprechend den Worten des Irenäus[1], daß in diesem Sakrament zwei Dinge sind, eines himmlisch und eines irdisch. Demnach meinen und lehren sie, daß mit dem Brot und Wein wahrhaftig und wesenhaft [vere et substantialiter] der Leib und das Blut Christi zugegen sei und dargereicht und empfangen werde.
Wiewohl sie keine Transsubstantiation annehmen, und auch nicht meinen, daß der Leib und [das] Blut Christi localiter, räumlich, in das Brot eingeschlossen oder sonst bleibend damit vereinigt werde außerhalb des Genusses des Sakramentes, so geben sie doch zu, daß durch sakramentale Einigkeit das Brot der Leib Christi sei, das ist, sie meinen, wenn das Brot dargereicht wird, daß dann der Leib Christi zugleich gegenwärtig sei und wahrhaftig dargereicht werde etc. Denn sie meinen nicht, daß außerhalb des Genusses, wenn man das Brot beiseitelegt und im Sakramentshäuschen behält oder in Prozessionen herumträgt und zeigt, wie im Papsttum geschieht, der Leib Christi zugegen sei.
Zum zweiten meinen sie, daß die Einsetzung dieses Sakraments, durch Christus geschehen, in der Christenheit gültig sei und daß es nicht an der Würdigkeit oder Unwürdigkeit des Geistlichen liegt, der das Sakrament reicht, oder [dessen] der es empfängt, deshalb weil, wie der heilige Paulus sagt [1Kor 11,27], auch die Unwürdigen dieses Sakrament genießen. So nehmen sie an, daß auch den Unwürdigen der Leib und das Blut Christi dargereicht wird, und die Unwürdigen wahrhaftig dasselbe empfangen, wenn man die Einsetzung und den Befehl des Herrn Christus hält. Aber diese empfangen es zum Gericht, wie der heilige Paulus spricht [1Kor 11,29]; denn sie mißbrauchen das heilige Sakrament, weil sie es ohne wahre Buße und ohne Glauben empfangen. Denn es ist darum eingesetzt, daß es bezeuge, daß denen die Gnade und Wohltat Christi ebenda zugeeignet wird und daß diejenigen Christus eingeleibt und durch das Blut Christi gewaschen werden, die wahre Buße tun und sich trösten durch den Glauben an Christus.
Weil aber diesmal wenige von uns zusammengekommen sind und diese Sache auch zu den anderen Predigern und Obrigkeiten beiderseits gelangen muß, können wir die Konkordie noch nicht beschließen . . . Nachdem aber diese alle bekennen, daß sie in allen Artikeln der Augsburgischen Konfession und Apologie[2] . . . gemäß und gleich glauben und lehren wollen . . . haben wir gute Hoffnung, daß eine beständige Konkordie unter uns aufgerichtet werde.
D. Wolfgang Capito, Straßburg; Mg. Martin Bucer, Straßburg; Lic. Martin Frecht, Ulm; Lic. Jakob Otther, Esslingen; Bonifatius Lycosthenes, Augsburg; Johannes Bernhardi, Frankfurt; Martin Germani, Fürfeld; Mg. Matthäus Alber, Reutlingen; Johannes Schradin, Reutlingen.
D. Martin Luther; D. Justus Jonas; D. Kaspar Cruciger, Wittenberg; D. Johannes Bugenhagen, [gen.] Pomeranus; Philipp Melanchthon; Justus Menius, Eisenach; Friedrich Myconius, Gotha.

Quelle: WA.B 12, S. 206–208,57. S. 209–210,44; vgl. CR 3, S. 75–77. – *Literatur:* W. Köhler, Zwingli und Luther, 2, S. 432–525; J. M. Kittelson, Martin Bucer and the Sacramentarian Controversy: The Origins of His Policy of Concord, ARG 64, 1973, S. 166–183; M. U. Edwards jr., Luther and the False Brethren, Stanford/Ca. 1975, S. 127–155; vgl. Nr. 72–73, 78–79.

1. Adversus haereses IV, 18, 5 (PG 1028f.). Vgl. zu Irenäus Bd. I Nr. 27.
2. Vgl. Nr. 81. Melanchthons Apologie in: BSLK, S. 141–404.

91. Johannes Calvin: Antwort an Kardinal Sadolet (1539)

Nachdem der Genfer Stadtrat die Prädikanten Wilhelm Farel (1489–1565) und Johannes Calvin (1509–64) wegen Ungehorsam aus der Stadt ausgewiesen hatte (April 1538), schien der rechte Zeitpunkt gekommen, die Genfer zur ›Mutterkirche‹ zurückzurufen: Jacob Sadolet (1477–1547), seit 1517 Bischof von Carpentras (Südfrankreich), seit 1536 Kardinal und Mitglied der von Papst Paul III. berufenen Reformkommission, richtete einen offenen Brief an die Bevölkerung (März 1539). Die Antwort erfolgte nicht aus Genf, sondern im September von Straßburg aus durch Calvin, der in seiner »Responsio ad Sadoletum« in knapper Form Rechenschaft über das Anliegen der Reformation gab. Vgl. zu Calvin weiter Nr. 115–118.

a) Das ewige Leben und Gottes Ehre

Fast den dritten Teil Deines ganzen Briefes beansprucht Dein Vorwort über den Vorzug ewiger Seligkeit. Es soll hier nicht ausführlich widerlegt werden. Es ist schon recht, daß die Beschäftigung mit dem künftigen und ewigen Leben uns immerfort im Sinne liegen muß. Unser Bewußtsein muß ständig wieder darauf gebracht werden und solches dauernd in Betracht ziehen. Ich bin mir nur nicht im klaren, warum Du Deine Rede hier so ausdehnst. Wolltest Du vielleicht hierdurch nur Dich selbst und Deine Frömmigkeit ins rechte Licht rücken? Jedenfalls wolltest Du darlegen – um alle Zweifel über Deine Person zu beseitigen –, daß Du Dir über das herrliche Leben bei Gott ernste Gedanken gemacht hast. Durch eine so lange Empfehlung wolltest Du Deine Briefempfänger aufhorchen lassen. Ich erspare mir eine genauere Überprüfung Deiner Absicht. Es ist aber theologisch nicht richtig, den Menschen so mit sich selbst zu befassen. Dies sollte man einem Menschen nicht zur Gestaltung seines Lebens an den Anfang setzen, sondern eher das Bemühen, die Ehre des Herrn zu vermehren. Für Gott nämlich, nicht für uns sind wir zuallererst auf der Welt [Deo enim, non nobis nati imprimis sumus].

Wenn sich nämlich von Ihm alles irgendwie herleitet und in Ihm Bestand hat, so muß auch auf Ihn sich alles beziehen, sagt Paulus [Röm 11,36]. Ich gestehe, so hat schon der Herr selbst den Eifer für seines Namens Ehre hervorgehoben, um seine Ausbreitung und Bereicherung den Menschen zu empfehlen. Er soll mit unserm eigenen Heil beständig verbunden sein. Und er lehrte, hierbei müsse alle Sorge und alles Sinnen auf eigenen Vorteil zurücktreten. Das natürliche Rechtsempfinden der Menschen bestätigt es: Gott wird ja nicht zuteil, was ihm gebührt, wenn er nicht allen Dingen vorgezogen wird. Daher muß ein Christenmensch höher greifen, als sich nur um sein eigenes Seelenheil zu kümmern und alles darauf zu beziehen. Von rechter Frömmigkeit scheint mir nur einer erfüllt zu sein, dem so lange und ins einzelne gehende Belehrungen über den Himmel unklug dünken, da sie den Menschen zu sehr bei sich selbst festhalten und ihn mit keinem Hinweis zur Heiligung des Namens Gottes aufrichten. Wenn dies als wahre Heiligung erst einmal festgestellt ist, kannst Du hinterher mit meiner Zustimmung zu Deiner

Behauptung rechnen, uns solle nichts anderes im Leben vorschweben, als nach jener oberen Berufung zu streben. Dies ständige Ziel hat Gott vor uns hingestellt für all unser Tun, Reden und Denken. Denn offenbar beweist der Mensch durch nichts anderes seinen Vorrang vor einem wilden Tier als durch den geistigen Umgang mit Gott, und zwar mit der Aussicht auf die Ewigkeit, die Ihm eignet. Unser ganzes Predigen hat nur das Ziel, daß wir aller Herzen emporreißen, damit sie Ihn kennenlernen [ad meditationem studiumque eius].

Quelle: CR 33, S. 391,17–392,17; übers. nach: Mußte Reformation sein? Calvins Antwort an Kardinal Sadolet. Übersetzt und eingeleitet von G. Gloede, Das Wort der Reformation – Neuausgaben zeitgemäßer Schriften der Reformatoren 4, o.J., S. 10f. – *Literatur:* s. bei Text d.

b) Die rechte Kirche

Nun weiter, Sadolet, da Du dies freiwillig zugestanden hast, ist von Dir selbst für meine Verteidigung das Fundament gelegt. Wenn Du zugibst, es herrsche schrecklicher Seelentod, wo die göttliche Wahrheit durch verschrobene Ansichten in Lüge verkehrt wird, so bleibt uns nur die Frage zu stellen, welche von beiden Parteien die einzig legitime Verehrungsweise Gottes denn eigentlich bewahre? Um sie Eurer Seite zuzuschanzen, gehst Du von der Annahme aus, am sichersten sei die Regel, die von der Kirche vorgeschrieben wird. Gleichwohl stellst Du dann – wie in Zweifelsfällen üblich, als ob wir hier Widerstand zeigten – Deine Ansicht zur Diskussion. Doch hier, Sadolet, wo ich Dich so vergeblich schwitzen sehe, möchte ich Dir diese Last abnehmen. Deine Annahme ist falsch, als wollten wir das Christenvolk von der Art der Gottesverehrung abbringen, die die allgemeine Kirche immer beachtet hat. Im Namen der Kirche träumst Du – oder vielmehr schminkst Du Dir – ein Zerrbild zurecht. Ich werde Dich bei diesem letzteren Versuch bald ertappen. Es kann ja auch sein, daß Du irgendwohin auskneifst. Erstens: in der Definition [der Kirche] hastDu etwas ausgelassen, das Dir zur rechten Einsicht ein gutes Stück weitergeholfen hätte. Wenn Du sagst, Kirche sei die zu jeder früheren Zeit wie auch heute, an jeder Stelle der Erde in Christus eine und einhellig von dem einen Geiste Christi allerorts und immer geleitete, – wo bleibt da das Wort des Herrn? Dieses ist das deutlichste Merkmal, das der Herr selbst uns zur Kennzeichnung der Kirche so oft empfiehlt. Weil der Herr nämlich voraussah, wie gefährlich es sein würde, ohne das Wort mit dem Geist hin und her zu jonglieren, erklärte er zwar, daß die Kirche vom Heiligen Geist gelenkt werde. Aber er hat diese Leitung an das Wort gebunden, damit sie dem Glauben nicht als vage und lose erscheinen müsse. Aus diesem Grunde ruft Christus: »Aus Gott stammen die her, welche auf die Worte Gottes hören; seine Schafe sind, die seine Stimme als die des Hirten erkennen; und irgendwelche andere Stimme ist die des Mietlings« [Joh 10,27]. Aus dem gleichen Grunde verkündet der Geist aus dem Munde des Paulus: »Die Kirche ist gegründet über dem Fundament der Apostel und Propheten« [Eph 2,20]. Ebenso: »Die Kirche ist dem Herrn geheiligt durch das Wasserbad im Wort des Lebens« [Eph 5,26]. Dasselbe wird durch ein Wort des Petrus noch klarer, wo er lehrt, es werde Gott ein Volk wiedergeboren durch jenen unvergänglichen Samen [»des lebendigen und bleibenden Wortes Gottes«] [1Petr 1,23]. Und warum wird sonst so häufig die Predigt des Evangeliums das Reich Gottes genannt? Will nicht der himmlische König sein Volk mit diesem Zepter im Zaume halten? Und nicht allein in den apostolischen Schriften findet man dieses. Jedesmal, wenn die Propheten in alle Welt hinein Kirche pflanzen oder weiter ausbrei-

ten durch ihre Weissagungen, so weisen sie stets den ersten Platz dem Worte zu.
»Es werden lebendige Wasser von Jerusalem ausgehen, die, in vier Ströme unter-
teilt, die ganze Erde bewässern werden« [Sach 14,8]. Welcher Art nun jene lebendige Wasser sind, erklären sie selbst, wenn sie sagen: »Es wird ein Gesetz von Zion
ausgehen und das Wort des Herrn von Jerusalem« [Jes 2,3]. Chrysostomus [† 407;
vgl. Bd. I Nr. 88] warnt uns also mit Recht vor jenen, die uns unter dem Vorwand
des Geistes von der einfachen Lehre des Evangeliums abbringen wollen. Der Geist
ist verheißen, nicht um eine neue Lehre zu offenbaren, sondern um den Men-
schenherzen die Wahrheit des Evangeliums einzuprägen.

Quelle: CR 33, S. 392,31–393,32; übers. nach: G. Gloede (s. Text a), S. 14f. – *Literatur:* s. bei Text d.

c) Kennzeichen rechter Kirche

Auf drei Teilen steht und stützt sich am ehesten die Unversehrtheit der Kirche: auf
Lehre, Ordnung und Sakramente; viertens können noch die Zeremonien hinzu-
kommen, die das Volk in den Pflichten der Frömmigkeit üben sollen. Wenn nun
das Ansehen Eurer Kirche möglichst geschont werden soll, in welchem Teil sollen
wir sie Deiner Meinung nach prüfen?

Die Wahrheit prophetischer und evangelischer Lehre, auf der eine Kirche gegründet sein muß, ging nicht nur großenteils zugrunde, noch mehr, sie wurde feindse-
lig mit Feuer und Schwert bekämpft. Möchtest Du mir eine solche Kirche aufdrängen, die alles erbittert verfolgt, was die Hauptartikel unserer Religion ausmacht,
was Gottes Aussprüche ans Licht brachten, was auch in den Schriften der heiligen
Väter seine Bestätigung erfuhr und was auf den alten Konzilien angenommen ist?
Ferner, besteht denn noch eine Spur von jener heiligen wahren Zucht bei Euch, die
die alten Bischöfe in der Kirche übten? Habt Ihr nicht alle ihre Einrichtungen zum
Gespött werden lassen? Habt Ihr nicht alle alten Leitsätze mit Füßen getreten?
Und daran, wie bei Euch böswillig die Sakramente entweiht sind, mag ich nur mit
Schaudern denken. Zeremonien habt Ihr zwar mehr als genug. Aber was können
sie schon die Kirche stärken helfen, wenn sie großenteils ihres rechten Ausdrucks
entkleidet und durch zahllose Formen von Aberglauben verdorben sind? Du
siehst, ich brauche die Anklagen nicht zu übertreiben. Sie liegen alle so offen zutage, daß man mit dem Finger darauf tippen möchte, wenn überhaupt Augen da
sind, die sehen können. Nun mache bitte einmal die Gegenprobe bei uns. Du wirst
die Verbrechen, die Du uns vorwirfst, nicht nachweisen können.
Bei den Sakramenten haben wir nur versucht, sie in ihrer ursprünglichen Reinheit, von der sie weit abgekommen waren, wiederherzustellen und ihnen wieder
zu ihrer rechten Wertschätzung zu verhelfen. Die Zeremonien haben wir großenteils abgeschafft. Wir waren tatsächlich dazu gezwungen; teils waren sie durch
ihre Überzahl zu einer Art jüdischem Geschäft entartet, teils brachten sie in das
Denken des Volkes so viel Aberglauben, daß das auf keinen Fall so bleiben konnte.
Denn der Frömmigkeit, die sie fördern sollten, standen sie gerade am meisten im
Wege. Behalten haben wir die, welche nach gegenwärtigem Verständnis [pro tem-
poris ratione] hinreichend schienen.
Wir stellen keineswegs in Abrede, daß bei uns die Zucht, wie sie die alte Kirche
hatte, fehlt. Aber ist das nun richtig, daß wir wegen der abgetanen Kirchenzucht in
denen unsere Ankläger finden, die sie selber allein schon fast beseitigt haben? Wer
bereitete uns größten Widerstand, als wir sie wieder einzuführen suchten?

Quelle: CR 33, S. 394,48–395,36; übers. nach: G. Gloede (s. Text a), S. 20f. – *Literatur:* s. bei Text d.

d) Die Rechtfertigungslehre

Du selbst sprichst uns übrigens durch Dein eigenes Verhalten frei: unter unsern Glaubenssätzen, die Du erledigen willst, führst Du keinen an, dessen Kenntnis nicht zur Erbauung [aedificatio] der Kirche besonders notwendig ist. Zunächst rührst Du an die Rechtfertigung aus Glauben. Hierüber ist ja zwischen uns und Euch hauptsächlich erbittert gerungen worden. Ist dies denn eine unnütze Spitzfindigkeit? Jedoch nimm diese Erkenntnis fort, dann ist Christi Ehre ausgelöscht, die Religion abgeschafft, die Kirche niedergerissen und uns jede Hoffnung auf Rettung entschwunden. Also jener Glaubenssatz, der in der [christlichen] Religion am höchsten steht, ist von Euch – so behaupten wir – aus dem lebendigen Bewußtsein der Menschen in gottloser Weise getilgt. Mit dem klaren Beweis hierfür sind unsere Bücher angefüllt. Die völlige Unkenntnis hierüber, die man noch heutzutage in Euren Kirchen antrifft, beweist, daß man sich ganz zu Unrecht über uns beschwert. Du wirfst uns hier recht böswillig vor: dadurch, daß wir dem Glauben alles übertrügen, ließen wir den Werken keinen Platz. Wenn ich mich hier auf eine richtige Auseinandersetzung einließe, könnte sie nur in einem umfangreichen Band abgeschlossen werden. Doch wenn Du nur einen Blick in den Katechismus[1] werfen möchtest, den ich selbst für die Genfer verfaßte, als ich dort Pastor war, würdest auch Du Dich schon nach kurzem geschlagen geben müssen und verstummen. Ich möchte Dir hier aber mit einer kurzen Darlegung unseres Standpunktes helfen.

Wir achten streng darauf, daß der Mensch mit seiner Selbsterkenntnis den Anfang macht, und zwar nicht so leichthin und nebenbei, sondern so, daß er sein Gewissen vor Gottes Richterstuhl stellt. Von seiner Unbotmäßigkeit wird er dann tief durchdrungen. Die Strenge solchen Richtspruches trifft alle Sünder. So sinkt er vor Gott hin und demütigt sich, denn sein Elend brachte ihn ins Wanken und erschütterte ihn. Alles Selbstvertrauen ist abgelegt, nur Seufzer eines zum Tode Verurteilten bleiben ihm. Hier zeigen wir ihm, daß die einzige Rettungsmöglichkeit in Gottes Barmherzigkeit offensteht. In Christus haben wir dies Angebot. Unser ganzes Heil liegt in ihm vollkommen bereit. Wenn also alle Sterblichen vor Gott Sünder sind – so ist unsere Überzeugung –, ist Christus unsere einzige Gerechtigkeit. Durch seinen Gehorsam hat er unsere Übertretungen ausgelöscht, durch sein Opfer den Zorn besänftigt, mit seinem Blut unsere Flecken beseitigt, mit seinem Kreuz unsere Verurteilung auf sich genommen, und schließlich mit seinem Tode für uns alles beglichen. Hierher stammt unser Satz, der Mensch werde mit Gott dem Vater durch Christus versöhnt, – durch kein eigenes Verdienst, durch keine Anrechnung von Werken, sondern durch das Geschenk der Barmherzigkeit. Da wir aber im Glauben Christus umfassen und gleichsam mit ihm tauschen möchten, nennen wir es in Anlehnung an die Heilige Schrift Glaubensgerechtigkeit.

Quelle: CR 33, S. 396,43–397,37; übers. nach: G. Gloede (s. Text a), S. 22–24. – *Literatur:* W. Dankbaar, Calvin. Sein Weg und sein Werk (1959) 1966²; F. Wendel, Calvin, Ursprung und Entwicklung seiner Theologie (franz. 1950), 1968; H. Schützeichel, Die Glaubenstheologie Calvins, BÖT 9, 1972; R. Pfister, Kirchengeschichte der Schweiz, 2. Von der Reformation bis zum Zweiten Villmerger Krieg, 1974; Calvinus Theologus. Die Referate des Europäischen Kongresses für Calvinforschung vom 16. bis 19. September 1974 in Amsterdam, hg. von W. Neuser, 1976; vgl. Nr. 115–118.

1.   Gemeint ist Calvins »Instruction et Confession de Foy« von 1537; CR 50, S. 33–96.

RELIGIONSVERHANDLUNGEN ZU WORMS UND REGENSBURG (1540/41)

92. Wormser Religionsgespräch: Confessio Augustana variata (1540)

Da Karl V. gegen die Türken an den Grenzen des habsburgischen Reiches auch die Hilfe der deutschen protestantischen Reichsstände benötigte, diese aber dafür Zugeständnisse in der Religionsfrage forderten, lud er am 18. 4. 1540 zu einem Religionsgespräch nach Speyer ein, das aber wegen einer Pestepidemie nach Hagenau verlegt wurde. Die Hagenauer Verhandlungen (25. 6. bis 28. 7. 1540) blieben aber schon in der Erörterung der Verfahrensweise stecken. Das Religionsgespräch wurde auf den 28. 10. 1540 nach Worms vertagt. Hier wurde die Confessio Augustana Variata, eine lateinische Ausgabe der CA (Nr. 81) aufgrund der von Melanchthon (vgl. Nr. 30, 36, 41, 81, 93) an ihr vorgenommenen Änderungen, am 30. 11. 1540 als Bekenntnis des Schmalkaldischen Bundes an den Vertreter des Kaisers, Kardinal Granvella, übergeben. Mit größerer Offenheit gegenüber den Schweizern als in der ›Wittenberger Konkordie‹ (Nr. 90), aber erheblich schärfer gegen die päpstlich-katholische Kirche als noch zehn Jahre zuvor in Augsburg (vgl. Nr. 81), ist die Variata später jedoch oft als ›private Leisetreterei‹ Melanchthons gedeutet worden (vgl. Nr. 121). Gleichwohl, nur wenn man die Variata nicht gegen die Confessio Augustana ausspielt, werden beide Fassungen des Bekenntnisses richtig interpretiert (W. Maurer).

4. [Von der Rechtfertigung]
Um diese Wohltaten Christi zu erlangen, nämlich Vergebung der Sünden, Rechtfertigung und ewiges Leben, gab Christus das Evangelium, in dem uns diese Wohltaten dargereicht werden, wie es Lukas 24[,47] heißt: »daß in seinem Namen Buße gepredigt werde und Vergebung der Sünden unter allen Völkern«. Da nämlich alle auf natürliche Weise sich fortpflanzenden Menschen sündig sind und dem Gesetz wirklich nicht genügen können, hindert das Evangelium die Sünde und zeigt uns den Mittler Christus und belehrt uns so über die Vergebung der Sünden.

Wenn das Evangelium uns unserer Sünden überführt, müssen die erschrockenen Herzen bedenken, daß uns um Christi willen umsonst Sündenvergebung und Rechtfertigung geschenkt werden durch den Glauben, durch den wir glauben und bekennen müssen, daß sie uns um Christi willen geschenkt werden, der für uns ein Opfer wurde und den Vater versöhnt hat. Obgleich das Evangelium also Buße fordert, lehrt es dennoch, damit die Vergebung der Sünden gewiß sei, daß sie umsonst geschenkt werde, d.h. daß sie nicht von unserer Würdigkeit [ex conditione dignitatis nostrae] abhänge und nicht um irgendwelcher vorhergehender Werke oder der ihnen nachfolgenden Würdigkeit willen gegeben werde. Es würde nämlich eine unsichere Vergebung werden, wenn man meinen müßte, daß uns dann erst Vergebung der Sünden zuteil würde, nachdem wir sie durch vorhergehende Werke verdient hätten oder die Buße würdig genug wäre.

Denn das Gewissen findet in wahren Ängsten kein Werk, das es dem Zorn Gottes entgegenstellen könnte, und Christus ist uns nur geschenkt und vorgestellt, daß er der Versöhner sei. Diese Ehre Christi darf nicht auf unsere Werke übertragen werden. Daher sagt Paulus: »Umsonst seid ihr gerettet worden« [Eph 2,5]. Also: Aus Glauben umsonst, auf daß die Verheißung zuverlässig ist, d.h. die Vergebung wird so gewiß sein, wenn wir wissen, daß sie nicht von unserer Würdigkeit abhängt, sondern um Christi willen geschenkt wird. Dies ist ein zuverlässiger und unentbehrlicher Trost für fromme, erschrockene Gemüter. So lehren auch die hei-

ligen Väter, und es gibt bei Ambrosius[1] eine denkwürdige und ausgezeichnete
Sentenz in folgenden Worten:»Das ist von Gott beschlossen, daß, wer an Christus
glaubt, gerettet wird ohne Werke, allein durch den Glauben, indem er die Vergebung der Sünden umsonst annimmt.«[2]
Das Wort»Glauben« bezeichnet nicht nur die historische Kenntnis von Christus,
sondern das Vertrauen in und die Zustimmung zu dieser Verheißung, die das
Evangelium ausmacht [promissio, quae est Evangelii propria]: um Christi willen
werden uns Vergebung der Sünden, Rechtfertigung und ewiges Leben versprochen. Ja, auch diese Verheißung bezieht sich auf die Geschichte von Christus, wie
auch im Glaubensbekenntnis dieser Artikel der Geschichtsdarstellung hinzugefügt ist:»Ich glaube die Vergebung der Sünden.« Auf diesen Artikel müssen sich
die übrigen aus der Geschichte Christi beziehen. Denn diese Wohltat ist Ziel der
Geschichte [finis historiae]. So hat Christus das Leiden auf sich genommen und ist
auferweckt worden, daß um seinetwillen uns Vergebung der Sünden und ewiges
Leben geschenkt werden.
6.   [Vom neuen Gehorsam]
Weiter lehrt man, daß, wenn wir durch Glauben versöhnt werden, notwendig die
Gerechtigkeit guter Werke folgen müsse, die Gott uns befohlen hat, wie auch
Christus aufgetragen hat:»Willst du ins Leben eingehen, so halte die Gebote« [Mt
19,17]. Aber da die menschliche Natur so schwach ist, daß niemand das Gesetz erfüllen kann, muß man die Menschen lehren, nicht nur, daß sie dem Gesetz gehorchen müssen, sondern auch, wie dieser Gehorsam gefalle, damit die Gewissen
nicht in Verzweiflung geraten, wenn sie einsehen, daß sie dem Gesetz nicht genügen können. Dieser Gehorsam gefällt nun, nicht weil er dem Gesetz genügt, sondern weil in Christus die Person durch den Glauben versöhnt ist und weil sie
glaubt, daß ihr der Rest der Sünde erlassen wird. Man muß daher immer bedenken, daß wir die Vergebung der Sünden erlangen und daß wir für gerecht erklärt
werden [personam pronunciari iustam], d.h. daß wir um Christi willen durch den
Glauben umsonst angenommen werden. Danach aber gefällt auch der Gehorsam
dem Gesetz gegenüber und wird eine gewisse Gerechtigkeit angerechnet, wird ein
Lohn erhalten. Denn das Gewissen kann Gottes Gericht keine eigene Reinheit oder
eigene Werke entgegensetzen . . .

Quelle: Melanchthons Werke in Auswahl, VI. Bekenntnisse und kleinere Lehrschriften, hg. von R.
Stupperich, 1955, S. 15–19. – *Literatur:* A. Korte, Die Konzilspolitik Karls V. in den Jahren
1538–1543, SVRG 85, 1905; W. Friedensburg, Kaiser Karl V. und Papst Paul III. (1538–1543), SVRG
153, 1932; W. Maurer, Confessio Augustana Variata, ARG 53, 1962, S. 97–151. Neudruck in: Kirche
und Geschichte, 1. Luther und das evangelische Bekenntnis, hg. von E.-W. Kohls und G. Müller,
1970, S. 213–266; H. Mackensen, Contarini's Theological Role at Ratisbon in 1541, ARG 51, 1960, S.
36–57; P. Fraenkel, Einigungsbestrebungen in der Reformationszeit, Inst. f. Europ. Gesch. Mainz,
Vortr. 41, 1965; J. Lortz, Wert und Grenzen der katholischen Kontroverstheologie in der ersten Hälfte
des 16. Jahrhunderts, in: Um Reform und Reformation, hg. von H. Franzen. KLK 27/28, 1968, S.
9–32; W. von Loewenich, Duplex Iustitia. Luthers Stellung zu einer Unionsformel des 16. Jahrhunderts, VIEG 68, 1972; W. Neuser, Die Vorbereitung der Religionsgespräche von Worms und Regensburg 1540/41, TGET 4, 1974; R. Braunisch, Die Theologie der Rechtfertigung im»Enchiridion« (1538)
des Johannes Gropper. Sein kritischer Dialog mit Melanchthon, RGST 109, 1974; K. H. zur Mühlen,
Die Einigung über die Rechtfertigungsartikel auf dem Regensburger Religionsgespräch von 1541 – eine
verpaßte Chance?, ZThK 76, 1979, S. 331–359.

1.   Vgl. Bd. I, Nr. 85–86.
2.   Ambrosiaster zu 1Kor 1,4 (PL 17, Sp. 195).

93. Regensburger Religionsgespräch: Regensburger Buch (1541)

Im Rahmen des von Kaiser Karl V. angestrebten religiösen Ausgleichs diskutierten namentlich Melanchthon und Eck (vgl. Nr. 22–24, 84) in offiziellen Verhandlungen über die CA (vgl. Nr. 92). Gropper (1503–1559), der als Jurist und Theologe um innertheologische Reformen bemüht war, und Bucer (Nr. 90, 110) verfaßten in Geheimverhandlungen im Dezember 1540 ein von der CA unabhängiges, im wesentlichen auf Groppers ›Enchiridion‹ von 1536 gründendes Dokument (sog. ›Wormser Buch‹). Dieses bildete die Verhandlungsgrundlage des Regensburger Religionsgespräches (Eröffnung am 27. 4. 1541) und wurde hier zum sog. ›Regensburger Buch‹ erweitert. In diesem einigte man sich mit einer kontroverstheologisch verschieden lesbaren Unionsformel über die Rechtfertigung (Art. 5), scheiterte aber dann vor allem an der Frage der Irrtumslosigkeit der Konzilien, der Transsubstantiation (Art. 14), auf der der päpstliche Legat Contarini (vgl. Nr. 102) beharrte, und des Primates des Papstes (Art. 19). Am 22. Mai 1541 wurden die Verhandlungen für gescheitert erklärt.

5. *Von der Rechtfertigung des Menschen* [3. Fassung]
Dies ist gewiß und bekannt bei allen Christen, daß nach dem Fall Adams alle Menschen, wie der heilige Paulus spricht, geboren werden als Kinder des Zorns und Gottes Feinde [Eph 2,3] und deshalb im Tod und in Gefangenschaft der Sünden sind.
Auch ist gewiß und bekannt bei allen Christen, daß kein Mensch mit Gott versöhnt und von der Gefangenschaft der Sünden befreit werden kann anders als durch Christus, den einzigen Mittler Gottes und der Menschen; durch dessen Gnade, wie Paulus [Röm 6,17f.] spricht, werden wir nicht nur mit Gott versöhnt und befreit von der Gefangenschaft der Sünde, sondern wir erlangen auch Teilhabe an der göttlichen Natur und werden Gottes Kinder [2Petr 1,4]. Auch ist's gewiß und öffentlich, daß Erwachsene diese Wohltat Christi nicht erlangen ohne vorhergehende Bewegung des Heiligen Geistes, durch den ihr Gemüt und Wille bewegt wird wider ihre Sünde [ad detestationem peccati] . . .
Danach wird das menschliche Gemüt vom Heiligen Geist bewegt zu Gott durch Christus und diese Bewegung geschieht durch den Glauben, durch den das menschliche Gemüt mit Gewißheit allem glaubt, was von Gott geoffenbart ist, und glaubt also auch gewiß und ohne Zweifel den Verheißungen, die uns von Gott gegeben sind; dieser ist, wie im Psalm [145,13] gesagt wird, treu in allen seinen Worten, und daraus faßt es Vertrauen in die Verheißung Gottes, in der er zusagt, daß er denen, die an Christus glauben – d.h. denen, die ihr früheres Leben bereuen –, die Sünden umsonst vergeben und sie als [seine] Kinder annehmen wird, und in diesem Glauben wird es vom Heiligen Geist zu Gott emporgehoben [erigitur]. Es empfängt daher auch den Heiligen Geist, die Vergebung der Sünden, die Zurechnung [imputatio] der Gerechtigkeit und unzählige andere Gaben.
Es ist deshalb eine beständige, gesunde Lehre, daß der Sünder durch lebendigen und tätigen [efficax] Glauben gerechtfertigt wird, denn dadurch werden wir Gott angenehm und gefällig um Christi willen . . .
Das wird jedoch keinem zuteil, wenn nicht auch zugleich die Liebe [caritas] eingegossen wird, die den Willen heilt, so daß der geheilte Wille anfängt, das Gesetz zu erfüllen, wie Augustin sagt[1]. Das ist also der lebendige Glaube, der sowohl die Barmherzigkeit in Christus ergreift und glaubt, daß die Gerechtigkeit, die in Christus ist, ihm umsonst zugerechnet wird, als auch zugleich die Verheißung des Heiligen Geistes und die Liebe empfängt. So daß also der Glaube, der rechtfertigt, je-

ner Glaube ist, der durch die Liebe tätig ist [Gal 5,6]. Aber gleichwohl ist dies wahr, daß wir durch diesen Glauben insofern gerechtfertigt werden – d.h. von Gott angenommen und mit ihm versöhnt werden –, als man die Barmherzigkeit und Gerechtigkeit ergreift, die uns zugerechnet [imputatur] wird um Christi und seines Verdienstes willen, nicht [aber] um der Würdigkeit oder Vollkommenheit der Gerechtigkeit willen, die uns in Christus mitgeteilt [communicata] worden ist. Wenn auch der, der gerechtfertigt wird, die Gerechtigkeit empfängt und sie durch Christus sogar an sich trägt [habet inhaerentem], wie Paulus sagt [1Kor 6,11]: »Ihr seid abgewaschen, ihr seid geheiligt, ihr seid gerechtfertigt« etc., weshalb auch die heiligen Väter mit ›Rechtfertigung‹ [iustificari] das bezeichneten, was ›die anhaftende Gerechtigkeit annehmen‹ meint, so soll sich dennoch das gläubige Herz nicht darauf verlassen, sondern allein auf die Gerechtigkeit Christi, die uns geschenkt wird, ohne die es überhaupt keine Gerechtigkeit gibt noch geben kann. Und so werden wir durch den Glauben an Christus gerechtfertigt oder für gerecht gehalten [reputamur], d.h. durch seine Verdienste angenommen, nicht um unserer Würdigkeit oder Werke willen. Und wir werden, was die anhaftende Gerechtigkeit betrifft, deshalb gerecht genannt, weil wir tun, was gerecht ist, gemäß jenem Wort des Johannes [1Joh 3,7]: »Wer das Rechte tut, der ist gerecht.«
Und obwohl in den Wiedergeborenen Gottesfurcht, Geduld, Demut und andere Tugenden ständig zunehmen sollen, weil die Erneuerung unvollkommen ist und ihnen eine ungeheure Schwachheit anhaftet, so soll man dennoch lehren, daß, wer aufrichtig Reue empfindet, immer in der Gewißheit des Glaubens [fide certissima] festhalten darf, daß er um des Mittlers Christus willen Gott gefällt, weil Christus der Gnadenstuhl, der Hohepriester und Fürsprecher für uns ist, den uns der Vater geschenkt hat und alle Güter mit ihm.
Weil aber der Mensch vollkommene Gewißheit [des Glaubens] in dieser Schwachheit [imbecillitas] nicht hat, und es viele schwache, erschrockene Gewissen gibt, die oft von schwerem Zweifel angefochten werden, so soll doch niemand wegen dieser Schwachheit [infirmitas] von der Gnade Christi ausgeschlossen werden, sondern die Betreffenden sollen vielmehr heftig ermahnt werden, daß sie die Verheißungen Christi mutig diesem Zweifel entgegenstellen und in inständigem Gebet um die Mehrung ihres Glaubens bitten sollen, gemäß [Lk 17,5]: »Herr, mehre uns den Glauben.«
Auch ist bei allen Christen bekannt, daß uns Gnade und neue Geburt nicht dazu gegeben sind, daß wir auf der zuerst erreichten Stufe der Erneuerung müßig verharren sollen, sondern daß wir in allem zu dem hin wachsen sollen, der das Haupt ist [Eph 4,15]. Darum soll man das Volk lehren, daß es sich zu solcher Mehrung befleißigen soll, was geschieht durch gute Werke, innerliche und äußerliche, die von Gott befohlen und empfohlen sind, für die auch Gott an vielen Stellen des Evangeliums klar und in aller Deutlichkeit Belohnung um Christi willen zugesagt hat, nämlich Güter für Leib und Seele in diesem Leben nach der göttlichen Vorsehung und nach diesem Leben im Himmel.
Wiewohl deshalb das Erbe des ewigen Lebens den Wiedergeborenen aufgrund der Verheißung zusteht, sobald sie in Christus neugeboren sind, so will doch Gott gleichwohl auch die guten Werke belohnen, [allerdings] nicht nach ihrem Wesen oder danach, daß sie von uns kommen, sondern sofern sie im Glauben geschehen und vom Heiligen Geist stammen, der in uns wohnt, unter, sozusagen teilweiser, Mitwirkung des freien Willens.
Und die Seligkeit derjenigen, die größere und mehr Werke getan haben, wird grö-

ßer und herrlicher sein aufgrund der Zunahme des Glaubens und der Liebe, worin sie durch solche Übungen gewachsen sind.

Wer aber sagt: »Allein durch den Glauben werden wir gerechtfertigt«, der soll zugleich die Lehre von der Buße, von der Gottesfurcht, vom Gericht Gottes, von den guten Werken weitergeben, damit die umfassende Fülle der Verkündigung erhalten bleibe, wie Christus spricht: »Predigt Buße und Vergebung der Sünden in meinem Namen« [Lk 24,47], und zwar deshalb, damit diese Redewendung [formula loquendi] nicht anders verstanden werde, als oben dargelegt wird.

14. *Vom Sakrament der Eucharistie*

Das Sakrament der Eucharistie beruht auf dem Wort, das die allmächtige Rede unseres Herrn Christus ist, durch dessen Kraft dies Sakrament zustandekommt und durch das es geschieht, daß nach der Konsekration der wahre Leib und das wahre Blut des Herrn wahrlich und wesenhaft da sind und den Gläubigen unter der Gestalt von Brot und Wein ausgeteilt werden, wobei jene, nämlich Brot und Wein, ohne Zweifel [nimirum] in Leib und Blut des Herrn verändert und verwandelt werden [transmutatis et transsubstantiatis] . . . [1Kor 11,24f.; Mt 24,27].

Das äußerliche Zeichen [elementum] ist Brot und Wein, die zum Sakrament werden, wenn das Wort dazukommt[2]. Denn dies Sakrament besteht aus zwei Dingen: Aus der sichtbaren Gestalt der äußerlichen Zeichen und aus dem unsichtbaren Fleisch und Blut unseres Herren Jesus Christus, woran wir durch dieses Sakrament wahrhaft und wirklich [vere et realiter] teilhaben.

Die Wirkung dieses Sakraments besteht darin, daß wir durch das lebenschaffende Fleisch unseres Heilandes Jesus Christus nicht nur geistlich, sondern auch leiblich mit ihm verbunden und zu Bein von seinem Bein und Fleisch von seinem Fleisch geschaffen werden, vergewissert, daß wir in Jesus Christus Sündenvergebung empfangen und im Sakrament die Kraft, die brennende Begierde [concupiscentia], die in unseren Gliedern steckt, auszulöschen. Gewiß ist dies Sakrament ein höchst erfreuliches Pfand der Sündenvergebung, des ewigen Lebens und der Gemeinschaft mit Gott, die uns in Christus verheißen und gewährt ist.

Quelle: ARCEG 6, 1974, S. 52–54 und 69. – *Literatur:* C. Augustijn, De godsdienstgesprekken tussen rooms-katholieken en protestanten van 1538 tot 1541, 1967; s. weiter Nr. 92.

1. Vgl. Augustin, De spir. et. lit., c. 9,15 (PL 44, Sp. 209); vgl. Bd. I Nr. 91.
2. Vgl. Augustin, In Ioh.Ev.tractatus 80,3. CChr 36, S. 529,5f.; vgl. auch Nr. 57 Anm. 3; Bd. I Nr. 91, bes. S. 205.

IGNATIUS VON LOYOLA UND DIE JESUITEN

Ignatius (Iñigo) von Loyola (1491–1556), ein Adliger aus baskischem Geschlecht, der alle Voraussetzungen mitbrachte für eine vielversprechende Offizierslaufbahn, erfuhr auf dem Krankenlager – er war bei der Verteidigung der gegen die Franzosen errichteten Festungsstadt Pamplona 1521 verwundet worden – die entscheidende Wende in seinem Leben.

Die Beschäftigung mit der »Vita Jesu Christi« des Ludolf von Sachsen († 1377) und mit der »Nachfolge Christi« des Thomas von Kempen (s. Bd. II Nr. 70) 1522 ließen in ihm ein neues asketisches Ideal reifen. Nach Jahren inneren Suchens hat die seinen religiösen Erkenntnissen entsprechende Gemeinschaft ab 1534 mehr und mehr Gestalt gewonnen, bis sie im Jahre 1540 durch Papst Paul III.

(1534–1549) auf Fürsprache von Kardinal Contarini (vgl. Nr. 102) die kirchliche Bestätigung erhielt (Nr. 94). Die historische Schlagkraft der Gemeinschaft – ›compañia de Jesús‹ oder ›societas Iesu‹ – beruht auf dem konsequent durchdachten Ordenssystem, der strengen Gehorsamspflicht und nicht zuletzt der Weltklugheit, die ihr der Gründer mitgegeben hat. Denken und Gotteserfahrung des Ignatius lassen sich in den ›Geistlichen Übungen‹ (Nr. 96) und in den ›Konstitutionen‹ (Nr. 95) seines Ordens gut wiedererkennen.

94. Papst Paul III., Bulle »Regimini militantis ecclesiae«: Bestätigung des Jesuitenordens (27. September 1540)

Wir haben kürzlich nun davon Kenntnis erhalten, daß Unsere geliebte Söhne Ignatius von Loyola, Petrus Faber, Jakob Laynez, Claudius Jaius, Paschasius Broet, Franz Xavier, Alfons Salmeron, Simon Roderich, Johann Coduri und Nikolaus von Bobadilla, Priester aus den Städten und Diözesen Pamplona, Genévois, Siguenza, Toledo, Viseu, Embrun und Palencia, Magistri artium der Universität von Paris und seit mehreren Jahren Studenten der Theologie, aus Eingebung des Heiligen Geistes – wie es der fromme Glaube sieht – schon seit langem aus verschiedenen Teilen der Welt sich zurückgezogen und zu einer Gemeinschaft vereinigt haben. Sie sind Genossen [socii] geworden und haben den Verlockungen dieser Welt entsagt und ihr Leben für immer dem Dienst [servitium] unseres Herrn Jesus Christus und Unserer Person bzw. der Uns folgenden Päpste von Rom geweiht. Sie sind schon seit mehreren Jahren ruhmreich im Weinberg des Herrn tätig. Mit hinreichender Vollmacht ausgestattet, predigen sie das Wort Gottes öffentlich. Privat ermahnen sie die Gläubigen zu einem guten und seligen Leben und zu frommen Gedanken. Darüber hinaus dienen sie in Krankenhäusern und unterweisen Kinder und Ungebildete in dem, was zur Bildung eines Christen erforderlich ist. Kurz: an allen Orten, wohin sie gekommen sind, haben sie sich viel Ruhm verdient, indem sie alle Liebespflichten erfüllten und alles taten, was der Tröstung der Seelen dient. Jetzt aber sind sie in diese erhabene Stadt gekommen und haben, fest durch das Band der Liebe verbunden, eine Regel des Lebens [vivendi forma] vorgelegt, die die Einheit ihrer Gesellschaft [societas] in Christus vollenden und bewahren soll. Diese Regel enthält Anweisungen, von denen sie durch Erfahrung gelernt haben, daß sie dem ins Auge gefaßten Ziel dienlich sind, und steht zugleich in Übereinstimmung mit den evangelischen Räten und den kanonischen Gesetzen [sanctiones] der Väter. Deshalb hat es sich ergeben, daß das Leben dieser Genossen, so wie es durch die Regel [formula] gestiftet wird, nicht nur bei vielen rechtschaffenen und für Gott eifernden Männern Anerkennung findet, sondern daß ihm einige sogar so sehr zustimmen, daß sie es zu ihrem eigenen machen wollen. Der Wortlaut der besagten Regel ist folgender:
»Jeder, der in unserer Gemeinschaft, die wir mit dem Namen Jesu auszeichnen wollen, unter dem Banner [vexillum] des Kreuzes Gott Kriegsdienste leisten [militare] und allein dem Herrn und dem römischen Papst als seinem Stellvertreter auf Erden dienen [servire] will, muß sich nach dem feierlichen Gelübde ewiger Keuschheit vor Augen halten, daß er Teil jener Gesellschaft ist, die vor allem dazu gegründet wurde, daß sie sich um den Fortschritt der Seelen in christlichem Leben und christlicher Lehre und um die Ausbreitung des Glaubens durch öffentliche Predigten und Dienst am Worte Gottes, geistliche Übungen und Werke der Liebe sowie vor allem durch christliche Unterweisung von Kindern und Ungebildeten

und geistliche Tröstung der Gläubigen im Beichthören bemüht. Er soll danach streben, zunächst Gott, sodann aber auch den Zweck dieses seines Instituts, der auch ein gewisser Weg zu Gott ist, immer vor Augen zu haben und dieses von Gott gesetzte Ziel mit allen Kräften zu verfolgen . . . Sodann sollen alle Genossen wissen und nicht nur am Beginn ihres gelobten Wandels [professio], sondern zeit ihres Lebens täglich im Herzen bewegen, daß diese Gesellschaft als ganze und alle einzelnen in ihr für Gott Kriegsdienste leisten im treuen Gehorsam gegenüber unserem Heiligsten Herrn, dem Papst, und seinen jeweiligen Nachfolgern als Bischöfe von Rom.

Wie uns ja schon das Evangelium belehrt und der rechtschaffene Glaube erkennen läßt, sowie wir selbst mit Nachdruck bekennen, sind alle Gläubigen Christi dem römischen Papst als ihrem Haupt und als dem Stellvertreter Jesu Christi unterstellt. Doch zur größeren Demut unserer Gesellschaft und zur vollkommenen Abtötung eines jeden einzelnen sowie der Entsagung unseres eigenen Willens erachten wir es als höchst nützlich, wenn sich jeder von uns – über jenes gemeinsame Band hinaus – mit einem speziellen Gelübde verpflichtet. Inhalt dieses Gelübdes soll sein, daß wir ohne jedes Zögern und ohne Ausreden – soweit es in unserer Macht steht – sofort alles ausführen, was der gegenwärtige oder später der jeweilige Papst zum Nutzen der Seelen und zur Ausbreitung des Glaubens befiehlt. Dabei darf er uns schicken, wohin er will, sei es zu den Türken oder zu anderen Ungläubigen, auch wenn sie im sogenannten ›Indien‹ leben, sei es zu irgendwelchen Häretikern oder Schismatikern, sei es zu bestimmten Gläubigen . . . Insbesondere sollen sie sich die Unterweisung von Kindern und Ungebildeten in der christlichen Lehre von den Zehn Geboten und anderem Elementarwissen, was je nach Person, Ort und Zeit nötig zu sein scheint, anbefohlen sein lassen. Denn für diesen Aufgabenbereich müssen Oberer [praepositus] und Versammlung besonders Sorge tragen, da bei den Nächsten ohne ein Fundament kein Gebäude des Glaubens entstehen kann, und bei uns die Gefahr besteht, daß sich vielleicht gerade die Gelehrteren bemühen, diesem auf den ersten Blick unscheinbaren Gebiet auszuweichen. In Wahrheit aber bringt keine andere Tätigkeit größere Frucht für den Nächsten, deren Erbauung sie dient, und für uns, denen sie Gelegenheit gibt, der Pflicht der Liebe und der Demut in gleicher Weise nachzukommen . . .

Da wir wissen, daß unser Herr Jesus Christus seinen Dienern, die allein nach dem Reiche Gottes trachten [Mt 6,33], alles Notwendige an Nahrung und Kleidung zur Verfügung stellen wird, sollen alle für sich und als Gemeinschaft ewige Armut geloben und erklären, daß sie nicht nur einzeln, sondern auch gemeinsam zum Unterhalt und Nutzen der Gesellschaft [Jesu] keinen weltlichen Rechtsanspruch auf festen Besitz oder auf Erträge und Einkünfte erwerben können. Um das zu bekommen, was zum Leben notwendig ist, sollen sie mit dem Nutzungsrecht [usus] der ihnen zugedachten Stiftungen zufrieden sein. Allerdings können sie an den Universitäten ein oder mehrere Kollegien mit eigenen Einkünften, Besitz und Vermögen unterhalten, soweit dies zum Nutzen und für die Bedürfnisse der Studierenden verwandt wird. Dabei soll dem Oberen und der Gesellschaft jede Aufsichts- und Weisungsbefugnis über die Kollegien und Studenten vorbehalten bleiben . . . Diese [die Studenten] wiederum können in unsere Gesellschaft aufgenommen werden, wenn ein Fortschritt im Geist und in der Wissenschaft erkennbar ist, und sie eine ausreichende Probezeit hinter sich haben. Alle Genossen aber, die heilige Weihen empfangen haben, sind jeweils für sich privat, nicht aber gemeinsam, zum kirchlichen Breviergebet verpflichtet, auch wenn sie keine kirchli-

chen Pfründen oder deren Einkünfte haben . . . Jesus Christus möge auf unser za-
gendes Beginnen gnädig herabsehen zur Ehre Gottes, des Vaters, dem allein sei
Lob und Preis in alle Ewigkeit. Amen.«
Da im Vorstehenden nichts zu finden ist, was nicht fromm und heilig ist, verkündigen wir, damit die Genossen, die Uns in aller Demut eine diesbezügliche Bitte
unterbreitet haben, um so bereitwilliger bei ihrem frommen Lebensvorsatz bleiben, je huldvoller sie sich vom Apostolischen Stuhl umfangen wissen und je klarer
sie sehen, daß auch Wir das Vorstehende billigen, folgende Entscheidung: Aufgrund des vorliegenden Schreibens, das Wir genau zur Kenntnis genommen haben, billigen, bestätigen und segnen Wir kraft Unserer Apostolischen Vollmacht
die Regel im ganzen und in allen Einzelheiten und verleihen ihr ewige Geltung, da
sie dem geistlichen Fortschritt der Genossen und der übrigen christlichen Herde
förderlich ist. Die Genossen selbst nehmen Wir in Unseren besonderen Schutz
und in den Schutz dieses heiligen Apostolischen Stuhles, wobei Wir ihnen zugleich das uneingeschränkte Recht verleihen, für sich besondere Konstitutionen
[particulares Constitutiones] zu erlassen, wenn sie der Meinung sind, daß diese
dem Ziel der Gesellschaft, der Ehre unseres Herrn Christus und der Förderung des
Nächsten dienen . . .

Quelle: BuR IV,1, S. 185ff.; QGPap 1, S. 539–543. – *Literatur:* G. Schnurhammer S.J., Franz Xaver.
Sein Leben und seine Zeit, 1. Europa 1506–1541, 1955, S. 435–474; H. Boehmer, Die Jesuiten, aufgrund der Vorarbeiten von H. Leube neu hg. von K. D. Schmidt, 1957; H. Rahner, Ignatius von Loyola
als Mensch und Theologe, 1964; L. Polgár, Bibliography of the History of the Society of Jesus. Biblio-
graphie zur Geschichte der Gesellschaft Jesu, SSHJ 1, 1967.

95. Ignatius von Loyola: Konstitutionen des Jesuitenor-
dens (1541/56)

[6. Teil, 1. Kap.: »Der Gehorsam«]
Den Gehorsam sollen alle mit äußerster Gewissenhaftigkeit beachten und bestrebt
sein, sich darin auszuzeichnen, und zwar nicht nur dort, wo er verbindlich gefordert wird, sondern auch dort, wo in der Regel nichts ausdrücklich festgeschrieben
ist. Dies gilt selbst dann, wenn der Wille des Oberen nicht in einem ausdrücklichen
Befehl, sondern nur in einem Wink zum Ausdruck kommt. Gott, unser Schöpfer
und Herr, muß uns dabei vor Augen stehen; seinetwegen leisten wir ja einem
Menschen Gehorsam. Wir müssen aber Sorge tragen, daß der Geist der Liebe und
nicht unsichere Furcht Triebkraft unseres Handelns ist. Bei der bedingungslosen
Einhaltung aller Regeln [absoluta omnium Constitutionum observatio] und der
Erfüllung des besonderen Zweckes unseres Vorhabens haben wir uns alle mit festem Herzen darum zu bemühen, nichts von jener Vollkommenheit vorübergehen
zu lassen, die wir mit der Gnade Gottes erreichen können. Mit äußerster Anstrengung müssen wir alle Nerven und Kräfte anspannen, um diese Tugend des Gehorsams in erster Linie dem Papst, sodann auch den Oberen der Gesellschaft [Jesu]
gegenüber zu erweisen. Wir müssen jederzeit bereit sein, in allen Dingen, auf die
sich der Gehorsam – ohne die Liebe zu verletzen – erstrecken kann, des Papstes
Stimme zu folgen, als wenn es die unseres Herrn Christus wäre (denn im Blick auf
ihn und aus Verehrung und Liebe zu ihm leisten wir ja den Gehorsam); gegebe-

nenfalls müssen wir alles stehen und liegen lassen, selbst wenn es sich nur um einen noch nicht zu Ende geschriebenen Buchstaben handelt.

Auf dieses Ziel nun müssen wir alle Kräfte und unsere ungeteilte Aufmerksamkeit im Herrn richten, damit der heilige Gehorsam sowohl in unserem Handeln als auch in unserem Wollen und Denken immer in jeder Hinsicht vollkommen ist. Wir müssen jeden Auftrag mit großer Schnelligkeit, geistlicher Freude und Standhaftigkeit ausführen. Alles müssen wir als gut und richtig ansehen, jede entgegenstehende Meinung und unser eigenes Urteil gewissermaßen in blindem Gehorsam verleugnen, und zwar ausnahmslos allen Anordnungen des Oberen gegenüber, von denen (wie bereits ausgeführt) nicht klar erkennbar ist, daß sie mit einer Sünde im Zusammenhang stehen. Jeder, der unter dem Ordensgehorsam lebt, muß darin einwilligen, daß seine Oberen nach Gottes Vorsehung so mit ihm umgehen können, wie wenn er ein lebloser Körper [cadaver] wäre, d.h., daß er sich überall hinschicken und auf jede Weise behandeln läßt. Er gleicht dem Stock eines alten Menschen, der ihm in seinen Händen immer dient, ganz gleich, wo und wozu er ihn gebrauchen will. In diesem Gehorsam muß jedes Ordensmitglied mit heiterem Herzen ausführen, wozu ihn der Obere in seiner Sorge für den ganzen Orden [corpus religionis] verwenden will. Er darf aber dann sicher sein, daß er auf diese Weise eher dem Willen Gottes nachkommt, als wenn er seinem eigenen Willen und abweichenden Urteil folgt.

Quelle: Monumenta Ignatiana Ser. III,3, S. 174ff.; QGPap 1, S. 542–543. *–Literatur:* s. Nr. 94 und P. de Chastonay, Die Satzungen des Jesuitenordens. Werden, Inhalt, Geistesart, 1938.

96. Ignatius von Loyola: Geistliche Übungen (1522; 1548 durch Papst Paul III. bestätigt)

Titel: »Geistliche Übungen, um über sich selbst zu siegen und sein Leben zu ordnen, ohne sich durch irgendeine ungeordnete Neigung bestimmen zu lassen.«

Anweisungen, um einige Einsichten in die folgenden geistlichen Übungen zu erlangen und um sowohl dem zu helfen, der sie zu geben, wie dem, der sie aufzunehmen hat.

Erste Anweisung. Unter dem Namen ›geistliche Übungen‹ versteht man jede Art, das Gewissen zu erforschen, sich zu besinnen, zu betrachten, mündlich und rein geistig zu beten und andere geistliche Tätigkeiten, wie später noch erklärt wird. Denn wie Spazierengehen, Marschieren und Laufen körperliche Übungen sind, so nennt man geistliche Übungen jede Art, die Seele vorzubereiten und dazu bereit zu machen, alle ungeordneten Neigungen von sich zu entfernen und, nachdem sie abgelegt sind, den göttlichen Willen zu suchen und zu finden in der Ordnung des eigenen Lebens zum Heil der Seele . . .

Vierte Anweisung. Für die folgenden Übungen werden vier Wochen angesetzt, die den vier Teilen entsprechen, in welche die Übungen eingeteilt werden, nämlich im ersten Teil die Erwägung und Betrachtung der Sünden, im zweiten das Leben Christi unseres Herrn bis zum Palmsonntag einschließlich, im dritten die Passion Christi unseres Herrn, im vierten die Auferstehung und Himmelfahrt, wobei die

drei Gebetsweisen hinzugefügt werden; dies ist jedoch nicht so zu verstehen, daß
jede Woche notwendigerweise sieben oder acht Tage umfassen muß . . .
Fünfte Anweisung. Für den, der die Übungen macht, ist es von großem Nutzen, in
sie einzutreten mit großmütigem Geist und Freiherzigkeit gegenüber seinem
Schöpfer und Herrn, indem er Ihm seine ganze Willenskraft und Freiheit dar-
bringt, damit seine göttliche Majestät sich sowohl seiner Person wie alles dessen,
was er besitzt, entsprechend Ihrem heiligsten Willen bediene . . .

Prinzip und Fundament

Der Mensch ist geschaffen dazu hin, Gott Unseren Herrn zu loben, Ihm Ehrfurcht
zu erweisen und zu dienen, und damit seine Seele zu retten.
Die anderen Dinge auf der Oberfläche der Erde sind zum Menschen hin geschaffen, und zwar damit sie ihm bei der Verfolgung des Zieles helfen, zu dem hin er geschaffen ist.
Hieraus folgt, daß der Mensch dieselben so weit zu gebrauchen hat, als sie ihm auf
sein Ziel hin helfen, und sie so weit lassen muß, als sie ihn daran hindern.
Darum ist es notwendig, uns allen geschaffenen Dingen gegenüber gleichmütig zu
verhalten in allem, was der Freiheit unseres freien Willens überlassen und nicht
verboten ist.
Auf diese Weise sollen wir von unserer Seite Gesundheit nicht mehr verlangen als
Krankheit, Reichtum nicht mehr als Armut, Ehre nicht mehr als Schmach, langes
Leben nicht mehr als kurzes, und folgerichtig so in allen übrigen Dingen.
Einzig das sollen wir ersehen und erwählen, was uns mehr zum Ziele hinführt, auf
das hin wir geschaffen sind.

Quelle: Monumenta Ignatiana Ser. II,1, S. 222–224.226–229.250–252, vgl. z.T. QGPap 1, S.
555–586; dt. Übers.: A. Haas, Geistliche Übungen, 1977³, S. 15–16.25–26. – *Literatur:* vgl. Nr. 94.

97.   Nikolaus Kopernikus, ›Vom Lauf der Himmelskörper‹: Revolution im Weltbild. Widmung an Papst Paul III. (1543)

Nikolaus Kopernikus (Copernicus, eigentlich Kopernigk, 1473–1543) hatte sich neben humanistischen
Studien in den verschiedensten Richtungen ausgebildet: Mathematik und Astronomie in Krakau
(1491–1495), Bologna und Rom (1496–1500), Medizin und Jura in Padua sowie Ferrara (ab 1501);
1506 wurde er Leibarzt und Privatsekretär seines Onkels Lukas Watzenrode, des Bischofs von Ermland
(1489–1512). Seine (private) Hauptbeschäftigung war die Astronomie, in der er auch seine entscheidende wissenschaftliche Leistung erbrachte. Kopernikus bahnte den Weg zur Begründung des helio-
zentrischen Weltsystems.

Vollständig bewußt bin ich mir, Heiligster Vater, es werden gewisse Leute, sobald
sie vernehmen, daß ich in meinem Werk über den Lauf der Himmelskörper der
Erdkugel gewisse Bewegungen zuschreibe, sofort ausrufen, eine solche Lehre sei
durchaus verwerflich. Nun bin ich keineswegs so sehr von meinen Ansichten eingenommen, daß ich nicht Wert darauf legen sollte, was andere darüber urteilen,
und obschon ich weiß, daß die Gedanken eines Philosophen weitab liegen von dem
Urteil der Menge, da es seine Aufgabe ist, in allen Dingen die Wahrheit zu erfor-

schen, soweit dies von Gott der menschlichen Vernunft gestattet ist, so glaube ich dennoch, man müsse von dem Wahren und Richtigen völlig abweichende Ansichten vermeiden. Als ich daher bei mir erwog, wie jene Männer, welche durch die Übereinstimmung vieler Jahrhunderte die Ansicht für festbegründet erachten, daß die Erde unbeweglich in der Mitte des Himmels gleichsam als das Zentrum desselben gesetzt sei – wie jene Männer meine Theorie als widersinnig bezeichnen werden, wenn ich im Gegenteil behaupte, daß die Erde sich bewegt: so habe ich lange mit mir gekämpft, ob ich meine Erläuterungen und Beweise für diese Bewegung [der Erde] dem Drucke übergeben sollte oder ob es nicht vielmehr besser sei, dem Beispiel der Pythagoreer und einiger anderer zu folgen, welche, wie der Brief des Lysis an Hipparch bezeugt, nicht schriftlich, sondern mündlich, und lediglich ihren Angehörigen und Freunden, die Mysterien der Philosophie zu überliefern pflegten.

Meiner Ansicht nach haben sie dies nicht, wie man wohl gemeint hat, in mißgünstiger Absicht getan, um ihre Wissensschätze nicht weiterzuverbreiten, sondern damit nicht das Herrliche, das durch die eifrige Nachforschung großer Männer erkundet ist, von denen verspottet werden könne, die entweder zu träge sind, irgendeiner Wissenschaft, wenn sie nicht Geld bringt, Fleiß zuzuwenden, oder die, wenn sie durch die Ermahnungen und das Beispiel anderer zu dem edlen Studium der Philosophie angeregt werden, doch wegen der Stumpfheit ihres Geistes unter den Philosophen sich bewegen wie Drohnen unter den Bienen.

Indem ich dies alles bei mir erwog, hatte mich die Scheu vor Spott und Hohn, die mich wegen meiner neuen und scheinbar ungereimten Meinungen treffen würden, beinahe bestimmt, die begonnene Arbeit ganz aufzugeben.

Allein meine Freunde brachten mich, da ich allzulange zauderte und ihnen sogar geradezu widerstrebte, auf den richtigen Weg zurück. Unter ihnen war es vor allem der in jeglicher Wissenschaft hochberühmte Kardinal Nicolaus Schönberg, Bischof von Capua[1], nächst ihm ein mir innig befreundeter Mann, der Bischof von Kulm, Tiedemann Giese[2], der mit gleichem Eifer der Theologie wie jeder schönen Wissenschaft zugewandt ist.

Dieser namentlich hat mich oft ermahnt und zuweilen unter Vorwürfen aufgefordert, mein Werk herauszugeben und endlich ans Tageslicht treten zu lassen, da ich dasselbe nicht neun Jahre, sondern bereits viermal neun Jahre bei mir zurückgehalten und der Öffentlichkeit entzogen hätte.

Ebenso drängten mich nicht wenige andere hervorragende und gelehrte Männer, indem sie mir vorhielten, ich dürfe mich nicht länger aus Furcht weigern, meine Arbeiten zum Nutzen aller Mathematiker bekanntzumachen.

Je widersinniger augenblicklich meine Lehre von der Bewegung der Erde den meisten erschiene, um so größer würden Bewunderung und Dank sein, wenn man sehen werde, wie durch die Veröffentlichung meiner Untersuchungen der Schein der Ungereimtheit vor den einleuchtendsten Beweisen vollkommen verschwände.

Auf das Zureden dieser Männer also und in dieser Hoffnung gestattete ich es meinen Freunden endlich, den Druck meines Werkes, den sie lange von mir gefordert hatten, zu veranstalten[3].

Allein vielleicht wird Deine Heiligkeit sich gar nicht so sehr darüber wundern, daß ich es gewagt habe, meine Arbeiten dem Drucke zu übergeben, da ich ja bei ihnen keine Mühe gescheut und meine Gedanken über die Bewegung der Erde eingehend niedergeschrieben habe. Wohl aber wird Deine Heiligkeit von mir zu hören erwarten, wie ich auf den kühnen Gedanken gekommen bin, gegen die allgemeine Ansicht der Mathematiker und vielleicht gar gegen den gesunden Menschenverstand [contra communem sensum], eine Bewegung der Erde anzunehmen.

Gern wünsche ich daher, Deiner Heiligkeit nicht zu verhehlen, daß nichts anderes mich veranlaßt hat, für die Bewegung der Himmelskörper eine neue Theorie zu suchen als die Erwägung, daß die Mathematiker bei ihren Untersuchungen hierüber keineswegs untereinander übereinstimmen. Denn zunächst sind sie in betreff der Bewegung der Sonne und des Mondes so unsicher, daß sie nicht einmal die stetige Größe der Jahresperiode durch Beobachtung feststellen können.

Sodann bringen sie in betreff der Bewegung der Sonne und des Mondes, wie der fünf andern Planeten, weder dieselben Grundsätze und Voraussetzungen noch dieselben Beweise für die erscheinenden Umdrehungen und Bewegungen in Anwendung . . .

Auch haben sie die Hauptsache, die Gestalt des Weltalls und eine bestimmte Symmetrie seiner Teile, nicht zu finden oder aus jenen Kreisen herzuleiten vermocht . . .

Es muß also im Verlauf ihrer sogenannten methodischen Beweisführung etwas Wesentliches übergangen sein oder etwas Fremdartiges, nicht zur Sache Gehöriges sich eingeschlichen haben.

Dies würde ihnen auf keinen Fall begegnet sein, wenn sie festen Grundsätzen gefolgt wären. Denn wenn sie nicht von trügerischen Hypothesen ausgegangen wären, so würde sich alles, was aus ihnen hergeleitet wird, zweifelsohne als richtig bewähren.

Was ich hier sage, mag für jetzt noch unverständlich sein; an gehörigem Orte wird es deutlicher werden. Indem ich also diese Unsicherheit der überlieferten mathematischen Lehren in betreff der Bahnen der Himmelskörper lange bei mir erwogen hatte, berührte es mich sehr unangenehm, daß noch keine richtigere Theorie für die Bewegungen in dem Weltall, das der allerbeste und der allervollkommenste Baumeister für uns erbaut hat, von den Philosophen aufgestellt sei, welche doch sonst die verhältnismäßig unwichtigsten Dinge so genau erforscht haben.

Daher habe ich mich der Mühe unterzogen, die Schriften aller Philosophen, die ich mir verschaffen konnte, durchzulesen, um zu erkunden, ob nicht einmal einer von ihnen die Meinung ausgesprochen hat, daß die Bewegungen der Himmelskörper andere seien, als die Mathematiker vom Fach annehmen.

Und da fand ich wirklich zunächst bei Cicero [106—43 v.Chr.], Niketas habe gemeint, daß die Erde sich bewege [Academica priora II,123].

Nachher las ich auch bei Plutarch [46—125], daß noch einige andere dieser Meinung gewesen sind . . . [De placitis philosophorum III,13]

Indem ich hierdurch Anregung erhalten hatte, begann ich selbst, gleichfalls an eine Bewegung der Erde zu denken. Obschon diese Annahme widersinnig schien, so glaubte ich doch, weil ich wußte, daß anderen vor mir diese Freiheit zugestanden war, beliebige Kreise anzunehmen, um die Erscheinungen am Himmel zu erklären — es werde auch mir gestattet werden zu versuchen, ob nicht durch die Annahme einer Bewegung der Erde zutreffendere Erklärungen als die bisherigen für den Lauf der Himmelskörper gefunden werden können.

Nachdem ich nun die Bewegungen angenommen, die ich der Erde in nachstehendem Werke zuteile, fand ich endlich nach langjähriger und sorgfältiger Untersuchung, daß, wenn die Bewegungen der übrigen Planeten auf die Umkreisung der Erde bezogen und nach der Umwälzung eines jeden Gestirnes berechnet werden, nicht bloß die an ihnen beobachteten Erscheinungen daraus folgerichtig sich erklä-

ren lassen, sondern auch die Reihenfolge und Größe der Gestirne und alle ihre
Bahnen und der Himmel selbst eine solche harmonische Ordnung darbieten werden, daß in keinem Teil ohne Verwirrung der übrigen Teile und des ganzen Uni-
versums irgend etwas umgestellt werden könne . . .
Ich zweifle nicht daran, daß Mathematiker von Geist und Gelehrsamkeit mir bei-
stimmen werden, wenn sie – da die Philosophie dies vor allem fordert – nicht ober-
flächlich, sondern gründlich die Beweise, die ich für meine Ansicht in diesem
Werke beibringe, durchgehen und bei sich überdenken wollen.
Damit aber Gelehrte und Ungelehrte gleichmäßig sehen, daß ich durchaus nie-
mandes Urteil scheue, so habe ich Deiner Heiligkeit lieber als irgendeinem andern
diese meine Untersuchungen widmen mögen; und zwar deshalb, weil Du auch in
diesem so entlegenen Winkel der Erde, in dem ich lebe, durch die Würde Deines
Amtes wie durch die Liebe zu allen Wissenschaften und auch zur Mathematik
hochgefeiert bist, so daß Du durch Dein Ansehen und Urteil mich vor dem Biß der
Verleumder schützen kannst, wiewohl das Sprichwort sagt, daß es kein Mittel
gebe gegen den Biß der Sykophanten . . .
Es darf die Männer der Wissenschaft nicht wundernehmen, wenn dergleichen
Leute auch mich verspotten werden: Mathematik wird nur für Mathematiker geschrieben; diese werden – ich glaube mich nicht einer Täuschung hinzugeben –
wohl der Ansicht sein, daß meine Arbeiten auch der Kirche von Nutzen sein können, deren Oberhaupt Deine Heiligkeit gegenwärtig ist.
Denn als vor nicht allzu langer Zeit unter Leo X. [1513–1521; s. auch Nr. 4] auf
dem Lateran-Konzil [1512–1517] über die Verbesserung des Kirchenkalenders
verhandelt wurde, blieb dieselbe nur deshalb ungelöst, weil man der Meinung
war, daß die Länge der Jahre und der Monate und die Bewegungen der Sonne und
des Mondes noch nicht genau genug bestimmt seien.
Seit dieser Zeit habe ich mich bemüht, diese Untersuchungen genauer anzustel-
len, aufgefordert durch den Bischof Paul [von Middelburg, † 1534] von Fossom-
brone, welcher damals diese Angelegenheit leitete. Was ich nun wirklich darin geleistet habe, das überlasse ich vorzugsweise dem Urteile Deiner Heiligkeit und aller übrigen gelehrten Mathematiker . . .

Quelle: Nikolaus Kopernikus, Gesamtausgabe, hg. von der Kopernikus-Kommission, 2, 1949, S. 3–7;
übers. nach: H. Kesten, Copernicus und seine Welt. Biographie, 1973, S. 35–40. – *Literatur:* L. Pro-
we, Nicolaus Coppernicus, 1–2, 1883. Neudruck 1967; H. Bornkamm, Kopernikus im Urteil der Reformatoren, ARG 40, 1943, S. 171–183. Neudruck in: ders., Das Jahrhundert der Reformation. Gestalten und Kräfte, 1961, S. 177–185; F. Kubach (Hg.), Nikolaus Kopernikus. Bildnis eines großen
Deutschen. Neue Arbeiten der Kopernikus-Forschung mit Auszügen aus kopernikanischen Schriften
in deutscher Sprache, 1943; E. Zinner, Entstehung und Ausbreitung der Coppernicanischen Lehre,
Sitzungsberichte der Physikalisch-medizinischen Sozietät zu Erlangen 74, 1943; E. J. Dijksterhuis, Die
Mechanisierung des Weltbildes, 1956, S. 320–334; H. A. Oberman, Reformation and Revolution:
Copernicus's Discovery in an Era of Change, in: The Cultural Context of Medieval Learning, hg. von J.
E. Murdoch – E. D. Sylla, 1975, S. 397–435; H. Blumenberg, Die Genesis der Kopernikanischen Welt,
1975.

1.   Nicolaus Schönberg (Nicolaus von Schomberg, 1472–1537) wurde von Papst Leo X. 1520 zum
Erzbischof von Capua, von Papst Paul III. 1535 zum Kardinal ernannt; er war unter vier Päpsten Vertreter der deutschen Belange an der Kurie und förderte die kirchliche Reform.
2.   Tiedemann Giese (1480–1550), Bischof von Culm 1538–49. Das Bistum Culm, das südlichste im
preußischen Ordensland, wurde 1243 durch den von Innozenz IV. bevollmächtigten Legaten Wilhelm
von Modena konstituiert. Giese verfaßte 1523 das »Antilogikon flosculorum Lutheranorum«.

3. Die Drucklegung des Werkes wurde 1543 von Kopernikus' Schüler, dem Wittenberger Professor J.
Rheticus besorgt, der auch in eigenen Schriften um die Verbreitung der kopernikanischen Gedanken
bemüht war.

98. Andreas Osiander: Vorrede zu Nikolaus Kopernikus »De revolutionibus orbium coelestium« (1543)

Nikolaus Kopernikus hatte sein Hauptwerk z.T. bereits 1514 als Manuskript vorliegen; publiziert
wurde es aber erst 1543 (s. Nr. 97, bes. Anm. 3). Andreas Osiander (vgl. Nr. 79) wollte durch sein
Vorwort dem neuen Weltsystem in der Bildungsschicht Zugang verschaffen; er charakterisierte es
dazu als astronomisches Denkmodell, das im Gegensatz zu einer Tatsachenbeschreibung von ›Hypothesen‹ ausgeht.

An den Leser über die Hypothesen dieses Werks.
Sicherlich werden manche Gelehrte bei dem bereits weit verbreiteten Ruf dieser
neuen Hypothesen großen Anstoß an den Lehren dieses Buches genommen haben, daß nämlich die Erde sich bewege, die Sonne dagegen unbeweglich in der
Mitte des Weltalls ruhe; man urteilt wohl allgemein, man dürfe die Wissenschaft,
deren Fundamente schon im Altertum richtig begründet wurden, nicht in Verwirrung bringen.
Allein bei reiferer Überlegung wird man finden, daß der Autor dieses Werks nichts
Tadelnswürdiges unternommen habe. Denn es ist die eigentliche Aufgabe des
Astronomen, die Geschichte der Bewegungen am Himmel, nach sorgfältigen und
genauen Beobachtungen, festzustellen. Sodann muß er die Ursachen dieser Bewegungen ermitteln, oder wenn er schlechterdings die wahren Ursachen nicht auszu-
finden vermag, beliebige Hypothesen ausdenken und zusammenstellen, vermittels deren man jene Bewegungen nach geometrischen Sätzen, sowohl für die Zukunft als auch für die Vergangenheit, richtig zu berechnen vermag. Beide Forderungen hat der Meister in exzellenter Weise erfüllt.
Allerdings ist es nicht erforderlich, daß seine Hypothesen wahr sind; sie brauchen
nicht einmal wahrscheinlich zu sein. Es reicht schon vollkommen aus, wenn sie zu
einer Berechnung führen, die den Himmelsbeobachtungen gemäß ist . . .
Genugsam bekannt ist ja, daß die Astronomie die Ursachen der anscheinend un-
gleichmäßigen Bewegungen schlechterdings nicht kennt. Wenn die Wissenschaft
aber dergleichen hypothetisch ersinnt – und sie hat solche Hypothesen wirklich in
großer Zahl ersonnen – so ersinnt sie dieselben keineswegs mit dem Anspruche,
irgendjemanden zu überreden, daß die Sache sich wirklich so verhalte; es soll eben
nur eine richtige Grundlage für die Berechnung aufgestellt werden.
Da ferner eine und dieselbe Bewegung zuweilen durch verschiedene Hypothesen
zu erklären ist (wie z.B. die Bewegung der Sonne durch die Annahme der Exzen-
trizität oder des Epizykels), so wird der Astronom am liebsten derjenigen folgen,
welche die leichtest verständliche ist. Der Philosoph [= Physiker] wird vielleicht
eine größere Wahrscheinlichkeit verlangen. Keiner von beiden wird jedoch etwas
Gewisses zu ermitteln oder zu lehren imstande sein, wenn es ihm nicht durch göttliche Offenbarungen enthüllt worden ist.
Gestatten wir demnach, daß auch die nachfolgenden neuen Hypothesen den alten
angereiht werden, welche um nichts wahrscheinlicher sind. Sie sind überdies

wirklich bewundernswert und leicht faßlich; außerdem finden wir hier einen großen Schatz der gelehrtesten Beobachtungen.
Übrigens möge niemand in Betreff der Hypothesen Gewißheit von der Astronomie erwarten. Sie vermag diese nicht zu geben.

Quelle: Nikolaus Kopernikus, Gesamtausgabe, hg. von der Kopernikus-Kommission, 2, 1949, S.
403–404; übers. nach: H. Kesten, Copernicus und seine Welt. Biographie, 1973, S. 301–302. *–Litera-*
tur: s. oben bei Nr. 97 und: G. Haring, Kepler und das Vorwort von Osiander zu dem Hauptwerk von
Kopernikus, Zeitschrift für Geschichte der Naturwissenschaften, Technik und Medizin 1, 1960/61, H.
2, S. 13–26; A. B. Wrightsman, Andreas Osiander and Lutheran Contributions to the Copernican Revolution, Phil. Diss. Wisconsin 1970; F. Krafft, Physikalische Realität oder mathematische Hypothe-
se? Andreas Osiander und die physikalische Erneuerung der antiken Astronomie durch Nicolaus Copernicus, PhN 14, 1973, S. 243–275.

99. Luther: Genesisvorlesung (1535/45)

Am 3. Juni 1535 begann Luther seine letzte und längste Vorlesung und zwar über das erste Bibelbuch.
Mit Unterbrechungen erstreckt sie sich über die Jahre der Auseinandersetzungen um das bevorste-
hende Konzil, das, zuerst nach Mantua berufen (1536), schließlich in Trient (1545) ohne Beteiligung
der ›Protestanten‹ zusammentrat (Nr. 105–108); sie überdauert die Jahre der Streitigkeiten innerhalb
des Wittenberger Lagers (Cordatus-Streit 1536/37; Antinomer-Streit 1537–39) und des Skandals um
die Doppelehe des Landgrafen Philipp von Hessen (1540), bis sie am 17. November 1545 – drei Monate
vor Luthers Tod – abgeschlossen wurde. Dieser krönende Abschluß von Luthers Schriftauslegung ist
uns zum größten Teil nur in einer Bearbeitung, durch Veit Dietrich u.a., erhalten, die 1544–1554 (in 4
Bänden) im Druck erschien.

a) Drei Stände: Kirche, Staat, Hausstand (Gen 2,16f.)

»Und er gebot ihm und sprach: Du darfst essen von jedem Baum im Paradies, aber
von dem Baum der Erkenntnis des Guten und Bösen darfst du nicht essen« [Gen
2,16f.].
So wurde die Kirche[1] gegründet[2], bevor es einen Hausstand [oeconomia] und einen Staat [politia] gab; denn Eva war noch nicht erschaffen. Es wurde aber eine
Kirche gegründet ohne Mauern und ohne Prunk; und der Ort, an dem sie sich be-
fand, bot genügend Raum und war lieblich anzusehen. Nach der Gründung der
Kirche wurde auch der Hausstand eingerichtet, als an die Seite Adams als Gefähr-
tin Eva gestellt wurde. So ist die Kirche älter und auch wichtiger als die Familie.
Einen Staat aber gab es vor dem Sündenfall überhaupt nicht; denn er war nicht nötig. Der Staat ist nämlich ein notwendiges Heilmittel für die verdorbene Natur, da
man ihre Begehrlichkeit durch gesetzliche Fesseln und Strafen in Schranken halten [constringi] muß, damit sie nicht über die Stränge schlägt [libere vagetur].
Deshalb könnte man den Staat mit Recht ›Reich der Sünde‹ nennen, so wie Paulus
[Röm 8,2] auch Mose einen Diener des Todes und der Sünde nennt. Denn der Staat
hat in erster Linie diese eine Aufgabe, die Sünde abzuwehren – wie z.B. Paulus
[Röm 13,4] sagt: »Die Obrigkeit [potestas] trägt das Schwert zur Strafe über den,
der Böses tut.« Wenn die Menschen also nicht durch die Sünde böse geworden wären, so hätte man keinen Staat gebraucht, sondern Adam und seine Nachkommen
hätten in absoluter Ruhe gelebt und hätten mit der Bewegung eines Fingers mehr
erreicht als jetzt alle Schwerter, Galgen und Äxte zusammen. Niemand hätte dann
einen anderen beraubt, erschlagen, bestohlen, verleumdet oder belogen. Wozu

hätte man also Gesetze oder einen Staat gebraucht? Denn Staat und Gesetze sind ja ein Brenneisen oder ein brutales Heilverfahren, bei dem die kranken Glieder amputiert werden, um die übrigen zu retten. Adam wurde also im Paradies nebst der Kirche danach auch die Ordnung [administratio] seines Hausstandes aufgetragen. Die Kirche aber wurde deshalb zuerst gegründet, damit Gott sie als Zeichen benutzen und durch sie zeigen konnte, daß der Mensch auf ein anderes Ziel hin erschaffen ist als die übrigen Lebewesen. Denn da die Kirche durch das Wort Gottes gegründet wurde, ist sicher, daß der Mensch zu ewigem und geistlichem Leben erschaffen ist, in das Adam ohne den Tod zu leiden entrückt [raptus] oder versetzt [translatus] worden wäre, nachdem er im Garten Eden und auf der übrigen Erde ohne jede Beschwernis gelebt hätte, bis er des Lebens satt gewesen wäre. Bei ihm hätte es die schändliche Lust [libido] nicht gegeben, die jetzt herrscht; die Liebe zwischen den Geschlechtern wäre einfältig und rein gewesen. Damit hätte der Kinderzeugung kein Makel angehaftet; sie wäre gewissermaßen Gehorsamspflicht [oboedientia] gewesen. Auch die Mütter hätten ohne Schmerzen ihre Kinder geboren; und ihre Erziehung wäre nicht mit so großer Mühe und Not verbunden gewesen. Aber wer kann mit Worten die verlorene Unschuld gebührend preisen? Das Verlangen [appetitus] des Mannes nach einer Frau ist zwar Teil seiner Natur geblieben und führt auch jetzt noch zur Zeugung, jedoch nicht ohne furchtbare, schändliche Lust und ungeheuren Schmerz bei der Geburt. Hinzu kommen Schamgefühl und Verwirrung, selbst bei Ehegatten, wenn sie den erlaubten Verkehr genießen [frui] wollen. So sehr ist das Grundübel der Erbsünde überall gegenwärtig. Die Schöpfung und der auf ihr ruhende Segen [Gen 1,28] ist gut; aber durch die Sünde ist alles so verdorben, daß die Ehegatten ohne Scham keinen Gebrauch davon machen [uti] können. Das alles hätte es im Stande der Unschuld, wie sie Adam hatte, nicht gegeben, sondern so, wie Ehegatten ohne Scham zusammen essen und trinken, wären auch Zeugung und Geburt in absoluter Ehrbarkeit und ohne Scham und Verwirrung vonstatten gegangen.

Quelle: WA 42, S. 79,1–39. – *Literatur:* s. bei Text b.

1.   Die Deutung des Paradieses auf die ›ecclesia militans‹, die Kirche der Geschichte, ist mittelalterlich-exegetische Tradition; vgl. zu Gen 2,16f. in Biblia Sacra cum glossis . . . Venedig 1588; s. auch W. Maurer, Luthers Lehre von den drei Hierarchien und ihr mittelalterlicher Hintergrund, SBAW.PPH 1970,4.
2.   Denn Gott richtet hier sein Wort an Adam: »eine Predigt, welche für ihn und uns alle, wenn er im Stand der Unschuld geblieben wäre, wie die Bibel gewesen wäre« – ohne Papier und Feder, WA 42, S. 80,3–5. S. auch Luthers Genesis-Predigten von 1523/24, WA 14, bes. S. 121ff.

b)   Der wahre und der falsche Umgang mit Gott (Gen 19,14)

Wer in rechter Weise ein denkender, bewußter Christ sein will [recte speculari], der soll auf seine Taufe sehen, seine Bibel lesen, Predigten hören, Vater und Mutter ehren und dem Bruder in Not zu Hilfe kommen. Er soll sich nicht wie das ekelhafte Mönchs- und Nonnenpack [sordidum monachorum et monacharum vulgus] in einem Winkel einschließen und sich an seinen eigenen Frömmigkeitsübungen [devotiones] delektieren, die schließlich dazu führen, daß er glaubt, er sitze in Gottes Schoß und habe Umgang mit Gott, ohne Christus, ohne Wort, ohne Sakramente.

Solche Leute reden vom tätigen Leben [vita activa] mit größter Verachtung. Auch mich kam es teuer zu stehen, bis ich von diesem Irrtum befreit war. Denn dieser Irrtum gefällt der Vernunft und scheint ihr, wie Paulus es nennt, die Religion der Engel zu sein [Kol 2,18]. Witzel[1], der Heuchler und abtrünnige Gotteslästerer, warf mir einmal vor, unsere Lehre sei zu äußerlich; man müsse bei den geistlichen Dingen bleiben. Die Vernunft möchte sich tatsächlich gern in der Wunderwelt über ihr aufhalten. Aber ihr sollt euch vor diesen Schlingen des Satans hüten und sollt das betrachtende Leben [vita contemplativa] anders definieren, als man in den Klöstern gelehrt hat, und zwar folgendermaßen: Das wahre betrachtende Leben besteht darin, daß man das gesprochene Wort [verbum vocale] hört, ihm glaubt und nichts anderes wissen will als »Christus, den Gekreuzigten« [1Kor 2,2]. Denn allein dieser ist in seinem Wort der nützliche und heilbringende Gegenstand der Betrachtung [speculatio]. Hüte dich, von ihm abzuweichen; denn wer, wie die Mönche, jetzt auch Schwenckfeld [vgl. Nr. 74] und andere, bei der Betrachtung Gottes die Menschheit bzw. das Fleisch Christi verwirft oder außer acht läßt, fällt entweder in Verzweiflung, da ihn die Herrlichkeit [claritas] der göttlichen Majestät niederdrückt, oder fängt an, sinnlos zu jubeln und zu träumen, er sei bereits im Himmel, da ihn der Satan täuscht und mit solchem Blendwerk irreführt. Aber den Verzweifelnden kann man wenigstens helfen, denen, die sich trunken vor Freude schon in Gottes Schoß wähnen, dagegen nicht.

Auch Gerson[2] schreibt über das betrachtende Leben und preist es mit großen Worten [magnis titulis]. Wenn unerfahrene Leute so etwas lesen, nehmen sie es an wie Gottes Wort [divina oracula]. In Wirklichkeit aber ist es wie im Sprichwort: »Ein Schatz, nur aus Kohlen«[3]. Laß dich deshalb von denen, die mit ihren ›Betrachtungen‹ prahlen [vani speculatores isti], ruhig als ›äußerlicher‹ oder ›bürgerlicher‹ [civilis] Mensch beschimpfen und kümmere dich nicht darum. Für dich kommt es darauf an, daß du Gott für sein Wort, eben für jene äußerlichen Dinge, dankst und die hochgestochenen [ampullosae] ›Betrachtungen‹ anderen überläßt.

Ich habe solche ›Betrachtungen‹ mit großem Eifer gelesen und ermahne euch, daß ihr sie auch lest, aber kritisch [cum iudicio]. Es ist voll begründet, wenn ich darauf dränge und es euch immer wieder einhämmere, auf die Selbstbindung Gottes [ordinata Dei potentia] zu schauen und auf jene Mittel, die Gott eingesetzt hat. Wir wollen uns nicht mit Gott an sich [Deus nudus] befassen, dessen Wege unerforschlich und dessen Gerichte unbegreiflich sind, wie es Röm 11[,33] heißt. Die Selbstbindung Gottes, d.h. den fleischgewordenen Sohn, laßt uns annehmen, in welchem verborgen sind alle Schätze der Gottheit [Kol 2,3]. Laßt uns zu diesem Kind gehen, das im Schoß seiner Mutter Maria liegt, zu diesem Opfer [victima], das am Kreuz hängt: Dort werden wir Gott wahrhaft betrachten, dort werden wir ungehindert in sein Herz schauen und sehen, daß er barmherzig ist und daß er keinen Gefallen hat am Tod des Sünders, sondern daß er umkehre und lebe [Hes 33,11]. Aus einer solchen Spekulation bzw. Betrachtung erwächst wahrer Friede und wahre Freude des Herzens. Deshalb sagt Paulus [1Kor 2,2]: »Ich halte nicht dafür, daß ich etwas wüßte außer Christus.« Uns dieser Betrachtung hinzugeben [vacare], wird Frucht bringen.

Quelle: WA 43, S. 72,9–73,10. – *Literatur:* P. Meinhold, Die Genesisvorlesung Luthers und ihre Herausgeber, FKGG 8, 1936; H. Bornkamm, Luther und das Alte Testament, 1948 (engl. Philadelphia 1969); W. Maurer, Luthers Anschauungen über die Kontinuität der Kirche, in: I. Asheim (Hg.), Kirche, Mystik, Heiligung und das Natürliche bei Luther, 1967, S. 95–121.

1. Georg Witzel (1501–1573); als Anhänger der Reformation verliert er 1523 wegen Heirat sein Meßpriesteramt in Vacha; auf Luthers Empfehlung erhält er 1526 die Pfarrstelle in Niemegk; er löst sich wieder von der reformatorischen Bewegung, 1531, wird Priester in Eisleben, 1538 von Herzog Georg von Sachsen, einem der schärfsten Gegner der Reformation, nach Dresden berufen.

2. Johannes Gerson (1363–1429), Kanzler der Universität Paris, führender Konziliarist, verfaßte zahllose bedeutende pastoraltheologische Werke, welche bis in die Reformationszeit hinein immer wieder gedruckt wurden. S. Bd. II Nr. 61; bes. De Mystica Theologia, hg. von A. Combes, 1958. Melanchthon bezeugt, daß Luther Gerson intensiv studiert hat; CR 6, S. 159.

3. Phaedrus 5, 6, 6; vgl. A. Otto, Die Sprichwörter und sprichwörtlichen Redensarten der Römer, 1890, s.v. carbo Nr. 2; Walter, Proverbia Sententiaeque Latinitatis medii aevi, Nr. 2340.

100. Luther über Tisch (Tischreden)

Die Äußerungen Luthers bei Tisch wurden seit Frühsommer 1531 bis in seine letzten Lebensjahre aufgezeichnet und gesammelt. Auch wenn ungeschützte Äußerungen im engen Freundeskreis ihrem Wortlaut nach nicht immer gesichert sind, stellen diese ›Tischreden‹ doch eine wichtige Quelle dar für Luthers spontane Stellungnahme zu grundsätzlichen Fragen und Tagesereignissen.

a) Die Gewalt des Teufels und die Kindertaufe (1538)

Es wurde viel geredet von der Gewalt des Teufels, der die Leute, die mit ihm buhlen, leiblich durch die Luft entführt. [Z.B.:] Wie jener Mensch, der einen Bund mit dem Satan gemacht hatte, nun endlich, [als er] seine Gefahr fühlte, Buße tat und beichtete. Als nun seine Todesstunde kam, sagte er oft: »Der Leib ist des Teufels, aber die Seele wird gerettet werden.« Zuletzt führte ihn der Satan durchs Fenster hinweg im Beisein vieler Wächter.

Da sprach D. Martin Luther: »Man darf den Teufel nicht locken, er kommt [auch] sonst wohl und wollte gern bei uns sein als unser ausgesprochener Feind; wie ihm die Schrift einen greulichen, schrecklichen Titel gibt, mit dem sie ihn charakterisiert [abmalet]: sie nennt ihn einen Fürsten [Joh 12,31 u.ö.] und einen Gott der Welt [2Thess 2,4]; er ist ein starker, großer Feind. Darum glaube ich, daß es keine Kirche gäbe, wenn man die Taufe der Kinder nicht wäre, denn die Erwachsenen und Alten würden sich nimmermehr taufen lassen und sich vom Teufel lossagen, wenn sie sehen, daß seine Gewalt und Macht so groß ist.«

Quelle: WA.TR 4, S. 120,19–121,12. – *Literatur:* s. bei Text b.

b) Die Grundlagen der Wissenschaft: Über die Astrologie (1542)

Die Astrologie ist keine Wissenschaft, denn sie hat keine Prinzipien [principia] und keine Beweise [demonstrationes], auf denen man gewiß, ohne Wanken stehen und Grund finden könnte. Vielmehr urteilen und richten sich die Astrologen [Sternenkücker] nach den Ereignissen, wie sie sich zutragen, und behaupten: »Das ist einmal und zweimal geschehen und hat sich so zugetragen; darum muß das, was sich zuträgt und geschieht, immer so geschehen und zugehen.« Von den Ereignissen, die eintreffen, reden sie sehr schön; die aber nicht eintreffen, davon schweigen sie schön still. Magister Philipp [Melanchthon] hält sehr daran fest, hat mich aber niemals davon überzeugen können, denn er bekennt selbst: »Es gibt die Wissenschaft [der Astrologie] schon, aber niemand hat sie.« Denn sie hat weder ›principia‹, sichere Gründe, noch Erfahrung darüber, es sei denn, sie wollten ein einzelnes Ereignis [eventus], wie es sich [zufällig] zuträgt und gestaltet, ›Erfahrung‹ nennen. Nun besteht aber Erfahrung darin, daß man aus einzelnen Beobachtungen auf das Ganze schließt und folgert: ›ex singularibus ad universalia‹. So als wenn ich sagen würde: »Dies Feuer brennt, jenes brennt, und so fort, darum brennt jedes oder alles Feuer.« Das aber kann die Astrologie nicht, sondern sie urteilt und richtet nur nach dem, wie es eintrifft und bisweilen geschieht. Bei einer anderen Gelegenheit wurde viel von der Astrologie geredet und von den Ereignissen, die da eintreffen. Da sprach D. Martin Luther: »Ich bin so weit gekommen und erfahren in der Astrologie, daß ich glaube, sie sei nichts. Denn Phil. Melanchthon hat mir auch wider seinen Willen bekannt: ›Die Wissenschaft sei wohl da, aber es gäbe keine Meister, die sie recht beherrschten und verstünden.‹ Das aber haben sie gewiß gelehrt in ihrem Almanach, daß es im Sommer keinen Schnee gibt noch Donner im Winter, daß man im Lenz säen und pflügen soll, gegen Herbst ernten usw. Das aber wissen die Bauern genauso gut.«

Quelle: WA.TR 1, S. 419,40–420,12. – *Literatur:* H. Volz, Art.: Tischreden oder Colloquia Doct. Mart. Luthers, in: KLL 6, 1971, S. 2714–2718 (dort weitere Lit.).

101. Luthers Rückblick auf seine Entdeckung der ›Gerechtigkeit Gottes‹ (1545)

Auf Drängen seiner Mitarbeiter und auf Wunsch des sächsischen Kurfürsten Johann Friedrich (1532–1547) gab Martin Luther ein Jahr vor seinem Tode die Zustimmung zu einer Gesamtausgabe seiner Schriften. Zur Warnung der Leser dieser jetzt wieder vorgelegten Frühschriften und zur Orientierung über seine erst allmählich voranschreitende Entwicklung verfaßte er für den ersten Band der lateinischen Schriften (1545) eine Vorrede, an deren Schluß er auf seine Entdeckung der ›Gerechtigkeit Gottes‹ zu sprechen kommt. Für die vielerörterte Frage nach der reformatorischen Wende Luthers ist diese Darstellung einer der zentralen Texte, der den Durchbruch exegetisch in gleicher Weise aufschlüsselt wie das dem Geschehen zeitnächste Dokument, die Auslegung zu Ps 5,9 in der zweiten Psalmenvorlesung (WA 5, S. 144,1–23; vgl. auch Nr. 25).

Inzwischen war ich in diesem Jahr [1519] zum Psalter zurückgekehrt, um ihn von neuem auszulegen, im Vertrauen darauf, daß ich geübter sei, nachdem ich St. Pauli Epistel an die Römer und Galater und die an die Hebräer in Vorlesungen behandelt hatte. Ich war von einer wundersamen Leidenschaft gepackt worden, Paulus in seinem Römerbrief kennenzulernen, aber bis dahin hatte mir nicht die Kälte meines Herzens, sondern ein einziges Wort im Wege gestanden, das im ersten Kapitel steht: »Die Gerechtigkeit Gottes wird in ihm [= Evangelium] offenbart« [Röm 1,17]. Ich hatte nämlich dieses Wort ›Gerechtigkeit Gottes‹ zu hassen gelernt, das ich nach dem allgemeinen Wortgebrauch aller Doktoren philosophisch als die sogenannte formale oder aktive Gerechtigkeit zu verstehen gelernt hatte, mit der Gott gerecht ist, nach der er Sünder und Ungerechte straft. – Ich aber, der ich trotz meines untadeligen Lebens als Mönch, mich vor Gott als Sünder mit durch und durch unruhigem Gewissen fühlte und auch nicht darauf vertrauen konnte, ich sei durch meine Genugtuung mit Gott versöhnt: ich liebte nicht, ja, ich haßte diesen gerechten Gott, der Sünder straft; wenn nicht mit ausgesprochener Blasphemie, so doch gewiß mit einem ungeheuren Murren war ich empört gegen Gott und sagte: »Soll es noch nicht genug sein, daß die elenden Sünder, die

ewig durch die Erbsünde Verlorenen, durch den Dekalog mit allerhand Unheil bedrückt sind? Muß denn Gott durch das Evangelium den Schmerzen noch Schmerzen hinzufügen und uns durch das Evangelium zusätzlich seine Gerechtigkeit und
seinen Zorn androhen?« So raste ich in meinem wütenden, durch und durch ver-
wirrten Gewissen und klopfte unverschämt [Lk 11,5–10] bei Paulus an dieser
Stelle an, mit heißestem Durst zu wissen, was St. Paulus damit sagen will. Endlich
achtete ich in Tag und Nacht während dem Nachsinnen durch Gottes Erbarmen auf
die Verbindung der Worte, nämlich:»Die Gerechtigkeit Gottes wird in ihm offenbart, wie geschrieben steht [Hab 2,4], ›Der Gerechte lebt aus dem Glauben‹.« Da
habe ich angefangen, die Gerechtigkeit Gottes so zu begreifen, daß der Gerechte
durch sie als durch Gottes Geschenk lebt, nämlich aus Glauben; ich begriff, daß
dies der Sinn ist: offenbart wird durch das Evangelium die Gerechtigkeit Gottes,
nämlich die passive, durch die uns Gott, der Barmherzige, durch den Glauben
rechtfertigt, wie geschrieben steht:»Der Gerechte lebt aus dem Glauben«.
Nun fühlte ich mich ganz und gar neugeboren und durch offene Pforten in das Paradies selbst eingetreten. Da zeigte sich mir sogleich die ganze Schrift von einer
anderen Seite. Von daher durchlief ich die Schrift, wie ich sie im Gedächtnis hatte,
und las auch in anderen Ausdrücken die gleiche Struktur [analogia], wie: ›das
Werk Gottes‹, d.h. was Gott in uns wirkt, ›die Kraft Gottes‹, mit der er uns kräftig
macht, ›die Weisheit Gottes‹, mit der er uns weise macht, ›die Stärke Gottes‹, ›das
Heil Gottes‹, ›die Herrlichkeit Gottes‹. Nun, mit wieviel Haß ich früher das Wort
›Gerechtigkeit Gottes‹ gehaßt hatte, mit um so größerer Liebe pries ich dieses
Wort als das für mich süßeste; so sehr war mir diese Paulusstelle wirklich die
Pforte zum Paradies. Später las ich Augustins»De spiritu et littera«, wobei ich un-
verhoffterweise darauf stieß, daß auch er die Gerechtigkeit Gottes ähnlich interpretiert: [als die Gerechtigkeit],»mit der uns Gott bekleidet, indem er uns recht-
fertigt«[1]. Und obwohl dies noch unvollkommen gesagt ist und Augustin von der
Anrechnung [imputatio] nicht alles klar expliziert, gefiel es mir doch, daß die Gerechtigkeit Gottes gelehrt wird, mit der wir gerechtfertigt werden.
Mit solchen Gedanken besser ausgerüstet begann ich den Psalter zum zweitenmal
auszulegen, und die Arbeit wäre zu einem großen Kommentar angewachsen,
wenn ich nicht durch den Reichstag des Kaisers Karl V. im folgenden Jahr nach
Worms gerufen[2] und gezwungen worden wäre, die angefangene Arbeit liegen zu
lassen.

Quelle: WA 54, S. 185,12–186,24. – *Literatur:* E. Stracke, Luthers großes Selbstzeugnis 1545 über
seine Entwicklung zum Reformator, SVRG 140, 1926; H. Bornkamm, Luthers Bericht über seine Entdeckung der Iustitia Dei, ARG 37, 1940, S. 117–128; ders., Iustitia Dei in der Scholastik und bei Luther, ARG 39, 1942, S. 1–46, in: ders., Luther. Gestalt und Wirkungen, SVRG 188, 1975, S. 95–129;
E. Bizer, Fides ex auditu. Eine Untersuchung über die Entdeckung der Gerechtigkeit Gottes durch Martin Luther, 1966³; K. Aland, Der Weg zur Reformation. Zeitpunkt und Charakter des reformatorischen Erlebnisses Martin Luthers, TEH.NF 123, 1965; B. Lohse (Hg.), Der Durchbruch der reformatorischen Erkenntnis bei Luther, WdF 123, 1968; R. Schäfer, Zur Datierung von Luthers reformatorischer Erkenntnis, ZThK 66, 1969, S. 151–170; O. Bayer, Promissio. Geschichte der reformatorischen
Wende in Luthers Theologie, FKDG 24, 1971; M. Brecht, Iustitia Christi. Die Entdeckung Martin
Luthers, ZThK 74, 1977, S. 179–223; vgl. auch Nr. 2 und 3.

1.   Augustin, De spiritu et littera, cap. 9 (PL 44, Sp. 209); übertragen von A. Forster, 1968, S. 28/29
(deutsch-lateinisch); vgl. auch Bd. I Nr. 91.
2.   Vgl. Nr. 31.

102. Gasparo Contarini: Erlebnis vom Karsamstag (19. April 1511)

Gasparo Contarini (1483–1542) kam während seines Studiums (Philosophie und Naturwissenschaften) in jenen Kreis italienischer Humanisten, die eine Reform der katholischen Kirche und eine religiöse Erneuerung anstrebten (vgl. Bd. II Nr. 60 und 75). Sein Erlebnis des Jahres 1511 ist zugleich Parallele und Kontrast zum ›Turmerlebnis Luthers‹ (vgl. Nr. 101). 1518 trat er in den Dienst der venezia-
nischen Diplomatie. 1535 zum Kardinal ernannt, wurde er die treibende Kraft in der vom Papst gebildeten Reformkommission. 1541 bemühte er sich in Regensburg um einen Ausgleich zwischen Alt- und
Neugläubigen (u.a. mit Bucer, vgl. Nr. 93), doch sein Kompromißversuch scheiterte am Widerstand
von Rom und Wittenberg. Die heutige, besonders die italienische und nordamerikanische Forschung
sieht Contarini weniger als päpstlichen Legaten und immer mehr als Wortführer der ›spirituali‹ und als
Vertreter eines italienischen ›Evangelismus‹, welcher die dem einzelnen abverlangte Besserung mit der
Reinigung der institutionellen Kirche zu verbinden suchte.
Das authentisch italienische Element dieses ›Evangelismus‹ ist in seinem Verhältnis zu erasmischen
und lutherischen, später auch calvinischen Ideen noch weitgehend ungeklärt.

Am Karsamstag ging ich in die Kirche San Sebastiano zur Beichte. Dort sprach ich
eine Weile mit einem sehr frommen und heiligen Pater. So als hätte er meine innere Last erkannt, begann er mir in verschiedenen Erörterungen klar zu machen,
daß der Weg zum Heil breiter sei, als viele denken. Und obwohl er mich doch sonst
gar nicht kannte, redete er lange auf mich ein. Als ich von dort wegging, begann
ich für mich selbst zu überlegen, was doch wohl Glückseligkeit und was unsere
Lage hier auf Erden sei. Und ich begriff wahrhaftig, daß es, wenn ich auch alle
Bußleistungen und noch viel mehr täte, doch kaum ausreichend wäre, ich sage
nicht, um jene Glückseligkeit zu verdienen, sondern bloß um Genugtuung zu leisten für die bereits begangenen Sünden.
Ich hatte einerseits jene grenzenlose Güte erkannt, jene Liebe, die ohne Ende immer brennt und uns arme Würmer so sehr liebt, daß es unser Verstand nicht begreifen kann, daß nämlich Gott allein aus seiner Güte und aus keinem anderen
Grund uns aus dem Nichts geschaffen und so hoch emporgehoben hat, daß wir jener Glückseligkeit teilhaftig werden können, durch die er in sich selbst immer
glücklich ist. Ich sah andererseits bei uns über die Erbsünde hinaus noch so viele
andere Sünden. Wenn für diese nicht Genugtuung geleistet worden wäre durch
Buße und schmerzliche Reue, wäre es jener höchsten Gerechtigkeit nicht angemessen gewesen, uns zu jenem himmlischen Jerusalem zuzulassen. Geradezu gezwungen von dieser glühenden Liebe, beschloß Gott, seinen eingeborenen Sohn
zu senden, der durch sein Leiden für alle diejenigen Genugtuung leisten sollte, die
ihn als Haupt haben und selber Glieder des Leibes sein wollten, dessen Haupt
Christus ist. Und obwohl nicht alle die Gnade haben können, Glieder in der Nähe
des Hauptes zu sein, können dennoch alle diejenigen, die verbunden sind mit diesem Leib durch den Kraftstrom der Genugtuung, die unser Haupt geleistet hat,
unschwer hoffen, für ihre Sünden Genugtuung leisten zu können. Nur müssen
wir uns anstrengen, uns mit diesem Haupt zu vereinen durch Glaube, durch Hoffnung und durch das Wenige an Liebe, dessen wir fähig sind. Was die Genugtuung
für die begangenen Sünden und für diejenigen, in die der Mensch aus Schwachheit fällt, angeht, ist Christi Passion vollkommen ausreichend und mehr als genug.
Dieser Gedanke verwandelte meine große Furcht und Traurigkeit in Fröhlichkeit.
Ich begann mich mit ganzer Seele jener höchsten Güte zuzuwenden, die ich wegen

ihrer Liebe zu mir mit offenen Armen und bis zum Herzen geöffneter Brust am
Kreuze hängen sah; wenn ich Elender schon nicht soviel Mut hätte, um zur Genugtuung für meine Missetaten die Welt zu verlassen und Buße zu tun, sollte ich
mich [doch wenigstens] an ihn wenden können; er würde, wenn ich ihn nur bäte,
mich der Genugtuung teilhaftig werden zu lassen, die er ohne eigene Sünde für
uns geleistet hat, sofort bereit sein, mich anzunehmen und zu bewirken, daß sein
Vater die Schuld, die ich auf mich geladen hatte und für die Genugtuung zu leisten
ich allein nicht in der Lage war, völlig tilgt. Werde ich also nicht sicher schlafen
können, auch wenn ich mitten in der Stadt bin, auch wenn ich die Genugtuung
nicht leiste für die Schuld, die ich auf mich geladen habe, da ich doch einen solchen
Zahler für meine Schuld habe? Wahrhaftig, mit dem Vorsatz, mich nie dieses
Schutzes zu begeben, werde ich so sicher schlafen und wachen, als wenn ich mein
ganzes Leben lang in der Einsiedelei gewesen wäre.
Selbst wenn ich ihn einmal verlassen sollte, was ich nicht hoffe, habe ich die feste
Absicht, sofort zu ihm zurückzukehren, – da ich ja sehe, daß er für mich seine
Brust bis ans Herz hinein offen hält, – und, wenn ich kann, ihn zu lieben und immer mehr zu lieben; und immer wird mein Herz ihn loben und seine Güte preisen.
Und wenn ich ihn nicht immer mit Zuneigung [affecto] lieben kann, werde ich
mich wenigstens danach sehnen, ihn zu lieben, so sehr ich kann. Ich werde mit
ganzer Seele danach trachten, alle meine Hoffnung und alle meine Zuneigung in
jene Liebe zu setzen, die immer brennt. Und so werde ich sicher leben ohne jed-
wede Angst vor meinen Bosheiten, denn seine Barmherzigkeit ist größer als alle
seine anderen Werke.

Quelle: H. Jedin, Ein »Turmerlebnis« des jungen Contarini. HJ 70, 1951, S. 117(f.) Anm. 5. Neudruck
in: ders., Kirche des Glaubens, Kirche der Geschichte. Ausgewählte Aufsätze und Vorträge 1, 1966, S.
169(f.) Anm. 5. – *Literatur*: F. Dittrich, Gasparo Contarini, 1885. Neudruck Nieuwkoop 1972; H.
Rückert, Die theologische Entwicklung Gasparo Contarinis, 1926; H. Jedin, Kardinal Contarini als
Kontroverstheologe, KLK 9, 1949; J. B. Ross, Gasparo Contarini and His Friends, StRen 17, 1970, S.
192–232; ders., The Emergence of Gasparo Contarini: A Bibliographical Essay. ChH 41, 1972, S.
22–45. Lit. zur italienischen Reformbewegung: K. Benrath, Bernardino Ochino von Siena: ein Beitrag
zur Geschichte der Reformation, 1892²; J. N. Bakhuizen van den Brink, Juan de Valdés, réformateur
en Espagne et en Italie 1529–1541: deux études, Genf 1969; D. Fenlon, Heresy and Obedience in Tri-
dentine Italy. Cambridge 1972; A. J. Schutte, Pier Paolo Vergerio. The Making of an Italian Reformer,
Genf 1977 (hier weitere Lit.); E. G. Gleason, On the Nature of Sixteenth Century Italian Evangelism
1553–1578. SCJ 9, 1978, S. 3–25.

103. Luther: Wie ein Prediger (A) und ein Zuhörer (B) beten sollen (15. Februar 1546)

[A] Lieber Himmlischer Vater, rede Du, ich will gerne ein Schüler und Kind sein
und schweigen; denn sollte ich die Kirche regieren aus meinem eigenen Witz[1],
[aus meiner] Weisheit und Vernunft führen, so steckte der Karren längst im Dreck
und wäre das Schiff [schon] lange zu Trümmern gegangen. Darum, lieber Gott,
regiere und führe Du es selbst, ich will mir gerne meine Augen ausstechen, die
Vernunft zutun und Dich allein durch Dein Wort regieren lassen.
[B] Ich glaube nicht an meinen Pfarrer, sondern er sagt mir von einem anderen

Herrn, der heißt Jesus Christus, den zeigt er mir; auf seinen Mund will ich sehen, sofern er mich zu diesem rechten Meister und Präceptor, Gottes Sohn, führt.

Quelle: WA 51, S. 191,10–15. S. 191,23–26. – *Literatur:* F. Schulz, Die Gebete Luthers, QFRG 44, 1976 (hier weitere Lit.).

1.   meiner Klugheit.

104.   Luthers letzter Zettel (16. Februar 1546)

Den Vergil in seinen Bucolica und Georgica kann niemand verstehen, er sei denn fünf Jahre Hirt oder Landmann gewesen. Den Cicero in seinen Briefen versteht niemand, wenn er nicht zwanzig Jahre in einem hervorragenden Staatswesen sich betätigt hat. Die Heilige Schrift meine niemand genügend geschmeckt zu haben, er habe denn hundert Jahre mit den Propheten Kirchen geleitet. Darum ist es ein ungeheures Wunder um: 1. Johannes den Täufer, 2. Christus, 3. die Apostel. Vergreife dich nicht an dieser göttlichen Aeneis, sondern beuge dich und verehre ihre Spuren[1]. Wir sein pettler[2]. Das ist wahr.

Quelle: WA.TR 5, S. 317,11–318,3 Nr. 5677. – *Literatur:* G. Ebeling, Die Klage über das Erfahrungsdefizit in der Theologie als Frage nach ihrer Sache, in: ders., Wort und Glaube 3, 1975, S. 3–28.

1.   Luther greift eine weisheitliche Sentenz der römischen Antike auf, und zwar von Statius, der am Ende seiner Thebais diese in die respektvolle Nachfolge von Vergils Aeneis stellt:»Vive, precor; ne tu divinam Aeneida tempta, sed longe sequere et vestigia semper adora.« Thebais 12,816f.
2.   Nur dieser Satz ist in deutscher Sprache geschrieben.

DAS KONZIL VON TRIENT (1545–1563)

Die Vorstellung, daß nur ein Konzil die reformbedürftige Kirche erneuern könne, war im ganzen 15. Jahrhundert lebendig (vgl. Bd. II Nr. 64–65, 67–68). Zwei Päpste (Nikolaus V., 1447–1455, und Pius II., 1458–1464) untersagten aber die Appellation an ein allgemeines Konzil; das V. Laterankonzil (1512–1517) repräsentierte keineswegs die abendländische Kirche und wurde zum Konzil der verpaßten Chancen. In den ersten Jahren der Reformation ertönte der Ruf nach einem allgemeinen Konzil wieder neu (vgl. Nr. 77, bes. Anm. 1); sowohl Luther (1518 und 1520; vgl. Nr. 17, 27) als auch die Reichsstände (z.B. Worms 1521, Nürnberg 1523 und 1524) und der Kaiser selbst gaben dem Wunsch nach einem Konzil immer wieder Ausdruck. Ein steter Kampf um Interessen und Vormachtstellung von Papst, Kaiser und König von Frankreich verhinderten jedoch ein baldiges Zustandekommen des Konzils. Schließlich konnte es – mit zweimaligen Unterbrechungen und einer Verlegung gegen den Willen des Kaisers nach Bologna (1547–49) – in Trient (1545–47; 1551–52; 1562–63) stattfinden, allerdings als ein Konzil, dem die Evangelischen fernblieben.

105.   Sessio IV: Schrift und Tradition (8. April 1546)

Das Heilige, Ökumenische und Allgemeine Konzil von Trient, im Heiligen Geist rechtmäßig versammelt, . . . hält stets vor Augen, daß die Irrtümer entfernt und die Reinheit des Evangeliums in der Kirche bewahrt werde, das – einst durch die

Propheten in den heiligen Schriften verheißen – unser Herr Jesus Christus, Gottes
Sohn, zuerst mit eigenem Munde verkündigt [promulgavit] und dann durch seine
Apostel als die Quelle aller Heilswahrheit und sittlichen Ordnung aller Kreatur zu
predigen [Mk 16,15] verordnet hat. Das Konzil weiß genau, daß diese Wahrheit
und Ordnung in geschriebenen Büchern und ungeschriebenen Überlieferungen
enthalten sind, die von den Aposteln aus dem Munde Christi selbst empfangen,
oder von den Aposteln – vom Heiligen Geist diktiert [Spiritu Sancto dictante] –
gleichsam von Hand zu Hand weitergegeben bis auf uns gekommen sind. So folgt
das heilige Konzil den Beispielen der rechtgläubigen Väter und übernimmt und
verehrt alle Bücher sowohl des Alten wie des Neuen Testaments, da sie beide den
einen Gott zum Urheber haben, als auch jene Überlieferungen über den Glauben
wie über die Lebensregelung [mores], da sie entweder von Christus mündlich gesprochen, oder aber vom Heiligen Geist diktiert und in der ununterbrochenen
Sukzession in der katholischen Kirche bewahrt worden sind, mit gleicher frommer
Bereitschaft und Ehrfurcht [omnes libros tam Veteris quam Novi Testamenti . . .
nec non traditiones ipsas . . . pari pietatis affectu et reverentia suscipit et venera-
tur] . . .
[Anschließend wird der Kanon – einschließlich Tobias, Judith, Weisheit Salomos,
Jesus Sirach, Baruch und Makkabäerbücher – festgelegt und die Vulgata für authentisch erklärt] . . .
Außerdem beschließt das Konzil zur Bezähmung frecher Geister, daß niemand in
Sachen des Glaubens und der Sitten, die zum Aufbau der christlichen Lehre gehören, im Vertrauen auf die eigene Klugheit die Heilige Schrift nach seinem Gutdünken sich zurechtbiegen [ad suos sensus contorquens] und gegen den Sinn, an
dem die heilige Mutter Kirche, der das Urteil über den wahren Sinn und die wahre
Interpretation der Schrift zusteht, festgehalten hat und festhält, oder auch gegen
den einstimmigen Konsens der Väter, die Heilige Schrift zu interpretieren wagen
soll, auch wenn solche Interpretationen niemals veröffentlicht werden sollten . . .

Quelle: CT V, Acta 2, 1911, S. 91,1–13. S. 92,4–9; COD, 1973³, S. 663.664 (D Nr. 1501–1507). – *Literatur:* H. Jedin, Geschichte des Konzils von Trient, I–IV/2, 1949–1975, bes. II, S. 42–82.

106. Sessio VI: Dekret über die Rechtfertigung (13. Januar 1547)

Da in diesen Tagen nicht ohne Verderben vieler Seelen und schweren Schaden der
kirchlichen Einheit eine gewisse irrige Lehre von der Rechtfertigung verbreitet
worden ist, hat das Heilige, Ökumenische und Allgemeine Konzil zu Trient, im
Heiligen Geist rechtmäßig versammelt, . . . zum Lob und zur Ehre des allmächtigen Gottes allen Christgläubigen die wahre und gesunde Lehre von der Rechtfertigung darlegen wollen, die Christus Jesus, die Sonne der Gerechtigkeit [Mal 4,2],
Urheber und Vollender unseres Glaubens [Hebr 12,2], gelehrt hat, die Apostel
überliefert haben und die katholische Kirche unter Leitung des Heiligen Geistes
ständig festgehalten hat; sie verbietet zugleich strengstens, daß künftig jemand
anders zu glauben, zu predigen oder zu lehren wagt, als in diesem Dekret bestimmt und erklärt wird.

Kap. 1: Das Unvermögen [imbecillitas] der Natur und des Gesetzes zur Rechtfertigung der Menschen

Zuerst erklärt das heilige Konzil, daß es zum guten und rechten Verständnis der Rechtfertigungslehre notwendig ist, daß jeder erkennt und bekennt, daß alle Menschen – da sie in der Übertretung Adams die Unschuld verloren haben [Röm 5,12ff.] – unrein und, wie der Apostel sagt [Eph 2,3], der Natur nach Kinder des Zornes geworden sind. Wie im Dekret von der Erbsünde dargelegt[1], waren sie so sehr unter der Sünde versklavt und der Macht des Teufels und des Todes untertan, daß nicht nur die Heiden durch die Kraft der Natur, sondern nicht einmal die Juden durch den Buchstaben des Gesetzes Moses' sich daraus befreien oder erheben konnten, obwohl in ihnen der freie Wille keineswegs ausgelöscht war, wenn auch in seinen Kräften geschwächt und beeinträchtigt.

Kap. 2: Heilsplan und Geheimnis der Ankunft Christi

So geschah es, daß der himmlische Vater, »der Vater der Barmherzigkeit und Gott alles Trostes« [2Kor 1,3], als jene selige »Fülle der Zeit« [Gal 4,4; Eph 1,10] kam, Christus Jesus, seinen Sohn, der sowohl vor dem Gesetz als auch in der Zeit des Gesetzes vielen heiligen Vätern kundgetan und verheißen war, zu den Menschen gesandt hat, damit er die Juden, die unter dem Gesetz waren, loskaufe, und die »Heiden, die nicht nach der Gerechtigkeit getrachtet haben«, Gerechtigkeit erlangen [Röm 9,30] sowie alle »zu Kindern angenommen würden« [Gal 4,5]. Diesen »hat Gott hingestellt als Versöhner durch den Glauben in seinem Blut« [Röm 3,25], »für unsere Sünden, nicht allein aber für die unseren, sondern für die der ganzen Welt« [1Joh 2,2].

Kap. 3: Wer durch Christus gerechtfertigt wird

Wenn er auch »für alle gestorben ist« [2Kor 5,15], empfangen doch nicht alle die Wohltat seines Todes, sondern nur die, denen das Verdienst seines Leidens mitgeteilt wird [communicatur]. Denn wie in der Tat die Menschen nicht als Ungerechte geboren würden, wenn nicht geboren durch die Fortpflanzung aus dem Samen Adams – durch diese Fortpflanzung durch ihn ziehen sie nämlich in der Empfängnis die eigene Ungerechtigkeit auf sich –, so würden sie auch nie gerechtfertigt, wenn sie nicht in Christus wiedergeboren würden, weil durch diese Wiedergeburt kraft des Verdienstes seines Leidens ihnen die Gnade gewährt wird, durch die sie gerecht werden. Für diese Wohltat sollen wir nach der Mahnung des Apostels stets dem Vater Dank sagen, »der uns gewürdigt hat, an dem Erbe der Heiligen im Licht teilzunehmen, und uns errettet hat von der Macht der Finsternis und uns versetzt hat in das Reich seines geliebten Sohnes, in dem wir die Erlösung und die Vergebung der Sünden haben« [Kol 1,12–14].

Kap. 4: Die Rechtfertigung des gottlosen Menschen und ihre Art und Weise im Stand der Gnade

Mit diesen Worten wird die Rechtfertigung des gottlosen Menschen [iustificatio impii] beschrieben: sie ist die Überführung vom Stand, in dem der Mensch als Kind des ersten Adam geboren wird, in den Stand der Gnade und der Annahme zur Gotteskindschaft durch den zweiten Adam, Jesus Christus unsern Heiland. Diese Überführung kann seit der Verkündigung des Evangeliums ohne das Bad der Wiedergeburt oder das Verlangen danach nicht geschehen, wie geschrieben steht:

»Wenn jemand nicht wiedergeboren wird aus dem Wasser und dem Heiligen
Geist, kann er nicht eingehen in das Reich Gottes« [Joh 3,5].

Kap. 5: Die Notwendigkeit der Vorbereitung zur Rechtfertigung bei den Erwachsenen und ihr Ursprung
Außerdem erklärt das Konzil: Diese Rechtfertigung hat bei den Erwachsenen von
der durch Christus Jesus zuvorkommenden Gnade Gottes ihren Anfang zu nehmen, d.h. von seinem Ruf, womit sie ohne jegliche vorliegende Verdienste gerufen werden; so werden sie, die durch Sünden von Gott abgewandt waren, durch
seine weckende und helfende Gnade [per eius excitantem atque adiuvantem gra-
tiam] in freier Zustimmung zu dieser Gnade und freier Mitwirkung mit ihr disponiert, sich ihrer eigenen Rechtfertigung zuzuwenden, und zwar so: Wenn Gott
durch die Erleuchtung des Heiligen Geistes das Herz des Menschen berührt, tut
der Mensch selbst einerseits nicht überhaupt nichts, indem er jene Eingebung aufnimmt; denn er kann sie ja auch verwerfen. Andererseits könnte er jedoch ohne
die Gnade Gottes sich nicht durch seinen freien Willen zur Gerechtigkeit vor Gott
bewegen. Wenn daher in der Heiligen Schrift gesagt wird: »Kehret euch zu mir, so
will ich mich zu euch kehren« [Sach 1,3], werden wir an unsere Freiheit gemahnt;
und indem wir antworten: »Wende uns, Herr, zu dir, so werden wir uns umkehren« [Klgl 5,21 Vulg.], bekennen wir, daß uns Gottes Gnade zuvorkommt.

Kap. 6: Die Weise der Vorbereitung
Disponiert werden sie zu dieser Gerechtigkeit dadurch, daß sie geweckt und unterstützt durch die göttliche Gnade, den Glauben aus dem Hören aufnehmen [fidem
ex auditu concipientes; Röm 10,17] und so frei zu Gott bewegt werden [moven-
tur], gläubig für wahr haltend, was göttlich geoffenbart und verheißen ist, und vor
allem, daß der Gottlose [impius] von Gott durch seine Gnade gerechtfertigt wird,
»durch die Erlösung, die da ist in Christus Jesus« [Röm 3,24]; und dadurch, daß sie
in ihrer Selbsterkenntnis als Sünder aus Furcht vor der göttlichen Gerechtigkeit,
von der sie heilsam erschüttert werden, sich zur Betrachtung der Barmherzigkeit
Gottes wenden und zur Hoffnung aufgerichtet werden, im Vertrauen, Gott werde
ihnen um Christi willen gnädig sein, und ihn als Quelle aller Gerechtigkeit zu lieben anfangen und deshalb gegen die Sünden in einer Art Haß und Abscheu bewegt
werden [moventur], d.h. durch diejenige Buße, die man vor der Taufe tun muß;
schließlich dadurch, daß sie sich vornehmen, die Taufe zu empfangen, ein neues
Leben anzufangen und die göttlichen Gebote zu halten.
Von dieser Bereitung [dispositio] steht geschrieben: »Wer zu Gott kommen will,
der muß glauben, daß er sei und denen, die ihn suchen, ein Vergelter sei« [Hebr
11,6]; und »Habe Vertrauen, mein Sohn, dir werden deine Sünden vergeben« [Mt
9,2]; »Die Furcht des Herrn treibt die Sünde aus« [Sir 1,27]; »Tut Buße, und lasse
sich ein jeglicher taufen auf den Namen Jesu Christi zur Vergebung eurer Sünden,
so werdet ihr empfangen die Gabe des Heiligen Geistes« [Apg 2,38]; »Darum gehet hin, lehret alle Völker, taufet sie im Namen des Vaters und des Sohnes und des
Heiligen Geistes und lehret sie alles halten, was ich euch geboten habe« [Mt 28,19]
und schließlich: »Bereitet eure Herzen dem Herrn« [1Sam 7,3 Vulg.].

Kap. 7: Das Wesen der Rechtfertigung des Gottlosen und ihre Ursachen
Auf diese Bereitung [dispositio] oder Vorbereitung [praeparatio] folgt die Rechtfertigung selbst. Sie ist nicht bloß Nachlaß der Sünden, sondern auch die Heili-

gung und die Erneuerung des inneren Menschen durch die freiwillige Annahme
der Gnade und Gaben, wodurch der Mensch aus einem Ungerechten zu einem Gerechten und aus einem Feind zu einem Freund wird, so daß er Erbe des ewigen Lebens gemäß der Hoffnung ist [Tit 3,7]. Die Ursachen [causae] dieser Rechtfertigung sind: Die Zielursache: die Ehre Gottes und Christi, sowie das ewige Leben;
die Wirkursache: der barmherzige Gott, der umsonst [gratuito] abwäscht und hei-
ligt, indem er »mit dem verheißenen Heiligen Geist versiegelt« und salbt, »der das
Unterpfand unseres Erbes ist« [Eph 1,13f.]; die Verdienstursache [causa merito-
ria] aber: sein geliebter eingeborener Sohn, unser Herr Jesus Christus, der, »als
wir Feinde waren« [Röm 5,10], »um seiner übergroßen Liebe willen, mit der er
uns geliebt hat« [Eph 2,4], durch sein heiligstes Leiden am Holz des Kreuzes uns
die Rechtfertigung verdient und für uns Gott, dem Vater, genuggetan hat; ferner
die Instrumentalursache: das Sakrament der Taufe, das das Sakrament des Glaubens ist, ohne den niemand die Rechtfertigung empfangen kann. Die einzige we-
sengebende Ursache [formalis causa] schließlich ist die Gerechtigkeit Gottes, nicht
die, durch die er selbst gerecht ist, sondern die, durch die er uns gerecht macht, mit
der nämlich wir beschenkt und so im Geist unseres Gemüts erneuert [Eph 4,23]
werden und nicht bloß als gerecht angesehen werden, sondern wirklich gerecht
genannt werden und sind [non modo reputamur, sed vere iusti nominamur et su-
mus], die wir in uns empfangen, jeder die seine, nach dem Maß, das der Heilige
Geist den einzelnen zuteilt, wie er will [1Kor 12,11], und entsprechend der eigenen Bereitung und Mitwirkung eines jeden.
Denn obwohl niemand gerecht sein kann, dem nicht die Verdienste des Leidens
unseres Herrn Jesu Christi mitgeteilt werden, geschieht das in dieser Rechtfertigung des Gottlosen dadurch, daß durch das Verdienst seines heiligsten Leidens die
Liebe Gottes durch den Heiligen Geist in die Herzen derer, die gerechtfertigt werden, ausgegossen wird [Röm 5,5] und ihnen anhaftet [inhaeret]. Daher empfängt
der Mensch in der Rechtfertigung mit der Vergebung der Sünden zugleich dies alles eingegossen durch Jesus Christus, dem er eingepflanzt wird: Glaube, Liebe und
Hoffnung.
Denn der Glaube eint weder vollkommen mit Christus, noch macht er zum lebendigen Glied seines Leibes, wenn nicht die Hoffnung dazutritt und die Liebe. Aus
diesem Grund wird vollkommen der Wahrheit gemäß [verissime] gesagt, daß der
Glaube ohne die Werke tot [Jak 2,17] und müßig sei, und daß in Christus Jesus weder Beschneidung noch Unbeschnittensein etwas gelte, sondern der Glaube, der
durch die Liebe tätig ist [Gal 5,6]. Diesen Glauben erbitten die Täuflinge gemäß
der apostolischen Überlieferung vor dem Taufsakrament von der Kirche, wenn sie
um den Glauben bitten, der das ewige Leben verleiht; das kann der Glaube ohne
die Hoffnung und die Liebe nicht verleihen. Deshalb vernehmen sie auch sogleich
das Wort Christi: »Willst du zum Leben eingehen, so halte die Gebote« [Mt
19,17]. Wenn so die Wiedergeborenen die wahre und christliche Gerechtigkeit
empfangen, wird ihnen geboten, sie gleichsam als das Festkleid [Lk 15,22], das ihnen durch Christus Jesus statt des durch Adams Ungehorsam ihm und uns verlorenen geschenkt wurde, weiß und makellos zu bewahren, um es vor den Richterstuhl unseres Herrn Jesus Christus hinzutragen und das ewige Leben zu haben.

Kap. 8: Wie es zu verstehen ist, daß der Gottlose durch den Glauben und ohne
Verdienst [gratis] gerechtfertigt wird
Wenn nun der Apostel sagt, der Mensch werde »durch den Glauben« und »ohne

Verdienst« [Röm 3,22.24] gerechtfertigt, so sind diese Worte in dem Sinn zu verstehen, den die katholische Kirche immer einmütig festgehalten und erklärt hat. Nämlich: Deshalb wird gesagt, wir werden durch den Glauben gerechtfertigt, weil der Glaube Anfang [initium] des Heils des Menschen ist, Fundament und Wurzel jeder Rechtfertigung, und ohne ihn es unmöglich ist, Gott zu gefallen [Hebr 11,6] und zur Gemeinschaft seiner Kinder zu gelangen; und deshalb wird gesagt, wir werden ohne Verdienst gerechtfertigt, weil nichts von dem, was der Rechtfertigung vorausgeht, sei es Glaube, seien es Werke, die Gnade der Rechtfertigung in vollem Sinne verdient [ipsam iustificationis gratiam promeretur]; wenn es aber Gnade ist, ist es nun nicht aus den Werken, sonst wäre (wie der gleiche Apostel sagt) die Gnade nicht Gnade [Röm 11,6].

Kap. 9: Gegen das eitle Vertrauen der Häretiker
Wie sehr es auch notwendig ist, zu glauben, daß die Sünden weder vergeben werden, noch je vergeben worden sind, es sei denn ohne Verdienst durch göttliche Barmherzigkeit um Christi willen, muß man gleichwohl sagen, daß keinem, der auf Vertrauen und Gewißheit in bezug auf die Sündenvergebung pocht und es schon damit gut sein läßt [in ea sola quiescens], die Sünden vergeben werden oder vergeben worden sind; bei den Häretikern könnte nämlich dieses nichtige und von jeglicher Frömmigkeit entfernte Vertrauen da sein, ja, in unseren Tagen ist es tatsächlich da und wird in heftigem Streit gegen die katholische Kirche gepredigt.
Man darf auch nicht behaupten, daß diejenigen, die wirklich gerechtfertigt sind, ohne jeglichen Zweifel bei sich fest glauben müßten, sie seien gerechtfertigt, und daß niemand von den Sünden losgesprochen und gerechtfertigt werde, außer der, der mit Gewißheit glaubt, er sei losgesprochen und gerechtfertigt, und daß allein durch diesen Glauben Lossprechung und Rechtfertigung zustandekomme, als ob, wer dies nicht glaubt, an Gottes Verheißungen und der Wirksamkeit des Todes und der Auferstehung Christi zweifeln würde. Denn wie kein Gottesfürchtiger [pius] an Gottes Barmherzigkeit, an Christi Verdienst und an Kraft und Wirksamkeit der Sakramente zweifeln darf, so kann jeder, in Rücksicht auf sich, seine eigene Schwäche und mangelnde Bereitung [indispositio], um seinen Gnadenbesitz [sua gratia] bangen und fürchten; kann doch keiner mit der Glaubensgewißheit, der kein Irrtum unterlaufen kann, wissen, daß er Gottes Gnade erlangt habe.

Kap. 10: Das Wachstum der empfangenen Rechtfertigung
Auf diese Weise also gerechtfertigt und Gottes Freunde und Hausgenossen geworden [Eph 2,19], werden sie, von Tugend zu Tugend fortschreitend [Ps 83,8 Vulg.], wie der Apostel sagt, »von Tag zu Tag erneuert« [2Kor 4,16], indem sie nämlich die Glieder ihres Fleisches ertöten [Kol 3,5], und sie als Waffen der Gerechtigkeit darbieten zur Heiligung [Röm 6,13.19] durch Beobachtung der Gebote Gottes und der Kirche. Gerade in der Gerechtigkeit, die sie durch Christi Gnade empfangen haben, wachsen sie, indem der Glaube mit den Werken zusammenwirkt, und werden mehr gerechtfertigt, wie geschrieben steht: »Wer gerecht ist, soll noch weiter gerechtfertigt werden« [Offb 22,11 Vulg.], auch: »Scheue nicht, gerechtfertigt zu werden, bis in den Tod« [Sir 18,22], und wiederum: »Ihr seht, daß der Mensch durch Werke gerecht wird, nicht durch Glauben allein« [Jak 2,24]. Um dieses Wachstum der Gerechtigkeit bittet die heilige Kirche, wenn sie betet: »Mehre uns, o Herr, Glaube, Hoffnung und Liebe« [13. Sonntag nach Pfingsten].

Kap. 11: Die Einhaltung der Gebote, ihre Notwendigkeit und Möglichkeit
Keiner aber, mag er auch noch so sehr gerechtfertigt sein, darf sich von der Einhaltung der Gebote frei glauben; keiner darf das verwegene, von den Vätern mit dem Bann belegte [sub anathema prohibita] Wort gebrauchen: Gottes Gebote seien vom gerechtfertigten Menschen unmöglich einzuhalten. Denn »Gott gebietet nichts Unmögliches; sondern, wenn er gebietet, ermahnt er, zu tun, was du kannst, und zugleich, zu erbitten, was du nicht kannst«[2], und hilft, daß du kannst. Und »seine Gebote sind nicht schwer« [1Joh 5,3], sein Joch ist sanft und seine Last leicht [Mt 11,30]. Denn, die Kinder Gottes sind, lieben Christus; wer aber ihn liebt, hält seine Worte, wie er selbst bezeugt [Joh 14,23]. Das können sie durchaus mit göttlicher Hilfe tun. – Denn wenn sie auch in diesem sterblichen Leben, mögen sie noch so heilig und gerecht sein, zuweilen wenigstens in leichte und alltägliche, auch »läßliche Sünden« genannte Sünden fallen, so hören sie deshalb nicht auf, gerecht zu sein. Denn das ist die demütige und wahrhaftige Stimme der Gerechten: »Vergib uns unsre Schuld« [Mt 6,12]. So kommt es, daß sich gerade die Gerechten um so mehr verpflichtet fühlen müssen, auf dem Weg der Gerechtigkeit zu wandeln, weil sie, bereits »von der Sünde befreit und Gottes Knechte geworden« [Röm 6,22], durch nüchternes, gerechtes und frommes Leben [Tit 2,12] fortschreiten können durch Christus Jesus, durch den sie Zugang erhalten haben zu dieser Gnade [Röm 5,2]. Gott verläßt wahrlich die durch seine Gnade einmal Gerechtfertigten nicht, wenn er nicht vorher von ihnen verlassen wird[3].
So darf sich also keiner mit dem Glauben allein schmeicheln in der Meinung, durch den Glauben allein sei er zum Erben bestellt und werde die Erbschaft erlangen, auch wenn er nicht mit Christus leide, um auch [mit ihm] verherrlicht zu werden [Röm 8,17]. Denn auch Christus selbst hat, wie der Apostel sagt, »obwohl er Gottes Sohn war, doch an dem, was er litt, Gehorsam gelernt, und da er vollendet war, ist er geworden allen, die ihm gehorsam sind, der Urheber ihres ewigen Heils« [Hebr 5,8]. Deshalb mahnt der Apostel selbst die Gerechtfertigten mit den Worten: »Wisset ihr nicht, daß die, so in der Kampfbahn laufen, die laufen alle, aber einer empfängt den Siegespreis? Laufet so, daß ihr ihn erlanget! Ich laufe aber so, nicht als aufs Ungewisse; ich fechte so, nicht als der in die Luft schlägt, sondern ich züchtige meinen Leib und zähme ihn, daß ich nicht den anderen predige und selbst verworfen werde« [1Kor 9,24.26f.]. Ebenso der Apostelfürst Petrus: »Seid darauf bedacht, daß ihr durch gute Werke eure Berufung und Erwählung sicherstellt. Denn wenn ihr das tut, werdet ihr nie sündigen« [2Petr 1,10 Vulg.]. – Daher steht fest, daß diejenigen sich der Lehre des orthodoxen Glaubens widersetzen, die sagen, daß der Gerechte in allen guten Werken wenigstens läßliche Sünden begehe, oder, was unerträglicher ist, ewige Strafen verdiene; ebenso diejenigen, die behaupten, daß die Gerechten in allen Werken sündigten, wenn sie dabei zum Ansporn ihrer Saumseligkeit und zur Aufmunterung, in der Rennbahn zu laufen, außer auf das Hauptziel, die Verherrlichung Gottes, auch auf den ewigen Lohn schauen, während doch geschrieben steht: »Ich habe mein Herz geneigt, zu tun nach deinen Rechten um der Vergeltung willen« [Ps 118,112 Vulg.], und der Apostel von Moses sagt, daß »er auf die Belohnung hinschaute« [Hebr 11,26].

Kap. 12: Man muß sich vor dem vermessenen Glauben an seine Vorherbestimmung hüten
Niemand darf, solange er in diesem sterblichen Leben wandelt, sich von dem verborgenen Geheimnis der göttlichen Prädestination so sehr anmaßen, mit Gewiß-

heit [certo] zu behaupten, er sei zweifellos in der Zahl der Erwählten, als ob es wahr wäre, daß der Gerechtfertigte entweder nicht mehr sündigen könne, oder sich eine Umkehr mit Sicherheit versprechen solle für den Fall, daß er gesündigt hat. Denn ohne ganz besondere Offenbarung kann man nicht wissen, wen Gott sich erwählt hat.

Kap. 13: Das Geschenk der Beharrung
Ebenso darf sich keiner mit absoluter Gewißheit etwas Sicheres versprechen in bezug auf das Geschenk der Beharrung [perseverantiae munus], von dem geschrieben steht: »Wer aber bis ans Ende beharret, der wird selig« [Mt 10,22; 24,13], (man kann es nur von dem empfangen, der den aufrechterhalten kann, der steht [Röm 14,4], so daß er beharrlich steht, und den, der fällt, wieder aufrichten kann). Doch sollen alle ihre feste Hoffnung ganz und gar auf Gottes Hilfe setzen. Denn wenn sie sich nicht selbst seiner Gnade entziehen, wird Gott das gute Werk vollenden, wie er es angefangen hat [Phil 1,6], indem er das Wollen und das Vollbringen wirkt [Phil 2,13]. Indessen: »Die zu stehen glauben, sollen achthaben, daß sie nicht fallen« [1Kor 10,12], und ihr Heil mit Furcht und Zittern wirken [Phil 2,12], mit Mühen, Wachen, Almosen, Gebeten und Opfergaben, Fasten und Keuschheit. Denn im Wissen, daß sie zur Hoffnung auf die Herrlichkeit und noch nicht zur Herrlichkeit [selbst] wiedergeboren sind, müssen sie sich fürchten wegen des Kampfes, den es noch gegen das Fleisch, gegen die Welt und gegen den Teufel zu führen gilt, in dem sie nicht Sieger sein können, wenn sie nicht mit Gottes Gnade dem Apostelwort gehorchen: »Wir sind keine Schuldner des Fleisches, daß wir nach dem Fleisch leben. Denn wenn ihr nach dem Fleisch lebt, werdet ihr sterben. Wenn ihr aber durch den Geist die Werke des Fleisches tötet, so werdet ihr leben« [Röm 8,12f.].

Kap. 14: Die in die Sünde Gefallenen und ihre Wiederherstellung
Die aber von der empfangenen Rechtfertigungsgnade durch die Sünde herabgefallen sind, können aufs neue gerechtfertigt werden, wenn sie durch Gottes Anregung dafür Sorge tragen, durch das Bußsakrament aufgrund des Verdienstes Christi die verlorene Gnade wieder zu erlangen. Diese Weise der Rechtfertigung ist nämlich die Wiederaufrichtung des Gefallenen, die die heiligen Väter zutreffend »die zweite Rettungsplanke nach dem Schiffbruch der verlorenen Gnade« [secunda post naufragium deperditae gratiae tabula] nannten[4]. Denn für die, die nach der Taufe in Sünden fallen, hat Christus Jesus das Sakrament der Buße eingesetzt, indem er sagte: »Empfanget den Heiligen Geist: Denen ihr die Sünden nachlaßt, denen sind sie nachgelassen, und denen ihr sie behaltet, denen sind sie behalten« [Joh 20,22f.]. – Daher muß gelehrt werden, daß die Buße des Christen nach dem Fall ganz anders ist als bei der Taufe, und daß sie nicht nur die Lossagung von den Sünden und den Abscheu vor ihnen in sich begreift oder »ein zerknirschtes und gedemütigtes Herz« [Ps 51,19], sondern auch ihr sakramentales Bekenntnis, wenigstens den Vorsatz, es bei gegebener Gelegenheit abzulegen, sowie die priesterliche Absolution. Ebenso die Genugtuung durch Fasten, Almosen, Gebete und andere fromme Übungen des geistlichen Lebens, zwar nicht anstelle der ewigen Strafe, die durch das Sakrament oder durch den Vorsatz zum Sakramentempfang zugleich mit der Schuld erlassen wird, sondern anstelle der zeitlichen Strafe, die, wie die Schrift lehrt, nicht immer ganz, wie es in der Taufe geschieht, denen erlassen wird, die im Undank gegen die empfangene Gnade Gottes den Heiligen Geist be-

trübt [Eph 4,30] und sich nicht gescheut haben, den Tempel Gottes zu entweihen
[1Kor 3,17]. Von dieser Buße steht geschrieben:»Gedenke, wovon du gefallen
bist, und tue Buße und tue die ersten Werke« [Offb 2,5]; und wiederum:»Die
gottgefällige Trauer wirkt die Buße zum festen Heil« [2Kor 7,10 Vulg.]; und weiter:»Tut Buße«[Mt 3,2; 4,17] und:»Bringt würdige Früchte der Buße«[Mt 3,8].

Kap. 15: Durch jede Todsünde wird die Gnade verloren, nicht aber der Glaube
Auch gegen den schlauen Erfindungsgeist [callida ingenia] gewisser Leute, die
»durch süße Worte und fromme Reden die Herzen der Arglosen verführen« [Röm
16,18], muß geltend gemacht werden, daß nicht nur durch den Unglauben, durch
den auch der Glaube selbst verlorengeht, sondern auch durch jede andere Todsünde die empfangene Rechtfertigungsgnade verlorengeht, wenn auch der Glaube
nicht verloren wird. Dadurch wird die Lehre des göttlichen Gesetzes geschützt, die
vom Reich Gottes nicht nur die Ungläubigen ausschließt, sondern ebenso auch die
Gläubigen, die Unzüchtige, Ehebrecher, Lüstlinge, Knabenschänder, Diebe, Hab-
süchtige, Trinker, Lästerer oder Räuber [1Kor 6,9f.] sind, und alle anderen, die
Todsünden begehen, von denen sie sich mit Hilfe der göttlichen Gnade enthalten
können und derentwegen sie von der Gnade Christi getrennt werden.

Kap. 16: Die Frucht der Rechtfertigung, d.h. das Verdienst der guten Werke, und
wie es mit diesem Verdienst steht [ipsius meriti ratio]
Aus diesem Grunde müssen also allen gerechtfertigten Menschen, ob sie nun die
empfangene Gnade stets bewahrt oder sie verloren und wiedererlangt haben, die
Apostelworte verkündet werden: Seid immer überreich in allen guten Werken,
»im Wissen, daß eure Arbeit nicht vergeblich ist in dem Herrn« [1Kor 15,58];
»denn Gott ist nicht ungerecht, daß er vergäße eure Werke und die Liebe, die ihr in
seinem Namen erzeigt habt« [Hebr 6,10]; und »verliert nicht eure Zuversicht, die
hohen Lohn bringt« [Hebr 10,35]. So ist also denen, die »bis zum Ende« [Mt
10,22; 24,13] gut handeln und auf Gott hoffen, das ewige Leben in Aussicht zu
stellen, zugleich als Gnade, die den Kindern Gottes durch Christus Jesus erbar-
mungsvoll verheißen ist, und als Lohn, der gemäß der Verheißung Gottes selbst
für ihre guten Werke und Verdienste getreu erstattet wird. Denn das ist jene
Krone der Gerechtigkeit, von der der Apostel sagt, nach seinem Streit und Lauf
liege sie für ihn bereit, um ihm vom gerechten Richter übergeben zu werden: aber
nicht ihm allein, sondern auch allen, »die seine Ankunft lieben« [2Tim 4,7f.].
Christus Jesus selbst läßt nämlich unaufhörlich in die Gerechtfertigten seine Kraft
einströmen, als Haupt in die Glieder [Eph 4,15] und als Weinstock in die Reben
[Joh 15,5]; diese Kraft geht stets ihren guten Werken voraus, begleitet sie und
folgt ihnen nach, und ohne sie könnten sie in keiner Weise Gott genehm und verdienstlich sein. Deshalb ist zu glauben, es fehle den Gerechtfertigten nichts mehr
daran, daß sie dafür gehalten werden, durch die Werke, die in Gott getan sind, für
den Stand dieses Lebens ganz und gar dem göttlichen Gesetz genuggetan und
(wenn sie in der Gnade sterben) das ewige Leben zu seiner Zeit zu erreichen wirklich verdient [vere promeruisse] zu haben, da Christus unser Erlöser sagt:»Wenn
jemand aus dem Wasser trinkt, das ich ihm geben werde, wird er in Ewigkeit nicht
dürsten, sondern es wird in ihm zur Quelle des Wassers werden, das in das ewige
Leben quillt« [Joh 4,14].
Also wird weder unsere eigene Gerechtigkeit für aus-uns-heraus eigen [ex nobis

propria] gehalten, noch die Gerechtigkeit Gottes verkannt und verworfen; die Gerechtigkeit nämlich, die unsere Gerechtigkeit genannt wird, weil wir durch sie als die uns anhaftende [inhaerentem] gerechtfertigt werden, ist zugleich Gottes Gerechtigkeit [eadem Dei est], weil sie von Gott uns eingegossen wird durch das Verdienst Christi.

Auch dies ist nicht außer acht zu lassen: Obwohl in der Heiligen Schrift den guten Werken so viel zugeschrieben wird, daß Christus verspricht, auch dem, der einem seiner Geringsten einen Trunk kühlen Wassers reiche, werde sein Lohn nicht fehlen [Mt 10,42], und der Apostel bezeugt, was im gegenwärtigen Leben zeitliche und leichte Trübsal sei, schaffe uns über die Maßen erhaben ein ewiges Gewicht an Herrlichkeit [2Kor 4,17], sei es doch ferne, daß ein Christenmensch auf sich selbst vertraut oder stolz ist und nicht auf den Herrn [1Kor 1,31; 2Kor 10,17], dessen Güte gegen alle Menschen so groß ist, daß er das ihr Verdienst sein lassen will, was sein Geschenk ist.

Und weil »wir alle in vielem fehlen« [Jak 3,2], muß jeder wie Barmherzigkeit und Güte, so auch Strenge und Gericht vor Augen haben, und darf auch nicht sich selbst richten, auch wenn er sich keiner Schuld bewußt ist, da kein Menschenleben durch menschliches Urteil zu prüfen und zu richten ist, sondern durch das Urteil Gottes, »der hineinleuchten wird ins Verborgene der Dunkelheit, und offenbar macht die Gedanken der Herzen, und dann wird einem jeden sein Lob von Gott zuteilwerden« [1Kor 4,4f.], der, wie geschrieben steht, einem jeden nach seinen Werken vergelten wird [Röm 2,6].

Dem heiligen Konzil hat es gefallen, dieser katholischen Lehre von der Rechtfertigung, ohne deren getreue und feste Aufnahme niemand gerechtfertigt werden kann, die folgenden Lehrsätze [canones] anzuschließen, damit alle wissen, nicht nur was festzuhalten und zu befolgen, sondern auch was zu meiden und zu fliehen ist.

Lehrsätze über die Rechtfertigung
1.   Wenn jemand behauptet, daß der Mensch durch seine Werke, die durch die Kräfte der menschlichen Natur oder durch die Lehre des Gesetzes geschehen, ohne die göttliche Gnade, die da ist durch Christus Jesus, vor Gott gerechtfertigt werden könne: der sei im Bann [anathema sit].
2.   Wenn jemand behauptet, die göttliche Gnade durch Christus Jesus werde nur dazu gegeben, daß der Mensch leichter gerecht leben und das ewige Leben verdienen könne, als ob er beides durch den freien Willen ohne Gnade könnte, nur eben mühsam und schwer: der sei im Bann.
3.   Wenn jemand behauptet, der Mensch könne ohne die zuvorkommende Eingebung des Heiligen Geistes und dessen Hilfe glauben, hoffen und lieben oder Buße tun [paenitere], wie es sein muß, damit ihm die Rechtfertigungsgnade zuteil wird: der sei im Bann.
4.   Wenn jemand behauptet, daß der freie Wille des Menschen, wenn er von Gott bewegt und angeregt [excitari] wird, nichts durch Zustimmung zum anregenden oder rufenden Gott mitwirke, wodurch er sich zum Empfang der Rechtfertigungsgnade bereitet oder vorbereitet, und daß er nicht auch, wenn er will, widersprechen könne, sondern wie ein lebloses Ding überhaupt nichts tue und sich bloß passiv verhalte: der sei im Bann.
5.   Wenn jemand behauptet, der freie Wille des Menschen sei nach Adams Fall verlorengegangen und ausgelöscht oder eine Sache nur dem Namen nach, oder gar

eine Bezeichnung ohne die Sache, schließlich eine vom Satan in die Kirche einge-
führte Erfindung: der sei im Bann.

6.   Wenn jemand behauptet, es liege nicht in der Macht des Menschen, seine
Wege schlecht zu machen, sondern die schlechten wie die guten Werke wirke
Gott, nicht nur indem er sie zuläßt, sondern auch im eigentlichen und vollen Sinn
[proprie et per se], und zwar sogar so, daß des Judas Verrat nicht weniger Gottes
eigenes Werk sei als die Berufung von Paulus: der sei im Bann.

7.   Wenn jemand behauptet, daß alle Werke, die vor der Rechtfertigung getan
werden, in Wahrheit Sünden seien oder den Haß Gottes verdienten, wie sie auch
getan sein mögen; oder man sündige um so schwerer, je mehr man sich bemühe,
sich für die Gnade zu bereiten: der sei im Bann.

8.   Wenn jemand behauptet, die Furcht vor der Hölle, durch die wir im Schmerz
von den Sünden zu Gottes Barmherzigkeit Zuflucht nehmen oder uns von Sünden
enthalten, sei Sünde oder mache die Sünder noch schlechter: der sei im Bann.

9.   Wenn jemand behauptet, daß der gottlose Mensch allein durch den Glauben
gerechtfertigt werde, und es so versteht, nichts anderes werde erfordert, wodurch
er zur Erlangung der Rechtfertigungsgnade mitwirkt, und in keiner Weise sei
notwendig, daß er sich mit der Bewegung seines Willens bereite oder vorbereite:
der sei im Bann.

10.   Wenn jemand behauptet, daß die Menschen ohne Christi Gerechtigkeit,
durch die er für uns Verdienste erwarb, gerechtfertigt würden, oder daß gerade sie
das Wesen ihrer Gerechtigkeit ausmache [per eam ipsam formaliter iustos esse]:
der sei im Bann.

11.   Wenn jemand behauptet, die Menschen würden gerechtfertigt allein durch
die Anrechnung der Gerechtigkeit Christi, oder allein durch den Nachlaß der Sünden, unter Ausschluß der Gnade und Liebe, die in ihren Herzen durch den Heiligen Geist ausgegossen wird und ihnen anhaftet [inhaereat], oder sogar, die Gnade,
durch die wir gerechtfertigt werden, sei nur die Gunst Gottes: der sei im Bann.

12.   Wenn jemand behauptet, der rechtfertigende Glaube sei nichts anderes als
das Vertrauen [fiducia] auf die göttliche Barmherzigkeit, die um Christi willen die
Sünden nachläßt, oder dieses Vertrauen allein sei es, wodurch wir gerechtfertigt
werden: der sei im Bann.

13.   Wenn jemand behauptet, es sei für jeden Menschen zur Erlangung des Sün-
dennachlasses notwendig, mit Gewißheit und ohne jegliches Zaudern wegen der
eigenen Schwachheit und mangelnden Bereitung zu glauben, seine Sünden seien
ihm nachgelassen: der sei im Bann.

14.   Wenn jemand behauptet, der Mensch werde dadurch [ex eo] von seinen
Sünden befreit und gerechtfertigt, daß er mit Gewißheit glaube, er werde befreit
und gerechtfertigt; oder, niemand sei wirklich gerechtfertigt, wenn er nicht
glaubt, er sei gerechtfertigt; und allein durch diesen Glauben werde die Befreiung
und Rechtfertigung vollzogen [perfici]: der sei im Bann.

15.   Wenn jemand behauptet, der wiedergeborene und gerechtfertigte Mensch
sei von Glaubens wegen [ex fide] gehalten, zu glauben, er sei gewiß in der Zahl der
Vorhererwählten: der sei im Bann.

16.   Wenn jemand behauptet, er werde mit absoluter und unfehlbarer Gewißheit
jenes große Geschenk der Beharrung bis ans Ende haben, ohne es aufgrund einer
besonderen Offenbarung erfahren zu haben: der sei im Bann.

17.   Wenn jemand behauptet, die Rechtfertigungsgnade werde nur den zum Leben Vorherbestimmten zuteil; alle anderen, die gerufen werden, würden zwar ge-

rufen, empfingen die Gnade aber nicht, weil sie ja durch die göttliche Macht zum Bösen vorherbestimmt seien: der sei im Bann.

18.   Wenn jemand behauptet, Gottes Gebote seien auch für einen gerechtfertigten und unter die Gnade gestellten Menschen unerfüllbar: der sei im Bann.

19.   Wenn jemand behauptet, nichts sei im Evangelium vorgeschrieben außer der Glaube, alles andere sei weder gut noch böse [indifferentia], weder geboten noch verboten, sondern freigestellt [libera]; oder daß die Zehn Gebote die Christen nichts angingen: der sei im Bann.

20.   Wenn jemand behauptet, ein gerechtfertigter Mensch – mag er noch so vollkommen sein – werde nicht zur Beobachtung der Gebote Gottes und der Kirche gehalten, sondern bloß zum Glauben, als wäre das Evangelium eine reine und unbedingte Verheißung des ewigen Lebens [nuda et absoluta promissio vitae aeternae], ohne die Bedingung der Beobachtung der Gebote: der sei im Bann.

21.   Wenn jemand behauptet, Christus Jesus sei von Gott den Menschen gegeben worden als Erlöser, dem sie vertrauen sollen, und nicht auch als Gesetzgeber, dem sie gehorchen sollen: der sei im Bann.

22.   Wenn jemand behauptet, der Gerechtfertigte könne ohne besondere Hilfe Gottes in der empfangenen Gerechtigkeit beharren, oder er könne es [auch] mit dieser Hilfe nicht: der sei im Bann.

23.   Wenn jemand behauptet, der einmal gerechtfertigte Mensch könne nicht mehr sündigen und die Gnade verlieren, und deshalb sei der, der fällt und sündigt, niemals wirklich gerechtfertigt gewesen; oder umgekehrt, er könne während des ganzen Lebens alle Sünden, auch die läßlichen, vermeiden, ohne besonderes von Gott verliehenes Vorrecht, wie es die Kirche von der seligen Jungfrau glaubt [tenet]: der sei im Bann.

24.   Wenn jemand behauptet, die empfangene Gerechtigkeit werde durch die guten Werke nicht bewahrt und auch nicht vor Gott vermehrt, sondern diese Werke seien lediglich Frucht und Zeichen der erlangten Rechtfertigung, nicht zugleich Ursache ihrer Vermehrung: der sei im Bann.

25.   Wenn jemand behauptet, daß der Gerechte in jedem guten Werk zumindest läßliche Sünden, oder (was unerträglicher ist) Todsünden begehe, und deshalb ewige Strafen verdiene, und daß er nur deshalb nicht verdammt werde, weil Gott diese Werke nicht zur Verdammung anrechne: der sei im Bann.

26.   Wenn jemand behauptet, die Gerechten dürften für die guten Werke, die in Gott getan sind, nicht von Gott durch seine Barmherzigkeit und Jesu Christi Verdienst eine ewige Vergeltung erwarten und erhoffen, wenn sie in gutem Tun und in der Beobachtung der göttlichen Gebote bis ans Ende beharrt haben: der sei im Bann.

27.   Wenn jemand behauptet, daß es keine Todsünde außer die des Unglaubens gebe, oder daß die einmal empfangene Gnade außer durch die Sünde des Unglaubens durch keine andere noch so schwere und ungeheure Sünde verlorengehe: der sei im Bann.

28.   Wenn jemand behauptet, daß mit dem Verlust der Gnade durch die Sünde immer zugleich auch der Glaube verlorengehe, oder daß der Glaube, der bleibt, kein wahrer Glaube sei – obwohl er freilich kein lebendiger Glaube ist –, oder daß der, der den Glauben ohne die Liebe hat, kein Christ sei: der sei im Bann.

29.   Wenn jemand behauptet, daß der, der nach der Taufe gefallen ist, sich nicht durch Gottes Gnade wieder aufrichten könne; oder daß er zwar die verlorengegangene Gnade wiedererlangen könne, aber allein durch den Glauben, also nicht

durch das Sakrament der Buße, wie die heilige römische und allgemeine Kirche, von Christus dem Herrn und seinen Aposteln belehrt, bisher bekannt, bewahrt und gelehrt hat: der sei im Bann.

30. Wenn jemand behauptet, nach dem Empfang der Rechtfertigungsgnade werde jedem bußfertigen Sünder die Schuld so erlassen und die Straffälligkeit für ewige Strafen so getilgt, daß keine Straffälligkeit für zeitliche Strafen bleibe, die entweder in diesem Leben oder im künftigen im Fegefeuer abgebüßt werden müssen, bevor der Zugang zum Himmelreich offenstehen kann: der sei im Bann.

31. Wenn jemand behauptet, der Gerechtfertigte sündige, wenn er in Rücksicht auf den ewigen Lohn gut handelt: der sei im Bann.

32. Wenn jemand behauptet, die guten Werke des gerechtfertigten Menschen seien in der Weise Geschenke Gottes, daß sie nicht auch gute Verdienste dieses Gerechtfertigten wären, oder der Gerechtfertigte verdiene durch die guten Werke, die von ihm durch Gottes Gnade und Jesu Christi Verdienst (dessen lebendiges Glied er ist) getan werden, nicht wirklich die Vermehrung der Gnade, das ewige Leben und (wenn anders er in der Gnade stirbt) den Eintritt in dieses ewige Leben, sowie die Vermehrung auch der Herrlichkeit: der sei im Bann.

33. Wenn jemand behauptet, durch diese katholische Lehre von der Rechtfertigung, die vom heiligen Konzil im vorliegenden Lehrentscheid ausgesprochen wurde, würden in irgendeiner Hinsicht die Ehre Gottes oder die Verdienste Jesu Christi beschränkt, und nicht vielmehr die Wahrheit unseres Glaubens und endlich Gottes und Christi Jesu Ehre ins helle Licht gesetzt: der sei im Bann.

Quelle: CT V, Acta 2, 1911, S. 791,40–43.46–792,4. S. 792,5–799,50; COD, 1973³, S. 671–681 (D Nr. 1520–1583); vgl. J. Neuner – H. Roos, Der Glaube der Kirche in den Urkunden der Lehrverkündigung, 1971⁸, S. 498–518. – *Literatur:* H. Rückert, Die Rechtfertigungslehre auf dem Tridentinischen Konzil, AKG 3, 1925; H. Küng, Rechtfertigung. Die Lehre Karl Barths und eine katholische Besinnung, 4. erw. Aufl. 1964; H. A. Oberman, Das tridentinische Rechtfertigungsdekret im Lichte spätmittelalterlicher Theologie, ZThK 61, 1964, S. 251–282. Neudruck in: Concilium Tridentinum, WdF 313, 1979, S. 301–340; T. Beer, Die Ausgangspositionen der lutherischen und der katholischen Lehre von der Rechtfertigung, Cath (M) 21, 1967, S. 65–84.

1. Vgl. CT V, Acta 2, 1911, S. 238–240.
2. Augustin, De natura et gratia, 43 § 50 (PL 44, Sp. 271); vgl. auch Bd. I Nr. 91.
3. Vgl. Augustin, a.a.O., S. 26, § 29 (PL 44, Sp. 261).
4. Tertullian, De paenitentia 4,2 und 12,9. CChr.SL 1, S. 326,10 und 340,35–36; vgl. auch Bd. I Nr. 30.

107. Gabriel Paleotti: Tagebuch über das Konzil von Trient

Gabriel Paleotti (1522–1597), Auditor der Rota (Gerichtshof der Kurie), war Berater der päpstlichen Legaten auf dem Konzil von Trient (1562–1563). Er führte Tagebuch über die Geschehnisse des Konzils. Dieses Tagebuch Paleottis ist eine wichtige Quelle zum Verständnis des Konzils.

a) Über die Lage nach der Abstimmung zur Residenzpflicht (20. April 1562)

Dieser Abstimmung ging eine heftige Debatte (7.–17. April) voraus, ob die Residenzpflicht der Bischöfe göttlichen oder nur kirchlichen Rechtes sei. Die Abstimmung, ob göttlichen Rechtes, ergab laut Protokoll 68 Ja-Stimmen, 35 Nein-Stimmen und 36 Stimmen mit dem Zusatz, daß sie ihre Entscheidung von einer vorherigen Befragung des Papstes abhängig machen.

Alles, was heute geschehen ist, kam für die allermeisten unerwartet. Deshalb hat
es erheblichen Verdacht erregt und einigen zu entsprechenden Unterstellungen
Anlaß gegeben.
Der Bischof von Paris sagte, er frage sich, was für ein Konzil dies eigentlich sei,
und er bereue jetzt sein Kommen. Es herrschte allgemeine Unruhe, denn das Konzil schien nicht frei zu sein, da sich viele Prälaten in den Willen des Papstes erga-
ben. Andere dagegen waren unwillig darüber, daß man den Lutheranern Anlaß
gab, zu behaupten, auf diesem Konzil geschehe alles nach Willen des Papstes,
während er doch will, daß das Konzil frei ist, und noch vor kurzem einen Brief zu
dieser Frage geschrieben hat, in dem er den Konzilsvätern freistellte, entsprechend
ihrer Auffassung selbst zu definieren, ob die Residenzpflicht im göttlichen Recht
begründet sei.
Auch die Legaten selbst schienen untereinander uneinig zu sein, und das erhöhte
bei manchen den Argwohn. Ich habe am folgenden Tage einige gesehen, die sehr
niedergeschlagen waren und über die völlige Verwirrung sogar weinten. Viele gaben den Legaten die Schuld, die klüger hätten vorgehen können. Diese verteidig-
ten sich damit, daß sie die Stimmen der Konzilsväter klar werden lassen wollten;
ihnen wurde entgegengehalten, daß sie es auf den folgenden Tag hätten aufschie-
ben und so den Vätern Zeit zum Überlegen hätten geben können.

Quelle: CT III, Diaria 3,1, 1931, S. 319,1–13; vgl. CT VIII, Acta 5, 1919, S. 402–463 (Debatte) und
463–465 (Abstimmung).

b) Zur Frage der Ablässe und Almosen (21.–24. April 1562)

Da sich gerade am Ablaßstreit die reformatorische Bewegung entzündet hatte (vgl. Nr. 8–11), war
auch die Debatte über diesen Punkt in Trient besonders emotional bestimmt[1].

Da sich der letzte der Reformvorschläge auf die sogenannten Almosensammler
[quaestores eleemosinarios] bezog, fingen viele an, diese heftig anzugreifen. Sie
hätten nicht nur damals als erste zum lutherischen Verderben Anlaß gegeben,
sondern auch heute stünden solche Leute wegen ihrer Betrügereien bei allen in
schlechtem Ruf; deshalb müsse man ihr Geschäft und ihren Namen aus der Christenheit völlig verbannen. Dabei wurden allerdings auch Stimmen laut, die darauf
hinwiesen, daß die Tätigkeit der Almosensammler in der Kirche schon sehr alt sei
und daß sie bereits auf dem Laterankonzil [1215; s. auch Bd. II Nr. 43a–c] sowie
auf den Konzilien von Lyon [1274] und Vienne [1311–12] genehmigt worden sei,
obwohl Mißbräuche, die sich bei der Ausübung eingeschlichen hatten, allerdings
verschiedentlich verurteilt worden seien. Deshalb könne man viele Hospitäler und
andere fromme Stätten mit den von ihnen gesammelten Almosen unterhalten.
Außerdem könne der Heilige Vater dem christlichen Volk durch die Almosensammler Ablaß und geistliche Gaben zuteil werden lassen und so dem Gewissen
vieler Leute helfen, besonders wenn sie wegen der Entfernung nicht leicht selbst
zum Heiligen Vater gehen können [expiationis causa]. Deshalb dürfe man diese
Schätze der Kirche jetzt nicht unterdrücken, sondern müsse vielmehr die Sammler
zurechtweisen, wenn es bei ihrer Tätigkeit zu Betrügereien komme, und müsse
ihnen für die zukünftige Ausübung dieser Tätigkeit feste Richtlinien geben, damit
es allen klar werde, daß dieses Amt nicht für den Gelderwerb, sondern für die
Frömmigkeit gestiftet sei. Diese Gründe gaben für einige den Ausschlag. Da aber
die anderen weit zahlreicher waren und da schließlich – wie wir unten berichten

wollen – durch eine zuverlässige Nachricht bekannt wurde, daß diese Meinung mit der Zustimmung des Heiligen Vaters rechnen könne, faßte das Konzil mit großer Einmütigkeit [conspiratio] den Beschluß, die Almosensammler abzuschaffen.

Quelle: CT III, Diaria 3,1, 1931, S. 319,19–35.

1. Vgl. dazu jeweils Artikel 12 der einzelnen Voten der Debatte vom 21.–24. April 1562 in: CT VIII, Acta 5, 1919, S. 465–481.

108. Eröffnungspredigt[1] zur Sessio XVIII (26. Februar 1562)

›Hadrians Schuldbekenntnis‹ (Nr. 46) wird in Trient genauso eindrucksvoll wiederholt wie seine Forderung, die lutherische Häresie vollständig auszurotten.

Kardinäle, Botschafter, erhabene Väter, wenn wir uns den gegenwärtigen elenden Zustand der Christenheit vor Augen halten, so werden wir leicht erkennen, daß wir jetzt am Ziel unserer Wünsche sind . . . Wir wollen in dieser hervorragenden und blühenden Stadt ein freies ökumenisches Konzil abhalten, um die Ketzerei auszurotten, in der katholischen Kirche wieder Frieden herzustellen und die verdorbenen Sitten des christlichen Volkes zu bessern. Wir leben ja leider in einer schlimmen Zeit und müssen es mit ansehen – ich kann es nicht ohne Tränen sagen –, daß der Kirche Gottes aus der vor kurzem entstandenen schändlichen Ketzerei Luthers, zu deren Ausrottung wir ja hier zusammengekommen sind, unendlich viel Unrecht und Frevel entstanden ist: Kirchengüter werden geraubt, Kirchengebäude dem Erdboden gleichgemacht, Klöster nicht nur ihrer Einkünfte und Mitglieder beraubt, sondern sogar völlig zerstört, und der heiligste Stellvertreter Christi und wahre Nachfolger Petri, der Papst, sowie die Bischöfe und anderen Priester Gottes werden nicht mehr geachtet, nicht mehr gebührend geehrt und durch Beleidigungen aufs äußerste geschmäht. Daneben werden gottgeweihte Jungfrauen geschändet und ihrer Güter beraubt, ehrwürdige Heiligenbilder verschmäht und Reliquien mißachtet, die Sakramente der Kirche verspottet und mit Füßen getreten und schließlich die heiligen Gesetze und Ordnungen [canones ac constitutiones] der Kirche ins Feuer geworfen und alle von Gott gestifteten Bräuche gänzlich aufgehoben. Ja sogar die alten und längst unterdrückten Häresien des Mani [vgl. Bd. I Nr. 43], Jovinian [um 380], Vigilantius [um 400], Pelagius [vgl. Bd. I Nr. 92], Eutyches [vgl. Bd. I, S. 220ff.], Felix [vgl. Bd. I, S. 108f.], der Albigenser [vgl. Bd. II Nr. 42a–b], Waldenser [vgl. Bd. II Nr. 42c–d], des Berengar [vgl. Bd. II Nr. 26a–d], Marsilius von Padua [vgl. Bd. II Nr. 56a–c], John Wiclif [vgl. Bd. II Nr. 62], Johannes Huß [vgl. Bd. II Nr. 63a–b] und Hieronymus von Prag sowie die Irrtümer anderer, die unsere heiligen Väter so oft auf Konzilien widerlegt und zurückgewiesen haben, wollen diese unseligen Menschen wieder zum Leben erwecken; und sie scheuen sich nicht, die göttlichen und christlichen Lehren umzuwerfen, die unser Retter Christus begründet hat, die dieselben heiligen Väter uns überliefert, Konzilien mit Gottes Hilfe definiert und die Päpste bestätigt haben. Ja, sie faseln sogar, diese Lehren seien nichtig und wertlos, und legen sich einen breiten Weg zurecht, der nicht zum Himmelreich führt, indem sie, ohne an die Lehre Christi zu denken, die Sitten der Epikuräer annehmen: »Lasset uns essen

und trinken, denn morgen sind wir tot« [Jes 22,13 ; 1Kor 15,32]. Ich glaube, daß an
solche Menschen der Apostel Petrus gedacht hat, als er sagte: »In den letzten Tagen werden betrügerische Spötter kommen, die nach ihren eigenen Gelüsten wandeln« [2Petr 3,3]. Deshalb hat sich der Brand schon so weit ausgebreitet, daß es in
der Kirche Gottes beinahe keinen freien und unberührten Winkel mehr gibt, in
den diese schändliche Ketzerei nicht mit aller Macht eingedrungen ist.
Erhabene Väter! Wenn wir die Ursache des gegenwärtigen Übels sorgfältig erforschen und alles unvoreingenommen abwägen wollen und wenn jeder von uns ein
unbestechlicher Richter sein will, so werden wir leicht einsehen, daß wir sozusagen vor aller Augen selber die Ursache gegeben haben. Wir, die wir von Gott als
Hirten der Kirche eingesetzt sind, haben dies getan. Wir haben nämlich den unsterblichen Gott und das christliche Volk so sehr beleidigt, daß wir – kurz gesagt –
nicht einmal im geringsten unsere Pflicht getan haben. Ja, ich möchte sagen, die
jetzige Ketzerei der Lutheraner haben in gewisser Weise wir verursacht durch unsere verdorbenen und verkehrten Sitten: wir sind der Ursprung, wir die Ursache.
Denn es ist ja allen bekannt, daß sich die Menschen der unteren Stände immer mit
aller Kraft darum bemühen, die Sitten der höheren anzunehmen. Um es deshalb
mit Paulus zu sagen: »Wenn wir uns nun selber richteten, so würden wir wenigstens nicht gerichtet« [1Kor 11,31] . . .

Quelle: CT VIII, Acta 5, 1919, S. 360,29–361,30. – *Literatur:* H. Jedin, Geschichte des Konzils von
Trient, IV/1. Dritte Tagung und Abschluß – Frankreich und der neue Anfang in Trient, 1975, S.
76–93.

1. Der Venezianer Antonius Caucus (Cocco), Erzbischof von Patras und designierter Erzbischof von
Korfu, war der Prediger der 18. Sitzung; vgl. Jedin, Geschichte des Konzils von Trient, IV,1, S. 104;
319.

109. Anti-Interims-Lied (1548)

Nach seinem Sieg im Schmalkaldischen Krieg (1547) suchte Kaiser Karl V. das Problem der Kirchenreform einer Lösung zuzuführen. Da sich das 1545 in Trient eröffnete, im März 1547 nach Bologna ver-
legte Konzil (vgl. Nr. 105–108) aufgrund des machtpolitischen Gegensatzes zwischen Kaiser und Papst
dazu als unfähig erwies, strebte der Kaiser auf dem im September 1547 eröffneten »geharnischten
Reichstag« zu Augsburg nach einem Reform-Kompromiß. Das unbefriedigende Ergebnis war das am
30. Juni 1548 den Protestanten auferlegte »Interim«. Während es die Wiedereinführung katholischer
Zeremonien beim Gottesdienst und die Abkehr von der reformatorischen Theologie forderte, gewährte
es den Protestanten die Priesterehe und den Laienkelch. Es sollte bis zur Regelung durch ein allgemeines Konzil gelten, deshalb ›Interim‹. Es war heftig umstritten, rief großen Widerspruch hervor und
mußte z.T. gewaltsam durchgesetzt werden.

Gut friede wollen sie machen
und einigkeit im land,
wollen also helfen der sachen
bis ein concilium werd erkannt,
ein Interim haben sie dargestellt,
die Christen zu verfüren,
dem teufel dis wol gefelt.

Solt unser seel verterben
wir nemen dich nicht an!
viel lieber wollen wir sterben
bapst, kaiser faren lan [lassen]
und bleiben bei dem reinen wort,
das uns Christus lest leuchten,
vom teufel seind wider kart [widerpart].

Interim [= inzwischen] wirt man hören
von kriegen große streich,
interim wirt sich erbören [empören]
der gemeine man im reich,
interim leidet die christenheit,
interim wirt Christus kommen
zu erlösen von allem leid.

Quelle: R. v. Liliencron, Die historischen Volkslieder der Deutschen vom 13. bis 16. Jahrhundert, 4, 1869, S. 459f. Nr. 569. – *Literatur:* G. Bossert, Das Interim in Württemberg, SVRG 12, S. 1,2, 1895; E. Weyrauch, Konfessionelle Krise und soziale Stabilität. Das Interim in Straßburg (1548–1562), SMFN 7, 1978 (hier auch weitere Lit.); J. Mehlhausen (Hg.), Das Augsburger Interim von 1548 (deutsch und lateinisch), TGET 3, 1970.

110. Martin Bucer, Realpolitik und Glaubensgehorsam: Brief an Jakob Sturm (13. Mai 1549)

Jakob Sturm (1489–1553), wiederholt zum Stettmeister (Bürgermeister) von Straßburg gewählt, vertrat auf Reichstagen und bei Religionsgesprächen die religiösen und politischen Anliegen der Städte. – Martin Bucer (1491–1551), der führende Kopf der Reformation in Straßburg und unermüdliche Kämpfer für die Einigung der reformatorischen Parteien, vor allem der Schweizer und Wittenberger (Nr. 90), war am 1. März 1549 infolge der durch das Augsburger Interim geprägten (kirchen-)politischen Verhältnisse (vgl. Nr. 109) auf ausdrücklichen Befehl des Kaisers vom Rat entlassen worden (vgl. auch Nr. 49). Unter den Einladungen nach Wittenberg, Bern, Kopenhagen und England entschied sich Bucer für das Angebot des Erzbischofs von Canterbury, Thomas Cranmer († 1556), um als Königlicher Lektor der Schrift in Cambridge tätig zu werden. Hier arbeitete er mit am Zustandekommen des »Book of Common Prayer« und krönte seine Lebensarbeit mit einem Großentwurf für die Reformation in England: »De regno Christi« (vgl. Nr. 122–127).
Der konkrete Anlaß des unten abgedruckten Briefes, gleich nach seiner Ankunft in England aus dem Exil geschrieben, war die Tatsache, daß Jakob Sturm dem politischen Druck nachgegeben und der Einführung des Interim (Nr. 109) in Straßburg zugestimmt hatte.

Gottes Ratschluß über uns und andere sollen wir nicht weiter erforschen, als er selbst geboten hat. Wenn aber offenkundig ist [patet], was der Herr gebietet, dann soll uns nichts davon abbringen; und was wir auch an Nachteilen für das Fleisch befürchten – wir sollen uns nicht bemühen, diese dadurch abzuwenden, daß wir auch nur einen Fingerbreit von den Geboten des Herrn abweichen. Dem Herrn gehört die Erde, also auch das Vaterland. Hier gab er uns de jure und de facto die Freiheit, nach unseren Vorstellungen zu leben, und diese hätte man sicher mit weit größerer Anstrengung festhalten müssen als alles andere. Deshalb hätte sich hier die Auffassung derer durchsetzen müssen, in denen Christus allermeist le-

bendig ist. Denn wenn die, die als Christen leben, zahlenmäßig auch nur einen
winzigen Teil ausmachen, so ist auf sie, wenn sie in der Stadt des Herrn das Recht
des Herrn verlangen, vor all den anderen zu hören, die doch nur Christi Reich und
seine ganze Kraft bei uns beseitigen wollen, um nicht die Möglichkeit zu verlieren,
weiter Geld anzuhäufen. Was der Herr bei den Türken, Römern und anderen Antichristen auch erleidet, hat uns nichts zu bedeuten. Wir wissen, was der Richter
der Lebenden und der Toten von uns fordert, was er denen verheißt, die ihm gehorchen, und was er denen androht, die seine Befehle mißachten . . .
Als Du über die Menschen[1] nachsannst, da mußtest Du daran denken, wie wenig
es doch möglich ist, Gott zu gehorchen und seine Befehle auszuführen. Dazu kann
ich nur eins sagen: Erinnere Dich daran, daß Gott allein es ist, der da wirket alles in
allen [1Kor 12,6], allmächtig und ohne jeden Mangel [omnipotenter et optime].
Wenn Du aber auf den Gedanken verfällst, in irgendeiner Weise Gottes Gericht zu
erforschen und ohne Ehrfurcht [irreligiosa] über die ewige Vorsehung Gottes
nachzudenken, so bedenke: Wer bist du denn, daß du mit Gott rechten willst?
[Röm 9,20]. Bei Gott gibt es keine Ungerechtigkeit [Röm 9,14]. Ein Gefäß kann
nicht zum Töpfer sagen: Warum hast du mich so gemacht? [Röm 9,20]. Dein Gericht, Herr, ist recht und bedarf keiner Rechtfertigung [Ps 19,10]. Es hat mich oft
sehr beunruhigt, wenn ich Dir Worte Gottes vorhielt, daß ich dann Antworten
von Dir bekam, die ich eher von einem erwartet hätte, der die Worte nicht ernst
nimmt, als von einem, der sie als Gottes Worte verehrt.

Quelle: J. Rott, Un recueil de correspondances strasbourgeoises du XVIᵉ siècle à la bibliothèque de Co-
penhague (ms. Thott 497,2⁰). BPH 1968,2, 1971, S. 810 und 812 (vollständiger Brief: 809–818). – *Literatur:* J. Rott (s. hier bei Quelle); E. Weyrauch, Konfessionelle Krise und soziale Stabilität. Das Interim in Straßburg (1548–1562), SMFN 7, 1978, bes. S. 146–149. Für die Hintergründe der Anklage Bucers gegen Sturm s. Th. A. Brady Jr., Ruling Class, Regime and Reformation at Strasbourg,
1520–1555, SMRT 22, 1968, bes. S. 272ff.; Bucer und seine Zeit. Forschungsbeiträge und Bibliogra-
phie, hg. von M. de Kroon und F. Krüger, VIEG 80, 1976.

1.   Gemeint ist: ›menschlich – gescheite‹ Politik.

111. Ignatius von Loyola, Religionspolitik und Ketzer-
kampf: Brief an Petrus Canisius (13. August 1554)

Nachdem im Passauer Vertrag 1552 das Interim (vgl. Nr. 109) aufgehoben worden war und sich eine
rechtliche Etablierung des evangelischen Glaubens abzeichnete, stellte sich für die Papstkirche die Aufgabe des Zurückdrängens der Reformation mit anderen als Machtmitteln immer dringlicher. Ignatius
von Loyola, der mit der Gründung des Jesuitenordens (Nr. 94–96) einen entscheidenden Beitrag zur
inneren Reform und Festigung der römischen Kirche leistete, war über die Lage der Kirche in Deutschland äußerst besorgt. In dem unten abgedruckten, in Rom abgefaßten Brief an Petrus Canisius
(1521–1597; vgl. Nr. 114) in Wien macht er rigorose Vorschläge zur radikalen Bekämpfung der »Ketzerei«, äußert sich aber auch deutlich über Mißstände in der katholischen Kirche (vgl. hier auch Nr. 46)
und drängt auf deren Abhilfe. Petrus Canisius, 1549 von Ignatius als achtes Mitglied in die Societas
Jesu aufgenommen, wirkte als enger Vertrauter von König Ferdinand maßgeblich für die Erneuerung
der katholischen Kirche in Deutschland; 1552 gründete er das Wiener Jesuitenkolleg, wo er zwei Jahre
als Professor lehrte; ab 1556 prägte er als der erste ›Obere‹ der oberdeutschen Ordensprovinz der Jesuiten die Ausbreitung des Ordens in Deutschland.

Die Wünsche, die Euer Ehrwürden in den Briefen vom 7. und 17. Juli in frommer Besorgnis geäußert hat, haben wir gut verstanden: Wir sollen schreiben, was unserer Ansicht nach am meisten dazu dienen kann, die königlichen Gebiete im katholischen Glauben zu erhalten, bzw. den Glauben in den Gebieten, wo er zusammengebrochen ist, wiederherzustellen und dort, wo er ins Wanken geraten ist, zu stützen. Dieser Aufgabe muß man sich meiner Meinung nach sogar mit besonderem Eifer widmen, weil der wahrhaft christliche Fürst[1] nach allgemeinem Urteil in hohem Maße die Fähigkeit besitzt, Entschlüsse nicht nur zu fassen, sondern auch auszuführen . . . Wir werden Euch also kurz davon in Kenntnis setzen, was einige andere bedeutende Theologen unserer Gesellschaft, die sich in Lehre, rechtlichem Überlegen [iudicio] und besonderer Liebe Deutschlands angenommen haben, in dieser Frage meinen . . .
Zunächst dürfte es zweifellos das wirksamste und wichtigste aller den Menschen zu Gebote stehenden Heilmittel sein, wenn die königliche Majestät sich nicht nur (wie schon immer) als katholisch, sondern auch als scharfer, unerbittlicher Gegner der Ketzereien bekennt und allen Irrtümern der Ketzer offen und nicht nur insgeheim den Krieg erklärt. Daraus würde dann als zweitwichtigste Maßnahme folgen, daß die königliche Majestät in ihrem Kronrat [consilio regio] keine Ketzer duldet und überhaupt nichts auf solche Menschen gibt, von denen man annehmen muß, daß ihre Ratschläge [consilia] offen oder insgeheim darauf abzielen, daß sie die verderbliche Ketzerei, mit der sie sich befleckt haben, fördern und begünstigen. Außerdem wäre es von größtem Nutzen, wenn man in der Verwaltung einer Provinz oder eines Ortes – besonders an höchster Stelle – sowie in irgendwelchen Ämtern oder Ständen von Rang niemanden belassen würde, der von der Ketzerei befallen ist. Schließlich sollte deutlich und allen bekannt sein, daß niemand durch Ehrungen oder Besitz ausgezeichnet werden darf, sobald er einer verderblichen Ketzerei überführt oder dringend verdächtig ist, sondern daß ihm dann vielmehr beides entzogen wird. Und wenn man einige Male durch Todesstrafe oder durch Konfiskation der Güter und Verbannung ein Exempel statuieren und damit deutlich machen würde, daß die Religionsfrage ernstgenommen wird, so wäre dieses Heilmittel um so wirksamer. An der Universität in Wien und anderswo müssen unserer Meinung nach alle öffentlichen Professoren und auch jene, denen die Verwaltung obliegt, ihrer Ämter enthoben werden, wenn sie im Hinblick auf den katholischen Glauben keinen guten Ruf haben. Das gleiche gilt von Rektoren, Leitern und Dozenten privater Kollegien; wer nämlich die Jugend zur Frömmigkeit erziehen [informare] soll, darf sie nicht verderben. Man darf dort also Verdächtige oder gar offene Ketzer keinesfalls behalten, damit sie nicht die Jugend anstecken; und auch Gelehrte [scholastici], von denen nicht zu erwarten ist, daß sie leicht wieder zur Einsicht kommen, müssen in diesem Falle ohne jede Rücksicht relegiert werden. Ja, alle Lehrer und Erzieher [ludimagistri et pedagogi] müssen einsehen und am eigenen Leibe erfahren, daß es für sie in den königlichen Gebieten keinen Platz mehr gibt, wenn sie es nicht vorziehen, katholisch zu sein, und dies auch unter Beweis stellen.
Alle ketzerischen Bücher, die bei einer sorgfältigen Fahndung im Besitz von Buchhändlern [bibliopolae] oder Privatleuten gefunden werden, sollten entweder verbrannt oder ins Ausland befördert werden. Ebenso sind nach unserer Meinung auch die Bücher von Ketzern, die selbst nicht ketzerisch sind, wie über Grammatik oder Rhetorik oder die Dialektik des Melanchthon, wegen der Ketzerei ihrer Verfasser gänzlich aus dem Verkehr zu ziehen. Denn es ist gefährlich, sie zu nennen

und der Jugend zu empfehlen, da sich die Ketzer bei dieser durch solche Werke ein-
schmeicheln, in denen Dinge zu lesen sind, die allerdings gelehrt sind und mit der
ernsten Gefahr, um die es hier geht, wenig zu tun haben. Überhaupt wäre es von
größtem Nutzen, wenn unter Androhung schwerer Strafen verboten würde, daß
ein Verleger eines der besagten Bücher drucken läßt, und wenn man in Kommen-
taren keine Anmerkungen eines Ketzers aufnimmt, die auch nur in einem Beispiel
oder Wort an die gottlose Lehre erinnern oder mit dem Namen ihres ketzerischen
Autors versehen sind. Entsprechend darf es natürlich – bei Androhung der gleichen Strafen – auch keinem Händler oder sonst jemandem erlaubt sein, anderswo gedruckte Bücher dieser Art in den Herrschaftsbereich des Königs einzuführ-
ren.

Man darf keine Priester [curiones] und Beichtväter [confessarii] dulden, die im Ruf
der Ketzerei stehen; und wenn sie überführt sind, dann sollte man ihnen sogleich
alle kirchlichen Einkünfte entziehen. Denn es ist besser, wenn eine Herde ohne
Hirte ist, als wenn sie zum Hirten einen Wolf hat. Soweit die Geistlichen [pasto-
res] im Hinblick auf ihren Glauben zwar katholisch sind, aber durch ihre große
Unwissenheit und ihr schlechtes Beispiel als öffentliche Sünder das Volk verderben, müssen sie unserer Meinung nach von ihren Bischöfen aufs härteste bestraft
werden, ihre Einkünfte verlieren und auf jeden Fall von der Seelsorge [cura anima-
rum] ausgeschlossen werden. Denn das schlechte Leben und die Unwissenheit solcher Leute haben die Seuche der Ketzerei über Deutschland gebracht.

Die Prediger und Führer der Ketzer und überhaupt alle, die dabei ertappt werden,
wie sie andere mit dieser Seuche infizieren, müssen schwer bestraft werden. Dabei
sollte man überall öffentlich erklären, daß alle, die innerhalb eines Monats nach
dieser Bekanntmachung wieder zur Einsicht kommen, vor beiden Gerichten mit
einer gnädigen Amnestie [absolutio] rechnen können. Wer jedoch nach dieser
Frist als Ketzer ergriffen wird, der soll ehrlos [infames] sein und niemals ein Amt
bekleiden [inhabiles ad omnes honores] dürfen. Es wäre vielleicht sogar noch
ratsamer, wenn man bestimmte Leute mit Verbannung, Kerker oder unter Umständen auch mit dem Tode bestrafen könnte; aber von dieser Höchststrafe und
von der Einrichtung der Inquisition will ich nicht sprechen, denn dies könnte
Deutschland in seiner jetzigen Verfassung wohl nicht ertragen.

Wer die Ketzer »evangelisch« nennt, soll dies mit einer angemessenen Geldstrafe
büßen, damit sich der Satan nicht darüber freuen kann, daß sich die Feinde des
Evangeliums und des Kreuzes Christi einen Namen anmaßen, der zu ihrem Tun in
Gegensatz steht. Außerdem soll man unserer Ansicht nach die Ketzer bei ihrem
richtigen Namen nennen, damit man schon erschrickt, wenn man jene als das bezeichnet, was sie sind, und damit sie nicht ihr tödliches Gift unter dem Deckmantel
des heilsamen Namens verbergen können.

Quelle: Monumenta Ignatiana Ser. I,7, S. 398ff.; QGPap 1, S. 554f. – *Literatur:* Theobald, Petrus Ka-
nisius und die Gegenreformation, NKZ 23, 1912, S. 845–883; G. Schröteler, Die Erziehung in den Je-
suitenorden des 16. Jahrhunderts, 1940; H. Jedin, Katholische Reformation oder Gegenreformation?
Ein Versuch zur Klärung der Begriffe, 1946; J. Brodrick, Petrus Canisius (1521–1597), 1–2, 1950; L.
Petry, Die Gegenreformation in Deutschland, 1952; E. W. Zeeden, Zeitalter der europäischen Glaubenskämpfe. Gegenreformation und katholische Reform. Ein Forschungsbericht, Saec. 7, 1956, S.
321–368; K. Eder, Die katholische Erneuerung, HistMun 7, 1958, S. 114–160; K. D. Schmidt, Die katholische Reform und Gegenreformation, 1975; s. auch bei Nr. 94, 131.

1.   Gemeint ist König Ferdinand I. (1531–1564), der im Brief auch als ›königliche Majestät‹ tituliert
wird.

112. Augsburger Religionsfriede (25. September 1555)

Schon in Passau (2. August 1552) wurde zwischen den Religionsparteien ein Vertrag geschlossen, der den status quo des konfessionellen Besitzstandes bis zum nächsten Reichstag festschrieb. Dieser fand 1555 in Augsburg statt. Nach langen und schwierigen Verhandlungen wurden die offenen Streitfragen zwischen den Konfessionen sowie zwischen Kaiser und Ständen geregelt. Der Religionsfriede, gewichtiger Teil des Reichstagsabschieds, gewährt neben der Partei der Altgläubigen allein den Ständen, die sich zur Augsburgischen Konfession von 1530 (Nr. 80) bekennen, die Anerkennung und den Schutz des Reiches. Ausgeschlossen bleiben auch weiterhin die bisher schon blutig verfolgten Täufer (s. Nr. 56, 58, 61–63, 71, 88) und alle Anhänger der Zürcher (s. Nr. 47, 57, 74, 82f.) und Genfer (s. Nr. 91, 115–118) Reformation.

. . . [Wir] setzen [fest], ordnen [an], wollen und gebieten, daß künftig niemand . . . um keinerlei Ursachen willen . . . den anderen befehden, bekriegen, berauben . . . soll. Und damit solcher Landfriede auch in bezug auf die Religionsspaltung . . . desto beständiger . . . aufgerichtet und gehalten werde, sollen die kaiserliche Majestät, . . . auch Kurfürsten, Fürsten und Stände des Heiligen Reiches keinen Stand des Reiches der Augsburgischen Konfession wegen . . . gewaltsam überziehen . . . oder sonst gegen sein . . . Gewissen, Wissen und Wollen von dieser Augsburgischen Konfession, Religion, Glaube, Kirchengebräuche, Ordnungen und Zeremonien . . . in andere Wege drängen . . ., sondern bei solcher Religion . . . friedlich bleiben lassen . . . Dagegen sollen die Stände, die der Augsburgischen Konfession zugehörig sind, jene Reichsstände, die der alten Religion anhängen, Geistliche oder Weltliche, . . . gleicherweise bei ihrer Religion . . . unbehelligt bleiben . . . lassen. Doch sollen alle anderen, die den beiden genannten Religionen nicht anhängen, in diesem Frieden nicht gemeint, sondern gänzlich ausgeschlossen sein.
. . . [Geistlicher Vorbehalt:] Wo ein Erzbischof, Bischof, Prälat oder ein anderer geistlichen Standes von unserer alten Religion abtreten würde, hat derselbe sein Erzbistum, Bistum, Prälatur und andere Benefizien . . . alsbald zu verlassen, . . . jedoch ohne Nachteil seiner Ehren; auch soll es den Kapiteln – und denen es nach allgemeinem Recht oder entsprechend dem kirchlichen und stiftlichen Gewohnheitsrecht zusteht – möglich sein, eine Person, die der alten Religion zugehört, zu wählen.
Da aber manche Stände . . ., einige Stifte, Klöster und andere geistliche Güter eingezogen und dieselben zu Kirchen, Schulen, zu mildtätigen und anderen Zwecken verwendet haben, sollen auch solche eingezogene Güter, die denjenigen, die Reichsstände sind, nicht gehören, und deren Besitz die Geistlichen zur Zeit des Passauer Vertrags [1552] oder seither nicht gehabt haben, in diesen Friedensstand mit begriffen und einbezogen sein. Wo aber unsere . . . Untertanen, der alten Religion oder der Augsburgischen Konfession anhängig, wegen dieser ihrer Religion . . . mit Weib und Kindern an andere Orte ziehen und sich niederlassen wollten, denen soll solcher Ab- und Zuzug, auch Verkauf ihrer Habe und Güter gegen sehr billigen[1] Abtrag der Leibeigenschaft und Nachsteuer, wie es . . . von alters her . . . gehalten worden ist, unverhindert . . . zugelassen und bewilligt . . . sein . . .
Nachdem aber in vielen freien und Reichsstädten die beiden Religionen . . . bisher eine Zeitlang nebeneinander in Gang und Gebrauch gewesen sind, sollen dieselben auch künftig so bleiben . . .

Die königliche Deklaration vom Vortag, 24. September 1555

Wir, Ferdinand . . ., Römischer König, . . . haben kraft kaiserlicher Vollmacht entschieden, daß die den Geistlichen zugehörigen Ritterschaften, Städte und Kom-
munen, die lange Zeit . . . der Religion der Augsburgischen Konfession angehan-
gen haben, . . . von derselben ihrer Religion . . . künftig durch niemand gedrungen, sondern dabei bis zu . . . christlicher und endgültiger Einigung der Religion
unvergewaltigt gelassen werden sollen.

Quelle: K. Brandi (Hg.), Der Augsburger Religionsfriede vom 25. September 1555. Kritische Ausgabe
des Textes mit den Entwürfen und der königlichen Deklaration, 1927²; übertragen nach P. Börger
(Hg.), Quellen zur Geschichte der Reformation. Quellensammlung zum Lehrbuch für die evangelische
Unterweisung an Höheren Schulen, 4, 1953, S. 41f. – *Literatur:* K. Brandi, Passauer Vertrag und
Augsburger Religionsfriede, HZ 95, 1905, S. 206–264. Neudruck in: ders., Ausgewählte Aufsätze,
1938, S. 386–442; G. Ritter, Die Neugestaltung Europas im 16. Jahrhundert. Die kirchlichen und
staatlichen Wandlungen im Zeitalter der Reformation und der Glaubenskämpfe, 1950, S. 317ff.; J.
Grisar, Die Stellung der Päpste zum Reichstag und Religionsfrieden von Augsburg, StZ 156, 1954/55,
S. 440–462; G. Pfeiffer, Der Augsburger Religionsfriede und die Reichsstädte, ZHVS 61, 1955, S.
213–321; H. Tüchle, Der Augsburger Religionsfriede. Neue Ordnung oder Kampfpause?, ZHVS 61,
1955, S. 323–340; H. Lutz, Aus vatikanischen Quellen zum Augsburger Religionsfrieden 1555, ZHVS
61, 1955, S. 389–401; M. Simon, Der Augsburger Religionsfriede. Ereignis und Aufgabe. Die Vorge-
schichte. Der Reichstag von Augsburg. Die Bedeutung des Religionsfriedens, 1955; M. Wittenberg,
Friede im Reich. Geschichte und Probleme des Religionsfriedens von Augsburg 1555, 1956; L. Petry,
Der Augsburger Religionsfriede von 1555 und die Landesgeschichte, BDLG 93, 1957, S. 150–175; P.
F. Barton, Schickt die protestantischen Prediger auf die Galeeren! KO 20, 1977, S. 57–71.

1. Es mußte eine auch sonst übliche, nicht zu hohe Nachsteuer entrichtet werden; vgl. M. Wittenberg, Friede im Reich, S. 44 Anm. 45.

113. Richtlinien für die Reform der Dominikaner der ober-
deutschen Ordensprovinz (1558)

Anläßlich des Provinzialkapitels der oberdeutschen Dominikaner, das im Jahre 1558 in Hornbach
(Landkreis Pirmasens) gefeiert wurde, formuliert Friedrich Bartholomäus Klaindinst sein Programm
für die notwendige Ordensreform.
Hatten besonders die Observanten aller Orden im 15. Jahrhundert ihre Reformerwartungen auf den
Konziliarismus gesetzt und den Gegenpapst Felix V. (Herzog Amadeus VIII. v. Savoyen, 1383–1451),
der vom Basler Konzil, dem dritten und letzten konziliaristischen Konzil (1431–49; Bd. II Nr.
67a–c), 1439 gewählt worden war, nachhaltig unterstützt, so bildeten nunmehr nicht nur die Jesuiten (vgl. Nr. 94–96, bes. 111) die ›Sturmtruppen der Gegenreformation‹: alle Orden, die Observanten
und die stark dezimierten Augustiner-Eremiten eingeschlossen, konzentrierten ihre Kräfte geschlossen und Rom-treu auf Reformen auf moralischem Gebiet, wissenschaftlichem Nachholbedarf und Unterstützung des Klerus der Diözese. Vgl. dagegen Nr. 1,39.

**Dreierlei Weise, wie die Dominikaner ihre oberdeutsche Ordensprovinz leicht und wirk-
sam reformieren [reformare] können**

Wenn ein Arzt die Behandlung eines Menschen übernimmt, so bemüht er sich zunächst, bevor er Heilmittel verordnet, mit größter Umsicht die Krankheit und die
Beschwerden sowie ihre Ursachen und Gründe genauer kennenzulernen. Noch
weit sorgfältiger muß man das aber tun, wenn man daran denkt, die tödlichen

Wunden der Seelen – für die ja der Sohn Gottes gestorben ist – zu heilen, d.h. eine
Reformation [reformatio] durchzuführen, und wenn man ernsthaft vorhat, das
einst herrliche, jetzt aber zerfallene Gebäude unseres Ordens dauerhaft wiederherzustellen . . .
Soweit ich sehe, sind von dem, was wir in unserer Provinz besonders zu beklagen
haben, in erster Linie drei Mißstände zu nennen: [1.] die geringe Zahl der Brüder,
[2.] ihre Unwissenheit [inscitia] und schlechte Gesinnung [malitia] sowie – vorsichtig ausgedrückt – [3.] ihr unordentlicher Lebenswandel [dissolutio]. Denn
wenn wir viele gelehrte und untadelige Brüder hätten, so gäbe es gar nichts, was
wir beklagen oder reformieren müßten . . .
Daß unsere Provinz nur so wenige Brüder hat, dafür scheint es mir fünfzehn wichtige Gründe zu geben:
1. Wenn die ganze Welt im Argen liegt [1Joh 5,19] und in vielen die Liebe schon
erkaltet ist und von Tag zu Tag noch mehr erkaltet [Mt 24,12], so daß sie ganz ver-
loschen zu sein scheint, dann braucht man sich allerdings nicht darüber zu wundern, daß nur noch höchst wenige, ja, fast niemand mehr sich zum Ordensleben
[religio] entschließt, zu dem allein die Glut und Leidenschaft der göttlichen Liebe
begeistern kann . . .
Auch über die Frage, welches die wirksamsten Heilmittel sind, habe ich mit Gottes
Hilfe viel nachgedacht . . .
Aus jedem Kloster sollen zunächst diejenigen ausgestoßen werden, die sich nicht
bessern wollen [incorrigibiles] – wobei man freilich ohne Härte und barmherzig
vorgehen muß, damit sie nicht noch mehr verdorben werden und dann selbst auch
andere verderben. Sodann sollen für jedes Kloster zwei oder drei ordentliche [boni]
und gründlich ausgebildete [docti] Väter aus Niederdeutschland, Italien, Frankreich oder Spanien berufen werden, die den wahren Eifer haben für Gott und den
Orden [religio]. Wenn ich selbst dafür sorgen soll, so verspreche ich, daß ich solche Leute für die ganze Provinz in ausreichender Zahl finden werde. Auch wenn
diese vielleicht die Landessprache nicht verstehen, so können sie doch für die ganze
Provinz von großem Nutzen sein: Sie können Gottesdienst halten [celebrare],
durch ihr Leben ein Beispiel geben, lehren, Novizen unterweisen, singen, den
Brüdern in richtiger Weise die Beichte abnehmen – meiner Meinung nach der
wichtigste Ansatzpunkt [principium] für die ganze Reform [reformatio] – und den
Prioren und öffentlichen Beichtvätern [confessores] wichtige Ratschläge erteilen.
Außerdem können sie den Predigern Hinweise geben, wie das Volk zu seinem Heil
belehrt werden muß, und können bei der Visitation einzelner Klöster Brüder zurechtweisen, die die Regel übertreten haben.
Schließlich können sie auch die heiligen Exerzitien reformieren, die an vielen Stellen nicht mehr richtig durchgeführt werden, und vieles andere auf diesem Gebiet
verbessern. Wenn es dann in jedem Kloster noch wenigstens zwei weitere Brüder
gibt, von denen der eine Prior ist und der andere Prediger und Beichtvater der
Weltleute, dann, glaube ich, wird die ganze Provinz in bester Ordnung, und das
heißt: reformiert sein. Denn es wird nie mehr nötig sein, Brüder von außerhalb zu
berufen, wenn die eben Erwähnten in der Lage sind, die aufzunehmenden Novizen
mit sicherem Urteil auszuwählen, sie allezeit, besonders aber in den ersten Jahren,
zu frommen und ernsten Betrachtungen [meditationes] anzuleiten und sie damit
in das wahre geistliche [religiosa] Leben und die christliche Lehre so einzuführen
[instituant], daß sie in ihnen später würdige Nachfolger haben.
Die Ausarbeitung von Richtlinien für eine ordnungsgemäße Durchführung dieser

Vorschläge ist Aufgabe einer allgemeinen Versammlung; sie kann aber auch einem wahrhaft gelehrten, frommen und erfahrenen Mann übertragen werden. Falls erwünscht, würde dann auch ich gern bemüht sein, schriftlich oder mündlich mitzuteilen, was ich sechs Jahre lang von dem ehrwürdigen Vater Pedro de Soto gelernt[1] oder in Italien gesehen habe. So würden wir, hoffe ich, keineswegs fünf oder sechs Jahre brauchen; sondern die Väter aus den anderen Provinzen könnten mit allen Ehren wieder heimkehren . . .

Wenn aber auf der einen Seite die Söhne unserer Provinz den zahlreichen Klöstern zugleich nicht gerecht werden können und man auf der anderen Seite Bedenken hat, Leute aus anderen Provinzen herbeizuholen, dann gibt es nur noch die Möglichkeit, zunächst ein einzelnes Kloster neu zu ordnen [instituatur] und zu reformieren. Aus ihm könnten wir dann später die übrigen Klöster mit geeigneten Personen versorgen . . .

Ich bin ganz sicher, daß uns auch der Himmel beistehen wird, wenn wir uns, wie es sich gebührt, mit heiligem Eifer ans Werk machen. Auf ihn hoffe und vertraue ich in allem, und deshalb bitte und beschwöre ich euch bei der herzlichen Liebe JESU CHRISTI, daß ihr diese Ratschläge annehmt; denn die Liebe zu euch war ihr Beweggrund. Wenn ihr sie aber nicht annehmt, dann bitte nur deshalb, weil die Ratschläge anderer noch besser sind. Nur so werdet ihr der Aufgabe gerecht, zu der ihr hier zusammengekommen seid im Namen unseres Herrn Jesus Christus, der mit Gott dem Vater in der Einheit des Heiligen Geistes lebt und regiert, hochgelobt in Ewigkeit. Amen. Amen. Amen.

Quelle: Vier Documente aus römischen Archiven. Ein Beitrag zur Geschichte des Protestantismus vor, während und nach der Reformation, hg. Anonymus, 1843, S. 71–72.83.87–90. – *Literatur* zur Gegenreformation s. Nr. 111 und 131.

1.   Wahrscheinlich in der von Klaindinst hochgepriesenen, in Oberdeutschland einzig verbliebenen katholischen Ausbildungsstätte Dillingen a.d. Donau (1551 von Papst Julius III. zur Universität erhoben, 1803 aufgehoben), wo der frühere Beichtvater des Kaisers und gelehrte Konzilstheologe Pedro de Soto (OP, † 1563 in Trient) 1549–1555 Theologie lehrte.

114.   Petrus Canisius, Katechismus: »Kurtzer underricht vom Catholischen Glauben« (1560)

Wenn es auch schon vor Luther Versuche gegeben hat, die wichtigsten Punkte der Glaubenslehre in eingängigen Katechismen zusammenzufassen, gilt doch Luther[1] als der Begründer dieser Gattung an der Wende zur ›Neuzeit‹. Den Katechismen Luthers hatten seine Gegner kaum Ebenbürtiges entgegenzusetzen. Erst Petrus Canisius (1521–1597; vgl. Nr. 111) schuf konkurrenzfähige katholische Katechismen[2], die sogar den ›Catechismus Romanus‹ des Konzils von Trient (Nr. 105–108) an Popularität übertrafen.

Um einen adäquaten Eindruck zu vermitteln, geben wir den Text in der Fassung von 1560 wieder. Der Katechismus enthält auch einen ›Kalender‹ zur Einprägung des Kirchenjahres.

a)   Einleitung

Die vorred zu dem christlichen leser

Es will die zeit, so voll sünden und ergernuß ist, zum höchsten erfordern, daß wir christen uns selbst und auch die unsern, sovil unser seelen hayl belanget, recht fleissig versorgen, besonder in disen gefehrlichen, zänckischen und verfürischen leufften [Verhältnissen]. Dann christenlicher glaub unnd andacht, ye lenger ye mehr, layder abnimpt, die lieb erkaltet, die boßheit geht im schwanck [ist weit verbreitet], und nach Christi weißsagung nimpt sie uberhandt allenthalben. Nu findet man aber gleichwol vil bücher und büchlin, welliche im truck außgangen, die sich dermassen ansehen lassen, als ob sie nichts anders, dann gleich den waren und christenlichen weg unns weiseten, damit wir und die unsern in der gotseligkeit wol bewart unnd versorget weren. Im grund aber erfindt sich, daß mehrerthayls in sollichen gemainen büchlein nur ein schein unnd schöne farb der warheit angestrichen wirt, haben sunst allerley irrige, verfürische und schädliche lehre eingemischt, welche doch durch den gemainen mann nit leichtlich gemerckt und verstanden werden. Sol darumb ein yeder ernstlich vermanet unnd bey seiner seele seligkeit gewarnet sein, daß er wol zu unnd umbsehe, was er für büchlein habe unnd lese, besonder von catechismis und betbüchlein und dergleichen andere mehr. Dann gleich wie s. Johannes sagt: »Glaubt nit einem yegklichen geist« [1 Joh 4,1]. Also mag man auch wol sagen: Glaubet nit einem yegklichen büchlein und catechismo, dieweil vil falsche propheten und scribenten in die welt außgangen sein. Und wiewol vil andere catholische büchlein und catechismi, welliche die raine, ungefelschte, christliche lehr inn kürtze begreiffen und fürtragen, gefunden werden, so wirt doch diß büchlin villeicht nit weniger frucht, dann die selben schaffen, darumb, daß es on alle weitleufftigkeit kürtzlich und gründtlich alle fürnemste, notwendigste stück anzeiget und fürstellet. Dann in dem findestu, christlicher leser, die grundveste unnd hauptartickel unser waren, christenlichen, catholischen und seligmachenden religion. Es hangt doch alles am glauben, hoffnung, lieb, sacramenten und gerechtigkeit, wöllen wir sunst immer Gotteskinder und in Christo gerecht unnd selig werden . . .

Quelle: S. Petri Canisii Catechismi Latini et Germanici, hg. von F. Streicher, Societatis Iesu selecti scriptores, 2,1,2, Catechismi Germanici, 1936, S. 3,1–4,27. – *Literatur:* s. bei Text c.

b) Ein gemayner christenlicher kalender
[Januar]
. . . Im Jenner solt du wissen, daß kain gebotne fasten einfellt. So ist auch in etlichen bistummen die gewonheit nit, auff s. Pauli bekerung [25. Januar] zufeyren [am Vorabend zu fasten].
Wisse einmal, daß durchs gantze jar alle wochen ein jeder schuldig ist, des flaischessens sich zuenthalten am freytag und samßtag, es falle dann der Christag auff den freytag oder sambstag. Und das nach guter, gemainer und bestendiger ordnung der christlichen kirchen, von welcher Christus gesaget: »Wer die kirche nit höret, denselben soltu halten als einen hayden und publicanen [Zöllner]« [Mt 18,17].
[Februar (Hornung)]
. . . Merck, das allezeit das vierdt jar ein schaltjar ist, und als dann hat diser monat 29 tag, und sol das fest s. Matthie nicht auf den 24. tag, wie andere jar, sondern auf den 25. gehalten werden.
Ob auch schon solchs fest s. Mathie nit fiele inn die fasten, so ist man doch schuldig am abent oder die Vigili [am Vortag] zu fasten.
Sovil die viertzigtägige fasten betrifft, sie fahe dann an inn dem Hornung oder im Mertzen, soll ein jeder von dem Aschermitwoch an biß auff Ostern täglich fasten

und im tag nur einmal messigklich essen und sich fleisch und aier zuessen enthalten, allein die fünff sontage außgenommen, daran man zweymal fastenspeise mag nemen. Dann auch bey den alten kirchen lehrern findestu gnugsam, wie daß die alten christen dise zeit her gefastet und mit einem strengen büssenden leben sich recht zum Osterfest gerüstet haben, unangesehen, was der ertzketzer Aerius, vor tausent jarn verdampt, darwider geschryen habe.

Es ist auch zu mercken, daß die erste Quatember [vierteljährliche Fast- und Weihezeiten] des jars allwegen gehalten wirdt am witwoch, freytag unnd sambstag nach dem ersten sontag der fasten, welcher Quatember im jar vier sein und allweg drey fasttäg mitbringen.

[März]
. . . Inn disen monat fellet nicht mehr dann ein feyertag, nemlich der verkündigung Marie [25. März], und darff des fastens halben keiner sondern [besonderen] erinnerung, dieweil die viertzigtägig fasten allzeit im Mertzen gehalten wirt.

[April]
. . . Merck, daß s. Georgen [23. April] feyrtag nit inn allen bisthumben oder auff einen tag gehalten wirt. Darumb schaw ein jeder auff die ordnung des bisthumbs, darunder er gesessen ist.

Es ist auch zuwissen, daß der allerheiligste Ostertag, er komm gleich im Aprill oder Mayen, zwen österliche nachfeyrtag haben solle.

An sanct Marcus [25. April] tage helt man nach alter kirchen ordenung ein procession unnd die letaney, so pflegt man auch alßdann des fleischessen sich zuenthalten, nach lang hergebrachter gewonheit der frommen christen.

[Mai]
. . . Es falle die creutzwoch [Bettage vom 5. Sonntag nach Ostern bis folgenden Mittwoch] in Mayen oder sunst, zuvor oder nach, so sol man die drey letzte tag vor Christi himmelfart nach gebrauch der kirchen andächtigklich begehn und sich enthalten des fleischessen, damit das gemein gebett desto kreftiger und Gott gefelliger sey. Sunst ist kein gebotten fasten zwischen Ostern und Pfingsten, dann allein am Pfingstabent [Sonnabend vor Pfingsten].

Der heilig Pfingsttag volgens, in was monat er auch sich begibt, soll mit zweyen nachvolgenden festen gefeyert werden. Item am mitwoch, so dem Pfingstag volget, ist gebotten fasten, wie auch am freytag und sambstag derselbigen wochen, darumb daß sich daran zutregt die Quatember.

Item wisse, daß alle jar der Fronleichnamstag [am zweiten Donnerstag nach Pfingsten] feyrlich unnd ehrlich soll gehalten werden am nechsten donnerstag nach dem sontag der heiligen Dreyfeltigkeyt.

[Juni (Brachmon)]
. . . Wisse, an s. Johannis des tauffers [24. Juni] abent [= Vortag] soll man fasten, deßgleichen auch s. Petri und Pauli [29. Juni], der fürnembsten apostel abent.

[Juli (Hewmon)]
. . . Merck, daß Marie heimsuchung [2. Juli] an vilen orten kein gebotner feyrtag ist. Item es ist im Hewmonat ein fasttag, als an s. Jacobs [25. Juli] des zwölffpotten abent.

[August (Augstmon)]
. . . In disem monat sindt drey gebotten fasttag, als der abent s. Lorentzen [10. August], der abent des fests der himmelfart Marie [15. August], der heiligsten mutter Gottes, unnd s. Bartholomei [24. August] des zwölffpotten abent.

[September (Herbstmon)]
. . . Merck, daß des heiligen Creutz erhöhung [14. September] nit allenthalben gefeyert wirt. Und daß man zu fasten schuldig ist an s. Mathei [21. September] des
zwölffpoten abent. Deßgleichen drey tag in der Quatember, so inn dem Herbst-
monat nach s. Mathei fest einfellet.
[Oktober (Weinmonat)]
. . . Inn disem monat sind zufasten des zwölffbotten Simonis und Jude [28. Okto-
ber], und aller heyligen [1. November] abendt.
[November (Wintermon)]
. . . Es ist zu wissen, daß man vormittags an aller seelen tag [2. November] sich be-
fleissen soll zum gotesdienst, unnd mit der kirchen sonderliche gedechtnuß haben
der abgestorbnen christglaubigen und in sonderheit unnser freunde unnd wol-
thätter seelen.
Item es bringet diser Wintermonat nur ein gebotnen fasttag mit, nemlich s. An-
dreas [30. November] des apostels abent; s. Kathrinen tag [25. November] wirdt
gemainigklich gefeyert.
[Dezember (Christmonat)]
. . . Merck zum ersten, daß ein jeder mit sonderem fleiß unnd andacht die heilige
zeit des Advents halten und zum heiligen Christag mit andacht sich beraitten sol.
Zum andern wisse, wie die Quatember am mitwoch, freytag und sambstag nach s.
Lucie [13. Dezember] tag mit fasten gehalten werden sol. Item an s. Thomas [21.
Dezember] und Christabent [24. Dezember] ist man auch schuldig zufasten.
Zum dritten soll ein jeder inn der Christwochen auch feyren an s. Steffans [26. De-
zember] und s. Johanns [27. Dezember] tag, ja inn vilen bisthumben wirdt auch
der unschuldigen kindlin [28. Dezember] tag gefeyret . . .

Quelle: a.a.O., S. 5–17. – *Literatur:* s. bei Text c.

c) Die Hauptartikel christlicher Religion
Das erst capitel
Von dem glauben und des glaubens artickeln

I. Wer ist und sol ein christglaubiger unnd recht catholischer genennt werden?
Der, so die hailsam lehr Jesu Christi, des wahren Gottes und menschen, in seiner
kirchen unnd versamblung bekent und nit anhangt einichen secten, spaltungen
oder irrigen lehren, so wider die christliche allgemaine kirchen sein.

II. Von welchen sachen soll man die christen erstlich lehren und underweysen?
Von dem glauben, hoffnung, lieb, von den sacramenten und denen stucken, so der
christlichen gerechtigkeit zugehören.

III. Was ist der glaub?
Er ist ein gab Gottes unnd liecht, dardurch der mensch erleuchtet wirdt unnd ve-
stigklich glaubet alles das, so Gott der herr offenbart hat zu glauben, es sey in den
heiligen schrifften außtruckenlich begriffen [enthalten] oder nit . . .

Das ander capitel
Von der hoffnung und dem ›Vatter unser‹

I. Was ist die hoffnung?

Es ist ein tugent, von Gott dem menschen eingegossen, durch welche man mit gewüsem vertrawen wartet und harret auff die güter unnsers hails und des ewigen lebens.

II. Warauß lernen wir, wie man recht hoffen und bitten soll?

Auß dem gebett, welches Christus unser herr und maister mit seinem heiligen mund gelehret und uns zubetten bevolhen hat, welches man das ›Vatter unser‹ nennet . . .

Das dritt capitel
Von der liebe und den zehen gebotten

I. Was ist und haißt die liebe?

Ein rain, volkommen und liebhabends gemüt, mit welchem Gott umb sein selbst, der nechst aber umb Gottes willen geliebt wirdt.

II. Wievil seind gebott der liebe?

Zwey furnemliche, welche uns Got der herr mit disen worten fürhellt: »Du solt Gott deinen herrn liebhaben auß gantzem deinem hertzen, auß gantzer deiner seel, auß gantzem deinem gmüt und auß allen deinen kräfften. Das ist das erst unnd gröst gebott. Das ander aber ist dem gleich: Du solt lieben deinen nechsten als dich selbs. An disen zweyen gebotten hanget das gantz gesetz unnd die propheten [Mt 22,37–40] . . .

Das viert capitel
Von den heiligen sacramenten

I. Was ist unnd haißt ein sacrament?

Es ist sovil als ein außwendigs, sichtbarlichs zeichen der götlichen unsichtbarlichen gnaden, von Gott selber eingesetzt, auff daß dardurch der mensch Gottes gnad und heiligung empfahe, als wann das kind im heiligen tauff mit dem wasser gewaschen wirdt, ist dasselbig ein krefftigs, gewüß zeichen, daß des kinds seel innerlich abgewaschen, das ist, von sünden gerainigt unnd geheiligt wirdet.

II. Wievil seind der heiligen sacrament?

Siben, als nemlich: der tauff, die firmung, das sacrament des altars, die buß, die letzte olung, der orden oder priesterweyhung und der eestand, welche siben sacrament von Christo unnserm herrn eingesetzt, von den lieben aposteln uns ubergeben unnd in der catholischen kirchen allzeit gebraucht und erhalten unnd biß auff uns kommen sein . . .

Das fünfft capitel
Von warer christlicher gerechtigkeit

Was gehört zu der wahren christlichen gerechtigkeit?

Auffs kürtzest zwey stuck, so David inn disen worten begreiffet: »Fleuhe« (du glaubiger) »das böß unnd thu guts« [Ps 33,15; 36,27]. Das erst steht in erkandtnuß und vermeidung des bösen oder der sunden; daß ander aber in dem, daß man nach dem guten strebet und trachtet . . .

Das sechste capitel
Von bestettigung des waren catholischen gelaubens durch bekentnuß der zweyen
alten symbolen der kirchen und durch klare zeugknuß der heiligen geschrifft . . .

Ende des catechismi und waren catholischen glaubens.
»Der Sun des menschen wirt kommen in der herrligkeit seines Vatters mit seinen
engeln und als dann wirdt er vergelten einem jegklichen nach seinen wercken« [Mt
16,27].
»Vil bücher machens ist kain ende und vil gedencken macht den leib müde. Laßt
uns alle miteinander das ende der rede hören: Förchte Gott und halt seine gebot.
Dann das ist, das ein jegklicher mensch thun soll. Dann Gott wirt alle werck für gericht bringen unnd alles darinn man sich vergriffen hat, es sey gut oder böß« [Pred
12,12–14].

Quelle: a.a.O., S. 23–87 (partim). – *Literatur:* O. Braunsberger, Entstehung und erste Entwicklung
der Katechismen des seligen Petrus Canisius aus der Gesellschaft Jesu, StML.E 57, 1893; J. Metzler,
Petrus Canisius, 1925; J. Brodrick, Petrus Canisius (1521–1597). Aus dem Engl. übers. von C. Telch,
1–2, 1950; G. Bellinger, Der Catechismus Romanus und die Reformation. Die katechetische Antwort
des Trienter Konzils auf die Haupt-Katechismen der Reformatoren, KKTS 27, 1970; E.-W. Kohls
(Hg.), Evangelische Katechismen der Reformationszeit vor und neben Martin Luthers Kleinem Katechismus, 1971.

1.   Deudsch Catechismus, Der kleine Catechismus – beide 1529. WA 30/I, S. 123–425.
2.   Summa doctrinae christianae, Wien 1555; dt. 1556/57; Catechismus minimus, Ingolstadt 1556;
dt. 1558; Parvus catechismus catholicorum, Köln 1558/59; dt. 1560.

JOHANNES CALVIN (1509–1564)

115.   Die Anklage gegen Servet (1553)

Michael Servet (1511–1553), spanischer Arzt, Jurist und Religionsphilosoph, wandte sich gegen die
herkömmliche Auffassung der Trinität und geriet so in Gegensatz zu Katholiken wie Protestanten. Als
er 1553 sein lange vorbereitetes Werk »Christianismi Restitutio« (bewußt gegen Calvins »Institutio«
formuliert) anonym in Lyon veröffentlichte, wurde er von der römischen Inquisition zum Feuertod
verurteilt. Es gelang ihm zu fliehen, und er wandte sich nach Genf, wo er dann wegen Verbreitung
schwerer Irrlehren angeklagt wurde. Calvin selbst verfaßte für den Ankläger Nikolaus de la Fontaine[1],
seinen Sekretär, in 38 Sätzen die Klageschrift. Nach dem Gutachten der reformierten Städte Basel,
Bern, Schaffhausen und Zürich eingeholt worden waren, die fast einstimmig auf schuldig lauteten,
verurteilte ihn der Rat zum Feuertod, der am 27. Oktober 1553 vollzogen wurde.

Nikolaus de la Fontaine, der als Kläger gegen Michael Servet aufgetreten ist und
aus diesem Grund vor Gericht erschienen ist, bringt vor:
I.   Erstens, daß jener [Servet], der vor vierundzwanzig Jahren begonnen habe,
die Kirchen in Deutschland mit seinen Irrtümern und Irrlehren zu verwirren, verurteilt worden sei und sich durch die Flucht der ihm zugedachten Strafe entzogen
habe.
II.   Ebenso, daß er etwa zu dieser Zeit ein abscheuliches Buch[2] gedruckt habe, von
dem viele Menschen angesteckt worden seien.

III.   Ebenso, daß er seitdem nicht nachgelassen habe, mit allen Mitteln, über die er habe verfügen können, sein Gift auszustreuen, sowohl in seinen Erklärungen zur Bibel als auch in seinen Erläuterungen zu Ptolemäus.

IV.   Ebenso, daß er später heimlich ein anderes Buch[3] gedruckt habe, das zahllose Gotteslästerungen enthalte.

V.   Ebenso, daß er als Gefangener der Stadt Vienne[4], obwohl er sah, daß man ihn, wenn er widerrufe, in Gnaden aufnehmen wollte, Mittel fand, aus dem Gefängnis zu entfliehen.

VI.   Fordert genannter Nikolaus, daß der genannte Servet zu all diesen Punkten befragt werde.

VII.   Und da dieser Ausflüchte suchen könnte und behaupten, daß seine Blasphemien und Häresien nichts als gute Lehre seien, nennt der erwähnte Nikolaus einige Artikel, zu denen der genannte Häretiker befragt werden solle.

VIII.   Nämlich: ob er nicht geschrieben, gelehrt und öffentlich verbreitet habe, wer glaube, daß in der einen göttlichen Wesenheit drei verschiedene Personen seien, der Vater, der Sohn und der Heilige Geist, der schaffe vier Phantome, die man sich nicht vorstellen könne noch solle.

IX.   Ebenso, daß eine solche Unterscheidung in der Wesenheit Gottes bedeute, einen dreigeteilten Gott schaffen, und das sei ein Teufel mit drei Köpfen wie der Zerberus, den die alten Dichter den Höllenhund nannten, ein Monstrum; und dergleichen Lästerungen mehr.

X.   Ebenso, ob er nicht Lästerungen und Beleidigungen aufrecht erhält sowohl gegen die alten Lehrer wie die Heiligen Ambrosius, Augustinus, Chrysostomos, Athanasius[5] und andere wie auch gegen all jene, die in unseren Tagen an der Erneuerung des Christentums gearbeitet haben, wobei er sogar Melanchthon[6] einen Mann ohne Glauben, Sohn des Teufels, Belial und Satan genannt habe.

XI.   Ebenso, ob er nicht sage, daß unser Herr Jesus Christus nicht Gottes Sohn sei, es sei denn, insofern er empfangen sei vom Heiligen Geist im Schoß der Jungfrau Maria.

XII.   Ebenso, daß die, welche glauben, daß Jesus Christus das von Ewigkeit her erzeugte Wort Gottes des Vaters sei, eine aberwitzige und abergläubische Vorstellung von der Erlösung hätten.

XIII.   Ebenso, daß Jesus Christus Gott sei, insofern Gott bewirkt habe, daß er es sei.

XIV.   Ebenso, daß das Fleisch Jesu Christi vom Himmel gekommen und von der Substanz Gottes sei.

XV.   Ebenso, daß Christus die Gottheit erst mitgeteilt wurde, als er Mensch wurde, und daß diese Gottheit auf geistliche Weise am Pfingsttag den Aposteln mitgeteilt worden sei.

XXVIII.   Ebenso, daß Jesus Christus der Sohn Gottes sei, weil er drei Elemente der Substanz des Vaters habe, nämlich Feuer, Luft und Wasser.

XXIX.   Ebenso, daß die Seele des Menschen sterblich sei und es nur einen elementaren Hauch gebe, der unsterblich sei, und der jene Substanz darstelle, die Jesus Christus nun im Himmel habe und die auch die elementare, göttliche und unzerstörbare Substanz des Heiligen Geistes sei.

XXXI.   Ebenso, daß die Seele des Menschen sterblich gemacht worden sei nach dem Sündenfall Adams, gleich wie der Leib.

XXXII.   Ebenso, daß die kleinen Kinder ohne Sünde seien und darum mit der Erlösung nichts zu schaffen hätten, bis daß sie erwachsen seien.

XXXIV. Ebenso, daß die Kindertaufe eine Erfindung des Teufels sei, eine höllische Falschheit, um die ganze Christenheit zu verderben.
XXXVI. Ebenso, daß er, obwohl er lehre, daß die Philosophen irrten, wenn sie sagten, die Welt sei der große Gott, behaupte, Jesus Christus sei, sofern er Mensch sei, immer in Gott gewesen, und von ihm stamme die Göttlichkeit der Welt.
XXXIX. Ebenso, daß er in der Person des Magisters Calvin, Prediger des Wortes Gottes in dieser Kirche zu Genf, durch gedrucktes Wort die hier gepredigte Lehre diffamiert habe mit allen nur vorstellbaren Beleidigungen und Schmähungen.
XL. Und da er sehr wohl gewußt habe, daß sein Buch nicht einmal unter den Papisten geduldet würde, da es alle Fundamente des Christentums zerstöre, habe er den Wilhelm Guerou vorgeschoben[7], der damals Korrektor gewesen sei, wie der genannte Guerou erklärt habe.
Fordert der genannte Nikolaus, daß der genannte Servet gezwungen werde, zu den vorgebrachten Artikeln Rede zu stehen, ohne daß ein Disput darüber begonnen würde, ob die Lehre richtig sei oder nicht, denn das werde hernach zu besorgen sein.

Quelle: CR 36, S. 727–731; Sammlung der Prozeßakten CR 36, S. 725–872. – *Literatur:* K. Brunnemann, Michel Servetus. Eine actenmässige Darstellung des 1553 in Genf gegen ihn geführten Criminal-Processes, 1865; E. Doumergue, Jean Calvin. Les hommes et les choses de son temps. Tom VI, 1926, S. 173–379; B. Becker (Hg.), Autour de Michel Servet et de Sébastien Castellion, 1953; R. H. Bainton, Hunted Heretic: The Life and Death of Servetus, 1511–1553, Boston 1953; deutsch: Michael Servet, 1511–1553, SVRG 178, 1960; V. Gitermann, Der Prozeß des Michael Servet, GWU 5, 1954, S. 147–161; 431–433 (mit Einwänden von St. R. Schulze). 433–435 (Schlußwort Gitermanns); R. Nürnberger, Calvin und Servet. Eine Begegnung zwischen reformatorischem Glauben und modernem Unglauben im 16. Jahrhundert, ARG 49, 1958, S. 196–204; J. Friedmann, Michael Servet. Anwalt totaler Häresie, in: H.-J. Goertz (Hg.), Radikale Reformatoren, 1978, S. 223–230.

1. Am 19. Juni 1554 wurde dem aus Frankreich stammenden Nikolaus de la Fontaine wahrscheinlich das Bürgerrecht der Stadt Genf verliehen, s. Registres de la compagnie des pasteurs de Genève au temps de Calvin, 2, hg. von R. M. Kingdon, J. F. Bergier und A. Dufour. THR 55, Genf 1962, 3 Anm. 4.
2. Gemeint ist: De Trinitatis erroribus libri VII. Hagenau 1531.
3. Gemeint ist: Christianismi Restitutio. Vienne 1553.
4. Servet wurde am 4. April 1553 zu Vienne (Dep. Isère) verhaftet, konnte aber schon am 7. April wieder entkommen. In Vienne wurde er am 17. Juni 1553 in Abwesenheit zum Ketzer-Tod verurteilt.
5. S. zu Ambrosius Bd. I Nr. 85f.; zu Augustinus Bd. I Nr. 91; zu Chrysostomos Bd. I Nr. 88; zu Athanasius Bd. I Nr. 67f., 70, 72f.
6. Vgl. Nr. 30, 36, 41, 80f., 92.
7. Servet betraute in Vienne Guerou – den Korrektor des Buchdruckers B. Arnollet – damit, sein Buch zum Druck zu bringen.

116. Unterricht in der christlichen Religion (1559)

Die »Institutio christianae religionis« ist das wissenschaftliche Monument eines Lebens im Dienste der Reformation. Die erste Ausgabe der ›Institutio‹ (Basel 1536) ist Zeugnis und Vermächtnis zugleich: Der aus seiner Heimat entwichene Calvin legt zuerst in lateinischer und dann französischer Sprache vor König, gelehrter Welt und Volk von Frankreich Rechenschaft ab über den wahren christlichen Glauben, zu dem sich der nun 27jährige bereits seit etwa drei Jahren durchgerungen hatte. Auch die zweite Ausgabe (Straßburg 1539) sah ihren Verfasser heimatlos, aus der Stadt Genf verwiesen, als Seelsorger der französischen Flüchtlinge in Straßburg. Die dritte Ausgabe (Straßburg 1543) ist bereits das Werk des Reformators der Kirche von Genf und Organisators der Reformation in Europa. Die vierte Ausgabe konnte zum ersten Male in Genf gedruckt werden (1550); die fünfte Ausgabe (Genf 1559), in lateinischer Sprache, bietet zugleich die Endgestalt der ›Institutio‹. Die sechs Kapitel des Jahres 1536 wuchsen zu einem Werk von vier Büchern mit insgesamt 80 Kapiteln; Calvins Verteidigung für die französische Kirche wurde zur theologischen Summe der reformierten Christenheit.

a) Gotteserkenntnis und Selbsterkenntnis

1. All unsere Weisheit, sofern sie wirklich den Namen Weisheit verdient und wahr und zuverlässig ist, umfaßt im Grunde nur zweierlei: Die Erkenntnis Gottes und unsere Selbsterkenntnis. Diese beiden aber hängen vielfältig zusammen, und darum ist es nun doch nicht so einfach zu sagen, welche denn an erster Stelle steht und die andere aus sich heraus bewirkt. Es kann nämlich erstens kein Mensch sich selbst betrachten, ohne sogleich seine Sinne darauf zu richten, Gott anzuschauen, in dem er doch »lebt und webt« [Apg 17,28]. Denn all die Gaben, die unseren Besitz ausmachen, haben wir ja offenkundig gar nicht von uns selber. Ja, selbst unser Dasein als Menschen besteht doch nur darin, daß wir unser Wesen in dem einigen Gott haben [nihil aliud . . . quam in uno Deo subsistentia]! Und zweitens kommen ja diese Gaben wie Regentropfen vom Himmel zu uns hernieder und sie leiten uns wie Bächlein zur Quelle hin. Noch viel deutlicher aber wird gerade in unserer Armut der unermeßliche Reichtum aller Güter erkennbar, der in Gott wohnt. Besonders zwingt uns der jämmerliche Zerfall, in den uns der Abfall des ersten Menschen hineingestürzt hat, unsere Augen emporzurichten: hungrig und verschmachtend sollen wir von Gott erflehen, was uns fehlt, aber zugleich auch in Furcht und Erschrecken lernen, demütig zu sein. Denn der Mensch birgt ja in jeder Hinsicht eine Welt von Elend in sich, und seitdem wir der göttlichen Gerechtigkeit [ornatu] verlustig gegangen sind, macht unsere beschämende Blöße unendlich viel Schande offenbar. Ist es aber so, dann muß ja notwendig jeder Mensch vom Bewußtsein seines heillosen Zustandes wenigstens zu irgendeinem Wissen um Gott getrieben werden! Wir empfinden unsere Unwissenheit, Eitelkeit, Armut, Schwachheit, unsere Bosheit und Verderbnis – und so kommen wir zu der Erkenntnis, daß nur in dem Herrn das wahre Licht der Weisheit, wirkliche Kraft und Tugend, unermeßlicher Reichtum an allem Gut und reine Gerechtigkeit zu finden ist. So bringt uns gerade unser Elend dahin, Gottes Güter zu betrachten, und wir kommen erst dann dazu, uns ernstlich nach ihm auszustrecken, wenn wir angefangen haben, uns selber zu mißfallen. Denn jeder Mensch hat viel mehr Freude daran, sich auf sich selber zu verlassen – und das gelingt ihm auch durchaus – solange er sich selber noch nicht kennt, also mit seinen Fähigkeiten zufrieden ist und nichts von seinem Elende weiß oder wissen will. Wer sich also selbst erkennt, der wird dadurch nicht nur angeregt, Gott zu suchen, sondern gewissermaßen mit der Hand geleitet, ihn zu finden.

2. Aber andererseits kann der Mensch auf keinen Fall dazu kommen, sich selbst wahrhaft zu erkennen, wenn er nicht zuvor Gottes Angesicht geschaut hat und dann von dieser Schau aus dazu übergeht, sich selbst anzusehen. Denn uns ist ja ein mächtiger Hochmut geradezu angeboren, und darum kommen wir uns stets durchaus untadelig, weise und heilig vor, wenn uns nicht handgreifliche Beweise unsere Ungerechtigkeit, Beflecktheit, Torheit und Unreinheit vor Augen halten und uns so überführen. Dazu kommt es aber gar nicht, wenn wir bloß auf uns selber sehen und nicht zugleich auf den Herrn; denn er ist doch die einzige Richtschnur, nach der solch ein Urteil [über uns selbst] erfolgen kann. Wir sind ja von

Natur alle zur Heuchelei geneigt, und so befriedigt uns schon irgendein leerer Schein von Gerechtigkeit genauso, wie es [eigentlich] nur die Gerechtigkeit selber kann. Und weil unter uns und um uns rein nichts zu erblicken ist, das nicht mit schrecklichster Unreinigkeit befleckt wäre, so begeistert uns, solange wir über die Grenzen menschlicher Unreinheit nicht hinausblicken, schon das, was bloß ein bißchen weniger besudelt ist, weil wir es bereits für ganz rein halten.

Quelle: CR 30, S. 31,1–32,30; übers. nach: Johannes Calvin, Unterricht in der Christlichen Religion, übers. und bearb. von O. Weber, 1963², S. 1–2. – *Literatur:* s. bei Text c.

b) Erkenntnis Gottes als Schöpfer

Erkenntnis Gottes ist nun für mein Verständnis nicht allein darin beschlossen, daß wir wissen: es ist ein Gott. Wir sollen auch festhalten, was uns von ihm zu wissen nottut, was zu seiner Ehre dient, was uns zuträglich ist. Denn es kann von einem eigentlichen Erkennen Gottes keine Rede sein, wo Ehrfurcht [religio] und Frömmigkeit fehlen. Und dabei denke ich noch nicht einmal an jene Weise der Erkenntnis Gottes, durch welche in sich verlorene und verdammte Menschen in Christus, dem Mittler, Gott als Erlöser ergreifen. Hier ist bloß von jener ursprünglichen und einfachen Erkenntnisweise die Rede, zu welcher schon die Ordnung der Natur führen würde, wenn Adam nicht gefallen wäre. Es kann zwar gewiß in dieser Verderbnis der Menschheit kein Mensch Gott als den Vater, den Urheber seines Heils, noch irgendwie als den gnädigen Gott erkennen, ehe denn Christus ins Mittel [medius] tritt, um uns den Frieden mit Gott zu erringen. Gleichwohl ist es etwas anderes, Gott zu erkennen als den Schöpfer, der uns mit seiner Macht trägt, mit seiner Vorsehung leitet, seiner Güte pflegt, mit der Fülle seiner Segnungen begleitet, und wiederum etwas anderes, die Gnade der Versöhnung zu ergreifen, die uns in Christus zukommt. Weil uns nun der Herr erstlich einfach als der Schöpfer entgegentritt – in seinem Werke der Welt, wie auch in der allgemeinen Lehre der Schrift – und dann fernerhin im Angesicht Christi als der Erlöser, so ergibt sich eine zweifache Erkenntnis Gottes.

Quelle: CR 30, S. 34,1–22; übers. nach: O. Weber (s. Text a), S. 3. – *Literatur:* s. bei Text c.

c) Erkenntnis Gottes als Erlöser

So ist also das ganze Menschengeschlecht in Adam zugrunde gegangen. Und all jener ursprüngliche Vorrang und Adel, den wir erwähnten, würde uns rein gar nichts einbringen, ja nur noch schrecklicher unsere Schande offenbar machen, sofern nicht Gott, der die von der Sünde befleckten und verderbten Menschen nicht als sein Werk anerkennt, in der Gestalt seines eingeborenen Sohnes als der Erlöser erschienen wäre. Seitdem wir also vom Leben zum Tode übergegangen sind, würde uns all jene Erkenntnis Gottes als unseres Schöpfers, von der wir gesprochen haben, rein nichts mehr nützen, wenn nicht der Glaube hinzukäme, der uns Gott in Christus als unseren Vater vor Augen stellt! Die ursprüngliche Ordnung war es, daß das Gebäude der Welt für uns die Schule sein sollte, in der wir rechte Gottesfurcht lernten, um dann von da zum ewigen Leben und zu vollkommener Seligkeit überzugehen. Aber seit dem Abfall ist es anders: wohin wir auch blicken, allenthalben tritt uns Gottes Fluch entgegen; der trifft durch unsere Schuld gar die unschuldige Kreatur und zieht sie mit ins Verderben; so muß er notwendig unsere Seele in die Verzweiflung stürzen! Denn Gott läßt zwar noch immer auf vielerlei

Weise seine väterliche Huld gegen uns merken; aber es ist doch aus dem Anschauen der Welt nicht möglich, zu erfassen, daß er der Vater ist; denn das Gewissen plagt uns innerlich und hält uns vor, daß die Sünde die gerechte Ursache dazu
sei, daß Gott uns verstoße und uns nicht mehr als Kinder ansehe oder achte. Dazu
kommt auch unsere Trägheit und Undankbarkeit; denn unser »Gemüt« ist ja verblendet und vermag nicht zu erkennen, was wahr ist, auch sind ja alle unsere Sinne
verderbt, und darum berauben wir Gott in boshafter Weise seiner Ehre. Wir müssen also zu dem Ausspruch des Paulus kommen: »Da die Welt in ihrer Weisheit
Gott in seiner Weisheit nicht erkannte, so gefiel es Gott wohl, durch törichte Predigt selig zu machen die, so daran glauben« [1Kor 1,21]. Unter der Weisheit Gottes versteht Paulus das herrliche Bild Himmels und der Erde, wie es erfüllt ist mit
unzählbaren Wundern, ein Bild, aus dessen Anschauen Gott hätte weislich erkannt werden sollen; aber weil wir ihn daran so wenig erkannt haben, so ruft uns
der Apostel zum Glauben an Christus. Dieser Glaube ist freilich den Ungläubigen
lächerlich, da er den Schein der Torheit an sich trägt. Obwohl also die Predigt vom
Kreuze dem menschlichen Stolz nicht entspricht, müssen wir sie doch in Demut
annehmen, wenn wir zu Gott, unserem Schöpfer und Wirker, von dem wir abgekommen sind, zurückkehren wollen, daß er wieder von neuem unser Vater sei!

Quelle: CR 30, S. 247,18–248,3; übers. nach: O. Weber (s. Text a), S. 200. – *Literatur:* E. A. Dowey
Jr., The Knowledge of God in Calvin's Theology, New York 1952; W. Niesel, Die Theologie Calvins,
1957²; J. Moltmann (Hg.), Calvin-Studien, 1959; A. Ganoczy, Le jeune Calvin. Genèse et evolution
de sa vocation réformatrice, VIEG 40, 1966; G. Ebeling, Cognitio Dei et hominis, in: Geist und Geschichte der Reformation. Festgabe H. Rückert zum 65. Geburtstag, AKG 38, 1966, S. 271–322. Wieder abgedruckt in: ders., Lutherstudien 1, 1971, S. 221–272; vgl. auch Nr. 91.

117. Die Genfer Kirchenordnung (1561)

Die Genfer Kirchenordnung (Ordonnances ecclésiastiques) von 1561 hat ihren Grundstock bereits in
der Genfer Kirchenordnung vom Jahre 1541, die Calvin kurz nach seiner Rückkehr aus Straßburg verfaßt hatte und die am 20. November 1541 vom Genfer Rat angenommen worden war. Die Kirchenordnung von 1541 wurde in den folgenden Jahren durch mannigfache Zusätze erweitert, in ihrer Ausgabe
von 1561 hebt sie den Gemeindegedanken stärker heraus und unterscheidet klar zwischen geistlicher
und weltlicher Gewalt. Es ist diese Kirchenordnung, die die reformierte Gemeindebildung zunächst in
Europa und dann in den Vereinigten Staaten von Amerika tief geprägt hat. In ihrer Gesamtheit dürfte
sie eine noch breitere Wirkung als die ›Institutio‹ (Nr. 116) erlangt haben.

[I.   Vier Ämter im Dienst an der Kirche]
2.   Erstlich gibt es vier Klassen und Arten von Aufträgen, die unser Herr für die
Leitung seiner Kirche gestiftet hat, nämlich die Pastoren, dann die Doktoren, hierauf die Ältesten, viertens die Diakonen . . .
[Pastoren:] 4.   Der Auftrag der Pastoren, die die Schrift zuweilen auch Aufseher,
Älteste und Diener nennt, ist das Wort Gottes zur Lehre, zur Ermahnung, zur Zurechtweisung und zum Tadel öffentlich und den einzelnen zu verkündigen, die Sakramente zu verwalten und zusammen mit den Ältesten (und Ratsbeauftragten)
die brüderlichen Zurechtweisungen durchzuführen.
5.   Damit nun in der Kirche nichts in Unordnung geschehe, darf sich niemand in
diesen Dienst ohne Berufung eindrängen. Dabei sind drei Dinge in Betracht zu

ziehen: nämlich die Prüfung – und das ist die Hauptsache; dann, wem die Einsetzung der Diener zusteht; drittens, in welcher Form die Einführung in den Dienst zu geschehen hat.

6. Die Prüfung besteht aus zwei Teilen. Der erste betrifft die Lehre, nämlich ob der zu Berufende eine gute und heilige Kenntnis der Schrift hat, und ferner, ob er geschickt und fähig ist, sie dem Volk zu seiner Erbauung zu übermitteln . . .

9. Der zweite Teil der Prüfung betrifft seinen Lebenswandel. Es ist festzustellen, ob er ein gutes Benehmen besitzt und sich immer untadelig geführt hat. Die Art des Vorgehens ist von Paulus ausgezeichnet geschildert worden [1 Tim 3,1ff.]. Es empfiehlt sich für uns alle, uns danach zu richten.

10. Dabei ist nach unserer Feststellung das Beste, der Ordnung der alten Kirche zu folgen, da diese genau das durchführt, was uns die Schrift lehrt. Nämlich: die Diener wählen zuerst den aus, den man in das Amt zu berufen beabsichtigt, nachdem sie den Kleinen Rat davon unterrichtet haben. Dann machen sie den Rat mit ihm bekannt, und wenn er als geeignet erfunden ist, soll man ihn dort annehmen und bestätigen. Zugleich soll man ihm ein Zeugnis ausstellen und ihn schließlich dem Volk im Gottesdienst vorstellen, damit er durch die allgemeine Zustimmung der Gemeinde der Gläubigen angenommen werde . . .

20. Wie es nun erforderlich ist, die Diener vor der Wahl sorgfältig zu prüfen, so muß es auch eine gute Ordnung geben, um sie bei ihrer Pflicht zu halten. Darum wird es erstens dienlich sein, daß alle Diener, zwecks Erhaltung von Reinheit und Einheit der Lehre, wöchentlich an einem bestimmten Tag zu einer Bibelbesprechung zusammentreten und daß keiner ohne triftige Entschuldigung fernbleibt. Sollte einer darin nachlässig sein, soll er ermahnt werden . . .

23. Um jeder Art von ärgerlichem Lebenswandel entgegenwirken zu können, muß man eine Zuchtordnung für die Diener haben, so wie sie im folgenden dargestellt wird, der sich alle ohne Ausnahme unterwerfen müssen. Mit ihrer Hilfe kann man dafür sorgen, daß die Achtung vor dem Dieneramt erhalten bleibt, und kann verhüten, daß das Wort Gottes durch böse Gerüchte über die Diener entehrt und mißachtet wird. Denn wie man denjenigen in Zucht nehmen muß, der sich vergangen hat, so muß man auch den Verleumdungen und Lügenreden, die gegen Unschuldige zu Unrecht verbreitet werden, steuern . . .

30. Um diese Zuchtordnung aufrechtzuerhalten, sollen die Diener vierteljährlich mit größter Sorgfalt danach forschen, ob unter ihnen selbst etwas zu tadeln ist, und dann in entsprechender Weise Abhilfe schaffen[1].

31. Um aber auch im ganzen Leib der Genfer Kirche, d. h. in der Stadt wie in den vom Rat abhängigen Kirchengemeinden, gute Ordnung und einheitliche Lehre zu wahren, soll der Rat zwei Ratsherren und ebenso zwei Diener aus der Pfarrerschaft wählen mit dem Auftrag, einmal jährlich jede Kirchengemeinde zu besuchen und sich darüber zu unterrichten, . . . ob nicht der Diener der Gemeinde irgendeine neue Lehre, die der Reinheit des Evangeliums widerspricht, vorgebracht hat . . .

[Doktoren:] 43. Der den Doktoren eigentümliche Dienst ist die Gläubigen in der gesunden Lehre zu unterweisen, damit die Reinheit des Evangeliums weder durch Unwissenheit noch durch Irrlehren getrübt werde. Indessen wie die Dinge heute liegen, begreifen wir unter dieser Bezeichnung jede Art von Hilfskräften und Werkzeugen, welche den Nachwuchs für die Zukunft sicherstellen und der Verödung der Kirche, die durch einen Mangel an Pastoren und Dienern entstehen würde, vorbeugen. Wir wollen daher ein verständlicheres Wort gebrauchen und diesen Stand den der Lehrer nennen.

44. Dem Dieneramt am nächsten und der Leitung der Kirche am engsten verbunden ist der Lehrer der Theologie. Es wird sich empfehlen, Vorlesungen über das Alte und das Neue Testament zu halten.

45. Aber da man aus solchen Vorlesungen nur dann Nutzen ziehen kann, wenn man sich zuvor eine Kenntnis der Sprachen und eine umfassende Bildung erworben hat, . . . wird man, um nicht unsern Kindern eine verwüstete Kirche zu hinterlassen, ein Gymnasium einrichten müssen, in dem die Schüler durch den Unterricht zum Amt der Diener wie zu dem der Obrigkeit vorbereitet werden sollen . . .

[Älteste:] 48. Ihre Aufgabe ist, über den Lebenswandel jedes einzelnen zu wachen und die in Liebe zu ermahnen, die sie straucheln und ein ungeordnetes Leben führen sehen. Und nötigenfalls sollen sie dem Ausschuß [compaignye], der verordnet werden soll, um die brüderlichen Zurechtweisungen auszuüben, berichten, und sie sollen dann zusammen mit den andern über die Ermahnungen Beschluß fassen.

49. Entsprechend der Lage der hiesigen Kirche soll man dafür zwei aus dem Kleinen, vier aus dem Mittleren und sechs aus dem Großen Rat wählen, Leute von gutem und ehrbarem Lebenswandel, untadelige Männer von gutem Ruf, die vor allem gottesfürchtig und mit guter Klugheit in geistlichen Dingen ausgerüstet sein müssen. Und bei ihrer Wahl wird man darauf achten müssen, daß jedes Stadtviertel berücksichtigt wird, damit sie überall ihre Augen haben können . . .

[Diakone:] 56. In der alten Kirche hat es immer zwei Arten von Diakonen gegeben: die Aufgabe der einen war, das Armengut, aus den täglichen Almosen, dem Grundbesitz, den Zinsen und Renten bestehend, anzunehmen, zu verteilen und zu verwalten; die der andern, die Kranken zu verbinden und zu pflegen sowie die Armen zu speisen. Deswegen gehört es sich, daß alle christlichen Städte sich danach richten, wie wir es auch versucht haben und auch weiterhin tun wollen. Wir haben ja bereits Kastenpfleger und Spitalmeister. Und der guten Ordnung halber soll einer der vier Kastenpfleger alle Gaben und sonstigen Einnahmen des Spitals verwalten und ein ausreichendes Gehalt bekommen, um sein Amt desto besser zu versehen . . .

60. Man soll sorgfältig darüber wachen, daß das Allgemeine Spital in gutem Zustand erhalten bleibt und daß dort Kranke, arbeitsunfähige Alte, Witwen, Waisen und andere Arme aufgenommen werden. Jedoch soll man die Kranken in einem besonderen Gebäude, getrennt von den andern, unterbringen.

61. Ferner hat das Spital die Fürsorge für die Stadtarmen gemäß den Anordnungen der Kastenpfleger zu übernehmen.

62. Ferner soll man außer der Herberge für die armen Durchreisenden, die man beibehalten muß, eine besondere Möglichkeit zur Unterbringung von solchen schaffen, die man der besonderen Liebesfürsorge für würdig erachtet. Und zur Aufnahme von derartigen Leuten, die die Kastenpfleger zuweisen, soll ein Zimmer bestimmt werden, das allein dafür benutzt werden darf . . .

[II. Der Dienst der Gemeinde unter Wort und Sakrament]

69. Die Taufe darf nur zur Stunde des Wortgottesdienstes und nur von den Dienern vollzogen werden. Die Namen der Kinder samt denen der Eltern sollen in ein Register eingetragen werden. Befindet sich unter den Täuflingen ein uneheliches Kind, soll das Gericht benachrichtigt werden. Es soll dann nach Recht und Billigkeit dabei verfahren . . .

73.   Nach dem Willen unsers Herrn, des Stifters des Abendmahls, sollte es bei
uns häufiger als bisher gefeiert werden. So ist es in der alten Kirche gehalten worden, bis der Teufel durch die Einführung der Messe an dessen Statt alles umge-
stürzt hat. Es so selten zu feiern, ist also ein Mißstand, der beseitigt werden muß.
Doch soll es aufgrund einer eingehenden Beratung auf unsern Befehl hin vorläufig
nur viermal im Jahr ausgeteilt werden, nämlich an dem Weihnachten zunächstlie-
genden Sonntag, an Ostern, an Pfingsten und im Herbst am ersten Sonntag im
September . . .
151.   Die . . . Ratsbeauftragten sollen einmal wöchentlich, am Donnerstag, mit
den Dienern zusammenkommen, um festzustellen, ob in der Gemeinde irgendet-
was nicht in Ordnung ist, und um gemeinsam über die Mittel zur Wiederherstellung der Ordnung zu verhandeln. Dabei soll auch bestimmt werden, wie lange und
in welchem Umfang diese Mittel eingesetzt werden sollen . . .
159.   Hat aber jemand sich eines Verbrechens schuldig gemacht, das nicht nur
eine Vorhaltung durch Worte, sondern eine Zurechtweisung samt einer gerichtli-
chen Strafe nach sich zieht, soll man ihm ankündigen, er habe, je nach Lage des
Falls kürzer oder länger, vom Abendmahl fernzubleiben, damit er sich vor Gott
demütige und seinen Fehltritt besser erkenne.

Quelle: Les Ordonnances Ecclésiastiques de l'Église de Genève (1561), in: BSKORK, S. 42–64; vgl.
auch CR 38, S. 91–146; übers. nach: Die Genfer Kirchenordnung von 1561, in: Reformierte Bekenntnisschriften und Kirchenordnungen in deutscher Übersetzung, hg. von P. Jacobs, o.J., S. 72–107. *– Li-*
teratur: J. Bohatec, Calvins Lehre von Staat und Kirche mit besonderer Berücksichtigung des Orga-
nismusgedankens, 1937; E. Pfisterer, Calvins Wirken in Genf, ZuZ 5, 1957²; J. Weerda, Ordnung zur
Lehre. Zur Theologie der Kirchenordnung bei Calvin, in: J. Moltmann (Hg.), Calvin-Studien 1959, 1960, S.
144–171; R.W. Henderson, The Teaching Office in the Reformed Tradition, Philadelphia 1962; E.W. Mon-
ter, Studies in Genevan Government, 1536–1605. THR 62, 1964; R.M. Kingdon, The Deacons of the Reformed Church in Calvin's Geneva. In: Mélanges d'histoire du XVIᵉ siècle. Off. à H. Meylan, THR 60,
1970, S. 81–90; ders., Calvin and Calvinism. Sources of Democracy?, Lexington/Mass. 1970.

1.   Die sog.»Censura fratrum«, die brüderliche Überprüfung aller Glieder der Pfarrkonferenz in bezug auf Leben und Lehre.

118.   Calvins ›politisches Testament‹: Predigt über 2 Sam 5,4 (ca. 1563)

›Reformation‹ ist für Calvin (1509–1564) zunächst die Erneuerung der Kirche durch die schriftgemäße
Verkündigung des Evangeliums. Erneuerung aber bedeutet zugleich Neuordnung der Gesellschaft im
Gehorsam gegenüber Gottes Wort. Zwinglis Satz hätte er bejahen können: ›Regnum Christi etiam esse
externum‹ (Nr. 74), das Reich Christi erstreckt sich auf alle Bereiche des Lebens. Nur ist Calvin in seinem theokratischen Grundanliegen alles daran gelegen, den rechten Weg zwischen Staatskirche und
Kirchenstaat zu bahnen, indem er behutsam die weltlichen und kirchlichen Ämter und Aufgaben unterscheidet. In diesem Sinne ist sein Wort gemeint ›spirituale Christi regnum et civilem ordinationem
res esse plurimum sepositas‹ (Inst. IV, 20,1): Das geistliche Reich Christi und die bürgerliche Ordnung sind zwei ganz verschiedene Sachen. Denn anders als Zwingli hat Calvin es erlebt, von seinem eigenen Rat aus dem Amt entfernt zu werden (Ostern 1538), und (in Straßburg) eine Flüchtlingsge-
meinde zu betreuen (1538–1541). Von Genf aus hat er schließlich nahezu ein Vierteljahrhundert lang
die heimatlosen Gemeinden ›unter dem Kreuz‹ mit Rat und Pfarrern versehen. Nicht der Gegensatz
›internum – externum‹ sondern ›verborgen – schon manifest‹ wird, am Ende seines Lebens zuneh-

mend, zum Schlüssel seiner Lehre von der Königsherrschaft Christi. So wie der einzelne Gläubige in seiner äußeren Lebensgestaltung Gott zu ehren hat, so obliegt der christlichen Gemeinde die Gestaltung der politischen Verhältnisse ›in Gebet *und* Kraft‹. Wo Macht oder Mehrheit die Ausübung des rechten Glaubens nicht wenigstens duldeten, wirkten die Reformierten alles andere als demokratisch und tolerant. In Frankreich, in den Niederlanden, in Schottland – mit Fernwirkung weit über Großbritannien hinaus in den Vereinigten Staaten – beteiligten sie sich an den Religionskriegen, bis der Westfälische Friede (Nr. 132) auch ihnen Schutz und Schirm gewährleistete.

Wir wissen zwar, daß Gott herrscht; aber da unser Herr Jesus Christus verborgen ist in Ihm und seine vollkommene Herrschaft verborgen ist in dieser Welt, hat sie keinen Glanz, sondern ist nur wenig geschätzt, ja sogar verworfen von der Mehrheit. Daher sollten wir es keineswegs seltsam finden, daß unser Herr Jesus Christus, obwohl er von Gott, seinem Vater, zum König eingesetzt worden ist, jetzt noch nicht die Autorität unter den Menschen hat, die ihm eigentlich zustünde. Weiterhin ist uns heute noch kein gewisser, endgültiger Zeitpunkt [der vollkommenen Manifestierung seiner Herrschaft] bezeichnet worden. Wir sehen nämlich, daß die Herrschaft unseres Herrn Jesus Christus begrenzt ist, da es nur eine Handvoll Menschen gibt, die ihn angenommen haben, und da jeder einzelnen Stadt, welche das Evangelium empfangen hat, große Länder gegenüberstehen, in denen Götzendienst herrscht. Wenn wir nun sehen, daß die Herrschaft Jesu Christi so klein und nach den Maßstäben der Welt verachtet ist, so laßt uns den Blick auf dies Beispiel heften, das uns hier [in der Herrschaft Davids] gegeben ist, und laßt uns auf das Ende [»terme«] warten, welches Gott kennt; denn für uns ist es verborgen. Ich sage, laßt uns warten in Geduld, bis sein Königreich in Vollkommenheit aufgerichtet ist, und Gott jene sammelt, die zerstreut sind, wiederherstellt, was vernichtet ist, und in Ordnung bringt, was verworren ist . . . Laßt uns nicht aufhören, soweit es an uns liegt, Gott zu bitten, daß er fortschreite und [sein Königreich] vergrößere, und daß jeder sich darauf ausrichte mit all seiner Kraft; und laßt uns selbst dem stattgeben, daß wir von ihm in einer Weise regiert werden, daß er allezeit in uns verherrlicht wird, sowohl im Leben als auch im Tod.

Quelle: Supplementa Calviniana I: Sermones de altero libro Regum, hg. von H. Rückert, 1936, S. 104,42–105,10. S. 105,34–36; übers. nach: H. A. Oberman, Die »Extra«-Dimension in der Theologie Calvins, in: Geist und Geschichte der Reformation. Festgabe H. Rückert zum 65. Geburtstag, AKG 38, 1966, S. 328–329. – *Literatur:* s. Nr. 116 und 117.

ANSÄTZE ZUR ORTHODOXIE

Johannes Brenz (1499–1570), bereits während der Heidelberger Disputation (April 1518; vgl. Nr. 14) von Luther tief beeindruckt, wurde zum Reformator von Schwäbisch Hall (seit 1522) und, weit darüber hinaus, zum bedeutendsten Vertreter der Wittenberger Theologie in Oberdeutschland (vgl. Nr. 65), dem natürlichen Einzugsgebiet der Straßburger und Züricher Reformation (vgl. Nr. 82, 83). Sein »Syngramma Suevicum« (1525; gedruckt 1526), vor allem gegen seinen vormaligen Heidelberger Lehrer und späteren Basler Theologen Johannes Oekolampad (1482–1531) gerichtet[1], läßt keinen Zweifel zu, daß er auch die vermittelnde Straßburger Position (Bucer) ablehnt[2] und im Marburger Religionsgespräch (Nr. 78) fest an Luthers Seite stehen wird. Mit Brenz setzt der Abendmahlsstreit ein (vgl. Nr. 72–73). In seinen Spätschriften (1561–1564; s. Nr. 119) über die Realpräsenz Christi gibt Brenz Rechenschaft über den Verlauf des Abendmahlsstreits, formuliert auch die eigene Position, die von der Personeinheit ausgehend Inkarnation und Himmelfahrt Christi in eins denkt[3]. Er betont dabei, daß es nur ›sehr wenige‹ gibt, die das Verhältnis von Gott und Mensch in Christus noch ›richtig verstehen‹.

Das weitere Vordringen von der Abendmahlsproblematik zur Christologie markiert den Übergang zur Frühorthodoxie, welche auf eindrucksvolle Weise eine Generation später als Brenz von Martin Chemnitz (1522–1586; Nr. 120) vertreten wird. Obwohl Schüler Melanchthons, findet er einen so tiefen Zugang zu Luther, daß er, den Extremen der ›Philippisten‹ und ›Gnesiolutheraner‹ abhold, durch seine Christologie und Abendmahlslehre den Weg zur ›Konkordienformel‹ (1577; Nr. 121) ebnen und sie bis in einzelne Formulierungen prägen kann.

Die Texte von Brenz und Chemnitz belegen, wie der Maßstab ›Treue zu Luther‹ zu einer abstrakten Theologie führen kann, die zwar zugleich ›richtig und fromm‹ ist, aber doch bald Spezialisten verlangt; eine Theologie, die, sicher gegen den Willen von Brenz, nur von sehr wenigen verstanden werden konnte. Die entsprechende Verfeinerung der theologischen Sprache rückte Theologie und Gemeinde in große Distanz, so daß der Pietismus (vgl. Bd. IV,1 Nr. 14,24f., 30f.) mit seiner lebendigeren und verständlicheren Konkretisierung der Glaubensfragen schnelle Verbreitung finden konnte.

1. S. oben Nr. 73e, Anm. 2. Vgl. die Einleitung samt Zusammenfassung des Inhalts von Martin Brecht in: Johannes Brenz, Frühschriften 1, hg. von M. Brecht, G. Schäfer und F. Wolf, 1970, S. 222–233.234–278; vgl. auch F. W. Kantzenbach, Johann Brenz und der Kampf um das Abendmahl, ThLZ 89, 1964, S. 561–580.

2. Vgl. Brenz, Frühschriften 2, 1974, S. 340–344.

3. Martin Brecht sieht bereits in der frühen Theologie Brenz' dieses Fundamentalprinzip angelegt: »Es ist die Allgegenwart und Allzuhandenheit der Kreaturen und Dinge zu dem überzeitlichen und überräumlichen Gott.« Die frühe Theologie des Johannes Brenz, 1966, S. 11f. Hier weitere Lit.

119. Johannes Brenz: Die göttliche Majestät unseres Herrn Jesus Christus (1562)

Man denke nicht, daß zu dieser Zeit der Streit über das Herrenmahl vor allem darin besteht, ob Leib und Blut Christi wahrhaft im Abendmahl gegenwärtig sind und ausgeteilt werden. Denn wennschon anfangs dies die Hauptsache des Streits gewesen ist, so ist es doch durch das Drängen der Zwinglianer dahin gekommen, daß nunmehr ein anderer Gegenstand zur Entscheidung steht . . . Die wahre Allmacht Gottes, die wahre Gottheit und Majestät [maiestas] Christi laufen – was die Zwinglianer anlangt – Gefahr, und insoweit wird das wahrhaft fromme Verständnis dieser Hauptartikel unserer Religion: ›Das Wort ward Fleisch‹; ›er ist aufgefahren gen Himmel‹; ›er sitzt zur Rechten Gottes des allmächtigen Vaters‹, in Zweifel gezogen.

Denn in dieser Sache scheinen sie zwar mit uns den Worten nach hinsichtlich der Einheit der beiden Naturen in Christus übereinzustimmen, daß [nämlich] Christus aus zwei Naturen, der göttlichen und der menschlichen, bestehe und keine in die andere gewandelt [mutetur] werde; aber darin besteht keine Übereinstimmung zwischen uns, welcher Art diese Einheit ist und wieweit sie sich erstreckt, ob sie eine persönliche oder, wie Paulus sagt, leibliche und vollkommene ist [Kol 2,9], oder ob sie nur eine gewöhnliche Einheit ist, wie Gott sich mit beliebigen heiligen Menschen vereint.

Hier ist es nun Zeit, daß jene Formeln des Redens von Christus – ›Mensch ist Gott und Gott ist Mensch‹; weiter: ›der ganze Mensch ist Gott und der ganze Gott ist Mensch‹; weiter: ›Gott ist Mensch geworden und der Mensch ist Gott geworden‹ . . . – richtig und fromm erklärt werden. Denn obschon fast alle Christen sie im Munde führen, gibt es doch sehr wenige, die sie richtig verstehen, noch weniger aber, die sie wahrhaft glauben . . .

So behaupten die Zwinglianer zwar, der Menschensohn in Christus sei Gott, leugnen aber, daß er vom Gottessohn so angenommen [assumptus] ist, daß er ihn mit
der Gabe der Allmacht, der Allweisheit und der Allgegenwart ausstattete, da sie ja
sagen, der Menschensohn sei seiner Natur nach keiner unendlichen Macht, Weisheit und Gegenwart fähig [capax][1]. Daher leugnen sie, daß der Menschensohn
wahrer Gott ist. Und wenn der Evangelist Johannes sagt: »Das Wort ward Fleisch«
[Joh 1,14], verstehen sie darunter, daß Gott zwar im Fleisch Christi wohne, nicht
aber in dies Fleisch die ganze Fülle seiner Gottheit völlig eingehe [perfecte effunde-
re], außer soweit die Natur des Fleisches . . . das ertrage. Aber das heißt wahrlich,
Christus nicht nur unter die heiligen Menschen, sondern auch unter die anderen
Geschöpfe einreihen.
Ich bitte dich also, mein geliebtester Leser, erwäge ernsthaft, ob nicht derjenige,
der frommen und gesunden Verstandes ist und ehrlich bekennt, göttliche und
menschliche Natur seien in Christus untrennbar in *einer* Person verbunden, notwendig zu denken und zu bekennen habe, daß, wo immer die Gottheit Christi ist,
da sei auch seine Menschheit!
Siehst du nicht, daß [Petrus] Martyr [Vermigli][2] in dieser Sache nicht mit sich
übereinstimmt? Wenn die göttliche Person [hypostasis] . . ., wo sie ist, die
Menschheit mit sich verbunden hat, wie, bitte, wird die Menschheit Christi nicht
da sein, wo seine Gottheit ist? Diese aber erfüllt Himmel und Erde. Wie also wird
sie die Menschheit nicht mit sich verbunden haben – im Himmel und auf Erden!
Das wird gewiß nicht aus der Schule des Aristoteles bewiesen, deren Grundsatz
ist: . . .»Es gibt kein Verhältnis des Endlichen zum Unendlichen« [Finiti ad infini-
tum nulla est proportio[3]]; sondern aus der Schule Christi, deren Grundsatz ist:
»Das Wort ward Fleisch«, das heißt: ›Gott ist Mensch und der Mensch ist Gott geworden‹. Weiterhin denke man nicht, daß die Menschheit Christi dann erst in die
höchste Erhabenheit erhöht ist und alle Macht im Himmel und auf Erden empfing,
als sie sichtbar vom Ölberg in den Himmel fuhr, sondern als das Wort Fleisch ward
und als Gott im Mutterleib der Jungfrau den Menschen in die Personeinheit auf-
nahm. Denn gibt es eine größere Erhöhung, eine herausragendere Erhabenheit als
wenn ein Mensch von Gott in Personeinheit [in unitatem personae] angenommen
und Gott selbst wird? Das aber ist nicht erst damals geschehen, als Christus von
den Toten auferstand und sichtbar gen Himmel fuhr, sondern ist [bereits] geschehen, als er im Mutterleib der Jungfrau Fleisch wurde.
Dies kurz zu berühren, schien daher gut, damit klar erkannt wird, in welche ab-
scheulichen Irrtümer Martyr abglitt. Ich habe nämlich im Büchlein »Von der Personeinheit der beiden Naturen in Christus«[4] geschrieben, es gebe eine sichtbare
Himmelfahrt Christi, es gebe [aber] auch eine unsichtbare; und habe an dieser
Stelle klar dargelegt, daß ich unter der unsichtbaren Himmelfahrt zum Teil die
Fleischwerdung Christi verstehe . . ., zum Teil die Auferstehung Christi von den
Toten . . .
Denn daß Paulus sagt, Christus sei über alle Himmel aufgefahren, daß er alles erfülle [Eph 4,10], bedeutet nicht, daß er damals erst zusammen mit seiner Menschheit alles zu erfüllen begann, als er sichtbar auffuhr, sondern bedeutet . . ., daß er
damals mit einer handgreiflichen Darstellung bezeugen und erklären wollte, er sei
wahrer Gott und Mensch, das heißt, er habe mit seiner Gottheit und Menschheit
zusammen schon von Anbeginn seiner Fleischwerdung alles erfüllt.

Quelle: Johannes Brenz, De maiestate Domini nostri Iesu Christi ad dextram Dei patris et de vera praesentia corporis et sanguinis eius in coena, Francoforti 1562 (Erstausgabe), S. 12f.34f. 61.65f.19.27.72.
76f.78.79. – *Literatur:* H. Hermelink, Johannes Brenz als lutherischer und schwäbischer Theologe,
1949; F. W. Kantzenbach, Stadien der theologischen Entwicklung des Johannes Brenz, NZSTh 6,
1964, S. 243–273; ders., Der Anteil des Johannes Brenz an der Konfessionspolitik und Dogmenge-
schichte des Protestantismus, in: ders. (Hg.), Reformatio und Confessio. Festschrift für W. Maurer
zum 65. Geburtstag, 1965, S. 113–129; Theodor Mahlmann, Personeinheit Jesu mit Gott. Interpretation der Zweinaturenlehre in den christologischen Schriften des alten Brenz, BWKG 70, 1970, S.
176–265.

1.   1564 formuliert Brenz das (christologische) Axiom »finitum capax infiniti«. Vgl. HWP 2, S. 487f.
(Mahlmann).
2.   Gemeint ist die Schrift »Dialogus de utraque in Christo natura, quomodo coeant in unam Christi
personam inseparabilem, ut interim non amittant suas proprietates; ideoque humanam Christi natu-
ram propter personalem unionem non esse ubique«, von Petrus Martyr Vermigli (1500–1562; seit
1556 Professor der Theologie in Zürich), veröffentlicht Zürich 1561, 1563², Basel 1561; franz. Übers.:
Lyon 1565. S.: C. Schmidt, Peter Vermigli. Leben und ausgewählte Schriften. Elberfeld 1858, S.
234–242; vgl. Joseph C. McLelland, The Visible Words of God. An Exposition of the Sacramental
Theory of P. M. Vermigli. Edinburgh 1957, bes. S. 181–258.
3.   Das Gegenaxiom zu dem in Anm. 1 genannten – ›finitum non capax infiniti‹ – ist gut calvinisch,
aber bislang erst für Theodor Beza (1519–1605) nachgewiesen in einer Schrift gegen J. Andreä
(1528–90; vgl. Nr. 121) von 1581. S.: W. Kickel, Vernunft und Offenbarung bei Theodor Beza, 1967,
S. 210. Für die Abendmahlslehre ist das Verhältnis zwischen Calvin und Beza bereits untersucht von J.
Raitt, The Eucharistic Theology of Theodore Beza. Development of the Reformed Doctrine, Cham-
bersburg/Pa. 1972, S. 69–73.
4.   De personali unione duarum naturarum in Christo . . ., 1561.

120.   Martin Chemnitz: Die zwei Naturen Christi (1578)

Das bisher Erklärte: die beiden Naturen in Christus; daß diese beiden Naturen so
geeint sind, daß sie *eine* Person bilden [ὑφιστάμενον], daß beider Naturen We-
senseigentümlichkeiten [naturae essentialia idiomata] unterschieden sind und
bleiben, aber der einen und ganzen Person zugeeignet werden; daß jede der beiden
Naturen Christi unter Beteiligung [communicatio] der anderen vollbringt, was ihr
eigen ist . . . – das, sage ich, ist beim Stand der Erörterung überhaupt nicht mehr
umstritten . . . Wir wollen also, unter Beiseitelassung dessen, worüber Einstim-
migkeit besteht, weitergehen zur Erklärung dessen, was noch als strittig erörtert
wird . . . Denn es handelt sich um eine bedeutende Sache, nämlich die Majestät
[maiestas] Christi unseres Herrn und Heilandes . . .
Aus jener Einheit mit dem Logos empfing die [menschliche Natur] nicht nur un-
begreifliche und unaussprechliche Gaben und geschaffene und endliche Zierden,
die ihr innerlich [formaliter] angehören, sondern weil die ganze Fülle der Gottheit
des Sohnes Gottes persönlich [personaliter] in der angenommenen Natur wohnt,
leuchtet jene Fülle in ihr ganz, so daß das Fleisch gleichsam durch dieses Licht entzündet selbst auch leuchtet und mit göttlichen Kräften und Wirkungen begabt ist –
nicht durch natürliches Eingehen [physica effusio] wie eine wesentliche Anbin-
dung [essentialis inhaesio], sondern durch die Einrichtung der Einheit [oeconomia
unionis] –, so daß der Logos die Werke seiner Allmacht in jener, mit jener und
durch jene [in illa, cum illa et per illam] angenommene Natur nach seinem Wohlgefallen ausübt und vollzieht . . .

Aber stets wiederhole ich: dies – sei es übernatürlich, sei es gegen-natürlich (ἀντιφυσικά) – ist [nur] von dem zu verstehen, wofür wir das klare Zeugnis des Wortes Gottes haben. Was aber darüber hinausgehende Fragen und Erörterungen hinsichtlich der menschlichen Natur in Christus betrifft, worüber keine besonderen, sicheren und klaren Zeugnisse in Gottes Wort existieren: [da] ist es einfacher und sicherer, sich nicht mit dem Konstruieren und Destruieren jener [Spekulationen] zu plagen, sondern diese [Probleme] in jene ewige Schule zu verweisen. Dies gilt, obwohl wegen der Personeinheit und der unermeßlichen Macht Gottes jene [Spekulationen] weder geleugnet werden können oder dürfen und [dafür] aus allgemeinen Schriftaussagen einige glaubhafte Argumente beigebracht werden können. Und von daher ist auch klar, daß keine Vermischung von Glaubensartikeln geschieht; vielmehr sind und bleiben diese unterschieden und jeder einzelne enthält etwas Eigenes. Denn in der Fleischwerdung [incarnatio] ist die Personeinheit der Gottheit des Logos mit der angenommenen Menschheit hergestellt worden, in welcher die ganze Fülle der Gottheit vom ersten Augenblick der Empfängnis an gewohnt hat. Aber vermöge der Erniedrigung [exinanitio] war der Gebrauch [usurpatio] und die Offenbarung dieser [ganzen Fülle der Gottheit] zeitweise aufgeschoben und gleichsam aufgehoben, damit sie sich nicht sofort und immer durch die angenommene Menschheit darstelle. Durch die Himmelfahrt [ascensio] aber, nach Ablegung der Schwachheiten und Abtun der Erniedrigung, verließ [der von der ganzen Fülle der Gottheit bewohnte Mensch Christus] die den Bedingungen dieser Welt entsprechende Lebensweise und ging so aus der Welt. Durch das Sitzen zur Rechten Gottes aber ist er in den völligen und offenbaren Gebrauch und Erweis derjenigen Macht, Kraft und Herrlichkeit der Gottheit, die in ganzer Fülle persönlich in der angenommenen Natur von Anfang der Einigung gewohnt hat, eingetreten, so daß sie nun nicht mehr wie in der Erniedrigung an sich hält, sich zurückzieht und gleichsam verborgen ist [quasi lateat], sondern sich in der angenommenen, mit der angenommenen und durch die angenommene menschliche Natur völlig, offenbar und herrlich zeigt.

Quelle: Martin Chemnitz, De duabus naturis in Christo, de hypostatica earum unione, de communicatione idiomatum et aliis quaestionibus . . . 2. Fassung 1578. In: Loci theologici Martini Chemnitii . . ., editi opera et studio Polycarpi Leyseri, Francofurti et Wittebergae 1690. S. 97b (Kap. 21); 20a (Kap. 4); 202a (Kap. 32); 204b (Kap. 33). – *Literatur:* H. Hachfeld, Martin Chemnitz nach seinem Leben und Wirken, 1867; J. A. O. Preus, Martin Chemnitz: The Two Natures in Christ, St. Louis – London 1971.

121. Das lutherische Konkordienwerk (1577/80)

Die lutherische Konkordienformel (Formula Concordiae) ist das Ergebnis des Bemühens um theologische und (kirchen-)politische Einheit in der zweiten Hälfte des 16. Jahrhunderts. Als solches gibt sie in ihren Artikeln ein Spiegelbild der theologischen Streitigkeiten, die vor allem seit dem Augsburger Interim 1547/48 (Nr. 109) ausgetragen worden waren. Die theologische Debatte wurde zwischen ›Philippisten‹ – dem Kreis von Theologen um Melanchthon († 1560; vgl. Nr. 30, 36, 41, 80b, 81, 92f.) – und ›Gnesiolutheranern‹ – den Verfechtern der ›reinen Lehre‹ – geführt. Die rechte Interpretation der seit dem Augsburger Religionsfrieden (Nr. 112) auch reichsrechtlich anerkannten Confessio Augustana (Nr. 81) und die Wahrung des Erbes Luthers standen in einer Reihe fundamentaler Fragen auf dem Spiel: Erbsünde und Willensfreiheit (Konk.formel Artikel I + II), Rechtfertigung und gute Werke (Art. III + IV), ›Gesetz und Evangelium‹ und ›Dritter Brauch des Gesetzes‹ (Art. V + VI) sowie das Problem der ›Adiaphora‹ (Art. X).

Der Verlauf der Einigungsbemühungen seit dem Wormser Religionsgespräch 1557 bis zum bahnbrechenden Torgauer (Mai 1576) und Bergener Theologenkonvent (Mai 1577) war recht spannungsvoll. Dabei lagen hauptsächlich zwei Intentionen miteinander im Streit: das Bemühen um eine Einigung auf ältere Bekenntnisse, d.h. das Festlegen eines ›Corpus doctrinae‹, und die Erstellung einer neu auszuarbeitenden ›Einigungsformel‹ zwischen den streitenden Parteien. Beide Intentionen kamen in der in Bergen 1577 endgültig festgelegten Konkordienformel insofern zur Durchsetzung, als in der Einleitung der neu ausgearbeiteten ›Einigungsformel‹ ein Bekenntniskanon festgelegt wurde: Apostolicum, Nicaenum und Athanasianum (vgl. Bd. I Nr. 42, 56, 81), Confessio Augustana einschließlich ihrer Apologie (Nr. 81), die Schmalkaldischen Artikel von 1537 sowie Luthers Kleiner und Großer Katechismus. Diese Bekenntnisse, als »Zeugnis und Erklärung des Glaubens« gewertet und der Heiligen Schrift unterstellt, wurden zusammen mit der Konkordienformel am 25. Juni 1580, dem 50. Jahrestag der Confessio Augustana, im ›Konkordienbuch‹ veröffentlicht. Die Konkordienformel hat nicht den Rang eines neuen Bekenntnisses, sondern versteht sich als Präzisierung und verbindliche Interpretation der Confessio Augustana, und zwar deren Form von 1530 (»invariata«; zur CA-variata vgl. Nr. 92).

Die Konkordienformel gliedert sich in die ›Solida Declaratio‹ (= das ›Bergische Buch‹) und die ›Epitome‹, angefertigt von Jakob Andreä (1528–90), dem neben dem niederdeutschen Martin Chemnitz (Nr. 120) und Nikolaus Selnecker (1530–92) am stärksten für das Konkordienwerk engagierten Theologen aus Tübingen. Die folgenden Abschnitte sind der ›Epitome‹ entnommen.

I. Von der Erbsünde

. . . 1. Wir glauben, lehren und bekennen, daß es einen Unterschied gibt zwischen der Natur des Menschen, nicht nur wie er anfangs von Gott rein und heilig [und] ohne Sünde erschaffen [ist], sondern auch wie wir sie jetzt nach dem Fall haben: nämlich zwischen der Natur, die auch nach dem Fall noch Gottes Kreatur ist und bleibt, und der Erbsünde; und daß dieser Unterschied so groß ist wie der Unterschied zwischen dem Werk Gottes und des Teufels.

2. Wir glauben, lehren und bekennen auch, daß dieser Unterschied mit höchstem Fleiß festgehalten werden muß, weil die Lehre, daß zwischen unsrer verderbten Menschennatur und der Erbsünde kein Unterschied sein soll, den Hauptartikeln unsres christlichen Glaubens von der Schöpfung, Erlösung, Heiligung und Auferstehung unsres Fleisches widerstreitet und neben diesen nicht bestehen kann . . .

3. Wir glauben, lehren und bekennen . . ., daß die Erbsünde keine oberflächliche, sondern eine so tiefe Verderbnis der menschlichen Natur ist, daß nichts Gesundes oder Unverderbtes an Leib [und] Seele des Menschen, seinen innerlichen und äußerlichen Kräften geblieben ist, sondern [es sich so verhält], wie die Kirche singt: »Durch Adams Fall ist ganz verderbt menschlich Natur und Wesen«[1]. Dieser Schaden ist nicht in Worte zu fassen; er kann nicht mit der Vernunft, sondern allein aus Gottes Wort erkannt werden. [Wir bekräftigen,] daß niemand außer Gott allein die Natur und diese Verderbnis der Natur voneinander scheiden kann, was durch den Tod in der Auferstehung vollständig geschehen wird, wenn die Natur, die wir jetzt tragen, ohne die Erbsünde und von derselben abgesondert und geschieden auferstehen und ewig leben wird, wie geschrieben steht Hi 19[,26; nach Luther] . . .

[Abschnitt »Negativa«; 11.] Die Erbsünde ist nicht eine Sünde, die man tut, sondern sie steckt in Natur, Substanz und Wesen des Menschen, so daß, selbst wenn überhaupt kein böser Gedanke im Herzen des verderbten Menschen aufkäme, kein unnützes Wort geredet noch eine böse Tat vollbracht würde, doch die Natur verderbt ist durch die Erbsünde, die uns im sündlichen Samen angeboren wird und ein Brunnquell aller anderen wirklichen Sünden [peccata actualia] ist . . .

II. Vom freien Willen

. . . 1.   Hiervon ist unsre Lehre, [unser] Glaube und Bekenntnis, daß Verstand und Vernunft des Menschen in den geistlichen Angelegenheiten blind [sind und] nichts aus eigenem Vermögen verstehen, wie geschrieben steht . . . [1Kor 2,14].

2.   Ebenso glauben, lehren und bekennen wir, daß der nicht-wiedergeborene Wille des Menschen nicht nur von Gott abgewendet, sondern auch ein Feind Gottes ist, daß er nur Lust und Willen hat zum Bösen und [dem,] was Gott zuwider ist, wie geschrieben steht . . . [Gen 8,21; Röm 8,7]. Ja, sowenig ein toter Leib sich selbst lebendigmachen kann zum leiblich-irdischen Leben, so wenig vermag der Mensch, der durch die Sünde geistlich tot ist, sich selbst zum geistlichen Leben aufrichten, wie geschrieben steht . . . [Eph 2,5; 2Kor 3,5].

3.   Die Bekehrung aber wirkt Gott, der Heilige Geist, nicht ohne Mittel, sondern er gebraucht dazu die Predigt und das Hören auf das Wort Gottes, wie geschrieben steht Röm 1[,16] . . .

[Abschnitt »Negativa«; 8. . . . .] Was aber die Aussagen der alten und neuen Kirchenlehrer anbetrifft, die dahin lauten: »Gott zieht, aber zieht, die da wollen«, ebenso »Des Menschen Wille ist nicht müßig in der Bekehrung, sondern wirkt auch etwas«[2] – weil solche Aussagen zur Bestätigung des natürlichen freien Willens in der Bekehrung des Menschen gegen die Lehre von der Gnade Gottes eingeführt [sind], halten wir [dafür], daß sie der Form der gesunden Lehre nicht gemäß und also, wenn von der Bekehrung zu Gott gesprochen wird, entschieden zu meiden sind.

Dagegen wird aber recht geredet, [wenn gesagt wird,] daß Gott in der Bekehrung durch das Ziehen des Heiligen Geistes aus widerspenstigen [und] unwilligen willige Menschen macht, und daß nach solcher Bekehrung der wiedergeborene Wille des Menschen nicht müßig geht, sondern in allen Werken des Heiligen Geistes, die er durch uns tut, auch mitwirkt . . .

9.   . . . Daß also vor der Bekehrung des Menschen nur zwei wirkliche Ursachen [causae efficientes] sich finden: nämlich der Heilige Geist und das Wort Gottes, wodurch er die Bekehrung wirkt . . .

III.   Von der Gerechtigkeit des Glaubens

1.   . . . Wir glauben, lehren und bekennen einmütig, daß Christus weder nach der göttlichen Natur allein, noch auch nach der menschlichen Natur allein unsre Gerechtigkeit ist, sondern [das ist] der ganze Christus nach beiden Naturen, allein in seinem Gehorsam, den er als Gott und Mensch dem Vater bis zum Tod geleistet und uns damit Vergebung der Sünden und ewiges Leben erworben hat, wie geschrieben steht . . . Röm 5[,19].

2.   Demnach glauben, lehren und bekennen wir, daß unsre Gerechtigkeit vor Gott darin besteht, daß uns Gott die Sünde vergibt aus lauter Gnade, ohne jegliche, von uns erbrachte vorangehende, gegenwärtige oder nachfolgende Werke, [ohne unser] Verdienst oder Würdigkeit, uns die Gerechtigkeit des Gehorsams Christi schenkt und zurechnet, um welcher Gerechtigkeit willen wir bei Gott zu Gnaden angenommen und für gerecht gehalten werden.

3.   Wir glauben, lehren und bekennen, daß allein der Glaube das Mittel und Werkzeug ist, womit wir Christus und so [dann auch] in Christus diese »Gerechtigkeit, die vor ihm gilt« [Röm 1,17] ergreifen, weshalb uns solcher »Glaube zur Gerechtigkeit zugerechnet« wird, Röm 4[,5].

4.   Wir glauben, lehren und bekennen, daß dieser Glaube nicht eine bloße Er-

kenntnis der Historien von Christus ist, sondern eine solche Gabe Gottes, wodurch wir Christus, unsren Erlöser, im Wort des Evangeliums recht erkennen und auf ihn vertrauen, daß wir allein um seines Gehorsams willen, aus Gnaden [die] Vergebung der Sünden haben, für fromm und gerecht von Gott, dem Vater, gehalten und ewig selig werden . . .
7. Wir glauben, lehren und bekennen, daß zur Erhaltung der reinen Lehre von der Gerechtigkeit des Glaubens vor Gott die Particulae Exclusivae, das heißt die folgenden Worte des heiligen Apostels Paulus, wodurch das Verdienst Christi von unsern Werken gänzlich abgesondert und Christus allein die Ehre gegeben wird, mit besonderem Fleiß festzuhalten sind, da der heilige Apostel Paulus schreibt: Aus Gnade, ohne Verdienst, ohne Gesetz, ohne Werk, nicht aus den Werken etc., welche Worte alle zugleich soviel heißen wie »allein durch den Glauben« an Christus werden wir gerecht und selig [Röm 3,28] . . .

IV. Von guten Werken
. . . Unsre Lehre, [unser] Glaube und Bekenntnis ist:
1. Daß gute Werke dem wahren Glauben, wenn dieser nicht toter, sondern lebendiger Glaube ist, ganz gewiß und unzweifelhaft folgen wie Früchte eines guten Baumes.
2. Wir glauben, lehren und bekennen auch, daß die guten Werke vollständig ausgeschlossen werden sollen, sowohl wenn von der Seligkeit gehandelt wird, als auch im Artikel der Rechtfertigung vor Gott, wie der Apostel mit klaren Worten bezeugt . . . [Röm 4,6–8; Eph 2,8f.].
3. Wir glauben, lehren und bekennen auch, daß alle Menschen, besonders aber die durch den Heiligen Geist wiedergeboren und erneuert [sind], schuldig sind, gute Werke zu tun . . .

V. Vom Gesetz und Evangelium
. . . 1. Wir glauben, lehren und bekennen, daß der Unterschied von Gesetz und Evangelium als ein besonders herrliches Licht mit großem Fleiß in der Kirche zu erhalten ist, wodurch das Wort Gottes (nach der Ermahnung des heiligen Paulus) recht geteilt wird.
2. Wir glauben, lehren und bekennen, daß das Gesetz eigentlich eine göttliche Lehre ist, die lehrt, was gerecht und Gott gefällig ist, und alles straft, was Sünde und Gottes Willen zuwider ist.
3. Darum ist und gehört alles, was Sünde straft, zur Predigt des Gesetzes.
4. Das Evangelium aber ist eigentlich eine solche Lehre, die lehrt, was der Mensch glauben soll, der das Gesetz nicht gehalten hat und durch dieses verdammt ist: nämlich daß Christus alle Sünde gebüßt und bezahlt hat und ihm völlig ohne sein Verdienst die Vergebung der Sünden, die »Gerechtigkeit, die vor Gott gilt« [Röm 1,17] und das ewige Leben verschafft und erworben hat.
5. Nachdem aber das Wort ›Evangelium‹ in der Heiligen Schrift nicht stets in ein und demselben Verständnis gebraucht wird – woraus auch dieser [der Konkordienformel vorausgegangene] Zwiespalt ursprünglich entstanden [ist] – glauben, lehren und bekennen wir, daß dann, wenn unter dem Wort ›Evangelium‹ die ganze Lehre Christi verstanden wird, die er in seinem Lehramt wie auch seine Apostel bezeugt [vgl. Mk 1,15; Apg 20,24], recht geredet und geschrieben das Evangelium eine Predigt von der Buße und Sündenvergebung ist.
6. Wenn aber Gesetz und Evangelium, wie auch Moses selbst als Gesetzeslehrer

und Christus als Prediger des Evangeliums, einander gegenübergestellt werden, [dann] glauben, lehren und bekennen wir, daß das Evangelium nicht eine Buß- oder Strafpredigt ist, sondern eigentlich nichts anderes als eine Trostpredigt und fröhliche Botschaft, die weder straft noch schreckt, sondern wider das Schrecken des Gesetzes die Gewissen tröstet, sie allein auf das Verdienst Christi weist und mit der lieblichen Predigt von der Gnade und Huld Gottes, die durch Christi Verdienst erworben ist, wieder aufrichtet . . .

VI.   Vom dritten Brauch des Gesetzes[3]

. . . 1.   Wir glauben, lehren und bekennen, obwohl die rechtgläubigen und wahrhaftig zu Gott bekehrten Menschen vom Fluch des Gesetzes durch Christus befreit und lediggemacht [sind], daß sie doch deshalb nicht ohne Gesetz sind, sondern vom Sohn Gottes dazu erlöst worden [sind], daß sie sich in demselben Tag und Nacht üben sollen, Ps 119[,1] . . .
2.   Wir glauben, lehren und bekennen, daß die Predigt des Gesetzes nicht allein bei den Ungläubigen und Unbußfertigen, sondern auch bei den Rechtgläubigen, wahrhaft Bekehrten, Wiedergeborenen und durch den Glauben Gerechtfertigten mit Fleiß zu treiben ist.
3.   Denn wenn sie auch wiedergeboren und in dem Geist ihres Gemüts erneuert [sind], so ist doch diese Wiedergeburt und Erneuerung in dieser Welt nicht vollkommen, sondern nur angefangen, und die Gläubigen stehen mit dem Geist ihres Gemüts in einem steten Kampf wider das Fleisch, das heißt wider die verderbte Natur und Art, die uns bis zum Tod anhaftet [Gal 5,17; Röm 7,21.23], . . . [so daß es] vonnöten ist, daß ihnen das Gesetz des Herrn immer vorleuchtet . . .
6.   So ist und bleibt das Gesetz sowohl bei den Bußfertigen als auch bei den Unbußfertigen, den wiedergeborenen und nicht-wiedergeborenen Menschen ein und dasselbe Gesetz, nämlich der unwandelbare Wille Gottes, und was den Unterschied bezüglich des Gehorsams betrifft, [der hängt] allein am Menschen . . .

X.   Von Kirchengebräuchen, die man ›Adiaphora‹ oder ›Mitteldinge‹ nennt

. . . 1.   Wir glauben, lehren und bekennen einmütig, daß die Zeremonien oder Kirchengebräuche, die in Gottes Wort weder geboten noch verboten, sondern allein um äußerlicher Pracht und guter Ordnung willen eingerichtet sind, an und für sich selbst kein Gottesdienst, auch kein Teil desselben sind. Mt 15[,9] . . .
4.   Wir glauben, lehren und bekennen, daß zur Zeit der Verfolgung, wenn ein eindeutiges Bekenntnis des Glaubens von uns gefordert wird, in solchen Mitteldingen den Feinden nicht nachgegangen werden darf, wie der Apostel geschrieben hat . . . [Gal 5,1; 2Kor 6,14; Gal 2,5]. Denn in diesem Fall ist es nicht mehr um Mitteldinge, sondern um die Wahrheit des Evangeliums, um die christliche Freiheit und um die Bestätigung öffentlicher Abgötterei wie auch um die Verhütung des Ärgernisses der Schwachen zu tun, wobei wir in nichts nachgeben dürfen, sondern eindeutig bekennen und [dann auch] leiden sollen, was uns Gott schickt und den Feinden seines Wortes gegen uns erlaubt.

Quelle: BSLK S. 770,26–771,10. S. 772,10–29. S. 774,35–775,1. S. 776,33–777,34. S. 780,5–28. S. 781,4–8. S. 782,14–783,14. S. 784,8–21. S. 787,17–788,4. S. 790,20–791,31. S. 793,30–794,27. S. 795,9–15. S. 814,27–34. S. 815,6–29. – *Literatur:* Einleitung zur Konkordienformel in BSLK, S. XXXII–XLIV (dort und S. 738 auch weitere Lit.); G. W. Forell, The Formula of Concord and the Teaching Ministry, SCJ 8, 1977, S. 39–47; Th. R. Jungkuntz, Formulators of the Formula of Concord.

Four Architects of the Lutheran Unity, St. Louis/Mo. 1977; W. v. Loewenich, Luthers Erbe in der Konkordienformel, Luther 48, 1977, S. 53–75; W. A. Quanbeck, The Formula of Concord and Authority in the Church, SCJ 8, 1977, S. 49–60; M. Roensch, Die theologische Bedeutung der Konkordienformel vor ihrem geschichtlichen Hintergrund, LuthTheoluK 1977, S. 33–43; L. W. Spitz – W. Lohff (Hg.), Discord, Dialogue and Concord. Studies in the Lutheran Reformation's Formula of Concord, Philadelphia/Pa. 1977; W. Lohff – L. W. Spitz (Hg.), Widerspruch, Dialog und Einigung. Studien zur Konkordienformel der Lutherischen Reformation, 1977.

1. Lied von Lazarus Spengler (1479–1534); s. EKG 243.
2. Vgl. zu diesen Zitaten BSLK S. 907(f.) Anm. 3.
3. Der Begriff »Dritter Brauch des Gesetzes« (tertius usus legis) erschließt die Frage nach der Geltung des Gesetzes nach Christus (vgl. Röm 10,4) bzw. für den Gerechtfertigten. Der »zweite« und »erste Brauch des Gesetzes« bezeichnet die sündenaufdeckende, zur Vergebung in Christus hinführende sowie die weltlich-politische Funktion des Gesetzes (usus theologicus und usus civilis). Die Frage der Geltung und gegenseitigen Zuordnung dieser drei Gesetzes-»bräuche« ist ein zentraler Streitpunkt im Kirchenkampf und in der Debatte um die politische Theologie.

DIE ENGLISCHE REFORMATION

Die Reformation in England war stark von der Politik der staatlichen Obrigkeit geprägt. So ist es einerseits sicher, daß eine Reformation lutherischer Prägung durch König Heinrich VIII. (1509–1547) verhindert wurde. Andererseits löste Heinrich VIII. durch eine umfangreiche Gesetzgebung die englische Kirche von Rom (Suprematsakte vom 3. November 1534: der König ist das Oberhaupt der englischen Kirche; Nr. 122, 123). Unter König Eduard VI. (1547–1553) konnte sich aber helvetisch-oberdeutsche Theologie mit englischen Reformansätzen verbinden (1549 »Common Prayer Book«, revidiert 1552). Nach dem Versuch einer gewaltsamen Gegenreformation unter Königin Maria Tudor (1553–1558) fand sich Königin Elisabeth I. (1558–1603) von verschiedenen Lagern in Anspruch genommen; es gelang ihr dennoch, den Weg zur anglikanischen Staatskirche zu sichern. Durch die Supremats- und Uniformitätsakte von 1559 kam es zu einer Konsolidierung des religiös und innenpolitisch gespaltenen Landes. Will man die anglikanische Staatskirche mit einer der Formen bzw. Ergebnisse des reformatorischen Umwälzungsprozesses vergleichen, so steht sie Zürich, Basel und Straßburg am nächsten und Wittenberg relativ fern. Die englische Reformation war nicht einfach Staatsaktion (Elton). So gewiß sie Fürstenreformation war, sind doch auch die Anstöße des Bürgerkonsensus wie der Glaubens- und Kirchengemeinschaft von tragender Bedeutung.

122. Thomas More (Morus): Brief an seine Tochter Margaret (1534)

Thomas More (1478–1535), intimer Freund und Förderer des Erasmus, Jurist und Staatsmann, weigerte sich als Kanzler, König Heinrich VIII. durch den geforderten Suprematseid als Oberhaupt der anglikanischen Kirche anzuerkennen, und wurde deshalb am 6. Juli 1535 enthauptet. Den hier abgedruckten Brief an seine älteste Tochter Margaret Roper schrieb er am 17. April 1534 bereits als Gefangener im Tower von London.

Bei der Vorladung vor die Herren in Lambeth[1] wurde ich als erster hereingerufen, obwohl der Pfarrer von Croydon, Rowland Phillips, und verschiedene andere vor mir da waren.

Nachdem man mich über den Grund meiner Vorladung belehrt hatte (worüber ich

etwas erstaunt war, weil doch außer mir kein theologischer Laie geladen war), verlangte ich, die Eidesformel vorgelegt zu bekommen, worauf sie mir die mit dem
großen Staatssiegel versehene Urkunde zeigten. Dann begehrte ich das Thronfol-
ge-Gesetz [Act of Succession] einzusehen, welches mir in Form einer gedruckten
Amtsrolle gebracht wurde. Ich las sie still für mich und bedachte den damit ver-
bundenen Eid. Darauf erklärte ich ihnen, daß es nicht meine Absicht sei, zu verurteilen, weder die Akte, noch den, der sie gemacht hat, weder den Eid, noch den, der
ihn leistet, noch das Gewissen irgendeines anderen Menschen. Was mich aber allen Ernstes selbst betreffe, so rühre sich in dieser Sache mein Gewissen derart,
daß, obwohl ich den Eid auf die Nachfolge nicht abstreiten würde, ich den Supre-
mats-Eid aber, den sie mir vorgelegt hätten, nicht leisten könnte, ohne meine
Seele der ewigen Verdammnis preiszugeben.
Falls sie zweifelten, ob ich den Eid wirklich aus Gewissensskrupel oder aus einer
Kaprice heraus verweigerte, sei ich bereit, ihnen zuliebe meine Überzeugung eid-
lich zu bekräftigen. Und wenn sie mir doch nicht trauten, was nützte es ihnen, mir
irgendeinen Eid abzuverlangen? Und wenn sie mir vertrauten, daß ich wahr
schwöre, dann würde ich ihrer Güte vertrauen, mich nicht zu einer Eidleistung zu
zwingen, da sie doch verstehen müßten, daß der Schwur gegen mein Gewissen sei.
Darauf sagte der Lordkanzler[2], sie wären alle bekümmert, mich das sagen zu hören
und den Eid verweigern zu sehen. Und sie sagten alle, auf Treu und Glauben sei ich
der erste, der ihn ablehnte. Dies aber würde heftigen Argwohn und große Empörung Seiner königlichen Hoheit erregen. Dabei zeigten sie mir die urkundliche
Namensliste der Mitglieder des Ober- und Unterhauses, die geschworen und ihre
Unterschrift bereits gegeben hatten.

Quelle: Thomas Morus Privat. Dokumente seines Lebens in Briefen, ausgewählt, übers. u. eingel. von
R. u. W. F. Schirmer, 1971, S. 96f. –*Literatur*: K. Schmidthüs (Hg.), Die Briefe des Heiligen Thomas
Morus aus dem Gefängnisse, 1951[4]; ders., Thomas Morus, Staatsmann und Märtyrer, in: Der Weg
aus dem Ghetto, 1956[2], S. 115–151; E. E. Reynolds, Margaret Roper. London 1960; ders., The Field is
Won. The Life and Death of St. Thomas More, London 1968; P. Berglar, Die Stunde des Thomas Mo-
rus, 1978.

1.   Im Palast des Erzbischofs Thomas Cranmer († 1556) von Canterbury zu Lambeth sollte More vor
den Beauftragten des Königs den Eid leisten.
2.   Sir Thomas Audeley († 1544).

123. Aus dem Gesetz vom Supremat des englischen Königs (3. November 1534)

Obgleich Seine Majestät der König nach Recht und Gesetz das Oberhaupt der Englischen Kirche [Churche of England] ist und sein soll und von der Geistlichkeit des
Reiches in ihren Kirchenversammlungen [convocacions] als solches anerkannt
worden ist, wird trotzdem zur Bestätigung und Bekräftigung dessen, zur Stärkung
des christlichen Glaubens im Königreich England und zur Beseitigung und Ausrottung aller Irrtümer, Irrlehren und anderen Schändlichkeiten und Mißbräuche,
die bislang hier üblich waren, kraft der Gewalt dieses Parlaments verfügt, daß unser höchster Herr und König, seine Erben und Nachfolger, die Könige dieses Reiches, als das alleinige Oberhaupt der Kirche von England, genannt Anglicana Ecclesia, betrachtet, gelten und angesehen werden. Zusammen mit der Krone des

Reiches sollen sie den Titel und darüber hinaus alle Ehren, Würden, Vorrechte, Sonderrechte, Vollmachten, Freiheiten und Vorteile besitzen und genießen, die zur Würde eines Oberhaupts dieser Kirche gehören . . . Unser genannter höchster Herr, seine Erben und Nachfolger, die Könige dieses Reiches, sollen die Macht haben, von Zeit zu Zeit alle derartigen Irrtümer, Irrlehren, Mißbräuche, Übeltaten, Mißachtungen und Schändlichkeiten, gleich welcher Art, zu untersuchen, einzuschränken, abzustellen, zu verbessern, zu ordnen, zu berichtigen, zu unterdrücken und abzuändern, wenn sie von einer geistlichen Obrigkeit oder Gerichtsbarkeit verbessert, eingeschränkt, geordnet, abgestellt, berichtigt, unterdrückt oder abgeändert werden können oder sollen – zum Wohlgefallen Gottes des Allmächtigen, zur Stärkung des christlichen Glaubens und zur Erhaltung von Frieden, Einigkeit und Ruhe in diesem Reich, ungeachtet aller entgegengesetzten Gewohnheiten und aller ausländischen Gesetze und Obrigkeiten [foreyne lawes, foreyne auctoryte].

Quelle: An Acte concernynge the Kyngs Highnes to be supreme heed of the Churche of Englande and to have auctoryte to refourme and redresse all errours heresyes and abuses yn the same. In: The Statutes of the Realm III, 1817, S. 492; übers. nach: H.J. Hillerbrand, Brennpunkte, S. 308. *– Literatur:* A. M. Ramsey, Doctrine in the Church of England, London 1938; J. E. Neale, The Elizabethan Acts of Supremacy and Uniformity, EHR 65, 1950, S. 303–332; P. Hughes, Reformation in England, 1–3, London 1951–1954; A. A. Pollard, Henry VIII, London 1952³; D. Knowles, Religious Orders in England, 3. The Tudor Age, Cambridge 1959; G. R. Elton, The Tudor Constitution. Documents and Commentary, Cambridge 1960; T. M. Parker, The English Reformation to 1558, London 1963⁴; P. G. Hughes – I. F. Larkin (Hg.), Tudor Royal Proclamations, 1, New Haven 1964; E. Jacobs – E. de Vitray (Hg.), Heinrich VIII. von England in Augenzeugenberichten, 1969; G. R. Elton, Studies in Tudor and Stuart politics and government. Papers and reviews 1946–1972, 1–2, London 1974; ders., Reform and Reformation. England 1509–1558. The New History of England, 2, London 1977; ders., England und die oberdeutsche Reform, ZKG 89, 1978, S. 3–11; B. W. Beckingsale, Thomas Cromwell. Tudor Minister, London 1978.

124. König Heinrich VIII.: Ansprache an das Parlament (November 1545)

Als Thomas Cromwell dem König gegenüber das Parlament von 1539 als das »most tractable Parliament« bezeichnete, entsprach das zwar dem Verhältnis von Krone und Volksvertretung, nicht aber einem Konsensus im Parlament selber. Bereits im folgenden Jahr (1540) fiel Cromwell jenem Streit der Fraktionen zum Opfer, der die religiösen Gegensätze der ganzen Nation widerspiegelte. Nicht erst für Elisabeth I., sondern bereits für die zweite Regierungsperiode Heinrich VIII. wurde somit die Aufrechterhaltung der Funktionsfähigkeit des Parlaments inmitten der Glaubensstreitigkeiten ein Staatsanliegen erster Ordnung.

Nun, da ich bei Euch solche Liebe zu mir vorfinde, kann ich nicht anders, als Euch auch meine Liebe und Güte zuzuwenden, mit der Beteuerung, daß in der ganzen Welt kein Herrscher seinen Untertanen besser geneigt ist als ich, ebenso wie keine Untertanen ihren Herrn besser lieben und ihm gehorsamer sind als Ihr. Für Euren Schutz soll mein Schatz nie versteckt sein, noch würde mein eigener Körper dem Wagnis entzogen werden, wenn es dazu käme.

Doch obwohl wir miteinander so in vollkommener Liebe und Eintracht leben, kann dieses gute Verhältnis nicht andauern, wenn Ihr, meine Herren vom weltlichen Stand, und Ihr, meine Herren der Geistlichkeit, und Ihr, meine treuen Untertanen, Euch nicht bemüht, das einzige, das nicht in Ordnung ist, zu verbessern, wozu ich Euch von Herzen auffordere: ich meine die gute Nächstenliebe, die bei Euch fehlt, denn Zwiespalt und Meinungsverschiedenheit herrschen überall. Der heilige Paulus sagt zu den Korinthern, im 13. Kapitel:»Die Liebe ist langmütig und freundlich, die Liebe eifert nicht, die Liebe treibt nicht Mutwillen« [1Kor 13,4]. . . Seht also, welche Liebe da bei Euch tätig ist, wenn die einen die anderen ›Ketzer und Wiedertäufer‹ heißen, und die anderen darauf mit ›Papisten, Heuchlern und Pharisäern‹ antworten. Sind dies die Zeichen der Liebe? Sind dies die Merkmale brüderlicher Freundschaft? Nein, nein, ich versichere Euch: dieser Mangel an Nächstenliebe wird das gute Verhältnis zwischen uns verhindern und verringern, es sei denn, dies wäre heil gemacht. Leider muß ich feststellen, daß Ihr an diesem Zwiespalt schuld seid, Ihr Priester und Prediger aus dem Klerus. Wenn ich nämlich weiß, ein Mann treibt Ehebruch, muß ich ihn notwendigerweise für einen fleischlich gesinnten Menschen halten; höre ich von einem, der prahlt und sich hochspielt, so muß ich schließen, er ist hochmütig. Und täglich sehe und höre ich, wie Ihr von der Geistlichkeit gegeneinander predigt – Ihr schimpft aufeinander ohne Milde oder Besonnenheit. Manche halten zu steif an ihrem alten »mumpsimus« fest; manche wieder treiben zu kräftig hinter dem neuen »sumpsimus«[1] her. Und so leben fast alle [Priester und Prediger] in Verschiedenheit und Widerspruch, und wenige nur predigen Gottes Wort wahr und treu, wie sie es tun sollten. Kann ich Euch also als liebend beurteilen? Nein, nein, das kann ich nicht. Weh uns, wie können die armen Seelen in der Einigkeit leben, wenn Ihr Geistlichen in Euren Predigten Zwietracht sät! Von Euch suchen sie das Licht und Ihr liefert ihnen die Dunkelheit. Verlaßt diese Abwege, so fordere ich Euch auf; zeigt an das Wort Gottes, sowohl in guter Predigt als auch im guten Beispiel, sonst werde ich, den Gott zu seinem Stellvertreter hier ernannt hat, dafür sorgen, daß diese Spaltungen beendigt und diese Verbrechen bestraft werden, wie es meine Pflicht ist. Sonst wäre ich ein unnützer Diener und falscher Amtsträger.

Quelle: E. Hall, Chronicle: or the Union of the Two Noble and Illustre Families of Lancaster and York, London 1809, S. 865–866. – *Literatur:* S. E. Lehmberg, The Reformation Parliament 1529–1536, Cambridge 1970; ders., The Later Parliaments of Henry VIII 1536–1547, Cambridge 1977.

1. Die Redewendung, die Heinrich hier verwendet, hat ihren Ursprung im Tractatus »De fructu qui ex doctrina percipitur« des Richard Pace (1517). Dort gebraucht der offensichtlich ungebildete Priester Pace – nunmehr Dekan an St. Paul – die Meßworte »quod in ore mumpsimus« anstelle des »sumpsimus«. Als man ihn darauf hinwies, antwortete Pace:»I will not change my old ›mumpsimus‹ for your new ›sumpsimus‹«. Vgl. S. E. Lehmberg, The Later Parliaments, S. 231.

125.   Das anglikanische Glaubensbekenntnis: Die 39 Artikel (1563)

Die von der Klerusversammlung im Jahre 1563 verabschiedeten 39 Glaubensartikel stellen eine Bearbeitung der Cranmerschen 42 Artikel von 1552 dar; 1571 wurden sie erneut bestätigt.

[Artikel]
8.   Die drei Glaubensbekenntnisse
Die drei Glaubensbekenntnisse, das nizänische, das des Athanasius und das, wel-

ches gewöhnlich das apostolische genannt wird, sind in allem anzunehmen und zu glauben; sie können nämlich mit den sichersten Zeugnissen der Schrift belegt werden.

10. Der freie Wille

Der Zustand des Menschen nach dem Falle Adams ist so, daß er sich durch seine natürlichen Kräfte und guten Werke zum Glauben und zur Anrufung Gottes nicht wenden und vorbereiten kann. Deshalb vermögen wir nichts, ohne daß die Gnade Gottes durch Christus uns zuvor anregt, daß wir wollen, und uns hilft, während wir wollen, zur Vollbringung frommer Werke, die Gott angenehm und wohlgefällig sind.

11. Die Rechtfertigung des Menschen

Nur wegen des Verdienstes unseres Herrn und Heilands Jesus Christus gelten wir als gerecht vor Gott durch den Glauben, nicht wegen unserer Werke und Verdienste. Deshalb ist die Lehre, daß wir nur durch den Glauben gerechtfertigt werden, höchst heilsam und trostvoll, wie in der Homilie[1] von der Rechtfertigung des Menschen auseinandergesetzt ist.

12. Die guten Werke

Die guten Werke, welche Früchte des Glaubens sind und den Gerechtfertigten folgen, sind, obgleich sie unsere Sünden nicht austilgen und vor der Strenge des göttlichen Gerichtes nicht bestehen können, doch Gott angenehm und in Christus wohlgefällig, und fließen notwendig aus einem wahren und lebendigen Glauben, so daß ganz auf gleiche Weise aus ihnen der lebendige Glaube erkannt wird, wie ein Baum nach seiner Frucht beurteilt werden kann.

19. Die Kirche

Die sichtbare Kirche Christi ist die Gemeinschaft der Gläubigen, in der das Wort Gottes rein verkündigt wird und die Sakramente . . . der Einsetzung gemäß recht verwaltet werden. Wie die Kirchen von Jerusalem, Alexandrien und Antiochien geirrt haben, so hat auch die römische Kirche geirrt, nicht nur in Betreff der Handlungen und Gebräuche der Zeremonien, sondern auch in dem, was man glauben soll.

20. Die Autorität der Kirche

Der Kirche ist es nicht erlaubt, irgend etwas anzuordnen, was dem Worte Gottes entgegensteht, und sie kann keine Stelle der Schrift so erklären, daß sie einer anderen widerspricht. Die Kirche vermag Zeugin und Bewahrerin der göttlichen Bücher zu sein, doch darf sie nichts gegen sie entscheiden und außer ihnen auch nichts zu glauben aufdrängen, als ob es zur Seligkeit notwendig wäre.

22. Das Fegefeuer

Die Lehre der Römischen vom Fegefeuer, vom Ablaß, von der Verehrung und Anbetung der Bilder und Reliquien sowie von der Anrufung der Heiligen, ist etwas Nichtiges und leere Erdichtung und beruht auf keinen Zeugnissen der Schrift, ja, sie widerspricht dem Worte Gottes.

25. Die Sakramente

Die von Christus eingesetzten Sakramente sind nicht allein Zeichen des Bekenntnisses der Christen, sondern vielmehr gewisse Zeugnisse und kräftige Zeichen der Gnade und der gütigen Gesinnung Gottes gegen uns, durch welche er unsichtbar selbst in uns wirkt und unsern Glauben an ihn nicht nur anregt, sondern auch festigt. Zwei Sakramente sind von Christus, unserem Herrn, im Evangelium eingesetzt, nämlich die Taufe und das Abendmahl. Die fünf, gewöhnlich so genannten ›Sakramente‹, nämlich Firmung, Buße, Priesterweihe, Ehe und Letzte Ölung, sind nicht für evangelische Sakramente zu halten, da sie teils aus einer verkehrten Nachahmung der Apostel geflossen sind, teils Stände des Lebens [Ehe- bzw. Priesterstand] sind, die zwar in der Schrift zugestanden werden, aber nicht die Charakteristika von Sakramenten mit Taufe und Herrenmahl gemein haben, da sie kein sichtbares Zeichen oder eine Zeremonie haben, die von Gott eingesetzt sind. Die Sakramente sind nicht dazu von Christus eingesetzt, daß sie geschaut oder umhergetragen werden, sondern damit wir sie recht gebrauchen sollen; und bei denen, die sie würdig empfangen, haben sie einen heilsamen Einfluß; jene aber, die sie unwürdig empfangen, bereiten sich selbst (wie Paulus sagt [1Kor 11,27–29]) die Verdammnis.

28.   Das Mahl des Herrn

Das Mahl des Herrn ist nicht ein bloßes Zeichen des gegenseitigen Wohlwollens der Christen unter sich, sondern vielmehr ist es das Sakrament unserer Erlösung durch den Tod Christi. Und so ist denen, die es richtig, würdig und mit Glauben empfangen, das Brot, das wir brechen, die Gemeinschaft des Leibes Christi; ebenso ist der gesegnete Kelch die Gemeinschaft des Blutes Christi [1Kor 10,16]. Die Verwandlung des Brotes und Weines im Abendmahle kann aus der Heiligen Schrift nicht bewiesen werden, sondern ist den deutlichen Worten der Schrift zuwider, verkehrt das Wesen des Sakraments und hat zu vielem Aberglauben Anlaß gegeben. Der Leib Christi wird gegeben, empfangen und gegessen im Abendmahle, aber in himmlischer und geistiger Weise. Das Mittel, durch welches der Leib Christi im Abendmahle empfangen und gegessen wird, ist der Glaube. Das Sakrament des Abendmahls wird nach der Anordnung Christi nicht aufbewahrt, umhergetragen, in die Höhe gehoben und angebetet.

30.   Über beiderlei Gestalt

Der Kelch des Herrn ist den Laien nicht zu verweigern, denn beide Teile des Sakraments des Herrn müssen nach der Anordnung und Vorschrift Christi allen Christen gleich erteilt werden.

32.   Die Ehe der Priester

Den Bischöfen, Presbytern und Diakonen ist es durch keinen göttlichen Befehl vorgeschrieben, daß sie entweder Ehelosigkeit geloben oder sich der Ehe enthalten sollen. Es ist daher auch ihnen – wie allen übrigen Christen – erlaubt, wo es nach ihrem Befinden mehr zur Frömmigkeit beiträgt, nach ihrem Gutdünken zu heiraten.

34.   Die kirchliche Tradition

Es ist im allgemeinen nicht notwendig, daß überall dieselben Traditionen und Zeremonien oder ganz ähnliche stattfinden. Wie sie nämlich immer mannigfaltig gewesen sind, so können sie auch nach Verschiedenheit der Gegenden, Zeiten und Sitten verändert werden, wenn nur nichts gegen Gottes Wort angeordnet wird. Wer die kirchlichen Traditionen und Zeremonien, die dem Worte Gottes nicht widersprechen und von der öffentlichen Autorität angeordnet und bestätigt sind, nach eigenem Willen tatsächlich und bewußt öffentlich verletzt, der ist – wie einer, der sich an der öffentlichen Kirchenordnung vergreift und die Autorität der Obrigkeit verletzt und die Gewissen der schwachen Brüder verwundet – öffentlich zu bestrafen, damit die übrigen abgeschreckt werden. Jede besondere [Kirche] oder Landeskirche hat die Vollmacht, Zeremonien oder kirchliche Gebräuche, die nur durch menschliche Autorität angeordnet sind, abzuändern, zu verändern und abzuschaffen, wenn nur alles zur Erbauung geschieht.

Quelle: Die Artikel der anglikanischen Kirche von 1552 und 1562, in: BSRK, S. 505–522; übers. nach: Die Bekenntnisschriften der evangelisch-reformierten Kirche, hg. von E. G. A. Böckel, 1847, S. 666–678.

1. 1547 bzw. 1574 wurden zwei Bände Homilien offiziell herausgegeben zur Einprägung der evangelischen Lehre und der neuen kirchlichen Gebräuche. Die Titel der einzelnen Homilien sind in Art. 35 genannt; vgl. BSRK, S. 518–519.

126. Die erste Ermahnung an das Parlament (1571)

Der konsequent evangelische Reformationsflügel wollte in voller Loyalität der Krone gegenüber die englische Staatskirche zu einer nach Gottes Wort reformierten Glaubensgemeinschaft umgestalten. Mit gezielten Veröffentlichungen wurde versucht, auf Parlamentsentscheidungen einzuwirken. Zu diesen Veröffentlichungen sind auch zwei »Admonitions to the Parliament« zu rechnen, deren erste hier abgedruckt ist (die ›Ermahnung‹ stellt also keine Rede dar!).

In England sind wir so weit davon entfernt, eine wahrlich nach Gottes Wort reformierte Kirche zu haben, daß wir noch nicht einmal das äußere Antlitz davon besitzen. Zum Beweis erwähnen wir manches, worin alle übereinstimmen. Die äußeren Zeichen einer echten christlichen Kirche sind diese: die reine Predigt des Wortes, die richtige, stiftungsgemäße Darreichung der Sakramente und eine Kirchenordnung, die in Ermahnung und durchgreifender Besserung der Sitten besteht. Was das erste angeht, nämlich die Predigt des Wortes, geben wir zu, daß die Substanz der von vielen dargebotenen Lehre richtig und gut ist. Doch schlägt sie darin fehl, daß weder die dabei Tätigen nach Gottes Wort geprüft, gewählt, berufen oder ordiniert sind, noch ihre Tätigkeit so genau beurteilt wird, wie es nach Recht und Notwendigkeit der Fall sein sollte. In der frühen Kirche hat man ihre Lehrfähigkeit wie auch ihren gottesfürchtigen Lebenswandel streng geprüft. Heutzutage genügt schon ein gutes Wort von irgend jemandem – adelig oder nicht, gebildet oder ungebildet –, so daß selbst die verwerflichsten Leute als Pastoren eingesetzt werden, zum Schaden des Evangeliums und zur Freude der Gegner. In der Frühzeit wurden keine abergläubischen Opfervollzieher oder Heidenpriester als Prediger des Evangeliums angestellt; doch wir dulden papistische Meßpriester, Leute ›aller Jahreszeiten‹, nämlich König-Heinrich-Priester, König-Eduard-Priester, Königin-Maria-Priester, die doch alle, wenn das Wort Gottes genau befolgt würde, ohne weiteres zu entfernen wären. Damals unterrichteten sie andere; heute müssen sie selbst belehrt werden und den Katechismus wie kleine Kinder lernen. Damals erfolgte die Wahl nach dem Konsensus der ganzen Kirche; heute sucht sich jeder eine gute Pfründe und kauft auf irgendeine Art das Patronatsrecht – und dann hält er sich für rechtens gewählt. Damals hatte die Gemeinde das Recht, den Pastoren zu berufen; statt dessen laufen und reiten sie heute herum mit ihren ungerechten Ansuchen und Ankäufen und stehen dazu anderen im Wege. Damals gab es keine Gemeinde, in der der Pastor nicht vom Volke bestätigt war; heute erhält er seine Autorität nur aus der Hand des Bischofs, der aus eigener Machtvollkommenheit der Gemeinde jemanden aufdrängt, den sie wegen seines Lebenswandels oder seines Mangels an Wissen oft mit Recht mißbilligt . . . Damals hatte jeder Pastor seine Herde und jede Herde ihren Hirten (sogar mehr als einen); heute laufen sie von Ort zu Ort – eine schreckliche Unordnung in der Kir-

che Gottes – und häufen Pfründe auf Pfründe; sie machen dem Gewissen elend zu
schaffen, und obwohl sie immer nur ein einziger Hirte sind (und gebe Gott, sie wären Hirten und nicht Wölfe), halten sie doch mehrere Herden. Damals waren die
Geistlichen Prediger; heute können sie kaum vorlesen. Und falls sie bereit sind, zu
predigen, ist das ohne bischöfliche Lizenz nicht erlaubt. Damals erkannte man sie
an ihrem Wort, an ihrer Kenntnis und Lehre; heute kann man sie nur noch an ihren papistischen und antichristlichen Gewändern erkennen.

Quelle: W. H. Frere – C. E. Douglas (Hg.), Puritan Manifestoes, London 1907. Neudruck New York
1972, S. 9–11. – *Literatur:* G. R. Elton (Hg.), The Tudor Constitution. Documents and Commentary,
Cambridge 1960, S. 432–450.

127. Richard Hooker: Von den Gesetzen des Kirchenregiments (1594/97)

Richard Hooker (ca. 1554–1600), erst seit dem 17. Jh. als herausragende Gestalt des Anglikanismus
anerkannt, hat das Selbstverständnis der Ecclesia Anglicana nachhaltig geprägt. Sein Hauptwerk ›Of
the Laws of Ecclesiastical Polity‹ (1594, 1597 und ab Buch VI erst 1648 veröffentlicht) ist als Apologie
und theologische Basis zur elisabethanischen Kirchenordnung zu verstehen. Einerseits hebt Hooker
darin die Unterscheidungsmerkmale der anglikanischen Kirche gegenüber der Ecclesia Romana hervor,
andererseits verteidigt er die anglikanische Kirche gegen ›puritanische‹ Tendenzen, die ihm in Walter
Travers (ca. 1548–1635) und Thomas Cartwright (1535–1603) – dem Vater des englischen Presbyte-
rianismus – gegenübertraten.

a) Die Heilige Schrift

Es gibt deshalb zwei Meinungen über die Suffizienz der Heiligen Schrift; sie widersprechen einander sehr und sind beide mit der Wahrheit unverträglich.
Die Schulen von Rom lehren, die Schrift sei so unzulänglich, daß sie, außer durch
Hinzufügung von Traditionen, nicht alle offenbarte und übernatürliche Wahrheit
enthält, die von den Menschen in diesem Leben unbedingt gewußt werden muß,
damit sie im nächsten Leben gerettet werden können.
Andere, indem sie diese Meinung gerade verurteilen, fallen gleichermaßen in ein
gefährliches Extrem; [sie sagen] nämlich, daß die Schrift nicht nur alles in diesem
Sinne [nämlich der Rettung des Menschen] Notwendige enthalte, sondern alles
schlechthin und zwar so, daß alles, was nach einem anderen Gesetz getan wird,
nicht nur unnötig, sondern der Erlösung abträglich, ja sogar ungesetzlich und
sündhaft sei.
Was immer von Gott gesagt wird oder von Dingen, die zu Gott gehören, und der
Wahrheit nicht entspricht, ist Beleidigung, auch wenn es Verehrung zu sein
scheint. Und wie den Menschen gegebenes unglaubwürdiges Lob oft die Glaubhaf-
tigkeit eines verdienten Lobes verringert und schwächt, so müssen wir darauf acht
geben, daß nicht durch Hinzufügungen zur Schrift, die diese gar nicht beinhaltet,
der tatsächliche Inhalt der Schrift unglaubwürdig gemacht und sie weniger geachtet wird.
Damit überlasse ich es ihnen selbst, zu entscheiden, ob sie in diesem Punkt zu weit
gegangen sind oder nicht . . .

Quelle: Richard Hooker, Of the Laws of Ecclesiastical Polity, Books 1–5, London 1594–1597. Aus dem
Nachlaß vervollständigt von J. Gauden, London 1662 (1807⁹); ed. in 3 Bänden von J. Keble, Oxford

1836 (7. Auflage von R. W. Church – W. Paget 1888); Buch II.8[,7] = Keble 1, S. 423. – *Literatur:* s. bei Text e.

b) Opfer

. . . Auch wenn Gott das Opfer jetzt haßt, sei es heidnisch oder jüdisch, so daß wir es nicht ohne Gottlosigkeit vollziehen können, so hoffe ich doch, es mögen, wenn nichts anderes davon abhalten sollte, als die Tatsache, daß das Gesetz Moses abgeschafft ist, dieselben Bezeichnungen beibehalten werden . . . Und so sehen wir denn in allen Schriften der alten Väter diese Ausdrücke fortwährend im Gebrauch, mit dem einzigen Unterschied, daß, während sie vorher einen buchstäblichen Sinn hatten, sie nun im metaphorischen Sinn gebraucht werden. So sind es für uns viele Erinnerungszeichen dafür, daß das, was sie im Buchstaben bedeuten, nun erfüllt ist in der Wahrheit.

Quelle: a.a.O., Buch IV.11[,10] = Keble 1, S. 583. – *Literatur:* s. bei Text e.

c) Teilhabe an Christus

. . . Aber wir sind in Gott nur seit der Zeit unserer tatsächlichen Aufnahme [actual adoption] in den Leib seiner wahren Kirche, nämlich die Gemeinschaft seiner Kinder. Denn er kennt und liebt seine Kirche, so daß die, die in ihr sind, daher als in ihm [Lebende] erkannt werden . . . Weil wir in Wirklichkeit am Leib der Sünde und des Todes teilhaben, welcher uns von Adam überkommen ist, so ist, ausgenommen wir haben wahrhaftig an Christus teil und sind wirklich mit seinem Geist erfüllt, alles, was wir vom ewigen Leben sagen, nur ein Traum . . . Wir haben teil an Christus einerseits vermittels Zurechnung [imputation], insofern das, was er tat und litt, uns zugerechnet wird [Jes 53,5; Eph 1,7], andererseits durch fortwährende [habitual] und wirksame [real] Einflößung, insofern uns die Gnade innerlich dargereicht wird, während wir auf Erden sind, und dereinst unsere Seele als auch unser Leib dem seinen in Herrlichkeit gänzlich gleichgemacht wird. Das erste, was dabei von ihm in diesem Leben in unser Herz ausgegossen wird, ist der Geist Christi [Röm 8,9; Gal 4,6].

Quelle: a.a.O., Buch V.56[,7; 11] = Keble 2, S. 318f.324. – *Literatur:* s. bei Text e.

d) Sakramente

. . . Sie enthalten nicht in sich selbst Kraft und Wirksamkeit [contain in themselves no vital force or efficacy], sie sind nicht physische, sondern moralische Werkzeuge des Heils, die, falls wir sie nicht so gebrauchen, wie der Urheber der Gnade es fordert, überhaupt nichts nützen. Denn nicht alle empfangen die Gnade Gottes, welche die Sakramente seiner Gnade empfangen . . . Die aber die Gnade durch die Sakramente oder mit ihnen empfangen, die empfangen sie von Ihm und nicht von den Sakramenten.

Quelle: a.a.O., Buch V.57[,4] = Keble 2, S. 329. – *Literatur:* s. bei Text e.

e) Abendmahl

. . . Es bleibt nun nichts anderes ungewiß [doubtful] als dies, ob, wenn das Sakrament ausgeteilt wird, Christus einzig und allein innerhalb des Menschen sei [whole within man only], oder ob sein Leib und sein Blut auch äußerlich vorhanden seien in den konsekrierten Elementen selbst; die, welche diese Meinung ver-

teidigen, müssen entweder Christus mit den Elementen vereinigen [consubstan-tiate] oder ihn ihnen einverleiben [incorporate], oder deren Substanz verändern [transsubstantiate] und in die seinige verwandeln . . . Ich wünsche mir, daß die Menschen sich mehr der andachtsvollen Betrachtung dessen, was wir durch das Sakrament empfangen, hingeben möchten, und weniger streiten über die Art, wie es denn geschieht . . . Neugierige und verwickelte Spekulationen hindern, lö-schen und ersticken das Feuer der Wonne und Freude, welches göttliche und in be-sonderer Weise gegenwärtige Gnaden erweckt . . . Diese himmlische Nahrung ist gegeben, um unsere leeren Seelen zu befriedigen und nicht um unseren neugieri-gen und spitzfindigen Verstand zu üben . . .
Möge der Apostel des Herrn [Paulus] sein Ausleger sein, und begnügen wir uns mit seiner Erklärung: Mein Leib, ›die Gemeinschaft meines Leibes‹, mein Blut, ›die Gemeinschaft meines Blutes‹ [1Kor 10,16] . . . Ich sehe nicht, in welcher Weise aus den Worten Christi erschlossen werden sollte, wann und wo das Brot sein Leib und der Kelch sein Blut sei, als allein in dem Herzen und der Seele eben dessen, der jene [Elemente] empfängt . . .
Was diese Elemente in sich selbst sind, darauf kommt es nicht an: es ist genug, daß sie für mich, der ich sie annehme, der Leib und das Blut Christi sind, seine Verhei-ßung in dem Zeugnis dafür genügt, er weiß, in welcher Weise er sein Wort erfül-len wird. Warum sollte irgendein anderer Gedanke das Gemüt eines gläubigen Kommunikanten erfüllen, als dieser:»O mein Gott, Du bist treu; o meine Seele, du bist reich beschenkt!«

Quelle: a.a.O., Buch V.67[,2–6; 12] = Keble 2, S. 445–450; 462. – *Literatur:* A. S. McGrade – B. Vickers (Hg.), Richard Hooker. Of the Laws of Ecclesiastical Polity. An Abridged Edition, London 1975; P. Schütz, Richard Hooker. – Der grundlegende Theologe des Anglikanismus. Eine Monogra-phie zur Reformationsgeschichte Englands und zu den Anfängen der Aufklärung, 1952; M. Schmidt, Die Rechtfertigungslehre bei Richard Hooker, in: Geist und Geschichte der Reformation. Festgabe H. Rückert zum 65. Geburtstag, AKG 38, 1966, S. 377–396; W. S. Hill (Hg.), Studies in Richard Hooker. Essays Preliminary to an Edition of His Works, Cleveland – London 1972.

128. König Heinrich IV.: Edikt von Nantes[1] (13. April 1598)

Die reformatorische Bewegung in Frankreich erfreute sich trotz Ablehnung von seiten des Königs be-reits in den zwanziger Jahren eines guten Erfolges. Unter dem Einfluß Calvins (vgl. Nr. 91,115–118) wurde eine Reihe reformierter Gemeinden gegründet. Die erste reformierte Nationalsynode konnte 1559 in der Hauptstadt Paris stattfinden; hier wurde das von Calvin übersandte Glaubensbekenntnis als »Confessio Gallicana«[2] angenommen. Seit 1562 gab es blutige Auseinandersetzungen zwischen Ka-tholiken und Hugenotten, die ihren schrecklichen Höhepunkt in der Bartholomäusnacht (23./24. Au-gust 1572) erreichten: Der Ermordung von mehr als 4000 Protestanten in Paris folgten bald weitere Pogrome in der Provinz. Papst Gregor XIII. (1572–1585) ließ bei Bekanntwerden des Massakers von Paris ein Tedeum singen und eine Gedenkmünze prägen; dem französischen Protestantismus war ein entscheidender Schlag versetzt. Dies geschah zu einem Zeitpunkt, als Rom damit rechnen mußte, daß Frankreich England folgen würde in der Etablierung einer eigenen Landeskirche. Erst Heinrich von Navarra, zunächst Führer der Hugenotten, dann zum Katholizismus konvertiert –›Paris ist eine Messe wert‹ –, erklärte als König Heinrich IV. (1589–1610) am 13. April 1598 den römischen Katholizismus zur Staatsreligion, räumte aber der reformierten Kirche weitreichende Freiheiten ein.
König Ludwig XIV. (1643–1715) hob diese Zugeständnisse im Edikt von Fontainebleau am 18. Oktober 1685 wieder auf (s. Bd. IV,1 Nr. 20).

6.   Um gar keine Gelegenheit zu Unruhen und Streitigkeiten zwischen Unseren Untertanen zu lassen, so haben Wir erlaubt und erlauben denen von der besagten vorgeblich reformierten Religion, in allen Städten und Ortschaften Unseres Königreichs und den Unserer Herrschaft unterworfenen Ländern zu wohnen und zu leben, ohne daß sie belangt, geplagt, bedrängt oder in Hinsicht der Religion zu irgendeiner Handlung gegen ihr Gewissen genötigt, noch aus Anlaß derselben in den Häusern und Orten, in denen sie nach ihrer Wahl wohnen, aufgesucht werden dürfen, wenn sie sich im übrigen so betragen, wie in diesem Edikte vorgesehen ist.

18.   Wir verbieten auch allen Unseren Untertanen, in welchem Stande und welcher Stellung sie leben[3], mit Gewalt oder durch Verleitung gegen den Willen ihrer Eltern die Kinder der besagten Religion zu verschleppen, um sie in der katholischen, apostolischen und römischen Kirche taufen oder firmen zu lassen[4]; wie auch dieselben Verbote denen von der besagten vorgeblich reformierten Religion gegeben sind. Das alles bei exemplarischer Strafe.

19.   Die von der genannten vorgeblich reformierten Religion sollen durchaus zu nichts gezwungen werden, noch sollen sie gebunden bleiben wegen der Abschwörungen, Versprechen und Schwüre, die sie etwa früher geleistet, oder der Bürgschaften, die sie inbetreff der besagten Religion gestellt haben. Sie sollen deswegen in keiner irgend erdenklichen Weise belästigt oder behelligt werden dürfen.

20.   Auch sollen sie gehalten sein, die in der katholischen, apostolischen und römischen Kirche gefeierten Feste zu beachten und zu halten, und an den Tagen derselben weder Geschäfte treiben, verkaufen, noch Waren in offenen Läden ausstellen dürfen[5], noch gleicherweise die Handwerker außerhalb ihrer Läden und in geschlossenen Zimmern oder Häusern an den genannten Festtagen und anderen verbotenen Tagen in irgend einem Handwerke arbeiten, dessen Geräusch draußen von den Vorübergehenden oder den Nachbarn gehört werden könnte. Indes darf die Nachforschung darnach nur durch die Justizbeamten geschehen.

21.   Die besagte vorgeblich reformierte Religion betreffenden Bücher dürfen nur in den Städten und Orten gedruckt und öffentlich verkauft werden, wo die öffentliche Ausübung der besagten Religion erlaubt ist. Was die anderen Bücher, die in anderen Städten gedruckt werden, betrifft, so sollen sie sowohl durch Unsere Beamten als durch die Theologen durchgesehen und geprüft werden, wie es durch Unsere Anordnungen befohlen ist. Wir verbieten ausdrücklich Druck, Veröffentlichung und Verkauf aller schmähenden Bücher, Flugblätter und verleumderischen Schriften bei den Strafen, die in Unseren Bestimmungen festgesetzt sind: schärfen auch allen Unseren Richtern und Beamten hiermit ein, streng auf diesen Punkt zu achten[6].

22.   Wir befehlen, daß inbetreff der besagten Religion kein Unterschied und keine Sonderung gemacht werde bei Aufnahme der Schüler zum Unterricht an den Universitäten, Kollegien und Schulen, noch der Kranken und Armen in den Hospitälern, Krankenhäusern und bei öffentlichen Almosen.

23.   Die von der besagten vorgeblich reformierten Religion sollen gehalten sein, die in diesem Unserem Königreiche angenommenen Gesetze der katholischen, apostolischen und römischen Kirche über die abgeschlossenen und noch abzuschließenden Ehen bezüglich der Grade der Blutsverwandtschaft und Verschwägerung zu beachten.

24.   Gleicherweise sollen die von der besagten Religion die Eintrittsgebühren, wie es üblich ist, zu den Ämtern und Würden, mit denen sie betraut werden, bezahlen, ohne aber gezwungen zu werden, an irgendwelchen Feierlichkeiten teil-

zunehmen, die ihrer Religion entgegenstehen. Werden sie zum Eide aufgerufen, so sollen sie nur gehalten sein, ihn in der Weise zu leisten, daß sie die Hand erheben, schwören und zu Gott versprechen, daß sie die Wahrheit sagen werden; sie sollen auch nicht gehalten sein, Entbindung von dem durch sie geleisteten Eide nachzusuchen, wenn sie Verträge und Verpflichtungen lösen.

25.   Wir wollen und befehlen, daß alle die von der besagten vorgeblich reformierten Religion und alle, welche ihrer Partei gefolgt sind, wes Standes, Eigenschaft und Stellung sie seien, auf allen rechtmäßigen und zweckmäßigen Wegen und bei den Strafen, die in den hierüber erlassenen Edikten enthalten sind, gehalten und gezwungen werden sollen, den Ortspfarrern und anderen Geistlichen und allen anderen, denen sie zukommen, die Zehnten zu bezahlen und zu entrichten nach Gebrauch und Herkommen der einzelnen Ortschaften.

Quelle: E. Walder (Hg.), Religionsvergleiche des 16. Jahrhunderts, 2, QNG 8, 1974³, S. 18.21–23 (urspr. Fassung d. Edikts v. Nantes 1598 mit Abweichungen der Zweitfassung von 1599 in Anm.); übers. nach: E. Mengin (Hg.), Das Edikt von Nantes. Das Edikt von Fontainebleau, 1963, S. 25.29–30 (2. Fassung des Edikts v. Nantes 1599 mit Verweisen auf die ursprüngl. Fassung von 1598). – *Literatur:* J. Faurey, Henry IV et l'édit de Nantes, 1903; ders., L'édit de Nantes et la question de la tolérance, 1929; P. Imbart de la Tour. Les origines de la Réforme IV: Calvin et l'Institution chrétienne, 1935; übers.: Calvin, der Mensch – die Kirche – die Zeit, 1936; R. Nürnberger, Die Politisierung des französischen Protestantismus, 1948; E. I. Perry, From Theology to History: French Religious Controversy and the Revocation of the Edict of Nantes, AIHI 67, 1973.

1.   Das Edikt von Nantes liegt in zwei Fassungen vor: 1. die ursprüngliche Fassung, wie sie zwischen Heinrich IV. und den hugenottischen Vertretern im April 1598 vereinbart wurde, und 2. die am 25. Februar 1599 vom Pariser Parlament anerkannte Fassung.

2.   Vgl. BSKORK, S. 66–79; dt. P. Jacobs (Hg.), Reformierte Bekenntnisschriften und Kirchenordnungen, 1949, S. 111–126.

3.   Die ursprüngliche Fassung des Edikts vom April 1598 hat hier noch folgenden Passus eingefügt: »die Kinder, die etwa in der besagten vorgeblich reformierten Religion getauft sind, nochmals zu taufen oder nochmals taufen zu lassen, wie auch mit Gewalt« etc.

4.   Der hier folgende Nebensatz »wie auch . . . gegeben sind« fehlt in der ursprünglichen Fassung von 1598.

5.   Der Rest des Artikels fehlt in der ursprünglichen Fassung von 1598.

6.   Der 21. Artikel heißt in der ursprünglichen Fassung von 1598: »Es dürfen in Unserem besagten Königreiche, Ländern, Gebieten und Herrschaften Unserer Botmäßigkeit keine Bücher verkauft werden, ohne zuvor von Unseren Ortsbeamten eingesehen zu sein, ausgenommen die Bücher, welche die besagte vorgeblich reformierte Religion betreffen, deren Untersuchung und Beurteilung den hiernächst zur Aburteilung der Prozesse derer von der besagten Religion angeforderten Kammern zustehen soll. Bei diesen soll nicht nachgeforscht werden wegen der Bücher, die sie im Gebrauch haben oder ihres Drucks und Verkaufs, als wenn sie von den besagten Kammern verboten sind. Wir verbieten aber dabei ganz ausdrücklich den Druck, die Herausgabe und den Verkauf aller ihrer Schmähblätter und -Schriften; bei den in Unseren Ordnungen enthaltenen Strafen! Auch schärfen Wir allen Unseren Richtern und Beamten ein, streng hierüber zu halten.«

129. Johann Arndt: Vom wahren Christentum (1605–10)

Durch die Veröffentlichung des Erbauungs- und Volksbuches »Vom wahren Christentum« (1. Buch 1605, 4 Bücher 1610) und in kaum geringerem Maße durch sein »Paradiesgärtlein aller christlicher Tugenden« (1612) wurde Johann Arndt (1555–1621) zum Vater des Deutschen Pietismus. Von Philipp

Jakob Spener (»Pia Desideria«, 1675; vgl. Bd. IV,1 Nr. 14) mit Luther in einem Atem genannt, wird Arndt auch in der heutigen Forschung eine Luthertreue bescheinigt, der alles daran gelegen war, die reformatorische Entdeckung (vgl. Nr. 101), welche im Konflikt der Konfessionen als Doktrin zu erstikken drohte, als erfahrbares Glaubensfundament darzustellen. Um den Glaubensweg von Bekehrung und Wiedergeburt zur Heiligung als innigen Umgang mit Gott darzustellen und zu vermitteln, griff er freimütig auf mittelalterlich mystische Traditionen zurück (Text a; vgl. auch Nr. 86); diese prägen unter dem Einfluß der reformatorischen Rechtfertigungslehre auch seine Gebete (Text b) und bezeugen den Glauben eben als Vertrauen in Gottes Gnadenwirken. In späteren Arndteditionen wurde ein Lied (Text c) hinzugefügt, welches zwar einer anderen Quelle entstammt[1], aber gerade die nicht-akademische Ausstrahlung Arndts dokumentiert.

a) Die Wohnung Gottes in der Seele

Hohelied 5,17: Wo ist dein Freund hingegangen, o du Schönste unter den Weibern?

Unser Freund ist allezeit bei uns; aber Er lässet sich nicht allezeit merken, außer wenn das Herz stille ist, wenn alle Sinne hineingekehrt, zur Ruhe gebracht und in Gott gesammelt sind. Wenn im Verstand kein irdisch Ding [mehr] scheinet, sondern die tierische Weisheit untergegangen ist und in eine Nacht oder göttliche Finsternis verwandelt ist, so gehet dann das göttliche Licht auf und gibt einen Blick und Strahl von sich und scheinet in der Finsternis. Das ist das Dunkel, darin der Herr wohnet, und die Nacht, in welcher der Wille schläft und mit Gott vereiniget ist, darin das Gedächtnis vergessen hat der Welt und der Zeit. So beweget alsdann in einem Augenblick das göttliche Licht den Verstand, die himmlische Begierde den Willen und die ewige Freude das Gedächtnis, und es kann's doch weder Verstand, Wille oder Gedächtnis begreifen noch behalten; denn es bleibet nicht in den Kräften der Seele, sondern ist verborgen im innersten Grund und Wesen der Seele. Es kann aber wohl erwecket werden durchs Wort, daß wir im Herzen rufen mit der heiligen Monika[2]: »Lasset uns wegfliegen, lasset uns wegfliegen zur ewigen Freude!« Daher kommen alle Seufzer der Heiligen, die auch unaussprechlich sind . . .

Quelle: Johann Arnd's sechs Bücher vom wahren Christentum nebst dessen Paradiesgärtlein, 1930, S. 463f. – *Literatur:* s. bei Text c.

b) Gebet um Gottes gnädige Gegenwart in der Seele

Ewiger, getreuer Heiland, es ist ja Deine Liebe gegen die Seelen, die Dich aufrichtig suchen, so groß, daß Du Dich ihnen nicht verbergen kannst. Du besuchest sie, machest sie trunken von den reichen Gütern Deines Hauses und tränkest sie mit Wollust, als mit einem Strom; Deine Linke ist unter ihrem Haupte und Deine Rechte herzet sie. Wir sind aber leider solcher Art, daß wir entweder uns dieser Gnade leicht überheben, unsern Nächsten neben uns verachten, oder auch wohl dabei sicher und unvorsichtig werden; so entziehest Du zu unserer Demütigung Deinen Gnadenschein und Empfindung uns eine Weile, da denn Finsternis und Unempfindlichkeit unsere Seele überfällt. Du gibest uns einen Pfahl ins Fleisch, ja, Du lässest wohl gar einen Satansengel wider uns los, auf daß wir lernen Deine Gnade in Demut suchen. Ich schreibe Dir nicht vor, o Herr, wie Du mich führen sollst; dies aber bitte ich Dich: erwecke in mir ein herzlich Verlangen und Sehnen nach Dir, und dann stille dasselbe wieder mit Dir selbst und Deiner Gnadengegenwart. Ich weiß, ich bin hier noch in der Wüste, da die Früchte des gelobten Landes gar sparsam gefunden werden; ich gönne auch gerne, daß andere derselben häufiger genießen. Gib nur mir, so lange ich hier walle, so viel als mich aufmuntern kann, den Verdruß dieses Weges und Kampfes zu überwinden, und versichere mich, daß ich ein Miterbe des gelobten Landes sei, da wir werden ernten ohne Aufhören. Vor allem verleihe mir, Dich in wahrem Glauben zu fassen und Dir in herzlichem Gehorsam zu dienen, so wird mir hier kein Gutes mangeln und Du wirst mich endlich dahin führen, da ich in unverwechselter Genießung sagen werde: »Hier ist gut sein.« Dahin verhilf mir um Deines Todes willen, o Jesu. Amen.

Quelle: a.a.O., S. 465. – *Literatur:* s. bei Text c.

c) Lied über die Worte des Hohenlieds: Kap. 7,11.12
Komm, mein Freund, laß uns aufs Feld hinausgehen und auf den Dörfern bleiben, da will ich dir meine Brüste geben.

Ach was mach ich in den Städten,
Da nur List und Unruh ist?
Liebster Freund, komm, laß uns treten
Auf das Feld, da ohne List,
Ohne Sorgen, Müh und Pein
Wir im Lieben können sein.
. . .
Sollt ich deinen Kuß empfangen
In der Stadt für jedermann,
Und an deinen Lippen hangen,
Daß mein Feind es schaue an,
Würde meine Liebespein
Nur genannt ein Heuchlerschein.

Fleisch und Blut hat nie erfahren,
Wie der Herr so freundlich ist;
Sehen denn die Lästrer-Scharen,
Daß man geistlich trunken ist,
Aus dem Strom der Wollustpracht,
So wird alles nur veracht'.

Wie ein Bräut'gam pflegt zu küssen
Im Verborgnen seine Braut,
Läßt es niemand gerne wissen,
Wenn er ihr sein Herz vertraut:
So gibst du, wenn wir allein,
Deiner Brüste süßen Wein.

Wenn mich Deine Liebesflammen,
Süßer Jesu zünden an,
Wenn Du Leib und Seel zusammen
Führest auf den Wollustplan,
So bricht alles, was in mir,
Wie ein voller Strom herfür.
. . .

Quelle: a.a.O., S. 465f. –*Literatur:* W. Koepp, Johann Arndt. Eine Untersuchung über die Mystik im Luthertum, 1912; H.-J. Schwager, Johann Arndts Bemühen um die rechte Gestaltung des Neuen Lebens der Gläubigen, 1961; J. Wallmann, Philipp Jakob Spener und die Anfänge des Pietismus, 1970; ders., Reformation. Orthodoxie. Pietismus, JGNKG 70, 1972, S. 179–200; M. Greschat, Zur neueren Pietismusforschung. Ein Literaturbericht, JVWKG 65, 1972, S. 220–268; ders. (Hg.), Zur neueren Pietismusforschung, WdF 440, 1977; M. Brecht, Philipp Jakob Spener und das Wahre Christentum, in: Pietismus und Neuzeit, hg. von F. de Boor u.a., 4, 1977/78, S. 119–154.

1.   Aus Heinrich Müllers (1611–1675) »Geistlicher Seelenmusik«. Frankfurt 1659; vgl. A. Ritschl, Geschichte des Pietismus 2, 1884, S. 44 Anm. 1.
2.   Monika oder Munnika, geb. 332 in Tagaste, gest. 387 in Ostia; Mutter des A. Augustinus (s. Bd. I Nr. 91).

130. Die Synode von Dordrecht (13. November 1618 –
29. Mai 1619)

Angesichts der dogmatischen Streitigkeiten zwischen Remonstranten[1] – nach ihrem führenden Theologen Jacobus Arminius (1560–1609) auch »Arminianer« genannt – und den Kontraremonstranten –
nach Franciscus Gomarus (1563–1641) auch »Gomaristen« –, mit denen politisch-soziale Gegensätze
einhergingen, wurde von den Generalstaaten gegen die Stimme Hollands, Utrechts und Overijssels
eine Synode nach Dordrecht (Süd-Holland) berufen. Sie wurde eine Generalsynode der ev.-reformier-
ten Kirchen Europas. Pfalz, Nassau, Hessen, Ostfriesland, Bremen, Schweiz, England und Schottland
waren vertreten. Die französischen Protestanten, denen König Ludwig XIII. (1601–1643) die Beschik-
kung untersagte, bezeugten durch ein theologisches Gutachten lebhaften Anteil (s. zur Reformation in
Frankreich Einleitung zu Nr. 128). Die vorgeladenen Remonstranten mußten ihren Standpunkt
schriftlich verantworten und wurden schließlich verurteilt. Etwa 200 remonstrantische Prediger wurden daraufhin abgesetzt. Im Mittelpunkt des Streits stand die Prädestinationslehre: Den Dordrechter
Vätern lag alles an der Verdeutlichung der Souveränität Gottes (Text a), während für die Remonstranten die Aufrechterhaltung der menschlichen Verantwortlichkeit ein zentrales Anliegen war (Text b);
dies wurde von der Synode als pelagianisch verworfen (Text c).

1.   Die Bezeichnung meint die Verfasser und Anhänger der 1610 an die Staaten von Holland und
Westfriesland gerichteten »Remonstrantie«, in der eine Revision der ›Confessio Belgica‹ und des ›Heidelberger Katechismus‹ gefordert sowie gegen die calvinistische Prädestinationslehre Stellung bezogen
wird. Zur Widerlegung dieser »Remonstrantie« wurde 1611 eine »Contra-Remonstrantie« verfaßt.

a) Die rechte Lehre der göttlichen Vorherbestimmung (aus Artikel I der Canones von
Dordrecht)
1.   Da alle Menschen in Adam gesündigt und damit Verdammnis und ewigen Tod
verdient haben, hätte Gott niemandem Unrecht getan, wenn er das ganze Menschengeschlecht in Sünde und Verdammnis gelassen und wegen seiner Sünde gerichtet hätte; wie der Apostel sagt: »Alle Welt ist der Verdammung Gottes verfallen« [Röm 3,19]; »sie sind allzumal Sünder und mangeln des Ruhmes, den sie bei
Gott haben sollten« [Röm 3,23]; und »der Sünde Sold ist der Tod« [Röm 6,23].
2.   Aber darin hat sich die Liebe Gottes offenbart, daß »Gott seinen eingeborenen
Sohn in die Welt gesandt hat, auf daß alle, die an ihn glauben, nicht verloren werden, sondern das ewige Leben haben« [1Joh 4,9 und Joh 3,16].
3.   Damit aber die Menschen zum Glauben bewogen werden [adducantur], sen-
det Gott in seiner Güte [clementer] Prediger dieser unendlich frohen Botschaft,
und zwar zu wem er will, und wann er will; durch ihren Dienst werden die Menschen zur Buße [resipiscentia] und zum Glauben an den gekreuzigten Christus berufen. »Denn wie sollen sie an den glauben, von dem sie nichts gehört haben? Wie
sollen sie aber hören ohne Prediger? Wie sollen sie aber predigen, wenn sie nicht
gesandt werden?« [Röm 10,14f.].
4.   Wer diesem Evangelium nicht glaubt, über dem bleibt der Zorn Gottes. Wer
es dagegen annimmt und mit wahrem lebendigem Glauben Jesus als Retter in
Liebe annimmt, der wird durch ihn vom Zorn Gottes und vom Untergang frei und
erhält als Geschenk das ewige Leben [Joh 3,36 und Mk 16,16].
5.   Die Ursache bzw. die Schuld an jenem Unglauben sowie an allen anderen
Sünden liegt keineswegs bei Gott sondern beim Menschen. Dagegen ist der Glaube
an Jesus Christus und das Heil durch ihn freies [gratuitum] Geschenk Gottes, wie
geschrieben steht: »Aus Gnade seid ihr gerettet worden durch den Glauben, und
das nicht aus euch: Gottes Gabe ist es« [Eph 2,8]; und: »Aus Gnade [und] umsonst
[gratis] ist es euch gegeben, an Christus zu glauben« [Phil 1,29].

Quelle: J. N. Bakhuizen van den Brink (Hg.), De Nederlandse Belijdenisgeschriften in authentieke teksten met inleiding en tekstenvergelijkingen, 1976², S. 230. – *Literatur:* s. bei Text c.

b) Auffassung der Remonstranten zum V. Artikel der canones (de perseverantia) – **Sententia Remonstrantium circa quintum Articulum**

1.   Die Beständigkeit [perseverantia] im Glauben ist bei den Gläubigen keine Auswirkung [effectus] jener absoluten Entscheidung [decretum absolutum], in der Gott, wie es heißt, die einzelnen Menschen erwählt hat, ohne dabei auf ihren zeitlichen Gehorsam zu achten.

2.   Gott versieht die wahrhaft Gläubigen mit so viel Gnade und übernatürlichen Kräften, wie er in seiner unendlichen Weisheit für ausreichend hält, um beständig zu bleiben [perseverare] und die Anfechtungen des Teufels, des Fleisches und der Welt zu überwinden; entsprechend liegt es niemals an Gott, wenn sie nicht beständig bleiben.

3.   Die wahrhaft Gläubigen können vom wahren Glauben abfallen und Sünden begehen, die unvereinbar sind mit dem wahren rechtfertigenden Glauben, d. h. das *kann* nicht nur geschehen, sondern geschieht auch nicht selten.

4.   Die wahrhaft Gläubigen können durch eigene Schuld so fallen, daß sie Schandtaten und furchtbare Verbrechen begehen, und sie können in diesem Zustand verharren [perseverare] und sterben; dann fallen sie endgültig [finaliter] ab und gehen zugrunde.

5.   Auf der anderen Seite glauben wir nicht, daß die wahrhaft Gläubigen, selbst wenn sie bisweilen in schwere, für das Gewissen verheerende Sünden fallen, jede Hoffnung auf Umkehr [resipiscentia] verlieren. Wir rechnen [agnoscimus] vielmehr mit der Möglichkeit, daß Gott sie in seiner mannigfaltigen Barmherzigkeit durch seine Gnade wieder zur Buße [resipiscentia] ruft, ja wir glauben, daß das auch schon oft geschehen ist, obwohl man natürlich nie sicher sein kann, daß es auch wirklich so kommen wird.

6.   Deshalb verwerfen wir mit vollem Bewußtsein und von ganzem Herzen als schädlich für Glauben [pietas] und Sitte [boni mores] die folgenden Lehrsätze [dogmata], die alle Tage gedruckt unter das Volk gebracht werden: 1. Die wahrhaft Gläubigen könnten nicht aufgrund einer überlegten Entscheidung sündigen, sondern nur aufgrund von Unwissenheit und Schwachheit. 2. Die wahrhaft Gläubigen könnten durch keinerlei Sünden aus der Gnade Gottes herausfallen. 3. Tausend Sünden, ja alle Sünden der Welt, könnten die Erwählung nicht aufheben [irrita facere]. Wenn man dann noch hinzufügt, daß alle Menschen grundsätzlich glauben müssen, sie seien zum Heil erwählt und könnten entsprechend dem Obengesagten nicht aus ihrer Erwählung herausfallen, so geben wir zu bedenken, was für ein großes Fenster diese Aussage auftut für die fleischliche Sicherheit [securitas]. 4. Den Gläubigen und Auserwählten würden keine Sünden zugerechnet [imputari], wie groß und schwer sie auch seien, sondern alles Gegenwärtige und Zukünftige sei schon vergeben. 5. Wenn die wahrhaft Gläubigen in verderblichen Irrglauben [haereses] und in schwere, furchtbare Sünden, wie Ehebruch und Mord, fielen, so daß die Kirche, die ja durch Christus gerechtfertigt ist, nicht umhin könne, zu bezeugen, daß sie diese Leute in ihrer äußeren Gemeinschaft nicht ertragen könne, und daß sie, wenn sie sich nicht bekehrten, am Reiche Christi keinen Anteil hätten – auch wenn all dies eintrete, könnten sie dennoch nicht gänzlich und endgültig ihren Glauben verlieren.

7. Ebenso wie ein wahrhaft Gläubiger für die Gegenwart der Reinheit [integritas] seines Glaubens und seines Gewissens gewiß [certus] sein kann, kann und muß er für den gleichen Augenblick auch seines Heiles gewiß sein und des heilsamen Wohlwollens, das Gott ihm gegenüber hegt. In dieser Frage verwerfen wir die Ansicht der Papisten [pontificii].

8. Ein wahrhaft Gläubiger kann und muß auch für die Zukunft gewiß sein, daß er mit Hilfe von Wachen und Beten und anderen heiligen Werken [exercitii] im wahren Glauben bestehen [perseverare] kann und daß ihm zur Beständigkeit niemals die Gnade Gottes fehlen wird. Aber auf welche Weise er gewiß sein kann, daß er in Zukunft niemals von seiner Pflicht abweichen, sondern, wie es sich für einen Gläubigen gehört, bei den Werken des Glaubens, der Frömmigkeit und der Liebe bleiben wird [perseveraturus], das sehen wir . . . nicht. Wir halten es somit nicht für notwendig, daß ein Gläubiger in dieser Frage gewiß ist.

Quelle: a.a.O., S. 293. – *Literatur:* s. bei Text c.

c) Verwerfung pelagianischer Gnadenlehre (Artikel IV, These 7)

Nachdem die rechte Lehre [orthodoxa doctrina] dargelegt worden ist, verwirft die Synode die Irrtümer derer: . . . [7.] die lehren: ›die Gnade, durch die wir zu Gott bekehrt werden, sei nichts anderes als ein sanftes Zureden‹, oder (wie andere erklären) ›das Zureden ist die edelste und der menschlichen Natur angemessenste Weise des Wirkens [Gottes] [modus agendi] bei der Bekehrung des Menschen, und nichts stehe dem entgegen, daß schon die zum sittlichen Handeln befähigende Gnade [moralis gratia] aus natürlichen Menschen [animales] geistliche [spirituales] mache; Gott erreiche [producere] die Zustimmung des Willens überhaupt nicht anders als über die sittliche Einsicht [moralis ratio], und eben darauf beruhe die Kraft [efficacia] des göttlichen Wirkens, das Wirken des Satans zu überwinden, daß Gott ewige Güter, Satan aber nur zeitliche verspreche‹. – Denn das ist ganz pelagianisch und steht im Widerspruch zur ganzen Schrift, die bei der Bekehrung des Menschen neben dieser auch noch eine andere und weit wirksamere und göttlichere Wirkweise des Heiligen Geistes bezeugt. Hes [36,26] heißt es: »Ich will euch ein neues Herz und einen neuen Geist in euch geben und will das steinerne Herz wegnehmen . . .«

Quelle: a.a.O., S. 262. – *Literatur:* G. P. van Itterzon, Franciscus Gomarus, 's Gravenhage 1929; P. Geyl, The Revolt of the Netherlands (1555–1609), London 1958[2]; J. Huizinga, Holländische Kultur im siebzehnten Jahrhundert, 1961; J. C. Boogman, Die holländische Tradition in der niederländischen Geschichte, WF 15, 1962, S. 96–105; G. Güldner, Das Toleranz-Problem in den Niederlanden im Ausgang des 16. Jahrhunderts, 1968; C. Bangs, Arminius. A Study in the Dutch Reformation, New York 1971. J. W. Baker, Heinrich Bullinger and the Covenant: The Other Reformed Tradition, Athens/Ohio 1980.

131. Denkschrift zur Strategie der Gegenreformation in Deutschland (vor 1622)

Dieser enthüllende Vorschlag an die römische Kurie über die Mittel, die zur Zurückdrängung der Reformation und zur Erhaltung und Ausbreitung des einzig wahren katholischen Glaubens eingesetzt werden sollten (vgl. Nr. 111, 113), bietet zugleich einen Rückblick auf das Reformationszeitalter und einen ›Bericht zur Lage der Nation‹, allerdings deutlich aus süddeutscher Perspektive[1].

2.   In einigen Städten [Deutschlands] wird die katholische Religion noch ausge-
übt [exercitium catholicum], auch wenn sie von der Ketzerei befallen [infectae]
sind; andere lassen sie gar nicht mehr zu. Dort, wo die Bürger teils katholisch und
teils häretisch sind, können beide Gruppen ihre Religion öffentlich ausüben, wie
etwa in Augsburg, Ravensburg oder Biberach. Von diesen Städten werden einige
durch Welt- oder Ordensgeistliche gut versorgt, andere, z.b. Kaufbeuren und
Colmar, dagegen nicht. Für die letzteren sind Missionare erforderlich oder Geld-
mittel, mit denen die allzu geringen Pfründen aufgebessert werden können, die
für geeignete gelehrte Leute zur Verfügung stehen.
3.   Die bedeutenderen Städte, wie Nürnberg, Ulm, Straßburg, Frankfurt, Nördlingen und Memmingen, dulden keine katholischen Bürger, ebensowenig die meisten anderen, z.b. Lindau, Reutlingen oder Weißenburg. Im ganzen sind von über
80 Reichsstädten nur sechs ganz katholisch und ebensowenige gemischt; die übrigen sind alle fest in der Hand der Ketzer.
4.   Nichtsdestoweniger gibt es in vielen freien Städten, deren Bürger alle Lutheraner oder Calvinisten sind, immer noch Einkünfte [commendae] und Gebäude
der Deutschordens- und Malteserritter; dies gilt etwa für Nürnberg, Nördlingen,
Frankfurt, Straßburg oder Heilbronn. Andere Städte haben Stiftskapitel adliger
Damen [ecclesiae collegiatae nobilium canonissarum] – wie in Lindau und Buchau
– oder Chorherren – wie in Frankfurt. An manchen Orten gibt es auch noch Klöster oder Pfleghöfe und städtischen Grundbesitz derselben. Zu nennen sind etwa
Kempten – der Abt dieses Klosters ist sogar Reichsfürst –, Isny und Eßlingen. Hier
ist die Ausübung der katholischen Religion in eigenen Kirchen überall erlaubt.
Hier nun muß man dafür sorgen, daß die Empfänger der Einkünfte [commendata-
rii], die Äbtissinnen, die Pröpste und die Äbte als Pfarrer und Kapläne gelehrte
Männer anstellen, die ein gutes Beispiel bieten und in der Lage sind, den Glauben
[religio] auszubreiten und zu verteidigen. Wenn diese nicht zur Verfügung stehen
oder bezahlt werden können, ist eine Unterstützung durch Missionare oder Geld-
mittel geboten. Die Klostervorsteher in diesen Städten muß man dazu ermahnen,
daß sie sich mit gelehrten und im Geist gefestigten Männern umgeben.
5.   Am schwierigsten ist es in den Städten und Gebieten, wo die Ritterorden
keine Einkünfte mehr haben, wo es keine Stiftskirchen von Welt- oder Ordens-
geistlichen mehr gibt und wo auch der letzte Funke des katholischen Glaubens ver-
loschen ist und er offiziell [aperte] nicht mehr geduldet wird [toleratur]. Hier
könnte man vielleicht in gewisser Weise helfen, indem man sich die Universitäten
zunutze macht, von denen die Ketzer ja viele haben, indem man von den katholischen Nachbargebieten aus auf sie einwirkt oder indem man andere geheime Taktiken [adinventiones occulti] anwendet, wie sie der Heilige Geist den Katholiken in
England und Holland eingegeben hat. Allerdings ist die Sache in Deutschland
schwieriger, weil hier den Katholiken [in den evangelischen Territorien und Städ-
ten] nicht nur jede öffentliche Religionsausübung verboten ist, sondern, falls sie
sich [privat] zu erkennen geben, sie nicht einmal geduldet werden. Die Folge ist,
daß es in den Gebieten der Ketzer keine Katholiken mehr gibt, während ihre Zahl
in England und Holland immer noch sehr groß ist [multae myriades].
6.   Die bedeutendsten nichtkatholischen Universitäten[2] sind Tübingen in Württemberg, Leipzig in Meißen, Jena und Wittenberg in Sachsen, Marburg in Hessen, Helmstedt im Herzogtum Lüneburg, Rostock in Pommern, Frankfurt an der
Oder im Kurfürstentum Brandenburg, Straßburg im Elsaß, Altdorf in Franken,
Heidelberg in der Unterpfalz, Basel an der Schweizer Grenze und andere mehr;
von ihnen sind die beiden letztgenannten calvinistisch.

An diese Universitäten könnte man den einen oder anderen [als Missionar] schikken, der dort zum Schein Jura oder Medizin studieren müßte. Denn in beiden Fächern zeichnen sich die Lutheraner aus, so daß ihre Universitäten zuweilen auch von Katholiken besucht werden. Wenn sie dann mit den Studenten und anderen Leuten bekannt geworden sind, könnten sie die falschen Vorurteile [sinistra judicia] gegen den katholischen Glauben abbauen, Liebe zu ihm wenigstens bei einigen erwecken, katholische Schriften verbreiten usw. Allerdings wären für diese Aufgabe nur junge Leute geeignet, die kaum älter sein dürften als 28–30 Jahre; denn es ist nicht sehr glaubhaft, daß Leute in höherem Alter noch Zeit haben für Studien. Eine weitere Möglichkeit würde sich allerdings bieten, wenn man für einige Jahre, ohne Vorlesungen zu hören, privat an den betreffenden Universitäten bliebe, um sich unter der Anleitung eines berühmten Juristen oder Mediziners in der Rechtswissenschaft oder Heilkunst weiterzubilden.

Mehr Gelegenheit, Seelen zu gewinnen, hätten wohl Sprachkundige, wenn sie zum Schein Unterricht in Fremdsprachen, wie Italienisch, Französisch und Spanisch, erteilen würden. Denn auch bei der nicht-katholischen studierenden Jugend stehen diese Sprachen und ihre Lehrer hoch im Kurs, selbst wenn die Lehrer katholisch sind.

7.   In der Nähe vieler ketzerischer Städte sitzen Deutschordens- und Malteserritter sowie katholische Grafen, Barone und andere Adlige. Teilweise leben sie sogar zusammen mit den Ketzern in deren Gebieten; aber sie sind ihnen nicht untertan, sondern reichsunmittelbar. Zu ihnen gehören die Grafen von Zollern, Öttingen, Fürstenberg, Rechberg usw. sowie die Freiherren und Edlen von Freiberg, Knörigen, Illertissen, Adelmannsfelden usw. Diese sind Nachbarn von lutherischen oder calvinistischen Adligen, besonders im Herzogtum Württemberg, innerhalb dessen einige von ihnen selbst leben. So leben auch in den Alpenländern [inter Rhaetos] viele katholische Adlige zusammen mit den Ketzern, z.B. im Bistum Chur.

Diesen allen müßte geholfen werden durch geeignete Missionare oder gelehrte Pfarrer, die mit den benachbarten Ketzern überzeugend reden könnten. Ja, sie müßten auch die Katholiken in ihrem Glauben bestärken, damit sie nicht durch den beständigen Umgang mit Ketzern ins Wanken geraten; denn sie haben sonst niemanden, der die Hirngespinste [fabulae] der Ketzer gründlich durchschauen und widerlegen kann. Es ist ja schon so weit gekommen, daß viele Vornehme die katholischen Gebräuche [ritus] für unwichtig halten; sie gebrauchen keine Rosenkränze mehr, kein Agnus Dei[3], kein Weihwasser usw.; sie kümmern sich nicht um die kirchliche Jurisdiktion und sind, ihren Reden nach zu urteilen, vom gänzlichen Abfall [ruina] nicht mehr weit entfernt. Dadurch würde der Glaube einen unermeßlichen Schaden erleiden; denn sie würden ja nicht als einzelne verloren gehen, sondern die große Zahl ihrer Untertanen mit sich reißen.

Zu anderen Taktiken bei Orten und Höfen, die für den katholischen Glauben nicht zugänglich sind, können die Erfahrungen in England und Holland anregen, wo viele Diener Gottes, sowohl Welt- als auch Ordensleute, sogar unter Lebensgefahr für die Sache Gottes und das Heil der Seelen kämpfen. Auch in Deutschland wird es nicht an Männern fehlen, die das Leben lassen für ihre Brüder [1Joh 3,16]. Vielleicht wird das Vaterland dann, benetzt mit ihrem Blut, reichere Frucht bringen, obwohl sich die Protestanten [protestantes] in ihrer Grausamkeit [ferocia], die sie im letzten Jahrhundert beim Ausbruch der Ketzerei an den Tag legten, inzwischen so weit gemäßigt haben, daß die Kämpfer für den wahren Glauben [veritas orthodoxa] eine blutige Verfolgung kaum zu erwarten haben.

Man kann noch hinzufügen, daß Mathematiker, Ärzte und Historiker besonders leichten Zugang zu den Fürsten haben; sie sind wohl besonders geeignet, Seelen zu fangen [animos inescare]. Es ist darum zu wünschen und darauf hinzuarbeiten, daß sich zu diesem Zweck mehr Angehörige der Orden und des Weltklerus in den genannten Wissenschaften ausbilden lassen. Im Laufe der Zeit könnten diese und andere reiche Frucht erzeugen – wobei sie ihren katholischen Glauben an den Höfen der Ketzer notfalls auch geheimhalten dürfen. So wäre ihr Wirken mit dem des heiligen Sebastian und anderer Christen vergleichbar, die einst viele Jahre lang in den Palästen heidnischer Kaiser die verschiedensten Ämter ausübten und sich dabei insgeheim um den christlichen Glauben bemühten. Wer aber an dieser missionarischen Aufgabe mitarbeitet [operarii . . . pro . . . missionibus], muß – gleich ob er zu den Welt- oder zu den Ordensleuten gehört – von unerschütterlicher Tugend sein. Die erforderliche Anzahl solcher Männer ließe sich gewinnen, wenn man an einer deutschen Universität ein neues Seminar einrichten oder ein bestehendes erweitern würde. Dazu würde sich beispielsweise die Universität Dillingen[4] eignen, die als einzige katholische Hochschule in Schwaben bereits für ganz Schwaben, Württemberg und die benachbarten Gebiete unermeßliche Frucht gebracht hat . . .
Damit dies und anderes ins Werk gesetzt werden kann, bedarf es einerseits der Freigebigkeit des Apostolischen Stuhles, andererseits aber auch der Gaben [collecta] gläubiger Katholiken in Deutschland selbst. Denn ohne Geld läßt sich hier nichts erreichen. Das hat ja selbst der Heiland durch sein eigenes Beispiel deutlich gemacht, indem er einen Beutel mitnahm [vgl. Joh 13,29] und sich mit Geld unterstützen ließ; und die Apostel folgten seinem Beispiel, als sie um eine Kollekte für die Urgemeinde baten. Die Deutschen werden sich hierzu sicher um so leichter bewegen lassen, wenn sie sehen, daß der Apostolische Stuhl dabei seine hilfreiche Hand nicht zurückhält.

Quelle: I. v. Döllinger, Geschichte der Moralstreitigkeiten in der römisch-katholischen Kirche 2, 1889, S. 390–393. – *Literatur:* E. W. Zeeden (Hg.), Gegenreformation, WdF 311, 1973 (hier weitere Lit.).

1. Da einerseits die Eroberung Heidelbergs durch Tilly (1622) – die reformationshistorisch so bedeutende Bibliotheca Palatina wurde damals nach Rom verschleppt und befindet sich bis heute in der Vatikanbibliothek – noch nicht vorausgesetzt wird und andrerseits das 16. Jahrhundert als ›voriges Jahrhundert‹ bezeichnet wird, ist dieses undatierte Dokument zwischen 1600 und 1622 anzusetzen. Falls Ignaz von Döllinger recht haben sollte mit seiner Vermutung, Caspar Scioppius sei der Verfasser, könnten wir den Zeitraum noch genauer eingrenzen, da Scioppius (Schoppe), 1598 konvertiert, erst 1607 Rom verließ, um im Dienst von Papst und Kaiser diplomatische Missionen zu übernehmen. Weitere Lit. bei C. M. Gamba, Il poligrafo tedesco G. Scioppio. Bari 1950; I. v. Döllinger, 1, [s. Quelle] S. 555–593 und 662 Anm. 1.
2. Luther äußert sich mehrmals über die Bedeutung der Universitäten für die Durchsetzung der Reformation: »Ach, Gott gebe uns mehr solcher Bischöfe! Wie er uns sieben Universitäten gegeben hat: Wittenberg, Leipzig, Rostock, Kopenhagen, Erfurt, Tübingen, wir hoffen auch Mainz; für Köln gibt es keine Hoffnung.« WA.TR 5, S. 113,4–6 (Nr. 5377; Sommer 1540). Vgl. WA.TR 4, S. 257,24–26 (Nr. 4358; Februar 1539), wo Luther anstelle von Tübingen Königsberg nennt. Vgl. darüber hinaus die Liste der Universitäten, wo auch Deventer und Zwolle genannt werden: sie »sind gute Privatschulen, die fast den Universitäten entsprechen.« WA.TR 4, S. 529,21–23 (Nr. 4809; Juni 1542).
3. Das Bild des Lammes Gottes wurde oft als Schutzmittel in Kapseln am Hals getragen; vgl. LThK I, Sp. 204.
4. Für die Bedeutung der seit 1551 zur Universität erhobenen Bildungsstätte Dillingen vgl. Nr. 113 Anm. 1.

132. Westfälischer Friede (1648)

In der reichhaltigen Literatur zum Westfälischen Frieden ist immer wieder ›nachgewiesen‹ worden, daß das Jahr 1648 keine Epochengrenze markieren könne. Die im folgenden abgedruckten Sätze des Friedensvertrages dokumentieren tatsächlich, daß am 24. Oktober 1648 ›nur‹ der Vertrag von Passau (1552) und der Religionsfrieden von Augsburg (1555; Nr. 112) festgeschrieben wurden. Dieses schlichte ›nur‹ trägt aber der Tatsache nicht Rechnung, daß der Dreißigjährige Krieg, der sich zum europäischen Krieg ausgeweitet hatte, mit vehementem religiösem Fanatismus geführt worden und in seinem Ausgang immer wieder offen war. Die im Kampf um die Reform der Kirche stets gegenwärtige Frage der Glaubens- und Gewissensfreiheit wurde durch den Friedensschluß insofern einer Lösung zugeführt, als die religiöse Toleranz (vgl. Nr. 75, 87) mit der Staatsräson der neuen Mächte vereinbart und somit gesichert werden konnte, was sich schon 1555 angedeutet hatte; die Rechte des Kaisers wurden erheblich eingeschränkt, vergeblich legte Papst Innozenz X. (1644–1655) Protest ein.

Auch dieser Friedensvertrag hat wieder eine Interimsklausel, wie dies in Reichtagsabschieden seit 1524 der Fall war; früher wiederholt auf ein kommendes Konzil bezogen (vgl. Nr. 77 Anm. 1), nunmehr aber ›Gottes Gnaden‹ überlassen, unter ausdrücklichem Ausschluß einer zukünftigen Protestation, die das Vertragswerk in Frage stellen könnte.

Die Loslösung der Schweiz und der Niederlande vom Reichsverband war 1648 tatsächlich nur das Festschreiben einer längst erreichten Faktizität. Für die Wirkung des Edikts von Worms (Nr. 33) als Reichsrecht wurden jetzt neue rechtliche Grenzen festgelegt, auch die Kirche reformierten Bekenntnisses auf deutschem Boden wurde in den Vertrag aufgenommen. Der nahezu gesamteuropäische Krieg war vorbei, der Kampf um Evangelium und Kirche wurde aber unvermindert hart fortgesetzt.

Da aber die Beschwerden, die zwischen den Kurfürsten, Fürsten und Reichsständen beider Religionen obwalteten, großenteils Ursache und Anlaß zum gegenwärtigen Krieg gegeben haben, so hat man sich ihretwegen wie folgt vereinbart und verglichen.

Der im Jahre 1552 zu Passau abgeschlossene Vertrag und der im Jahre 1555 darauf gefolgte Religionsfriede, so wie er im Jahre 1566 zu Augsburg und danach auf verschiedenen allgemeinen Reichstagen des Heiligen Römischen Reichs bestätigt worden ist, soll in allen seinen, mit einmütiger Zustimmung des Kaisers, der Kurfürsten, Fürsten und Stände beider Religionen angenommenen und beschlossenen Artikeln für gültig gehalten und gewissenhaft und unverletzlich beobachtet werden.

Was aber für einige darin [befindliche] streitige Artikel in diesem Vertrag durch gemeinsamen Beschluß der Parteien bestimmt worden ist, das soll für eine immerwährende Erläuterung des besagten Friedens, die sowohl in Gerichten als auch anderswo zu berücksichtigen ist, gehalten werden, bis man sich durch Gottes Gnade über die Religion verständigt haben wird, ungeachtet des von Geistlichen oder Laien innerhalb oder außerhalb des Reiches zu irgendeiner Zeit dagegen eingelegten Widerspruchs oder Protests, die sämtlich kraft gegenwärtigen Vertrags für null und nichtig erklärt werden.

In allen übrigen Dingen aber soll zwischen allen und jeden Kurfürsten, Fürsten und Ständen beider Religionen genaue und gegenseitige Gleichheit herrschen, soweit sie der Verfassung des Staatswesens, den Reichssatzungen und gegenwärtigem Vertrag gemäß ist, so daß, was für den einen Teil recht ist, auch für den andern recht sein soll, wobei alle Gewalt und Tätlichkeit, wie im übrigen, so auch hier zwischen beiden Teilen auf alle Zeit verboten ist.

Quelle: K. Zeumer, Quellensammlung zur Geschichte der Deutschen Reichsverfassung in Mittelalter und Neuzeit, 1913², S. 403 Nr. 197; Instrumenta Pacis Westphalicae. Die Westfälischen Friedensverträge 1648, QNG 12/13, 1949, S. 25 und 113 (dt.). – *Literatur:* F. Dickmann, Der westphälische Frieden, 1965²; H.-U. Rudolf (Hg.), Der Dreißigjährige Krieg. Perspektiven und Strukturen, WdF 451, 1977 (hier weitere Lit.); K. Ruppert, Die kaiserliche Politik auf dem Westfälischen Friedenskongreß, 1979.

Register der Bibelstellen

Register der Orts- und Personennamen

Sachregister*

»Grundtexte«

GRUNDTEXTE
ZUR KIRCHEN- UND
THEOLOGIEGESCHICHTE

Ernst Saxer

**Huldrych Zwingli
Ausgewählte Schriften**

In neuhochdeutscher Wiedergabe
mit einer historisch-biographischen
Einführung

NEUKIRCHENER VERLAG

Wie schon die abgeschlossene Reihe »Kirchen- und Theologiegeschichte in Quellen« (5 Bde.) sucht die neue Reihe »*Grundtexte zur Kirchen- und Theologiegeschichte*« Hilfen für ein quellennahes kirchengeschichtliches und geschichtswissenschaftliches Studium zu geben. Der gleiche Herausgeberkreis (H.A. Oberman, A.M. Ritter, H.-W. Krumwiede) geht hierin von der Konzeption aus, das Werk eines »Klassikers« der Kirchen- und Theologiegeschichte und kirchen- und theologiegeschichtliche »Schlüsseltexte«, die entscheidende wirkungsgeschichtliche Bedeutung gehabt haben und deren Kenntnis deshalb als unverzichtbar gelten muß, in *größeren Ausschnitten* vorzulegen. Die Auswahl zielt auf das Selbststudium des Studenten und auf Seminare, Arbeitsgruppen und Kolloquien – ebenso aber auch auf einen weiteren Leserkreis, der sich über wichtige kirchen- und theologiegeschichtliche Konzeptionen und Zusammenhänge ein eigenes Urteil bilden will. Die Anzahl der vorgesehenen Bände ist vorerst nicht begrenzt – im Laufe der Jahre bilden die Bände der »Grundtexte« *eine eigene kirchengeschichtliche Bibliothek.*

Der erste Band bietet eine Auswahl (mit zwei Ausnahmen) vollständiger Zwingli-Briefe und -schriften in modernem Deutsch, u. a. »Von göttlicher und menschlicher Gerechtigkeit« (1523) und die »Auslegung des Glaubensbekenntnisses« (1531) (mit Abendmahlslehre und -liturgie). Alle typischen Elemente des Lehrens und Wirkens Zwinglis kommen in der vorliegenden Quellensammlung zum Tragen.

Verfasser
Ernst Saxer, Dr. theol. 1970, Habilitation 1978, ist seit 1983 Honorarprofessor in Bern.

Ernst Saxer, Huldrych Zwingli. Ausgewählte Schriften. In neuhochdeutscher Wiedergabe mit einer historisch-biographischen Einführung (Grundtexte zur Kirchen- und Theologiegeschichte, Bd. 1), Neukirchen-Vluyn 1988, VIII, 184 S., Pb., DM 36,-

Neukirchener Verlag